경제학자의 눈으로 본 세상 읽기

경제학과 친구하기

경제학자의 눈으로 본 세상 읽기

경제학과 친구하기

조정조 · 최준혜 · 임웅석 공저

My Friend, Economics

친구는 새로 사귄 친구거나 오래된 친구거나 나름의 색깔은 다를지언정 우리의 삶을 풍요롭게 해주고 살맛나게 해주는 사람이다. 부디 이 책을 통해 지금까지 가졌던 경제학에 대한 편견이 있다면 과감히 버리고 평생을 같이 갈 또 하나의 친구로 오래 간직하길 바란다.

형설출판사
www.hyungseul.co.kr

머·리·말

우리는 매일매일 경제활동을 한다. 가장은 가족들의 생계를 위해 직장에서 일을 하고 돈을 벌어온다. 또한 주부들은 가족에게 필요한 상품을 구매하기 위해 시장에서 흥정을 하고, 합리적으로 지출했는지 따져보기 위해 가계부에 적는다. 학생들도 주어진 용돈의 범위 내에서 용돈관리를 하며, 주어진 시간 속에서 어떻게 학점관리를 하여 자기가 원하는 직장에 취업할 수 있을 것인가 고민한다. 이와 같이 경제주체들은 주어진 제약 속에서 만족스러운 선택을 하여 보다 나은 삶을 얻고자 노력한다.

개인뿐만 아니라 기업도 장래에 투자대상을 무엇으로 할 것이며, 부채비율을 얼마로 하는 것이 적당할까를 고민한다. 정부 역시 국민생활의 개선과 향상을 위해 얼마의 조세를 징수하며 복지혜택의 대상은 누구로 할 것이며, 경제성장을 통하여 얼마의 실업률을 감소시킬 수 있을 것인가에 대해 논의하고 정책을 결정한다.

문제는 오늘날 현대경제가 급속하게 변모하고 있다는 것이다. 지속적 녹색성장이나 온난화에 따른 환경문제와 같이 이전세대에서는 생각지 못했던 새로운 문제점들이 나타나고 있다. 또한 소련을 비롯한 구사회주의국가의 붕괴 이후 냉전체제라는 단순한 이념대결구조는 사라져버렸다. 대신 '세계화'와 '지역화'가 급속하게 진행되면서 '평생직장'과 같은 전통적인 가치관이 무너지고 '총칼 없는 경제전쟁'이라는 말처럼 국가뿐만 아니라 개인 간의 경쟁도 가속화되고 있는 실정이다. 이제는 '투자양해각서(MOU)'나 '한미 FTA'와 같은 전문용어가 오히려 상식적인 용어가 되었고, 경제 및 경제학의 기본을 이해하는 것은 현대인의 기초적인 소양이 되었다고 해도 과언이 아니다. 이러한 현실을 반영하듯이 기업에서도 경제이해력검증시험, 즉 TESAT(Test of Economic Sense And Thinking)을 도입하고 있고 정부에서도 경제교육을 강화하고 있다.

이처럼 경제활동과 관련된 용어나 적용되는 원칙이 우리 생활과 밀접하게 관계되는 만큼 이제는 누구도 그 중요성을 부인하지 않는다. 따라서 그것을 체계적으로 연구하는 경제학은 대학생뿐만 아니라 일반인들도 한번쯤은 공부를 해

봤거나 해보고 싶은 학문이 되었다. 그러나 경제학 책을 접하다 보면 많은 그래프와 수식으로 표현되어 있어 사회과학인지 자연과학인지도 구별이 어려울 뿐만 아니라 일반인이 공부하기에 내용 또한 난해하다는 인식이 아직도 많다. 저자도 강의를 하면서 "경제학, 그것 어려운 학문 아닙니까? 교재를 사서 강의를 들어도 상당히 복잡하고 너무 어려운 것 같던데요!"라는 질문 아닌 불평을 들으면서 경제학 자체가 아니라 강의에 대한 불평으로 느껴진 적이 한두 번이 아니다. 과연 그 이유는 무엇일까?

그것은 사회과학의 꽃이라 불리는 경제학이 보다 쉬운 설명을 위해 수리적인 방법과 그래프를 이용하지만, 이러한 방법에 익숙하지 않은 사람들에게는 수식과 그래프가 오히려 걸림돌로 작용하기 때문이다. 이런 점을 반영이라도 하듯이 우리나라 대학의 경제학교육은 지금 위기에 처해 있다고 할 수 있다. 지방대학 중 경제학과가 사라진 곳이 많고 경제학을 전공하려는 학생수가 점점 줄어들고 있으며 경제학을 전공하고 있는 사람들도 흥미를 잃어가고 있다는 이야기가 들리기도 한다. 1970년대나 1980년대만 해도 경제학과와 경영학과의 입학점수를 보면 경제학과가 단연 높았지만, 이것이 역전된 것 역시 오래된 이야기이기도 하다. 사양산업을 퇴출시켜야 한다고 주장하는 경제학이 이제는 그 자신이 사양학문이 되어 퇴출될 지경이 되었으니 웃을 수도 울 수도 없는 현실이라 하겠다.

이 책은 이러한 현실을 반영하여 '경제학 교과서의 내용을 실용적 관점에서 쉽게 접근할 수 없을까' 고민하는 과정에서 나오게 되었다. 물론 이러한 생각을 혼자만 한 것은 아니었기에 '경제의 이해'나 '알기 쉬운 경제학', '경제학 산책', '생활 속의 경제학'이라는 제목으로 많은 연구가 있었다. 따라서 별반 다르지 않으면서 또 하나의 책을 독자들에게 내놓는 게 아닌가 하는 갈등이 없지는 않았지만, 출판사의 강력한 권고에 힘입어 「경제학과 친구하기」라는 제목으로 출간을 결심하였다. 책제목에서 보듯이 경제학을 처음 시작하는 사람들의 눈높이에 맞추어 경제학이라는 학문체계에 쉽게 접근하여 이해할 수 있도록 노력을 하였다. 그러다 보니 경제학의 기본이론을 장황하게 설명하지 않으면서도 독자들이

피부로 느낄 수 있는 현실사례를 풍부하게 제시하려고 노력하였다.

본 책은 크게 두 부분, 즉 미시경제학 이해하기와 거시경제학 이해하기로 구성되어 있다. 미시경제학 이해하기에서는 시장을 둘러싸고 일어나는 개별주체의 경제적 행동과 그에 따라 자원이 어떻게 효율적으로 배분되느냐를 중점적으로 다루고 있다. 또한 거시경제학 이해하기에서는 국민경제 전체에서 국민소득과 고용과 성장이 어떻게 이루어지는가와 우리 경제가 어떻게 발전해 왔는가를 검토하였다.

이러한 틀 속에서 경제이론에 대한 이해를 높이기 위한 가벼운 단계로 '생각넓히기'와 '문학 속 경제이야기', '역사 속 경제이야기'를 마련하였다. 또한 '뉴스 속 현장경제'를 통해 현실에 대한 이해를 높이고자 하였다. 그리고 좀 더 심도 깊게 다루어야 할 부분을 위해 '경제학자처럼 생각해보기'의 장을 마련하였고, 필요하지만 어렵다고 생각할 수 있는 수리적인 표현방법은 '심층탐구'라는 부분으로 따로 다루어 경제학을 체계적으로 공부하고자 하는 사람들이 주로 보게 하였다. 한편 수학적인 기초가 약한 사람이라도 경제학을 공부하는 데 어렵지 않도록 꼭 필요한 부분을 1부의 1장 2절 뒷부분에 나오는 '보충 : 경제학과 수학의 만남－경제학의 수학적 기초'에서 정리해 두었다. 따라서 이 부분을 먼저 공부하고 심층학습을 보면 보다 효율적인 학습이 될 것이다.

이 책을 쓰면서 가장 많이 신경을 기울인 부분은 보다 쉽게 이해시키기 위한 시각적 효과였다. 이 책은 경제학을 공부하고자 하는 학생들은 물론 일반인들에 이르기까지 경제학의 기본원리를 쉽게 알게 해주는 길잡이이다. 따라서 공부하기에 쉬운 책을 만들기 위해 이론에 대한 시각적인 효과를 최대한 높이고자 노력하였다. 하지만 이러한 노력에도 불구하고 아직은 미흡한 부분이 많다. 이러한 미흡한 부분은 개정 시에 보완하기로 약속한다.

책을 쓰기 시작한 것이 지난 해 가을부터였으니 그리 많은 시간이 걸린 것은 아니지만, 오랜 시간 동안 미뤄놓은 숙제처럼 가슴을 답답하게 했던 책이었다. 그렇기에 오랜 세월을 기다려준 잊지 못할 사람들이 참으로 많다. 우선 객관식 경제학 교재인 「경제학연습」 저술과 강의만을 고집하는 저자에게 이 책을 쓰도록 몇 년 전부터 권고한 최용식 상무의 고마움을 잊을 수가 없다. 한편 저자와의 인연이 약 20년 정도의 세월이 있다고 하더라도 시장의 불투명성에도 불구하고 전면 컬러로 인쇄를 하면서까지 전폭적인 지원을 아끼지 않고 도와주신 장지익 회장님과 장진혁 사장에게 감사드린다. 또한 20년 전 「경제학연습」을 첫 출간할 때 만나 지금까지 저자의 모든 작업을 진두지휘해 주고 저자의 애로사항를 불평 한 마디 없이 다 해결해 준 편집부의 박미경 상무, 그리고 다른 책보다 몇 배로 힘든 작업임에도 최선의 노력을 다 해준 편집부 직원 여러분에게도 고마움을 잊을 수가 없다. 책의 내용과 짜임새에 대해 많은 조언을 준 장대석 상무에게도 감사의 마음을 전한다. 마지막으로 이 책의 부제를 정해주고 책의 도안까지 세심한 신경을 써 준 「이코노미스터지」의 임성은 기자에게도 고맙다는 말을 전하고 싶다.

친구는 새로 사귄 친구거나 오래된 친구거나 나름의 색깔은 다를지언정 우리의 삶을 풍요롭게 해주고 살맛나게 해주는 사람이다. 부디 이 책을 통해 지금까지 가졌던 경제학에 대한 편견이 있다면 과감히 버리고 평생을 같이 갈 또 하나의 친구로 오래 간직하길 바란다. 오랜 병고 끝에 이제는 좋은 세상으로 떠나신 부모님께 이 책을 바친다.

2022년 여름, 마스크 없이 해질녘 산책하는 기쁨을 맛보며
저자 씀

차 · 례

제1부 미시경제학 이해하기

제2부 거시경제학 이해하기

1

경 | 제 | 학 | 과 | 친 | 구 | 하 | 기

1 미시경제학 이해하기

제1장 경제학의 기초
제2장 수요와 공급의 원리(시장 이해하기)
제3장 가계의 합리적인 소비활동
제4장 기업의 합리적인 생산활동
제5장 시장구조의 이해
제6장 소득분배와 소득불평등이론
제7장 자원배분의 효율성과 시장실패
(시장이냐? 정부냐?)
제8장 공공경제학

제 1 장

경제학의 기초

제 1 절 | 경제학의 본질과 연구대상

경제학은 무엇을 배우는 학문인가

경제가 무엇인가를 정의하는 일은 결코 쉬운 일이 아니다. 많은 사람들이 경제라는 단어를 말할 때 돈이나 공장에서 쏟아져 나오는 상품들이나 컨테이너를 화물선에 싣는 무역항의 모습을 떠올릴 것이다. 하지만 돈이나 물건을 떠올릴 때 그것을 만들고 사용하는 인간을 빼놓을 수는 없을 것이다. 그렇다면 이 두 가지를 종합해 볼 때 경제란 인간생활과 물질의 관계라고 정의 내려볼 수도 있을 것이다. 더구나 우리의 일상생활이 물질과 불가분의 관계에 있기 때문에 경제란 우리들이 살아가는 생활 그 자체라고 할 수 있다.

▲ 경제활동의 한 단면

경제학은 무엇을 연구하는 학문일까? 경제학은 경제문제를 해결하기 위한 학문, 좀 더 구체적으로 표현하자면 경제활동을 하는 중에 발생하는 경제문제를 해결하기 위한 학문이다. 그렇다면 경제활동이란 무엇인가부터 알아보는 것이 가장 쉬운 접근방법이라 생각된다.

경제활동이란 인간의 만족을 증대시키기 위하여 인간생활에 필요한 재화나 서비스(용역)를 대가를 지불하고 유상으로 조달하는 활동(=돈이 거래되는 행위)을 말하는데, 일반적으로 소비, 생산, 교환, 분배의 네 가지로 나누어진다.

소비란 무엇인가를 써서 없앤다는 것을 말하는 것이지만, 경제활동으로서의 소비란 재화나 서비스를 사용함으로써 사용하는 사람이 만족감이나 편익을 느끼는 것을 말한다. 반대로 생산이란 무엇인가를 만들어내는 것을 뜻한다. 하지만 단순히 만들어내는 것만을 가리키기 보다는 제조과정을 포함하는 보다 다양한 활동을 가리키는데, 예를 들어, 운송이라든가 보관이라든가 판매서비스도 모두 생산이라고 할 수 있다.

자급자족경제가 아닌 이상 소비와 생산은 교환을 통해 이루어진다. 교환이란 내가 가진 무엇인가와 다른 사람이 가진 무엇인가를 바꾸는 것을 말하는데, 두 사람 사이에서 일어날 수도 있고, 두 공동체 사이에서 일어날 수도 있으며, 두 나라 사이에서 일어날 때는 무역이나 국가 간 교역이라는 이름으로 불린다. 물론 교환도 초기에는 물물교환이었지만 오늘날 대부분의 교환은 화폐를 매개로 하여 일어난다. 소비자는 소비를 위해 화폐를 지불해야 하고, 생산자는 생산을 함으로써 화폐를 획득할 수 있는 것이다. 마지막으로 분배라는 것은 나누어 가지는 것을 뜻하는데, 생산활동에 필요한 생산요소를 제공해주고 그 대가를 받는 것을 말하며, 임금, 이자, 지대, 이윤이 여기에 속한다.

생/각/넓/히/기 **잠자는 것도 경제활동이다!**

주부는 시장에서 장을 볼 때 일반 채소를 살 것인지, 조금 비싸더라도 유기농 채소를 살 것인지를 고민한다. 직장인은 퇴근길에 친구와 어울려 값싸고도 괜찮은 식당에서 어떤 메뉴의 음식을 먹는 게 좋을까 하는 문제를 고민할 것이다. 이와 같이 우리의 일상생활은 모두 경제활동에 속한다. 심지어 잠자는 것도 경제활동이 된다. 그 이유는 잠자는 행위 자체는 경제활동이 아니겠지만, 편안한 잠을 자기 위해서는 좋은 집과 침구류가 필요할 것이기 때문이다. 물론 아주 옛날 사람들이 살았던 방식대로 움막집에서 아무렇게나 뒹굴어 자거나, 노숙자들이 길거리에서 잠자는 것은 경제활동이 아니겠지만!

경제활동을 보다 정확히 이해하기 위해서는 경제활동을 직접 담당하는 경제주체와 경제활동의 대상인 경제객체에 대해서도 알아두어야 한다. 경제주체는 가계, 기업, 정부, 해외로 나누어진다. 가계는 주로 소비활동을 담당하고 기업은 생산활동을 담당하는 경제주체이며, 가계와 기업으로 구성된 경제를 민간경제라고 한다. 정부는 소비활동도 하고 생산활동도 하는 경제주체로서 민간경제에 정부라는 경제주체가 더 들어오면 국민경제를 구성하게 된다. 또 하나의 경제주체는 바로 해외 혹은 외국이라고 불리는 경제주체이다. 해외까지 포함한 경제를 국제경제 또는 개방경제라고 부르는데, 세계화의 물결이 거세게 일고 있는 요즘 '해외'라는 경제주체 역시 중요하게 다루어져야 한다.

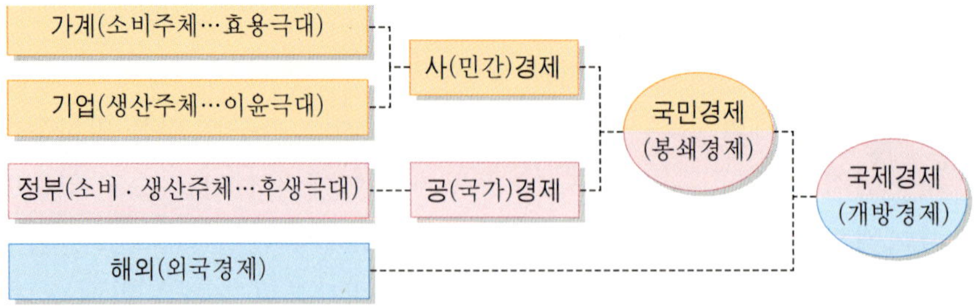

▲ 자유재에서 경제재로 바뀌어 진 물

경제활동의 담당자인 경제주체의 반대편에 경제활동의 대상으로 경제객체가 있다. 경제객체는 우리가 사용하는 모든 재화를 의미하며, 대가를 지불하는가 그렇지 않은가를 기준으로 자유재와 경제재로 나눌 수 있다. 즉, 자유재란 우리들이 필요로 하는 이상으로 존재하기 때문에 대가 없이 획득할 수 있는 재화를 말하며, 경제재란 돈을 지불해야만 획득할 수 있는 재화를 의미한다. 그리고 이 경제재를 다시 형태가 있는가, 무형인가를 기준으로 재화와 서비스로 나누어 볼 수 있다.

희소성의 원칙

사고 싶은 물건을 양껏 사지 못하는 것, 가지고 싶은 물건은 많은데 그것을 살 돈이 부족한 것, 팔면 많은 돈을 벌 수 있다는 확신이 있음에도 불구하고 만들고 싶은 만큼 생산할 수 없다는 것, 아마도 가장 먼저 떠오르는 경제문제는 이러한 모습이 아닐까? 나아가 배우고 싶은 것은 너무 많은데 모두 다 배울 수는 없다는 사실이나 수강신청한 모든 과목에서 A학점을 받고 싶지만 성적표는 그렇지 않다는 것도 우리가 생각하는 경제문제에서 크게 벗어나지 않는다는 것도 곧 알게 될 것이다. 이 문제들의 공통점은 무엇인가?

모든 경제문제는 인간의 욕망은 무한한 데 비하여 그 욕망을 충족시켜 줄 수 있는 자원은 상대적으로 부족하기 때문에 발생한다. 이것을 '희소성의 원칙(principle of scarcity)'이라고 한다. 물론 자원이라는 것은 지하자원이나 해양자원과 같은 자연이 주는 자원일 수도 있고, 더 쉽게는 월급이나 자본금으로 표현되는 돈일 수도 있고, 그리고 시간이나 건강, 지식과 같이 눈에 보이지 않고 손에 잡히지 않는 자원일 수도 있다. 중요한 것은 '희소'하다는 것이 절대적인 양의 부족이 아니라 항상 욕망과 상대적인 의미에서의 부족을 뜻한다는 것이다.

문학 속 경제이야기

'또 나와라, 손오공!'

'손오공'이라는 신기한 원숭이를 잘 알고 있을 것이다. 손오공이 가진 재주는 이루 말할 수 없지만, 그 중에서 가장 신기한 것은 자신의 털을 한 움큼 뽑아 수많은 손오공을 만들어내는 것 아닐까? 그래서 힘겨운 적을 만나면 한꺼번에 총공격을 하기도 하고, 벌을 받다가도 하기 싫어지면 자기 대신 만들어낸 손오공을 앉혀놓고 몰래 도망가기도 하니 말이다. 그런데 손오공의 이 재주가 왜 그렇게 부러운 걸까?

그것은 똑같은 손오공을 무한정 만들어낼 수 있기에 시간의 제한도 능력의 제한도 받지 않을 수 있기 때문일 것이다. 다시 말해 손오공이 '희소성의 원칙' 에서 벗어나 있다는 것이 부러운 것이다. 그럴 수 있다면 굳이 무엇 하나를 선택해야만 하는 어려움도 없을 것이고, 하나를 선택해야 하기에 또 다른 것을 참으며 포기해야 하는 고통도 느끼지 않을 수 있으니 말이다.

그렇다면 우리가 손오공이 되지 않고는 '희소성의 원칙' 에서 벗어나는 방법은 없을까? 아마도 욕망을 줄이든지 자원을 더 많이 가지든지……. 하지만 TV다, 인터넷이다 하는 것들을 통해서 세계 곳곳의 일들을 집안에서 다 알 수 있게 되면서 오히려 사람들의 욕망은 점점 더 커져가고, 반면에 너무 많은 사람들이 지구 위에 살기에 경쟁은 더 치열해지고 나에게 주어진 자원은 더 많이 제한되는 것이 현실일 것이다. 우리는 점점 더 수많은 선택을 해야 하는 시대에 살게 될 것이다. 그때마다 과연 우리는 어떻게 선택을 해야 하는 걸까?

선택의 경제학

경제문제는 '희소성의 원칙' 때문에 발생한다. 그리고 이러한 경제문제를 해결하기 위해서는 합리적 선택이 필요하다. 자신이 가진 욕망을 다 만족시킬 수 없다면 차선책은 그 중 어떤 것을 포기하고 어떤 것을 가질 것인가를 선택하는 것뿐이기 때문이다. 경제문제를 해결하기 위해 등장한 경제학을 '선택의 학문'이라고 부르는 이유가 바로 여기에 있다.

그렇다면 합리적 선택이란 어떤 것인가? 그것은 어떤 선택으로부터 얻을 수 있는 편익(benefit)과 그것을 선택하기 위해 내가 지불해야 하는 비용(cost)을 비교해서 순편익(=편익−비용)을 극대화하는 방법을 찾는 것이다. 간단한 표현이지만 놓치기 쉬운 중요한 두 가지가 있다.

보통 편익이라고 이야기하면 금전적인, 화폐적인 부문만 생각하기 쉽다. 하지만 무엇인가를 선택했을 때 얻을 수 있는 것이 돈으로 얼마인가만을 계산하면 제대로 된 편익을 평가할 수 없을 것이다. 편익을 계산할 땐 눈에 보이지 않는 부분, 이 선택을 했을 때 마음으로만 느낄 수 있는 만족감이나 다른 사람이 평가

▲ 대학에 입학할 것인가, 아니면 프로야구에 입문해야 하는가? 당신이라면 어떤 선택을 했을까? 실제 이승엽은 대학 합격을 포기하고 프로야구에 진출하였다.

해주는 가치 같은 것들도 함께 생각해 볼 필요가 있다.

더 중요한 건 선택을 하기 위해 지불해야 하는 비용인데, 경제학에서 이야기하는 비용은 일반적으로 알고 있는 것과는 달리 '기회비용(opportunity cost)'이라고 한다. 여러 가지의 선택가능성 중에서 어느 하나를 선택한다는 것은 또 다른 것들의 포기를 의미한다. 이때 선택으로 인해 포기된 편익의 최대가치가 바로 '기회비용'이다. 기회비용 역시 단순한 화폐적인 계산에서 그칠 게 아니라 심적 상실감이나 시간의 손실 같은 것까지 놓치지 말아야 할 것이다.

합리적 선택의 과정을 생각해 보자. 만약 어떤 제조업자가 상품을 판매하면 13억 원의 수입이 발생하고, 이때 제조비용이 10억 원이라면 이 상품을 판매할 것인가? 당연히 판매할 것이다. 그 이유는 판매하지 않으면 수입과 비용이 0이지만 판매 후 한계수입은 13억 원, 한계비용이 10억 원이므로 순수익 3억 원이 발생하기 때문이다.

따라서 한계수입(또는 한계편익)이 한계비용보다 크면 선택하고, 반대가 되면 선택을 하지 않는 것이 합리적 선택이 된다.

경제학자처럼 생각해보기 **일부다처제는 남성들을 위한 천국인가, 지옥인가**

이 세상의 절반을 차지하고 있는 남성들에게 오랜 기간 간직해온 꿈이 하나 있다면 바로 일부다처제다. 하지만 일부다처제에 대한 남성들의 환상은 잘못된 것인데, 일부다처제의 진정한 수혜자는 바로 아내들이기 때문이다. 왜 일까?

결혼시장 또한 하나의 시장이며, 똑같은 수의 남성과 여성이 만나는 시장이다. 일부일처제는 카드를 섞어 파트너를 정하고 계속되는 탐색전 끝에 공식적인 한 쌍이 만들어지는 방법을 통해 각자 짝을 찾게 되어 마지막에는 남는 사람이 한 명도 없게 되는 경우다. 그렇지만 일부다처제가 되면 몇몇의 잘생기고 부유하기까지 한 남자들이 맨 먼저 출발해서 여러 명의 여성을 맞아들일 것이고, 결국 행사가 끝날 무렵 몇몇 남자들은 어쩔 수 없이 독신인 채로 남아야 한다. 그렇다면 자신의 의지와는 무관하게 독신으로 남게 된 절망적인 처지의 남자들은 어떻게 행동할까? 아마도 하늘의 별이라도 따다주겠다는 약속을 해서라도 여성의 마음을 잡으려고 할 것이고, 여성들의 상품가치는 올라가게 된다. 그리고 여성들의 가격이 올라가면 남성들은 여성들의 마음을 빼앗기 위해 훨씬 더 많은 노력을 해야만 한다. 냉정한 경제학 언어로 말하자면, 수적으로 부족한 재화인 여성을 얻기 위해 남성들은 더 많은 걸 지불해야만 하는 것이다.

자, 이제 남성들은 큰일이 났다. 그동안은 머리만 잘 빗고 옷만 단정히 입으면 연인을 만날 수 있었지만, 이제는 훨씬 더 많은 노력을 해야만 한다. 게다가 여성들도 자신들이 수적으로 부족한 재화, 즉 귀한 존재라는 것을 알게 되었기 때문에 여성들의 요구는 점점 더 다양해지고 높아질 것이다. 결국 결혼조건은 남성들에게 점점 불리해진다. 이전에는 작은 집 한 채와 잘생긴 외모를 갖고 있으면 충분했지만, 이제는 집안일은 물론 언제든 불평하지 않고 쓰레기를 내다 버리겠다는 약속까지도 해야 한다.

남성들이 그렇게 간절히 바라마지 않는 일부다처제의 실상은 이렇다. 남성들은 배우자를 얻기 위해 더 많은 애를 써야 하며, 배우자를 얻었다 해도 경쟁자에게 빼앗기지 않기 위해 더욱더 많이 노력해야만 한다. 어떤가? 아직도 일부다처제가 환상적으로만 보이는가?

생/각/넓/히/기 **길에 버려진 10만 원이 있다면 주워야 할까?**

세계적인 기업 마이크로소프트(MS)사의 회장인 빌 게이츠가 길을 걷다가 10만 원이 떨어져있는 것을 발견했다고 가정하자. 이 경우 보통 사람이라면 당연히 줍는 것이 현명한 선택이 될 것이다. 그러나 빌 게이츠의 경우는 줍지 않고 그냥 지나가는 것이 더 현명한 선택이다. 왜냐하면 그가 벌어들이는 돈을 초단위로 계산해 보면 1초에 14만 원 정도인데, 걸음을 멈추고 돈을 줍는 데는 1초 이상 걸릴 것이기 때문이다.

▶ 출처 : 팀 하포드, 「경제학 콘서트」.

경제학자처럼 생각해보기 **여행사의 여행요금이 정상적인 항공요금보다도 낮은 이유는?**

선택의 문제를 주제로 다루는 경제학의 기본원리를 잘 이해하려면 '한계(marginal)'의 개념부터 알아야 한다. 한계란 경제주체가 선택을 하는 경우에 추가적인 선택으로부터 발생하는 "변화분"을 의미한다. 맨큐(N. G. Mankiw)의 Principle of Economics에서 설명하는 다음과 같은 예를 통해 한계개념을 다시 한 번 살펴보자.

200좌석이 있는 비행기의 인천에서 방콕까지 운행총비용이 6,000만 원이라고 가정하자. 그러면 손님 1인당 얼마를 받아야 비용을 건질 수 있을까? 6,000만 원을 200명으로 나누면 30만 원이 된다. 만약 이륙 30분 전에 손님이 190명으로 10좌석의 빈 자리가 있다고 하자. 이때 대기자 승객 4명이 인천공항에서 빈 자리가 있다는 것을 알고 30만 원의 반값인 15만 원으로 방콕까지 태워달라고 요구한다면 이 항공사는 그 대기자 승객을 태울 것인가? 그 답은 반드시 태울 것이라는 것이다.

왜냐하면 추가적으로 한 명을 더 태울 경우 수입은 15만 원이고, 이에 따른 비용은 기내식과 약간의 음료수비용을 합친 것으로 매우 적기 때문이다. 달리 말하면 빈 좌석 10개를 남긴 채 출발하면 300만 원의 손실을 보지만, 15만 원을 받고 4사람을 태우면 항공사의 손실은 240만 원이 되어 60만 원의 손실을 줄일 수 있기 때문이다.

이러한 사실에서 이륙 30분 전에 탑승 여부를 결정할 때 항공사로서는 정상적인 요금 30만 원은 좋은 기준이 되지 못한다. 어떤 경제적 선택의 기준으로 타당한 것은 그 결정으로 인한 한계수입과 한계비용만 생각하면 된다. 따라서 여기서는 수입과 기내식과 음료수 등을 합친 비용이 탑승 여부의 판단기준이 된다.

총비용 6,000만 원을 200명으로 나눈 30만 원은 평균개념이고, 비행기 탑승구에서 빈 자리를 보고 그것에 대해 지불할 의향이 있는 요금 15만 원은 한계개념이 된다. 평균은 과거부터 지금까지의 일이 발생한 이후의 결과를 뜻하는 것이고, 한계는 '지금 이 순간(즉, 현재)'의 의미를 갖는다. 결국 한계는 지금 이 순간에 어떤 결정을 내릴 것인가를 뜻하는 것으로 지나간 과거는 무시한다는 말이다.

항공사에서는 연간 평균탑승률을 계산하여 최성수기인 연초와 여름휴가철에는 정상적인 항공요금을 책정한다. 그러나 한국의 기후가 가장 좋아 해외여행수요가 가장 낮은 비수기인 봄·가을에는 빈자리로 운행하느니 여행사에 낮은 가격의 항공권을 할당하고, 또한 해외호텔도 비수기인 만큼 낮은 숙박비를 적용하기 때문에 정상적인 항공요금보다 낮은 해외여행의 가격이 성립하게 된다.

그럼 합리적인 경제주체는 왜 한계변화(marginal changes)에 따라 행동을 하는가? 추가적인 한 단위에 대해 경제활동을 함으로써 발생하는 이득변화분이 손실변화분보다 크면 그 한 단위를 선택할 것이고, 손실변화분이 이득변화분보다 크면 그 한 단위는 포기할 것이다. 결국 합리적인 경제주체라면 한계이익과 한계비용이 일치하는 수준까지 이러한 과정을 계속 조정해 간다.

국민경제의 3대 기본문제

지금까지 다뤄 온 경제문제가 개인적 차원이라면 사회적, 국민경제적 차원에서도 경제문제를 이야기해야 할 것이다. 국민경제적 차원에서의 경제문제는 개인이 선택해야 할 경제문제보다 훨씬 광범위하고 복잡할 것인데, 그것을 해결하기 위한 첫 번째 단계는 수많은 경제문제를 몇 가지로 분류하는 것이다. 사무엘슨(P. A. Samuelson)은 이것을 '국민경제의 3대 기본문제'로 정리하고 있다.

첫째, 어떤 재화를 얼마만큼 생산할 것인가(what and how much to produce)? 이것은 생산물의 종류와 수량결정문제인데, 예를 들어 주어진 농지에 벼 10마지기를 생산할 것인가 우리 밀 12마지기 생산할 것인가를 선택해야 한다거나, 건설업자가 단독주택을 지을 것인지 아파트를 지을 것이지를 선택해야 하는 문제라고 할 수 있다.

▲ 노동과 자본집약적 생산방법 중 어떤 것을 선택할까?

둘째, 어떻게 생산할 것인가(how to produce), 즉 생산방법 및 기술선택의 문제이다. 벼농사를 짓기로 결정한 농장주가 이번에는 일꾼을 고용할 것인가, 농기구를 써서 생산할 것인가를 고민하는 것이 여기에 해당한다. 또한 국내에 공장을 지을 것인가, 아니면 외국으로 진출하여 공장을 지을 것인가의 문제도 생산방법 선택의 문제이다.

셋째, 누구를 위하여 생산할 것인가(for whom to produce), 즉 소득분배의 문제이다. 정부가 서민예산을 증액하여 국민주택을 건설할 것인가, 국방예산을 증액하여 잠수함을 생산할 것인가 선택해야 한다면 여기에 해당하는 문제일 것이다.

경제체제

국민경제의 3대 기본문제를 해결하는 방식은 경제체제마다 다르게 나타난다. 경제체제는 생산수단의 소유방식이나 경제문제의 조정방식에 따라 구분할 수 있는데, 대부분의 국가들이 자본주의 시장경제체제를 도입하고 있다.

자본주의 시장경제체제란 생산수단의 사적 소유와 시장의 가격기구에 의해 경제문제가 조정되는 경제체제를 말한다. 오늘날 세계는 자본주의 시장경제체제가 주류를 이루고 있다. 그렇지만 어느 나라도 순수한 시장경제를 채택하고 있지는 않은데, 그 이유는 시장경제가 완벽하게 작동하지 않기 때문이다. 시장경제는 경쟁을 통해 효율성을 높이고 나아가 높은 성장을 달성하는 데 유용한 제도이다. 그러나 소득분배의 불평등을 초래하는 단점과 경기변동에 따른 실업과 인플레이션 등으로 인해 경제가 안정된 상태를 유지하지 못하는 문제점도 있다. 시장경제의 이러한 문제점을 완화하거나 해결하기 위해 정부의 시장개입이 필요하다. 따라서 대부분의 나라들은 정부가 시장경제체제에 일정부분 개입하는 경제제도를 채택하고 있는데, 이를 수정자본주의 또는 혼합경제체제라고 부른다.

자본주의 시장경제와 대비되는 경제체제로 사회주의 계획경제가 있는데, 북한이나 쿠바, 구소련 등이 이에 해당된다. 사회주의 계획경제에서는 중앙계획당국의 계획이나 명령에 의해 기본문제를 해결하고 있다. 사회주의 역시 지금은 시장경제의 장점을 받아들여서 자원배분은 시장에 맡기고 생산수단은 사회화를 유지하고 있는 중국경제와 같이 또 다른 혼합경제체제의 모습으로 바뀌고 있다. 두 체제의 차이점을 정리해 보면 아래와 같다.

	자본주의	사회주의
생산수단의 소유	사적 소유	사회적 소유
자원배분의 기준	가격기구(보이지 않는 손)	계획기구(보이는 손)
경제운영조직	개별경제주체	중앙계획당국
장점	• 효율적인 자원배분 • 오류의 자동수정 • 기술진보	• 공평한 소득분배 • 경기변동 방지 • 전략산업의 육성
단점	• 불공평한 소득분배 • 경기변동의 심화 • 인간소외, 자연파괴	• 자원배분의 비효율 • 비탄력적인 경제계획 • 정치적 자유의 제약

생/각/넓/히/기 **사회주의 비효율성 … 생리대가 없어요.**

계획경제를 세밀하고 치밀하게 세운다고 고심해도 어처구니없는 결함을 노출시키는 사례는 많다. 한 예로 소련의 계획경제정책을 비꼬는 우스갯소리가 있다. 지상천국이라고 자랑하던 소련에서 하루는 스탈린이 생리대가 없다는 딸의 소리를 듣고 그 원인을 알아보니 구소련의 경제정책을 입안하는 위원회 중에 여자가 한 명도 없었기 때문인 사실을 알게 되었다. 즉, 여성들에게 필요한 생리대가 생산품목에서 빠져 있어도 위원회의 위원들이 남자들로만 구성되어 있어 아무도 이를 발견하지 못했고, 결국 생리대가 생산품목에 포함되지 못했다는 것이다.

효율성과 공평성

경제체제를 평가하기 위해서나, 혹은 많은 경제정책들을 평가하기 위해서는 평가기준이 필요한데, 이때 가장 기본적으로 제시되는 두 가지가 효율성과 공평성이다.

효율성이란 한정된 자원을 얼마나 적재적소에 배분하는가에 대한 기준이며, 공평성이란 얼마나 형평성 있게 분배가 이루어지는가에 대한 기준이다.

두 가지 기준으로 자본주의 시장경제체제를 평가해 보면 어떠할까? 앞의 표에서 본 바와 같이 자본주의 시장경제는 높은 효율성이라는 장점과 불공평한 분배라는 단점이 나타난다. 현대 자본주의를 수정자본주의라고 부르는 것은 바로 이러한 단점을 보완하여 변화, 발전하는 모습을 보여주고 있기 때문이다.

경제학자처럼 생각해보기 **극장에 불이 나면 "불이야!"하고 모든 관객에게 알려야 할까?**

경제논리와 정치논리는 어떻게 다른 것인가에 대하여 살펴본다면 경제논리는 효율성의 논리인 반면, 정치논리는 형평성의 논리인 경우가 많다.

예컨대 극장 뒤편 사무실에서 불이 났다고 하자. 이때 극장 직원이 뒷줄에 앉아 있는 관객들에게만 불이 난 사실을 알리고 조용히 퇴장해 줄 것을 부탁해서 손님들을 극장 밖으로 대피시킬 수도 있고, "불이야!"하고 큰소리를 질러 불이 난 것을 모든 관객에게 동시에 알려 퇴장시킬 수도 있다. 만약 뒷줄 관객에게 조용히 퇴장할 것을 요청한다면 관객들 모두에게 불이 난 것을 알리는 경우에 비해 보다 많은 사람들의 생명을 구할 수가 있을 것이다. 왜냐하면 극장에 불이 났다고 소리 지르면 어두운 곳에서 영화를 보던 모든 관객들이 일시에 입구로 몰려들어, 십중팔구 입구가 사람으로 막혀 몇 명 빠져나오지 못한 채 연기에 질식될 가능성이 높기 때문이다. 그래서 불이 난 것을 안 극장 관계자들이 극장 뒷좌석에 있는 관객들부터 조용히 퇴장시키자고 주장한다면, 이는 경제논리에 근거한 것이다.

그렇지만 극장 뒷줄에 앉아 있는 사람들에게만 불난 사실을 조용히 알리고 대피시키기 시작한다는 것은 극장 앞줄에 앉아 있는 사람들에게는 매우 불공평한 처사가 될 수도 있다. 불이 번지다 보면 앞줄에 앉아 있던 사람들은 불이 난 사실을 뒤늦게 알아 미처 빠져나오기도 전에 극장이 화염에 휩싸여 불에 타죽을 수도 있기 때문이다. 극장에서 앉은 좌석이 어디였는가에 따라 생사가 갈릴 수도 있고, 또 불이 난 사실을 미처 알지도 못하고 죽을 수 있다는 것은 여간 불공평한 일이 아닐 수 없다. 그래서 모든 사람들에게 불이 났다는 사실을 알려서 모두에게 극장을 빠져나올 기회를 공평하게 제공해야 한다고 주장한다면, 이는 정치논리에 근거한 것이다.

형평과 효율의 갈등은 모든 문제를 해결하는데 있어서 나타나는 현상이라 볼 수 있는데, 이를 적절하게 잘 조화시킬 필요가 있다.

제2절 | 경제이론의 분석방법과 경제학의 구분

경제학을 바라보는 시각

경제학은 분석대상을 어떻게 보느냐에 따라 미시(微視)경제학과 거시(巨視)경제학으로 나누어진다. 우리가 산행(山行)을 할 때 나무의 종류나 형태를 중심으로 보느냐, 산 전체의 경관을 중심으로 보느냐는 다른 관점이 필요하다. 마찬가지로 축구경기를 관람할 때 일반 관객은 경기 전체를 보는데 비해 축구선수의 어머니는 자신의 아들이 어떤 활약을 하느냐를 주로 보게 된다. 이와 같이 선수 하나 하나에 초점을 맞추어 보는 시각이 미시경제학이라면 팀 전체의 팀워크를 보는 시각은 거시경제학에 속한다고 할 수 있다.

미시경제학(micro-economics)은 가계와 기업들이 시장에서 가격을 매개로 하여 어떠한 경제적 의사결정을 내리며, 시장에서 이들이 어떻게 상호작용하는가를 연구대상으로 한다. 한편 거시경제학(macro-economics)은 개별경제주체들의 행동분석은 미시경제학에 맡기고, 나라 전체의 고용과 실업, 국민소득과 경제성장, 물가 등의 국민경제 전체에 관한 경제현상을 연구하는 분야이다.

원래 경제학은 신고전학파가 주로 분석한 미시경제학을 중심으로 발달하였다. 그러나 개별주체의 합리성을 강조하는 미시경제학은 1929년에 시작된 세계대공황으로 인해 위기를 맞게 된다. 개별주체들이 자원을 합리적으로 배분하고 아낀 자원을 절약하여 저축하였음에도 경기침체로 인해 실업자가 되고 빈곤이 증가하는 현상이 나타나게 되었던 것이다. 이에 대해 케인스(J. M. Keynes)는 '절약의 역설(paradox of thrift)'을 주장하였는데, 미국과 같이 공급능력이 충분한 경제에서 저축은 개인에게는 미덕이지만, 모두가 저축을 늘리면 소비가 줄어 생산된 물건이 판매되지 않아 생산이 줄고 소득이 줄어버린다는 것이다. 따라서 부분이 참이라고 해서 전체도 반드시 참이라고 할 수는 없다는 '구성의 모순(fallacy of composition)' 때문에 미시분석과 거시분석은 달라야 한다는 주장을 하게 된다. 이러한 이유로 현대경제학은 두 개의 경제학으로 구성되었고 서로 보완적인 역할을 하고 있다.

또한 경제학은 경제분석을 할 때 가치판단의 유무에 따라 실증경제학과 규범경제학으로 구분할 수 있다. 실증경제학은 분석자의 주관적인 가치판단을 배제하고 경제현상을 '있는 그대로'의 관점에서 객관적인 인과관계만을 분석하는 방법을 택하는데 경제이론이나 경제사가 여기에 속한다. 한편 규범경제학은 현실의 경제문제가 어떻게 움직이는 것이 바람직한 것인가를 평가하는 가치기준을 도입하여 분석하는 분야로 경제정책이나 정치경제학 등이 있다.

생/각/넓/히/기 **필수재와 사치재 중 어느 것에 높은 세금을 매겨야 할까?**

필수재와 사치재에 어떤 세율을 부과할 것이냐에 대해서는 실증경제학적 방법이냐, 규범경제학적 방법이냐에 따라 그 답이 달라진다. 우선 실증경제학적 관점에서 보면 필수재는 세금을 부과하여 가격이 비싸진다 하더라도 소비자가 소비량을 크게 줄이지 못하기 때문에 그 산업이 크게 위축되지 않고 정부의 조세수입도 증가한다. 반면 사치재는 세금을 부과하여 가격이 비싸지면 소비자가 소비량을 크게 줄여 그 산업이 큰 위기를 맞게 되고 정부의 조세수입도 감소한다. 따라서 사치재보다는 필수재에 높은 세금을 매겨야 한다고 결론내릴 것이다. 그러나 소득불평등의 문제점을 극복해야 하는 규범경제학적 입장에서 보면 고소득자가 주로 소비하는 사치재에 대해 세율을 낮추고 필수재에 높은 세율을 매겨서 가격이 비싸지면 고소득자에 비해 저소득자의 생활이 어려워져 소득불평등을 커지게 하는 문제점이 발생한다. 따라서 규범경제학에서는 필수재보다는 사치재에 높은 세금을 매겨야 한다. 이러한 문제를 어떻게 잘 조화시키느냐가 바로 정책당국의 숙제이다.

경제학에서는 일반균형분석과 부분균형분석도 중요한 이론의 차이를 가져온다. 경제 안에는 수많은 시장들이 존재하고 있어 서로 영향을 주고받는다. 예를 들어, 사과가 풍년이라서 사과값이 떨어지면 딸기시장이나 귤시장에도 파급효과가 생기게 된다. 그러므로 딸기시장에서 무슨 일이 벌어지는지를 분석하려면 사과시장과 귤시장을 함께 분석하여야 한다. 이처럼 상호의존관계에 영향을 미치는 모든 변수를 고려하여 경제체계를 분석하는 방법이 '일반균형분석'이다. 대표학자로는 왈라스(L. Walras), 파레토(V. Pareto), 애로우(K. J. Arrow) 등이 있다. 그런데 이렇게 할 경우 분석이 너무 복잡해져 아무런 유용한 결과도 얻지 못할 수 있다. 오히려 그보다는 딸기시장만을 따로 떼어서 분석하는 것이 유용한 결과를 더 많이 얻을 수 있을지 모른다. 이와 같이 다른 시장에는 아무 변화가 없음을 가정하고 한 시장만을 따로 떼어서 분석하는 방법을 '부분균형분석'이라고 한다. 경제학을 공부한 사람이면 누구나 들어본 적이 있을 이 분석방법을 개발한 것도 마샬(A. Marshall)의 중요한 업적 중 하나로 꼽힌다.

경제이론 만들기

우리가 해결해야 할 경제문제는 매우 복잡하고 다양한 경제현상으로 나타난다. 그러한 수많은 경제현상을 분석하여 객관적인 모형이나 이론으로 만들기 위해서는 원인과 결과가 명확히 드러날 수 있도록 단순화시키는 작업이 필요하다.

우리가 매일 마시는 커피에 대해 생각해 보자. 하루 종일 몇 잔의 커피를 마실 것인가를 결정하는데 영향을 미치는 요인은 과연 몇 가지나 될까? 커피의 가격, 나의 하루 용돈, 내가 만나야 할 고객의 숫자, 하다못해 바리스타의 외모까지도 내가 마시는 커피잔의 숫자를 결정하는데 영향을 미칠 것이다. 그렇지만 이 모든 변수를 다 고려하여 경제이론을 만들 수는 없으므로 가장 결정적인 하나의 변수를 위해 '여타 조건이 일정하다면'이라는 가정을 하지 않을 수 없다. 그렇기에 경제이론을 만들기 위해서는 다음과 같은 절차가 필요하다.

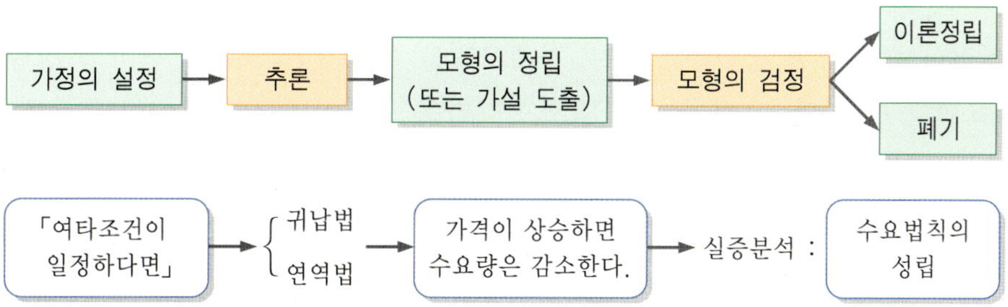

경제학자처럼 생각해보기 2 더하기 2는? … 경제모형의 함정

수학자와 회계사, 그리고 경제학자가 같은 직업에 응모하여 면접을 보게 되었다. 면접관이 먼저 수학자에게 물었다. "2 더하기 2는 얼마지요?" "그거야 4입니다." "확실히 4 맞습니까?" "예, 정확하게 4입니다." 다음 회계사에게 같은 질문을 하였다. 회계사 왈 "약 10퍼센트의 오차를 두고 평균적으로 4입니다." 마지막으로 경제학자에게 같은 질문을 하였다. 그러자 경제학자는 자리에서 일어나 방문과 창문을 모두 닫고 커튼까지 치고 나더니 면접관에게 가까이 다가가 조용히 말했다. "2 더하기 2를 얼마로 만들고 싶으십니까?"

직업의 특성과 빗대어서 만들어진 많은 유머 중의 하나이지만 경제학자로서는 명심해야 할 중요한 내용이 숨어 있는 이야기다. 경제모형을 만들기 위해서는 어쩔 수 없이 '가정'이라는 과정을 거쳐야만 한다. 그러나 해결해야 할 경제문제의 정확한 의미를 파악하지 못했다거나 경제외적인 가치관의 개입으로 잘못된 가정을 하게 된다면 경제이론은 전혀 엉뚱한 방향으로 전개될 수도 있다.

▲ 경제모형을 어떻게 만들까?

경제모형 이해하기

경제이론이 어렵다고 생각하는 사람은 아마도 경제이론을 표현하는 방법이 여러 가지라는 사실을 모르기 때문일 것이다. 경제이론을 표현하는 방법은 세 가지가 있다. 다시 말해 같은 내용을 세 가지 방법으로 설명할 수 있다는 것이다.

첫 번째는 서술적 표현방법이다. 변수들에 대한 설명이나 변수들 간의 상호의존관계에 대해 말로 풀어서 경제이론을 설명하는 방법을 말하는데, 쉽게 읽을 수 있지만 표현이 길기 때문에 설명하고자 하는 내용이 명확하게 나타나지 않을 수 있다.

두 번째는 수리적 표현방법으로 경제이론을 수학적인 함수관계로 간단 · 명료하게 표현하는 방법이다. 즉, '다른 조건이 일정하다면, 소득이 증가하면 소비도 증가한다'는 서술적 표현을 수리적으로 표현하면 다음과 같아진다.

$$C = f(Y)$$

(C=소비액, Y=소득)

이러한 수리적 방법을 사용하여 경제모형을 설명하면 매우 간결하고 정밀하게 표현할 수 있다. 그러나 수리적 표현방법은 수학적인 기초지식이 없으면 이해하기 힘들다는 단점도 있다. 현대경제학에서는 이러한 수리적 방법이 많이 이용되고 있어 사회과학을 공부한 독자들은 경제학을 난해한 과목으로 생각하는 경향이 있다. 그러나 수리적 표현은 독자들을 어렵게 만들기 위한 것이 아니라 경제학을 보다 간결하고 정확하게 표시하기 위한 방법이다.

세 번째 방법은 그래프에 의한 표현방법이다. 이것은 경제이론을 그래프를 이용하여 표시하는 방법으로 위의 서술적, 수리적 표현방법을 그래프의 형태로 표현하면 다음과 같은 그래프로 나타낼 수 있다. 그래프에 의한 표현방법도 약간의 분석기법만 알면 쉽게 이해할 수 있지만 어느 정도의 경제학적 훈련이 필요하다. 그러나 수리적인 표현방법에 비해서는 비교적 이해하기 쉽다는 장점과 '글로 쓴 책'보다는 '그림책'이 한눈에 쉽게 알아볼 수 있다는 장점을 가지고 있다. 본 책에서는 주로 서술적인 방법을 사용하고 가능한 한 그래프에 의한 방법이나 수리적 방법은 피하려고 노력하였다. 수리적 표현방법은 심층탐구로 따로 기술하였으므로 보다 전문적인 경제학습을 원하는 독자들은 이 부분을 추가하여 학습하면 될 것이다.

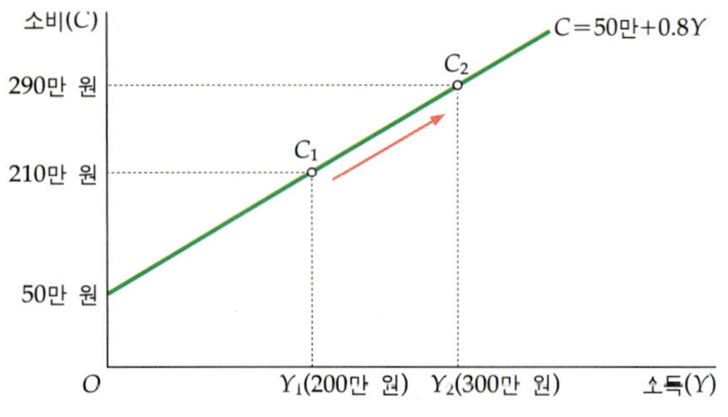

▲ 거시적 소비함수 $C=f(Y)$에서 $Y_1 \rightarrow Y_2$; $C_1 \rightarrow C_2$로 증대

보충 경제학과 수학의 만남 – 경제학의 수학적 기초

본론으로 들어가기에 앞서

문과출신의 사회과학도는 현재 고등학교의 수학교과 과정에서 미분과 적분을 배우지 않고 대학의 공부를 하게 된다. 그러나 이러한 수학적 기초가 없이는 상경계통의 학문, 특히 경제학과 경영학 등을 이해하기 어렵기 때문에 이 장을 마련하였다. 이러한 문제점을 정부도 뒤늦게 인식하여 2011년의 교과과정부터 미적분의 영역이 추가되어 들어가게 되었다. 따라서 경제학의 이해를 돕는 수준에서 간단하지만 기초적인 수학부분을 여기서 읽고 이 책을 읽으면 보다 나은 학습이 되리라 생각한다.

이렇게 공부하는 이유는 경제학은 합리적인 경제주체를 가정하고, 이들의 행동분석을 통하여 자원배분의 효율성을 수리적으로 증명해가는 내용을 포함하고 있기 때문이다. 즉, 현대경제학은 소비주체인 가계의 만족극대화와 생산주체인 기업들의 이윤극대화를 전제로 최적선택의 모형을 분석하는데, 여기서 나오는 극대 · 극소의 개념이 수학개념인 기울기나 미분의 연장선상에서 분석되기 때문이다.

경제학에서 수리적인 개념을 활용하기 시작한 것은 1870년대에 멩거(C. Menger), 왈라스(L. Walras), 제본스(W. S. Jevons) 등의 한계효용학파라 불리는 학자들에 의해 이루어진 소위 "한계혁명(Marginal Revolution)"의 시기부터 이루어졌다. 그 이후에 신고전학파를 정립한 케임브리지 대학의 마샬(A. Marshall)에 의해 체계적으로 도입되어 현대에 이르고 있다.

함수와 함수값의 변화

함수는 역사적으로는 독일의 수학자 라이브니츠(G. W. Leibniz, 1646~1716)에 의해 처음 사용되었고, 후에 오일러(L. Euler, 1707~1783)에 의해 $f(x)$라는 형태로 표시되면서 변화하는 변수 사이의 관계를 나타내는 것으로 사용된다.

$$y=f(x_1, x_2, \cdots, x_n)$$

경제모형에서 소득(x)이 증가하면 소비(y)가 변화한다는 명제가 있다고 하자. 이것을 수학적으로 표현하면 소비함수 $y=f(x)$가 성립한다. 위의 함수식에서 소득(x)이나 소비(y)는 변수가 된다. 이것을 구체적인 함수로 표현하면 $y=$50만$+0.9x$라는 식이 나오고 50만(원)은 소득(x)변수와 관계없이 일정한 값을 나타내는 수로 상수가 된다.

선형함수의 기울기

1차 함수 $y=ax+b(a, b\neq0)$에서 x의 변화분에 대한 y의 변화분이 기울기(a)가 된다. $a>0$이면 x가 증가할 때 y도 증가하는 비례관계가 나타나 그래프는 오른쪽으로 올라가는(우상향) 형태를 보인다. 반대로 $a<0$이면 x가 증가하면 y는 감소함으로 두 변수는 반비례관계가 되어 오른쪽으로 내려가는(우하향) 형태를 보이게 된다. 생산함수는 요소량(x)과 생산량(y) 간의 비례관계로 우상향하는 그림이고, 수요함수는 가격(x)과 수요량(y) 간의 반비례관계로 우하향하는 형태를 취한다.

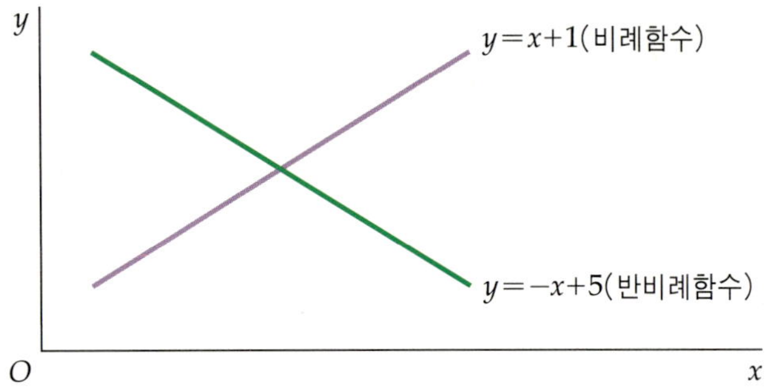

▲ **비례관계와 반비례관계의 함수**

x와 y가 같은 방향으로 변화하는 비례함수와 x와 y가 다른 방향으로 변화하는 반비례함수

비선형함수의 기울기[=미분(微分)]

미분의 개념을 정리하기 전에 미분공식부터 보면 $y=ax^m$에서 미분방법은 $y'=max^{m-1}$로 표시된다. 1차 함수의 식 $y=2x+1$의 식에서 1이 y축 절편이고 기울기가 2가 되는 것은 모두 알고 있다. 이렇게 직관적으로 기울기(또는 미분계수)를 2로 알지만 사실은 이 방법도 미분공식을 통하여 구한 것이라 할 수 있다. 위의 식은 $y=2x^1+1x^0$로 표시할 수 있고, 이 식을 공식에 따라 $y'=1\times 2x^{1-1}+0\times 1x^{0-1}$으로 정리하면 기울기(또는 미분계수)는 2가 됨을 알 수가 있다. 이런 논리로 보면 고등학교 과정에서 미분을 배우지 않았다고 하더라도 미분방법은 쉽게 알 수가 있을 것이다.

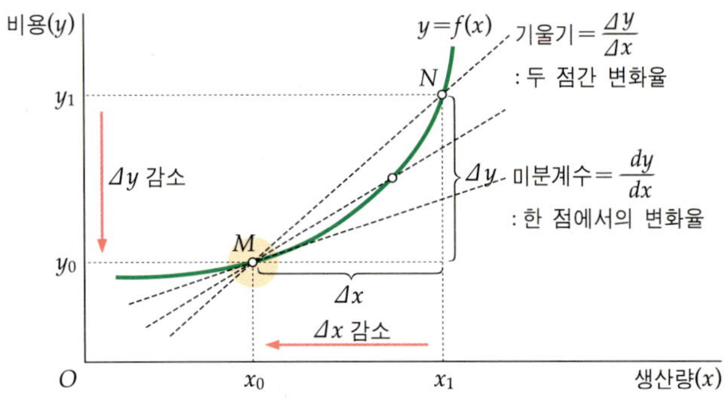

▲ **기울기와 미분계수**

Δx를 점차 줄여가며 기울기를 구하다 보면 Δx가 0에 근접할 때 미분계수는 접선의 기울기가 된다.

미분(derivative)개념은 경제학에서 "한계(marginal)"라는 용어로 표현되며, 효용극대, 이윤극대, 비용극소를 분석할 때의 극대·극소를 전제한 최적화를 이끌어내는 수리적 도구이다. 기울기는 구간변화를 표시할 때 사용되는데, 독립변수의 변화량분에 종속변수의 변화량으로 표시된다. $y=f(x)$에서 기울기는 $\frac{\Delta y}{\Delta x}$로 표시된다. 이때 독립변수의 변화값이 극한적으로 작아질 때 순간 변화 또는 접선의 기울기로 표시되는 것이 순간변화를 표시한 미분개념이 도출된다.

미분공식

① $y=ax^m \rightarrow y'$ 또는 $\frac{dy}{dx}=m\cdot ax^{m-1}$

예 $y=3 \rightarrow y'=0$

$y=3x \rightarrow y'=3$

$y=3x^2 \rightarrow y'=6x$

② $y=f(x)g(x) \rightarrow y'=f'(x)g(x)+f(x)g'(x)$

예 $TR=P\times Q$에서

$$MR\left(=\frac{dTR}{dQ}\right)=\frac{dP}{dQ}\cdot Q+P$$

$$=P\left(1+\frac{dP}{dQ}\cdot\frac{Q}{P}\right)$$

극값과 미분계수

① 극값에서는 1차 미분값이 0이다.

다음 그래프에서 A점과 B점은 두 점의 근방에서는 가장 극값을 갖고 있다. 이렇게 y축에 있는 변수가 극값을 갖는 점에서 1차 미분계수는 0이다.

② 2차 미분부호가 음이면 그 극값은 극대값이다.

A점(극대점)의 근방에서, $\frac{dy}{x}\left(\frac{dy}{dx}\right)=\frac{d^2y}{dx^2}<0$

x가 증가할 접선의 기울기가 점차 감소하기 때문에 2차 미분부호는 음(−)이다(극대값).

이에 반해, B점(극소점)의 근방에서는 2차 미분부호가 양(+)이다.

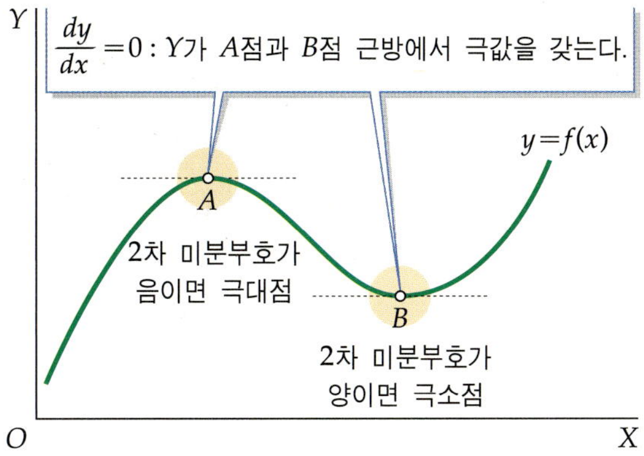

▲ **미분계수에 의한 인과관계를 판별**

■ x, y의 변화방향 동일

$\frac{dy}{dx} > 0$

■ x, y의 변화방향 반대

$\frac{dy}{dx} < 0$

■ x, y의 인과성 없다.

$\frac{dy}{dx} = 0$

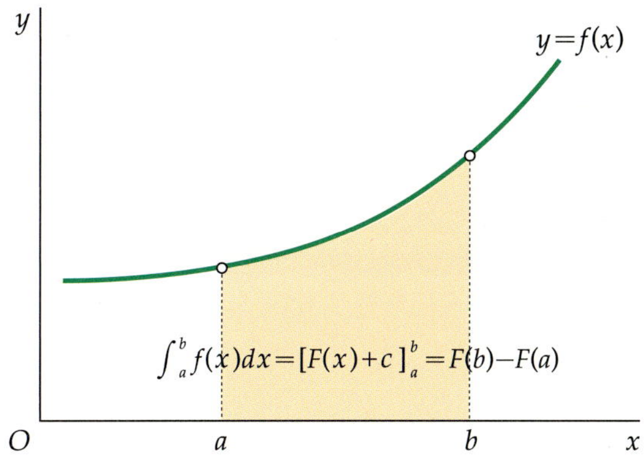

▲ **정적분**

a와 b의 구간 사이에 색칠된 면적을 구하는 것과 일치한다.

적분(積分 : 면적구하기)

미분한 것을 원함수의 형태로 바꾸는 것을 통해 분석된다.

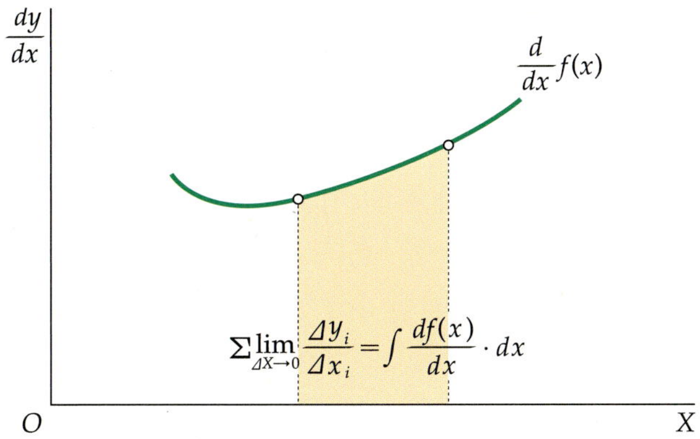

▲ **부정적분**

원함수를 미분한 것을 다시 원함수를 구하기 위해 미분계수에 Σ를 취하여 원함수의 형태로 바꾸는 것을 말한다.

제 2 장

경제학과 친구하기

수요와 공급의 원리 (시장 이해하기)

제 1 절 | 시장의 정의와 역할

시장의 정의

일상생활에서 시장(market)이라 할 때 구매자와 판매자가 모여서 매매(賣買)가 이루어지는 장소를 의미한다. 그러나 경제학에서 의미하는 시장은 동대문시장이나 자갈치시장, 노량진 수산시장과 같은 구체적인 장소가 아니라 가격이 정해지는 "추상적인 조직체"를 뜻한다. 즉, '얼어붙은 증권시장'이나 '출렁이는 외환시장', '부동산시장'이나 '선물(先物)시장'이라는 표현에서 보듯이 시장은 "판매자와 구매자가 서로의 합의 아래 물건을 사고파는 상황"이다.

따라서 판매자와 구매자가 존재하여 재화의 종류, 가격, 대금의 지급조건 등을 서로의 약속에 따라 정하고 매매가 이루어진다면 현실적으로 존재하는 공간을 필요로 하는 것은 아니다.

인류의 경제생활은 맨 처음 자급자족경제에서 물물교환경제를 거쳐 시장경제를 가장 핵심으로 하는 자본주의 경제로 발달해 왔다. 화폐의 발달도 시장에서의 교환을 보다 효율적으로 하기 위해 이루어졌다. 또한 시장과 관련하여 '호황'이라고 하면 시장에서 풍부한 매매가 이루어지는 경우를 말하고, '불황'이라면 그 반대적 상황을 말하는 것이다. 만약 시장이 존재하지 않는다면 통상적인 의미의 경제는 없고, 단지 자급자족 혹은 비(非)경제 속에 갇힌 생활만이 존재하게 될 것이다. 이러한 점에서 인류의 경제생활은 시장의 발달과 함께 해 왔다고 해도 과언이 아니다.

▲ 외환시장

시장의 역할

자본주의 경제체제의 핵심을 이루는 시장기구는 자원을 가장 효율적으로 배분하는 기능을 수행한다. 우리 사회에 빵이 10개가 있고 그것을 소비할 사람이 20명이라면 빵을 어떻게 나누는 것이 가장 바람직할 것인가? 빵을 반으로 나누면 가장 합리적이라고 생각하는 독자들도 있을 것이고 선착순이나 배급제로 나누자고 주장하는 사람도 있을 것이다. 그러나 사람들의 먹는 양과 현재 배고픔의 정도가 다른 상태에서 똑같이 나누어주거나 선착순과 같은 방법은 합리적이라고 할 수 없다. 왜냐하면 가장 배고픈 사람이 빵으로부터 가장 큰 만족을 얻게 될 것이고 빵에 대해 가장 높은 가격을 지불하려고 할 것이기 때문이다. 따라서 시장기구 또는 가격을 통하여 그 자원을 가장 필요로 하는 사람을 찾아낼 수 있다.

만약 어떤 재화의 가격이 0이라면 소비자들은 공짜로 그 자원을 얻을 수 있기 때문에 별로 필요가 없는 사람들도 그 자원을 가지려 하게 되고, 그 자원이 필요한 사람이라도 필요 이상으로 많이 가지려고 함으로써 낭비에 따른 비효율이 발생하게 된다. 하지만 시장에서는 상품을 파는 사람은 가장 비싼 값에 사려는 사람(=그 상품을 가장 원하는 사람)에게 팔려고 하고, 상품을 사는 사람은 가장 싸게 파는 사람에게 사려고 한다.

이러한 과정을 거쳐 한정된 상품을 가장 원하는 소비자부터 순서대로 살 수 있게 되고, 생산자의 경우는 가장 값싸게 공급할 수 있는 생산자부터 시장에서 상품을 팔 수 있게 된다.

이처럼 가격은 희소한 자원을 적재적소에 배분할 수 있게 하며, 생산활동과 소비활동의 신호나 유인을 마련하는 지표 또는 신호를 전달하는 기능을 한다. 스미스(A. Smith)는 가격의 이러한 기능을 가리켜 "보이지 않는 손(invisible hand)"이라 하였다.

▲ 가격은 경제활동의 신호등이다.

둘째, 시장기구는 분업과 전문화를 촉진시킨다. 시장이 발달함에 따라 생산물의 교환이 용이해지면서 생산자들이 특정 분야에 전문화할 수 있는 기회를 갖게 되고, 생산규모의 확대를 통해 생산력이 향상되고 생산비의 절감을 가져오게 한다.

셋째, 시장기구는 거래비용(transaction cost)을 절감시키는 효과가 있다. 시장은 거래당사자에게 수요량과 공급량, 그리고 상품가격과 품질에 대한 종합적인 정보를 제공함으로써 탐색에 따른 거래비용을 줄여 보다 쉽게 거래가 이루어지게 해준다.

생/각/넓/히/기 **대형 할인점의 쇼핑카트와 자원배분**

전통적으로 재래시장에서는 주부들이 장바구니를 가지고 다니면서 물건을 구매하였다. 초창기의 대형 할인점들은 자신들의 경쟁력을 높이고자 쇼핑카트를 도입하여 이것을 무료로 사용하게 함으로써 구매자들의 불편을 덜어주게 되었다. 그러나 얼마 지나지 않아 할인점에 쇼핑카트가 거의 사라져버렸다. 그 이유는 쇼핑객들이 쇼핑카트를 밀고 자기들의 집 앞에까지 가는 일이 다반사로 일어났기 때문이었다. 이렇게 되니 할인점에 온 다음 손님들은 사용할 카트가 없어 불편을 겪게 되었고, 이러한 사정을 알게 된 할인점 측에서는 직원들을 동원하여 온 동네를 뒤져 쇼핑카트를 회수하였지만 여기에 따르는 비용이 만만치 않음을 알게 되었다. 결국 할인점에서는 카트사용의 대가로 카트구멍에 100원 동전을 넣어 사용하게 하고 그 동전을 다시 찾으려면 카트를 제자리에 갖다놓게 하는 방법을 이용하게 되었다. 결국 할인점들은 실제 돈을 받지 않지만 100원짜리 동전이라는 시장원리로 자원을 적재적소에 활용하게 된 것이다.

제 2 절 | 수요와 공급의 원리-시장의 작동원리

수요와 공급의 이론은 어떻게 발달했을까?

시장경제의 가장 핵심적인 기능은 가격을 결정하고 자원을 배분하는 기능이다. 그렇다면 가격은 어떻게 결정되는 것일까? 가격이 수요와 공급의 상호작용에 의해 결정된다는 것은 현재에는 보편적으로 받아들이는 상식이지만, 사실 이러한 인식이 시작된 것은 약 100여 년 정도밖에 되지 않는다.

원래 스미스(A. Smith)를 시조로 하는 고전학파는 상품에 투하된 노동량이 그 상품의 가치를 결정한다고 하는 노동가치설을 주장하였다. 이러한 노동가치설이 사회주의의 창시자인 마르크스(K. Marx)에 의해 모든 가치의 원천은 인간의 노동이며, 자본가에게 돌아가는 이윤이나 이자는 노동자들이 만들어낸 잉여가치의 착취에 불과하다는 잉여가치설(일종의 착취설)로 발전되었다.

한편 신고전학파는 가치는 재화의 생산비용이 아니라 수요자가 그 상품을 얼마나 필요로 하는가에 의해 결정된다는 효용가치설을 주장하게 되고 두 학파 간에 격렬한 가치논쟁이 일어나게 된다. 결국 이러한 가치논쟁은 영국의 마샬(A. Marshall)에 의해 수요와 공급의 상호작용에 의해 결정된다는 현대적 수요공급의 원리로 정립되게 된 것이다.

수요(需要 : Demand)란?

소비자가 일정기간 동안(유량[流量 : flow]개념)[1] 상품을 구매하고자 하는 욕구를 의미한다.

이러한 수요의 결정요인으로 그 재화의 가격(P_1), 다른 재화의 가격(P_2, P_3, ⋯, P_n), 소득의 크기 및 분포(I : income), 소비자의 수(N : number), 소비자의 기호(T : taste), 가격변화에 대한 예상(E : expectation), 광고 · 선전, 유동자산보유비율, 이자율 등을 들 수 있다. 이것을 식으로 정리하면 넓은 의미의 수요함수가 도출된다.

$$D_1 = f(P_1, P_2, \cdots, P_n, I, N, T, E, \cdots)$$

그러나 넓은 의미의 수요함수는 분석이 복잡하므로 '그 재화의 가격' 이외의 여타 변수들이 일정하다(ceteris paribus=constant, other things being equal)라고 가정할 때의 수요함수를 협의의 수요함수라 한다.

$$D_1 = f(P_1)$$

이러한 수요함수에서 '가격이 상승하면 수요량이 감소한다'는 수요법칙이 나타나고, 아래의 표에서 보듯이 가격과 수요량은 반비례 관계이므로 우하향하는 수요곡선이 도출된다.

상자당 사과가격	2만 원	3만 원	4만 원	6만 원
월간 수요량	6상자	4상자	3상자	1.5상자

1) 경제변수는 소비량, 생산량, 소득과 같이 '일정기간 동안' 측정되는 유량개념과 인구수, 재산과 같이 '일정시점' 에서 측정되는 저량(貯量 : stock)개념이 있다.

그림 2-1 **수요곡선**

수요곡선은 가격이 상승하면 수요량은 감소하는 것을 보여주므로, 가격의 감소함수로 우하향하는 형태를 취한다.

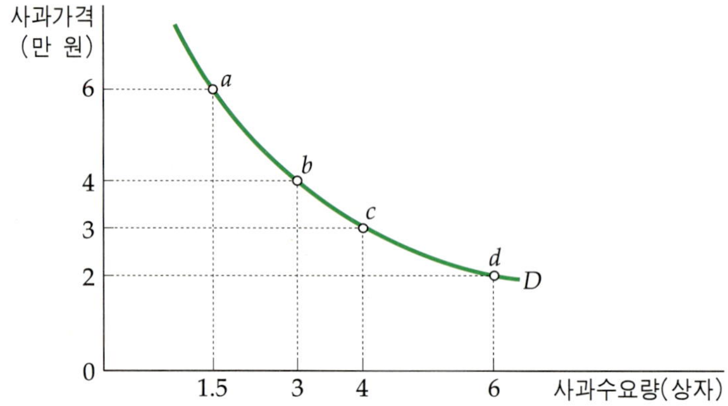

수요량의 변화와 수요의 변화

재화의 가격이 변화하면 수요곡선을 따라서 수요량이 변화하게 되는데, 이것을 수요량의 변화(change in quantity demanded)라 한다. 한편 해당 재화가격 이외의 다른 요인이 변화하게 되면 수요곡선 자체가 이동(shift of demand curve)하여 동일한 가격수준에서 수요량이 변화하게 되는데, 이것을 수요의 변화(change in demand)라 구분한다. 수요의 변화를 가져오는 주요 요인으로는 다른 재화의 가격변화나 소득의 변화, 그리고 인구나 기호, 예상의 변화 등을 들 수 있다.

그림 2-2 **수요량의 변화(a)와 수요의 변화(b)**

- 그림 (a)
가격이 변하면 곡선을 따라 수요량이 변화
- 그림 (b)
가격 이외의 요인이 변하면 곡선의 이동으로 수요량이 변화

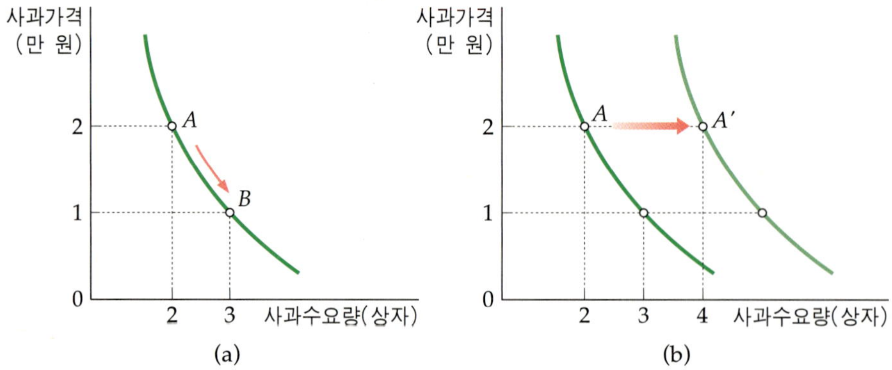

생/각/넓/히/기 **담배소비를 줄이는 두 가지 방법**

담배소비를 줄이는 방법으로 첫 번째는 '수요량의 변화'를 이용하는 것으로 담배세의 부과로 담배값을 인상시켜 담배소비를 줄이는 방법이다. 두 번째는 '수요의 변화'를 이용하는 방법으로 금연 홍보를 통해 흡연이 건강에 해롭다는 것을 알리거나 담배의 대체재인 전자담배의 보급 등을 통해 담배소비를 줄이는 방법이 있다. 도시국가인 싱가포르에서는 이 두 가지 방법 모두를 사용하고 있다. 즉, 담배값을 만 원 정도로 정하고, 담뱃갑에 말기 암환자의 폐의 모습을 그려 넣어 이래도 피울 거냐고 경고하는 것이다.

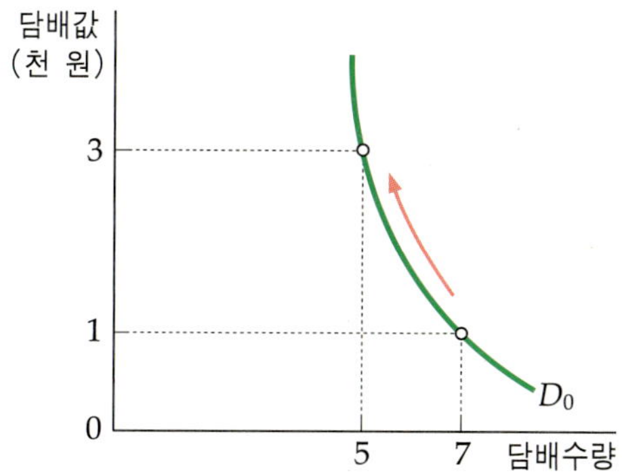

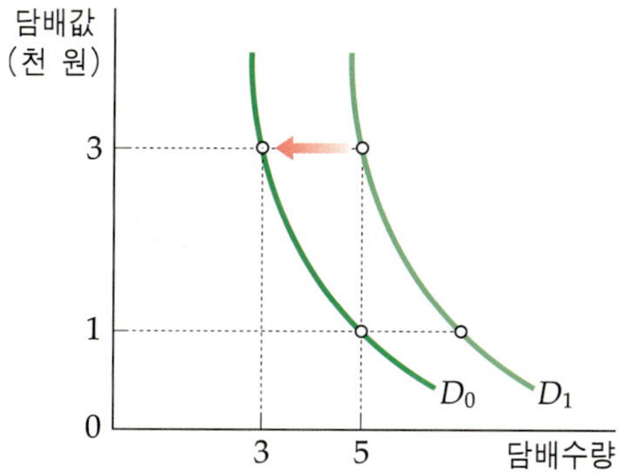

수요량의 변화와 수요의 변화를 그래프로 보면 〈그림 2-2〉에서 보듯이 사과의 가격이 내리면 사과의 수요량은 증가하고 소득이 증가하면 사과의 가격변동이 없음에도 사과에 대한 수요곡선이 우측으로 이동하여 사과에 대한 수요가 증가한다는 것을 알 수 있다. 이와 같이 소득이 증가하여 수요가 증가하는 재화를 정상재(normal goods) 또는 우등재(superiot goods)라 한다. 하지만 재화 중에는 연탄이나 검정고무신처럼 소득이 증가하면 오히려 수요가 감소하는 재화가 있는데, 이를 열등재(interior goods)라 한다. 이처럼 정상재와 열등재는 같은 소득변화에서도 수요곡선의 이동방향이 다르게 나타난다.

한편 관련 있는 다른 재화의 가격변화도 수요의 변화를 가져올 수 있는데, 이 역시 관련재의 성격에 따라 다른 이동모습을 보인다. 만약 사과의 가격이 그대로인데 배의 가격이 상승하면 어떤 영향을 받게 될까? 아마도 배의 가격이 상승하면 배의 수요량이 감소하고 사과에 대한 수요가 증가하게 될 것이며, 이것은 수요곡선을 오른쪽으로 이동시키게 된다. 하지만 녹즙애호가에게 사과와 찰떡궁합인 당근의 가격이 상승하면 당근의 수요량 감소와 함께 사과의 수요도 줄어들게 되어 수요곡선을 왼쪽으로 이동시키게 될 것이다. 이 경우 배는 대체재(substitution goods), 당근은 보완재(complementary goods)라 할 수 있다.

또한 인구가 증가하여 앞으로 부동산에 대한 수요가 증가하면 장래에 부동산 가격이 상승할 것으로 예상되어 부동산투기가 일어나게 되는 현상이나 유기농이나 웰빙식품에 대한 선호가 각각의 시장에 가져오는 변화도 같은 논리로 설명할 수 있다.

공급(供給 : Supply)이란?

시장에 참여한 판매자가 일정기간 동안 상품을 판매하고자 하는 욕구를 말한다. 이러한 공급의 결정요인으로 그 재화의 가격(P_1), 다른 재화의 가격(P_2, P_3, ⋯, P_n), 생산요소의 가격(F : factor price), 기술수준(T : technology), 기업가의 기대(E : expectation) 등을 들 수 있다. 이것을 식으로 정리하면 넓은 의미의 공급함수가 도출된다.

$$S_1 = f(P_1, P_2, \cdots, P_n, F, T, E, \cdots)$$

위의 여러 변수 중 그 재화의 가격(P_1) 이외의 요인이 일정하다고 가정할 때의 공급함수를 협의의 공급함수라 한다.

$$S_1 = f(P_1)$$

이러한 공급함수에서 '가격이 상승하면 공급량도 증가한다'는 공급법칙이 나타나고, 아래의 표에서 보듯이 가격과 공급량은 비례관계이므로 우상향하는 공급곡선이 도출된다.

상자당 사과가격	2만 원	3만 원	4만 원	6만 원
월간 공급량	1.5상자	4상자	5상자	6상자

그림 2-3 **공급곡선**

공급곡선은 가격이 상승하면 공급량은 증가하는 것을 보여주므로, 가격의 증가함수로 우상향한다.

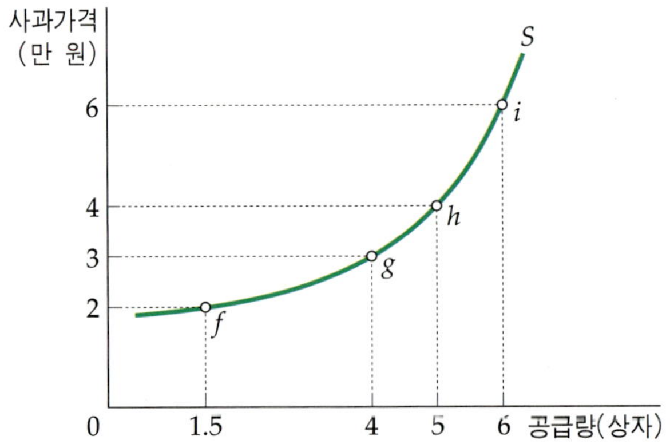

공급량의 변화와 공급의 변화

수요이론에서 수요량의 변화와 수요의 변화를 공부한 적이 있다. 동일한 논리로 그 재화의 공급가격이 변화하면 공급곡선을 따라 공급량이 변화(movement along the supply curve)하게 되는데, 이것을 공급량의 변화(change in quantity supplied)라 한다.

한편 그 재화의 공급가격 이외의 다른 요인이 변화함에 따라 동일한 가격수준에서 공급곡선의 이동(shift of the supply curve)을 통해 공급량이 변화하는 것을 공급의 변화(chang in supply)라 한다.

그 예로 사과의 생산에 필요한 비료나 원료의 가격이 상승하거나 태풍 등에 의한 이상기후가 나타나면 공급의 감소를 가져온다. 또한 중동지역에서 무력충돌의 움직임이 있으면 원유공급의 차질에 따른 가격상승이 예상되어 휘발유나 경유의 공급이 오히려 줄어들게 되는 현상도 공급의 변화에 해당된다. 반대로 사과를 생산하는 생산성이 향상되거나 기술이 진보하면 공급의 증가를 초래할 것이다.

그림 2-4 공급량의 변화(a)와 공급의 변화(b)

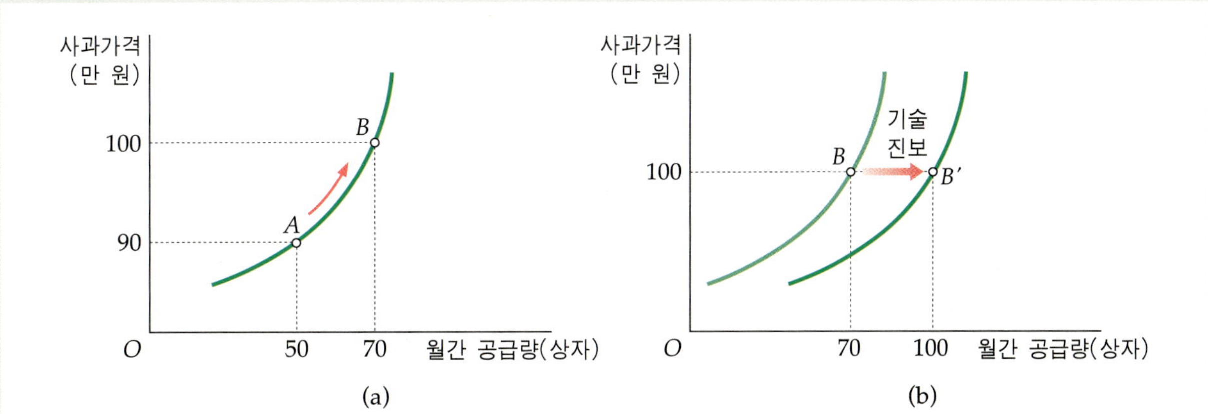

요인	내용	구체적 예
기술진보	기술향상 → 비용의 감소 → 공급증대	휴대전화
조세부과	생산자에 조세부과 → 비용상승 → 공급감소	주세, 특별소비세
보조금지급	생산자에 보조금지급 → 비용감소 → 공급증대	

균형가격의 결정과 자원배분

▲ 내려누르는 힘과 받치는 힘이 같을 때 균형상태가 된다.

시장에서 수요량과 공급량이 일치하여 초과수요와 초과공급이 존재하지 않는 상황에서 다른 상태로 변화할 유인이 없는 상태를 균형(equilibrium)상태라 한다. 이러한 상태의 가격을 균형가격이라 하고 거래량을 균형거래량이라 한다.

균형은 원래 물리학에서 사용되는 개념으로 두 개의 상반되는 힘이 맞아떨어지는 현상을 말한다. 즉, 수요에는 가격을 낮추려는 힘(demand-pull)이 작용하고 공급에는 가격을 높이려는 힘(supply-push)이 작용하는데, 가격은 수요와 공급의 상대적 힘의 크기에 의해 결정된다.

정치학에서는 사람의 수가 많을수록 힘이 강해지고 적을수록 소수가 되어 힘이 약해진다. 그러나 물건을 사고파는 경제학에서는 희소성의 원리에 의하여 적을수록 힘이 강해지고 많을수록 힘이 약해진다.

따라서 〈그림 2-5〉에서 보듯이 가격이 P_2인 경우에 수요량이 공급량보다 적어 가격을 낮추려는 힘이 더 크게 작용하여 가격은 하락하게 된다. 반대로 가격이 P_1인 경우에 공급량이 수요량보다 적어 가격을 높이려는 힘이 더 크게 작용하여 가격은 상승하게 된다. 결국 이러한 수요공급의 상호작용에 의하여 균형가격이 결정된다.

지금까지의 논의를 정리해 보면 수요와 공급의 원리는 서로 반대되는 힘의 크기에 의해 균형가격과 거래량이 결정되는 과정이다.

그림 2-5 수요 · 공급의 법칙과 균형가격의 결정

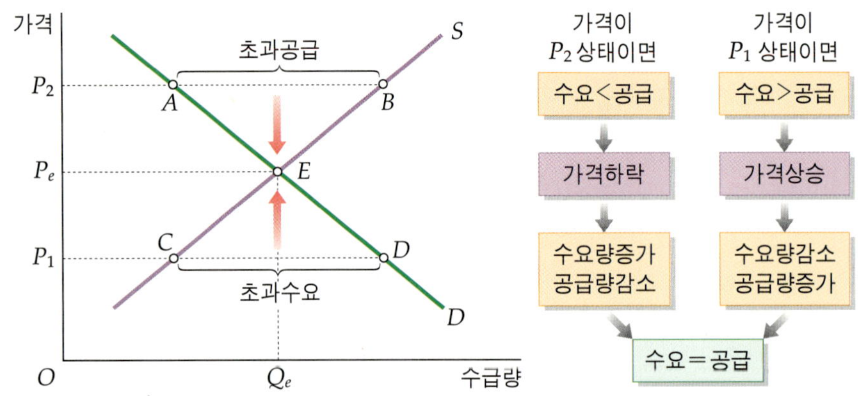

균형의 이동

수요와 공급이 일치하여 결정된 균형상태에서 주어진 조건이 변화하면 균형가격과 거래량의 변화가 발생한다. 즉, 앞에서 살펴본 수요의 변화나 공급의 변화로 인해 수요곡선이나 공급곡선이 이동하게 되면 수요와 공급이 일치하는 균형도 이동하게 되는 것이다. 우선 수요곡선과 공급곡선을 각각 이동시켜보자.

만약 주택시장에서 주택에 대한 수요가 증가하여 수요곡선이 우측으로 이동하게 되면 공급곡선을 따라 균형이 이동하게 되고($E_0 \rightarrow E_1$), 따라서 주택의 가격이 상승하게 된다. 이것은 주택을 필요로 하는 사람이 많다는 신호이며 여기에 따라 건축업자들은 〈그림 2-6〉의 (a)에서처럼 공급량을 늘려 주택시장의 거래량은 증가할 것이다. 반대로 수요가 감소하여 수요곡선이 좌측으로 이동하게 되면 〈그림 2-6〉의 (b)와 같이 균형가격은 하락하게 되고 균형거래량도 감소하게 될 것이다.

그림 2-6 수요의 변화에 따른 균형의 이동

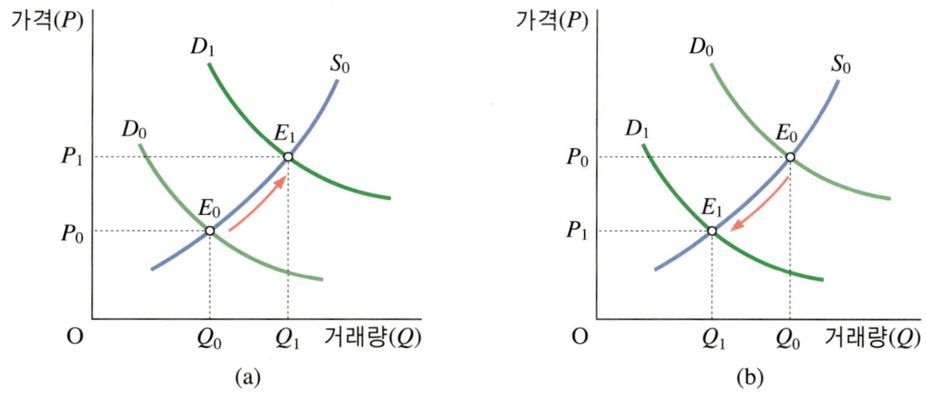

한편 시멘트나 철근과 같은 건축자재의 가격의 하락으로 주택시장에서 주택에 대한 공급이 증가하여 공급곡선이 우측으로 이동하게 되면 수요곡선을 따라 균형이 이동하게 되어 주택가격이 하락하게 된다. 주택가격이 하락하게 되면 주택에 대한 수요량이 늘어날 것이기 때문에 〈그림 2-7〉의 (a)와 같이 주택시장의 거래량은 증가할 것이다. 또한 공급곡선이 좌측으로 이동하게 되면 〈그림 2-7〉의 (b)와 같이 균형가격은 상승하게 되고 균형거래량은 감소하게 될 것이다.

그림 2-7 공급의 변화에 따른 균형의 이동

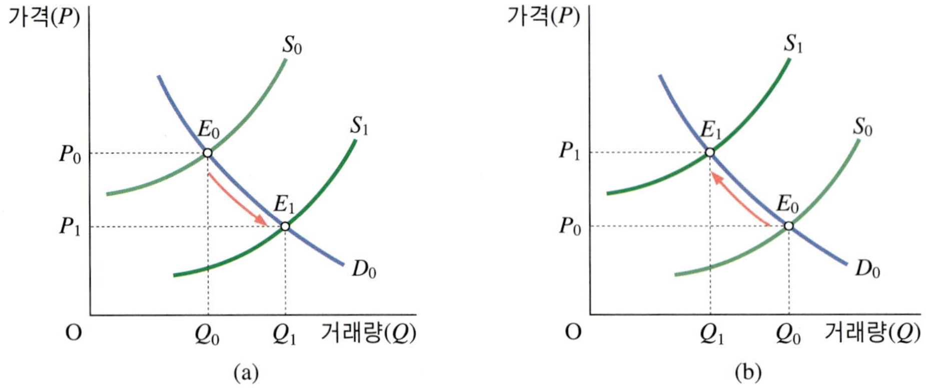

이처럼 수요와 공급의 변화는 균형의 이동을 통해 균형가격과 균형거래량의 변화를 가져오고, 이것은 앞의 네 가지 그림으로 쉽게 이해될 수 있을 것이다. 하지만 수요곡선과 공급곡선이 동시에 변화하는 경우는 좀 더 깊이 생각해봐야 한다. 다시 주택시장으로 돌아가 보자.

주택시장에서 수요곡선과 공급곡선이 모두 우측으로 이동하는 경우 균형가격과 거래량은 어떻게 될 것인가? 결론부터 이야기해보면 균형거래량은 증가하지만 균형가격은 상승할지 하락할지 알 수 없다는 것이다. 〈그림 2-8〉을 보면 (a)와 (b) 둘 다 수요와 공급의 증가가 일어난 경우이다. 수요곡선과 공급곡선이 모두 우측으로 이동함으로써 두 그래프에서 모두 균형거래량은 증가했음을 알 수 있다. 하지만 (a)에서는 균형가격이 상승한 반면, (b)에서는 균형가격이 하락한 것으로 그려져 있다. 따라서 수요곡선과 공급곡선이 모두 우측으로 이동한 경우 균형거래량은 반드시 증가하겠지만 균형가격은 상승할 수도 하락할 수도 있는 것이다.

이유는 수요곡선과 공급곡선의 이동 폭의 차이 때문이다. 즉, (a)에서는 수요의 증가가 공급의 증가보다 더 컸기 때문에 균형가격이 상승하게 되었고, (b)에서는 공급의 증가가 수요의 증가보다 더 컸기 때문에 균형가격이 하락하게 된 것이다. 결국 수요곡선과 공급곡선의 정확한 이동 폭에 대한 정보 없이 단지 이동하는 방향만이 주어질 경우 우리는 정확한 균형의 이동에 대해 이야기할 수 없게 된다.

수요곡선과 공급곡선이 반대방향으로 이동하게 될 경우는 어떻게 될 것인가? 주택시장에서 수요곡선은 우측으로 이동한 반면, 공급곡선은 좌측으로 이동하게

그림 2-8 수요와 공급의 동시변화에 따른 균형의 이동

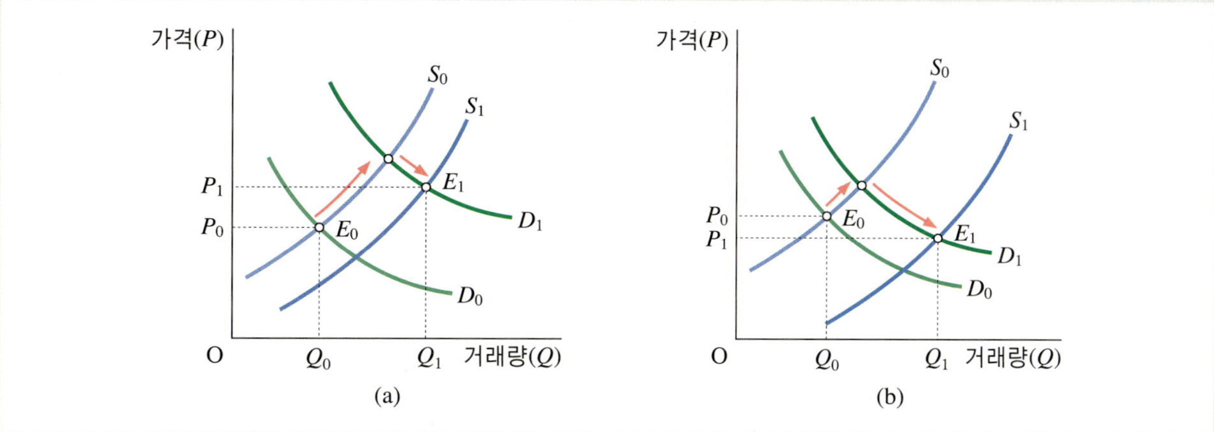

되면 균형가격은 반드시 상승하겠지만 균형거래량은 증가할지 감소할지 알 수 없게 된다. 물론 이 경우 역시 수요곡선과 공급곡선의 이동 정도가 어떠한가에 대한 정확한 정보가 주어진다면 균형거래량에 대해서도 확실히 알 수 있겠지만, 이동하는 방향에 대한 정보만 주어진다면 균형거래량은 어떻게 변할지 알 수 없게 되는 것이다.

경제학자처럼 생각해보기 싱가포르의 교통혼잡해결법

싱가포르는 도심 외곽에 대기오염을 유발하지 않고 운행할 수 있는 최적 차량수를 계산해서 매달 신규차량 등록권을 경매를 통해 발매하고 있다. 이러한 방법으로 정해진 경매가격은 소나타 2.0 형태의 차량이 거의 1억 원에 가까울 정도의 가격으로 거래되기도 한다. 한편 일반 서민은 대중교통수준이 잘 발달되어 평일에는 이러한 자동차에 대한 필요를 느끼지 못한다. 그러나 가족과 나들이를 하여야 하는 주말에는 자동차에 대한 필요성을 느끼게 되어 정부는 이러한 욕구를 충족시켜줄 수 있도록 다른 색깔의 번호판을 단 같은 배기량의 차를 약 1천만 원 정도의 가격으로 판매하고 있다. 이 제도로 인해 싱가포르는 혼잡과 공해해소에 도움도 되지 않는 사회간접자본에 자원을 낭비하지 않게 되었다. 자동차 사용에 대해 징수한 조세수입으로 국민들의 주택구입시의 보조금으로 활용하고 있다. 실제 28평 규모의 국민주택을 구입하는 데 일반 봉급자들이 1년 정도의 연봉을 지불하면 자기 집을 소유할 수 있는 가격으로 거래가 되고 있다.

또 다른 예로 한국에서는 택시할증시간을 심야시간에 시행하여 20%의 가격을 더 받고 있다. 그러나 싱가포르에서는 출근시간, 퇴근시간, 심야할증을 시행하여 20%의 가격을 더 받게 하고 있다. 그 이유는 국토면적이 서울보다 약간 더 큰 도시국가에서 자원의 낭비를 막고자 교통혼잡이 심한 출·퇴근시간에 높은 가격을 적용함으로써 출퇴근을 용이하게 하고 교통체증이 심하지 않는 시간에는 낮은 가격을 적용하여 급한 용무가 아닌 사람이 이용하게 하기 위해서이다.

소비자잉여와 생산자잉여

동일한 상품을 소비한다고 하더라도 모든 소비자가 같은 크기의 만족감을 느끼는 것은 아니다. 예를 들어, 사과를 소비하는 각각의 소비자들이 사과를 먹을 때 느끼는 만족감에 대해 생각해 보자. 어떤 소비자는 사과를 아주 좋아하며 매일 아침 먹는 사과의 효능에 대해서도 무척 신뢰하기 때문에 사과를 먹을 때 매우 큰 만족감을 느낀다. 한편 또 다른 소비자들 중에는 과일을 그리 좋아하지 않을뿐더러 특히나 사과의 신맛을 싫어하기 때문에 어쩌다 먹는 사과에 대해서도 별 만족감을 느끼지 못할 수도 있다.

따라서 사과를 무척 좋아하는 사람은 느끼는 만족감이 크기 때문에 5천 원의 가격도 지불할 의사가 있을 것이지만 사과를 그리 좋아하지 않는 사람은 그보다 훨씬 낮은 가격(예를 들어, 3천 원)을 지불하려고 할 것이다.

그림 2-9 소비자잉여와 생산자잉여

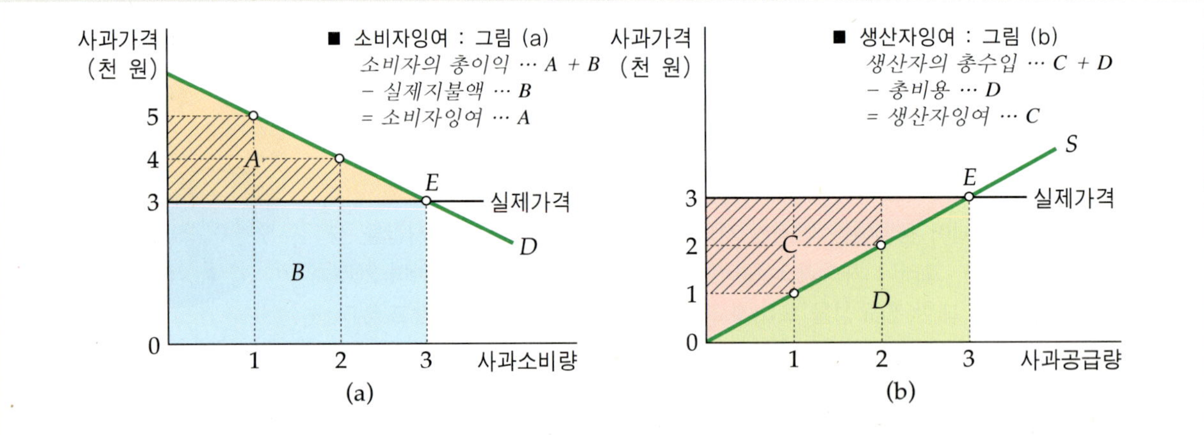

수요곡선의 각 점은 소비자의 최대지불가격을 표시하므로, 첫 번째 사과는 5천 원, 두 번째는 4천 원, 세 번째는 3천 원을 지불하려는 용의가 있지만, 실제지불액은 9천 원(=3개×3천 원)이므로 소비자잉여는 3천 원(=1만 2천 원−9천 원)의 빗금 친 부분이다. 소비자가 재화를 미세하게 나누어 소비할 수 있다면 수요곡선은 연속선으로 나타나고 소비자잉여는 실제가격 위의 삼각형으로 표시된다. 생산자잉여도 동일한 형태가 될 것이다.

시장가격이 3천 원일 때 〈그림 2-9〉의 (a)에서 보듯이 5천 원과 4천 원, 3천 원의 가격을 지불할 용의가 있는 소비자가 얻게 되는 총이득은 3천 원이 된다. 이와 같이 소비자가 어떤 상품을 소비하기 위하여 지불할 용의가 있는 금액과 실제로 지불한 금액과의 차액을 소비자잉여(consumer's surplus)라 한다.

상품의 거래에서 소비자들만이 이득을 얻는 것은 아니다. 거래상대방인 생산자도 이득을 얻는데, 이번에는 사과를 생산하는 과수원을 생각해 보자. 과수원마다 생산조건이 다르기 때문에 각 과수원 주인이 생각하는 사과가격도 다 다를 수밖에 없다.

〈그림 2-9〉의 (b)에서 보듯이 첫 번째 과수원 주인은 사과를 판매할 때 천 원을 받아야 한다고 생각하고, 두 번째는 2천 원, 세 번째는 3천 원을 받고자 한다. 각각의 생산자는 시장에서 결정된 시장가격에 따라 사과를 판매하게 될 것이므로 생산자가 얻게 되는 총이득은 3천 원이 된다. 이와 같이 생산자가 어떤 상품을 판매하여 얻은 실제수입이 생산자가 그 상품을 판매하여 꼭 얻어야 되겠다고 생각한 수입을 초과하게 되면 생산자잉여가 발생한다.

시장에서 자유롭게 거래가 이루어진다면 소비자와 생산자는 모두 교환을 통해 이익을 얻을 수 있다. 이때 소비자와 생산자가 얻는 이득, 즉 소비자잉여와 생산자잉여를 합한 것이 교환에 따르는 사회적 잉여(=총잉여)가 된다.

생/각/넓/히/기 **물가안정과 국민의 행복추구권**

대한민국 헌법에는 "국민은 모두가 행복할 권리가 있다"는 조항을 명시하고 있다. 여기에는 정신적 · 물질적인 부분이 모두 포함되지만 경제적 행복과 관련하여 시장에서 가격이 불안정해지면 국민의 행복이 변화하게 된다. 만약 가격이 하락하면 소비자잉여는 증가하지만 생산자잉여는 감소하게 된다. 반대로 가격이 상승하면 생산자잉여는 증가하지만 소비자잉여는 감소하게 된다. 즉, 물가안정은 국민의 경제적 행복에 밀접한 관련이 있다. 이런 점에서 선진국들은 통화발행권에 따라 변동하는 물가안정을 위해 정부와 별도로 금융정책의 총책임을 중앙은행에게 부여하고 있다. 한국은행도 최근 물가안정목표제를 핵심 목표로 하고 있다.

시장균형과 경제적 후생

시장에서 균형이 성립할 때 〈그림 2-10〉에서 균형가격보다 높은 가치를 부여하는 수요자(수요곡선의 *AE*구간)만 이 재화를 구입할 것이고, 균형가격보다 낮은 가치를 부여하는 수요자(수요곡선의 *ED*구간)는 구입하지 않을 것이다. 또한 이 재화의 균형가격보다 비용이 낮은 공급자(공급곡선의 *CE*구간)만 이 재화를 공급할 것이고, 생산비용이 균형가격보다 높은 공급자(공급곡선의 *ES*구간)는 이 재화를 공급하지 않을 것이다. 따라서 경쟁시장은 수요측면에서는 지불용의가 가장 큰 수요자에게 재화가 배분되도록 하고, 공급측면에서는 가장 저렴한 생산비를 가진 공급자에게 재화가 배분되도록 함으로써 자원배분의 효율성이 실현되고 사회적 잉여(=총잉여)가 극대화되게 한다.

〈그림 2-10〉을 통해 보면 균형거래량보다 작은 수량(Q_1)에서는 수요자가 느끼는 가치가 공급자의 생산비용보다 크기 때문에 거래량을 증가시킬수록 사회적 잉여는 증가한다. 반면에 균형거래량보다 많은 수량(Q_2)에서는 수요자가 느끼는 가치가 공급자의 생산비용보다 작기 때문에 거래량을 증가시킬수록 사회적 잉여는 감소한다. 따라서 수요와 공급이 균형을 이룰 때 소비자잉여와 생산자잉여의 합인 사회적 잉여는 극대화된다.

그림 2-10 총경제잉여

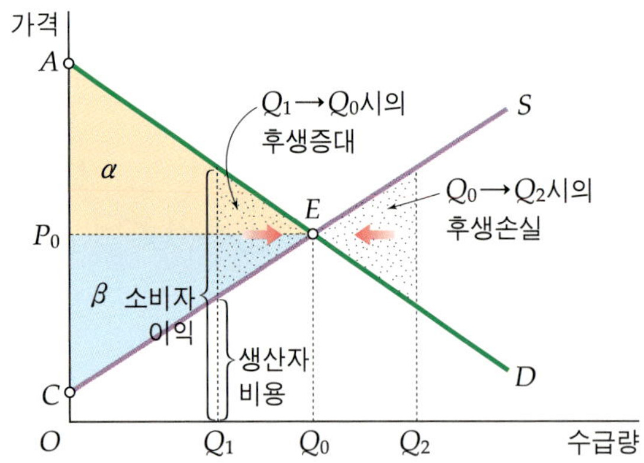

총잉여는 소비자잉여(α)와 생산자잉여의 합(β)이다. 최적거래량보다 작은 Q_1에서는 선택에서 발생하는 이익이 생산자의 비용보다 크기 때문에 선택량을 Q_1에서 Q_0으로 늘리면 사회적 후생은 증가한다. 한편 최적거래량인 Q_0에서 Q_2로 선택을 늘리면 후생손실이 발생한다. 따라서 최적거래량 Q_0에서 소비자잉여와 생산자잉여의 합인 $\alpha+\beta$ 가 극대가 된다.

경제학자처럼 생각해보기 국제무역은 국민경제에 어떤 이득을 줄까?

무역이 없는 봉쇄경제의 상태에서는 열대과일인 바나나가 한국에서 거래되는 가격은 지금보다 훨씬 높은 가격이 성립될 것이다. 독자들은 믿기 어렵겠지만 1960년대에 바나나 한손의 가격이 대학등록금보다 비싼 시절이 있었다. 그러나 무역이 이루어지고 식품안정성의 문제를 논외로 한다면 필리핀이나 태국 등 열대지방의 값싼 바나나가 수입되어 가격하락을 가져왔다.

이때 기존의 바나나 생산업자는 (a)그림의 청색망의 P_DP_FME만큼 생산자잉여가 감소하여 손해를 본다. 소비자 입장에서는 가격하락으로 소비자의 잉여는 P_DP_FNE만큼 증가하여 국민경제 전체로 보면 순이익이 MEN만큼 증가한다.

수출의 경우에도 수출업자는 한국에서 거래되는 가격보다 외국에 수출하는 가격이 높다면 수출에 기꺼이 동참할 것이다. 외국에 수출함으로써 국내공급량이 감소하면 국내가격은 상승하여 기존의 국내소비자의 소비자의 잉여는 (b)그림의 P_DP_FME만큼 감소하지만 수출업자의 생산자잉여는 P_DP_FNE만큼 증가하여 국민경제 전체로 보면 순이익이 MEN만큼 증가한다.

따라서 봉쇄경제에서 개방경제를 통해 자유무역이 이루어지면 무역을 통한 경제적 잉여는 (a)그림의 $\triangle MEN$과

(b)그림의 $\triangledown MEN$의 합만큼 증가한다.

이야기의 진행방향을 돌려 1960, 1970년대에 남북한의 지도자가 박정희 대통령과 김일성 주석이었다는 것은 모두 아는 사실이다. 이 두 사람은 정부주도로 경제를 발전시켰고 새마을운동이나 천리마운동에서 보듯이 개인의 이익보다는 공동체의 이익을 우선시 하였다는 점에서 비슷한 공통점을 가졌다고 볼 수 있다.

그러나 이 지도자들의 발전전략은 결정적인 면에서 차이를 보였다. '경제에 대한 의지(*the will to economize*)'는 남북한이 별로 차이가 없지만, 남한의 박정희는 무역지향적 개방정책을 채택했고 북한의 김일성은 자주경제를 외치며 봉쇄정책을 취한 것이 오늘날의 남북한 경제력 격차를 가져오게 한 중요한 원인이 되었다고 할 수 있다.

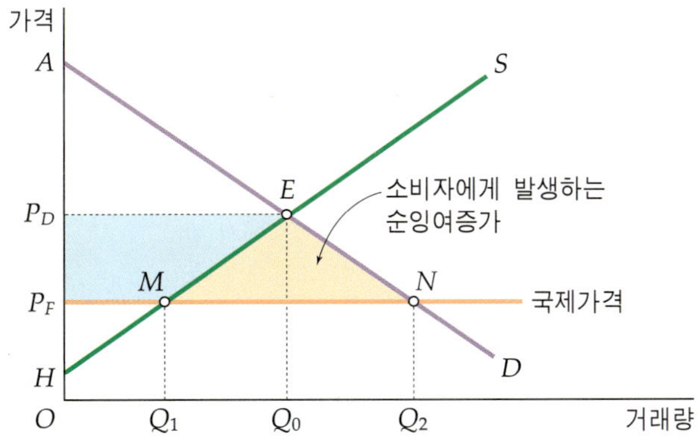

(a) 수입국의 무역이익

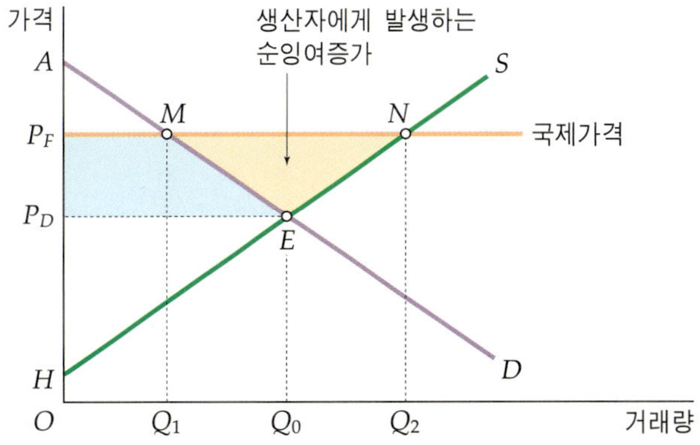

(b) 수출국의 무역이익

심/층/탐/구 선택의 최적화

수요와 공급에 의한 '균형(equilibrium)'가격의 결정원리의 이면에는 경제주체가 의사결정자의 차원에서 자신이 가장 바람직하다고 생각하는 상태를 찾아가는 '최적화(optimization)'의 원리가 숨어 있다.

균형은 시장에 표출된 상반된 힘, 즉 가격을 낮추고자 하는 수요의 힘(demand-pull)과 가격을 높이려는 공급의 힘(supply-push)이 맞아 떨어지는 현상으로 물리학적 원리가 적용된다.

여기에 대해 최적화는 선택에 직면한 합리적인 경제주체(homo economics)가 자신이 원하는 것은 극대화하고 자신이 원치 않는 것은 극소화하려는 과정에서 나타나고 극대 · 극소라는 수학적인 원리가 적용된다. 즉, 최적화라는 것은 경제주체가 주어진 제약조건하에 자신의 목적을 최대로 하는 것을 찾아내는 것이다.

선택에 직면한 경제주체는 총편익에서 총비용을 뺀 순이익을 극대화하고자 한다. 순편익의 극대화는 총편익의 기울기인 한계편익(*MB* : Marginal Benefit)과 총비용의 기울기인 한계비용(*MC* : Marginal Cost)이 일치하는 상태에서 실현된다. 그림에서 보듯이 Q_1상태에서는 한계편익이 한계비용보다 커서 선택량을 늘리고, Q_2상태에서는 한계편익이 한계비용보다 작아서 선택량을 줄여 Q_0상태에서 한계편익이 한계비용과 일치하여 최적선택이 이루어진다.[2)]

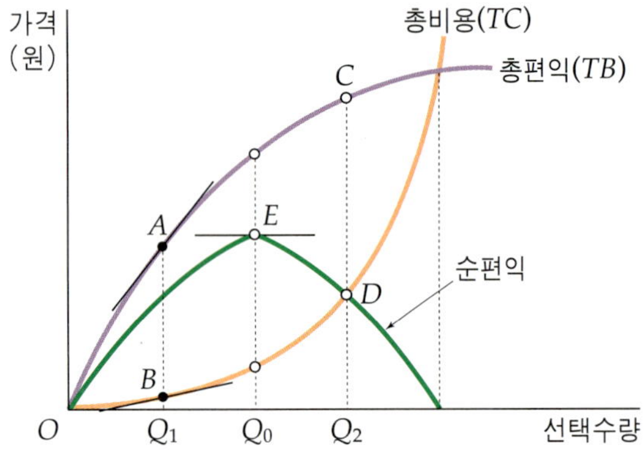

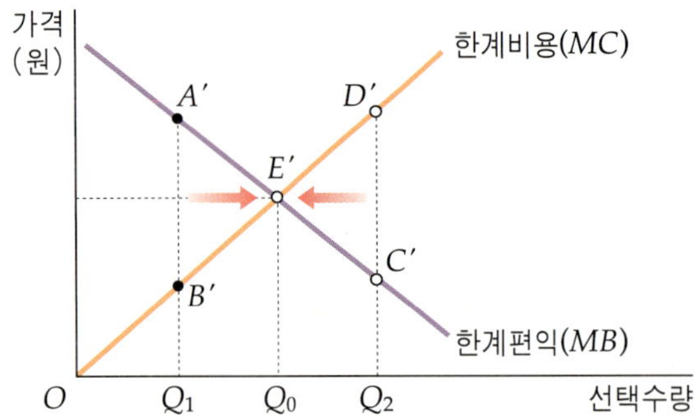

선택수량이 Q_1상태에서는 선택에서 발생하는 한계편익(*MB*)이 한계비용(*MC*)보다 크기 때문에 선택수량을 늘리는 것이 합리적이다.

반대로 선택수량이 Q_2상태에서는 선택에서 발생하는 한계편익이 한계비용보다 작아 선택수량을 줄이는 것이 바람직하다.

결국 한계편익과 한계비용이 일치하는 상태에서 최적선택이 이루어지고 선택에서 발생하는 순편익이 극대가 된다.

2) 소비이론에서 수요곡선은 효용극대화과정에서 한계효용(또는 편익)이 된다. 또한 시장이론에서 완전경쟁시장을 전제하면 한계비용곡선이 공급곡선이 됨을 배우게 될 것이다.

경제문제에 내포된 기본원리

심층탐구에서 살펴본 대로 경제주체는 경제적 선택을 하면서 긍정적인 편익과 부정적인 비용을 비교하여 순이익을 극대화하고자 한다. 따라서 선택에서 발생하는 편익(=한계편익)과 비용(=한계비용)이 일치하는 상태에서 최적선택을 하게 된다. 이러한 선택기준은 경제문제에 내포된 기본원리[3)]를 잘 설명해 주고 있다.

첫째, 경제주체는 항상 선택에 직면하고, 모든 선택에는 대가가 따른다.

대학진학을 앞두고 있는 고등학생이 대학을 가게 되면 고등학교를 졸업하고 취직했을 때 받게 되는 소득을 포기하여야 하고, 고등학교만을 졸업하면 대학을 나왔을 때 추가적으로 받을 수 있는 이익을 포기하여야 한다. 이러한 예에서 보듯이 경제주체가 자원이 한정된 상태에서 하나를 선택하면 반드시 다른 어떤 것을 포기하지 않으면 안 된다. 즉, 모든 경제적 선택에는 기회비용이 발생한다.

둘째, 경제주체들은 경제적 유인에 민감하게 반응한다.

사람들은 경제적 행동을 할 때 이익과 비용을 비교해서 행동을 결정한다. 그 예로 자동차시장에서 미국은 휘발유의 값이 낮기 때문에 대형차를 선호하고, 유럽은 휘발유의 값이 높아 작은 차를 선호한다.

셋째, 선택의 기준은 마지막 단위의 '한계적' 변화가 된다.

휘발유의 값이 오른다면 추가적인 이익보다 비용변화분이 크므로 유류소비를 줄이듯이, 경제주체는 선택을 할 때 발생하는 추가적인 변화 또는 한계적인 변화에 따라 행동한다.

넷째, 교환은 모든 사람을 이롭게 한다.

경쟁시장에서 자발적으로 교환에 참여한 당사자들이 서로 거래를 함으로써 보다 다양한 상품을 효율적으로 거래할 수 있게 되므로 상호이익을 얻게 된다.

다섯째, 시장은 효율적이지만 완벽한 것은 아니기 때문에, 경우에 따라 정부가 시장성과를 개선할 수가 있다.

완전경쟁시장이 이루어지면 시장은 자원을 효율적으로 배분하는 역할을 한다. 그러나 현실에서는 독과점시장이 지배적이다. 이러한 시장에서는 소비자가 원하는 만큼의 생산이 이루어지지 않아 가격은 높아지면서 바람직하지 않은 시장실패(market failure)가 나타난다. 따라서 정부는 독점금지법이나 공정거래법을 통해 시장을 보다 나은 상태로 개선하려는 노력을 하게 된다.

---

3) 맨큐의 경제학 10대 원리를 미시경제학에 관한 원리로 국한하여 정리한 것이다. 「맨큐의 경제학」(교보문고, 3판) 참조

제4절 | 수요와 공급의 탄력성

▲ 비탄력적

▲ 탄력적

수요의 가격탄력성의 정의와 측정

수요의 가격탄력성은 가격변화에 대한 수요량이 얼마만큼 민감하게 변화하는가를 보여주는 지표이다. 이것은 가격변화율($\Delta P/P$)에 대한 수요량의 변화율($\Delta Q/Q$)로 측정된다.

$$\text{수요의 가격탄력성} = \frac{|\text{수요량의 변화율}|}{|\text{가격의 변화율}|} = \left|\frac{\Delta Q/Q}{\Delta P/P}\right|$$

위의 식에서 절대 값을 붙이는 것은 탄력성 값을 양수(+)로 표시하기 위해서다. 그 이유는 가격변화와 수요량의 변화는 반대방향으로 나타나 음수(−)가 되기 때문에 −2, −3의 수치에서 보듯이 음수로 수치를 비교할 때 나타나는 불편함을 없애기 위함이다. 탄력성이 1을 기준으로 0보다 크고 1보다 작으면 그 재화는 가격변화에 대해 수요량의 변화가 작아 비탄력적이라 하고, 1보다 크면 가격변화에 대해 수요량의 변화가 더 커서 탄력적이라 한다. 〈그림 2-11〉에서 보듯이 필수재는 가격변화에 대하여 수요자들의 수요변화가 둔감하여 비탄력적이 된다. 여기에 대하여 사치재는 가격변화에 대한 수요변화가 민감하여(수요량

그림 2-11 수요의 가격탄력성의 크기 비교

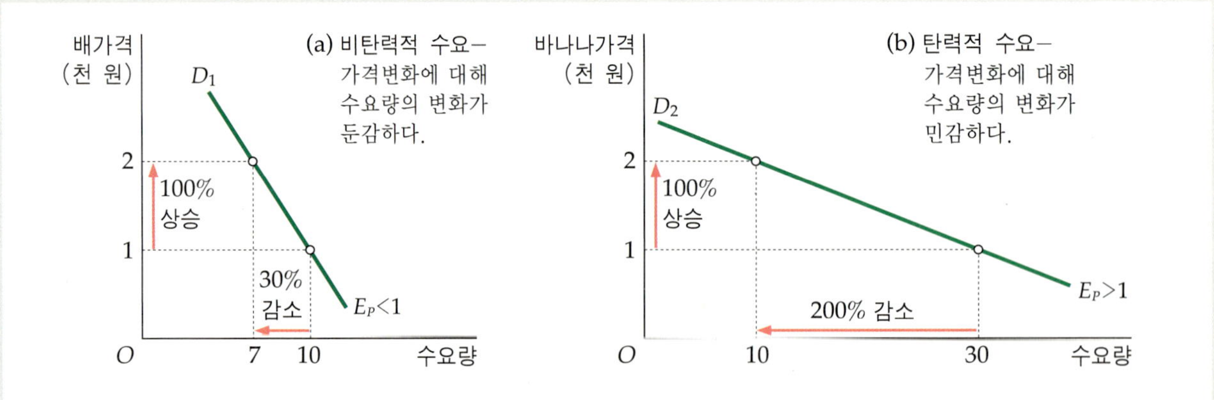

의 변화가 커서) 탄력적이 된다.

그러나 필수재라 하더라도 그 재화의 가격이 지나치게 비싸면 수요자의 탄력성은 커지게 된다. 예를 들어, 우리 생활에 대단히 중요한 휴대폰이라도 한 달 이용료가 4만 원에서 100만 원이 된다면 수요자는 이러한 가격에 대해 대단히 민감한 반응을 보이고 수요의 가격탄력성은 커진다. 이러한 예에서 보듯이 그 재화의 성격이 필수재에 가깝다고 하더라도 그 재화의 가격수준이 달라지면 탄력성이 달라질 수밖에 없다. 우리는 이것을 수요의 점탄력성이라 한다.

〈그림 2-12〉의 (a)에서 보듯이 수요곡선의 중간점에서 수요의 가격탄력성이 1일 때가 수요자에게 적당한 가격수준이라고 가정해 보자. 탄력성이 1인 가격수준보다 높으면 수요자는 가격수준을 높다고 판단하게 되고 가격변화에 민감해져 수요의 가격탄력성은 탄력적이 된다. 반대로 탄력성이 1인 가격수준보다 낮으면 수요자는 가격수준을 낮다고 평가하게 되고 가격변화에 둔감해져 수요의 가격탄력성은 비탄력적이 된다.

수요의 가격탄력성과 기업수입(=가계지출)의 변화

▲ 고려인삼이 정말 좋은지 알면서 감히 값을 깎아?

위에서 살펴본 대로 수요의 탄력성이 탄력적인 상태에서는 수요자는 가격수준을 높다고 판단하고 있고 가격변화에 민감한 상태가 된다. 만약 탄력성이 3일 때 기업이 가격을 20% 인하한다면 수요자의 반응은 수요량을 60% 증가시키게 되고 기업은 가격인하 이상으로 판매량을 늘릴 수 있기 때문에 기업수입은 증가한다. 반대로 탄력성이 1인 가격수준보다 낮으면 수요자는 가격수준을 낮다고 평가하게 되고 가격변화에 둔감해져 수요의 가격탄력성은 비탄력적이 된다. 만약 탄력성이 0.3이라면 기업이 가격을 20% 인상하여도 수요자의 수요량의 감소폭은 6%만 감소되어 기업의 가격인상보다 판매량의 감소폭이 작기 때문에 기업수입은 증가한다.

현실적인 예로 백화점에서 판매하는 고가(高價)의 사치재와 같은 탄력적인 상품은 가격을 인하하는 경우에 수요량의 증대비율이 더 커서 기업수입($P \times Q$)은 증가하고, 버스비나 지하철과 같은 필수재는 가격을 올리는 경우에 가격변화율보다 수요량의 감소율이 작아 기업수입은 증대한다. 또한 다른 예로 고가의 밍크코트는 '창고대개방', '공장부도'라는 이름으로, 90% 세일의 이름으로 판매하는 경우가 많다. 반대로 가격에 둔감한 어린이 선호품인 과자는 생각보다 비싼 경우가 많다. 탄력성이 1인 경우에 기업수입은 극대가 되어 한계수입은 0이 된다.

이것을 표로 정리하면 아래와 같다.

탄력성의 크기		기업수입(또는 가계지출)	
		가격인상시	가격인하시
$E_p > 1$	탄력적	수입감소	수입증대
$E_p = 1$	단위탄력적	수입불변 ← 극대 → 수입불변	
$E_p < 1$	비탄력적	수입증대	수입감소

그림 2-12 **수요의 가격탄력성과 기업수입과의 관계**

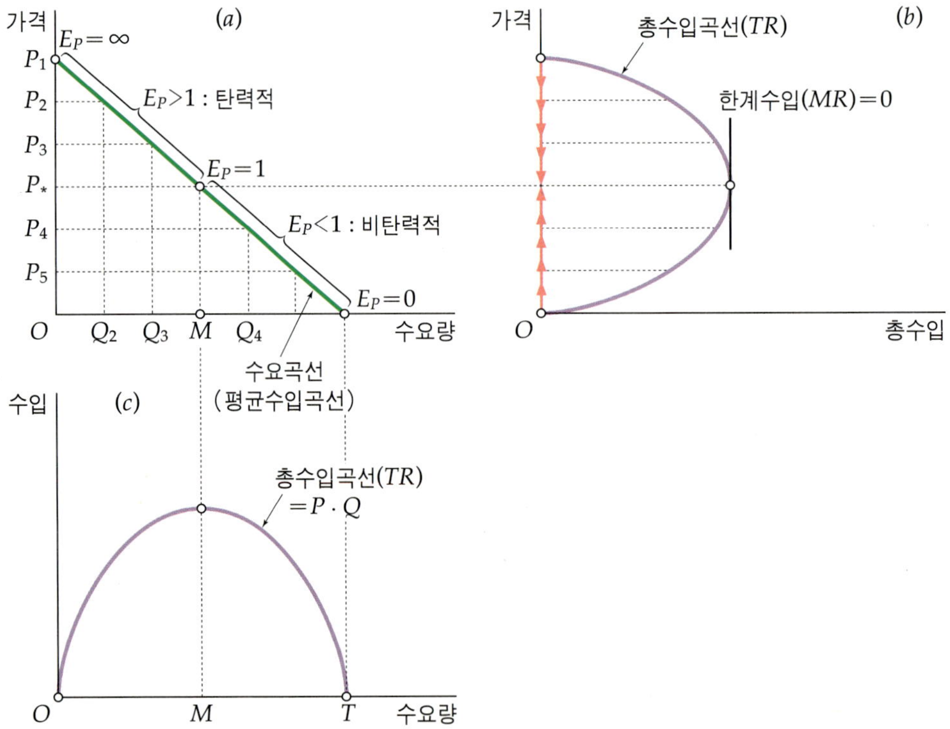

백화점에서 판매하는 고가(高價)의 사치재와 같은 탄력적인 상품은 가격을 인하하는 경우에 수요량의 증대비율이 더 커서 기업수입($P \times Q$)은 증가하고, 버스비나 지하철과 같은 필수재는 가격을 올리는 경우에 수요량의 감소비율이 더 작아 기업수입은 증대한다. 또한 탄력성이 1인 경우에 기업수입은 극대가 되어 한계수입은 0이 된다.

이러한 수요의 가격탄력성의 크기는 재화의 성격이나 시장상황에 따라 달라진다.

첫째, 재화가 생활에서 차지하는 중요도이다. 즉, 재화가 필수재일수록 비탄력적이 된다. 예를 들어, 버스비나 식료품 구입은 비탄력적이고, 밍크코트와 같은 사치재는 탄력적이 된다.

둘째, 재화를 대체할 수 있는 대체재의 수이다. 그 이유는 쭈쭈바와 같은 아이스크림의 경우에 대체재가 많을수록 소비자의 선택의 폭이 넓어져 가격인상이 이루어지면 다른 재화로 수요를 옮겨버리기 때문이다. 여기에 대해 소금은 대체할 수 있는 재화가 거의 없기 때문에 가격변화에 대해 수요량의 감소비율을 많이 줄이지 못하기 때문에 비탄력적이 된다.

셋째, 재화의 가격수준이나 가계비에서 차지하는 지출비중이다. 점탄력성의 형태에서 보았듯이 가격수준이 높거나 가계비에서 차지하는 지출비중이 커지면 수요자는 높은 가격수준에 대해 민감한 반응을 보이게 되고 수요의 가격탄력성은 탄력적이 될 것이다. 실제적인 예로 주택구입과 같이 가격이 비싸거나 가계비에서 차지하는 지출비중이 클수록 수요자는 가격변화에 대해 민감하게 반응하기 때문에 탄력적이 된다. 반대로 가격수준이 낮은 상품, 즉 어린이들이 주로 소비하는 과자나 학생들이 많이 소비하는 문구류 등의 상품에 대해서는 소비자는 가격변화에 대해 민감한 반응을 보이지 않고 비탄력적이 된다.

생/각/넓/히/기 **안전을 위한 법규가 안전을 보장해 줄까?**

미연방항공국은 새로운 안전규칙을 제정하여 발표하였다. 그 규칙은 유아의 안전을 위해 유아를 데리고 항공기에 탑승하는 부모들은 유아를 위한 별도의 좌석표를 반드시 구입해야 한다는 내용이었다. 그 후에 법이 시행되어 유아용 좌석표를 구입하기 위한 추가 부담이 발생하자, 유아를 데리고 여행하는 여행객들은 항공기 이용을 자제하고 그 대신 자동차여행을 선택하였다. 이것은 미연방항공국이 항공기 표에 대한 수요가 매우 탄력적임을 제대로 파악하지 못한 결과였다.

그러나 자동차로 여행하는 것이 항공기로 여행하는 것보다 통계적으로 오히려 사고율이 높다는 사실이 알려지게 되었다. 결국 미연방항공국은 새로운 안전규칙이 귀여운 유아여행자들을 오히려 안전하지 못한 자동차여행으로 내몰고 있다고 결론짓고 그 규칙을 폐지하였다.

마지막, 탄력성의 결정요인은 대체재를 찾을 수 있는 시간적 여유가 얼마나 많은지 여부다. 만약 대통령이 길을 가던 중 '맛있군 식당'을 갑자기 방문하여 양념이 잘 되어 있는 갈치구이를 시켰는데 갈치가 제대로 준비되어 있지 않은 상태라면 가게 주인은 빨리 그 생선을 구해야 할 것이다. 그는 생선가게를 찾거나 도매수산시장을 갈 시간이 없다. 가까운 생선 좌판 아줌마가 얼마의 가격을 부르든 살 수밖에 없다. 하지만 대통령이 몇 주 전에 미리 예약을 했다면 가게주인은 보다 나은 조건으로 생선을 구입할 수 있는 시간적 여유를 갖게 되고 더 낮은 가격으로 살 수 있게 될 것이다.

문학 속 경제이야기

허생전과 수요의 가격탄력성

조선시대의 실학자 박지원이 쓴 작품인 「허생전」의 주인공 허생은 10년 계획으로 남산 묵적골에서 공부를 하고 있었는데, 부인의 성화에 못 견뎌 7년 만에 공부를 중단하고 한양에서 으뜸가는 갑부인 변 부자를 찾아가 돈 만 냥을 빌려 지방으로 내려간다. 그는 이 돈을 밑천으로 평시에는 갓끈의 재료가 되는 말총머리를 거의 독점적으로 사들이고, 제사철인 명절을 앞두고는 제수품목을 사들여 그 후에 몇 배의 이윤을 남기고 팔아서 부자가 된다는 것이 대충의 줄거리이다.

박지원은 이 소설에서 갓끈의 사례에서 보듯이 예(禮)를 갖춘다는 것을 핑계로 겉치레만 하는 양반들의 모순을 지적하고 있다. 나아가 다른 나라와 무역을 하지 않는 것을 이용해 나라 안의 필수품을 몽땅 사들여 나중에는 값을 배로 파는 매점매석을 통한 부의 축적 등을 맹렬하게 비판하고 있다.

조선시대는 실용보다는 의관이나 제례를 대단히 중시하는 시대이고 갓끈이나 제사를 지내는 데 필요한 제수품목은 살림의 형편과 관계없이 양반이라면 반드시 갖추어야 할 가장 중요한 필수재로 수요의 가격탄력성이 작다. 탄력성이 작은 상품의 경우에 가격변화율보다 수요량의 변화율이 작으므로 수량을 약간만 줄여도 가격의 상승률은 커질 수밖에 없다.

만약 허생이 소금을 매점매석하였다면 가격상승을 통한 전매의 차액은 상상을 초월하였을 것이다. 그러나 소금에 대해서는 수요의 가격탄력성의 개념을 모르는 그 당시에도 직관적으로 알고 있었기에 소금에 대해서는 국가의 전매를 통해서만 거래가 되었고 허생은 그 이외에 다른 필수품의 매점매석을 한 것이다.

이 소설에서 보듯이 허생이 매점매석한 재화는 현대적인 관점에서 보면 수요가 비탄력적인 재화의 수량을 약간만 감소시키면 가격이 폭등하게 되는 원리를 내용으로 하고 있다.

수요의 소득탄력성

수요의 소득탄력성은 소비자의 소득변화율에 대한 수요의 변화율의 정도를 나타낸다.

$$E_I = \frac{\text{수요의 변화율}}{\text{소득의 변화율}} = \frac{\Delta Q/Q}{\Delta I/I}$$

요트나 폴로(마상격구)와 같이 소득이 증가(+)하여 이 재화에 대한 수요가 증가(+)하면 수요의 소득탄력성은 양(+)이 되며 이러한 재화를 정상재 또는 우등재라 한다.

한편 지금은 거의 사라진지 오래되었지만 제기차기나 구슬치기 등의 놀이나 개떡, 검정 고무신, 동동 구리무(옛날 화장품) 등은 소득이 증가(+)하면 수요가 감소(−)하여 수요의 소득탄력성은 음(−)이 된다. 이렇게 소득과 수요가 반대로 움직이는 재화를 열등재 또는 하급재라 한다.

경제학자처럼 생각해보기 종교의 소득탄력성과 교차탄력성은?

종교는 대개 직장을 쉬는 휴일에 모임을 많이 가지는 것이 일반적이다. 그동안 한국경제의 급격한 성장으로 소득이 증가하고 자동차 등의 이동수단이 발달하여 야외활동을 많이 하게 되면서 독실한 신자들이 아니면 종교활동에 소홀하게 되는 현상이 나타나게 되었다. 대체로 1인당 국민소득이 약 5천 달러를 넘어서면서 종교적 관심은 약해지기 시작한다고 한다. 즉, 생존문제에 대한 절박감이 감소되면서 그 절박성에 대한 보상효과가 있는 종교에의 기대심리는 감소되는 것이다. 경제적인 여유는 여가산업을 발달시켜 관광 · 휴양지의 개발과 골프, 스키, 수영, 볼링, 테니스 등을 즐길 수 있는 공간들을 증가시키게 된다. 고속도로와 국도를 메우는 주말의 차량행렬과 행락인파에서 보듯이 여가산업의 급속한 발달은 종교에 대한 참여를 약화시키는 하나의 중요한 이유가 되고 있다. 결국 경제성장은 여가산업의 발달을 가져왔고 사람들의 삶의 가치관을 세속적인 것으로 변화시켜 종교에 대한 관심을 약화시키게 된다.

이러한 점에서 종교와 경제성장의 관계는 세계적으로 일정한 형태를 보여주고 있다. 세계를 경제적인 수준에 따라 선진국, 개발도상국, 후진국으로 구분해 볼 때, 종교가 가장 성장하지 않는 나라들은 거의 예외 없이 선진국이며, 가장 성장하는 나라들은 대체로 개발도상국이다. 선진국은 높은 국민소득과 복지제도의 발달로 경제적 박탈감이 최소화되어 있는 반면에, 여가산업은 최고로 발달되어 있다. 경제적 풍요 가운데서 종교에 대한 의존의 필요성이 가장 적고, 자신의 심리적 문제를 해소할 수 있는 수단과 방편을 많이 가지고 있는 선진국상황에서 종교가 성장할 가능성은 매우 적은 것이다.

이러한 면에서 종교활동은 레저의 대체재성격을 가지면서 소득증가에 따른 수요감소로 나타나는 열등재적인 성격을 가진다고 볼 수 있다.

수요의 교차탄력성

수요의 교차탄력성은 타 재화(Y재)의 가격변화율에 대한 그 재화(X재)의 수요의 변화율의 정도를 나타낸다.

$$E_{XY}=\frac{X\text{재의 수요변화율}}{Y\text{재의 가격변화율}}=\frac{\Delta Q_X/Q_X}{\Delta P_Y/P_Y}$$

커피와 홍차의 관계를 검토하면 커피(Y재)의 가격이 상승(+)하면 홍차(X재)에 대한 수요가 증가(+)하여 수요의 교차탄력성은 양(+)이 되고, 두 재화, 즉 커피와 홍차는 대체재관계에 있다. 반대로 커피와 설탕의 경우에 커피의 가격이 상승(+)하면 설탕에 대한 수요는 감소(−)하여 수요의 교차탄력성은 음(−)이 되고, 두 재화, 즉 커피와 홍차는 보완재관계에 있다. 한편 커피와 연필의 경우에 커피의 가격이 상승(+)하면 연필에 대한 수요는 변하지 않기 때문에 수요의 교차탄력성은 영(0)이 되고, 두 재화, 즉 커피와 연필은 독립재관계에 있다.

경제학자처럼 생각해보기 **나이키의 대체재는 아디다스일까, 닌텐도일까?**

「나이키의 상대는 닌텐도다(정재윤 저, 마젤란)」는 책제목이다. 이 책의 내용을 간단히 요약해 보자. 나이키의 경쟁상대로 사람들은 흔히 아디다스나 리복, 퓨마 등과 같은 동종 스포츠 브랜드를 떠올린다. 그럼에도 불구하고 나이키는 소니, 애플, 닌텐도를 경쟁상대로 규정하고 나선 것이다. 그러한 배경에는 그동안 마이클 조단이나 타이거 우즈를 광고모델로 내세워 괄목할 만한 성장을 보였던 나이키의 경영실적이 최근 정체되면서 기업 내부의 반성과 위기의식이 깔려있다고 할 수 있다. 그 주된 이유는 지난 수년간 나이키의 고객의 주요 대상인 청소년이 운동화를 신고 뛰어놀아야 할 시간에 닌텐도와 게임기에 빠져 집 밖으로 나오지 않기 때문이다. 따라서 업체 간의 경쟁보다는 고객이 자기 회사제품에 할애하는 시간과 관심이 기업경영에 더욱 중요한 것임을 인식하게 된 것이다.

이러한 분석은 '시간점유율'이라는 개념으로 설명할 수 있다. 즉, 동종업체의 가격이나 품질, 디자인과의 경쟁이 아니라 '시간점유율'을 많이 가지고 있는 타 업종과의 경쟁이 이전까지는 생각하지 못했던 새로운 경쟁의 내용이 되었다는 것이다. 그렇다면 닌텐도를 경쟁대상으로 생각해야 할 기업은 단지 스포츠용품 업계만은 아닐 것이다. 소비자들을 집 밖으로 불러내야 하는 모든 기업, 예를 들면 '구찌'나 '루이비똥' 등의 패션업계도 이제는 닌텐도를 의식해야 하지 않을까?

공급탄력성의 정의 및 측정

공급탄력성은 재화의 공급가격의 변화율에 대한 공급량의 변화율의 비율을 말한다.

$$E_S = \frac{\text{공급량의 변화율}}{\text{공급가격의 변화율}} = \frac{\Delta Q/Q}{\Delta P/P}$$

수요의 가격탄력성과 같은 논리로 공급탄력성 또한 공급곡선의 기울기와 반비례관계가 있다. 〈그림 2-13〉에서 보듯이 공산품은 공급곡선의 기울기가 완만하여 약간의 가격상승에도 공급량을 쉽게 증가시킬 수가 있기 때문에 탄력적이다. 한편 농산물은 공급곡선의 기울기가 가파르게 나타나 가격상승에도 공급량을 쉽게 증가시킬 수가 없기 때문에 비탄력적이 된다.

이러한 공급탄력성의 결정요인으로는 다음과 같은 것을 들 수 있다.

첫째, 공급곡선은 한계비용곡선이므로 생산량증가에 따라 비용의 변화가 클수록 비탄력적이 된다. 즉, 깊은 지하에서 채굴된 탄광의 석탄공급은 비탄력적이지만, 갓 발견된 온천수의 공급은 탄력적으로 이루어질 것이다.

둘째, 유휴설비의 존재 유무가 탄력성을 결정하는 요인이 된다. 즉, 실업과 유휴설비가 존재하는 경우 공급은 탄력적으로 이루어진다. 그러나 자원이 완전고용상태에 있다면 공급곡선은 수직에 가까워 완전비탄력적이 된다.

셋째, 기술진보의 속도가 공급의 탄력성을 결정한다. 빠른 속도로 기술진보가 이루어지는 컴퓨터나 휴대전화는 공급이 탄력적으로 이루어지고, 기술진보의 속도가 낙후되어 있는 석탄의 공급은 비탄력적으로 이루어질 것이다.

그림 2-13 공급탄력성의 비교

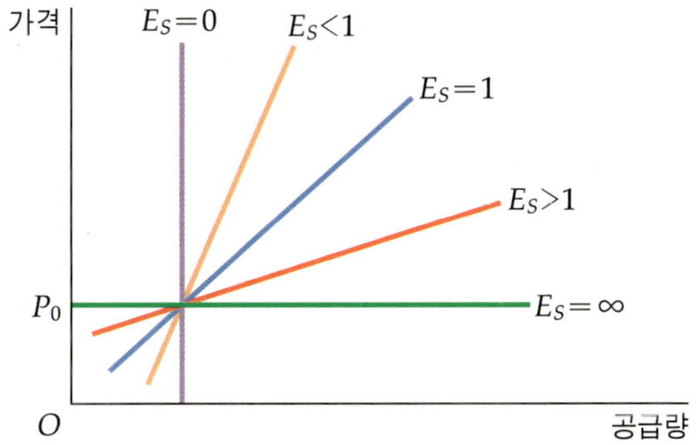

농산물의 공급조건은 자연상황에 의존하기 때문에 가격이 상승하여도 공급을 쉽게 늘리지 못해 공급곡선이 가파르고 비탄력적이다.

반면 공산품은 탄력적으로 그려지고, 진귀한 골동품은 공급곡선이 수직이 된다.

마지막으로 가격변화에 적응하기 위한 기간에 의해 공급의 탄력성은 달라진다. 그 이유는 자본설비가 고정되어 있어 노동량에 의해서만 생산증가가 이루어지는 단기에는 공급이 비탄력적일 수밖에 없기 때문이다. 그러나 장기에는 노동뿐만 아니라 생산설비능력을 증대시켜 공급능력을 보다 크게 늘릴 수 있으므로 탄력적이게 된다.

생/각/넓/히/기 **졸업식 때의 꽃값과 발렌타인데이 때의 초콜릿가격**

매년 2월이 되면 초 · 중 · 고등학교뿐만 아니라 대학교의 졸업식이 거행되고 있다. 졸업식 시즌이 되면 졸업선물로 줄 '꽃'값이 다른 달에 비해 훨씬 비싸게 거래된다. 그러나 같은 달 발렌타인데이 때에는 여자가 자신이 좋아하는 남자에게 사랑을 전하면서 많은 초콜릿선물을 주지만 초콜릿의 가격은 다른 달과 비교하여 가격이 비싸지지 않는다.

그 이유는 왜 그럴까? 그것은 두 재화의 공급탄력성이 다르기 때문이다. 초콜릿은 그림에서 보듯이 공산물로 공급탄력성이 크기 때문에 가격의 변동이 크지 않다. 그러나 꽃은 농산물로 공급탄력성이 작기 때문에 가격의 변동이 크게 되는 것이다.

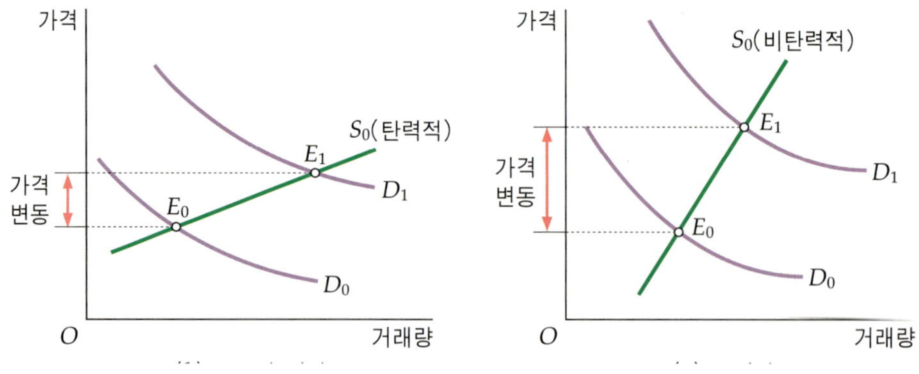

제 5 절 | 수요 · 공급의 원리의 현실적 적용

가격규제 … 최고가격제와 최저가격제

최고가격제(가격상한제 : ceiling price)는 전시(戰時) 등의 이유로 가격이 폭등할 때 물가안정을 통한 소비자보호를 위해 정부가 가격상한을 설정해 두고, 그 이상의 가격으로 거래하는 것을 법으로 통제하는 제도이다. 현실에서는 최고이자율규제, 아파트 분양가통제 등이 이러한 사례에 속한다.

최고가격제의 긍정적인 면은 소비자가 시장에서의 균형가격보다 낮은 가격으로 구매가 가능하고, 가격폭등이 예상되는 경우에는 단기적으로 가격상승에 대한 기대심리를 억제시킬 수 있다는 것이다.

그러나 〈그림 2-14〉에서 보듯이 최고가격(P_c)은 균형가격(P_0) 아래에서 정해지기 때문에 BC만큼의 초과수요가 발생하여 가격상승의 압력으로 거래량의 상당수가 암거래이익(〈그림 2-14〉의 P_cBAP_1)을 노려 암시장이 성립한다.

나아가 장기적으로 공급량이 OQ_0에서 OQ_1로 감소하여 사회적인 후생손실이 발생한다. 이때 정부는 공급량의 감소에 따른 수량부족의 문제를 해결하고자 배급제나 선착순 등에 의해 자원을 배분하기도 한다.

그림 2-14 최고가격제

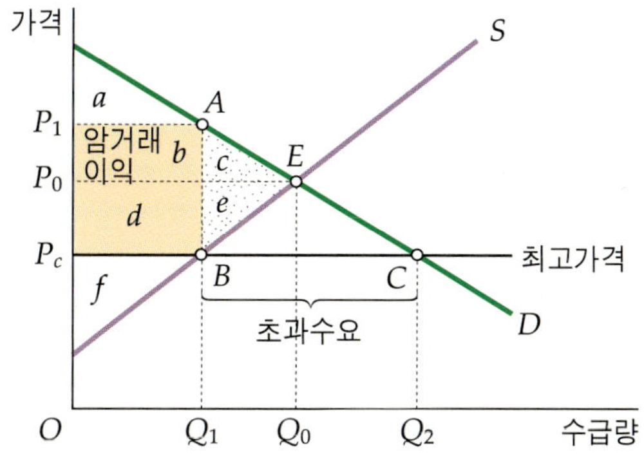

최초상태에서

- 소비자잉여 : $a+b+c$
- 생산자잉여 : $d+e+f$

최고가격제하에서

- 소비자잉여의 변화분 : $d-c$
- 생산자잉여의 변화분 : $-(d+e)$
- 총잉여의 변화분 : $-(c+e)$: 후생손실

최저가격제(가격하한제 : minimum price ; floor price)는 생산자나 공급자의 이익을 보호하기 위하여 가격하한을 설정하여 두고 그 이하의 가격으로 거래되는 것을 법으로 금지하는 제도이다. 현실에서는 최저임금제, 최저곡가제, 최저수출가격제(check-price) 등이 이러한 사례에 속한다. 최저가격제의 긍정적인 면은 생산자의 가격이나 노동자의 임금 등을 높은 가격에 공급할 수 있게 함으로써 소득을 증대시킬 수가 있다는 것이다.

그러나 〈그림 2-15〉에서 보듯이 최저가격(P_m)이 균형가격(P_0)보다 위에서 설정되기 때문에 초과공급(〈그림 2-15〉의 MN)이 발생한다. 노동시장에서의 실업이나 잉여농산물이 발생하는 것이 그 예이다. 나아가 가격상승에 따른 수요의 감소($OQ_0 \rightarrow OQ_1$)와 최저가격 이하에서 거래되는 암시장이 성립한다.

암시장에서는 최저임금제하에서 실업상태로 있는 것보다 최저임금수준보다 낮은 임금하에서 취업하려는 상황이 발생한다. 따라서 최적가격제를 실시하기 전의 소비자잉여인 $(a+b+c)$와 생산자잉여 $(d+e+f)$가 나타나지만 실시 후에는 $(c+e)$만큼의 후생손실이 발생한다.

시장에서 정해지는 가격이 문제가 발생하는 경우 일시적으로 정부가 개입하여 문제점을 해결하고자 한다. 그러나 이러한 규제방식을 장기적으로 시행하면 자원배분의 왜곡을 더욱 심화시키는 문제가 발생한다.

그림 2-15 **최저가격제**

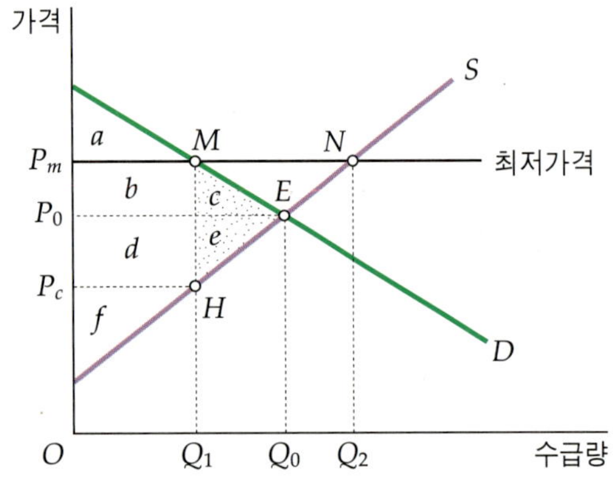

최저가격제하에서

- 소비자잉여의 변화분 : $-(b+c)$
- 생산자잉여의 변화분 : $b-e$
- 총잉여의 변화분 : $-(c+e)$: 후생손실

경제학자처럼 생각해보기 **경제활동에 정부가 개입했을 때 나타나는 현상들**

자본주의 사회에서 특정한 재화는 시장에서 사고파는 사람들이 모여서 거래된다. 그리고 그 과정에서 가격은 경쟁을 통해 균형점에서 형성된다. 하지만 어떤 경우에는 정부가 시장에서 결정되는 재화나 서비스의 가격이 소비자 혹은 생산자에게 공평하지 못하다고 판단하여 가격을 통제할 때가 있다. 그러나 가격통제도 그 나름대로 불공평한 결과를 가져온다. 두 가지 사례로 알아보자.

먼저, 임대료 규제이다. 임대료 규제는 가난한 사람들의 주거비부담을 덜어주는 것이 목적이다. 그러나 경제학자들은 오히려 임대료 규제가 저소득층의 생활수준을 향상시키는데 매우 비효율적이라고 비난한다. 어떤 경제학자는 "폭격 외에 도시를 파괴하는 가장 확실한 방법"이라고까지 표현한다.

그러나 임대료 규제의 부작용은 오랜 기간에 걸쳐서 나타나기 때문에 일반인들이 분명히 느끼기는 어렵다. 단기에는 임대주택수가 고정되어 있고 시장여건이 변하더라도 이 수치가 쉽게 변하지 않는다. 따라서 단기에는 임대주택에 대한 수요와 공급은 모두 비탄력적이다.

그러나 시간이 흐름에 따라 임대주택의 수요자와 공급자들이 시장여건에 보다 민간하게 반응하므로 장기효과는 단기효과와 매우 달라진다. 공급측면에서는 임대료가 낮아짐에 따라 임대주택 주인들은 임대주택을 새로 짓지 않고, 기존의 임대주택을 제대로 보수하지도 않는다. 수요측면에서는 임대료가 낮아짐에 따라 부모님댁에서 함께 살거나 친구와 방을 함께 쓸 수 있는 사람들도 독채 임대주택을 구하고, 도시로의 인구유입도 늘어난다.

따라서 임대료 규제로 인해 임대료가 균형수준보다 낮아지면 임대주택의 공급은 크게 줄고 수요는 크게 늘어 주택부족 규모는 더욱 커지게 되어 장기적으로 임대주택의 심각한 부족을 초래하게 된다.

다음 예로 자동인출기에 대한 상한 가격은 어떤 결과를 가져오는지 알아보자. 고객이 자동인출기에서 현금을 인출할 때 해당 자동인출기를 운영하는 은행에 계좌를 가지고 있지 않다면 추가요금이나 수수료를 지불해야 한다. 미국의 경우에는 자동인출기를 통해 현금을 인출하는 데 지불하는 가격은 평균 약 1.4달러이다. 이 요금이 너무 비싸다고 판단한 미국의 산타모니카나 샌프란시스코는 1999년에 자동인출기 사용수수료 부과를 금지하였다. 그렇게 되자 산타모니카에서 영업하는 두 은행(뱅크 오브 아메리카, 웰즈 파고)은 타 은행고객들에 대한 자신들의 자동인출기 서비스를 중단하였다. 따라서 수수료를 지불하고도 자동인출기를 사용하려 했던 타 은행 고객들이 외면당하였다.

자동인출기의 사용에 대한 수수료부과를 금지하려는 움직임이 1999년에 미국 전역으로 확산될 가능성이 높아지자, 많은 신문들은 이를 반대하는 사설을 썼다. 뉴욕타임즈의 사설은 다음과 같다.

"사람들은 은행이 자신들이 제공하는 서비스에 대해서 그 사용요금을 부과하는 권리를 갖는다는 것을 결국에는 인정하여야 한다. 더 중요한 것은, 할증요금을 금지하려는 노력은 역반응을 초래할 뿐만 아니라 소비자들에게는 이로움보다는 해를 입히는 결과를 가져오기 쉽다."

이처럼 경제활동에 정부가 개입했을 때 부정적인 결과를 초래하는 경우가 많다. 물론 좋은 의도에서 시작된 일이라 할지라도 그것들은 시장의 왜곡현상을 불러일으킬 수 있다.

▶ 출처 : 「맨큐의 경제학」과 「테일러 경제학」에서 수정인용

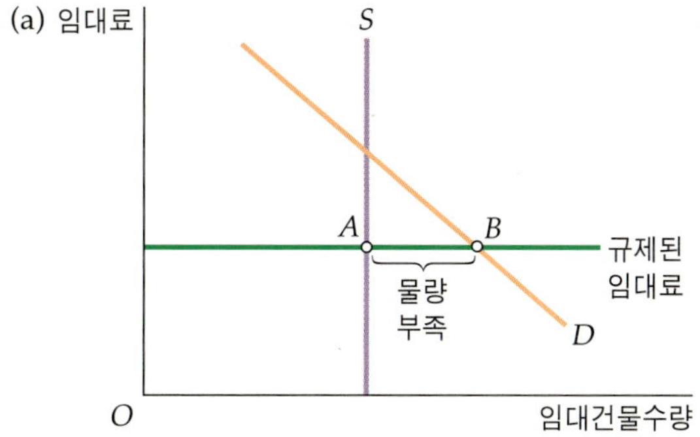

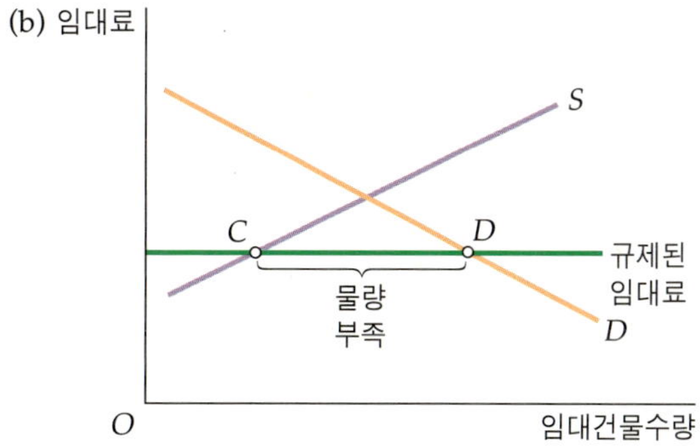

탄력성과 조세부담의 귀착

정부가 기업이 생산한 상품에 대해 조세(물품세)를 부과하면 그 부담은 누가 질 것인가?

물품세가 부과되면 기업의 비용증가로 공급곡선은 상방으로 이동할 것이고, 여기에 따라 새로운 균형가격과 거래량이 성립될 것이다. 조세의 부과는 소비자가 지불하는 가격을 높이고 기업의 판매 후 수취가격을 낮추어 소비자와 생산자가 나누어 부담하는 결과를 가져온다. 이러한 현상은 조세의 부담을 법률상의 납세의무자에게서 다른 경제주체로 이전시키는 조세의 전가(shifting)때문에 발생하게 된다.

이것을 그림으로 그리면 〈그림 2-16〉과 같다. 원래의 시장균형 E_0에서 생산자에게 단위당 세금이 부과되면 공급곡선이 세금만큼 상방으로 이동하여 균형가격은 상승하고 거래량은 감소한다. 이때 정부의 조세수입(단위당 조세액×거래량 : $B+D$) 중에서 소비자는 B만큼을 부담하고, 생산자는 D만큼을 부담하게 된다.

결국 물품세와 같은 소비세를 부과하면 조세부담은 소비자와 생산자가 모두 부담하게 된다. 이때 부담의 크기는 〈그림 2-17〉에서 보듯이 수요의 탄력성과 소비자부담분은 반비례하고, 공급의 탄력성과 생산자부담분은 반비례한다.

그림 2-16 조세부담의 귀착

- 정부의 조세수입 : $B+D$
  소비자 실제부담 : B
  생산자 실제부담 : D
- 조세부과의 후생손실 : $C+E$

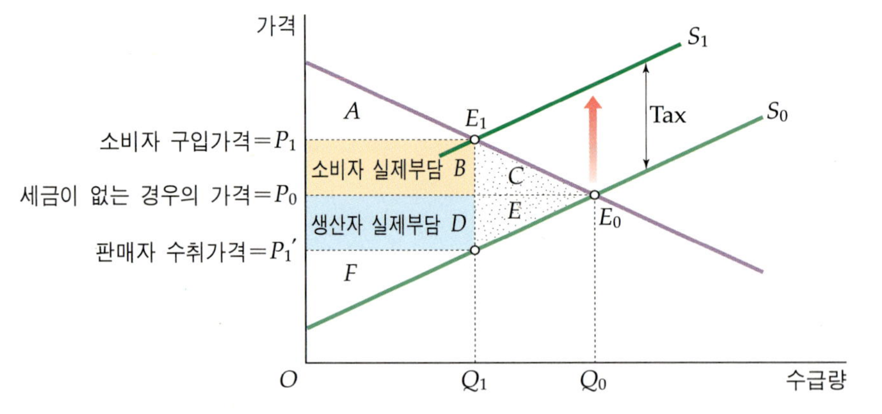

그림 2-17 **수요와 공급의 탄력성과 조세부담**

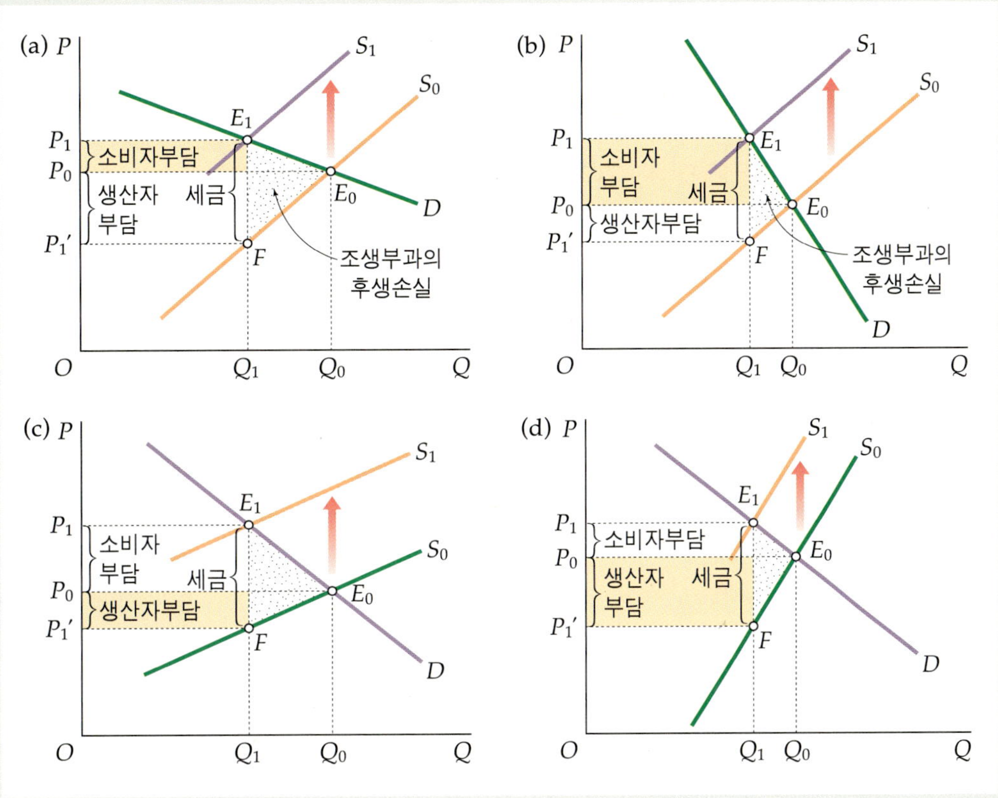

탄력적 수요(a)가 비탄력적 수요(b)보다 소비자부담이 작고 후생손실(E_0E_1F)은 크다.

탄력적 공급(c)이 비탄력적 공급(d)보다 생산자부담이 작고 후생손실은 크다.

경제학자처럼 생각해보기 **사치세는 고소득자와 저소득자 중 누가 부담할까?**

1990년에 미국 의회는 요트, 자가용 비행기, 모피, 보석, 고급 승용차 등에 대해 사치세를 부과하기로 결정하였다. 예를 들어, 요트시장을 생각해 보자. 요트에 대한 수요는 매우 탄력적이다. 요트에 대한 수요가 탄력적이라는 것은 요트의 수요자들인 백만장자들은 요트의 가격이 과세를 통해 상승하면 요트를 사는 대신 그 돈으로 더 큰 집을 사거나, 유럽 여행을 하거나, 자손들에게 더 많은 유산을 남겨줄 수 있기 때문이다. 반면에 요트의 공급은 비탄력적이다. 요트공장을 다른 재화의 생산공장으로 쉽게 변환할 수도 없고 요트공장에서 일하는 근로자들이 시장여건의 변화에 대응하여 직업을 바꾼다는 것도 쉽지 않기 때문이다.

결국 요트수요는 탄력적이고 요트공급은 비탄력적이어서 요트에 대한 세금부과로 요트가 팔리지 않자 요트생산자가 해고되는 결과로 나타났다.

사치세가 시행됨에 따라 이 세금의 귀착에 대한 가정이 옳지 못했다는 사실이 분명해졌다. 사치품공급업체들은 의회의원들에게 자신들이 겪고 있는 경제적 어려움을 납득시켰고, 그 결과 의회는 1993년에 대부분의 사치세를 폐지하였다.

▶ 출처 : 「맨큐의 경제학」, p.148에서 수정인용

경제학자의 이야기

경제학이란 말을 처음 만든 냉철한 머리와 따뜻한 마음을 가졌던 마샬

신고전파 경제학은 우연히 같은 시기에 그러나 서로 다른 장소에서 왈라스(L. Walras), 멩거(C. Menger), 그리고 제본스(W. S. Jevons)에 의해 창시되었지만 제본스를 창시자로 하는 켐브리지학파는 실질적으로 알프레도 마샬(A. Marshall)이 창설하였다고 할 수 있다.

마샬은 1842년 상당히 엄격한 종교적 기율을 강조하던 런던 근교의 한 은행원의 집안에서 태어났다. 그의 아버지는 그를 목사로 만들기 위해서 이를테면 수학공부 대신에 히브리어를 가르치는 등의 극성을 부려 19세의 아들을 옥스퍼드 대학에 입학시켰다. 그러나 아들은 신학보다는 수학에 대한 애착이 더 깊었기 때문에 이 대학에서 베푸는 장학금의 혜택마저 포기하고 숙부에게 학비를 빌려 케임브리지 대학으로 진로를 바꾸었다. 여하튼 행위 자체는 당돌한 데가 있었지만, 바로 그 불효의 덕택으로(?) 인류는 탁월한 경제학자 한 사람을 더 보태는 영광을 안게 되었다.

마샬은 수학과목의 졸업시험을 2등으로 통과한 후 물리학 공부를 계속하기를 원했으나, 25세 때에 한 철학교수가 지도하던 그로트 클럽에 가입하여 진화론, 불가지론, 사회주의 윤리학 등 당시의 지적 분위기를 대표하던 첨단의 학설들을 접하게 됨으로써 그의 생애는 일대 사상적인 전기를 맞게 된다. 그는 철학과 윤리학에 깊은 관심을 보이면서도 때때로 도시의 빈민구역이나 공장을 방문하여 그 빈곤상태를 조사하곤 하였다. 이러한 순진한 호기심 위에서 그의 경제학이 시작되었다.

▲ 마샬(1842~1924)

26세가 되던 해 마샬은 '칸트를 원어로 읽기 위해' 독일을 방문했으며, 이 호기로운 여행을 마치고 귀국한 뒤 케임브리지 대학의 철학 강사가 된다. 이 시기에 독일 역사학파의 방법론을 읽고 프랑스 학자들의 수리경제학적 저술들을 섭렵하면서 자신의 경제학체계를 세워나갔다.

마샬은 35세에 자신의 제자였으며 이제는 대학에서 경제학을 가르치고 있는 메리 페일리를 아내로 맞이하는데, 이 결혼은 아주 모범적인 결합이었다. 결혼을 하게 되면 강사(fellow)의 자격이 자동적으로 상실되는 당시 케임브리지 대학의 규정에 따라 그들 부부는 브리스톨 대학으로 옮겨진다. 여기서 남편은 학장으로 아내는 강사로 취임하여 공동으로 「산업경제학」을 집필한다. 이때 처음으로 그때까지 통용되던 '정치경제학'(political economy) 대신에 '경제학'(economics)이란 말이 사용되기 시작했다.

브리스톤에서 근무한 지 4년 만에 건강이 극도로 악화되어 마샬은 대학을 사직하고 1년 예정으로 부인과 이탈리아로 여행을 떠난다. 후일 그가 제자인 케인스에게 전한 말에 따르면 이 여행 중에 '탄력성'이란 개념에 대한 발상을 얻었다고 한다. 탄력성이란 가격이 내리거나 오르는 정도와 그에 따라 수요량이 늘거나 주는 정도를 비교하는 분석도구이다. 시실리 섬의 휴양지 팔레르모의 한 여관에서 목욕복만 걸치고 앉아 있는데, 백사장에 펼쳐진 가게 앞에서 값을 깎아주면 물건을 더 사겠다는 주인과 손님 사이의 흥정 광경이 눈에 들어왔고, 이것이 나중에 그의 머리에서 탄력성이란 개념으로 매끈하게 정리되어 나오게 된 것이다. 그의 나이 43세에 케임브리지 대학에 경제학부가 창설되어 그의 모교로 돌아오면서 '경제학의 현상'이라는 취임 강연을 통해 "경제학을 연구하는 사람은 뜨거운 가슴과 차가운 머리(warm heart and cool head)를 가져야 한다"라는 명언을 남긴다. 5년 후에 완성한 필생의 업적 「경제학 원리(principle of economics)」는 사실상 현대 미시경제학의 체계를 구축한 저서가 되었다.

저자가 경제학자로서 마샬을 맨 처음으로 소개하는 이유는 지금까지 우리가 2장에서 배운 대다수의 내용이 이 책에서 주장되었기 때문이다. 즉, 부분균형방법의 전개와 수요와 공급의 원리, 소비자잉여와 생산자잉여, 탄력성의 개념과 나중에 배우게 될 단기와 장기의 기간개념, 시장구조와 외부성 등의 이론이 마샬의 업적이다. 한 경제평론가는 이 책이 "흔들리고 있는 경제학에 대한 신뢰를 회복시켰다"고 격찬했다.

후일 후생경제학의 발전에 크게 기여한 아서 피구에게 강의를 맡기고 마샬은 66세의 나이로 케임브리지에서 은퇴한다. 그 후 집필에 몰두해 그의 「경제학 원리」를 78세에 8판까지 개정한다. 이어서 '진보의 경제적 조건'에 대한 책을 구상하다가 82세에 세상을 떠난다. 피구의 술회에 따르면 마샬은 대학시절에 아주 험상궂게 생긴 '인간 따라지'의 유화 한 장을 방에 걸어놓고 "저런 인간이 천당에 가도록 돕는 일에 헌신하겠다"고 매일 다짐했다고 한다.

제 3 장

경제학과 친구하기

가계의 합리적인 소비활동

제 1 절 | 한계효용이론과 합리적 소비

효용과 효용함수

소비자행동이론은 예산제약하에서 만족의 극대화를 실현하려는 행동을 체계적으로 분석하는 것이다. 인간은 생활을 하면서 의 · 식 · 주 등의 재화나 서비스를 소비하는 활동을 계속하고 있다. 이때 소비함으로써 얻게 되는 주관적인 만족의 크기를 효용(utility)이라 한다. 효용은 소비하는 재화량과 함수관계를 가지며, 이를 효용함수라 한다.

$$U=f(Q)$$

(U : 효용(utility), Q : 소비량(consumption quantity))

효용함수에서 소비자가 상품을 소비함으로써 얻는 주관적인 총만족이나 행복감이 총효용(total utility : TU)이고, 소비단위를 하나씩 증가시킬 때마다 추가적으로 늘어나는 효용이 한계효용(marginal utility : MU)[1)]이다.

우리는 항상 처음 경험하는 일에 가장 큰 감흥을 받는다. 첫사랑을 못 잊어 하

---

1) 한계효용은 소비량증가에 따른 총효용의 증가분 또는 총효용을 소비량으로 미분한 값으로 정의된다.

$$MU=\frac{\Delta TU}{\Delta Q}=\lim_{\Delta Q\to 0}\frac{\Delta TU}{\Delta Q}=\frac{d(TU)}{dQ}$$

반대로 한계효용의 총합(한계효용곡선 아래의 면적, 즉 적분값)은 총효용이 된다.

$$\int MUdQ=TU$$

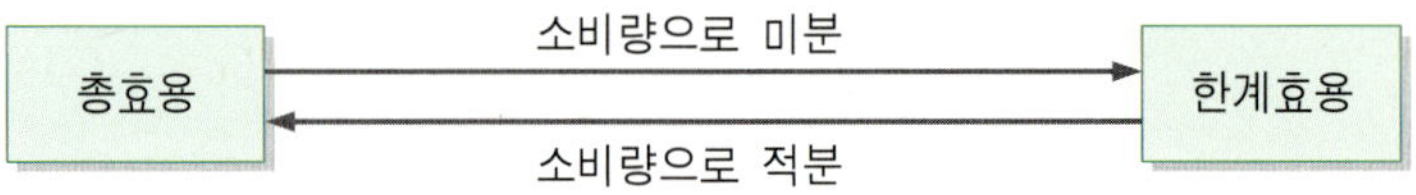

는 것이나 새옷을 즐겨찾는 것, 남이 갖지 않은 새것을 원하고, 해보지 않은 일을 시도하는 용기도 모두 이에서 비롯된다. 이런 현상은 경제활동에서도 그대로 나타난다. 무엇이든 첫 번째 단위의 소비에 가장 큰 만족을 얻고, 소비량이 늘어감에 따라 추가적 만족의 증가분은 점차 감소하게 마련이다. 한 가구에서 첫 번째 차량을 구입하고 그 이후에 두 번째의 차량이 필요하여 추가적으로 구입할 때, 첫 번째 자동차에서 얻는 감흥이 훨씬 크게 느껴질 것이다. 이처럼 소비단위가 늘어날 때마다 느끼는 만족이 감소하는 것은 한계효용이 점차 줄어들기 때문이다. 이것을 '한계효용체감의 법칙'이라고 한다.

▲ 첫사랑의 그리움

결국 한계효용체감의 법칙은 '새 것'과 '처음'을 좋아하는 인간의 본성에서 비롯된 경제법칙이다. 이런 점에서 일상에서 게을러지고 무기력해질 때 처음 상태의 긴장을 뜻하는 '초심으로 돌아가자!'라는 말은 최초의 한계효용을 다시 느껴보라는 의미이기도 하다.

그림 3-1 **한계효용체감의 법칙**

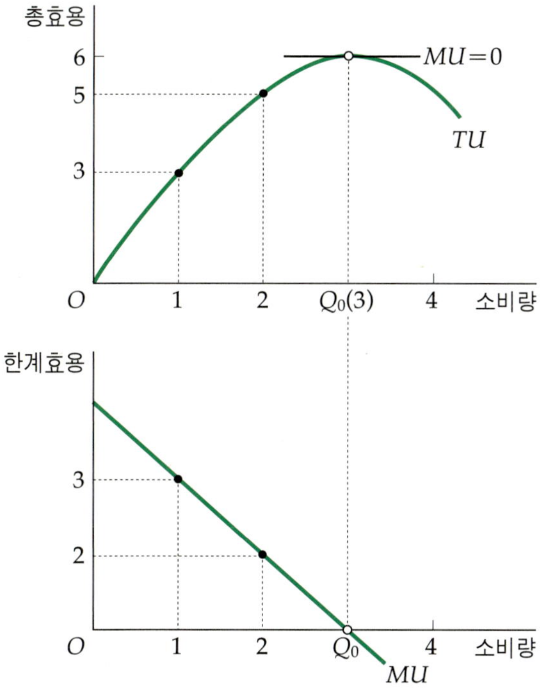

소비량	총효용	한계효용
1	3	3
2	5	2
3	6	1
4	5	−1

- 극대만족점까지 한계효용은 체감한다.
- 총효용이 극대가 되는 점에서 한계효용은 0이 된다.

▶ 철수의 효용표

	1회	2회	3회	4회
영화	100	80(180)	70(250)	65
PC방	80	70(150)	50	40
음악회	80	70(150)	40	30

합리적인 소비행동과 수요곡선

소비자의 한 주간 소득이 10이고 X재 가격은 1, Y재 가격은 2라고 하자. 효용표가 아래와 같이 주어진다면 극대만족의 상품조합은 어떻게 구해야 할까? 표에서 보듯이 소비자는 재화 1원당 효용의 변화분이 가장 큰 순서부터 지출하여 X재 소비량 4단위와 Y재 소비량 3단위를 소비할 때 한계효용이 일치하고 총효용이 극대가 되는 것을 알 수가 있다.

X재(P_X=1)					Y재(P_Y=2)				
소비량	총효용	한계효용	$\frac{MU_X}{P_X}$	지출순위	소비량	총효용	한계효용	$\frac{MU_Y}{P_Y}$	지출순위
1	10	10	10	①	**1**	16	16	8	③
2	19	9	9	②	**2**	28	12	6	⑤
3	26	7	7	④	**3**	36	8	4	⑥
4	30	4	4	⑥	**4**	40	4	2	
5	31	1	1		**5**	40	0	0	

결국 소비자가 주어진 예산제약하에 각 재화의 1원당 한계효용이 일치하도록 각 재화를 구입할 때 총효용은 극대가 된다. 이것을 가중(加重)된 한계효용균등의 법칙이라 한다.

선택으로부터의 한계편익(각 물품에 대한 소비에서의 즐거움)

$$\frac{MU_X}{P_X} = \frac{MU_Y}{P_Y} = m \text{(화폐 1원당 한계효용)}$$

선택에서 발생하는 한계비용

가중된 한계효용균등의 법칙으로부터 재화의 수요곡선을 도출할 수가 있다. 앞의 조건 $\frac{MU_X}{P_X} = \frac{MU_Y}{P_Y}$에서 X재의 가격이 인하되면 $\frac{MU_X}{P_X} > \frac{MU_Y}{P_Y}$가 되고, X재 1원의 한계효용이 Y재 1원의 한계효용보다 크게 되어 X재 수요량을 증가시켜야 할 것이다. 반대로 X재의 가격이 상승하면 $\frac{MU_X}{P_X} < \frac{MU_Y}{P_Y}$가 되어 X재 수요량을 감소시킬 것이다.

결국 소비자의 효용극대화과정에서 X재 가격과 수요량은 역관계라는 수요법칙이 성립한다는 것을 알 수가 있다. 결론적으로 수요곡선은 소비자의 효용극대가 실현되는 점이기도 하다.

경제학자처럼 생각해보기 술자리를 대하는 현명한 자세

'술을 마시는 3단계'라는 1970~1980년대에 유행하던 이야기가 있다. 1단계는 사람이 술을 마시는 단계이며, 2단계는 술이 술을 마시는, 그리고 3단계는 술이 사람을 마시는 단계라 할 수 있다. 술을 마셔본 사람들은 어느 정도 공감하는 이야기가 아닐까 싶다.

술 자체가 너무나 맛있어 술을 마시는 것은 아닐 것이다. 무엇보다 같이 마시는 사람들이 좋아서, 그리고 무한한 종류를 자랑하는 술안주가 맛있어서 마시는 것이 술이 아닐까? 그래서 오랜만에 만난 친구들과의 술자리에서 마시는 술은 한 잔 한 잔이 더 맛있고 더 즐겁고 행복한 것이다. 이것이 그리 흔하지 않은 한계효용체증을 느낄 수 있는 1단계이다. 몇 차례의 건배가 오가고 만날 때마다 되풀이되는 추억이 안주거리가 되기 시작하면 이제는 술자리가 주는 총효용은 증가하더라도 한계효용은 체감하기 시작하는 2단계가 되는 것이다.

문제는 술이 사람을 마셔버리는 3단계로 우리가 흔히 말하는 '주사(술버릇)'가 등장하는 단계이다. 더러 귀여운(계속 웃는다던가, 벽에 붙는다던가, 하다못해 잔다던가) 행동으로 아름다운 마무리를 하는 사람들도 있지만, 나열하기 민망할 정도의 많은 추태들을 우리는 알고 있기에 한계효용이 (−)가 되는 단계가 분명하다. 게다가 다음날까지 이어지는 숙취의 흔적들을 생각해 보라.

아마도 부부싸움에서 가장 자주 등장하는 주제가 남편의 술일 것이다. 아내의 입장에서 술은 돈과 건강과 가족관계를 동시에 망가뜨리는 '적'일 수 있다. 그렇다고 피로회복제와 같은 남편의 술자리를 아예 금지해 버리는 것도 경제학적 관점에서 합리적이라고 할 수는 없다. 그렇다면 술자리를 대하는 가장 현명한 자세는 무엇일까? 답은 이미 나와 있다. 한계효용이 0이 될 때까지 소비하는 것, 다시 말해 3단계로 넘어가기 전에 술자리를 마치는 것이 술이 주는 총효용을 가장 크게 만드는 합리적 소비이다.

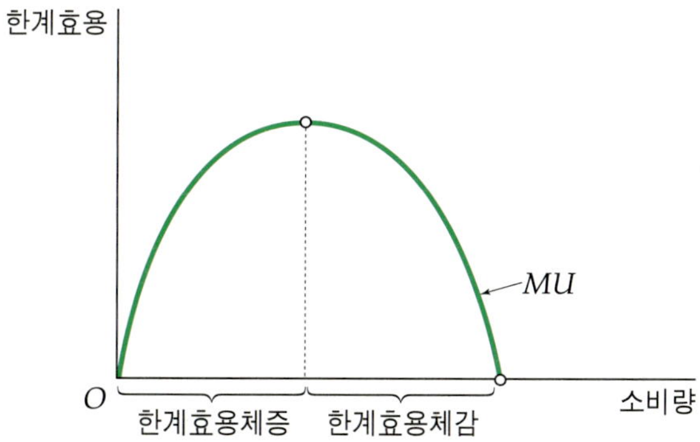

심/층/탐/구 한계효용곡선과 수요곡선의 관계

$$\frac{MU_X}{P_X} = \frac{MU_Y}{P_Y} = m(\text{돈 1원당 한계효용})$$

의 조건식에서 $m=1$이라고 가정하면 $P=MU$가 성립한다.

〈그림 3-1〉에서 한계효용 대신에 가격을 대입하면 한계효용곡선은 곧 수요곡선이 된다. 수요곡선이 우하향하는 이유는 소비량이 적을 때는 한계효용이 크기 때문에 높은 가격을 지불하고, 소비량이 많을 때는 한계효용이 작기 때문에 낮은 가격을 지불하기 때문이다.

가치의 역설

스미스(A. Smith)는 인류가 생존하는 데 꼭 필요한 물이 생존과는 별로 상관이 없는 다이아몬드의 값보다 낮은 이유에 대해 고민한 적이 있다. 그 이유로 '국부론'에서 물은 사용가치는 크지만 교환가치는 작아서 그 가격이 낮고, 다이아몬드는 사용가치는 작지만 교환가치는 크므로 그 가격이 높아 가치의 이율배반이 나타난다고 주장하였다.

그 후 1870년대 등장한 한계효용학파는 총효용 및 한계효용의 개념을 구별하고 재화의 가격은 총효용이 아니라 한계효용에 의해 결정된다고 주장한다. 즉, 다이아몬드의 존재량은 Q_D로 희소하기 때문에 한계효용이 크고, 물의 존재량은 Q_W로 많기 때문에 한계효용이 작다. 재화의 가격은 마지막 단위의 한계효용에 의해 결정되므로 다이아몬드의 가격이 물의 가격보다 훨씬 비싸게 된다. 그러나 물의 존재량이 감소하여 두 재화의 소비량이 동일해진다면 비교할 수 없을 만큼 물의 가격이 높아질 것이다. 물 한 방울 없는 무인도에서 생활하는 로빈슨 크루소를 상상해 보라. 과연 로빈슨 크루소는 한 방울의 물에 대해 얼마를 지불할 의사가 있을까? 이것은 산 정상에서 판매하는 청량음료가 시장에서보다 훨씬 더 비싸지는 원리와도 같다.

그림 3-2 **가치의 역설**

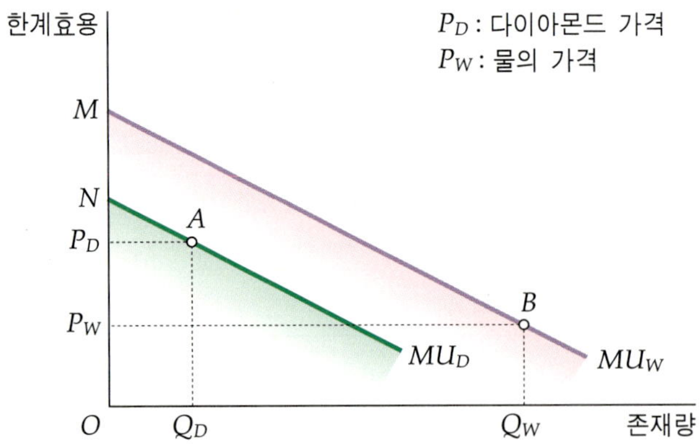

물과 다이아몬드의 총효용을 비교해 보면 물이 더 크다는 것을 알 수 있다($ONAQ_D < OMBQ_W$). 하지만 마지막 단위의 한계효용은 다이아몬드가 더 크므로($MU_D > MU_W$) 다이아몬드의 가격이 물의 가격보다 더 비싸게 된다. 그러나 다이아몬드와 물의 존재량이 Q_D로 동일하다면 물의 한계효용이 더 크므로 물의 가격은 다이아몬드의 가격보다 훨씬 비쌀 것이다.

생/각/넓/히/기 **배우자와 애인과의 데이트 효용의 비교**

결혼을 한 지 오래된 사람이 애인이 생겨 애인과 데이트를 즐긴다면 자신의 배우자와 데이트할 때에 비해 어느 경우에 만족이 클까?

결론부터 내리면 애인과 데이트를 함으로써 얻는 효용이 배우자의 경우보다 큰 경우가 일반적이라 할 수 있다. 그 이유는 '가치의 역설'에서 논했듯이 배우자와의 데이트는 오래전부터 해왔기 때문에 소비량이 많아 단위당 느끼는 한계효용은 크지 않을 것이기 때문이다.

▲ 소득이 늘면 무엇을 하지?

그러나 새로 만난 애인과의 데이트는 위에서 설명한 다이아몬드와 같이 소비량이 배우자보다 작기 때문에 단위당 느끼는 한계효용은 클 것이다.

반대로 배우자와 애인이 죽음을 맞게 되면 어느 경우에 슬픔이 더 클까?

그 대답은 위의 사례와는 반대로 배우자의 죽음이 훨씬 슬플 것이다. 그 이유는 애인과 배우자 모두 죽음을 맞게 되었을 때 이 사람의 슬픔은 총효용의 상실분이므로, 애인보다 배우자의 죽음이 주는 총효용의 상실분이 더 크기 때문이다. 이것은 위의 예의 다이아몬드가 사라지는 것보다 물이 없어지는 경우가 훨씬 더 큰 총효용의 상실을 가져오는 것과 똑같은 이유이다. 이러한 고통은 부부 간의 가정을 이루어 온 세월이 길수록 더 클 것이다.

어느 외국 연구소의 조사에 의하면 '사람의 수명을 가장 단축시키는 사건은 배우자의 죽음이다'라는 결과는 이러한 분석을 뒷받침하는 사례라고 볼 수 있다. 물론 남녀 간의 차이는 있을 것이고, 저자의 생각으로는 남편의 고통이 더 크리라 생각된다.

약한 자여, 그대 이름은 남자니라!

생/각/넓/히/기 **서울에서 도쿄까지 가장 빨리 가는 방법**

서울에서 도쿄까지 가장 빨리 가는 방법이 무엇이냐고 물으면 고속페리호 또는 비행기로 가는 방법 등 여러 답이 있을 것이다. 그러나 정답은 '사랑하는 사람'과 가는 것이다.

제 2 절 | 무차별곡선이론과 합리적 소비

무차별곡선의 정의와 성질

앞에서 다룬 한계효용이론은 효용의 절대적 크기(기수적 효용)를 정확하게 알 수 있다는 가정을 하고 있다. 그러나 실제로 밥 한 숟가락과 두 숟가락을 먹을 때의 효용의 정확한 크기를 안다는 것은 비현실적이다. 따라서 무차별곡선이론에서는 효용의 상대적인 크기의 순서를 나타내는 서수적 효용개념에 기초하여 소비자 행동이론을 전개한다. 만약 어떤 소비자에게 아래와 같은 상품묶음에 대한 선호가 주어져 있고 각각의 상품묶음이 무차별(無差別)하다면 이러한 상품묶음을 연결하여 무차별곡선이 도출된다.

따라서 무차별곡선은 소비자에게 동일한 만족을 주는 각 재화의 배합점들을 연결한 선으로 정의된다.

재화 \ 배합	A	B	C	D	E
X재(치킨)	1	2	3	4	5
Y재(피자)	12	8	5	3	2

그림 3-3 무차별곡선(a)과 무차별지도(b)

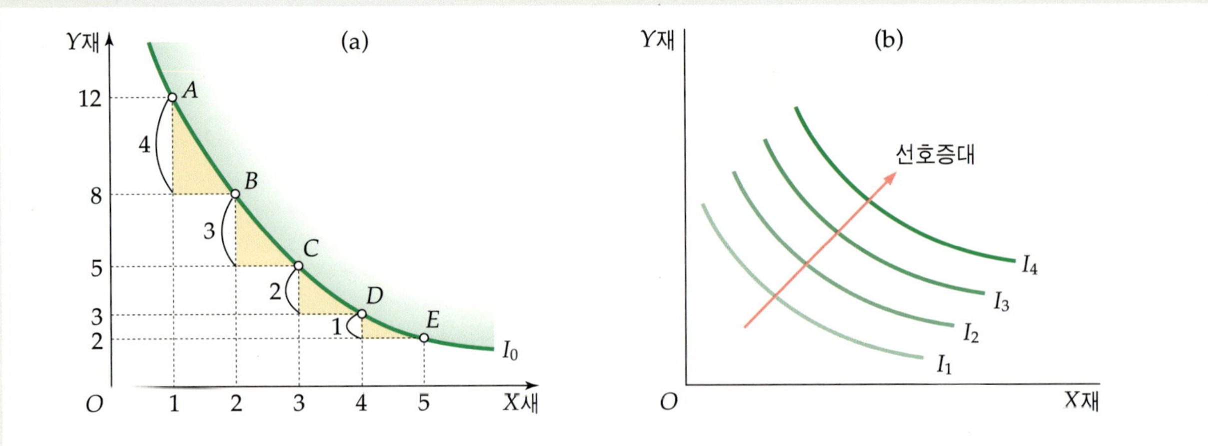

이러한 무차별곡선은 아래의 성질을 가진다.

첫째, 원점에서 멀수록 큰 만족수준을 표시한다. 이것은 다다익선(多多益善 : the more the better)의 공리에 의하여 상품이 많을수록 큰 만족을 나타내기 때문이다.

둘째, 우하향한다. 그 이유는 한 재화의 소비량이 증가하면 동일한 효용집합을 표시하는 무차별곡선에서 다른 재화는 감소하여야 하기 때문이다.

셋째, 무차별곡선은 원점을 향해 볼록한(convex to the origin) 형태를 가진다. 무차별곡선이 볼록하다는 성질은 소비이론에서 대단히 중요한데, 이것을 이해하기 위해서는 한계대체율(Marginal Rate of Substitution : MRS_{XY})의 개념을 알아야 한다. 한계대체율은 무차별곡선의 기울기로, 동일한 효용수준을 유지하면서 X재 1단위를 더 얻는 대가로 포기해야 하는 Y재의 양($-\Delta Y/\Delta X$)을 나타낸다.

무차별곡선이 원점을 향해 볼록한 이유는 '한계대체율체감의 법칙' 때문이다. '한계대체율체감의 법칙'이란 동일한 무차별곡선 위에서 X재의 소비를 늘리고 Y재의 소비를 줄여감에 따라 무차별곡선의 기울기인 한계대체율이 점점 감소한다는 것을 의미한다. 즉, 〈그림 3-3〉의 (a)에서 보듯이 처음 A점에서는 X재가 적고 Y재가 많아 X재를 얻기 위해 많은 Y재를 쉽게 포기하지만, B, C, D점으로 갈수록 X재가 많아지면서 상대적으로 귀해지는 Y재를 덜 내놓으려 하기 때문에 일어나는 현상이다.

'한계대체율체감의 법칙'을 다른 방법으로 설명해 보자. 어떤 한 재화에 극단적인 취향을 가지지 않은 일반적인 소비자들은 한 재화만이 지나치게 많은 경우보다는 X재와 Y재가 적당하게 조화된 상태, 즉 다양한 구성의 상품묶음을 선호한다. 그것은 〈그림 3-4〉의 (a)에서처럼 B점의 소득만 가지는 것보다는 소득과 여가를 고루 가지게 되는 A점의 효용이 더 크다는 것을 의미하며, 따라서 볼록한 무차별곡선이 그려지게 되는 것이다.

심/층/탐/구 한계대체율과 한계효용의 관계

한계대체율은 한계효용의 비율로 표시된다.

$$MRS_{XY} = -\frac{\Delta Y}{\Delta X} = \frac{MU_X}{MU_Y}$$

즉, 1만 원의 지폐(X재)는 5천 원의 지폐보다 2배의 효용이 크므로 1만 원의 지폐(X재) 1장은 5천 원의 지폐 2장과 교환된다.

증명 ΔTU를 총효용의 변화분이라 하면

$$\Delta TU = \Delta X \cdot MU_X + \Delta Y \cdot MU_Y$$

무차별곡선상에서는 총효용의 변화가 없으므로 $\Delta TU = 0$이 된다. 따라서 위의 식을 정리하면 한계대체율은 한계효용의 비율로 표시된다.

$$MRS_{XY} = -\frac{\Delta Y}{\Delta X} = \frac{MU_X}{MU_Y}$$

그림 3-4 **선호체계의 볼록성(a)과 오목성(b)**

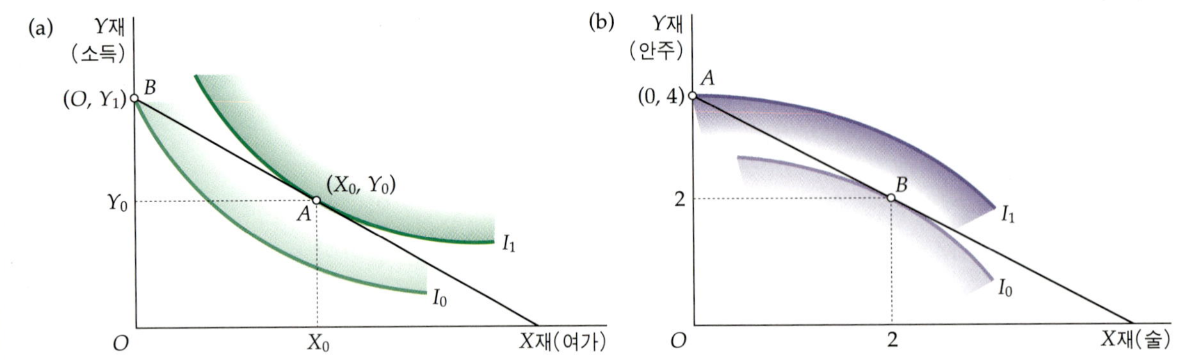

일반적인 소비자의 경우에 *B*점의 소득만 취하는 것보다는 소득과 여가를 고루 취하는 *A*점의 효용이 더 크기 때문에 볼록한 무차별곡선이 그려지게 된다.

술보다 안주만을 극단적으로 좋아하는 경우는 *A*점의 효용이 *B*점의 효용보다 더 크기 때문에 오목한 무차별곡선이 그려지게 된다.

뉴스 속 현장경제

다양성의 상실과 사회적 후생

'홈런볼과 마이볼', '죠리퐁과 졸리굿', '못말리는 신짱과 크레용 신짱', '맛있는 우유와 참 맛좋은 우유' 등. 이러한 사례들에서 알 수 있듯이 비슷한 상품이 우리 주변을 둘러싸고 있다.

본래 '미투(me-too) 제품'은 제품 및 디자인 연구 · 개발(R&D)에 대한 투자여력이 없는 업체들이 경쟁사의 인기제품을 무단으로 베껴서 매출을 올리려는 '얌체'상술이었다. 그런데 최근에는 자체 투자와 마케팅 능력이 충분한 대기업마저도 제품 베끼기에 경쟁적으로 나서고 있는 실정이다. 더구나 이러한 '짝퉁' 관행은 제조업에서 뿐만 아니라 방송 프로그램은 물론 패션산업과 출판계, 나아가서 대학의 학과이름까지 거의 전 영역에 만연되어 있을 정도이다.

일각에서는 인기 제품과 비슷한 '미투제품'이 시장의 규모를 키워주는 만큼 묵인해 주자는 의견도 있다. 히지만 일반적으로 소비자들이 다양한 상품묶음을 더 선호하는 경향을 보인다면(사람들이 백화점 상품권보다 같은 액수의 현금을 더 좋아하는 이유이기도 하다) 인기제품을 베끼는 데 급급한 관행은 사회적 후생을 감소시킬 뿐더러, 그러한 기업들은 세계와의 경쟁에서 '우물 안 개구리'는 커녕 낙오자가 될 수밖에 없다.

중국의 '상하이'시를 비롯해서 특히 야경으로 유명한 여러 도시들은 새로운 건축물을 지을 때 기존의 건물과 같은 모습으로 건설하면 건축허가를 내주지 않는다는 지침을 가지고 있다. 성냥갑이라고 표현되는 대규모의 아파트단지를 갖고 있는 우리나라와 비교했을 때 이러한 건축허가지침은 아름다운 도시미관도 가꿀 수 있겠지만, 다양성을 선호하는 인간심리를 바탕으로 해서 바람직한 외부효과를 가져올 수 있다는 점에서 시사하는 바가 크다고 하겠다.

■ 출처 : 조선일보, 2010. 9. 2. 기사 수정인용

예산선(=소비자선택의 제약)

소비자는 가장 많은 상품묶음을 선택하고 싶지만 예산의 제약에 직면하게 된다. 철수의 1주간 예산액(I)이 10만 원이고 구입하려는 치킨의 가격(P_X)이 1만 원, 피자의 가격(P_Y)이 2만 원이라면 그의 구입가능한 상품묶음은 아래와 같이 나타나게 될 것이다.

▲ 치킨과 피자를 몇 개나 살 수 있지?

X(치킨)	10	8	6	4	2	0
Y(피자)	0	1	2	3	4	5

이러한 상품묶음을 그림으로 나타내면 예산선이 도출된다. 따라서 예산선(budget line)은 주어진 소득을 사용해서 구입할 수 있는 X재와 Y재의 조합을 나타내는 선이 된다.

만약 철수가 자기의 예산으로 1주일 동안 치킨 4마리와 피자 3판을 구입한다고 하면 예산식은 10만 원=1만 원×4+2만 원×3으로 표시될 것이다. 이것을 일반식으로 정리하면 아래와 같이 나타낼 수 있다.

$$I=P_X \cdot X+P_Y \cdot Y \text{ 또는 } Y=\frac{I}{P_Y}-\frac{P_X}{P_Y} \cdot X$$

따라서 예산선상의 모든 점들은 지출액이 동일한 영역을 나타낸다.

그림 3-5 **예산선**

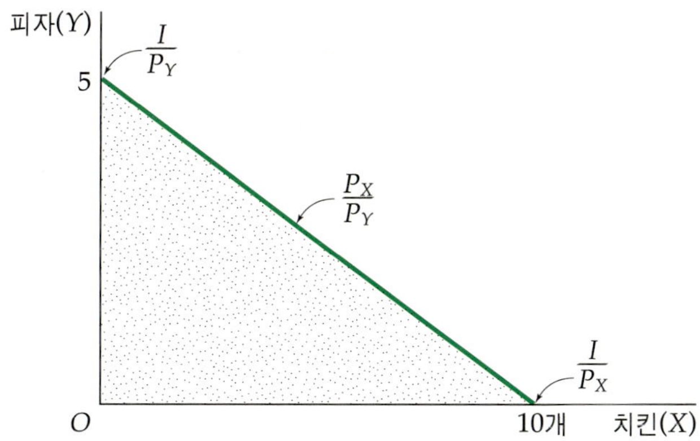

가격선이라고 불리기도 하는 예산선은 X재와 Y재의 가격이 주어질 때 가계의 소득으로 구입가능한 X재와 Y재의 배합을 표시한다.

그림 3-6 예산선의 이동

- 그림 (a) : 소득의 변화 → 예산선의 평행이동
- 그림 (b), (c) : 상대가격 변화 → 예산선의 회전이동

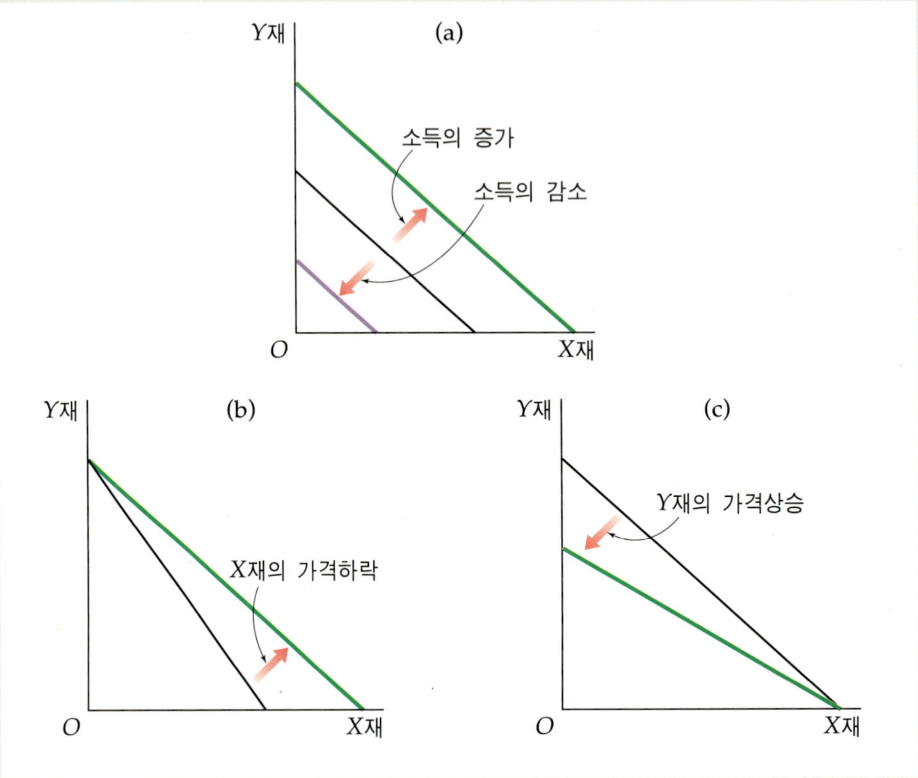

〈그림 3-5〉에서 보듯이 예산선의 기울기인 $\frac{P_X}{P_Y}$는 두 재화의 상대가격(두 재화의 교환비율)으로 나타난다. 또는 피자가 치킨보다 두 배 비싸므로 주어진 예산제약하에서 피자 한 판을 소비하면 치킨 두 마리의 구입을 포기하여야 하는 비율을 의미하므로 *Y*재로 표시한 *X*재의 기회비용이라고도 한다. 이러한 예산선은 소비자의 실질소득이 변화하면 기울기의 변화없이 평행이동하게 된다. 한편 *X*재와 *Y*재의 상대가격이 변동하면 기울기가 변화하므로 예산선은 회전이동하게 될 것이다.

소비자균형(⇒소비의 최적화)

이제 소비자의 선호를 표시하는 무차별곡선과 예산제약이 주어지면 주어진 소득과 가격의 예산제약조건하에서 효용극대화를 실현하려고 할 것이다. 〈그림

3-7〉에서 보듯이 무차별곡선과 예산선이 접하는 점에서 소비자의 효용극대가 실현된다. 그 이유는 동일한 무차별곡선하의 효용점(A, E, B) 중에서 E점이 예산극소화를 실현하기 때문이다. 또한 무차별곡선의 볼록성은 앞에서 설명한 대로 가장 다양한 상품묶음을 선호하는 것을 의미하기 때문이다.

〈그림 3-7〉에서 A점은 Y재가 X재에 비하여 너무 많고, B점은 X재가 Y재에 비하여 너무 많아 조화로운 상품묶음이 되지 못한다. 여기에 대해 E점은 X재와 Y재가 조화를 이루는 상품묶음을 나타내기 때문에 소비자의 효용이 극대가 되는 점이 된다.

▲ 피자와 치킨을 이만큼씩 산 것이 제일 잘한 거야!

그림 3-7 소비자균형의 조정

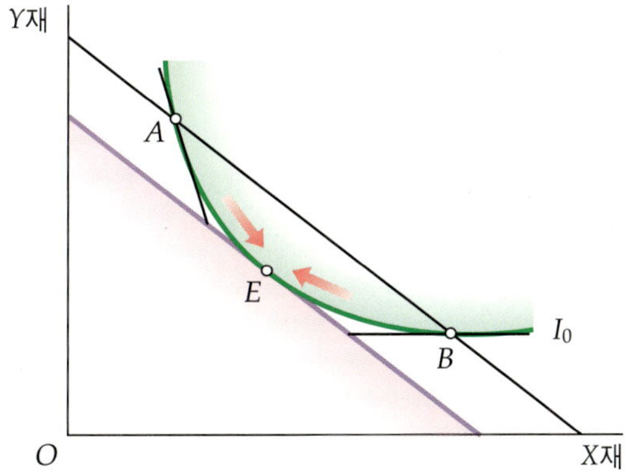

심/층/탐/구 소비자의 균형조건과 균형조정과정

소비자균형점에서는 최적소비조건이 성립한다.

$$MRS_{XY}=\frac{MU_X}{MU_Y}=\frac{P_X}{P_Y}$$

그러나 불균형 A점에서는 무차별곡선의 기울기가 예산선의 기울기보다 크므로 $MRS_{XY}=\dfrac{MU_X}{MU_Y}>\dfrac{P_X}{P_Y}$가 된다. 이것이 의미하는 바는 X재의 한계효용이 X재에 지불하는 비용보다 크다는 것이므로 X재의 소비를 증가시키고 Y재의 소비를 감소시켜 E점으로 이동하게 된다.

반대로 불균형 B점에서는 무차별곡선의 기울기가 예산선의 기울기보다 작으므로 $MRS_{XY}=\dfrac{MU_X}{MU_Y}<\dfrac{P_X}{P_Y}$가 된다.

X재의 한계효용이 X재에 지불하는 비용보다 작기 때문에 X재의 소비를 감소시키고, Y재의 소비를 증가시켜 E점으로 이동시켜야 한다.

경제학자처럼 생각해보기 **선거에서 보수와 진보의 이념성향을 가진 후보자 중 누가 유리할까?**

합리적인 소비자의 행동은 투표행위를 통해 국가적 의사결정을 연구하는 분야에도 그대로 적용될 수가 있다. 대다수의 민주국가에서는 투표를 통해 사회의 중요한 의사결정을 할 때 유권자들의 과반수찬성에 의한 다수결방식을 채택하고 있다.

공공선택(public choice)과정을 연구한 보웬과 블랙(H. Bowen & D. Black)은 중위투표자정리(median voter theorem)를 주장하였다. 이것은 다수결투표제에서 모든 투표자들의 선호가 단봉(single－peak)형일 경우 중간 위치에 있는 중위투표자가 선호하는 의안이 채택된다는 것이다. 투표자들의 선호가 단봉형이라는 어려운 용어를 사용하여 설명하지만, 그 의미는 투표자의 무차별곡선이 볼록한 형태를 취하여 앞에서 배운 것처럼 투표자가 다양성을 보다 선호한다는 의미이다.

투표자들이 다양성의 선호를 가진다는 것은 이념성향의 스펙트럼에서 지나친 진보나 보수보다는 양자를 잘 조화시킨 중도성향의 의안이나 후보를 좋아한다는 것을 말한다. 이런 점에서 소비자가 주어진 예산조건에서 다양한 상품묶음을 구성하려는 것이나 투표에서도 여러 다른 계층의 주장을 잘 조화시킨 의안을 채택하려는 것은 같은 맥락이라고 볼 수 있다.

정치권에서도 과거 한나라당의 경기도지사를 지냈던 손학규 씨가 민주당의 대표로 당선된 것이나, 과거 노동운동에 헌신하던 진보성향의 김문수 경기도지사나 민주투사이던 이재오 특임장관이 보수정당인 한나라당에 몸담고 있는 이유도 그 이면에는 유권자들의 다양한 선호가 뒷받침하고 있기 때문이라고 할 수 있다.

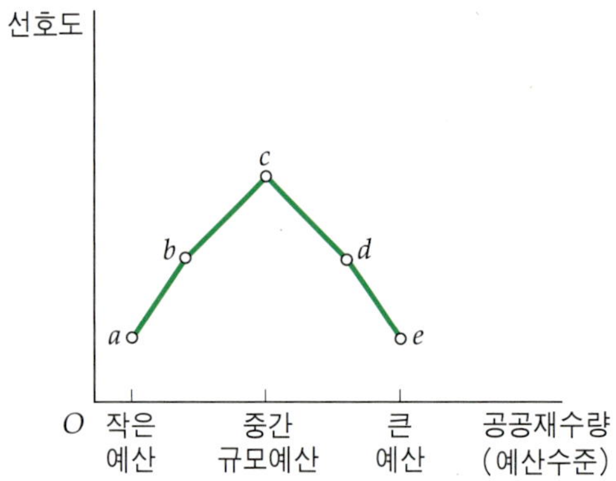

(a)

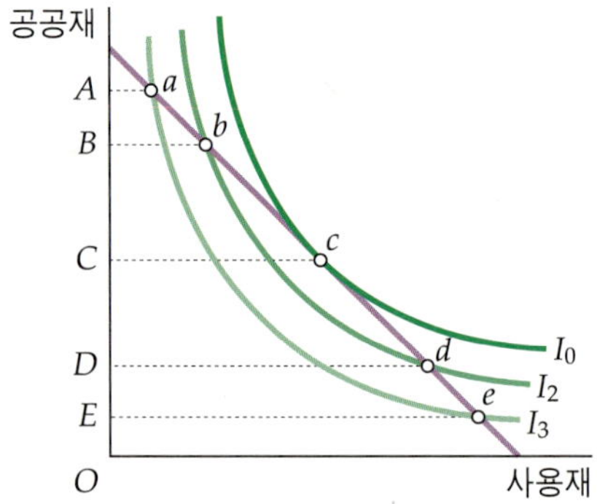

(b)

단봉형 선호의 경우에 기수적 효용함수(그림 (a))에서는 위로 볼록한 형태를 취한다. 이것은 유권자의 선호가 작은 예산규모나 지나치게 큰 예산보다는 중간 정도의 예산을 좋아한다는 것이다. 서수적 효용함수(그림 (b))에서는 등고선형태의 무차별지도상에서 원점을 향해 볼록한 형태를 취한다. 이것은 그림 (b)의 *a*점은 공공재가 지나치게 많아 너무 큰 예산이 들고 *e*점은 공공재가 너무 작아 지나치게 작은 예산이 된다. 따라서 유권자는 중간 규모의 예산이 드는 *c*점을 가장 선호하고 그것을 반영하여 무차별곡선은 원점을 향해 볼록하게 된다.

뉴스 속 현장경제

자녀출산율을 어떻게 높일까?

시카고 대학의 베커(G. S. Becker)는 소비자의 선택이론을 가정의 자녀출산에 적용하여 부모들의 행동을 소비자선택의 합리성으로 분석함으로써 1992년 노벨경제학상을 받았다. 그의 분석에 의하면 소비자가 효용함수와 예산선을 결합하여 효용을 극대화하듯이, 부모들은 자신의 효용함수와 예산제약을 고려하여 효용을 극대화할 수 있는 최적의 자녀수를 결정하게 된다. 부모의 효용함수는 자기가 소비하는 상품(y)과 자녀를 몇 명(n)이나 낳아서 훌륭하게 키울 수 있느냐(q)에 따라 결정된다.

한편 그는 자신의 소득을 자녀를 훌륭하게 교육시키는 데 드는 비용과 자신이 필요한 상품을 구입하는 데 사용할 수가 있다. 부모들은 자신의 예산제약하에 효용을 극대화할 수 있는 조건으로 상품 1원의 한계효용과 자녀들을 훌륭하게 키우는 데 드는 교육비 1원의 한계효용을 일치시키려 한다.

$$\frac{MU_q}{P_q}=\frac{MU_y}{P_y} \cdots \text{ 부모의 효용극대화조건}$$

이러한 효용극대화조건에서 자녀의 질의 증대비용(P_q)이 커질수록(상품 1원당의 한계효용이 커지므로) 자녀에 대한 수요는 감소한다. 따라서 교육비 등이 높아진 현재는 조선시대 말기에 비해 자녀의 출산수를 줄이려는 경향이 있거나 아예 "무자식이 상팔자이다"라는 생각으로 출산을 하지 않는 DINK(Double Income, No Kids)족이 출현하기도 한다. 그는 저출산현상을 소득수준향상의 결과로 설명한다. 그 이유는 성공한 사람일수록 자녀의 질적 수준을 높이려는 욕구가 더 강하여 자녀의 질의 증대비용이 높기 때문에 거기에 따른 비용이 커져 출산율을 더 줄이려는 현상이 있기 때문이라는 것이다. 즉, 저출산이 성공의 증거인 셈이다. 따라서 정부가 억지로 출산장려정책을 쓰는 것은 그 효과가 미미한 반면, 정부지출만 늘리는 부작용을 가져오기 때문에 인구를 계속 늘리고자 한다면 이민개방정책을 쓰는 것이 바람직한 해법이라는 것이다.

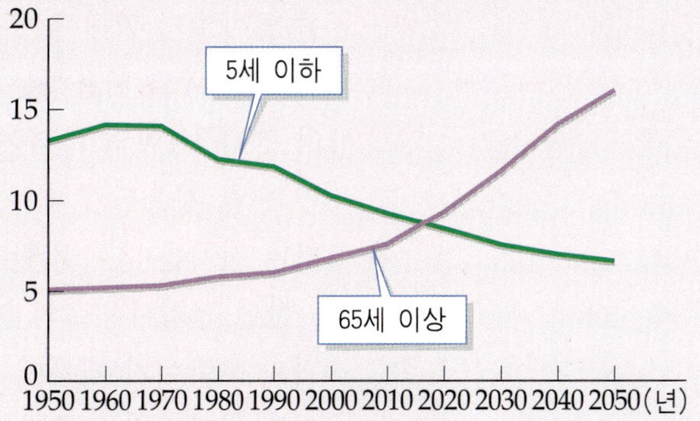

▲ 총인구 대비 연령대별 비중 추이 (단위 : %)

그의 분석은 결혼의 경제학으로 연장된다. 결혼 또한 인간의 효용을 극대화하기 위한 하나의 선택과정이므로 소비자균형의 연장선에서 도출할 수가 있다. 결혼의 편익(또는 효용함수)에는 애인과 떨어져 있지 않고 같이 있으므로 얻게 되는 사랑의 편익과 떳떳하게 자녀를 얻을 수 있는 기쁨과 살림의 규모의 경제(혼자 살 때 생활비가 70만 원인데, 둘이 같이 살게 되면 생활비가 120만 원이 될 때의 경제적 이익) 등이 있을 것이다. 한편 결혼의 비용(또는 예산제약)에는 결혼함으로써 발생하는 금전적인 지출(실질비용)과, 지금 결혼을 함으로써 나중에 더 좋은 배우자를 만날 수 있는 기회의 상실(기회비용) 등이 포함된다. 소비자는 이러한 효용함수와 예산제약을 고려하여 최적의 결혼시기를 결정하게 될 것이다.

베커에 의하면 모든 인간은 자신의 이익을 극대화하는 방향으로 행동한다. 예를 들어, 개인이 범죄를 통해 얻는 이득이 예상되는 처벌보다 크다면 범죄를 저지르는 것이 경제학 측면에서는 나름대로 '합리적' 선택일 수 있다는 것이다. 마약도 동일한 논리를 적용할 수 있다는 것이다. 그는 범법행위를 근절하려면 범죄행위로부터 기대되는 이익을 훨씬 능가할 정도로 처벌을 엄하게 적용해야 한다고 주장한다.

■ 출처 : 매일경제신문, 2010. 10. 27. 수정인용

최적소비의 변화(⇒ 가격의 변화와 합리적 소비)

시장에서 재화의 가격이 변화하는 경우에 소비자의 선택이 어떻게 바뀌는가를 알아보기 위해서 가격효과를 알아보자. 전기 1KW의 가격이 500원인 상태에서 200KW를 사용하는 가정은 전기사용료로 10만 원을 지출하게 될 것이다. 만약 전기 1KW의 가격이 300원으로 하락한다면 이 가정은 전기사용의 대가로 6만 원만 지출되기 때문에 4만 원의 소득이 늘어난 효과(소득효과의 발생)가 나타나 전기를 더 소비할 수 있게 된다.

한편 전기사용료의 하락은 기존에 사용하던 석유와 도시가스에 비해 상대가격의 하락이기 때문에 석유난로를 전기난로로 바꾸거나 도시가스의 소비를 줄이고 전기소비를 증가시키려는 유인이 발생한다. 이러한 예에서 보듯이 가격효과는 대체효과(substitution effect)와 소득효과(income effect)의 합으로 이루어진다.

대체효과는 한 재화의 가격이 변화하면 재화 간 상대가격이 변화하여 상대적으로 값이 싸진 상품은 더 많이 수요하고 상대적으로 비싸진 상품은 덜 수요하게 되는 효과이다. 한편 소득효과는 한 재화의 가격변화로 소비자의 실질소득이 변화하여 그 재화의 수요량을 변화시키는 효과를 말한다. 이것을 정리하면 〈그림 3-8〉과 같다.

그림 3-8 가격효과의 구성

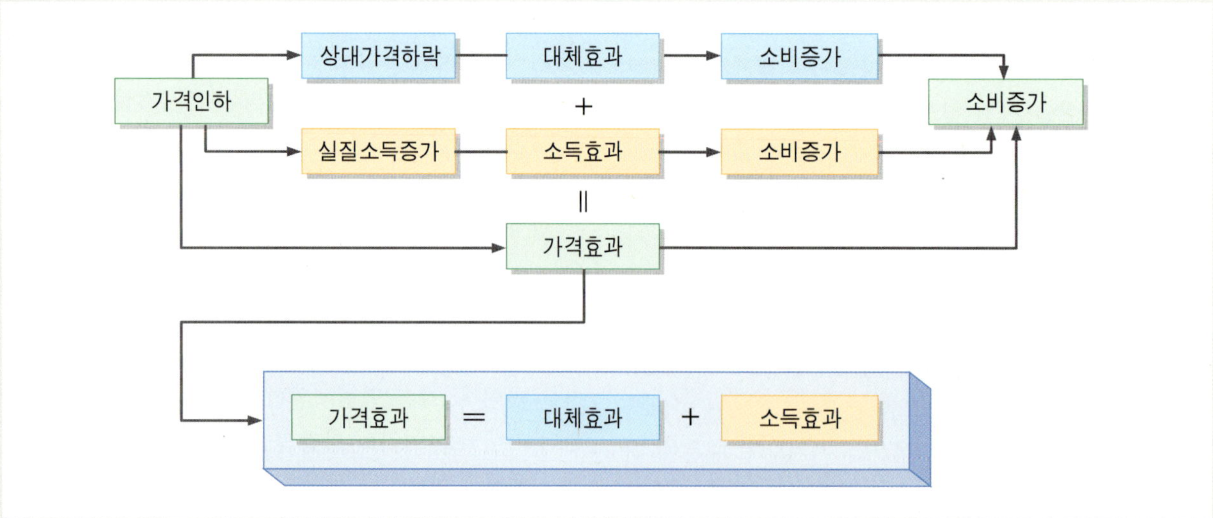

생/각/넓/히/기 **일반택시요금이 오르면 모범택시기사는 좋아할까?**

우선 기본요금이 4,500원(3km 이내)인 서울시의 모범택시의 요금은 그대로인데 일반택시의 기본요금이 2,400원(2km 이내)에서 3,000원으로 오른다고 가정해 보자.

모범택시의 가격은 그대로인데 일반택시의 요금만 오른다면 상대가격에 의한 대체효과만 생각하여 일반택시를 타던 손님들이 모범택시로 올 것이기 때문에 모범택시기사는 좋아할 것이라고 생각할지 모른다.

그러나 우리가 배운 가격효과의 내용을 자세히 검토해 보면 상황은 달라진다. 일반택시의 요금이 오르면 일반택시를 타던 소비자들의 실질소득이 떨어져 일반택시를 덜 타게 되고, 소득하락으로 대체재인 일반 버스나 지하철을 많이 이용할 수밖에 없다. 그렇게 되면 일반택시의 손님이 줄어 빈 택시가 많아질 것이다. 모범택시를 이용하는 손님은 상당수가 용무에 바빠 일반택시를 잡기 어려운 경우에 모범택시를 이용하는 경우가 많다.

따라서 일반택시가 빈 택시로 많이 지나가는 경우에 택시이용승객은 굳이 모범택시를 이용하지 않아도 될 것이고, 모범택시는 일반택시에 승객이 뺏긴 결과 손님이 줄어 모범택시기사는 이러한 현상을 반가워하지 않을 것이다.

대체효과와 소득효과의 합으로 구성되는 가격효과를 그림으로 설명해 보자. 〈그림 3-9〉에서는 X재의 가격하락으로 X재의 구입량을 증가시키는 방향으로 예산선이 회전이동하게 된다.

원래의 예산선에서 새로운 예산선으로 이동하면 가격변화에 따라 새로운 무차별곡선상의 최적소비점을 얻게 된다. 이렇게 나타나는 최적소비점을 연결하면 가격의 변화에 따르는 소비량의 변화를 나타내는 가격소비곡선(price-consumption curve : PCC)이 도출된다.

이때 나타나는 효과가 가격효과이다. 〈그림 3-9〉에서처럼 가격효과(X_0X_2)는 X재의 가격이 하락하면 타 재화에 대한 상대가격의 하락으로 소비량을 증가시키는 대체효과(X_0X_1)와 실질소득의 증가로 그 재화의 구입량을 증가시키는 소득효과(X_1X_2)의 합으로 구성된다.

그림 3-9 정상재의 대체효과와 소득효과

X재의 가격이 하락하면 예산선은 우측으로 회전이동한다. 가격하락으로 소비자균형이 E_0에서 E_2로 이동할 때, 이 점을 연결하여 가격소비곡선(PCC)이 도출되고 가격효과로 X재의 소비량이 X_0에서 X_2로 증가한다. 가격하락은 상대가격의 하락에 의한 대체효과($E_0 \rightarrow E_1$)와 실질소득의 증가에 의한 소득효과($E_1 \rightarrow E_2$)를 통해 소비량이 X_0에서 X_2로 증가한다.

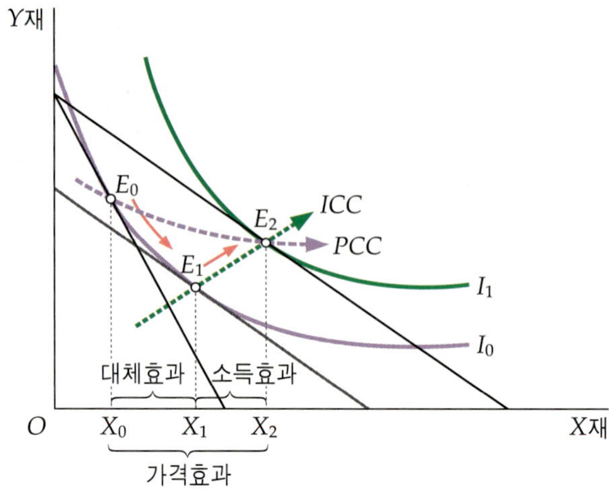

제 3 절 | 소비자이론의 응용

사회복지정책과 소비자후생

사회복지정책에는 현금보조와 현물보조, 그리고 가격보조의 방법이 있다. 현금보조는 정부가 저소득층에게 현금보조(예 정부가 저소득층에게 생활보조비로 20만 원을 주는 방법)를 통해 구매력을 증대시켜주는 방식으로 일종의 소득보조방법이다. 현물보조는 정부가 생활필수품 등의 현물(예 정부가 저소득층에게 20만 원의 양곡을 주는 방법)을 무상으로 제공하는 방식이다. 가격보조는 정부가 특정의 계층이 구입하는 물건에 할인혜택(예 정부가 저소득층에게 10만 원의 양곡할인권을 주는 방법)을 주는 방식이다.

그림으로 비교하면 현금보조의 경우에 현금으로 X재와 Y재 모두 구입량을 늘릴 수 있으므로 예산선은 완전한 평행이동이 될 것이다. X재(예 양곡)에 대한 현물보조는 X재의 구입량만 증가하는 방향으로 부분적인 평행이동이 될 것이다. 여기에 대해 가격보조는 X재의 상대가격을 변화시키므로 예산선은 회전이동할 것이다. 세 가지의 보조방식을 비교하면 다음과 같다.

구분	현금보조	현물보조	가격보조
방법	현금을 지급하는 방식	특정 물건을 지급하는 방식	구입물건에 할인혜택을 주는 방식
예산선의 변화	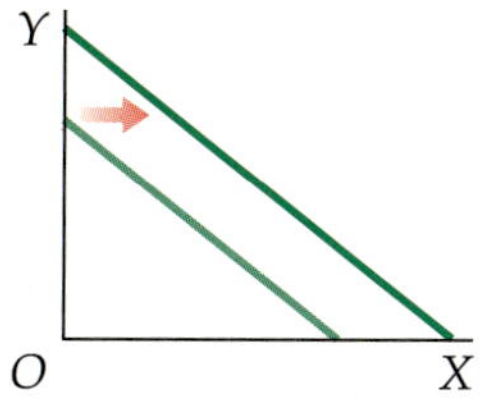	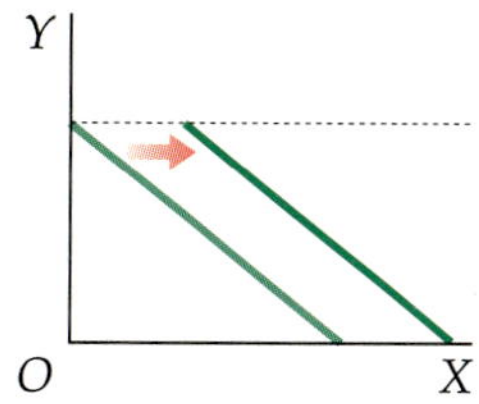	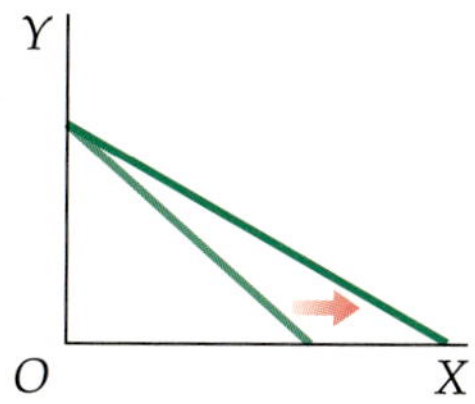
상대가격의 변화	불변	불변	상대가격의 왜곡

이 세 가지 보조제도를 소비자후생의 관점에서 비교해 보자. 우선 현금보조와 현물보조를 비교하면 현금보조가 현물보조보다 구입할 수 있는 재화의 선택영역이 넓어져 후생증대면에서 소비자에게 우월한 제도이다. 또한 현물보조와 가격보조를 비교하면 상대가격체계에 왜곡을 가져오는 가격보조보다는 현물보조의 경우가 소비자의 후생측면에서 우월하다. 따라서 세 가지 보조제도를 비교하면 선택의 폭이 가장 다양해지는 현금보조가 소비자의 후생측면에서 가장 뛰어나다고 할 수 있다.

그럼에도 불구하고 정부는 현금보조뿐만이 아니라 현물보조와 가격보조의 보조제도도 같이 시행하고 있는데, 그 이유는 정부가 특정 재화의 소비를 장려하고자 하기 때문이다.

그림 3-10 **세 가지 보조제도의 비교**

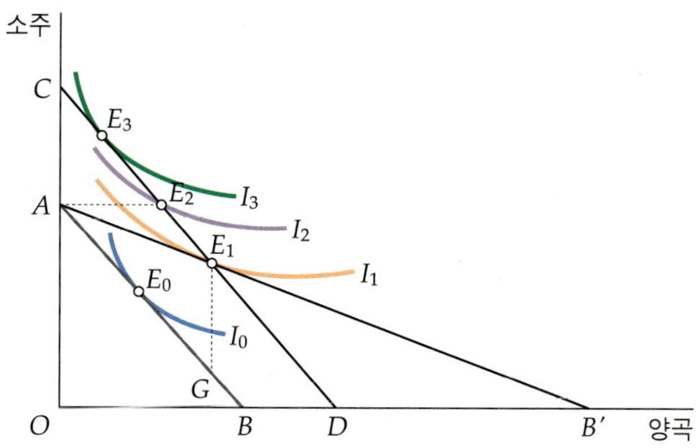

현금보조가 선택의 폭이 가장 크기 때문에 후생이 가장 증대한다. 현물보조와 가격보조의 경우에는 상대가격체계에 교란을 일으키는 가격보조보다는 현물보조의 경우가 후생증가가 크다.

정부가 소비를 장려하는 특정 재화를 가치재(merit goods : 〈그림 3-10〉에서 양곡)라고 한다. 가치재는 사회적 욕구의 관점에서 일정소비가 요구되는 재화를 뜻하는데 쌀뿐만 아니라 공공주택, 의료, 기초교육 등이 해당된다고 하겠다.

만약 정부가 후생측면에서 우월하다는 이유로 현금보조만을 시행한다면 정부가 보조제도를 실시하는 의도와 동떨어진 재화(〈그림 3-10〉에서 소주)의 소비가 오히려 더 커질 수 있다. 가치재와 대비하여 소주와 담배, 마약 등과 같이 소비의 억제를 유도하고자 하는 재화를 비가치채(demerit goods)라고 한다.

따라서 정부가 현금보조가 아니라 현물보조나 가격보조를 택하는 이유는 이러한 가치재의 소비를 촉진하기 위해서이다.

경제학자처럼 생각해보기 지하철의 차비보조제도가 바람직한가?

우리는 사회복지제도의 세 가지 중 현금보조가 현물보조나 가격보조보다 수혜자의 입장에서 더 우월한 제도라는 것을 알아보았다.

우리나라의 경우를 적용해 보면 1980년대에 노인복지정책의 일환으로 정부는 65세 이상의 노인들이 버스나 지하철을 타는 경우에 공짜로 탈 수 있도록 하는 일종의 가격보조정책을 시행하였다.

이 정책이 시행되고 얼마 지나지 않아 버스의 경우에 노인승차를 거부하는 사례가 발생하여 노인들의 불평이 이어지자 정부는 경로 승차권을 구매하여 노인들에게 주는 일종의 현물보조를 시행하였다. 이 제도로 바뀌게 되니까 승차거부현상은 사라졌지만 현금이 부족한 노인들은 정작 65세가 되지 않은 사람들에게 승차권을 헐값에 팔아 부족한 현금을 보충하려는 문제점이 나타나게 되었다.

이러한 시행착오를 겪게 된 정부는 전국 65세 이상의 노인들에게 통장을 만들게 하고 차비로 일정금액을 보조해주는 현금보조를 시행하게 되었다.

그러나 지하철을 공짜로 탈 수 있는 제도는 아직도 그대로 시행되고 있다. 이 제도는 지하철이 많이 보급되어 있는 대도시의 노인들에게는 복지혜택으로 바람직하다고 할 수 있다. 그러나 지하철이 없는 전주나 속초 등 중소도시나 농어촌의 노인은 그 혜택을 받을 수 없으므로 국가 전체로 보면 대단히 불공평한 제도라 할 수 있을 것이다. 특히 지하철이 잘 발달되어 있는 서울과 수도권의 노인들에게 혜택이 집중되는 제도라고 볼 수 있다.

한 예로 서울에서 천안까지 지하철이 연결되어 있기 때문에 서울지역의 노인들은 도시락을 싸 가지고 천안까지 가서 독립기념관을 구경하곤 한다. 아니면 천안과 이웃하고 있는 아산의 현충사를 구경하고 오더라도 실제 지불하는 비용은 거의 없다.

이것은 서울의 높은 물가와 치열한 경쟁 때문에 고향으로 가고 싶은 노인들도 그러한 혜택 때문에 서울에 그대로 머물러 있게 하여 서울의 인구집중을 가속화시킬 뿐만 아니라 지역 간 복지혜택의 불균형을 일으키기도 한다.

이런 점에서 국민총리 한 분이 지적한 바 있는 노인들에 대한 지하철의 차비보조는 '과잉복지'라는 표현은 타당한 면이 있다고 할 수 있다. 물론 지금까지 혜택을 주다가 갑자기 이러한 혜택을 금지하는 것도 문제가 없는 것은 아니지만 장기적으로는 정부가 풀어야 할 숙제이기도 할 것이다.

상호의존적인 소비활동(⇒네트워크 소비)

전통적인 소비이론은 합리적이고 독립적인 경제주체를 가정하여 소비효과를 분석하였다. 그러나 하버드 대학의 라이벤슈타인(H. Leibenstein)은 '인간은 사회적 동물' 인 만큼 소비자 간 상호의존성을 고려하여 분석하여야 한다고 주장하였다. 그는 상품을 소비하는 사람들이 일종의 네트워크(network)를 형성해 다른 사람의 수요에 영향을 준다는 점에서 소비의 네트워크효과 또는 비기능적 소비를 주장하였다. 그 내용에는 크게 동행효과와 역행효과, 그리고 베블렌효과가 있다.

첫째, 동행(同行)효과(bandwagon effect)는 다른 사람이 보다 많이 소비하리라는 기대하에서 개별소비자가 동일 가격수준에서 상품의 구매량을 증가시키는 현상을 말한다. 한때 건강에 해롭다는 우려에도 불구하고 여성들 사이에 배꼽티셔츠가 유행했던 적이 있다. 이것을 두고 우리 속담에는 '친구 따라 강남 간다' 거나 '거름지고 장에 간다' 라는 말도 있다. 이러한 현상은 유행에 편승하여 소비한다는 점에서 '편승효과' 라 불리기도 하고, 과거 시골에 악대차(bandwagon)가 와서 음악을 연주하면 동네주민들이 소리만 듣고 그 행렬을 따라간다는 의미로 '악대차' 효과라 하기도 한다.

둘째, 역행(逆行)효과(snob effect)는 다른 사람이 보다 많이 소비하리라는 기대가 일어나면 자신의 구매량을 감소시키는 현상을 말한다. 백화점에서 세일을 시행하여 자기와 같은 옷을 입은 사람이 많이 있으면 사용하던 상품을 소비하지 않는 현상이 여기에 해당된다. 이것은 '까마귀 노는 곳에 백로가 가지 않는다' 라는 속담에 비유하여 '백로효과' 또는 '통뼈효과' , 거꾸로 행동하는 청개구리를 빗대어 '청개구리효과' 라 번역되기도 한다.

마지막으로 과시성 소비(veblen effect)는 미국의 제도학파 경제학자인 베블렌(T. Veblen)이 「유한계급론(the leisure effect)」에서 분석한 것으로 가격이 비쌀수록 소비를 증가시키는 현상이다. 동일한 상품이 7만 원의 정가표가 붙은 남대문시장에서보다 15만 원의 정가표가 붙은 유명 백화점에서 잘 팔리는 현상이 있다면 이러한 예에 속한다고 할 수가 있다. 이것은 과거 19세기에 미서부지역에 금광이 발견되어 '벼락부자' 가 된 사람들에서 나타난 현상을 보고 비판적인 관점에서 주장한 이론인데, 우리나라에서도 주식열풍이나 부동산투기가 심해질 때 이러한 현상이 심해지는 것을 볼 수가 있다.

문학 속 경제이야기

합리적 소비와 허망한 과시성 소비의 차이

합리적 소비란 무엇인가? 주어진 제약조건 속에서 자신이 원하는 효용함수를 가장 크게 만드는 것이다. 그렇다면 오 헨리의 단편소설「크리스마스 선물」에 나오는 짐과 델라의 소비는 과연 어떻게 평가되어야 할까?

「크리스마스 선물」은 자신이 가장 아끼는 것을 팔아 배우자의 크리스마스 선물을 마련한 가난한 젊은 부부의 사랑이야기이다. 아내 델라는 누구보다 아름다운 자신의 머리카락을 잘라 백금 시곗줄을 구입하고, 남편 짐은 할아버지로부터 물려받은 금시계를 팔아 보석으로 장식된 빗을 구입한다. 결국 두 사람은 자신이 가지고 있는 모든 것을 비용으로 지불하고 이제는 불필요해진 물건을 사고만 셈이니 어쩌면 가장 어리석은 소비를 했다고도 할 수 있을 것이다.

하지만 효용이라는 것은 지극히 주관적인 것이 아니겠는가? 상대방이 느끼는 행복으로 인해 자신은 몇 곱절의 행복을 느낀다면 고통이나 희생도 효용으로 평가될 수 있다는 베커(G. S. Becker)의 '결혼의 경제학'을 빌려오지 않는다고 하더라도 이 두 부부가 자신의 소비에서 얻었을 만족감은 모든 사람이 충분히 공감하리라 생각된다.

이와 정반대의 상황을 그린 소설인 모파상의「목걸이」에 등장하는 마틸드를 생각해 보자. 단 하룻밤의 화려한 파티를 위해 빌린 친구의 다이아몬드 목걸이를 잃어버리고, 그것을 갚기 위해 10년의 세월을 보내버린 마틸드. 문제는 그 목걸이가 진짜 다이아몬드가 아니라는 사실을 알아버림으로써 목걸이를 위해 자신이 바친 모든 비용(돈이든, 시간이든, 심적 고통이든)이 아무런 의미도 없다는 것을 깨닫게 되었다는 것이다.

▲ '베블렌효과' 부럽지?

모파상의「목걸이」는 합리적 소비와 달리 다른 사람들을 의식해서 이루어지는 과시성 소비가 엄청난 결과를 불러올 수 있다는 것을 잘 보여주는 소설이다. 합리적 소비는 자기 자신의 조건에 충실할 때 가능한 소비이다. 아무리 소셜 커머스(Social commerce)•가 소비행위의 새 바람이라지만 친구따라 강남가거나, 거름지고 장에 가서는 안 되는 것 아니겠는가?

• 소셜 커머스(Social commerce) : 일종의 공동구매

경제학자처럼 생각해보기 사랑과 폭력 중에서 어느 것을 선택할까?

사랑, 폭력, 마약, 공해, 사기, 탈세, 밀수, ……. 오늘 신문에도 이 모든 단어들이 들어 있을 것이다. 이 모든 게 우리가 살고 있는 삶일 테니까 말이다. 이 중에서 어떤 것이 좋은 것이고 어떤 것이 나쁜 것이냐를 묻는다면 아미 유치원생이라도 코웃음을 칠 것이다. 별 이상한 걸 다 묻는 어른이라는 눈빛을 하면서.

하지만 경제학자의 눈으로 세상을 볼 때, 이 중 어떤 것을 버리고 어떤 것을 택해야 하는가를 묻는 것은 꽤 어리석은 질문이 된다. 왜냐하면 앞에서 나열한 것들 모두 긍정적인 면과 부정적인 면을 가지고 있기 때문이다. '그럴까?'라면서 고개를 갸우뚱거리는 당신을 위해 길게 이야기를 풀어보자.

'믿음과 소망과 사랑 중에 그 중에 제일은 사랑이라'는 성경말씀을 굳이 들먹이지 않더라도 사랑의 긍정적인 면은 아무리 강조해도 지나치지 않을 것이다. 그러나 사랑이라고 긍정적인 면만이 있는 것은 아니다. 무턱대고 하는 자식 사랑이 오히려 자식을 망칠 수도 있고, 너무나 집착한 사랑이기에 애증이 지나쳐 증오만 남을 수도 있기 때문이다. 잘못된 사랑이기 때문이라고? 물론 잘못된 사랑인 것은 분명하다. 하지만 중요한 것은 처음부터 잘못된 사랑으로 시작한 것은 아니라는 것이다. 단, 사랑의 방법을, 아니 좀 더 정확한 단어를 찾자면 사랑의 '양'을 적절하게 조절하지 못했기 때문이다.

폭력 역시 무조건 100% 나쁘다고만은 단정 지을 수 없다. 때로 우리에게 감동을 주는 폭력도 있는데, 우린 그것을 폭력이라 부르지 않고 '정의'라고 부른다는 것을 잊고 있을 뿐이다. 서부영화에 나오는 대결장면을 멋있다고 생각하거나 김두한이나 시라소니 같은 이들을 의리의 주먹이라 생각한 적이 없는가? 물론 민주사회라 할 때는 무엇보다 법치주의가 실현되어야 할 것이다. 그러나 법이 미치지 못하거나 법으로 해결하기보다 정(情)이나 의리로 해결하는 것이 바람직한 영역이 존재할 수밖에 없는데, 이러한 영역에서는 '어른'의 위엄이나 '사랑의 매'라는 해결책도 생각해 볼 수 있는 것이다.

마약도 건강한 사람을 중독시킴으로써 개인뿐만 아니라 가족까지 망쳐버리는 엄청난 폐해가 있지만 말기암환자의 고통을 덜어주는 긍정적인 면 역시 가지고 있다. 그런 점에서 스위스에서는 중환자를 돌보는 가정치료사에게 환자의 인간적인 품위를 잃지 않는 범위 내에서 마약을 취급할 수 있는 권리를 주고 있다. 공해나 환경오염 역시 등 굽은 물고기나 기름유출로 떼죽음을 당한 물새 등의 부정적인 면만 생각하기가 쉽다. 그러나 우리가 음식을 먹는 과정에서 음식찌꺼기가 나오고 우리가 필요한 생산물을 생산하는 과정에서 공해의 부산물이 만들어지기 때문에 오염이 0인 사회는 존재할 수도 유지할 수도 없다는 점에서 긍정적인 면을 무시할 수 없다.

좀 더 단순한 논리로 이야기해 보자. 깨끗한 물이 좋으냐 더러운 물이 좋으냐 하면 처음에 등장했던 유치원생이 다시 특유의 동그란 눈을 더 크게 뜨며 당연히 깨끗한 물이 좋다고 이야기할 것이다. 그러나 깨끗한 물이라도 마냥 좋은 것일 수는 없다. 가뭄이 계속되어 논바닥이 쩍쩍 갈라질 정도가 되면 하늘로부터 깨끗한 물인 비가 내리길 사람들은 애타게 기다릴 것이다. 그러다 정말 바라던 비가 오는 날 우리는 그것을 '단비'라고 부른다. 그러나 그 비가 하루, 이틀이 지나 사나흘 계속된다면 그때는 제발 깨끗한 물인 비가 그치기를 바라게 되지 않을까? 그때도 깨끗한 물은 좋은 물이니까 홍수가 나도 웃으며 비를 맞을 수 있을까? 결국 우리에게 좋은 것은 최적의 깨끗한 물일 뿐이다.

경제학자의 눈으로 세상을 보면 이처럼 '무조건적인' 좋고 나쁨은 잘못된 이분법이라는 결론을 얻게 된다. 사회가 혼란기에 있을 때는 이러한 이분법도 나름의 존재이유가 있었으리라 생각된다. 하지만 지금은 '나' 아니면 '너'라는 이분법으로 살기엔 세상이 너무나 다양화되어졌다. 삶의 질을 높이는 방향이 다양성으로 나타나기에 이분법적으로 깨끗함이냐 더러움이냐 아니면 사랑이냐 미움이냐를 구분하는 것이 아니라 최적의 깨끗함이나 최적의 사랑을 선택함으로써 그 속에 더러움과 미움을 안고 가야 하는 것이다. 깨끗한 물은 세수할 때 사용하고 깨끗하지 않은 물은 청소할 때 사용하면 되지 않겠는가?

경제학은 최적을 찾아가는 방법을 공부하는 학문이다. 그렇기에 경제학을 공부하는 사람의 입장에서 이미 고려대상에서 제외된 무언가를 안고 방법을 찾는다는 것은 굉장히 제한적인 길밖에 찾지 못한다는 것을 의미한다. 이러한 점에서 우리 사회는 이분법적인 사고가 다양성을 해쳐 사회갈등이 커지는 면이 없지 않다고 할 수 있다. 따라서 경제학자의 눈으로 세상을 보면 대립의 개념이 아니라 다양성의 관점에서 포용과 조화와 비판이 성립할 수 있을 것이다. 물론 이러한 이분법에 강하기에 이진법에 기초한 컴퓨터와 관련된 정보통신(IT)분야의 강국이 된 점도 있지만……. 므흣!!!

제 4 장

기업의 합리적인 생산활동

제 1 절 | 기업과 생산함수

생산이론의 기초개념

생산이란 생산요소를 투입하여 재화나 서비스를 만들어 사회적 효용을 증가시키는 행위를 말한다. 따라서 재화를 만드는 제조업뿐만 아니라 돈이 덜 필요한 사람에게서 더 필요한 사람에게 중개하는 금융, 물건이 남아도는 지역에서 필요한 지역으로 이동시키는 수송, 재화의 부패를 막고 신선도를 유지해 주는 저장 등이 모두 생산활동에 포함된다.

생산활동을 통하여 이윤을 획득하는 것을 목적으로 하는 경제주체는 기업이다. 즉, 기업은 생산물시장에서 공급자로 활동하여 총수입을 극대화하고자 하며, 생산요소시장에서는 수요자로 활동하여 총비용을 극소화하고자 한다. 노벨 경제학상 수상자인 코즈와 윌리암슨(R. Coase & O. Williamson)은 자본주의 경제는 기업을 중심으로 발달하였는데 그 이유는 다음과 같다고 말한다. 첫째, 생산자가 혼자 생산활동을 하는 것보다 기업을 조직함으로써 비용을 절감할 수 있는 이익이 발생한다는 것이다. 만약 기업이 아닌 개인이 자동차를 생산할 경우는 일일이 노동시장에서 필요할 때마다 노동자를 구하여 생산을 해야만 하는데, 여기에는 각종 거래비용(transaction cost)이 따르게 된다. 즉, 적합한 노동자를 찾아서 임금을 결정해야 하며, 계약이 성립한 후 이를 제대로 이행하지 않을 경우에는 손해배상을 법적으로 청구하여야 한다. 하지만 기업을 만들면 상시 근로자를 고용하여 거래를 내부화할 수 있고 일일이 시장을 통해 거래하는 것보다 비용을 크게 낮출 수 있게 된다. 둘째 '팀에 의한 생산'의 이익이 가능할 뿐만 아니라 대량생산을 통해 생산량을 늘릴수록 생산단가가 낮아지는 규모의 경제의 이점이 나타난다. 또한 주식회사를 조직하면 주식이나 회사채 발행을 통한 자금조달이 쉬워지는 장점도 십분 발휘할 수 있다.

생산활동을 하는 데 투입되는 인적 및 물적자원을 생산요소라 한다. 생산요소에는 생산을 목적으로 하는 인간의 정신적 · 육체적 활동인 노동(labor)과 인간에 의해 생산된 실물생산재(토지 포함)인 자본[1)]이 있다. 이 두 개의 생산요소를 어떻게 구성하느냐에 따라 생산기간(production period)이 달라지는데, 자본설비(K)가 고정되어 있어 생산규모는 불변인 상태에서 가변요소(노동 : L)투입량의 변화를 통해서만 생산이 이루어지는 경우를 단기라 한다. 반면 모든 요소(L, K)가 가변요소로 노동뿐만 아니라 자본설비의 투입량도 변화시킬 수 있는 기간을 장기라 한다. 그 이유는 많은 자금이 소요되는 자본시설투입량을 변경시키기보다는 비교적 적은 자금이 드는 노동투입량을 먼저 변동시키는 것이 비용을 줄일 수 있기 때문이다.

▲ 노동과 자본의 협동

생/각/넓/히/기 **크루소에게 원숭이의 존재는?**

무인도에서 혼자 자급자족경제를 꾸려나가던 로빈슨 크루소가 하루는 심심풀이 겸 원숭이와 놀면서 원숭이에게 망고 따는 법을 가르쳤다. 그랬더니 원숭이가 크루소를 대신해서 망고를 따게 되었는데 그 속도가 크루소의 두 배나 되었다. 크루소는 아무 일도 하지 않은 채, 망고는 원숭이가 따지만 자신은 원숭이를 부리는 일을 하므로 결국 자신이 간접적인 방식으로 망고를 수확하는 것이라고 생각한다. 물론 시간당 수확량이 두 배가 된 것은 당연하다.

자, 이 경우 원숭이의 역할을 경제적으로 어떻게 볼 것인가? 원숭이의 역할로 말미암아 생산과정은 보다 복잡해졌으며 또한 간접적이 되었는데, 이와 같이 최종생산물을 직접 생산하지 않고 간접적으로 여러 단계를 거쳐 생산하는 방식을 우회적 생산과정이라고 한다. 망고의 생산이 우회적 생산과정이라면 원숭이는 우회적 생산과정의 중간 단계에 투입한 일종의 자본재 역할을 하고 있는 셈이다. 즉, 크루소가 원숭이를 훈련시켰다는 사실은 생산과정에 일종의 투자를 한 것이고 우회적 생산에서 중간재로 쓰일 자본재를 형성한 것이 된다. 로빈슨 크루소의 생산과정에서 원숭이의 역할, 그것은 바로 자본의 역할이라고 말할 수 있을 것이다.

1) 원래 자본은 화폐자본을 의미하고 자본재는 실물생산재를 의미한다. 그러나 주류 경제학인 신고전파 경제학에서는 자본을 자본재로 보고 화폐자본은 진정한 자본으로 보지 않는다. 나아가 사회간접자본이라 하면 도로, 항만 등과 같이 생산에 간접적으로 기여하는 자본을 의미한다.

뉴스 속 현장경제

2010년 전 세계 기업들 중 브랜드가치가 높은 100대 기업들은 어디일까?

브랜드컨설팅그룹인 인터브랜드는 '2010 세계 100대 브랜드가치평가결과를 발표했다. 이번 발표결과, 코카콜라(704억 5,200만 달러)는 11년 연속 1위를 차지했다. 그리고 그 뒤로 IBM(2위, 647억 2,700만 달러), MS(3위, 608억 9,500만 달러), 구글(4위, 435억 5,700만 달러), GE(5위, 428억 800만 달러)가 발표되었는데, 톱 10 브랜드 중 6개사가 IT업체일 정도로 관련 업계의 브랜드가치가 높은 것으로 알려졌다.

또한 전반적인 자동차산업의 침체에도 불구하고 메르세데스 벤츠(12위, 251억 7,900만 달러)와 BMW(15위, 223억 2,200만 달러)는 혁신적 디자인과 럭셔리마켓에서의 프리미엄 이미지를 바탕으로 작년과 동일한 순위에 올랐다. 도요타(11위, 261억 9,200만 달러)는 대규모 리콜사태로 인해 큰 폭의 순위하락이 우려되었으나 그간 구축해 온 브랜드명성과 신뢰도, 혁신성 등의 무형자산을 토대로 전년대비 3계단 하락에 그쳤다.

한편 루이비통(16위, 218억 6천만 달러), 구찌(44위, 83억 4,600만 달러), 에르메스(69위, 47억 8,200만 달러), 티파니(76위, 41억 2,700만 달러)와 까르띠에(77위, 40억 5,200만 달러) 등의 럭셔리 브랜드들은 장기적인 경기불황에도 작년보다 브랜드가치가 상승하며 건재함을 과시했는데, 지속적인 투자와 차별화된 고객서비스, 온·오프라인 고객접점에서의 다양한 마케팅활동이 소비심리가 위축된 상황에서도 빛을 발했기 때문인 것으로 보인다.

세계 100대 브랜드기업 중 국내업체로는 삼성전자와 현대자동차가 들었다. 이번 발표를 통해 삼성전자는 브랜드 가치가 11% 상승하며 작년과 동일한 19위(194억 9,100만 달러)에 오른 것으로 평가됐으며, 현대자동차는 9%의 브랜드가치상승률을 보이며 지난해보다 4계단이 오른 65위(50억 3,300만 달러)를 차지했다.

인터브랜드는 삼성전자가 모바일제품 확장과 디자인 영역에서 삼성전자의 인지도를 성공적으로 향상시켰다고 평했다. 또한 현대자동차는 '10년 보증프로그램'과 슈퍼볼을 통한 성공적인 마케팅을 그 이유로 들었다.

그렇다면 세계 최대의 브랜드컨설팅그룹인 인터브랜드는 브랜드가치를 어떻게 평가하는가? 브랜드가치(Brand Valuation)란 특정 브랜드의 화폐가치로서, 순현재가치 또는 미래에 브랜드가 창출할 것으로 예상되는 수익의 현재가치를 나타내는 지표이다. 인터브랜드 고유의 브랜드가치평가방법은 '브랜드재무성과(Financial Brand Performance)', 구매결정과정에서의 '브랜드역할(Role of Brand)', 그리고 기업의 안정적 수익지속성의 척도인 '브랜드강도(Brand Strength)'에 이르는 세 가지 핵심요소에 기초하여 산출된다.

■ 출처 : 엔터프라이즈, 2010. 9. 16.

2007년		2008년		2009년	
기업	브랜드가치(원)	기업	브랜드가치(원)	기업	브랜드가치(원)
삼성전자	11조 2,000억	삼성전자	11조 7,000억	삼성전자	20조 500억
현대자동차	4조 9,000억	현대자동차	5조 600억	현대자동차	8조 2,000억
LG전자	4조 7,000억	LG전자	4조 4,000억	LG전자	7조 2,000억
기아자동차	2조 9,000억	기아자동차	2조 7,000억	기아자동차	4조 500억
KT	1조 9,000억	KT	2조 1,000억	GS칼텍스	3조 5,000억

▶ 자료 : 산업정책연구원, 2009.

단기생산함수와 수확체감의 법칙

우리는 앞에서 생산요소를 투입하여 생산물이 산출되어 나오는 과정을 생산이라 정의하였다. 이때 투입물인 생산요소(L, K)와 산출물(Q) 간의 관계(f)를 생산함수라 하는데, 이 중 자본설비(K)가 고정된 상태에서 가변요소인 노동(L)과 산출량(Q) 간의 기술적 관계를 표시하면 단기생산함수가 된다.

$$Q=f(L, K)$$

생산함수에서 보듯이 생산요소의 투입량이 달라지면 산출물의 생산량도 변하게 된다. 총생산물(total product : TP)은 요소투입으로 생산되는 총생산량을 말하는데, 〈그림 4-1〉의 (a)에서 보듯이 생산량의 증가에 따라 처음에는 체증적으로 증가하다가 일정노동량을 넘어서면 체감적으로 증가하고 나중에는 오히려 감소한다. 평균생산물(average product : AP)은 가변요소(L) 1단위당의 생산물(Q/L)로 정의된다. 한편 한계생산물(marginal product : MP)은 가변요소 1단위당 증가분에 대한 총생산물의 증가분으로 정의되고 기하학적인 의미로는 총생산물곡선의 접선의 기울기가 된다.

$$MP_L=\frac{\text{총생산량의 변화량}(\Delta Q)}{\text{노동량의 변화량}(\Delta L)}$$

재화의 생산은 생산요소인 노동과 자본(토지 포함)이 결합하여 이루어진다. 즉, 토지와 자본으로 공장을 짓고 생산설비를 갖춘 다음, 노동력을 투입함으로써 생산을 하게 된다. 그런데 공장의 설비규모는 한 번 정해지면 단기간 내에 변화시키기 어렵다.

따라서 자본은 단기적으로 고정요소가 되므로 단기적으로 생산량을 증가시키려면 노동을 증가시키는 수밖에 없게 된다. 정해진 생산시설규모에서 생산량을 증가시키기 위해 노동력투입을 계속 증가시킨다면 이때 노동자 1명을 더 고용하여 투입할 때 추가적으로 생산되는 생산물의 양인 노동의 한계생산물(노동자 1명의 생산에 대한 기여도)은 어떻게 변화할까?

현대중공업에 노동자가 단지 한 명만이 투입됐다고 해보자. 그러면 공장가동 자체가 어려울 것이다. 그러나 노동자가 점점 더 투입되면 일부 생산라인가동이 가능해지고, 거기서 더 노동력이 투입되면 생산라인가동수가 늘어나면서 작업의 능률도 올라 생산량이 급증하게 된다.

▲ 생산설비

따라서 이 단계에서는 노동자가 더 투입될수록 추가 투입되는 노동자 1명의 한계생산물은 증가하게 된다. 그러나 계속 노동자의 수가 늘어나면 생산설비에 비해 노동자 수가 과다해져 추가 투입되는 노동자 1명의 한계생산물은 감소하여 0이나 음(−)이 될 수도 있게 된다.

이와 같이 생산시설이 고정되어 있는 단기에서 가변요소인 노동량을 증가시키면 일정단계를 지나서 노동의 한계생산물이 감소하게 된다. 경제학에서는 이러한 현상을 '한계생산물체감의 법칙' 또는 '수확체감의 법칙'이라고 한다.

그러나 수확체감의 법칙은 자본과 기술수준이 일정하게 주어진 상태에서 노동만이 가변요소가 되는 단기에서 성립하는 이론이다. 만약 장기에서 자본축적이 이루어지거나 기술진보가 있게 되면 생산함수는 상방으로 이동하여 동일한 투입물로 종전보다 더 많은 생산을 할 수 있게 될 것이다.

그림 4-1 총생산물과 한계 및 평균생산물곡선

- 총생산물곡선의 변곡점에 대응하는 곳에서 한계생산물은 극대가 된다.
- 한계생산물이 평균생산물보다 먼저 증가하다가 감소하며, 한계생산물과 평균생산물이 일치할 때 평균생산물은 극대가 된다.
- 평균생산물이 증가할 때는 한계생산물이 평균생산물보다 크고, 평균생산물이 감소할 때는 평균생산물이 한계생산물보다 크다.

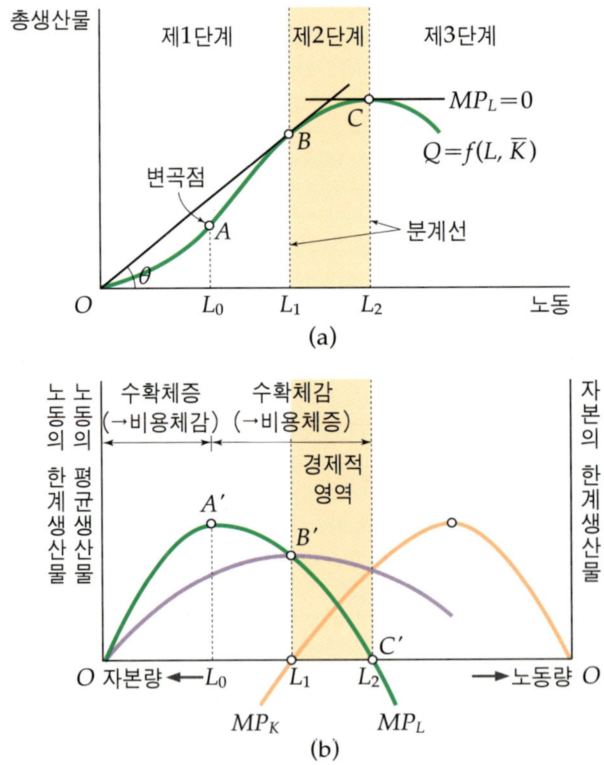

생/각/넓/히/기 맬더스의 인구론과 기술진보

맬더스(T. Malthus)는 「인구론」에서 "식량생산은 산술급수적으로 증가하는 반면, 인구는 기하급수적으로 증가한다"라고 주장하였다. 이것은 결국 식량부족이 발생하고 사회는 생존수준을 유지하기 위하여 기아, 질병, 전쟁 등에 의한 인위적인 인구조정이 불가피하게 된다는 것을 의미한다. 따라서 맬더스는 이러한 재앙을 막기 위해서는 늦게 결혼하는 만혼(晩婚)이나 결혼 후 도덕적 억제가 필요하다고 주장하였다.

그러나 이러한 주장과 달리 현재 우리나라에서는 농업인구의 급격한 감소에도 불구하고 농업부문의 과잉생산이 오히려 문제가 되는 경우가 있으며, 이에 따라 닭 사육 수의 자율적 감소, 귤나무의 보상감축이 추진되고 있는 것을 볼 수 있다. 아마도 그 이유는 맬더스가 「인구론」에서 인구만을 강조하여 생산함수상의 이동을 통한 수확체감만을 강조하다 보니, 기술진보로 인하여 단기생산함수가 상방이동하고 이에 따른 농업생산성의 증가를 과소평가했기 때문일 것이다.

경제학자처럼 생각해보기 경제학자의 아들

수학자의 아들과 경제학자의 아들이 초등학교의 한 학급에서 같이 공부를 하고 있었다. 수업시간에 선생님이 질문을 했다. "어떤 과수원에서 감을 따는데 한 사람이 혼자서 다 끝내려면 총 10일 걸립니다. 그러면 열 명의 사람이 감을 딴다면 며칠 만에 일을 끝낼 수 있을까요?" 수학자의 아들이 대답했다. "하루입니다." 선생님이 경제학자의 아들에게 다시 물었다. "정답이 맞습니까?" 그러자 경제학자의 아들이 대답했다. "하루보다 더 걸립니다."

동그란 안경 너머로 눈을 반짝이며 별거 아니라는 듯 대답하는 아이의 모습이 자꾸 떠올라 몇 번을 다시 읽으며 또 웃고 했던 이야기다. 물론 경제학을 그것도 생산이론을 조금이나마 알기에 웃을 수 있었지, 경제학자의 아들이 한 대답이 '수확체감의 법칙'을 의미한다는 것을 모르는 사람들은 도무지 웃어야 할 타이밍을 찾을 수 없는 유머일 것도 같다.

하지만 조금 다르게 생각해 볼 수도 있지 않을까? 예를 들어, 각자에게 일할 분량을 정해주고 먼저 끝낸 사람부터 순서대로 각각 다른 보수를 제안했다면 어쩌면 하루가 덜 걸려서도 일이 끝날 수 있지 않았을까? 우리 집에 사는 경제학자의 아들이 좀 더 많이 놀기 위해 놀라운 집중력을 보이며 공부하는 모습을 보면 이런 상황도 충분히 가능할 것 같다. 왜? 우리들은 경제적 유인에 따라 다른 경제활동의 모습을 보이니까 말이다.

장기생산함수와 생산자균형

소비론에서 무차별곡선과 예산선을 통하여 소비자균형점을 도출하였듯이, 장기생산함수인 등량선과 생산자의 예산제약조건인 등비선을 통하여 생산자균형을 분석할 수 있다.

등량선(等量線)은 어떤 상품을 생산할 때 동일한 생산량을 가져오는 노동과 자본의 조합을 연결한 곡선이다. 등량선은 무차별곡선에 대응하는 것이어서 무차별곡선과 동일한 성질을 가지므로 독자들이 추론해 보기 바란다.

요소 \ 배합	*R*	*S*	*T*	*V*	*Z*
노동(***L***)	1명	2명	3명	4명	5명
자본(***K***)	15대	9대	6대	4대	3대

그림 4-2 **등량선과 한계기술대체율의 체감**

등량선은 원점을 향해 볼록하게 그려진다. 그 이유는 등량선의 기울기인 한계기술대체율($MRTS_{LK}$)이 체감하기 때문이다. 그림에서 *R*, *S*, *T*, *V*, *Z*로 이동함에 따라 기울기의 절대값은 6, 3, 2, 1로 점점 작아진다.

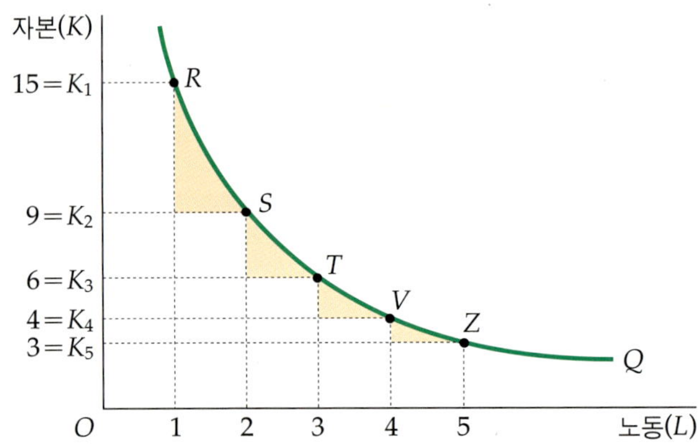

등비선(等費線)은 소비이론의 예산선에 대응하는 개념으로, 주어진 비용으로 최대한 구입할 수 있는 생산요소의 조합을 표시하는 선이다. 기업의 총비용(TC)=1억 원이고 노동자의 월급(P_L)=200만 원, 기계임대료(P_K)=1,000만 원일 때 아래와 같은 구입가능한 조합이 나타난다.

노동(L)	50명	40명	30명	20명	10명	0
자본(K)	0	2대	4대	6대	8대	10대

그림 4-3 **등비선**

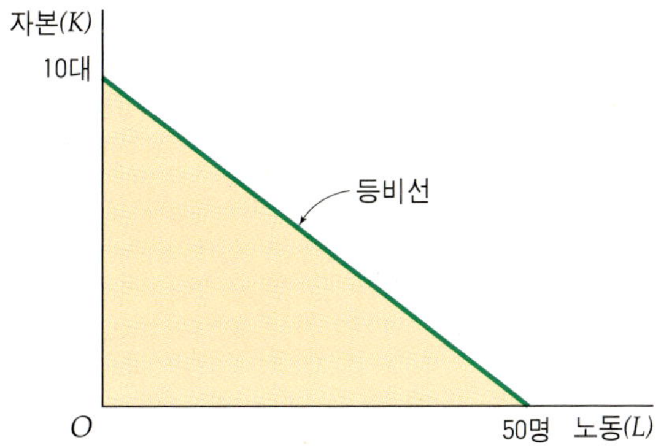

등비(용)선은 노동과 자본의 가격이 주어질 때 기업의 사업자금으로 구입가능한 노동과 자본의 배합을 나타낸다.

만약 이 기업이 노동자 30명과 기계 4대를 구입하기로 하였다면 등비선의 식은 1억 원=200만 원×30+1,000만 원×4가 된다.

이것을 일반식으로 표시하면

$$T_C = P_L \cdot L + P_K \cdot K \text{ 또는 } K = \frac{TC}{P_K} - \frac{P_L}{P_K} \cdot L$$

여기서 $\frac{P_L}{P_K}$은 노동과 자본의 교환비율, 즉 요소의 상대가격 또는 기회비용을 표시한다.

생산자는 주어진 예산제약하에서 극대생산을 가져오는 생산요소를 결합하여 생산하고자 할 것이다. 〈그림 4-4〉에서 보듯이 등량선과 등비선이 접하는 점에서 생산자의 생산극대가 실현된다.

그 이유는 동일한 등량선(A, E, B) 중에서 E점이 극소비용을 실현하는 점이기 때문이다. 또 다른 관점에서 보자면 등량선의 볼록성은 무차별곡선의 성질에서 본 바와 같이 가장 다양한 요소의 결합을 선호하는 것을 의미하기 때문이라고도 할 수 있다.

〈그림 4-4〉에서 A점은 자본투입량이 노동투입량에 비하여 너무 많아 자본이 비효율적으로 투입되고 있고, B점은 노동투입량이 자본투입량에 비하여 너무 많아 노동이 비효율적으로 투입되고 있어 조화로운 요소묶음이 되지 못한다. 여기에 대해 E점은 노동투입량과 자본투입량이 조화를 이루는 상태에서 생산자의 생산이 극대가 되는 점이 된다.

그림 4-4 생산자균형의 조정

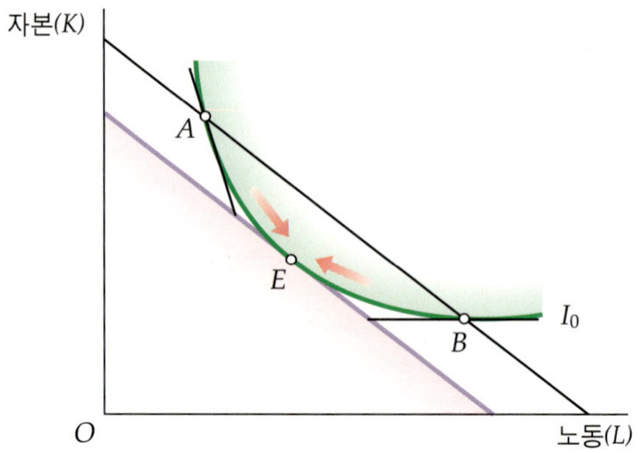

심/층/탐/구 생산자의 균형조건과 균형조정과정

등량선의 기울기는 한계기술대체율($MRTS_{LK}$)이라 한다. 동일한 등량선에서 생산량은 불변이므로

$$\Delta Q = \Delta L \cdot MP_L + \Delta K \cdot MP_K$$

의 식에서 $\Delta Q=0$이기 때문에 이 식을 정리하면

$$MRTS_{LK} = -\frac{\Delta K}{\Delta L} = \frac{MP_L}{MP_K}$$

이 도출된다.

등비선의 기울기는 요소의 상대가격으로 표시된다. 따라서 생산자균형점에서는 최적생산조건이 성립한다.

$$MRTS_{LK} = \frac{MP_L}{MP_K} = \frac{P_L}{P_K}$$

이것을 달리 표시하면

$$\frac{MP_L}{P_L} = \frac{MP_K}{P_K}$$

가 되어 요소 1원당의 한계생산력이 일치하여 가중된 한계생산력균등의 법칙이 성립한다.

균형조정과정을 분석하면 불균형 *A*점에서는 등량선의 기울기가 등비선의 기울기보다 크므로

$$MRTS_{LK} = \frac{MP_L}{MP_K} > \frac{P_L}{P_K}$$

이 된다.

이것이 의미하는 바는 노동의 한계생산력이 노동단위당 비용보다 크다는 것이므로 노동투입량을 증가시키고 자본투입량을 감소시켜 *E*점으로 이동하게 될 것이다.

반대로 불균형 *B*점에서는 등량선의 기울기가 등비선의 기울기보다 작으므로

$$MRTS_{LK} = \frac{MP_L}{MP_K} < \frac{P_L}{P_K}$$

이 된다.

노동의 한계생산력이 노동단위당 비용보다 작다는 것이므로 노동투입량을 감소시키고 자본투입량을 증가시켜 *E*점으로 이동하게 될 것이다.

생산가능곡선과 범위의 경제

지금까지의 생산이론에서는 단기생산함수이든 장기생산함수이든 하나의 상품을 생산한다고 가정하였다. 그러나 정유공장은 원유를 투입하여 휘발유와 등유 등을 생산하고 신문사는 동일한 기사나 정보를 이용하여 주간지 또는 월간지 등을 생산한다. 이와 같이 대부분의 기업이 주어진 요소로 여러 가지의 상품을 생산하고 있음을 알 수 있는데, 예를 들어, 어떤 한 농장이 주어진 요소를 효율적으로 활용하여 최대한 생산할 수 있는 보리와 밀의 양이 아래와 같다고 하자.

	A	*B*	*C*	*D*	*E*
밀(*X*)	0	1가마	2가마	3가마	4가마
보리(*Y*)	4가마	3.9가마	3.6가마	3가마	0

위의 생산가능표를 연결하면 한 기업의 생산가능곡선을 그려낼 수 있다. 즉, 이 기업이 현재의 요소를 모두 밀생산에만 투입하면 *A*점이 될 것이고, 보리만 생산한다면 *E*점이 될 것이다. 하지만 만약 보리와 밀을 동시에 생산한다면 *A*, *B*, *C*, *D*, *E*점을 따라 생산할 수 있을 것인데, 이 점들을 연결하면 주어진 요소를 최대한으로 활용하여 생산가능한 두 재화의 조합인 생산가능곡선이 도출된다.

〈그림 4-5〉에서 보듯이 생산가능곡선은 원점을 향해 오목한 모습으로 우하향하고 있다. 생산가능곡선이 우하향하는 것은 기회비용이 발생하기 때문이고, 원점을 향해 오목한 이유는 한계변환율이 체증하기 때문이다. 한계변환율(margin-

그림 4-5 생산가능곡선과 한계변환율 체증

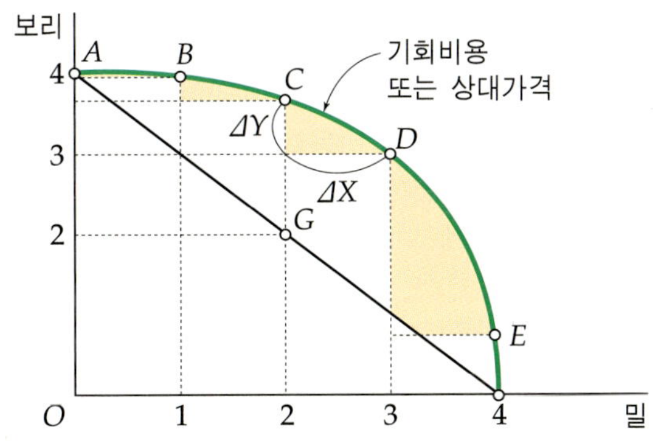

*X*재의 생산량이 증가함에 따라 포기하는 *Y*재의 수량이 점차로 증가하여 생산가능곡선이 원점을 향해 오목하게 된다.

al rate of transformation : MRT_{XY})은 생산가능곡선의 기울기인데, X재 한 단위를 더 생산하기 위해서 포기해야 하는 Y재의 수량으로 Y재로 표시한 X재의 기회비용을 나타낸다.[2] 결국 한계변환율이 체증한다는 것은 X재의 생산량을 늘릴수록 희생되는 Y재의 수량이 커진다는 것을 의미하는데, 그 이유는 생산물을 대체하는 것이 기술적인 제약이 따를 뿐 아니라 불완전하기 때문이다. 이것을 보다 전문적인 용어로 표현하면 범위의 경제가 작동하기 때문이라고 할 수 있다. '범위의 경제(economies of scope)'는 한 기업이 한 가지 상품만 전문적으로 생산하는 것보다 여러 상품을 동시에 생산하는 것이 비용면에서 유리하다는 것을 말한다.

이것을 그림을 통해 설명해 보면 〈그림 4-5〉와 같다. 밀과 보리의 가격이 1가마당 10만 원이라면 생산가능곡선의 A점에서 생산하면 보리만 4가마 생산하여 기업수입은 40만 원이 된다. 그러나 이 기업이 보리생산만 전문화하지 않고 D점에서와 함께 밀도 같이 생산한다면 밀 3가마와 보리 3가마를 생산하여 60만 원이 되므로 더 큰 수입을 올릴 수 있다.

경제학자처럼 생각해보기 **금강제화에서 허리띠를 만드는 이유**

범위의 경제는 다품종 소량생산이 비용조건에서 유리하다는 것을 의미한다. 그 이유는 첫째, 생산 측면의 기술의 외부성 때문이다. 자동차회사에서 승용차와 트럭을 함께 생산 할 때의 기술이 유사하다면, 하나의 기술이 두 재화 생산에 동시에 적용되기 때문에 두 재화를 같이 생산하는 것이 유리해진다. 또한 두 번째로 요소의 공동 투입으로 인한 비용절감을 들 수 있다. 예를 들어 오리고기를 생산하는 기업이 오리털 파카도 함께 생산하는 것이 그 사례이다. 셋째는 위험부담을 분산시킬 수 있다는 것이다. 즉 개인투자자들이 '계란을 한 바구니에 모두 담지 말라'라고 하는 투자원칙을 지키는 것과 같은 이유라고 할 수 있다.

범위의 경제는 수요측면에서도 설명할 수 있다. 범위의 경제가 아니라 대량생산에 의한 규모의 경제(다음의 비용이론에서 설명되어질 것이다)가 힘을 발휘하던 경제성장 초기에는 더 많은 재화를 가지는 것만이 소비자의 목표였다고 할 수 있다. 다시 말하면 남들과 같은 TV, 남들과 같은 냉장고나 자동차를 갖는 것이 그들의 꿈이었다. 하지만 경제가 점점 성장해가면서 소비자들의 수요는 매우 다양해지기 시작했고, 이제는 더 이상 남이 갖고 있는 것을 부러워하기보다는 다른 사람과 차별화되는 무엇인가를 갖고 싶어 하게되었다. 길을 걷다 똑같은 디자인의 옷을 입은 사람과 마주쳤다고 생각해보라. 대부분의 여성들은 굉장히 당황하며 서로에게서 멀어지려고 할 것이며, 아마도 두 번 다시 그 옷을 입지 않는 여성들도 분명히 있으리라 생각된다. 여성복업계에서 같은 디자인의 옷을 많이 만들어내지 않는 이유가 바로 이것이다.

따라서 비용측면에서의 이점과 함께 이와 같은 수요의 다양화가 규모의 경제 시대를 보내고 범위의 경제 시대가 도래하게 만든 일등공신이라고 말할 수 있을 것이다.

2) $MRT_{XY} = -\frac{\Delta Y}{\Delta X} = \frac{MC_X}{MC_Y}$

제 2 절 | 생산과 비용이론

비용이론의 기초

생산과정에 투입된 요소들에 소요된 비용을 생산비라 한다. 그러나 경제학에서 생산비라 할 때는 주의하여야 할 부분이 있다. 우리가 비용이라 할 때 장부상의 비용을 말하는 것이 일반적이다. 기업의 회계장부에는 인건비, 물건비, 임대료, 지급이자 등 실제 경비로 지출된 것만이 비용으로 처리되어 있고, 이렇게 실제 지출된 비용을 회계적 비용이라고 부른다. 그러나 경제학에서는 이렇게 실제 지출한 회계적 비용만이 아니라 기회비용을 포함시켜 비용으로 파악하고 있다. 기회비용은 눈에 보이지 않는 비용이라는 점에서 암묵적 비용이라 부르는데, 기업이 스스로 소유하고 있는 자원을 다른 용도로 쓸 수 있음에도 불구하고 자신의 생산을 위해 사용함으로써 발생하는 비용 같은 것을 그 예로 들 수 있다.

이런 관점에서 비용을 보게 되면 회계적 이윤과 경제적 이윤을 구분하여야 한다. 회계적 이윤은 총수입에서 실제비용(=명시적 비용)을 뺀 것이고, 경제적 이윤은 총수입에서 기회비용까지를 빼서 구한 것이다.

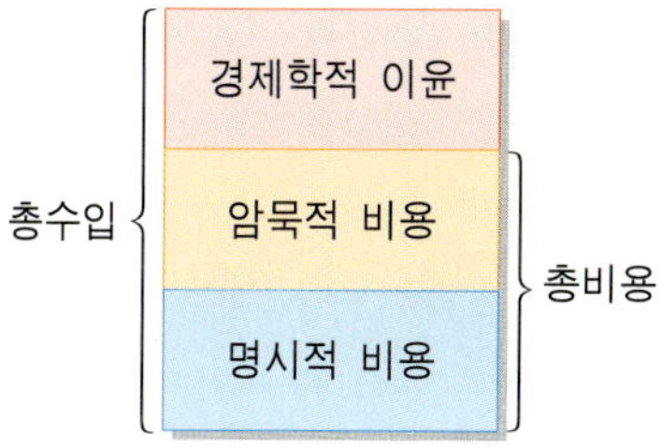

▲ 경제학자가 보는 이윤

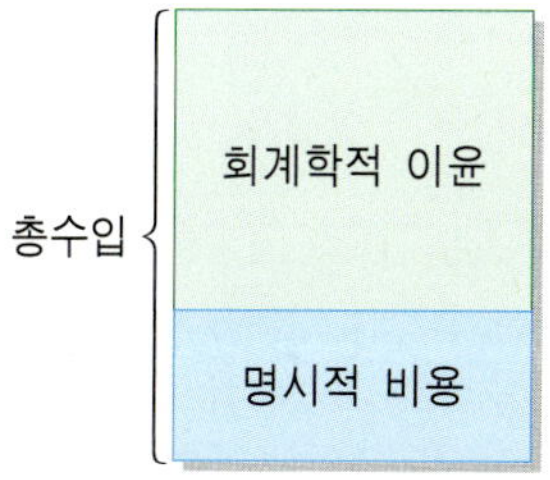

▲ 회계사가 보는 이윤

생/각/넓/히/기 연간 5억 원을 번 중소기업주가 '사업을 그만둘까 고민중이야'라고 하면 거짓말일까?

자동차부품업을 하고 있는 김경제 씨가 1년 동안 30억 원의 총판매수입을 올려 총비용을 뺀 5억 원의 이윤을 얻고 있다고 하자.

(단위 : 천만 원)

상품판매액	300
원자재 구입비	80
인건비	120
전기와 통신요금	30
광고비와 운송비	20
회계상 이윤	50

이 표에서 보듯이 회계학적 이윤은 5억 원이다. 그러나 만약 이자율이 5%인 상태에서 김경제 씨의 자기 투자금이 20억 원이고, 남에게 임대할 수 있을 때 자기 공장임대료가 5억 원이며, 전 직장에서 받던 연봉이 1억 원이라고 가정해 보자. 이자수입 1억 원과 공장임대료 5억 원과 전 직장에서 받던 연봉 1억 원은 자기 사업의 기회비용이 된다. 따라서 경제학적 비용은 회계학적 비용 25억 원과 암묵적 기회비용 7억 원을 합쳐 32억 원이 되므로 경제학적으로는 오히려 2억 원의 손실이 발생한 것이다.

단기비용이론

앞의 생산함수론에서 단기에는 자본설비가 고정되어 있고 장기는 자본설비도 변동되어 모든 요소가 변화될 수 있다고 하였다. 따라서 단기에서는 가변요소와 고정요소에 소요되는 가변비용과 고정비용이 존재하고 장기에서는 고정요소가 없기 때문에 가변비용만 존재한다. 즉, 단기의 총비용은 자본설비의 유지를 위하여 지불하는 지대, 건물의 감가상각비, 이자 등과 같은, 생산량변동과 무관한 비용인 총고정비용(total fixed cost : *TFC*)과 생산량의 변화에 따라 노동력을 고용하는데 드는 총가변비용(total variable cost : *TVC*)으로 구성된다.

단기총비용(TC)＝총고정비용(TFC)＋총가변비용(TVC)

$$\rightarrow TC = \underbrace{100\text{만}}_{\text{생산량}(Q)\text{과 무관한 총고정비용}} + \underbrace{2Q^3}_{\text{생산량에 따라 변동하는 총가변비용}}$$

이 식을 산출량으로 나누면 단위당 비용인 평균비용을 구할 수 있다.

평균비용(AC)＝평균고정비용(AFC)＋평균가변비용(AVC)

각각의 평균비용을 살펴보면 평균고정비용은 일정한 총고정비용을 생산량으로 나눈 것이므로 생산량의 증가에 따라 계속 감소하는 형태를 보인다. 평균가변비용은 총가변비용을 생산량으로 나눈 것이므로 처음에는 증가하지만 어느 정도를 지나면 감소하는 형태를 보이는데, 물론 평균비용보다 작으므로 평균비용곡선의 아래에서 감소하다가 증가하는 형태를 보이게 된다.

한편 생산량 1단위 증가분에 대한 총비용의 증가분은 한계비용(marginal cost : *MC*)[3]으로 아래와 같이 표시할 수 있다.

$$\text{한계비용}(MC) = \frac{\text{총비용의 변화량}(\Delta TC)}{\text{생산량의 변화량}(\Delta Q)}$$

〈그림 4-6〉에서 보듯이 한계비용은 처음에는 감소하다가 일정수준을 넘어서면 증가한다. 생산론에서 노동량을 증가시킬수록 노동의 한계생산물이 점점 작아진다는 수확체감의 법칙을 배웠는데, 이것은 역으로 생산물 1단위를 더 생산

3) 한계비용은 총비용의 변화량 또는 총비용곡선의 접선의 기울기로, 생산량에 관해 미분한 것이다.

$$MC = \frac{\Delta TC}{\Delta Q} \Rightarrow \lim_{\Delta Q \to 0} \frac{\Delta TC}{\Delta Q} = \frac{d(TC)}{dQ}$$

하기 위해서는 노동자가 점점 더 많이 필요하다는 것을 뜻한다. 따라서 노동자의 임금이 일정하다고 가정할 때, 생산물 1단위를 더 생산하기 위한 비용인 한계비용은 점점 더 증가하게 될 수밖에 없다.[4)]

더구나 기업들이 생산량을 증가시키기 위해 노동자에 대한 수요를 늘리면 임금이 상승하게 되고, 각 기업들이 생산량을 증가시키면 임금만이 아니라 원자재 가격도 상승하게 된다.

그렇다면 투입되는 원자재의 양이 동일하더라도 그 비용은 높아진다. 따라서 생산량의 증가에 따른 임금이나 원자재가격의 상승도 한계비용을 증가시키는 요인이 된다.

그림 4-6 여러 비용곡선 간의 관계

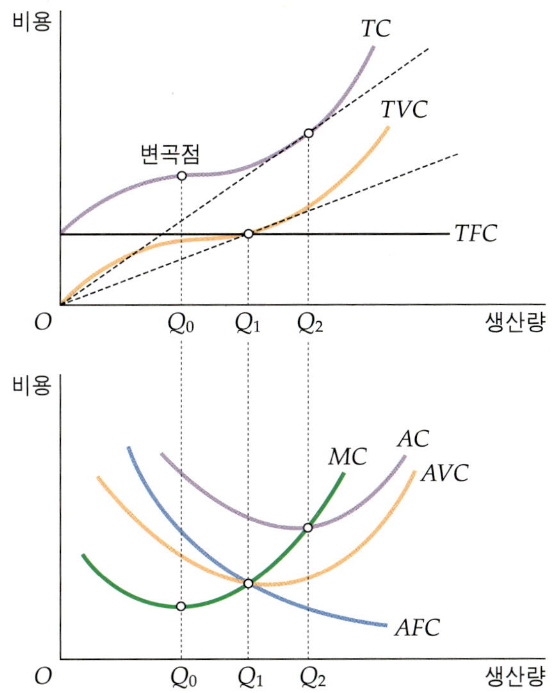

- 한계비용은 가장 먼저 극소점을 지나 평균가변비용과 평균비용의 최하점을 뚫고 올라간다.
- 평균고정비용곡선은 'U' 자 형태가 아니라 직각쌍곡선의 형태를 취한다.
- 생산량이 증대함에 따라 평균고정비용이 감소하므로 평균비용과 평균가변비용곡선의 간격은 점점 좁아진다.

4) 한계생산력과 한계비용의 역관계는 수학적으로 쉽게 도출할 수 있다.

$$MC=\frac{d(TC)}{dQ}=\frac{d(TFC)+d(TVC)}{dQ}\text{에서 } d(TFC)=0\text{이므로}$$

$$MC=\frac{d(TVC)}{dQ}=\frac{W\cdot dL}{dQ}=\frac{W}{dQ/dL}=\frac{W}{MP_L}$$

장기비용이론

단기에는 자본설비를 늘리거나 줄일 수 없기 때문에 생산량을 늘리고자 할 때 노동자들이 임금인상을 요구하더라도 어떻게 대처할 수가 없다. 그러나 장기에는 자본설비를 늘리거나 줄이는 것이 가능하기 때문에 노동을 줄이고 자본을 늘리는 방법을 택하게 될 것이다. 즉, 장기에는 자본설비 자체를 최적규모로 하여 비용을 떨어뜨리고 이윤을 늘리고자 하는 노력이 생긴다. 이렇게 노동과 자본이 모두 변동하는 장기에 생산량과 비용의 관계는 어떻게 될 것인가? 장기에는 모든 요소가 가변요소가 되기 때문에 총비용은 총가변비용이 된다. 장기 총비용을 생산량으로 나누면 장기평균비용(*LAC* : Long－run Average Cost)이 나오고, 이것을 그림으로 그리면 〈그림 4-7〉에서 보듯이 세 가지 형태의 장기평균비용곡선이 도출된다.

우선 생산량이 증가하면 총비용이 증가하지만 생산량이 증가하는 만큼 총비용이 증가하지 않으면, 단위당 평균비용이 감소하게 되는데 이를 규모에 대한 비용체감(수익체증) 또는 규모의 경제가 존재한다고 한다. 그 이유는 기업규모가 커짐에 따라 분업에 의한 전문화가 촉진되고 경영자의 관리능력도 향상되기 때문이다. 최근 많은 산업에서 세계적으로 인수 · 합병(M&A) 바람이 불고 있는데, 이는 규모의 경제를 최대한 활용하려는 데에 그 이유가 있다고 할 수 있다.

규모의 경제가 작용하는 상태에서 생산량을 계속 늘리면 생산량이 변화해도 평균비용이 변화하지 않아 장기평균비용곡선이 수평선이 되는데, 이것을 규모에 대한 비용불변(수익불변)이라고 한다.

그 후에 기업의 규모가 너무 커지면 종업원의 관리가 어렵고 내부적으로 의사를 집약하는 데 의사결정비용이 많이 드는 등 경영관리상의 어려움이 발생한다. 이러한 여러 측면의 비효율성 때문에 단위당 생산비가 높아져 우상향하는 장기평균비용곡선이 나타난다. 이를 규모에 대한 비용체증(수익체감) 또는 규모의 불경제라고 한다.

기업 간의 경쟁이 끊임없이 이루어지는 시장경제에서 개별기업은 최적의 시설규모를 찾아 원가를 낮추려는 노력을 할 것이다. 이렇게 되면 시장경제에서는 분업의 이익이 모두 활용되는 수준이 되도록 최적의 효율규모를 결정하여 비용을 극소화하려는 힘이 작용할 것이다.

나음 장인 시장이론에서 다루는 완전경쟁시장의 장기에서는 이러한 효율적 규모가 실현되는 것을 배우게 될 것이다.

그림 4-7 규모변화에 따른 *LAC*와 *LMC*

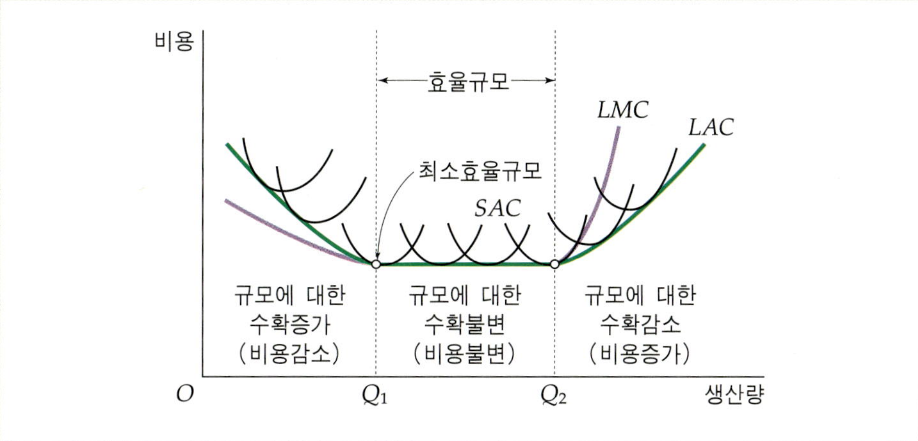

장기에 생산량이 증가함에 따라 대규모 생산의 이익이 나타나 장기평균비용은 체감한다.

그러나 생산량이 증가함에 따라 규모의 불경제로 규모에 대한 비용체증이 나타나 장기평균비용이 증가한다.

경제학자처럼 생각해보기 유독 한국이 24시 영업이 발달한 이유

유럽이나 미국은 레스토랑이나 나이트클럽이나 야간 카페 등의 특수한 업종을 제외하고는 대다수의 상점은 오전 9시에 문을 열어서 오후 5시에 문을 닫는 게 관습이다. 저녁에 가족과 함께 지내는 것을 미덕으로 생각하는 그들의 입장에서는 당연한 삶의 방식이라고 할 수 있다.

그러나 대다수의 상점이 문을 닫아 야간에 근무하는 사람들의 불평이 생기자 이것을 해결할 수 있는 편의점이 문을 열어 오전 7시부터 야간 11시까지 영업하게 되었는데, 그것이 seven eleven이다. 이것은 서구에서는 가히 유통업의 혁신이라고 할 수 있었고 지금도 편의점을 찾을 때면 "이 근처에 seven eleven이 어디에 있느냐?"고 물을 정도가 되었다. 하지만 아시아인들이 편의점에 진출하면서 편의점들의 영업시간은 24시간 영업으로 바뀌게 되었다.

이러한 24시간 영업의 배경에는 한국, 일본, 홍콩, 대만이나 중국의 베이징, 상하이 등이 속하는 동북아시아의 높은 땅값이 깔려있다고 할 수 있다. 동북아시아는 지구상에서 인구밀도가 가장 높은 지역에 속한다. 이러한 이유 때문에 다른 어느 지역보다도 땅값이 높은 지역이다. 좋은 길목을 차지하고 있는 편의점의 경우에 비용면에서 가장 큰 비중을 차지하는 부분이 집세부담이라고 할 수 있다. 한국에서 '김밥나라', '김밥여행', '24시 해장국' 등의 간판에서 볼 수 있듯이, 집세부담을 줄일 수 있는 방법 중에서 가장 쉬운 방법이 24시간 영업으로 평균집세(평균고정비용)를 줄이는 것이다.

물론 한국인의 특유의 근면성도 이유로 꼽을 수 있겠지만, 영업시간의 길이와 집세라는 고정비용의 변동이 없는 상태에서 인건비라는 가변비용만 추가하면 되므로 상대적으로 비용은 줄이고 높은 이윤을 올릴 수 있는 방법이라는 것이 가장 큰 이유라 할 수 있다.

생/각/넓/히/기 **객관식 시험과 주관식 시험의 비용분석**

현재 중 · 고등학교의 시험은 객관식 시험이 주류를 이루고 있고, 대학교에서 치러지는 시험은 주관식 시험이 많다. 이러한 이유를 경제학적으로 분석해 보면 객관식 시험은 출제비용이 많이 드는 데 비하여 채점비용이 적게 든다는 특징이 있고, 반대로 주관식 시험은 출제비용은 적게 드는 데 비하여 채점비용이 많이 든다. 그러므로 많은 수험생들이 응시하는 경우에는 객관식 시험이 기계에 의한 채점과 신속한 채점이 가능하기 때문에 효율적일 것이다. 만약 몇십만 명이 응시하는 대학수능시험이나 공인중개사시험과 같은 경우에 주관식 시험으로 본다면 채점시간만 몇 개월 정도 걸리게 되어 수험생들의 초조감을 가중시킬 것이다. 따라서 대다수의 시험에서 많은 응시자가 몰리는 1차 시험은 객관식으로 시행하게 된다. 그러나 학문적인 연구가 목적인 대학의 시험이나 1차 시험을 통과한 엘리트의 선발시험에서는 응시자의 수가 적기 때문에 우연의 일치로 정답을 맞출 수도 있는 객관식 시험의 한계를 극복할 수 있는 주관식 시험이 효율적일 것이다.

기업의 이윤극대화의 원리

이윤은 총수입에서 생산하는 데에 들어간 총비용을 뺀 것이므로 총이윤을 극대화한다는 것은 총수입과 총비용의 차이를 가장 크게 하는 것이다. 기업은 새로운 한 단위를 더 생산하여 판매한 수입과 그 한 단위를 더 만들 때 들어가는 비용을 비교하여 추가적인 수입(한계수입)이 추가적인 비용(한계비용)보다 많으면 생산을 계속하고, 반대의 경우에는 생산을 멈추게 된다. 따라서 추가적인 수입과 추가적인 비용을 동시에 고려하여 생산량을 결정할 것이다.

즉, 기업이 재화를 생산해서 판매하는 경우에 한계수입(Marginal Revenue : *MR*)은 생산량의 증가와 관계없이 1만 원으로 일정하고, 한계비용(Marginal Cost : *MC*)은 8천원이라고 가정하자. 이윤극대화를 목표로 하는 이 기업은 이 재화를 생산하여 판매하면 2천 원의 이윤이 발생하므로 생산량을 늘리고자 한다. 그러나 재화를 더 생산하여 판매하면 기업의 생산비용은 계속 증가할 것이고 만약 한계비용이 1만 2천 원이 되면 판매를 통해 2천 원의 손실이 발생할 것이므로 생산량을 줄이고자 할 것이다.

결국 생산을 통해 발생하는 한계수입과 한계비용이 일치하는 수준에서 기업의 이윤극대화조건이 실현된다.

한계수입(MR)=한계비용(MC)

심/층/탐/구 이윤극대화원리의 수리적 분석

기업의 이윤극대화는 기업의 이윤함수[⇒ 총이윤=총수입-총비용]가 극대(총이윤의 기울기=0)가 될 때 실현된다. 즉, 이윤함수

$$T\pi = TR(Q) - TC(Q)$$

($T\pi$: 총이윤, TR : 총수입, TC : 총비용)

에서 총이윤이 극대가 되면 총이윤의 기울기인 한계이윤이 0이 된다. 따라서

(1) 이윤극대화 1계조건(필요조건)

$$M\pi\left[=\frac{d(T\pi)}{dQ}\right]=0 \Rightarrow \frac{d(TR)}{dQ}-\frac{d(TC)}{dQ}=0$$

$\therefore MR=MC$

(2) 이윤극대화 2계조건(충분조건)

① 이윤함수가 위로 볼록해야 한다($y=ax^2$의 형태에서 $a<0$).

② $\frac{d^2(T\pi)}{dQ^2}<0 \Rightarrow \frac{d(MR)}{dQ}-\frac{d(MC)}{dQ}<0$

$\therefore$ MR곡선의 기울기 < MC곡선의 기울기

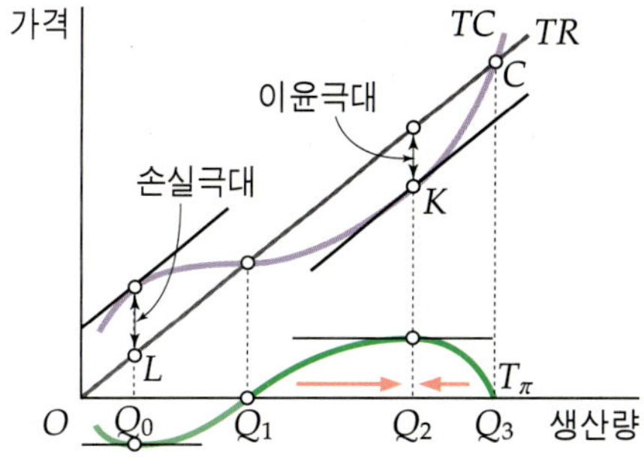

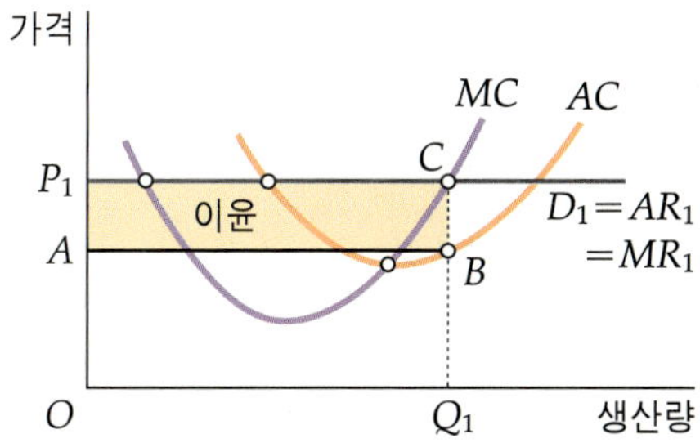

제 5 장 시장구조의 이해

제 1 절 | 완전경쟁시장의 가격과 생산

시장의 정의와 구분기준

경제학적인 시장의 개념은 노동시장, 자본시장, 국제금융시장, 외환시장이라는 용어에서 보듯이 수요와 공급이 나타나서 상품의 가격이 형성되고 상품의 매매가 규칙적으로 일어나는 추상적인 기구로 정의한다. 시장은 판매하는 기업의 수, 상품차별화의 정도, 시장진입에 대한 장벽의 정도, 개별기업이 가격에 영향을 미칠 수 있는지를 기준으로 네 개의 시장으로 구분된다. 즉, 시장에서 판매하는 기업의 수가 많으면 경쟁시장이 되고, 기업수가 적으면 독과점시장의 형태가 된다. 또한 경쟁시장에서도 판매하는 상품이 동질적이면 완전경쟁시장으로, 상품이 차별화되면 독점적 경쟁시장으로 구분된다.

이것을 정리해 보면 기업수와 관계없이 기업이 가격지배력을 가지는 독점과 과점, 그리고 독점적 경쟁시장을 불완전 경쟁시장이라 한다. 반대로 완전경쟁시장이란 기업수가 많고 동질적인 상품을 판매하여 개별기업이 가격지배력을 행사할 수 없는 시장을 의미한다.

▲ 서로 다른 시장에서 거래되는 상품

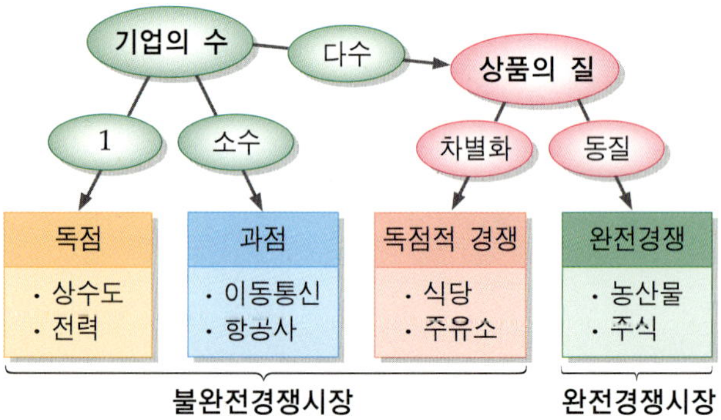

완전경쟁시장의 성립조건과 특징

완전경쟁시장이 성립하기 위한 조건을 좀 더 자세히 살펴보자. 첫째, 완전경쟁시장은 다수의 판매자와 구매자로 이루어져 있다. 이들 다수의 판매자와 구매자는 영세적인 소규모로 가정되는데, 따라서 개별공급자와 수요자는 가격지배력을 전혀 행사할 수 없다. 즉, 개별공급자와 수요자가 자신의 공급량이나 수요량을 조정한다고 하더라도 워낙 시장 전체에서 차지하는 비중이 작기 때문에 시장가격에 전혀 영향을 미칠 수 없다는 것이다.

둘째, 상품의 동질성에 대한 가정으로 완전경쟁시장에서 거래되는 생산물이 질적인 면에서 차이가 없고 동일하다는 것이다. 예를 들어, '연필시장'이라고 하면 요즘 보이는 다양한 모양의 품질의 연필이 아니라 동일한 디자인의, 한 가지 품질의 연필만이 거래된다고 가정된다.

셋째, 생산요소의 자유이동이다. 이 가정은 기업의 진입과 탈퇴가 자유로워 기회균등이 완전히 보장된다는 것을 의미한다.

마지막으로 완전한 지식 및 정보에 대한 가정이다. 완전경쟁시장의 네 가지 가정 중에서 가장 현실성이 없는 가정이기는 하지만, 완전경쟁에 대한 분석을 위해 개별경제주체들이 상품의 가격과 질에 대해 완전한 정보를 가지고 있다고 가정한다.

이와 같은 가정에 기초하여 성립하는 완전경쟁시장은 현실적으로 존재하지 않는다. 그러나 완전경쟁시장은 현실의 시장형태를 비교하는 기준으로 중요시된다. 즉, 물리학에서 진공이 현실에 존재하지 않지만 연구하는 이유는 진공상태를 기준으로 하여 마찰력을 분석할 수 있기 때문이다. 다른 예로 어느 학생의 시험점수가 99점이라고 할 때 100점 만점을 기준으로 하느냐, 200점 만점을 기준으로 하느냐에 따라 좋은 점수냐, 좋지 않는 점수냐를 평가할 수 있는 것과 같다. 완전경쟁시장을 좀 더 쉽게 이해하기 위하여 가장 가까운 현실시장의 예로 농산물시장, 국제적인 금융시장, 주식시장 등을 생각해 볼 수 있다.

완전경쟁시장의 수입조건

완전경쟁시장의 경우에 판매자와 구매자의 수가 많고 상품이 동질적이라는 가정 때문에 개별기업은 시장에서 정해진 가격을 그대로 받아들일 수밖에 없으므로 개별기업은 가격순응자(price-taker)로 행동하게 된다. 즉, 수박을 생산하는 농부가 있다고 가정해 보자. 개별 농부의 입장에서 자신의 공급량은 미미하고 동질적인 상품의 가격에 대해 소비자가 완전정보를 가지고 있으므로 자신의 판매량은 시장의 가격에 영향을 미치지 못한다고 생각할 것이다.

시장에서 수박의 수요와 공급이 일치하는 수준에서 수박의 가격이 1만 원으로 정해지면 개별 농부의 입장에서는 1개나 10개나 자신이 원하는 만큼 1만 원의 가격으로 판매할 수가 있다. 따라서 개별 농부가 자신의 상품에 대해 인식하게 되는 수요곡선은 수평이 된다. 결국 완전경쟁시장의 상품은 구매자가 누구인가에 상관없이 하나의 상품에는 하나의 가격만 성립하는 일물일가(一物一價)의 법칙이 성립한다.

개별기업이 가격순응자로 행동하면 재화판매량을 한 단위 증가시킬 때 추가적으로 얻게 되는 한계수입은 가격만큼만 증가할 것이기 때문에 가격(P)과 한계수입(MR)은 동일하게 된다. 가격이 1만 원으로 정해질 때 개별기업의 수입조건을 정리하면 가격과 한계수입이 같은 것을 알 수가 있다.

판매량	0	1	2	3	4	5	…
총수입	0	1만 원	2만 원	3만 원	4만 원	5만 원	…
한계수입	0	1만 원	1만 원	1만 원	1만 원	1만 원	…

완전경쟁시장의 단기균형과 조업중단점

완전경쟁시장에서 시장의 수요와 공급이 만나 가격이 정해지면 개별기업은 가격순응자이므로 그 가격을 자신이 처해있는 여건으로 받아들여 생산량을 결

그림 5-1 **완전경쟁기업의 단기균형 : 이윤발생(a)과 손실발생(b)의 기업균형**

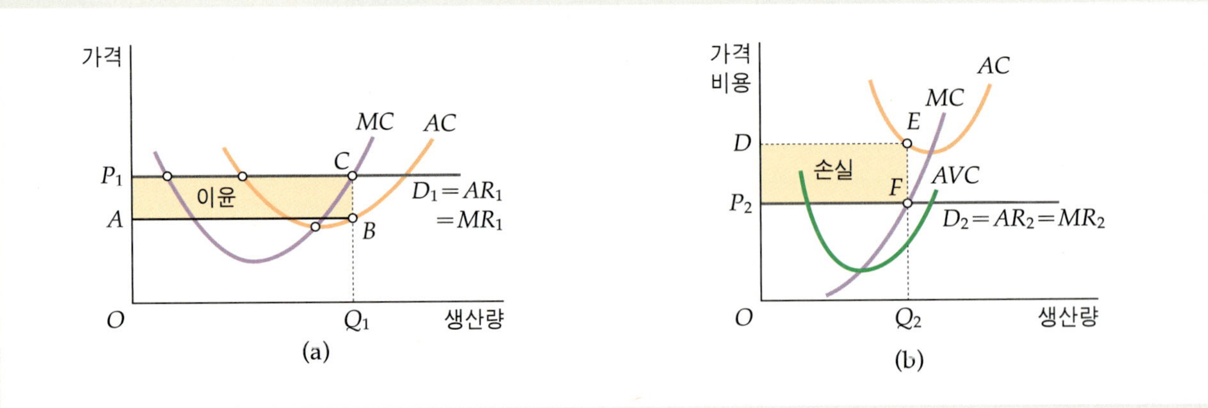

정한다. 〈그림 5-1〉의 (a)에서 시장가격이 P_1에서 정해지면 그 가격(=한계수입)과 한계비용이 일치하는 데서 생산량(Q_1)이 결정되고 오렌지색망부분인 P_1ABC의 이윤이 발생한다. 반대로 〈그림 5-1〉의 (b)에서와 같이 시장가격이 P_2에서 정해진다면 $P_2=MR_2=MC$가 일치하는 데서 생산량(Q_2)이 결정되어 손실부분인 P_2DEF를 극소화할 수 있다. 이와 같이 완전경쟁기업은 시장가격이 주어질 때 가격(=한계수입)과 한계비용곡선이 일치하도록 공급량을 결정함으로써 이윤극대화의 원리를 실현한다. 따라서 한계비용곡선이 완전경쟁기업의 이윤극대화 공급곡선이 된다.

완전경쟁기업의 공급곡선을 좀 더 자세히 알아보자. 한 달 100만 원의 월급을 받던 김씨가 건물을 빌려 김밥집을 운영하게 되었다. 가게임대료가 매달 100만 원이라고 전제하면 임대료는 생산량과 관계없이 들어가는 고정비용이 된다. 임대료 이외에 가변비용으로 김밥을 만드는 데 필요한 김밥재료와 전기세와 수도세 등 기타 비용을 합쳐 100만 원이 든다고 가정하자.

김밥 1인분의 가격이 3천 원(〈그림 5-2〉에서 P_4)에일 때 월간 판매량이 1,500인분(Q_4)이라면 450만 원의 총수입을 올려 150만 원의 초과이윤[총수입 450만 원−총비용 300만 원(=고정비용 100만 원+가변비용 100만 원+자기노동의 기회비용 100만 원]이 발생할 것이다. 이것을 단위당 기준으로 표현하면 가격(=단위당 평균수입) 3천 원은 평균비용 2천 원$\left(=\dfrac{\text{총비용(300만 원)}}{\text{생산량(1,500인분)}}\right)$보다 크므로 이윤이 발생한다. 하지만 김밥 1인분의 가격이 2천 원(P_3)이 되면 평균비

그림 5-2 완전경쟁기업의 단기공급곡선

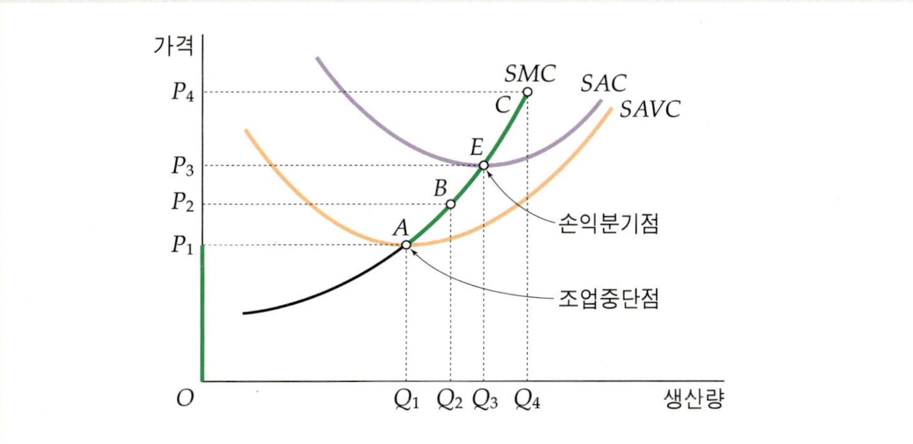

완전경쟁기업은 가격($P=MR$)과 한계비용(MC)이 일치하는 점에서 이윤극대화 공급량과 공급가격을 결정하므로, AVC의 최하점 위의 MC곡선이 기업의 단기공급곡선이 된다.

용과 일치하여 초과이윤이 0이 되고 가격이 1,500원(P_2)이 되면 손실이 발생한다. 이처럼 초과이윤이 0이 되는 점을 기준으로 이윤이 발생하거나 손실이 발생하기 때문에 정상이윤만 확보되는 평균비용의 최하점을 손익분기점(break-even point)이라 한다.

만약 김밥가격이 하락하여 1,500원(P_2)이 된다면 조업을 중단하여야 할까? 김밥가게를 닫고 운영을 하지 않더라도 임대계약기간 동안은 임대료 100만 원을 고정적으로 지불해야만 한다. 따라서 임대료 100만 원은 매몰비용(회수하지 못하는 비용 : sunk cost)이 되어 김밥가게를 계속 운영할 것인가에 대해 영향을 미치지 못한다. 그렇다면 가격이 평균가변비용만 초과한다면 생산을 계속하는 것이 유리하다고 할 수 있다. 그러나 가격이 평균가변비용을 충당하지 못하여 재료비와 인건비, 전기세, 수도세 등도 낼 수 없다면 문을 닫아야 할 것이다. 완전경쟁시장에서는 가격인 평균수입이 평균가변비용도 회수하지 못하는 경우에 기업이 생산을 중단한다. 이런 의미에서 평균가변비용의 최저점을 조업중단점 또는 폐쇄점(lock-out point)이라고 한다.

경제학자처럼 생각해보기 **교통체증은 왜 일어날까?**

사실 운전자들은 자동차를 구입하여 도로를 이용하는데 상당한 비용을 지불하고 있다. 거기에는 자동차를 구입할 때 지불하는 차값뿐만 아니라 취득세와 등록세, 그리고 자동차보험료와 1년에 두 번 내는 자동차세 등이 포함된다. 또한 운행 시 들어가는 연료비도 있으며, 특히나 휘발유와 경유에는 사람들이 크게 불평할 만큼 높은 세금이 부과되고 있다는 것도 빠뜨릴 수 없다. 한때 영국에서는 높은 자동차연료비에 반발하여 주유소를 습격하거나 기름운송을 방해하여 자동차연료공급이 중단되었다는 뉴스기사도 있었으니 말이다. 이것은 결국 자동차와 도로운행에 수요와 공급의 원리가 지배하고 있다는 이야기인데, 이렇게 많은 비용을 지불하는데도 불구하고 교통체증이 일상화되고 있는 이유는 무엇일까?

운전자가 시내를 운전하고 다니는데 지불해야 하는 비용을 차값과 자동차세와 보험료 등을 포함하여 주단위나 월단위의 평균비용으로 생각하면 아주 높다. 하지만 이미 차를 구입하고 자동차세와 보험료도 납입한 후라면 도시에서의 출퇴근이나 주말에 가족나들이를 하는 데 추가로 지불하는 가격은 낮아지게 된다. 시내를 돌아다니는 데는 연료가 크게 소요되지 않는 데다 아무리 많이 돌아다닌다 하더라도 추가로 세금이 부과되는 것은 아니기 때문이다. 따라서 일단 돈을 내고 자동차를 몰고 거리로 나올 수 있는 권리를 얻고 나면, 적게 돌아다닌다고 해서 가격을 할인받는 것도 아니고, 더 많이 돌아다닌다고 해서 세금이 더 붙는 것도 아니다. 결국 자동차구매 시의 차값이나 보험료 등은 자동차의 주행과는 무관한 고정비용이고, 자동차를 팔지 않는 이상은 '엎질러진 물'과 같이 회수하지 못하는 매몰비용이 되는 것이다. 따라서 이러한 매몰비용은 합리적 의사결정에 영향을 미치지 못한다.

그렇다면 매몰비용을 고려하지 않고 자동차를 운행하는데 추가적으로 들어가는 연료비만을 선택의 기준으로 삼는 많은 운전자들, 즉 한계가변비용의 개념에 충실한(?) 합리적 소비자 때문에 교통체증이 야기된다.

뉴스 속 현장경제

세계적인 반도체기업들이 조업중단점 이하에서도 생산을 계속한 이유

1950년대 미국에서는 좁은 다리 같은 외길에서 서로 상대방을 향해 차량으로 돌진하는 배짱 겨루기 게임이 유행했다. 차량이 정면 충돌하는 걸 겁내 먼저 핸들을 꺾는 쪽이 치킨(겁쟁이)이 되는 게임이다. 얼마 전 세계적 반도체기업들은 조업에 따른 가변비용도 건지지 못하는 상태에서 생산을 계속한 적이 있다. 기술혁신으로 반도체생산량은 엄청나게 늘어나는 데 비해 수요가 이를 따라주지 못하여 가격이 폭락하였다. 이럴 경우 모든 업체들이 사이좋게 감산(減産)을 하면 되겠지만, 각 업체들이 1~2년간 죽기 살기로 경쟁을 벌이는 중에 경쟁력이 약한 기업은 생산하면 할수록 적자가 눈덩이처럼 커지는 결과가 발생하였다. 메모리 치킨게임 끝에 결국 독일의 키몬다가 먼저 파산했고, 무서운 기세로 쫓아왔던 대만 D램 업계도 파산 직전까지 몰리며 입지가 매우 좁아졌다. 결국 치킨게임을 주도했던 삼성전자와 하이닉스, 일본 엘피다, 미국 마이크론 등 4개사 정도가 세계 D램 시장을 지배하는 산업계 재편이 이뤄졌다. 특히 국내 두 반도체기업은 치킨게임의 승자로 불황위기를 경쟁사와 격차를 벌이고 시장지배력을 높이는 기회로 활용했다. 삼성전자와 하이닉스 두 기업의 D램 시장점유율은 치킨게임 이전인 2006년 44.8%에서 게임이 끝난 2009년 56.4%로 11.6%포인트나 늘렸다.

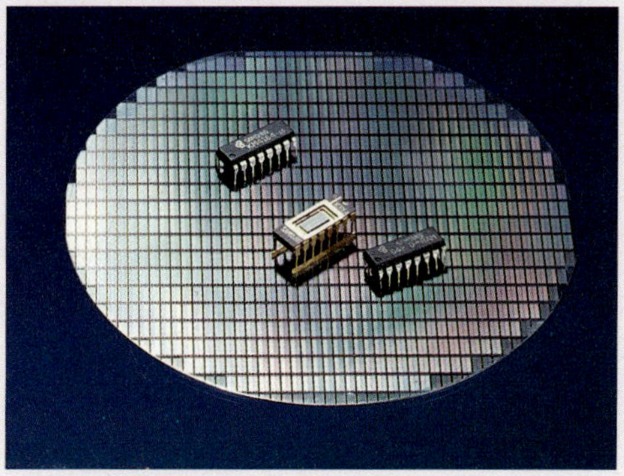

결국 '치킨게임'은 대형 선발업체들이 물량과 가격경쟁력으로 재고를 바짝 줄이면서 시장을 주도, 채산성을 견뎌내지 못하는 업체들을 시장에서 퇴출시키는 전략이다. 그러면 수요가 비탄력적인 반도체의 특성상 공급 감소에 의해 가격은 급반등하여 그동안의 손실을 만회하고 시장지배력을 높일 수 있다. 최근의 대형 할인점 간의 가격전쟁 등도 이것과 비슷한 사례로 들 수 있다.

■ 출처 : 디지털타임스, 2009. 12. 30. "메모리반도체 치킨게임 한국기업 승리로" 내용수정

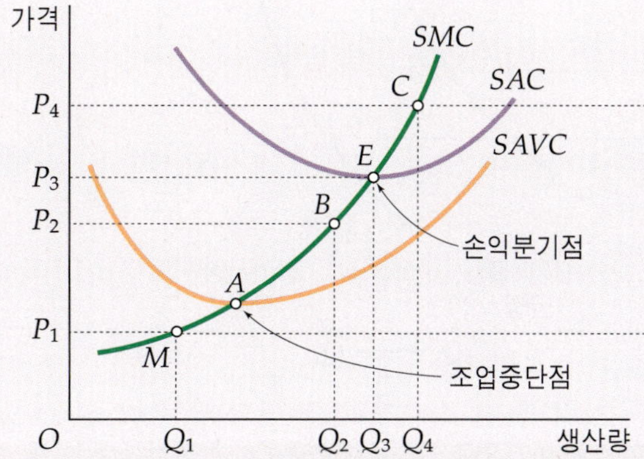

▲ 기업균형

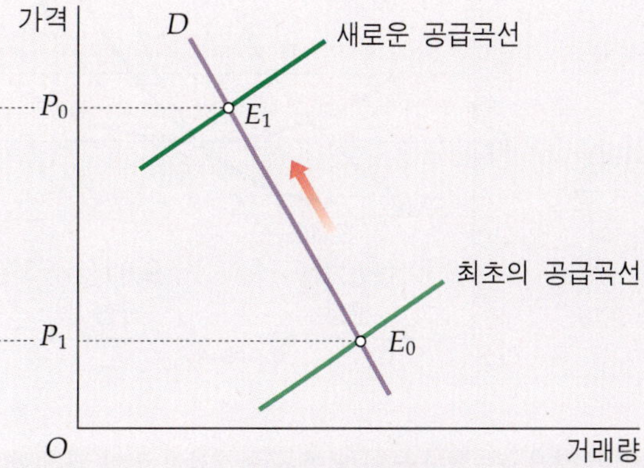

▲ 시장균형

완전경쟁시장의 장기균형과 경제학적 의의

우리는 단기균형에서 이윤이 발생할 수도 있고 손실이 발생할 수도 있다는 것을 검토하였다. 하지만 자본설비를 조정할 수 있는 장기에서는 초과이윤이 발생한다면 신규 기업이 진입하거나 기존 기업이 설비를 확장하여 공급을 늘릴 것이다. 또한 반대로 손실이 발생하는 경우는 가계의 임대계약기간이 지나고 나면 기존 기업이 탈퇴하거나 설비를 축소하여 생산량을 감소시킬 것이다. 따라서 장기에서는 〈그림 5-3〉에서 보듯이 가격이 P_2로 정해져 평균비용의 최하점과 일치하게 되어 초과이윤이나 손실이 발생하지 않기 때문에 더 이상의 진입과 탈퇴의 유인이 없는 상태가 된다. 이러한 장기균형의 조정과정은 아래와 같다.

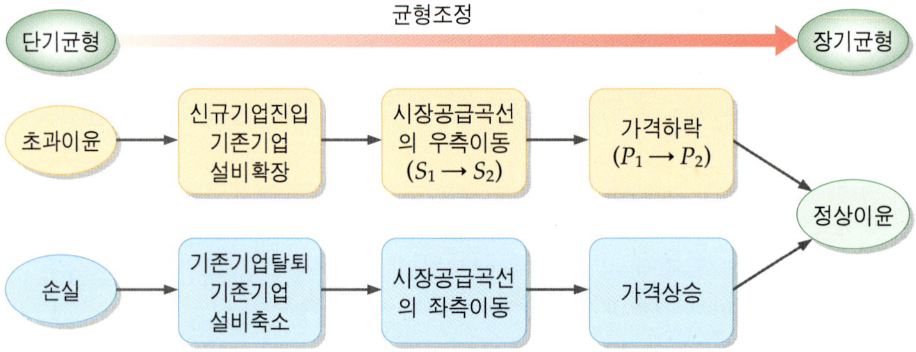

그림 5-3 완전경쟁기업의 장기균형조정과 균형

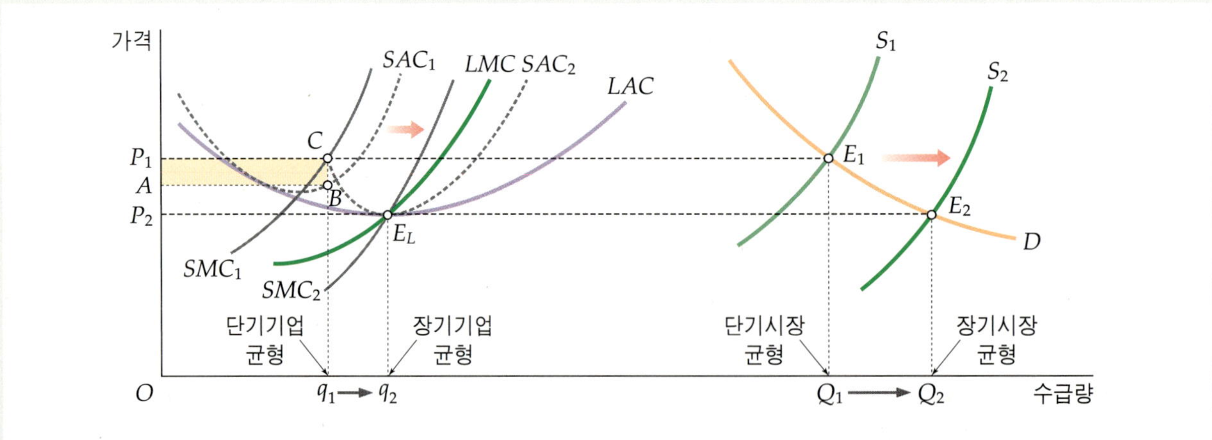

단기에 시장균형점이 E_1이 되어 균형가격이 P_1이 되면 개별기업은 이 가격을 여건으로 이윤극대생산량 q_1을 결정한다. 이때 초과이윤이 AP_1CB가 되면 신규기업이 진입하여 시장공급이 S_1에서 S_2로 늘고 가격이 P_2가 되면 초과이윤이나 손실 없이 장기균형이 성립한다.

〈그림 5-3〉에서 보듯이 장기균형의 상태에서는 가격이 평균비용의 최하점수준에서 결정되는데, 스미스(A. Smith)는 가장 자연스러운 상태의 가격이라고 표현하기도 하였다. 이것을 식으로 표시하면 다음과 같다.

$$P = \underbrace{MC = AC}_{\text{평균비용의 최하점}}$$

완전경쟁시장의 장기균형상태가 의미하는 경제학적 의의는 다음과 같다.

첫째, 완전경쟁시장은 경쟁으로 인하여 평균비용의 최하점에서 생산하도록 강요됨으로써 자원을 낭비하지 않고 효율적으로 사용하는 기업들만 살아남게 유도하고, 자원을 비효율적으로 소모하는 열등기업을 도태시키는 기능을 가지고 있음을 알 수 있다.

둘째, 사회 전체적으로 보면 시장가격과 한계효용(MU), 한계비용(MC)이 같도록 생산을 결정함으로써 가계의 효용극대화($MU=P$)와 기업의 이윤극대화($P=MR=MC$)가 동시에 일치하여 희소한 자원이 효율적으로 배분($MU=P=MC$)되게 한다. 또한 완전경쟁시장은 경제력의 집중을 초래하는 독과점기업에 비해 소규모의 다수 기업으로 구성되어 권력의 분산을 이룰 수 있다는 정치적 의미도 가지고 있다.

제 2 절 | 독점시장의 가격과 생산

독점의 개념 및 발생원인

▲ 독점의 예

독점시장이란 엄밀한 대체재가 없어 수요의 가격탄력성이 작은 재화의 공급자가 하나뿐인 시장을 말한다. 독점의 예로 전력서비스를 생산하는 한국전력공사, 우편서비스를 제공하는 우체국, 담배인삼공사(KT&G), 철도공사(Korail), 수자원공사 등 여러 가지가 있고, 세계적으로는 MS사의 윈도나 "다이아몬드는 영원히(Diamond is forever!)"라는 구호 아래 다이아몬드를 공급하는 남아공의 드비어스사(De Beers) 등이 있다. 독점시장은 하나의 공급자가 시장수요를 독점하여 시장을 지배하기 때문에 가격설정자(price-maker)로 행동한다.

독점이 발생하는 원인은 진입장벽(barrier to entry)이 존재하기 때문이다. 진입장벽은 인위적인 진입장벽과 자연스러운 진입장벽의 두 가지로 나눌 수가 있다. 인위적인 진입장벽에는 첫째, 정부의 법적 제한이 있는데, 시립도서관 내에 매점운영권을 부여하거나 소양댐의 휴게소에 독점운영권을 주는 것이 그 예이다. 또는 어떤 제품을 발명한 대가로 배타적인 특허권을 줌으로써 일정기간 동안 특허권자의 허락 없이는 발명품의 생산이나 사용을 금지하는 것도 여기에 해당된다. 둘째, 생산요소의 독점을 통해 생산물을 독점공급하는 경우이다. 다이아몬드의 원석을 독점하고 있는 드 비어스사나 알루미늄의 원료를 독점하고 있는 미국 알코아(Alcoa)회사, 파바로티의 독특한 목소리나 피카소의 특이한 화법 등은 각각의 시장에서 독점을 실현시켜준다.[1)]

자연적인 진입장벽으로는 규모의 경제(economy of scale)가 있다. 규모의 경제로 인한 독점이란 많은 기업들이 소량을 생산할 때보다 한 기업이 시장 전체

생/각/넓/히/기 **소프트웨어산업의 자연독점**

전통적으로 자연독점은 초기 고정비용이 매우 큰 상수도, 전력, 전화, 철도산업 등에서 종종 나타난다. 왜냐하면 후발주자가 시장에 진입하더라도 기존 독점기업이 규모의 경제를 통해 누리고 있는 낮은 평균비용으로 인해 경쟁사가 견뎌낼 수가 없으므로 자연적으로 독점이 되기 때문이다. 그러나 최근에는 소프트웨어산업의 경우도 독점으로 이행할 가능성이 높아지고 있다.

마이크로소프트(MS)사가 윈도우 운영체제를 개발하는 데에는 약 5,000만 달러라는 막대한 비용이 든다. 그러나 완성된 소프트웨어 프로그램을 CD로 복사하는 데는 3달러 정도에 불과하며, 그것에 따른 규모의 경제가 나타난다. 또한 소프트웨어산업은 네트워크효과의 특성을 가지고 있어 사용자와 응용소프트웨어개발자의 수가 증가함에 따라서 소프트웨어의 가치가 계속적으로 증가한다. 게다가 사용자들은 현재 사용하는 제품에 익숙해져 새로운 소프트웨어가 개발되어도 이전 것을 선호하는 경로의존(path dependency)현상을 보이는 경우가 많으므로 새로운 제품에 적응하는데 발생하는 전환비용은 사용자를 고착시키는 효과를 불러일으킨다.

이와 같은 규모의 경제와 네트워크효과에 의해 MS의 윈도우 제품군(Windows 95, 98, 2000, XP, Vista)은 현재 데스크톱 컴퓨터 운영체제시장의 약 96~97%를 점유하고 있다고 알려져 있다. 이외에도 DBMS(Data Base Management System)에서의 오라클, ERP(Enterprise Resource Planning)에서의 SAP 등 분야별로 독과점기업이 시장을 지배하고 있다.

의 생산을 담당하는 경우 대량생산의 이득으로 단위당 평균비용이 체감하여 저렴하게 생산할 수 있게 됨으로써 자연스럽게 하나의 기업에 의한 독점이 이루어지는 현상이다.

▲ **규모의 경제**
미국산 쇠고기는 600g에 6,000원인데, 한국산 쇠고기는 600g에 18,000원인 이유

독점시장의 수입조건

완전경쟁시장에서는 개별기업이 수평의 수요곡선에 직면하게 되므로 한계수입곡선 역시 수평으로 그려졌다. 그러나 독점기업은 시장수요를 독점하므로 우하향하는 시장수요곡선을 자신의 기업수요곡선으로 인식하게 된다. 이것은 독점기업이 가격설정자로서 자신이 원하는 가격을 정할 수는 있지만, 그 가격의 높낮이에 따라 소비자들이 수요량을 변화시킬 수 있다는 것을 받아들여야 한다는 것을 의미한다.

그렇다면 수요곡선이 우하향할 때 한계수입곡선은 어떠할까? 우하향하는 수요곡선에서는 수요곡선의 중간점에서 수요의 가격탄력성이 1이 되어 가격과 판매량을 곱한 총수입이 극대화된다는 것은 이미 탄력성을 공부할 때 살펴보았다. 총수입이 극대가 될 때 총수입의 변화분인 한계수입은 0이 된다. 따라서 탄력성이 1이 되는 생산량에서 한계수입이 0이 되므로 한계수입곡선은 수요곡선의 2배의 기울기를 가진 가파른 그래프로 그려진다.

심/층/탐/구 한계수입곡선의 기하학적 유도와 수학적 유도

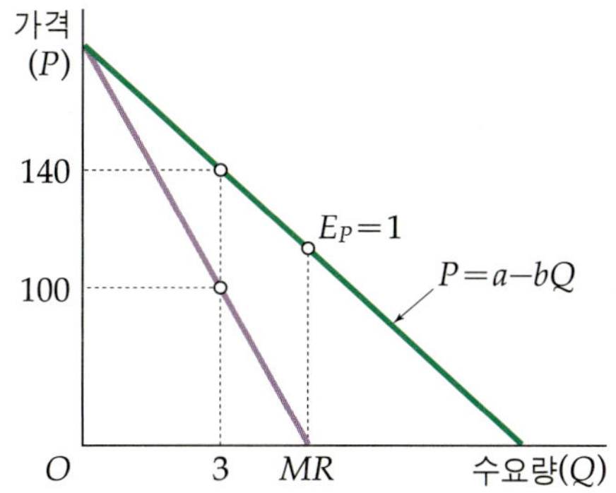

독점기업의 수요함수가 $P(=AR)=a-bQ$이면

$TR=P\cdot Q=(a-bQ)Q=aQ-Q^2$이 된다.

$$\therefore MR=\frac{d(TR)}{dQ}$$

$$=a-bQ$$

즉, MR곡선의 기울기의 절대값 $2b$는 수요곡선의 기울기 b의 2배이다. 이것은 MR곡선이 AR곡선의 중간에 위치함을 의미한다.

1) 최근에 중국이 IT산업이나 전기차나 레이더나 스마트폭탄 등의 최첨단산업의 원료로 이용되는 희토류(稀土類)원소(rare earth elements : 주기율표의 17개 원소의 통칭으로 스칸듐과 이트륨, 그리고 란타넘족 원소를 말한다)의 자국의 매장량이 세계의 95%인 점을 이용하여 수출을 금지하려는 움직임도 이러한 예에 속한다.

독점기업의 균형

독점기업은 이윤을 극대화하기 위해 한계수입(*MR*)과 한계비용(*MC*)이 일치하는 수준에서 생산량을 결정하고, 가격은 생산량이 수요곡선과 만나는 점에서 결정한다.

즉, 〈그림 5-4〉에서 생산량이 Q_*보다 작으면 한계수입이 한계비용보다 크므로 생산량을 증가시킬 것이고, 생산량이 Q_*보다 크면 한계수입이 한계비용보다 작아 생산량을 감소시킬 것이다. 따라서 한계수입과 한계비용이 일치하는 생산량 Q_*에서 OP_*CQ_*의 총수입에서 OP_1BQ_*의 총비용을 뺀 P_1P_*CB의 총이윤이 극대가 된다. 그러나 독점기업의 균형에서는 완전경쟁시장과 달리 최적규모에서 생산한다는 보장이 없다. 나아가 진입장벽으로 장기에서도 초과이윤이 소멸되지 않는데, 이것을 독점이윤이라고도 한다.

그림 5-4 독점기업의 균형

독점기업은 총이윤이 극대가 되는 *MR*=*MC*인 점에서 생산량(Q_*)을 결정하고 수요곡선상의 *C*점에서 가격(P_*)을 결정하여 초과이윤을 얻는다.

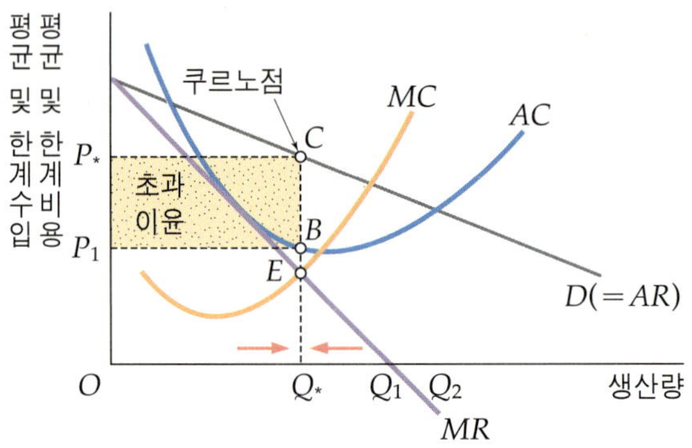

독점이 왜 바람직하지 못한가?

개별기업의 입장에서는 경쟁시장의 경쟁압력에서 벗어나고자 독점기업이 되려고 노력한다. 그럼에도 불구하고 경제학자들은 독점을 왜 바람직하지 못하다고 보는가? 개인의 입장보다 사회 전체적 관점을 중시하는 경제학에서 그렇게 보는 데는 몇 가지 이유가 있다.

심/층/탐/구 완전경쟁시장과 독점시장의 자원배분 비교

구분	완전경쟁시장	독점시장
자원배분조건	$P=MR=MC \rightarrow P=MC$	$P > MR=MC \rightarrow P > MC$
가격과 생산량	P_c, Q_c	P_m, Q_m 완전경쟁에 비해 생산은 적고 가격은 높다.
사회적 후생	• 소비자잉여 : $\Delta a+b+c$	• 소비자잉여 : $-(\square b+\Delta c)$ • 생산자잉여 : $+\square b \Rightarrow$ 후생손실 : $-\Delta c$
그림	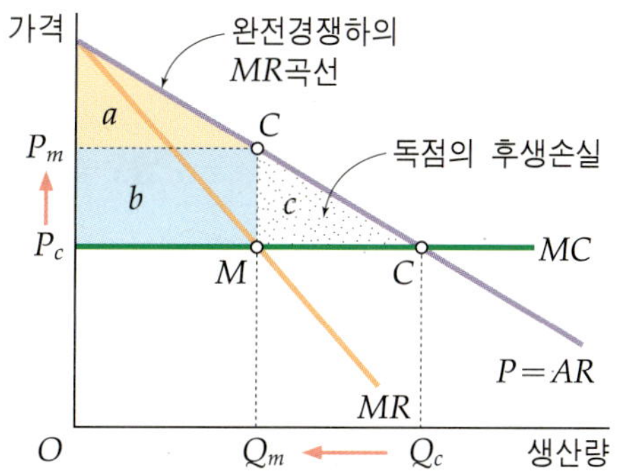	

첫째, 독점시장에서는 경쟁시장에서보다 생산량이 감소하고 가격이 높아지게 된다(증명은 '심층탐구' 참조). 그 이유는 독점기업은 경쟁기업이 얻게 되는 정상이윤보다 더 높은 초과이윤을 얻고자 생산량을 줄여 가격을 높이기 때문이다. 생산량이 감소되면 이 부문으로는 적정한 자원배분이 이루어지지 않는다. 말하자면 자원배분의 비효율성이 초래된다.

둘째, 독점시장에서는 경쟁시장에서보다 소비자들의 선택의 폭이 좁아진다. 예를 들어, 음식점과 같이 경쟁이 치열한 경우에는 한 음식점이 맛이 없고 불친절하면 그 옆의 음식점으로 가면 된다. 우리 주변에는 음식점이 많기 때문에 보다 맛있고 친절한 음식점으로 찾아갈 수 있다. 그러나 지리산 정상에 가까이 위치하는 음식점이라면 그 음식점이 맛이 없고 불친절하더라도 배고픈 소비자의 입장에서는 다른 선택대안이 있을 수 없다. 같은 논리로 한국전력의 서비스가 나쁘더라도 한전이 전기산업에서의 독점기업이기 때문에 우리들은 한전으로부터만 전기를 구매할 뿐 다른 회사로부터 전기를 공급받을 수 없다.

셋째, 경쟁시장에서는 비효율적인 기업은 도태되고 효율적인 기업만 살아남는다. 그러나 독점시장에서는 진입장벽 때문에 비효율적인 기업이라도 계속 살아남아 높은 가격으로 생산을 지속할 수 있으며, 결국 그러한 비효율성의 부담을 소비자에게 전가시키게 된다.

넷째, 독점기업은 독점권을 계속 유지하기 위해 많은 비용을 지불한다. 정부에 로비도 하고 대외적인 홍보도 한다. 경제 전체로 볼 때 이런 것들은 일종의 자원낭비가 되고, 경제력 집중과 초과이윤의 존재로 인한 소득불평등의 심화를 가져온다.

이러한 문제점 때문에 각국의 정부는 무역자유화를 통한 경쟁촉진이나 기업집중을 억제하는 기업분산정책 등을 실시하고 있으며, 우리나라의 독점규제 및 공정거래에 관한 법률(공정거래법)도 이러한 목적 때문에 제정되었다.

생/각/넓/히/기 **경쟁부족에 의한 고속도로의 제한속도**

경쟁이 부족할 때 나타나는 현상으로 한국도로공사가 운영하고 있는 고속도로 주행 시 제한속도의 비현실화를 예로 들 수가 있다. 경부고속도로의 제한속도는 100km인데, 이 속도는 1970년 왕복 4차선인 고속도로의 개통 시에 정해진 것이다. 그런데 현재의 경부고속도로는 대전에서 서울까지와 구미에서 대구까지 왕복 8차선으로 확장되었고 구불구불하던 도로도 터널을 뚫고 선형화하여 한국의 가장 넓고 훌륭한 도로가 되었다. 또한 자동차의 성능도 약 40년이 지난 지금 비교할 수 없을 정도로 개선되었지만 아직도 제한속도는 그대로 유지되고 있다.

하지만 비교적 후에 건설된 중부고속도로나 중부내륙고속도로 등은 110km의 제한속도를 규정하고 있다. 따라서 시간절약을 원하는 사람들은 경부고속도로보다는 110km로 달릴 수 있는 고속도로를 선호할 것이기 때문에 경부고속도로는 다른 도로에 비하여 수입이 줄게 될 것이다.

만약 한국도로공사가 모든 고속도로를 독점운영하지 않고 각 고속도로를 다른 회사가 경쟁적으로 운영하고 있다면 각자가 운영하는 고속도로에 더 많은 차량이 올 수 있도록 서비스를 개선할 것이고, 경부고속도로 또한 제한속도를 10km 이상 올려 현실화하게 될 것이다. 결국 경쟁이 발생하면 그 혜택은 소비자에게 발생할 것이다.

독점기업의 경영전략 … 가격차별

독점기업은 가격차별(price discrimination)을 통해 같은 상품에 서로 다른 가격을 적용하여 이윤을 높이고자 한다. 이러한 가격차별의 전략은 완전경쟁시장의 일물일가에 대응하는 개념이라 할 수 있다. 예로 극장표를 판매할 때 청소년 요금과 성인요금을 달리하거나, 열차요금이 주중요금과 주말요금이 다른 것, 대학에서 가정형편이 어렵거나 성적 우수자에게는 수업료 면제의 혜택을 주지만 일반 학생에게는 정상적인 등록금을 받는 것, 대량구매 시 낮은 가격으로 판매하는 현상 등을 찾아볼 수가 있다. 가격차별은 시장별, 그룹별, 개인별 가격차별로 나누어진다.

시장별 가격차별의 원리는 수요의 가격탄력성에 따라 시장을 구분하여 각기 다른 가격을 정하는 것이다. 즉, 수요의 가격탄력성이 비탄력적이라는 것은 소비자가 그 상품을 필수재로 생각하여 가격을 비싸게 받아도 가격변화에 대해 민감하게 반응하지 않는다는 것을 의미하기 때문에 높은 가격을 받을 수 있다. 반대로 수요의 가격탄력성이 탄력적인 경우에는 소비자가 그 상품을 사치재로 생각하여 가격을 비싸게 받으면 수요량을 크게 줄일 것이기 때문에 낮은 가격을 받을 수밖에 없다.

화장품시장에서 독점적인 위치를 가지고 있는 기업이 있다면 이 기업은 동질의 화장품이라 하더라도 여성용 화장품과 남성용 화장품의 가격을 달리할 것이

▲ 가격차별

그림 5-5 시장별 가격차별

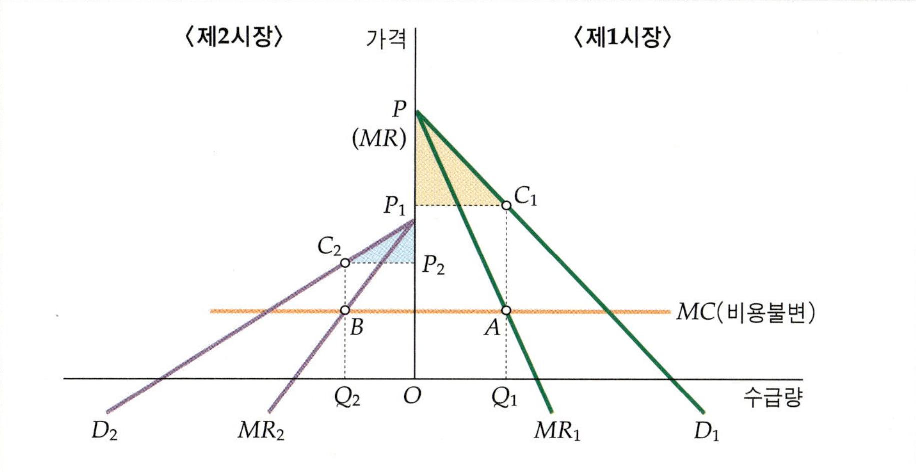

비탄력적인 제1시장에서는 $MR_1=MC$의 생산량(Q_1)으로 높은 가격(P_1)을 받는다.

탄력적인 제2시장에서는 $MR_2=MC$의 생산량(Q_2)으로 낮은 가격(P_2)을 받는다.

▲ 미국과 한국에서 가격차별화되는 그랜저TG

다. 그 이유는 여성에게는 화장품이 필수재의 성격을 가지므로 비탄력적이어서 높은 가격을 받아도 되지만, 남성에게는 화장품이 사치재의 성격을 가지므로 탄력적이어서 낮은 가격을 받아야 하기 때문이다. 극장표나 이발비의 경우에 학생과 성인의 요금이 다른 것도 같은 이유이다. 학생들은 성인들에 비해 소득이 적어 가격변화에 민감하여 탄력적으로 행동하기 때문에 가격을 낮추어주면 수요량증가가 크게 나타나 보다 큰 수입을 올릴 수 있기 때문이다. 반면 일반 성인의 경우에는 소득이 높기 때문에 가격변화에 둔감하여 비탄력적으로 되기 때문에 높은 가격을 매길 수가 있다. 내수시장과 수출시장의 경우에도 수출시장은 내수시장에 비해 경쟁관계에 있는 대체품이 많고 A/S(애프터서비스)도 국내에 비하여 어렵기 때문에, 수요의 가격탄력성이 탄력적이 되고 내수시장에 비하여 낮은 가격을 적용하게 된다.

휴대전화시장에서도 기존 고객과 신규 고객과의 가격차별이 일어날 수가 있다. 신규 고객은 여러 상품을 비교해 보고 어떤 상품을 구매할 것인가 망설이기

경제학자처럼 생각해보기 **" 김치 추가는 돈을 더 받습니다! "의 경제적 의미**

골프장이나 콘도회원권은 처음에 회원권을 살 때 돈을 내고 나중에 이용할 때 시설이용료를 추가로 지불한다. 또 놀이공원을 들어갈 때도 입장료와 별도로 놀이시설을 이용하려면 요금을 내야 한다. 이와 같이 독점기업은 하나의 상품을 판매하면서 두 번에 걸쳐 요금을 징수하는 방법을 사용하는데, 이것을 전문용어로 '이부가격제'라 한다.

'이부가격제'는 일종의 가격차별의 형태로, 1차적으로 특정한 상품을 사용할 권리를 판매한 다음에 2차적으로 사용량에 따라 추가적인 가격을 지불하게 하는 방식을 말한다. 전기나 수도를 이용하거나 택시를 탈 때 기본료와 사용료를 나눠서 받는 것이 이러한 예이다.

그렇다면 '이부가격제'는 과연 어떠한 경제적 효과가 있을까? 이러한 가격차별의 방식 없이 택시요금이 일률적으로 5천 원으로 정해져 있다고 가정해 보자. 택시를 타는 손님들은 5천 원보다 훨씬 비용이 많이 드는 거리, 즉 '광화문에서 속초' 아니면 '종로에서 부산 해운대'까지 가자고 요구할 것이다. 이렇게 되면 택시회사들은 적자를 면할 수 없고 택시서비스의 공급은 사라져 버릴 것이다. 그러나 가격을 두 번 받는 방식 때문에 급한 용무를 보려는 손님은 비싼 요금을 지불해서라도 택시를 타고 갈 것이고, 배낭여행을 떠나는 여행객은 열차나 고속버스를 이용할 것이다.

이와 같은 원리는 식당에서도 적용될 수 있다. 식당에서 음식을 시켜 먹으면서 따라나오는 반찬, 예를 들어 배추김치나 깍두기가 아주 맛있다고 가정해 보자. 밥을 거의 다 먹어가는데 깍두기가 모자란다면 우리는 아무런 망설임 없이 "깍두기가 참 맛있는데 좀 더 주세요!"라고 할 것이고, '정(情)'을 중시하는 우리네 식당 주인은 군말 없이 깍두기 한 접시를 가져다줄 것이다. 이때 깍두기 한 접시의 깍두기갯수가 20개이고, 밥을 다 먹으려면 3개가 더 필요하다고 하더라도 밑반찬에 대해 지불하는 추가비용이 없기 때문에 한 접시를 받아 17개를 남기거나 아니면 17개를 억지로 먹게 되는 낭비가 발생하게 된다. 김치나 깍두기를 추가할 때 돈을 더 받는다고 해보자. 얼핏 '야박하다'고 생각할지 모르지만 이렇게 되면 소비자는 추가적인 비용과 그것이 주는 효용을 비교하여 선택을 할 수밖에 없을 것이고, 결국 이러한 '이부가격제'가 자원의 낭비를 막을 수 있을 것이다.

때문에 가격변화에 탄력적이 된다. 따라서 판매자는 낮은 가격을 적용하여 자기 회사의 고객으로 확보하고자 한다. 하지만 일단 가입하고 나면 기존 고객은 단골이 되어 가격변화에 예민하지 않을 것이므로 신규 고객에 비해 높은 가격을 적용할 수가 있다.

시장별 가격차별 이외에 그룹별 가격차별, 그리고 개인별 가격차별도 있다. 그룹별 가격차별은 판매자가 상품의 구입량을 몇 구간으로 나눈 후 재화의 구입량에 따라 다른 가격을 설정하는 가격차별로 전력공사나 수도공사가 사용량에 따라 전기요금이나 수도요금을 단계별로 달리하는 것과 같은 방법이다. 한편 개인별 가격차별은 판매될 상품의 모든 단위에 대해 다른 가격을 설정하여 소비자가 지불하고자 하는 최고가격을 받아내는 방법으로, 약삭빠른 상인들이 휴가철에 정가표 없는 상품을 고객의 인상에 따라 다른 가격으로 판매하는 방법 등이 여기에 해당된다.

생/각/넓/히/기 시골의사의 가격차별

시골의 어느 의원에 한 아주머니가 찾아왔다. 의사는 진찰을 하고 나서 신문지로 싼 한 뭉치의 약을 내주었다. 그 아주머니가 집에 와서 신문지를 풀어보니 그 안에는 돈이 한 다발 들어 있었다. 의사가 진찰을 해보니 이 아주머니는 영양실조였고, 이에 대한 처방은 단지 잘 먹으면 되는 것이었다. 즉, 치료약이란 곧 돈이었던 것이고, 결국 그 의사는 환자에게 부(−)의 가격을 매긴 것이다. 이것 또한 가격차별의 형태라고 하면 고개가 갸우뚱해질까? 하지만 조금만 다른 시각에서 본다면 가격차별을 소득분배의 좋은 수단으로 쓸 수도 있을 것이다. 위의 예에서 나온 의사가 부자환자에게는 더 비싼 진료비를 받을 수 있다면(너무 양심적이라 그러지 못할 수도 있으리라) 부자의 비싼 진료비 일부를 가난한 사람에게 보조금의 형태로 이전할 수 있을 테니 말이다.

제 3 절 | 독점적 경쟁시장의 가격과 생산

독점적 경쟁시장의 정의와 특징

완전경쟁시장은 시장경제의 이상적인 기준일 뿐이고, 독점시장은 현실에 존재하는 기업 중 일부만 설명할 뿐이다. 그렇다면 우리가 일상에서 늘 보게 되는 커피전문점, 레스토랑, 편의점, 약국, 한식당, 당구장, 주유소 등의 기업은 어떠한 시장형태에 속할까? 커피전문점이나 레스토랑 등은 집 주변에 매우 많다. 그런데 이러한 가게들은 비록 같은 업종이라고 하더라도 각각 자기들대로 모두 특성이 있다. 내부의 실내장식도 다르고, 팔고 있는 커피나 음식의 종류도 각양각색이다. 또한 종업원의 친절도도 다르고, 창밖을 통해 보이는 풍경도 다르다. 경제가 발달하고 사람들이 경제적으로 여유로워지면서 이러한 모습을 가진 가게들은 그 수가 늘어나고 있고, 따라서 완전경쟁시장이나 독점시장과는 다른 시장형태의 분석이 필요해진 것이다.

이와 같은 시장에는 경쟁적인 요소와 독점적인 요소가 동시에 존재한다. 일단 가게의 수가 매우 많기 때문에 경쟁이 치열하다고 할 수 있다는 점은 경쟁적 요소에 속한다. 반대로 각 가게가 나름대로의 장점과 특성을 가지고 있기 때문에 단골이 생기게 되고, 이러한 단골들에게는 어느 정도의 독점력을 가지고 있다는 점은 독점적 요소에 속한다. 예를 들어, 7080이라는 이름으로 중년의 고객들에게 LP판을 틀어주어 옛날 향수에 빠져들게 하는 레스토랑이나 독특한 향이 나는 커피를 팔면서 음악성이 뛰어난 주인이 직접 라이브 음악을 연주하는 커피전문점이 생겨 고객이 몰린다면 이것은 그 가게가 고객들에게 독점력을 가지게 되었다는 것을 의미한다. 그리고 이런 경우 판매하는 상품의 가격을 올려도 단골들은 별다른 거부감 없이 이 가게를 애용하는 모습을 쉽게 볼 수 있다.

이처럼 독점적 요소와 경쟁적 요소가 동시에 존재하는 시장을 독점적 경쟁(monopolistic competition)시장이라고 한다. 여기에서 경쟁적 요소는 기업의 수가 많고 진입과 탈퇴가 자유롭다는 점이고, 독점적 요소는 기업들은 자신들이 판매하는 상품에 대해 차별화를 시도하고 그 대가로 가격지배력을 가진다는 점이다.

독점적 경쟁시장의 균형과 경제적 효과

독점적 경쟁기업의 단기균형은 이윤극대화원리인 한계수입(MR)과 한계비용(MC)이 일치하는 수준에서 생산량(Q_*)을 결정하여 〈그림 5-6〉의 오렌지색 부분만큼 초과이윤이 존재한다는 것이다. 물론 손실이 발생할 수도 있다.

독점적 경쟁시장의 단기균형은 수요곡선이 우하향하여 가격지배력이 있고 상품차별화로 초과이윤을 얻고 있다는 점에서 독점균형에 가깝다고 할 수 있다. 그러나 장기에는 경쟁적 요소가 작용하여 이 시장에 초과이윤이 존재하면 신규기업이 들어와 그 기업의 손님을 빼앗아가기 때문에 기존 기업의 시장점유율은 작아질 것이고 수요곡선을 좌측으로 이동시킬 것이다.

결국 초과이윤이 사라지는 수준, 즉 장기평균비용곡선과 수요곡선이 접할 때까지 조정은 계속된다. 따라서 기업의 진입과 탈퇴가 자유로운 독점적 경쟁기업의 장기균형점에서는 초과이윤도 손실도 없는 정상이윤만을 얻게 된다.

그림 5-6　독점적 경쟁의 단기균형(a)과 장기균형(b)

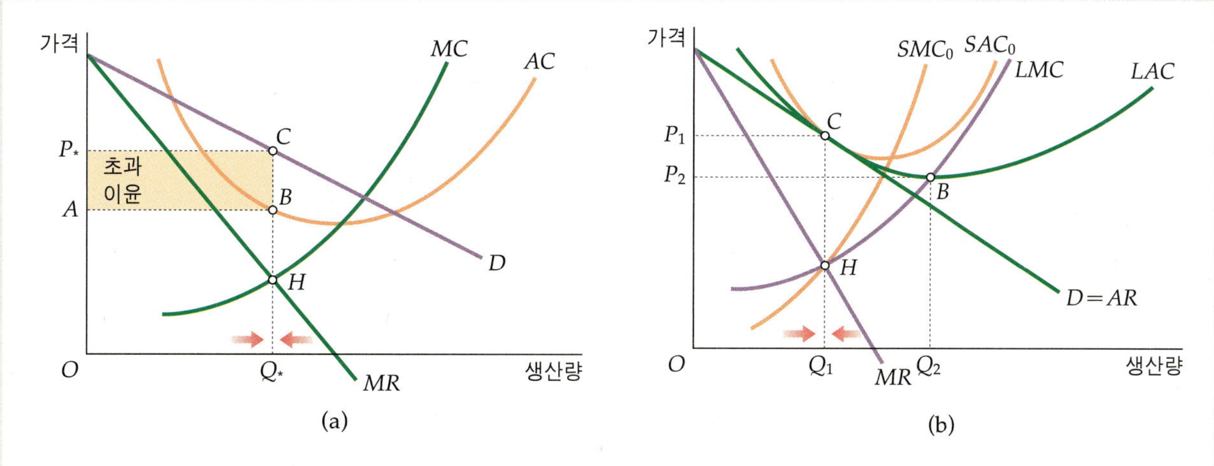

독점적 경쟁기업은 $MR=MC$의 Q_*를 생산하여 P_*의 가격으로 총수입(OP_*CQ_*)−총비용($OABQ_*$)=초과이윤(AP_*CB)을 얻고 있다.

장기에 $MR=LMC$의 Q_1을 생산하여 P_1의 가격을 받아 정상이윤만 얻기 때문에 진입과 탈퇴가 없는 장기균형이 성립한다. 그러나 완전경쟁기업의 장기균형점(B)보다 왼편에서 생산하므로 Q_1Q_2의 과잉설비가 나타난다.

독점적 경쟁시장의 경제적 효과를 살펴보면 우선 긍정적인 측면으로는 차별적인 상품의 생산으로 소비자의 다양한 욕구를 충족시킬 수 있다는 점을 들 수 있다. 그러나 평균비용의 최하점에서 생산의 균형을 이루는 완전경쟁시장에 비해 가격은 높고 생산량은 작기 때문에 자원배분의 비효율성이 나타나는 부정적인 측면도 아울러 가지고 있다.

▲ 좀 더 예쁘게 보일 수 없을까?

생/각/넓/히/기 **유흥업에 종사하는 여성들의 화장이 진한 이유는?**

유흥업에 종사하는 여성들도 하나의 사업자나 움직이는 기업이라고 볼 때 자신이 팔려고 하는 상품을 차별화하는 전략이 필요할 것이다. 차별화의 전략은 진한 화장을 하는 형태로 나타날 수도 있고 짧은 미니스커트를 입는 식으로 나타날 수도 있다. 이렇게 함으로써 잠재적 구매자들의 수를 증가시켜 자기 상품에 대한 시장규모를 확대시키거나 구매욕구를 높여 가격지배력을 강화시킬 수 있기 때문이다. 상품차별화전략의 형태는 '깍두기가 맛있는 곰탕집', '국물이 독특한 대구탕집'이나 카페오레나 아메리카노 커피와 같이 물리적인 특징을 달리하는 형태로 이루어진다. 그러나 그 이외에 기업의 위치적 조건이나 시간 조건에 의해 이루어지기도 한다. 동일한 슈퍼마켓이라고 하더라도 위치가 가까우면 고객에게는 독점력이 존재할 것인데, 이것은 가게 위치가 좋을수록 집세가 높다는 것이 그걸 증명하고 있다. 시간적 조건에 의해서 이루어지는 상품차별화도 있다. 같은 김밥가게라 하더라도 낮에만 문을 여는 가게와 24시간 영업하는 가게는 분명 다른 서비스를 제공한다고 할 수가 있다.

제 4 절 | 과점시장의 가격과 생산

과점시장의 개념

생일을 맞이한 철수가 입학선물로 휴대전화서비스를 받기 위해 이동통신대리점을 방문했다고 가정해 보자. 그가 선택할 수 있는 이동통신회사는 SK텔레콤, KTF, LG텔레콤 중 하나일 수밖에 없을 것인데, 그 이유는 이동통신시장에 이 세 개의 기업밖에 없기 때문이

다. 이와 같이 소수의 기업만이 존재하는 시장을 과점(寡占)이라 한다. 항공시장이나 전자제품, 과자, 자동차, 맥주나 소주시장 등이 여기에 속한다.

과점시장은 다른 세 개의 시장과 무엇이 다를까? 앞에서 배운 완전경쟁시장과 독점시장뿐만 아니라 독점적 경쟁시장도 상대기업의 행동을 고려할 필요가 없다. 독점기업은 상대기업이 존재하지 않고 경쟁기업은 시장 전체 규모에 비해서 판매량이 너무 적기 때문에 생산량과 가격을 결정할 때 상대기업의 반응에 별로 개의치 않는다.

반면에 과점시장은 기업의 수가 적기 때문에 서로의 행동이 밀접하게 상호영향을 줄 수밖에 없는데, 즉 개별기업들의 이윤은 다른 기업의 행동에 의해서 영향을 받게 되고, 자신의 행동도 역시 다른 기업의 이윤에 영향을 주게 된다. 예를 들어, 하나은행이 현금서비스의 수수료율을 내렸다면 국민은행이나 우리은행은 자기들의 고객이 하나은행으로 옮겨가는 것을 감수할 수밖에 없고, 이에 따라 자신들의 이윤이 감소하기 때문에 여기에 대한 맞대응 전략을 펴게 될 것이다. 이렇게 다른 기업들의 반응을 고려하면서 자신에게 맞는 최적의 행동을 해나가는 것을 '전략적 행위(strategic behaviour)'라고 한다. 이러한 전략은 때로 기업들이 담합 또는 공동행위 등의 비경쟁행위를 하려는 경향으로 나타나 진입장벽으로 작용하기도 한다.

생/각/넓/히/기 **과점기업들의 진입장벽**

진입저지가격의 한 예로 프린트시장의 세계적 기업인 휴렛팩커드(HP)는 프린트 본체의 가격은 아주 낮게 설정하여 잠재적 기업의 진입을 막고 있다. 하지만 본체의 낮은 가격으로는 큰 이윤을 남길 수 없기 때문에 소모품인 잉크의 가격은 높게 유지하여 이윤을 극대화시키고 있다.

이 방법 이외에도 다양한 진입장벽이 있는데, 광고를 통한 브랜드가치의 향상도 하나의 방법이 되고 있다. 즉, 대규모의 자금이 들어가는 광고활동을 활발하게 함으로써 기존 기업의 상품에 대한 브랜드가치를 향상시키면 상대적으로 인지도가 낮은 신규기업이 진입하지 못하게 할 수가 있다. 또한 여러 종류의 재화의 생산을 통하여 차별화된 상품을 만들어 소비자의 다양한 욕구를 충족시켜 줌으로써 신규 기업이 진입할 유인을 못 느끼게 하는 전략이다. 그 이외에 신규 기업의 진입을 저지하기 위하여 과잉투자의 방지라는 명목하에 이루어지는 정부에 대한 로비활동도 여기에 속한다.

과점기업들의 행동모형

▲ 가격담합

과점의 유형에는 설탕, 시멘트, 철근 등과 같이 상품이 거의 비슷하여 별로 구분되지 않는 상품이 판매되는 동질적 과점과 자동차, 냉장고, 세탁기 등 차별화된 상품이 판매되는 이질적 과점이 있다. 동질적 과점은 각 기업들이 동일한 상품을 판매하기 때문에 자신의 이윤극대화생산량에만 관심을 갖게 되는 반면, 이질적 과점은 각 기업들이 차별적인 상품을 판매하기 때문에 자신의 이윤극대화가격에 더 관심을 갖게 된다. 또한 과점시장은 기업 간의 상호의존성이 다른 시장에 비해 커서 다른 기업의 반응 여부에 따라 균형상태가 달라지기 때문에 일반화된 과점이론은 정립되어 있지 않고 과점시장의 특성들을 부분적으로 설명하는 이론들이 다양하게 존재할 뿐이다. 이것을 간단하게 소개하면 카르텔모형, 비가격경쟁모형, 진입저지가격모형 등이 있다.

카르텔(또는 완전담합)모형은 가격경쟁을 회피하거나 새로운 기업의 진입을 봉쇄하기 위해 기업연합체(카르텔)를 구성하고 가격과 생산량의 결정에 조직적 협동을 하여 마치 하나의 독점기업인 것처럼 행동을 취하는 모형이다. 그러

역사 속 경제이야기

길드, 최초의 카르텔?

자본주의시장경제에서는 물건을 사려는 사람의 욕구인 수요와 물건을 팔려는 사람이 제공하는 공급에 따라 가격이 정해진다. 그러나 중세에는 이러한 원리가 제대로 뿌리를 내리지 못해 소비자들은 가격결정의 원리를 체계적으로 알지 못했다. 따라서 중세의 수공업자들은 이런 시장의 원리를 따르지 않고 제멋대로 가격을 결정했다. 이들은 수요가 얼마나 있는지 알아보는 대신 시장에 물건이 너무 많이 나오는 것을 막기 위해 길드라는 조합을 만들었다. 길드에서는 시장에 내보낼 물건의 종류와 양을 엄격하게 정하여 많은 이득을 얻고자 했는데 그 방법이 카르텔과 거의 흡사하다. 더구나 길드는 한정된 지역에서 만들어진 조합이므로 결속력도 무척 강할 수밖에 없어 오늘날 카르텔에서 보여지는 불안정성은 찾아볼 수 없었을 것이나.

또한 길드에 속한 수공업자들은 자기 직업을 계속 독차지하기 위해 직업상의 비밀을 숨기는데 엄청난 정성을 기울였으며, 더 새롭고 나은 제조법을 발명한 사람을 견제했다. 이 때문에 중세에는 기술이 느리게 발전하여 경제 전체를 침체하게 만들었다.

나 카르텔은 이윤의 분배문제로 기업 간의 알력이 생겨 붕괴될 수 있는 가능성을 가지고 있는데, 즉 어느 한 기업이 협정가격보다 조금만 싸게 팔아도 판매량이 크게 늘어서 이윤을 증가시킬 수 있으므로 제재가 이루어지지 않는 카르텔에서는 협정위반에 대한 충분한 유인이 생기기 때문이다. 카르텔은 독점과 같은 폐해를 초래하여 많은 나라에서 법률로 엄격하게 규제하고 있기 때문에 국가 안에서 찾기는 쉽지 않고 국제적으로는 석유수출국기구(OPEC)가 여기에 속한다.

담합이 이루어지지 않은 과점시장을 살펴보자. 과점시장에서는 상대기업이 가격을 인상하면 상대의 고객을 빼앗아오기 위해 가격인상에 동조하지 않는다. 하지만 반대로 상대기업이 가격을 인하하면 자기 손님을 뺏기지 않기 위해 가격인하에 동조할 수밖에 없다. 결국 과점시장의 개별기업들은 한 기업이 가격을 인하하면 상대기업도 가격을 인하하여 이윤만 감소할 뿐이므로 가격으로 경쟁하는 것이 서로에게 불리한 결과를 초래하게 된다는 것을 알게 되기 때문에 과점가격은 경직적인 성격을 갖게 된다. 이것 때문에 과점시장에서는 가격경쟁보다는 광고전, 품질이나 기술경쟁, 할부판매나 애프터서비스(AS)와 같은 판매조건경쟁을 동원하여 치열한 비가격경쟁을 하게 된다.

생/각/넓/히/기 **과점과 완전경쟁시장은 어느 것이 경쟁이 치열할까?**

백제의 마지막 왕이었던 의자왕은 집권 초기에는 성군으로 훌륭한 정치를 하였다. 그러나 집권 후반기에는 간신배들의 꾐에 빠져 3,000궁녀의 환대를 받으며 사치스런 생활을 하다가 결국 신라에게 멸망하게 된다. 한편 조선 중기에 숙종은 인현왕후와 장희빈 사이에서 삼각관계에 빠지게 되었다는 것은 역사적으로 다 아는 사실이다. 지금의 일부일처제하에 비추어 적절한 예일지 모르겠지만, 의자왕과 숙종의 연인 사이에서 어느 경우가 왕을 차지하려는 경쟁이 치열했을까? 이러한 의문에 독자들도 쉽게 결론을 내릴 수가 있을 것이다. 완전경쟁에 해당되는 의자왕의 궁녀들은 왕을 독차지하기 위해서 자기 외에 제거대상이 2,999명이나 된다. 그러나 장희빈의 경우에는 인현왕후 한 사람만 제거하면 자기의 연인을 독차지할 수 있기 때문에 경쟁은 훨씬 치열했을 것이다.

셋째, 진입저지가격모형이 있다. 과점기업이 이윤극대화를 실현하기 위해 결정한 가격이 평균비용을 크게 초과한다면 그 산업으로 신규 기업이 진입하게 되어 이윤이 감소하게 된다. 따라서 기존 기업들은 잠재적인 신규 기업의 진입을 막을 수 있는 가격을 설정하여 장기적인 이윤극대화를 실현하려고 한다. 세계시장에서 초정밀 베어링을 독차지하고 하는 일본의 기업들이 한국기업의 진입을 막기 위하여 정상적인 이윤을 약간만 상회하는 가격을 매기는 것이 그 예이다.

넷째, 가격선도모형(price-leadership model)이 있다. 앞에서 보았듯이 카르텔은 금지되어 있다. 따라서 과점기업들이 공개적으로 담합하지 않지만, 가격결정 과정에서 비용조건이 우월한 기업이나 지배적인 대기업이 가격을 선도하면 다른 기업은 그 가격을 추종하는 형태를 취한다.

뉴스 속 현장경제

MC계 거장 강호동, 1주당 광고 수익 12억! 강호동 효과 입증!

광고의 원래의 뜻은 '널리 알린다'는 의미를 가지고 있다. 그러나 현대의 광고는 '알린다' 라는 단순한 기능을 뛰어넘어 수요창조를 전제로 한 설득으로써의 역할을 담당하고 있다. 광고에는 상품의 용도나 품질 등에 대해 알려주는 홍보적인 광고와 그릇된 환상을 심어주어 구매심리를 자극하는 세뇌적 광고로 나누지만, 이 두 개가 분명히 구분되는 것은 아니다. 결국 광고는 상품을 차별화하여 그 상품을 꼭 사게끔 수요의 가격탄력성을 낮추고, 진입장벽을 높여 기업의 독점력을 높이는 중요한 요인이 된다. 일부에서는 광고가 정보를 제공하기 때문에 정보라는 가치 있는 무형재를 부가함으로써 상품의 가치를 높이는 요인이 된다고 이야기한다. 정도의 차이는 있지만 광고는 정보기능과 상품차별화의 기능을 동시에 수행한다고 볼 수 있다.

한국경제신문의 기사(2010. 12. 6.)에 의하면 강호동이 사회자로 나선 KBS 2TV '해피선데이-1박 2일', MBC '황금어장-무릎팍도사', SBS '놀라운 대회 스타킹', '강심장' 등은 모두 광고 완전 판매를 기록하고 있다. 이들 예능프로그램은 약 70분씩 방송된다. 광고시간은 7분, 15초짜리 CF를 28개씩 판매할 수 있다. 회당 매출이 2억 8,000만 원(281,000만 원)인 셈이다. '스타킹', '1박 2일' 등 주말 프로그램은 광고 프리미엄이 붙기 때문에 매출이 3억 원 이상일 가능성이 크다. 강호동이 출연하는 프로그램 한 주 광고매출이 약 12억 원인 셈이다.

이러한 측면은 "광고가 경제성장을 선도한다"는 말에서도 알 수 있듯이 국민경제 전체적으로도 입증되고 있다. 그 예로 2004년 국내에서 집행된 총광고비는 약 6조 7,000억 원에 달했다. 이는 1974년 430억 원에 비해 30년 동안 155배 증가한 것이다. 같은 기간 GDP(국내총생산)가 약 7조 8,000억 원에서 약 778조 5,000억 원으로 100배 정도 늘어난 것에 비해 훨씬 높은 증가율이다.

제 5 절 | 기업들의 전략적 행동과 게임이론 분석

게임이론이란?

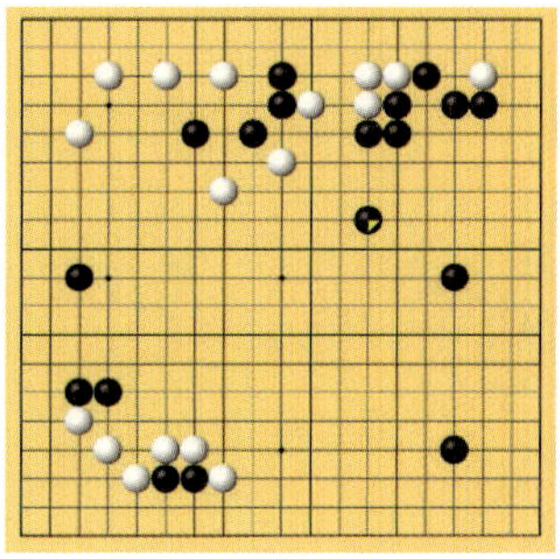

축구경기에서 4-3-3전법을 택하느냐, 4-2-4전법을 택하느냐 하는 문제에서 보듯이, 운동경기의 승부는 우리 팀이 어떻게 하느냐 뿐만 아니라 상대방이 어떤 모습을 보이느냐에 따라 달라진다. 운동경기 이외에도 화투나 카드, 바둑과 같은 게임도 상대의 행동전략에 의해 승부가 갈라지는 경우가 허다하다.

따라서 게임에 참여하는 사람(경기자)은 상대방이 어떤 행동을 취할지를 예측하고, 이에 적절하게 대응하는 방법(전략)을 찾아야 한다.

전통적인 이윤극대화원리에서는 경쟁상대의 행동은 이미 결정되어 있는 고립적인 경제인이나 기업을 가정하고 있다. 그러나 과점기업들의 행동이론에서 보았듯이 한 기업의 행동은 다른 기업의 대응으로 연결되어 있기 때문에 각 기업들은 자신들의 행동을 선택할 때 게임을 하듯이 항상 경쟁기업의 반응을 고려하면서 행동해야만 한다.

따라서 이와 같이 전략적인 상황에서 각 경기자들이 어떤 전략을 선택할지, 그리고 어떤 결과가 나올지 등에 대해 분석할 필요가 있다. 이처럼 게임을 둘러싸고 벌이는 인간들의 행동을 분석하는 모형이 바로 게임이론인데, 노이만과 모르겐스턴(J. v. Neuman & O. Morgenstern)에 의해 분석되어 경제이론뿐만 아니라 사회과학 전 분야에서 다양하게 활용되고 있다.

게임의 균형 … 우월전략균형과 내쉬균형

게임균형에서 가장 많이 인용되고 논의된 게임은 '용의자의 딜레마(prisoner's dilemma)' 게임이다. 범죄현장에서 체포된 두 명의 강도살인용의자 칠수와 만수가 있다고 하자. 이 용의자들은 다른 방에 격리수용되어 심문을 받게 되는데, 조사를 담당하고 있는 검사가 아래와 같은 제안을 하였다고 가정해 보자.

"당신들은 지금 강도죄로 1년간 감옥에 갈 수 있습니다. 당신 친구가 살인을 했다는 자백을 하면 수사에 협조한 대가로 석방을 시켜주겠지만, 당신이 혐의를 부인한 상태에서 당신 친구가 자백한다면 친구의 몫까지 덤으로 20년 징역을 살게 될 것입니다."

이러한 내용을 보수행렬로 정리하면 아래와 같다.

칠수 \ 만수	부인	자백
부인	1년 징역 / 1년 징역	무죄 / 20년 징역
자백	20년 징역 / 무죄	10년 징역 / 10년 징역

※ 빗금친 부분의 위편 수치는 만수의 형량이고, 아래편 수치는 칠수의 형량이다.

보수행렬에서 칠수와 만수는 각자 자신에게 가장 유리한 전략을 선택하려고 할 것이다. 칠수는 자신이 살인혐의를 부인하는 경우에 (1년 징역, 20년 징역)을 받지만 자신이 살인혐의를 자백하는 경우에 (무죄, 10년 징역)이므로 자백의 전략을 선택할 것이다.

반대로 만수도 혐의를 부인하는 경우에 (1년 징역, 20년 징역)을 받지만 자신이 혐의를 자백하는 경우에 (무죄, 10년 징역)이므로 동일한 전략을 선택할 것이다. 결국 검사는 두 사람의 자백을 받아 살인증거를 찾아내고 (10년 징역, 10년 징역)을 구형할 것이다.

위의 사례에서 보듯이 칠수와 만수는 상대방의 전략선택에 관계없이 자신의 보수를 가장 크게 만드는 전략을 선택하게 된다. 이때 전략을 우월(또는 지배)전략이라 하고, 전략의 짝을 우월전략균형이라 한다. 그러나 우월전략균형은 상대방이 어떠한 전략으로 나오든 상관없이 항상 자신의 보수만을 극대화한다는 비현실적인 가정을 하고 있다. 따라서 상호의존적으로 행동하는 과점기업이 처해 있는 전략적 상황을 현실적으로 반영하지 못한다는 문제점이 있다.

이러한 문제점을 극복하고자 나온 전략이 내쉬전략(Nash strategy)이다. 내쉬전략은 각 경기자가 상대방의 전략을 주어진 것으로 보고 자신에게 최적인 전략을 선택할 때의 최적전략을 말하고, 이때의 최적전략의 짝을 내쉬균형이라 한다.

이것을 위의 보수행렬을 통해 설명하면 만수가 혐의를 부인할 때 칠수는 1년 징역보다 무죄인 자백전략이 형량이 작은 내쉬전략이 된다. 만수가 자백한다면 부인, 자백 중에서 형량이 작으므로 자백이 내쉬전략이 된다. 만수의 경우도 동일한 결론을 도출할 수 있고, 결국 둘 다 자백, 자백의 내쉬균형이 성립한다.

각 용의자의 경우 고백하는 전략이 우월전략균형이며 내쉬균형이다. 그러나 그 역은 성립하지 않는다. 내쉬균형이 반드시 파레토효율적인 결과(사회구성원 모두의 보수가 가장 큰 결과로, 위의 보수행렬에 의하면 둘 다 부인)를 보장하는 것은 아니다. 결국 개인적 합리성과 집단적 합리성이 모순이 발생할 수 있다는 것을 보여준다. 이러한 구조는 다양한 사회적, 경제적, 정치적 상황에 응용될 수 있다.

예를 들어, 교통질서를 지키는 문제를 보자. 모두 질서를 지키면 모두 안 지킬 때에 비해 모두가 쾌적하게 지낼 수 있다. 만약 다른 사람들이 모두 질서를 지킬 때 한 사람이 안 지키면 그 사람은 빠르게 갈 수 있어서 이익을 본다. 그러나 나머지 사람들은 질서를 안 지키는 사람 때문에 사고의 위험에 직면하게 된다.

위에서는 게임균형이 유일한 경우를 보았다. 그러나 게임균형은 존재하지 않거나 여러 개인 경우도 있다. 야구를 좋아하는 준석과 음악을 좋아하는 은정이 데이트를 하는 경우의 '성(性)대결게임'의 보수행렬이 아래와 같다고 가정해 보자.

준석 \ 은정	야구장	음악회
야구장	2, 1	0, 0
음악회	0, 0	1, 2

준석은 은정과 야구장에서 데이트를 즐기는 경우에 가장 큰 이익을 얻게 되고, 은정은 음악회에서 데이트를 즐기는 경우에 가장 큰 이익을 얻는다. 한편 준석이는 야구장, 은정은 음악회를 가는 경우는 서로 떨어지기 때문에 데이트의 이익이 없다고 가정하자.

이러한 경우에 두 사람은 함께 야구장에 가거나 음악회에 가는 전략이 내쉬균형이 된다.[1] 물론 두 사람이 자신의 이익을 크게 하기 위해 협상능력을 발휘하거나 준석은 은정이 야구장을 가지 않고 음악회를 자꾸 가자고 하면 헤어지겠다는 확언(確言) 등의 방법을 쓸 수가 있다.

1) 이 게임은 스승에 대한 존경심을 강조하는 동양사회에서 스승과 제자의 게임으로 본다면 스승이 선호하는 결과가 내쉬균형으로 유일하게 정해질 수 있다.

경제학자처럼 생각해보기 '눈에는 눈, 이에는 이'

어떤 전략이 가장 효과적인지를 알아보기 위해 미시간 대학의 정치학자 액셀로드(R. Axelrod)는 용의자의 고민 토너먼트를 개최했다. 다양한 계층의 전문가들을 대상으로 유한 반복적인 용의자의 딜레마에 사용할 전략을 공모한 바 있다.

가장 적은 형벌을 받는 전략을 공모한 결과, 승자는 캐나다 토론토 대학의 심리학과 교수인 라포포트(Rapoport)가 제시한 맞대응보복(tit-for-tat)방식의 매우 단순한 전략이었다. 이 전략은 처음에는 협조전략으로 시작하되, 그 다음부터는 항상 상대방이 직전에 선택한 전략을 그대로 모방하는 방법이다. 이 전략에 따르면 상대방이 협조전략을 유지하는 한 협조관계는 그대로 유지된다. 그러다가 상대방이 약속을 위반하면 그 다음부터 비협조전략을 채택하여 상대방이 다시 협조전략을 채택할 때까지 비협조전략을 유지한다. 놀랍게도 이 전략은 이보다 훨씬 정교하고 복잡한 전략프로그램들보다 우월한 결과를 나타내었다.

이 맞대응보복전략은 바빌로니아왕국의 함무라비법전의 '눈에는 눈, 이에는 이'와 같은 전략이라고 할 수 있다. "제 아비를 때린 자식은 그 때린 손을 부러뜨린다", "다른 사람의 눈을 상하게 한자는 자신의 눈을 상하게 한다", "다른 사람의 딸을 때려 유산케 하면 자기 딸을 사형시킨다"는 조항은 모두 이러한 전략을 반영한 것이라 할 수 있다.

심/층/탐/구 해코지만 하는 놀부에게 흥부는 어떻게 하는 것이 좋을까?

상대방의 합리성이 보장되지 않는 경우에 최악의 상황을 피하기 위해 취하는 전략으로 최소극대화(mini-max)전략이 있다. 이것은 상대방이 자신의 보수를 극대화하는 것보다 나의 보수를 낮추는데 관심이 있다는 의심이 생기면 자신이 특정전략을 선택했을 때 일어날 수 있는 최악의 결과들을 비교하여 덜 나쁜 결과가 나올 수 있는 전략을 선택하는 방법이다. 만약 보수행렬이 다음 표와 같이 주어져 있다고 하자.

흥부 \ 놀부	b_1	b_2
a_1	(10, 7)	(−15, 5)
a_2	(5, 4)	(8, 3)

보수행렬에서 흥부가 a_1을 선택할 때 놀부가 b_2를 선택하면 15의 최대손실을 보므로, 이것을 피할 수 있는 a_2를 선택할 것이다. 즉, 흥부는 자신에게 최선의 결과는 아니지만 최악의 결과를 피할 수 있는 전략 a_2가 필요하다. 이때 놀부는 자신이 원하는 (a_1, b_2)의 전략을 선택할 수가 없기 때문에 마지못해 자신에게 유리한 b_1을 선택할 수밖에 없다. 따라서 최소극대화전략균형은 (a_2, b_1)이 된다.

뉴스 속 현장경제

신뢰는 사회적 자본이며 경제성장의 원동력

"우리는 왜 타인을 신뢰(trust)해야 하는가?"

이 질문에 대한 많은 학자들은 '타인을 신뢰하면 상호 호혜(mutual benefit)와 협력(cooperation)이 촉진돼 공동체의 발전이 가능하기 때문'이라고 답하고 있다. 즉, 신뢰는 경제성장과 민주주의, 사회적 복지, 건전한 공동체를 위한 필수자원이란 얘기다.

후쿠야마(F. Fukuyama)는 서구사회번영의 핵심 화두로 신뢰를 제시하였고, 미국의 정치학자 로버트 퍼트남(Robert D. Putnam)도 신뢰, 규범, 그리고 네트워크로 이루어지는 '사회적 자본' 중 신뢰가 중심적 요소라고 주장하였다. 후쿠야마와 퍼트남을 비롯한 여러 학자들이 강조해 온 신뢰는 우리나라가 선진사회로 도약하기 위한 필수조건이라고 할 수 있는데, 신뢰가 왜 중요한지에 대해 자세히 알아보자.

첫째, 신뢰는 경제성장을 촉진시킨다. 즉, 거래상대방을 신뢰할 수 있다면 계약을 맺고 이행하는 과정에서 서로를 믿지 못해 들여야 하는 거래비용이 줄어 수익성과 생산성이 높아지고, 이것이 경제성장으로 연결된다는 것이다. 회사측과 노조측이 게임을 한다고 가정해 보자. 양측은 상대방을 신뢰하거나(작업계속과 요구수용), 신뢰하지 않거나(파업, 직장폐쇄) 중에서 하나를 선택할 수 있는데, 게임표에서 노조측은 파업을 하는 것이 내쉬전략이고 회사측은 직장을 폐쇄하는 쪽이 내쉬전략이 된다. 결국 이 게임의 내쉬균형은 (8, 8)이 아니라 노사 모두 손실을 입는 (−3, −3)으로 끝나게 되는 것이다. 신뢰는 이런 비용을 줄여준다.

노조측 \ 회사측	직장폐쇄	요구수용
파업	(−3, −3)	(10, −5)
작업계속	(−5, 10)	(8, 8)

둘째, 신뢰는 '사회구성원 간의 상호작용에서 비록 자신의 행위를 후회하게 될지도 모르는 위험부담이 따르지만, 서로가 보편적 규범을 좇아 규칙적이고 정직하게 협동적 행동을 할 것으로 기대하는 것'이다. 따라서 신뢰는 관용을 베풀게 하고, 낯선 사람에 대한 불필요한 경계심을 줄여주며, 정치적 · 문화적 차이를 정당한 것으로 받아들이게 한다. 또한 공동체에서의 협동은 물론 타인을 위한 희생까지 할 수 있는 강력한 집단결속력을 만들어냄으로써 갈등과 문제해결을 위한 정치적 비용도 줄여준다. 이런 신뢰의 기능이 선진사회로 나아가는 밑거름이 되는 것이다.

그렇다면 신뢰를 회복하기 위해서는 어떻게 해야 할까? 우리 사회는 공적 측면에서의 신뢰는 미흡하지만, 사적 측면에선 오히려 과잉상태라고 할 수 있는데, 즉 학연 · 지연 · 혈연 등 파당적 연줄망을 통한 사적 신뢰가 강해 그 연줄망 바깥의 타인에 대해서는 폐쇄적 태도를 보이고 있다. 이 같은 사적 신뢰의 기형적 과잉상태는 많은 사람들이 공식적 제도 대신 비공식적 연줄망에 의존하게 하므로 원칙이 무너지고 신뢰가 상실된 사회로 만들게 된다. 따라서 공정하고 투명한 '게임의 규칙'을 확립하는 일이 시급하다. 먼저 공적부문이 공정한 심판자로서 사람들의 신뢰를 얻어야 한다. 이를 통해 일관된 규칙에 의한 법치주의가 작동할 때 사람들은 연고주의(緣故主義)에 매달리지 않고 보편적이고 합리적인 연결망을 확대시킬 것이다. 이와 함께 사적부문에선 연고주의의 표본인 동창회나 향우회를 폐쇄적인 공동체에서 열린 모임으로 변화시켜 회원들의 이익뿐 아니라 공공의 이익도 고려하는 단체로 바꾸는 노력이 필요할 것이다.

■ 출처 : 한국경제신문, 2010. 10. 15.

제 6 장 소득분배와 소득불평등이론

경제학과 친구하기

제 1 절 | 노동시장의 임금결정

생산요소시장의 가격결정이론

생산요소시장은 노동, 자본, 토지, 경영 등의 생산요소가 거래되어 그 대가인 임금, 이자, 지대, 이윤 등이 정해지는 시장이다. 생산요소시장에서 생산요소의 가격이 결정되어 생산에 참여한 생산요소에 생산의 결과를 귀속시키는 과정을 분배라고 한다. 그런데 이러한 분배의 과정은 기업의 입장에서는 요소비용을 지불하는 과정인 데 반하여, 가계의 입장에서는 소득형성의 과정이기 때문에 '한쪽은 적게 주려고 하고, 다른 쪽에서는 많이 달라고 하는 과정'에서 갈등이 야기되기도 한다.

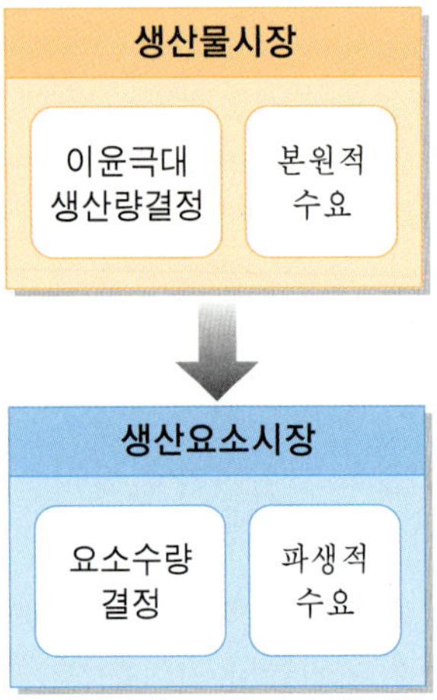

따라서 소득분배이론은 생산요소의 가격, 즉 임금, 이자, 지대, 이윤을 중심으로 분석하는 기능적 분배이론과 개인 간의 분배, 계층별 분배, 산업별 분배와 같이 개개인의 소득분배의 원인과 형태를 비교 · 분석하는 인적 분배 또는 소득불평등이론으로 구분된다.

생산요소에 대한 수요는 일반 재화들과는 구별되는 특징을 가지고 있는데, 생산물시장에서 이윤극대화 생산량이 결정되면 이에 따라 생산에 필요한 생산요소에 대한 수요가 결정된다는 것이다. 즉, 옷감생산이 늘면 옷감생산자가 더 필요하듯이 생산요소에 대한 수요는 생산물수요의 크기에 의해 결정된다는 점에서 생산물에 따른 파생수요(derived demand)의 성격을 지닌다. 따라서 생산요소시장의 가격결정은 요소시장뿐만 아니라 생산물시장의 형태에 의해서도 영향을 받는다.

생/각/넓/히/기 **슈퍼스타현상**

미국 야구의 전설적 영웅인 '베이브 루스'가 1931년에 받은 연봉을 현재의 물가수준으로 환산하면 87만 달러 우리나라 돈으로 약 10억 원에 미치지 못하는 액수였다. 그러나 요사이 미국이나 유럽에서 활동하는 프로야구나 축구선수, 영화배우의 경우에 몇 백억을 받는 경우가 흔하다. 미국의 뉴욕 양키즈는 지난해 선수들에게 주급으로 1인당 평균 1억 5천만 원(연봉으로 계산하면 72억 원)을 지불하였고, 그 중 양키스 주포 알렉스 로드리게스는 연봉으로 340억 원을 받았다. 영국의 프리미어리그의 맨체스터 유나이티드의 간판 골잡이 웨인 루니는 한 해 106억 원을 받았고, 할리우드의 유명배우 안젤리나 졸리도 342억 원을 벌었다.

그렇다면 베이브 루스가 그 당시의 소득자에 비해 많은 돈을 받은 것은 사실이지만 지금에 비하면 제대로 대우를 받았다고는 할 수 없을 것이다. 하지만 최근의 슈퍼스타들은 과학기술에 따른 매스미디어의 발달로 경기장이나 영화관에 가지 않고도 집에서 쉽게 볼 수 있다는 점을 염두에 두어야 할 것이다. 그들이 제공하는 경기나 연기에 대해 많은 사람들이 TV나 동영상으로 접할 수 있게 되어 그들이 제공하는 상품에 대한 수요가 폭발적으로 증가하게 되었고, 상상을 초월하는 연봉을 받을 수 있게 된 것이다. 결국 자동차정비공이나 환경미화원과 같은 노동자들은 서비스를 제공할 수 있는 사람들의 수가 제한되어 있다는 것이 슈퍼스타가 될 수 없는 이유라고도 할 수 있다.

완전경쟁 노동시장에서의 임금결정

▲ 내 노동의 가격을 한 번 계산해 볼까?

임금은 노동 한 단위에 대한 가격이다. 임금도 가격의 일종이란 면에서는 일반 재화의 가격과 동일하다. 임금은 노동시간을 기준으로 하여 지불되는가, 노동의 생산성을 기준으로 하여 지불되는가에 따라 시간급과 성과급으로 구분할 수 있으며, 어떤 형태로 지불되는가에 따라 화폐임금과 실물임금으로도 구분된다. 물론 화폐임금이 일반적인 형태이지만 임금의 일부분이 주택, 의료혜택, 외국유학의 혜택이나 자녀의 학자금보조 등의 형태로도 지불되고 있다. 임금은 또한 그 크기를 화폐액으로 표시하는가, 실질구매력으로 표시하는가에 따라서 명목임금과 실질임금으로 구분되기도 한다. 현재 대부분의 노동조합은 명목임금과 실질임금의 차이를 최소화하는 것을 목표로 하고 있으며, 대표적인 방법으로는 물가상승에 따라 임금을 자동적으로 연동시키는 슬라이딩임금제도를 들 수 있다.

생산물시장에서 기업의 이윤극대화원리는 생산물을 1단위 추가 생산할 때 한계수입과 한계비용이 일치하는 수준에서 생산량을 결정한다는 것이었다. 노동시장도 동일한 원리가 적용된다. 즉, 노동고용에 따른 수입증가분인 한계수입생산(*MRP* : Marginal Revenue of Product)과 노동고용에 따른 비용증가분인 한계요소비용(*MFC* : Marginal Factor Cost)이 일치하는 수준에서 노동수요가 결정된다.

노동고용에 따른 수입증가분은 노동자 1명을 고용했을 때 생산되는 생산물의 개수인 한계생산물(*MP*)에다가 생산된 재화가 주는 수입증가분(*MR*)을 곱한 값으로 계산한다. 한편 노동자가 만들어내는 재화의 사회적 가치를 한계생산물가치(*VMP* : Value of Marginal Product)라 하는데 한계생산물(*MP*)에다가 생산된 재화의 가격(*P*)을 곱한 값이다. 이것을 정리하면 다음과 같다.

$$MRP = MP \times MR$$
$$VMP = MP \times P$$

생산물시장이 완전경쟁이면 가격과 한계수입은 동일하므로 한계수입생산(*MRP*)과 한계생산물가치(*VMP*)는 동일하다. 한편 노동고용에 따른 비용증가분은 임금(*W*)이다. 따라서 노동고용에 따른 수입증가분과 임금이 일치하는 수준에서 노동수요량을 결정한다. 즉, $VMP = W$에서 노동수요량이 결정된다. 그런데 노동의 한계생산물은 수확체감의 법칙에 의해서 감소하므로 노동수요곡선은 우하향하는 형태를 취한다.

노동의 공급은 노동의 한계고통(=한계비효용 : $-MU_L$)과 임금(*W*)이 일치하는 수준에서 결정된다. 즉, 노동자는 $-MU_L = W$인 상태에서 노동공급을 결정한다. 만약 임금이 상승하거나 한계고통이 감소하면 노동의 공급은 증가하게 된다. 반대로 임금이 하락하거나 한계고통이 증가하면 노동의 공급은 감소할 것이다. 따라서 노동공급곡선은 임금에 대한 증가함수로 우상향하는 형태를 취한다.

임금의 감소함수인 노동수요곡선과 임금의 증가함수인 노동공급곡선이 주어지면 노동수요와 공급이 일치하는 데서 균형임금이 결정된다. 이때 노동의 한계생산물과 임금이 일치하여 $MP_L \times P_X = W$ 또는 $\frac{W}{P_X} = MP_L$이 되므로, 실질임금

그림 6-1 완전경쟁하의 균형임금의 결정

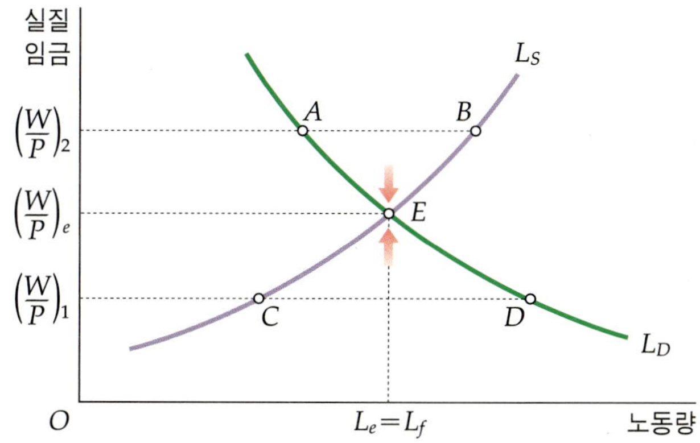

임금만 신축적이라면 균형 노동수준(L_e)은 완전고용노동수준(L_f)이 된다.

$\left(\frac{W}{P_X}\right)$은 노동의 한계생산물과 일치한다는 한계생산력이론이 성립한다. 또한 노동시장에서 임금이 신축적이라면 균형임금수준에서 완전고용노동수준(L_f : full employment labor)이 자동적으로 실현되고 비자발적 실업은 존재하지 않는다.

생/각/넓/히/기 **비 오는 날은 왜 택시잡기가 어려울까?**

비 오는 날에는 택시에 대한 수요가 늘어나 택시마다 승객이 있는 경우가 많다. 많은 사람들이 날씨가 좋은 날에는 걸어 다닐 거리도 비가 오는 날에는 택시를 타기 때문이다. 그러다 보니 비 오는 날에는 이용할 수 있는 택시의 숫자가 더 적어진다.

그러나 *Quaterly Journal of Economics*의 한 연구에 의하면 거기에는 또 다른 이유가 있다. 택시기사도 비가 오면 영업시간을 줄이기 때문이라는 것이다. 택시기사의 경우 맑은 날에는 승객을 찾아 헤매느라 그 목표액을 올리는데 오랜 시간이 걸리는 반면, 비가 오는 날에는 거의 항상 택시에 승객이 차기 때문에 더 빨리 목표액을 채울 수가 있다. 그러므로 비가 오면 택시기사들은 수요의 증가로 시간당 소득이 높아지고, 영업시간은 줄어들게 된다. 이것을 경제학적으로 설명하면 높은 임금률에 대한 소득효과가 대체효과를 능가한 것이라고 할 수 있다.

심/층/탐/구 근로소득세율의 인하는 반드시 노동공급을 증가시키는가?

그림 (a)에서 노동자는 총가용시간(N) 중 노동과 여가를 선택할 수 있으며, 여가를 N만큼 취하면 소득은 0이고 노동을 취하면 $h \cdot w$만큼의 소득을 얻을 수 있을 때, 임금률이 변화하면 여가와 노동의 공급은 달라진다. 임금률의 변화에 따라 소비자균형은 E_0에서 E_1, E_2로 이동하고, 이것을 연결하여 임금률의 변화에 따른 여가공급곡선을 도출하면 그림과 같다. 반대로 그림 (b)에서 시간당 임금률이 w_0에서 w_1, w_2로 상승하면 소비자균형은 E_0에서 E_1, E_2로 이동하고, 이것을 연결하면 임금률의 변화에 따른 노동공급곡선이 도출된다. 결국 노동의 공급은 노동공급을 통해 효용극대화를 실현하려는 가계의 무차별곡선과 예산선의 접점을 통해 이루어진다.

따라서 소비론에서 배운 대체효과와 소득효과의 논리를 적용할 수 있고, 임금률의 변화로 나타나는 소득효과와 대체효과를 정리하면 아래와 같다.

그림에서 우상향의 노동공급곡선에서는 대체효과가 소득효과보다 크다. 반대로 후방굴절 노동공급곡선에서는 소득효과가 대체효과보다 크다.

개인의 후방굴절점이 서로 다르기 때문에 이것을 합하여 구한 시장의 노동공급곡선은 우상향한다.

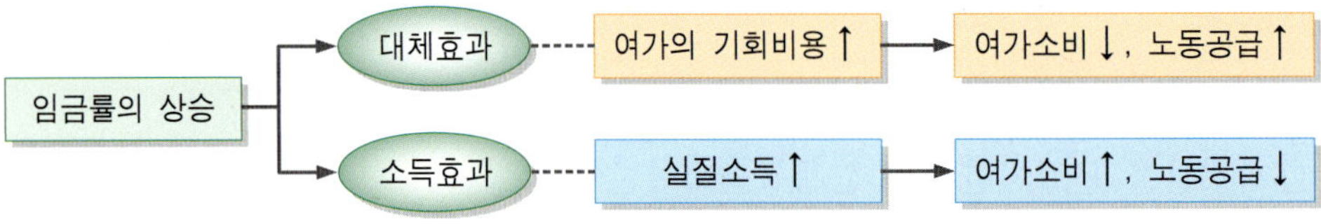

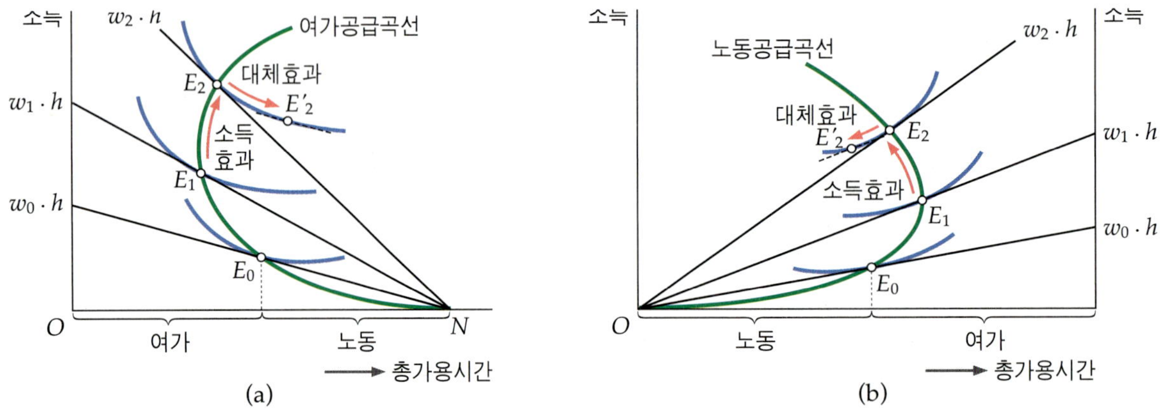

▲ 여가공급공선(a)으로부터 개인의 노동공급곡선(b)의 도출

생/각/넓/히/기 노예의 가격은 어떻게 결정되는가?

노예시장에서 노예의 가격은 치아의 상태와 하체의 튼튼함을 보고 결정되었나. 그 이유는 치아상태는 영양상태를 표시하고, 농업사회에서는 하체가 생산력을 나타내주기 때문이었다. 이것 또한 한계생산력설을 뒷받침한다.

불완전경쟁 노동시장에서의 임금결정

불완전경쟁 노동시장에서는 임금이 수요자와 공급자의 협상력에 의해 결정되는데, 수요자가 하나인 수요독점과 공급자가 하나인 공급독점을 살펴보자. 노동시장에 기업이 한 개만 존재하는 경우를 수요독점이라 한다. 탄광촌에 있는 석탄회사를 예로 들면 마을 사람들 중 일하기를 원하는 사람은 모두 이 회사에서 일해야 한다. 그러면 이 회사는 독점력을 행사할 수 있기 때문에 충분한 노동력을 고용하지 않고 임금을 가능한 낮게 책정할 것이므로 수요독점적 착취가 발생한다. 한국야구위원회(KBO)와 고용계약을 해야만 하는 프로야구시장도 이러한 예에 속한다. 이와는 반대로 하나의 공급자만 존재하는 경우가 있는데, 이를 공급독점이라 하며 금속노조나 자동차노조 등을 예로 들 수 있다.

현실의 노동시장에서는 어느 정도의 독점력을 가지는 공급자(현대자동차노조)와 수요자(현대자동차)가 협상테이블에서 임금협상을 벌이게 된다. 공급독점력이 강하면 임금은 상승할 것이고 수요독점력이 강하면 임금은 하락할 것이다. 그러나 어느 경우에나 고용수준은 완전경쟁시장에 비해 감소한다. 그 이유는 노동조합이라 하더라도 임금인상이 목표이지 고용수준을 높이려는 노력을 기대하기는 어렵기 때문이다.

임금격차의 발생과 차별

노동시장이 완전경쟁시장이라면 임금은 한계생산력만큼 받아가게 될 것이다. 그러나 현실에서는 연봉 수십억 원을 받는 최고경영자(CEO)가 있는가 하면 최저임금수준의 적용을 받는 사람도 있다. 이러한 임금의 격차가 발생하는 이유는 무엇일까? 임금격차를 설명하는 이론은 크게 두 가지로 나누어 볼 수가 있는데, 한계생산력설 안에서 설명하는 전통적인 이론과 차별 때문에 발생한다는 이론이다.

한계생산력설 안에서 임금격차를 설명하는 이론으로 첫째, 모든 직업의 순이익을 균등화하기 위해, 즉 열악한 근로조건을 보상해 주기 위해 발생하는 격차로 보상격차라 하기도 한다. 교육수준이 비슷함에도 불구하고 교수가 의사나 변호사보다 월급을 적게 받는 것이나 동일 노동자가 주간근무보다 야간근무를 할 때 더 높은 임금을 받는 것 등이 그 예이다.

둘째, 슐츠(T. W. Schultz), 베커(G. S. Becker) 등이 주장한 인적자본(human

capital)의 차이, 즉 숙련도의 차이에서 발생한다. 생산에는 공장설비나 수송수단과 같은 물적자본과 함께 더욱 중요한 인적자본이 필요하다. 인적자본은 정규학교교육, 직장에서의 현장학습, 그리고 부모들이 자식들에게 쏟은 시간과 돈의 투자 등에 의해 개발된다. 사람마다 축적된 인적자본은 큰 차이가 있는데, 더 많은 인적자본을 가진 사람은 더 높은 상품가치를 창출하기 때문에 더 높은 임금을 받게 된다. 즉, 숙련노동자는 비숙련노동자보다 한계생산물가치가 더 크기 때문에 한계생산물가치에 의해 결정되는 노동수요곡선이 보다 상방에 위치하여 더 높은 임금이 결정되는 것이다.

셋째, 기업이 노동자의 생산성을 높이기 위한 동기부여의 수단으로 균형임금보다 높은 효율성 임금(efficient wage)을 주기 때문에 발생한다.

생/각/넓/히/기 **기업이 균형임금보다 높은 임금을 지급하는 이유**

효율성임금을 지급하는 이유는 여러 가지가 있다. 첫째, 기업이 노동자 개개인의 자질을 제대로 알지 못하는 비대칭정보의 상황에서 높은 임금을 지급하면 자질이 우수한 근로자들이 자발적으로 지원할 가능성이 높아지기 때문이다. 둘째, 임금이 높을수록 영양분을 더 많이 취하여 건강상태가 좋아지게 되고 높은 생산성을 유지할 수가 있다. 셋째, 기업이 지급하는 임금수준이 높을수록 그 기업에 고용된 근로자들이 직장을 그만두는 빈도가 낮다. 이를 통해 기업은 해고와 신규 채용 및 훈련에 들어가는 각종 비용을 절약할 수 있다. 넷째, 임금이 높으면 그 직장에서 계속 근무하기를 원하고 열성을 다해 일할 경제적 유인이 생긴다.

지금까지의 임금격차는 한계생산력의 차이에 의해 발생한 임금격차이다. 이것은 교육이나 숙련의 차이, 또는 보상을 위해 임금격차가 발생한다고 주장하고 있다. 그러나 임금격차의 발생을 다른 관점에서 연구한 학자들이 있는데, 이러한 연구분야를 차별의 경제학이라 한다.

어느 사회나 집단에서도 특정 그룹에 속하는 사람들에게 나쁜 대우를 하는 차별이 있다. 차별이란 학력이나 생산성 등 다른 조건으로는 차이가 없는 노동자 사이에 성별이나 인종 등의 이유로 임금이나 고용에서 정당화될 수 없는 차이가 발생하는 것을 말한다.

펠프스(E. Phelps)는 임금격차와 관련하여 통계적 차별(statistical discrimination)이라는 이론을 발전시켰다. 고용주는 노동자들을 채용하려는 경우에 그에 관한 정보가 부족한 상태에서 의사결정을 할 수밖에 없고, 채용비용과 장래의 훈련비용을 절약하기 위해 약간의 작은 정보라도 의사결정에 이용하려 하게 되는데, 이때 인종이나 성별은 비용이 전혀 들지 않는 정보를 제공해 준다는 것이다. 그렇다면 결국 고용주는 과거 자신의 경험이나 소문, 또는 전국적 통계에 의존하여 소수민족이나 여성의 생산성, 훈련비용, 근속가능성에 관해 판단을 하게 되는 것이다.

이 경우 고용주들의 인식이 여성에 대해서는 불리하게 작용할 가능성이 크다. 왜냐하면 과거 통계적으로 보아 직장을 그만둔 사람 중에는 아무래도 여자들이 많을 것이고, 고용주는 과거의 통계를 현재의 채용에 이용하게 되기 때문이다. 여성지원자들 중에는 남자들보다 일을 더 잘 할 수 있는 사람도 있을 것이고, 더 오래 근무할 태세가 되어 있는 여성들도 많이 있겠지만, 그런 여성을 고용주가 식별해 낼 방법이 없는 한 여성들은 고용과 임금의 차별을 받게 된다.

경제학자처럼 생각해보기

한국에서 골드 미스가 점점 늘어나는 이유는 무엇일까?

한국의 남녀임금격차가 경제협력개발기구(OECD) 회원국 가운데 가장 큰 것으로 나타났다. 기획재정부 등에 따르면 OECD는 최근 사회 · 노동보고서를 통해 지난해 기준으로 한국은 남성이 여성보다 평균 38%의 임금을 더 받아 30개 회원국 중 차별이 가장 심했다고 지적했다. 이는 OECD 평균남녀임금격차인 18.8%에 비해 두 배 이상이다. OECD는 한국의 현격한 남녀임금격차에 대해 뿌리 깊은 남녀차별의식에다 남성이 여성에 비해 고소득, 정규직, 전문직에 많이 종사하기 때문으로 분석했다.

남녀고용률격차 또한 한국은 30%로, 터키(51%), 멕시코(46%), 그리스(32%)에 이어 네 번째로 심한 국가로 분류됐다. 재정부측은 한국의 노동시장구조 자체가 아직 남성 위주로 돌아가고 있기 때문에 남녀임금 및 고용률격차가 클 수밖에 없었지만 최근 여성의 사회전문직 진출이 늘면서 격차가 점차 해소되는 추세라고 설명했다.

남녀임금격차가 발생하는 원인에 대해서는 인적자본론부터 여러 가지 차별이론까지 다양한 연구가 이루어져 있다. 하지만 남녀임금격차는 인종이나 외국인, 혹은 동일성별 안에서의 임금격차와는 다르게 연구되어야 할 부분이 있다고 생각된다. 왜냐하면 남녀 간의 격차는 이미 사회 · 정치 · 문화적인 측면에서 오래된 차별이 이어져 왔고, 그러한 차별이 다시 경제적 측면까지 영향을 미치는 경우가 많기 때문이다.

이런 관점에서 볼 때 경제적 혹은 노동시장에서 발생하는 남녀 간 라이프사이클(life-cycle)의 차이가 인적자본 축적에 차이를 가져오고 결국 임금격차를 초래한다는 연구는 꽤 흥미롭다. 빠르게 변화하고 있기는 하지만 아직도 출산과 육아의 많은 부분을 여성이 도맡아 하는 현실에서 여성은 단절적인 라이프사이클을 가질 수밖에 없다. 결국 여성들은 출산과 육아가 끝난 후에 재취업하게 되지만 이전과 같은 업종도, 직종도, 지위도 되찾을 수 없게 되는 것이다.

이러한 라이프사이클이 기혼여성에게만 불이익을 가져오는 것일까? 아니라고 생각한다. 대부분의 여성들의 라이프사이클이 단절적이라고 생각하는 기업주들이 절대로 미혼여성들에게 많은 인적투자를 하지는 않을 것이며, 중요한 직책에 여성을 모집하지도 않을 것이기 때문이다. 요즘 만연하고 있는 골드미스 신드롬이나 선진국 최저수준인 출산율이 단순히 여성들의 이기주의적 사고방식 때문이라고 단정 짓는 것은 어쩌면 지극히 남성 중심적인 사고일 수도 있지 않을까?

제 2 절 | 자본시장과 이자율의 결정

이자율이란?

누군가가 은행에 돈을 예금한다는 것은 미래지향적 거래를 하는 것이다. 은행은 저축자에게 안전성뿐만 아니라 저축에 대한 수익을 제공한다. 이러한 수익을 이자라고 하고 수익률을 이자율이라고 하는데, 경제학에서는 이자율도 하나의 가격이다. 만약 치킨 한 마리의 가격이 1만 원이라면 치킨 한 마리를 얻기 위해 1만 원을 포기해야 한다는 것을 의미한다. 치킨 한 마리가 1만 원이고 피자 한 판이 2만 원이라면, 이때의 가격비율은 피자 한 판을 산 대가로 치킨 두 마리를 포기해야 되는 기회비용 또는 두 재화의 교환비율인 상대가격이라는 것을 배운 바 있다. 마찬가지로 이자율이 연 10%라면 오늘 100만 원의 소비를 포기함으로써 저축자는 내년에 110만 원어치를 소비할 수 있다. 따라서 이자율은 현재소비를 100만 원어치 포기함으로써 미래에 얼마나 많이 소비할 수 있는가를 말해주는 현재와 미래의 상대가격을 나타낸다. 여기에서 미래가격 110만 원과 현재가격의 관계는 110만 원=100만 원(1+0.1)이 되며, 이것을 정리하면 다음과 같이 표현된다.

$$\text{현재할인가격} = \frac{\text{미래가격}}{1+\text{이자율}} \quad \text{또는} \quad \text{현재할인가격} = \frac{\text{이자}}{\text{이자율}}$$

생/각/넓/히/기 **이자율과 수익률이란 용어의 차이**

일상에서 자주 쓰이는 이자율(interest rate)과 수익률(rate of return)이란 말의 차이는 무엇일까? 이자율은 차입자의 입장에서 본 개념으로 차입금에 대한 이자부담액의 비율을 말한다. 한편 수익률은 자금대부자의 입장에서 투자에 따른 투자원금에 대한 수익금의 비율을 말한다. 주고받는 입장에서 둘은 동일할 것 같지만, 차입자가 부담하는 이자율과 대여자가 얻는 수익률이 항상 동일한 것은 아니다. 그 이유는 회사채와 같은 시장성 있는 채권을 구입하는 형태로 자금이 거래되는 경우, 대부자는 회사채를 발행하는 회사가 지급하는 이자에 더해서 채권가격이 상승해서 발생하는 자본이득이나 채권가격이 하락하여 발생하는 자본손실을 볼 수 있기 때문이다.

이자율의 결정

대부자금에 대한 수요의 대부분을 구성하는 것은 기업의 투자와 관련된 수요이다. 기업뿐만 아니라 소비자나 정부도 자금을 필요로 하게 된다. 소비자가 집이나 자동차를 산다든가 정부가 도로나 학교건설 등의 공공사업을 수행하는 것이 그런 행위의 좋은 예가 된다.

이러한 목적으로 자금을 빌리는 경우에 이자율이 높아지면 빌리고자 하는 금액을 줄이려고 할 것이다. 왜냐하면 이자율이 높으면 그 이자율보다 높은 수익률을 보장하는 사업에만 투자하려고 하기 때문에 기업의 자금수요는 적어질 수밖에 없기 때문이다. 따라서 대부자금에 대한 수요를 나타내는 곡선은 우하향하는 모양을 갖게 된다.

한편 가계와 기업은 소득을 벌고서 소비하고 남은 수입을 저축한다. 가계나 기업이 저축하는 자금은 은행이나 제2금융권으로 들어가 금융시장에서 자금공급이 된다. 이자율이 올라갈 때 일반적으로 남에게 빌려주려는 자금의 공급이 늘어날 것이다. 물론 가계는 일반적으로 미래의 소비보다 현재의 소비를 더욱 선호한다.

그럼에도 불구하고 현재의 소비를 자제하고 저축하는 것은 여기에 이자가 붙어 미래에 더 큰 금액을 소비할 수 있음을 기대하기 때문이다. 특히 금융기관은 이자율이 올라갈 때 더 많은 자금을 공급하는 반응을 보일 가능성이 크다. 따라

그림 6-2 대부자금의 수요와 공급에 의한 이자율의 결정

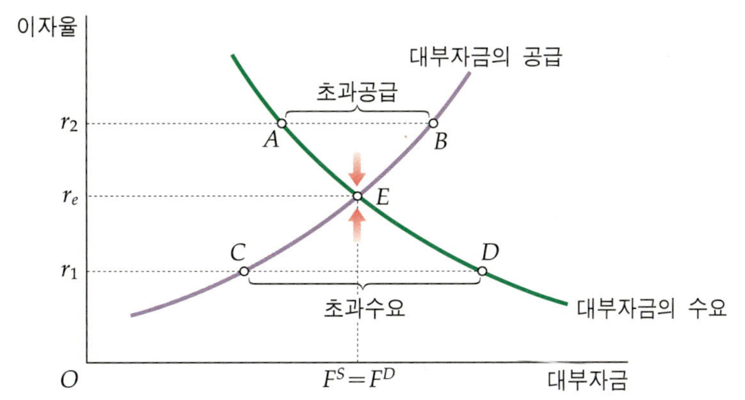

이자율이 신축적이면 대부자금의 수요와 대부자금의 공급이 일치하는 점에서 균형이자율이 결정되고, 대부자금의 시장은 완전히 균형이 된다.

서 대부가능자금의 공급곡선은 우상향하는 모양을 갖게 된다.

이렇게 자금을 빌려주고 빌리는 것과 관련된 가격이 바로 이자율(interest rate)인데, 다른 가격과 마찬가지로 수요와 공급의 상호작용에 의해 그 수준이 결정된다.

지금까지의 논의는 하나의 시장이자율이 존재한다는 인상을 준다. 그러나 현실의 시장에는 몇 가지의 이유 때문에 여러 가지의 다른 이자율이 존재하고 있다.

첫째, 위험성의 차이로 인하여 이자율이 달라진다. 신용도가 상대적으로 낮은 사람은 원금을 갚지 않을 가능성이 높기 때문에 높은 이자를 부담하게 된다. 둘째, 대부기간의 차이에 의해서 발생한다. 대부기간이 길수록 인플레이션에 따른 실질이자율의 감소가능성이 크기 때문에 더 높은 이자를 요구하는 경향이 있다.

이자이론의 발달

이자율의 결정이론을 살펴보면 중세에는 이자금지 또는 불임(不姙)설이 있었다. 그 후에 나온 제욕(制慾)설은 이자는 소비를 억제한 대가로 본다. 이 이론은 시차(時差)설로 발전하였는데, 이자는 현재의 시간선호가 클수록 소비를 억제한 대가가 커지므로 더 높은 이자를 지불해야 한다는 것이다.

그 후 신고전학파 등은 실물이자율개념으로 실물자본의 공급인 저축과 실물자본의 수요인 투자가 일치하는 수준에서 결정된다는 한계생산력설로 발전된다. 즉, 이자는 자본의 생산에 대한 기여분인 한계생산력만큼 결정된다는 것이다.

이 이론에 의하면 자본시장의 완전경쟁을 가정할 때

$$VMP_K = MRP_K = MFC_K = P_K$$

가 되고, 이것을 물가수준(P)으로 나누면 $MP_K = r$이 성립한다. 그러나 20세기의 현대금융이 본격화되면서 케인스는 화폐이자의 이론을 주장하게 된다.

우리가 위에서 배운 이자이론은 고전학파적인 실물이자론과 케인스의 화폐이자론이 결합된 실물자본의 공급인 저축과 화폐공급의 합인 대부자금의 공급과 실물자본의 수요인 투자와 화폐수요의 합인 대부자금의 수요에 의해 결정된다는 현대적 대부자금설 관점에서 기술된 것이다.

문학 속 경제이야기

베니스의 상인과 이슬람 금융

「베니스의 상인(The Merchant of Venice)」은 셰익스피어의 희극 중 가장 잘 알려져 있는 희극이다. 비록 읽은 지가 오래되어 대책 없는 두 친구 '안토니오'와 '버사니오' 아니면 현명하지만 남장을 한 채 등장할 수밖에 없었던 '포셔'의 이름은 기억이 나지 않더라도, 채무자에게 채무불이행 시 1파운드의 살을 요구한 '샤일록'의 이름은 모두 기억하고 있으리라 생각된다. 그리고 너무나 유명한 판사의 판결문 '피는 한 방울도 흘리지 않도록 할 것과 정확하게 1파운드의 살만 베어낼 것'이라는 내용도 쉽게 잊혀지지 않는 구절일 것이다.

아마도 고리대금업자라고 하면 샤일록 같은 피도 눈물도 없는 악랄한 유대인의 이미지가 떠오르게 된 것도 이 작품 때문이지 않을까? 물론 유대인들이 꼭 대부업에만 종사한 것도 아니고 모든 대부업자가 유대인이었던 것도 아니지만, 유대인들이 경제적 후진지역에서 가난한 사람들에게 소액을 대출해 주는 역할을 많이 했던 것은 분명하다. 사실 유대교에서도 이자를 받고 돈을 빌려주는 것은 금지되어 있지만 "타국인에게 네가 꾸어주면 이자를 받아도 되거니와 네 형제에게 꾸어주거든 이자를 받지 마라"는 성경의 구절로 이방인에게는 이자수수가 가능하다고 해석할 수 있었던 것이다.

한편 이슬람교의 경전인 코란에도 "이자를 탐하는 자들은 사탄의 광기로 파멸을 받는 자들이 될 수밖에 없다"는 구절이 있듯이, 위험을 감수하지 않고 얻은 이자는 성실한 노력을 저해하는 불로소득으로 정당하지 않으며, 불로소득은 빈익빈 부익부를 초래한다고 하여 금하고 있다.

그런데 이자에 관한 코란의 가르침과 비교했을 때 관심을 끌 만한 이슬람금융이 나타나고 있는데 바로 '수쿠크'이다. 이슬람채권을 가리키는 수쿠크는 투자자들이 사업에 투자해 거둔 수익을 배당하는 것인데, 코란에서는 고리대금업이나 이자를 금지했을 뿐 채권의 수익은 '이자'의 개념이 아닌 '수익배당'의 개념이라는 것이다.

이러한 이슬람식 금융이 주목받는 것은 기본적으로 아랍권국가의 막대한 오일머니 때문이다. 이슬람금융의 조건을 충족시켜 수쿠크를 발행하면 무슬림들의 오일머니를 끌어들일 수 있으며, 특히 최근 들어 중동투자자들이 이머징마켓 등 투자처를 다양화하려 하기 때문에 세계적으로도 수쿠크발행이 증가세에 있다. 이러한 전략을 잘 구사한 나라 중 선두주자가 아랍에미리트연방의 두바이다. 물론 지난해 한때 위기를 맞기도 하였지만 금융의 변화를 통해 세계적인 주목을 받는 나라가 되었다.

말레이시아도 이런 분위기를 활용해 중동의 투자자들과 이머징마켓기업 사이에 다리를 놓아주고 더 나아가 세계시장에 이슬람식 금융을 전파하겠다는 의욕을 불태우고 있다. 지난 1996년부터 전 세계에서 발행된 이슬람채권 410억 달러 가운데 300억 달러가 말레이시아에서 발행됐을 정도이며, 말레이시아 내 이슬람계 소매금융은 매년 발전을 거듭해 전체 말레이시아 소매금융업의 12%를 차지하고 있다. 또한 말레이시아는 2,000억 달러에 달하는 이슬람금융 투자규모, 8,000억 달러에 달하는 중동의 개인자산이라는 잠재력을 살리기 위해 쿠알라룸푸르를 이슬람의 금융허브화한다는 목표를 가지고 있으므로 또 다른 금융허브화를 꿈꾸고 있는 한국에게는 큰 도전이 될 것이라 생각된다.

문학 속 경제이야기

조삼모사와 경제학

「열자(列子)」'황제편'에 나오는 '조삼모사'이야기를 해 보자. 춘추전국시대에 송나라에 저공(狙公)이라는 사람이 살았는데 원숭이를 키우는 특이한 취미를 가지고 있었다. 어느 해 송나라에 극심한 가뭄이 들어서 매년 수확하던 도토리의 양이 많이 줄게 되자, 저공은 도토리의 양이 적기 때문에 원숭이들에게 "앞으로 너희들에게 아침에 3개, 저녁에 4개를 주겠다"고 말했다. 그러자 원숭이들은 아침에 3개를 먹고는 배가 고파 못견딘다고 화를 내며 싫어하였고, 다시 저공이 "그렇다면 아침에 4개를 주고 저녁에 3개를 주겠다"고 하자 원숭이들이 매우 좋아하며 만족해 했다.

'조삼모사'의 원리를 경제학의 기본원리에 따라 살펴보자. 사람들은 자신의 소득을 현재에 소비하거나 저축했다가 미래에 소비할 수도 있다. 결국 조3모4나 조4모3이나 똑같은 숫자이지만, 우리가 소비를 하는데 있어서 시간의 개념을 도입한다면 원숭이의 조삼모사의 의미는 달라진다. 저축을 한다는 것은 현재의 소비를 포기하고 미래에 소비하겠다는 말이다. 저축에 대해서 이자가 많이 붙을수록 사람들은 현재의 소비를 포기하고 미래의 소비를 선택한다. 하지만 미래가 불안정하다면 사람들은 불확실한 미래의 기대 대신 현재의 소비에 투자한다. 원숭이들이 조삼모사 대신 조사모삼을 선택한 것도 시간의 개념과 깊은 관련성을 가진다. 원숭이들은 가뭄 때문에 발생할 수 있는 불확실한 미래 대신 현재의 소비를 더욱 중요하게 여긴 까닭에 조사모삼을 선택한 것이다.

만약 저공이 현재의 소비와 미래의 소비는 다르다는 것을 알았더라면 조삼모사 대신 조사모삼을 선택한 원숭이의 행동을 어리석은 짓이라고 묘사하지는 않았을 것이다. 경제이론상 같은 조건이라면 기다렸다 소비하는 미래소비보다 기다리지 않고 소비하는 현재소비가 더 매력적이기 때문이다.

제3절 | 지대와 이윤

지대의 결정

지대(地代)는 일정기간 동안 토지사용에 대한 보수를 말한다. 즉, 지대는 소유자가 토지를 타인에게 일정기간 빌려주고 그 토지의 서비스에 대한 대가로서 취득하는 임대료를 말한다. 이에 대하여 자산으로서 토지의 가격을 지가(地價)라 한다. 지대의 결정과정도 토지의 수요와 공급에 의해 결정된다는 점에서 다

그림 6-3 **지대의 결정과 변동**

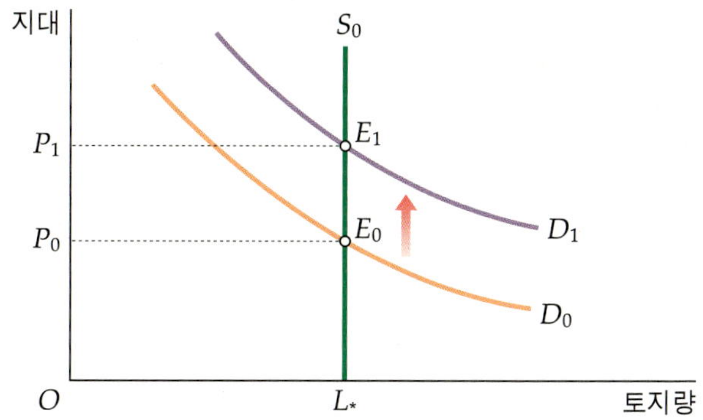

자연조건에 의해 고정된 토지공급(S_0)과 지대의 감소함수인 토지수요에 의해 지대(P_0)가 결정된다. 한편 토지수요의 증대는 불로소득인 지대의 상승(P_1)을 초래한다.
→ 거품현상의 초래

른 요소의 가격결정원리와 동일하다. 차이점이라면 다른 요소와 달리 토지의 공급은 자연조건에 의해 고정되어 있다는 점이다. 이러한 사실은 토지의 공급곡선이 완전비탄력적인, 즉 수직의 형태가 된다는 것을 뜻한다. 토지의 수요는 추가적인 토지 $1m^2$가 가져오는 수입의 증가분인 토지의 한계수입생산물(*MRP*)에 의해 결정되고 토지의 한계생산물체감에 의하여 우하향하는 형태를 취한다. 따라서 지대는 수직의 공급곡선과 우하향하는 수요곡선의 교차점에서 결정된다.

이러한 지대의 결정과정을 간략히 설명해 보자. 서울지역의 땅값은 우리나라의 다른 지역의 땅값에 비해 비싸다. 그 이유는 서울과 다른 지역의 토지 $1m^2$가 가져오는 추가적인 수입이 다르기 때문이다. 인구가 많고 소비수준이 높은 서울지역은 토지에 대한 한계수입생산물이 높고, 따라서 서울지역의 땅값이 높을 수밖에 없다.

경제지대와 지대추구행위

전통적인 지대의 개념은 리카도(D. Ricardo)에서 비롯된다. 리카도 등의 고전학파에 의하면 지대는 토지공급의 고정성이라는 자연적 특성이 강조되는 순수지대의 의미를 지닌다. 한편 마샬(A. Marshall) 등의 신고전학파는 토지도 여러 개의 생산요소 중 하나로 취급하여 어떠한 요소라도 공급이 쉽게 증가하지 못하면 그에 대한 대가로 지대가 발생한다고 보았다.

현대경제학에서는 이것을 발전시켜 '경제지대(economic rent)'라는 개념을 만들었는데, 토지처럼 공급이 제한되거나 비탄력적이어서 공급이 원활하게 이루어졌을 때의 가치(기회비용인 전용수입) 이상으로 보유자가 얻는 몫을 의미한다. 즉, 요소가격은 전용수입(transfer earning)과 경제지대로 이루어지는데, 어떤 생산요소를 현재의 용도에 계속 머물게 하도록 하는 최소한의 지급액을 전용수입이라 하고, 이것을 초과하는 지급액을 경제지대라 한다.

만약 목공이 자기의 일을 계속하기 위해서는 월 300만 원을 벌어야 하고, 이 돈을 벌지 못하면 포장마차를 운영하는 것이 낫다고 생각한다고 하자. 이때 목공이 실제 500만 원을 벌고 있다면 300만 원의 전용수입과 200만 원의 경제지대가 발생한 것이다. 이러한 경제지대는 요소의 공급이 쉽게 이루어지 못할수록 커지게 되므로, 만약 목공이 목공조합을 만들어 일정한 자격조건이 없으면 목공을 할 수 없도록 여러 제도를 만든다면 목공의 수입은 점점 커지게 될 것이다.

이와 같이 요소공급자가 인위적으로 공급을 비탄력적으로 만들어 경제적 지대를 더 많이 획득하려고 하는 행위를 '지대추구행위(rent-seeking behaviour)'라 한다. 지대추구행위는 당사자나 해당 단체에는 경제지대를 가져다 주지만, 인위적으로 공급이 제한되므로 사회적인 후생손실을 초래하게 된다. 우리가 일상에서 보게 되는 각종 자격시험의 인원제한이나 영화인들의 스크린쿼터축소 저지운동 등이 지대추구행위에 해당한다.

그림 6-4 공급탄력성과 경제지대와 전용수입의 크기

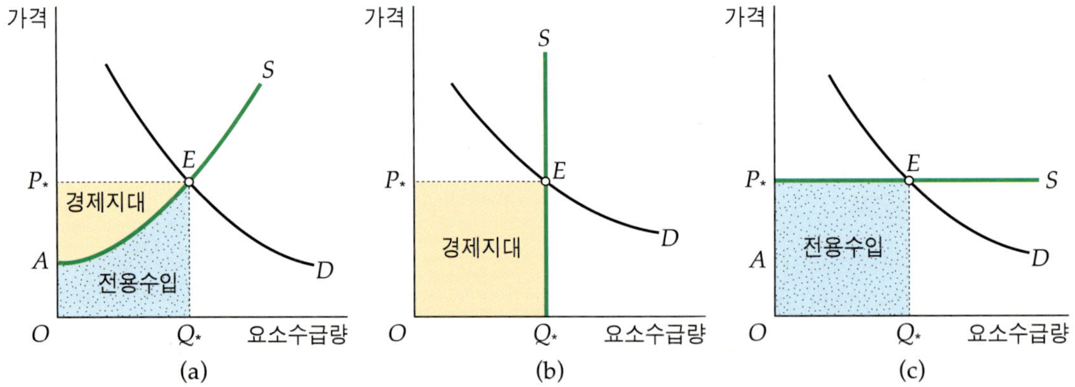

시장이 독점에서 경쟁으로 바뀌어져 요소의 공급탄력성이 커질수록 전용수입은 커지고 경제지대는 작아져 경제정의가 실현된다.

생/각/넓/히/기 **자격시험의 정원 제한은 왜 할까?**

미국에서 공인회계사나 변호사 등의 자격시험에서 정원을 정한다는 말은 들어보지 못한 것 같다. 그러나 과거만큼은 아니라고 해도 우리나라의 경우에 의사, 약사, 변호사, 공인회계사나 세무사 등의 시험에는 꼭 정원이 얼마라는 말이 따라붙는다. 이 말은 각종 자격을 가진 전문가들의 공급이 가격변화에 따라 신축적으로 변화하기 힘들고, 또한 전체 공급량도 국민들이 바라는 기대수준 이상으로 늘어나기 힘들다는 것을 뜻한다. 그런데 이러한 정원 제한이 단지 국가정책 때문만은 아니다.

우리는 기존 합격자들이 자신들의 직종에 대한 진입장벽을 높이기 위해 로비활동을 하거나 파업을 하는 모습을 종종 봐왔다. 이처럼 신규 인력의 진입을 막으려는 국가나 해당 협회의 노력은 '규제'의 형식을 띠게 되고, 이런 규제는 결국 인력의 공급감소를 통해 그 요소가 제공하는 가격을 높이게 될 것이다. 그리고 이렇게 해서 늘어나는 부분은 자신들의 몫이 되는 것이다.

지대추구행위가 문제시되는 이유는 무엇인가? 지대라는 것의 상당부분이 자신의 노력 이상의 것을 얻는 것이므로 공평성과 효율성 양면에서 문제가 되고, 자원배분을 비효율적으로 만들기 때문에 사회후생적인 측면에서도 후생을 감소시킨다는 것이다. 물론 특허권과 같은 지대의 추구는 생산자의 창조적 행위를 자극하고 추가적인 발전을 가져올 수 있는 계기가 될 수 있으므로 사회적 후생을 증가시키는 경제행위로 이어질 수도 있다. 하지만 창조적 활동 없이 단순히 '규제'를 통해 진입장벽을 높이고, 또한 이로 인해 발생하는 공급의 제한을 이용한 지대의 추구행위는 분명 사회적 후생을 감소시키게 된다.

그렇다면 최근 자격시험에 요구되고 있는 영어시험점수는 어떻게 이해할 수 있을까? 세계화시대에 살고 있는 우리들로서 영어에 대한 중요성은 굳이 설명이 필요 없을 것이다. 하지만 외국인과 상대할 경우가 거의 없는 직업에까지 요구되는 영어시험점수는 쓸데없는 비용낭비일 뿐만 아니라 또 다른 모습의 지대추구행위가 아닐까?

경제학자처럼 생각해보기 헨리 조지의 토지단일세

이상적인 세금이 존재할까? 19세기 미국의 경제학자이자 사회철학자인 헨리 조지(Henry George)는 그렇다고 생각했다. 그는 1897년에 집필한 저서 「진보와 빈곤(Progress and Poverty)」에서 정부의 조세수입은 전적으로 토지세로 충당되어야 한다고 주장했다. 그의 주장에 따르면 이 '단일세(single tax)'는 공평할 뿐만 아니라 효율적이라고 한다. 조지의 이러한 주장은 상당한 정치적 지지를 얻었다. 그는 실제로 1886년 뉴욕시장선거에 출마하여 팽팽한 접전을 벌이기도 했다.

조지의 토지세 주장은 대체로 경제복지의 분배에 관한 문제의식에서 출발하고 있다. 그는 '엄청난 부와 비인간적인 궁핍'을 몹시 개탄하면서 토지 소유자들이 급속한 경제성장을 통해 과다한 이득을 누리고 있다고 생각했다. 조지가 주장하는 토지세의 논리는 현대경제학의 분석기법을 사용함으로써 이해할 수 있다.

먼저 토지임대시장의 수요와 공급을 생각해 보자. 인구가 증가하고 소득이 늘어남에 따라 토지에 대한 수요는 점차 증가한다. 그러나 토지의 공급은 고정되어 있기 때문에 완전비탄력적이다. 수요가 급증하는데 공급이 고정되어 있다면 토지임대료는 빠르게 상승할 것이다. 그 결과 경제성장은 부유한 토지소유자들을 더욱 부유하게 만들 것이다.

이제 토지세의 귀착을 분석해 보면 상대적으로 덜 탄력적인 쪽이 세금부담을 더 많이 진다. 토지세는 이 원리의 극단적인 경우에 해당한다. 공급탄력성이 0이기 때문에 세금부담은 전액 토지소유자들이 진다.

다음으로 효율성측면을 살펴보자. 이미 살펴본 바와 같이 세금으로 인한 경제적 순손실의 크기는 수요와 공급의 탄력성에 달려 있다. 토지는 극단적인 경우에 해당한다. 토지공급의 탄력성이 0이기 때문에 토지세는 시장의 자원배분에 영향을 미치지 않는다. 따라서 경제적 순손실은 발생하지 않고, 조세수입은 토지소유자의 부담과 일치한다.

▲ 헨리 조지(1839~1897)

비록 토지세가 이론적으로 매력 있는 아이디어지만, 현실에서는 그렇게 간단하지가 않다. 토지에 대한 세금부과가 경제적 유인을 왜곡시키지 않으려면 그것은 가공되지 않은 자연 그대로의 토지(raw land)에 대한 세금이어야 한다. 그러나 토지의 가치는 때때로 나무를 베었다든지, 배수구를 설치했다든지, 도로를 연결했다든지 하는 여러 조치들에서 나온다.

자연 그대로인 토지의 공급과는 달리 토지의 효용을 높이는 여러 가지 조치가 행해진 토지 공급의 탄력성은 0보다 크다. 따라서 이러한 토지에 세금이 부과되면 경제적 유인이 바뀔 수 있다. 토지세는 토지의 효용을 높이기 위한 자원의 투입을 저해할 수 있는 것이다.

오늘날 조지의 단일토지세를 지지하는 경제학자는 거의 없다. 토지에 대한 세금은 앞에서 살펴본 문제를 야기할 뿐만 아니라, 오늘날 정부의 막대한 지출을 감당할 수 없기 때문이다. 그러나 헨리 조지의 논리는 아직도 유효하다. 조지의 저서가 출간된 지 1세기가 지난 오늘날 저명한 경제학자 프리드만(Milton Friedman)은 다음과 같이 이야기한다.

"내 생각에 가장 덜 나쁜 세금은 개발되지 않은 토지에 대한 재산세이다. 이것은 바로 오래 전 헨리 조지의 주장이다."

▶ 출처 : 맨큐(N. G. Mankiw), 「경제학」(3판 : 교보문고), p. 192에서 인용

이윤과 이윤학설

생산요소를 결합하여 생산을 주도한 기업가의 창의적 노력에 대한 대가로 총수입에서 경제적 비용을 뺀 몫을 이윤이라 한다. 이윤은 임금이나 이자와 같이 생산 전에 계약에 의해 결정되는 확정소득이 아니라 생산 후에 결정되는 잔여소득이자 불확정소득이라는 점에서 다른 요소대가와 차이가 있다. 자본주의는 이윤을 찾아 모든 경제가 움직인다. 이러한 점에서 슘페터(J. Schumpeter)는 이윤을 '자본주의의 원동력'이라고 지적한 바 있다.

이윤을 보는 견해는 학자마다 차이가 있다. 자본주의를 가장 옹호하는 시카고대학의 나이트(F. H. Knight)는 이윤을 투자의 불확실성에 따르는 모험을 감수

역사 속 경제이야기

세계에서 가장 오랫동안 위력을 발휘했던 첨단산업은 무엇이었을까?

인류역사상 가장 오랜 세월에 걸쳐 첨단산업의 위치를 차지한 것은 '실크로드'라는 말에서 보듯이 중국의 비단산업이다. 인류의 가장 기본적인 수요(basic needs)인 '의, 식, 주'에서 전통적으로는 '의'가 가장 중요하였다. 현재는 섬유산업이 발달하여 '주'가 그 지위를 차지했지만 인류의 가장 오래된 숙원은 '의', 즉 좋은 옷이었다. 중국은 일찍부터 누에에서 생산되는 비단산업을 발전시켜 엄청난 부를 창출하여 최강국의 위치를 차지하였다. 중국의 비단을 실크로드의 출발지점인 시안에서 로마까지 거의 1만 4,000km를 걸어서 가지고 가면 로마의 귀족들은 비단의 무게를 달아 그만큼의 금으로 바꾸어주었다. 따라서 실크로드를 통하여 이루어지는 무역이 험난한 산맥과 사막, 그리고 도둑 등의 위험이 있었음에도 불구하고 무역상에게는 비단과 향료를 가지고 한 번만 갔다 와도 횡재하는 장사였다.

비단산업이 오랫동안 첨단산업일 수 있었던 것은 비단산업에 대한 여러 가지 보호정책 때문이었다고 할 수 있다. 아직도 중국에서는 남자들이 음식을 하는 습관이 남아 있는데, 그 이유는 비단을 짜야 하는 여자의 손에 기름기가 묻어 있으면 좋은 상품을 만들어낼 수 없기 때문이다. 또한 고려시대 문익점이 비단보다 훨씬 못한 목화씨조차 목숨을 걸고 붓 대롱에 숨겨온 사례에서 보듯이 중국은 특히 비단제조기술에 대해 지금의 기술유출에 대한 감시와는 비교가 안될 만큼 철저하였다.

비단이 지나가는 길, 현재의 우즈베키스탄, 키르키스탄, 아프가니스탄 등의 중앙아시아 여러 나라는 돈이 흘러 넘쳤고, 이러한 풍부한 자금으로 이루어진 문화와 건축물이 현재도 세계문화유산으로 지정될 만큼 화려하였다. 그러나 근세에 들어와 희망봉을 거쳐 인도와 중국으로 오는 항로가 개척되자 실크로드가 통과하는 중앙아시아의 여러 나라는 역사의 뒤안길로 사라져 현재 세계에서 가장 낙후된 지역으로 남게 된 것은 역사의 아이러니라 할 수 있다.

한 대가로 본다. 여기에 대해 마르크스(K. Marx)는 이윤은 자본가의 착취, 즉 생산수단의 소유자인 자본가가 노동자가 만들어낸 잉여가치를 착취하는 것으로 본다. 반면 슘페터는 기업가의 혁신(innovation), 즉 신기술로 새로운 상품을 만들어내거나 새로운 시장의 개척 등과 같은 창의적 노력의 대가로 본다.

그의 주장을 살펴보면 기술의 주기는 '연구 · 개발(R&D) → 발명 → 혁신 → 모방'의 형태로 이루어진다. 연구실에서 이루어지는 연구 · 개발은 새로운 상품이 등장하는 발명으로 나아간다. 그러나 발명은 신상품이기는 하지만 경제성이 없기 때문에 시장에서 대중화되는 것은 아니다. 따라서 신상품에 경제성을 불어넣는 작업이 기업가의 혁신에 의해 이루어진다.

일례로 면도기를 만든 질레트는 전기 케이블, 베어링 등 많은 발명특허를 보유하고 있었다. 그러나 그를 부자로 만든 것은 이러한 발명특허가 아니었다. 크게 호응받지 못했던 발명품이었지만 꾸준한 투자를 통해 결국 상품화에 성공한 일회용 면도기가 그를 돈방석에 앉게 한 것이다. 20세기의 최대 발명품 중 하나인 흑백TV가 전 세계적으로 보급이 되어 더 이상의 수요가 나타나지 않게 되자 경영의 위기를 느낀 기업이 컬러TV라는 혁신을 일으키게 된 것도 그러한 사례가 될 것이다.

혁신으로 엄청난 이윤을 얻게 되면 그 후에 모방이 등장하여 그 상품의 가격은 떨어지고 시장에서 사양화되거나 사라진다. 슘페터는 이러한 혁신을 '창조적 파괴(creative destruction)'의 과정이라 묘사하면서, 이에 대한 대가로 폭발적인 이윤이 나타나게 되면 경제는 상승국면으로 나아가고, 그 후 모방이 나타나면 경제는 침체국면으로 진행한다고 주장했다. 20세기 말 컴퓨터 운영체계를 '도스'에서 '윈도우'로 바꾸어 엄청난 이윤을 획득한 빌 게이츠의 덕택에 1990년대 후반 미국의 IT산업에 대호황국면이 이어진 것이 바로 이러한 예이다.

제 4 절 | 소득불평등과 재분배정책

소득불평등의 개념과 발생원인

생산요소의 특성에 의한 기능적 분배원리에 따라 생산에 기여한 몫을 받아간 사회 각 계층의 소득은 많은 격차를 보인다. 이러한 개인 간 소득의 격차를 소

그림 6-5 **펜의 행렬**

소득을 키의 크기로 비유하여 평균키가 170cm라고 할 때 60분 동안 키의 순서대로 행진한다고 하자. 처음에는 (-)의 소득에서 시작하여 소득이 완만히 증가하며, 평균소득은 30분보다 훨씬 뒤에 나타난다. 마지막에는 매우 빠른 속도로 키가 증가하여 맨마지막에는 키가 구름 위에 가려져 보이지 않는 경우가 나타난다.

득불평등이라 한다. 이것이 발생하는 원인은 박지성과 프로축구 연습생의 연봉 격차에서 보는 것과 같은 개인의 능력과 노력의 차이나 상속이나 자본자산 소유의 불평등에서 발생한다. 또는 차별이나 생산요소시장의 불완전에서 발생하기도 하고 로또복권 당첨, 정치적 부패와 뇌물수수에서 보듯이 행운이나 부정부패 등에 의해 이루어지기도 한다. 하물며 잘생긴 외모와 같은 요인도 영향을 미칠 수 있다.

펜(J. Pen)이라는 학자는 소득의 격차를 사람의 크기에 빗대어 〈그림 6-5〉로 표현한 적이 있다.

소득불평등의 측정방법

사회가 단순하여 그 구성원을 노동자와 자본가와 지주로 명확하게 구분할 수 있다면 기능별 분배는 우리가 관심을 갖는 계층별 분배에 대한 해답을 줄 수 있다. 그러나 현대사회는 그 구성원을 단순히 노동자, 자본가 및 지주로 나누기가 어렵다. 예를 들어, 자기 농장에서 농산물을 생산하여 판매하는 농장주의 소득을 임금, 이자, 지대 등으로 구분하는 것은 어렵다. 따라서 부유층과 빈곤층 간의 소득을 비교하는 방법이 필요해지고 그 측정방법에는 여러 가지가 있다.

첫째, 10분위 분배율은 계층별 소득분포자료에서 최하위 40%의 소득계층의 소득이 최상위 20%의 소득계층의 소득에서 차지하는 비율로 측정된다.

$$10분위\ 분배율 = \frac{하위\ 40\%\ 소득계층의\ 소득액}{상위\ 20\%\ 소득계층의\ 소득액}$$

10분위 분배율이 클수록 하위계층의 소득이 증가하므로 소득분배는 평등해진다는 것을 의미한다. 만약 이 값이 0이면 완전 불평등한 상태이고, 2가 되면 완전평등의 상태가 된다. 10분위 분배율은 소득재분배정책의 주요 대상이 되는 하위계층의 소득분배상태를 직접 나타낼 수 있고, 측정이 간단하다는 장점이 있어서 널리 사용되는 소득불평등의 측정방법이다. 그러나 저소득층과 고소득층의 소득을 중심으로 불평등문제에 접근함으로써 중간 계층이 포함된 사회 전체 구성원의 소득불평등문제를 도외시한다는 문제점이 있다.

두 번째 방법으로 로렌츠곡선이 있다. 이것은 〈그림 6-6〉에서 보듯이 소득계층별 가구비율과 누계소득의 점유율의 대응관계를 통해 소득불평등을 측정하는 방법이다.

로렌츠곡선이 대각선에 가까울수록 완전평등선에 가까워 소득은 평등해지며, 대각선에서 멀어질수록 완전불평등선에 가까워 소득분배가 불평등해진다. 이 방법은 소득분포의 상태를 그림으로 나타내어 시각적으로 보기에 간편하고 두 개의 곡선을 쉽게 비교할 수 있는 서수적인 평가방법이다. 그러나 두 사회의 소득불평등의 정도를 정확한 수치로 표시하는 것이 어렵다는 문제점이 있다.

이러한 문제점을 극복하고자 지니계수가 등장한다. 지니계수는 로렌츠곡선의 정확한 불평등 값을 알고자 45°의 대각선과 로렌츠곡선 사이의 면적을 아래 삼

그림 6-6 로렌츠곡선

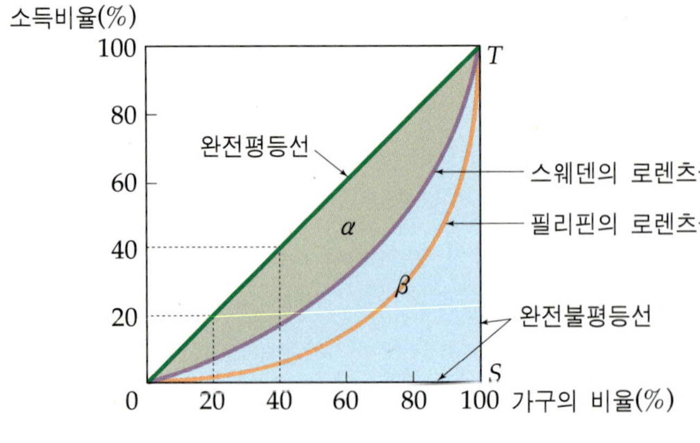

각형으로 나눈 값으로 측정된다.

$$\text{지니계수}(G) = \frac{\alpha \text{ 의 면적}}{\Delta OST\text{의 면적}} = \frac{\alpha}{\alpha + \beta}$$

이 값은 0과 1 사이의 값을 가지는 데, 0이면 완전평등, 1이면 완전불평등을 표시한다. 따라서 이 값이 클수록 소득불평등도가 크다는 것을 나타낸다. 그러나 로렌츠곡선이 교차하는 경우에 지니계수의 비교는 무의미할 수 있다는 문제점이 있다.

생/각/넓/히/기 **한국의 지니계수의 변화**

한국은 제2차 세계대전 후에 독립한 나라 중에서는 비교적 소득이 평등한 나라에 속하였다. 그러나 IMF외환위기 이후에 소득격차가 확대되고 정보화 시대에 접어들면서 소득불평등이 심화되고 있다.

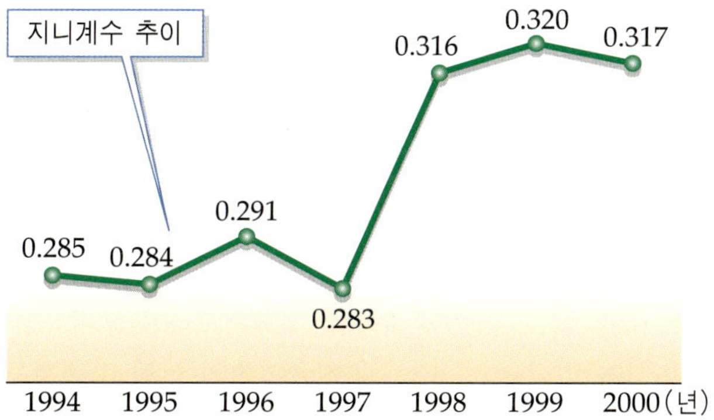

한편 소득불평등의 측정방법은 아니지만, 쿠즈네츠(S. Kuznets)에 의하면 경제발전의 초기에 소득이 평등한 상태에서 경제가 발전함에 따라 소득불평등이 심화된다. 그 이후에 경제발전이 성숙된 발전 후기에는 소득불평등을 완화하는 소득재분배정책으로 소득불평등이 완화되어간다.

따라서 경제발전과 소득불평등도의 관계가 'U'자의 형태로 나타난다. 이것을 쿠즈네츠의 'U'자 가설이라 한다. 반대로 경제발전과 소득불평등의 관계를 살펴보면 경제가 발전함에 따라 불평등도가 심화되다가 개선되는 '역U'자의 관계가 나타난다. 그러나 이 모형은 선진국에서만 입증되었을 뿐 개발도상국에서는 아직 증명되지 않았고 선(先)성장 후(後)분배의 논리를 정당화시킨다는 비판이 있다.

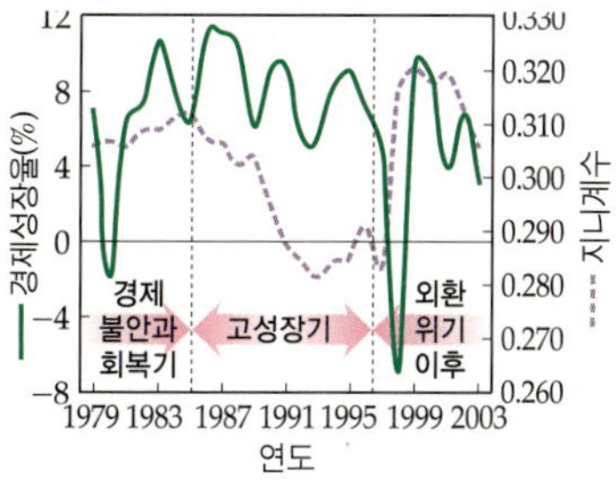

※ 자료 : 삼성경제연구소

▲ 경제성장률과 분배구조의 비교

그림 6-7 쿠즈네츠의 'U'자 가설

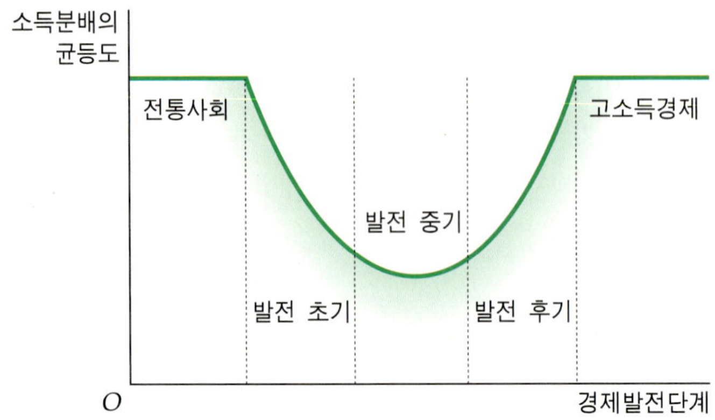

문학 속 경제이야기

왕자가 가진 진짜 행복이야기

온몸은 황금으로 입혀졌고 머리에는 보석으로 치장된 왕관을 쓴 '행복한 왕자'라는 동상이 있었다. 살아있는 동안 왕자는 온 세상이 자신이 사는 궁궐처럼 행복으로만 가득 차 있다고 생각했지만 넓은 광장 한 가운데서, 그것도 혼자만 높은 곳에 우뚝 서서 세상의 사람들을 바라보니 바깥세상은 궁궐 안의 생활과는 같지 않다는 걸 알게 되었다. 그래서 왕자는 남쪽 나라로 떠나야 할 제비에게 가난하고 불쌍한 어느 집에 자신이 가진 보석을 가져다주기를 부탁하기 시작했다. 결국 떠날 시기를 놓쳐버린 제비는 왕자의 동상 아래에서 얼어죽고 말았고, 왕자의 동상 역시 너무 보기 흉해져 녹여버릴 수밖에 없게 되었다.

아이들이 읽는 동화로는 참 슬프고 무거운 이야기구나 싶지만, 소득분배의 불평등을 이야기해야 하는 나로서는 참 고마운 동화책이다. 우리가 살고 있는 '시장경제'는 참 우수한 경제제도라고 할 수 있다. 경쟁을 할 수 있기 때문에 지금까지의 어떤 경제제도보다도 사람들이 열심히 일할 수 있게 하고, 일한 만큼 개인도 나라도 성장할 수 있는 제도이기 때문이다. 그런데 안타깝게도 시장경제는 해결하기 힘든 문제점을 가지고 있는데, 바로 '공평성'이다. 가장 필요한 곳에 가장 적당한 자원을 배분할 수 있고, 각자의 이익을 위해 최선을 다할 수 있는 곳이 시장경제이지만 모든 사람들이 같은 능력을 가지고 있을 수는 없기에 경쟁에서 지는 사람도 있을 수 있고, 최선을 다하더라도 더 적은 결과를 얻을 수밖에 없는 사람도 있을 수 있는 것이다.

이야기의 마지막 부분을 떠올려보자. 하느님이 천사에게 인간 세상에 내려가 가장 소중한 것 두 가지를 가져오라고 했을 때 그 천사는 녹지 않은 왕자의 심장과 쓰레기통에 버려진 제비의 시체를 가지고 갔다던가?

소득재분배정책

우리는 소득이 불평등하게 분배되는 요인과 경제발전단계에 따른 소득의 분배구조에 대해서 살펴보았다. 이제는 이러한 불평등을 시정하려는 노력으로 소득재분배정책에 대해 알아보자. 소득재분배정책은 공평성에 대한 가치기준에 따라 '기회의 균등'을 강조할 수도 있고 '결과의 평등'을 강조할 수도 있다. 분배가 공평하다는 것은 소득을 벌 수 있는 기회가 균등하게 주어지는가를 평가하는 기회균등과, 일을 한 결과로 얻은 소득이 얼마나 평등한가를 평가하는 결과의 평등을 함께 고려하여 판단해야 한다. 기회균등은 교육을 받을 수 있는 기회, 취업할 수 있는 기회 등이 균등하게 주어지느냐에 관한 것이며, 결과평등은 요소를 공급하고 얻은 대가가 얼마나 평등하게 분배되느냐의 여부로 판단한다.

기회균등을 실현하는 방법은 생산수단의 사유화와 시장을 통한 자유경쟁의 원리를 적용하는 것이다. 그러나 기회균등만 강조하여 경쟁을 하게 되면 거기에 따른 낙오자가 나오기 마련이므로 그러한 약자에 대한 배려가 필요해진다. 따라서 경제적 약자들이 최소한의 인간다운 생활을 할 수 있도록 하기 위해 결과적 불평등을 완화할 수 있는 소득재분배정책이나 사회보장제도가 필요한 것이다.

첫째, 조세를 통한 소득재분배정책이다. 고소득층과 저소득층의 소득격차를 완화시켜 소득불평등을 축소시키는 정책으로 누진적 조세제도가 있다. 소득세를 부과할 때 여러 형태의 공제제도로 저소득층의 소득세부담을 줄이고, 소득수준이 높은 계층일수록 더 높은 세율을 부과하는 누진세율에 의하여 고소득자의 세금부담을 무겁게 함으로써 소득재분배효과를 얻을 수 있다. 이것이 성공하기 위해서는 자영업자 등의 소득포착률을 높이고, 개인소득세의 비중을 높여야 한다. 특히 상속과 증여, 부동산투기소득 등 불로소득에 대한 중과세가 이루어져야 한다.

둘째, 정부지출을 통한 소득재분배정책이다. 정부는 공공투자를 통하여 저소득층이나 저생산성부문, 농어촌지역에 종사하는 사람들의 경제적 지위를 개선할 수 있다. 구체적으로 서민용 임대주택의 건설, 국민건강을 위한 보건소 · 국립의료기관의 신축이나 활성화 등은 저소득층의 소득과 후생을 증진시킬 수 있다. 한편 보다 직접적인 방법으로 생존의 위협을 받는 빈곤계층이 최저소득을 유지할 수 있도록 현금, 현물, 가격보조를 해주는 방법이 있는데, 이것은 제3장에서 공부한 바가 있다. 또한 사회구성원이 최소한의 인간다운 삶을 영위할 수 있도록 경제적 곤경으로부터 보호하는 국민연금이나 건강보험, 고용보험이나 산재보험 등의 사회보장제도도 이러한 목적에서 시행되는 것이다.

마지막으로 거시적인 관점에서 물가안정도 중요하다고 할 수 있다. 그 이유는 인플레이션이 심해지면 대체로 근로소득자가 불리하게 되고 자본소득자에게는 유리해져 소득의 불공평한 분배를 촉진시키기 때문이다.

뉴스 속 현장경제

"돈은 똥이다!"

자녀에겐 최소한의 돈만 물려준 채 대부분의 재산을 자선단체에 기부하는 미국 억만장자들의 상속관이 정착되고 있다.

미 경제전문지 포브스 최신호에 따르면 미국 최고의 부호로 재산이 1백85억 달러로 추산되는 마이크로 소프트사의 빌 게이츠 회장은 최근 어린 딸 제니퍼와 앞으로 태어날 형제들에게 1인당 1천만 달러만 물려주고 나머지는 모두 자선단체에 기부하겠다는 뜻을 밝혔다. 지나치게 많은 돈이 자식에게 도움이 되지 않는다는 이유에서다.

가정에서 쓰는 모든 공구나 소비재 등을 모아 파는 체인점 홈디포의 회장 버나드 마커스(68)도 전 재산 8억 5천만 달러를 교육과 장애인을 위한 사업에 쓰는 마커스 파운데이션에 기증하기로 결정했다.

코카콜라 로버트 고이주에타(64) 회장 역시 대부분의 재산을 자선단체에 기증하기로 했다.

제이콥 엔지니어링 그룹의 창업자 조지프 제이콥(80)은 이미 지난 1971년 세 딸들이 20대 초반일 때 불러모아 놓고 각자에게 1백만 달러에 해당하는 주식만 남겨주고 나머지는 모두 자선단체에 기증하겠다는 뜻을 밝혔다.

이들이 재산을 그대로 물려주지 않는 이유는 여러 가지가 있다. 철강왕 앤드루 카네기는 일찍이 '자식에게 너무 많은 돈을 물려주면 그들의 재능과 에너지를 사장시키는 꼴'이라고 밝혔다.

홈디포의 동업자 케네사 란곤(61)은 "누군가 돈은 인분과 같아서 한군데 모아두면 냄새가 나지만 여러 곳에 흩뿌리면 많은 것을 성장시킨다고 하지 않았느냐"는 이유를 들었다.

■ 출처 : 중앙일보, 1997. 5. 7.

경제학자의 이야기

갑부 과격론자 리카도

경제학자는 돈에 관한 많은 얘기를 하지만, 경제학자로 자신이 큰돈을 번 사람은 많지 않다. 경제학자로 가장 많은 돈을 번 사람은 리카도와 케인스 두 사람 정도이다. 그러나 리카도에겐 돈을 많이 번 경제학자 말고도 독특한 면이 있다. 백만장자가 열심히 사회개혁을 부르짖고 다니는 광경이 바로 그것이다.

리카도는 대학 문턱에도 못 가봤다. 그러나 그는 탁월한 능력으로 경제이론을 파고들었다. 그는 또한 금융시장에 대해 정식교육을 받은 적도 없었다. 하지만 그는 주식, 채권, 부동산투기를 통해 26세의 젊은 나이에 대단히 큰 재산을 모을 수 있었다. 큰돈을 번 그는 정치인으로 변신하여 의회로 진출하게 된다. 의원으로서의 그는 금융개혁, 빈민구제, 관세철폐, 언론자유 등 당시의 사회분위기로 보아서는 과격하다 할 만한 개혁안을 열렬히 지지하였다. 그래서 사람들은 그를 '갑부 과격분자(millionaire radical)'라고 불렀다.

그는 14세의 어린 나이에 아버지의 사업을 돕기 위해 학교를 중도에서 포기하고 금융시장의 실무로 뛰어들어야만 했다. 그렇지만 그는 총명한 머리와 재주로 당대의 경제학자들을 압도하고 있었다. 「인구론」을 쓴 맬서스(T. Malthus)와 불황의 존재 여부를 놓고 벌인 논쟁은 사람들의 이목을 집중시켰다. 그 뒤의 역사는 수요부족에 의해 불황이 나타날 수 있다고 주장한 맬서스가 진실에 더 가까이 있었다. 하지만 당시의 싸움에서는 훌륭한 논쟁술을 지닌 리카도가 승리를 차지하고 말았다. 케인스는 그때 맬서스가 논쟁에서 이겼으면 경제학이 훨씬 더 빨리 진보했을 것이라고 개탄했다고 한다.

▲ 리카도(1772~1823)

리카도가 비교우위설을 통해 자유무역을 주장하던 당시의 영국은 외국에서 수입하는 곡물에 높은 관세를 부과한 '곡물법(Corn Laws)'을 둘러싸고 격렬한 논쟁이 벌어지고 있었다. 지주계급은 당연히 곡물법이 계속 유지되어야 한다고 주장했다. 반면에 산업자본가들은 곡물법이 폐지되어야 한다고 주장했다. 산업자본가는 곡물이 자유롭게 수입되어 가격이 하락하기를 고대하고 있었다. 그래야만 노동자들의 식품비가 적게 들어 낮은 임금만 주고서도 그들을 고용할 수 있었기 때문이다.

이 논쟁에서 리카도는 자유무역과 산업자본가의 입장에서 곡물법이 폐지되어야 한다는 주장을 폈다. 요즘 우리가 흔히 쓰는 말로 친기업적 태도를 갖고 있었던 것이다. 즉, 기업의 자유로운 활동을 제약하는 모든 규제를 철폐한 자유방임상태에서 경제성장이 극대화될 수 있고 정부가 기업활동에 대해 불필요한 간섭을 삼가야 한다고 주장했다.

남부럽지 않은 사회적 지위를 획득하고서도 앞장서서 사회개혁을 부르짖은 유태인의 혈통을 타고나 보수적인 영국사회에서 여러 모로 서러움이 있었겠지만, 좀 더 살기 좋은 사회를 건설하고자 하는 그의 정열은 높이 평가받아 마땅하다.

경제학과 친구하기

제 7 장 자원배분의 효율성과 시장실패(시장이냐? 정부냐?)

제 1 절 | 효율성과 시장성과

자원배분의 효율성의 개념

▲ 파레토(1848~1923)

자본주의 시장경제가 가지는 장점은 자원배분의 효율성이다. 그렇다면 이러한 '효율성'을 기준으로 다시 한번 우리 사회를 분석해 보자. 일반적으로 비효율적인 결과란 희소한 자원을 낭비하는 것을 말하고, 효율적인 결과란 희소한 자원을 낭비하지 않는 것을 말한다. 매우 비효율적인 경제현상을 발견하기란 어렵지 않다.

한국에서 현재 개업하고 있는 음식점은 약 45.4만 개로 국민 전체인구 110명당 1개에 해당한다. 이 중 매년 33만 개 정도(매일 900개 정도)가 폐업하고 새로 창업한다고 보도되었다. 여기에 비해 소비자 가까이에 있어 쉽게 이용할 수 있는 놀이공원은 늘어나는 경우가 아주 적다. 만약 식당개업을 줄이고 놀이공원이 더 늘어난다면 분명히 사람들의 생활을 더 좋게 만들 수 있을 것이다.

그것은 현재의 자원배분이 비효율적으로 배분되어 자원의 낭비가 발생하고 있다는 것을 말한다. 즉, 곧 폐업할 음식점을 개업하지 않고 그 자원으로 집 가까이에 있어 휴일에 쉽게 이용할 수 있는 놀이공원을 만들 수 있다면, 다시 말해 누구도 피해를 보지 않고 여러 사람이 좋아질 수 있다면 현재의 자원배분은 비효율적인 상태에 있다고 할 수 있다.

이러한 논리를 연장하면 '너무 좋은 상황이어서 사람들을 더 좋게 만들 수 있는 어떠한 변화도 존재하지 않는 상황'을 (파레토) 효율적(Pareto efficient)인 상황이라고 정의할 수 있다. 아래에서는 파레토라는 말을 생략하고 효율적이라는 말로 사용하기로 한다.

(파레토) 효율성의 조건

우리 사회가 가지고 있는 재화와 요소를 효율적인 결과로 배분하기 위해서는 세 가지 조건이 충족되어야 한다. 파레토효율성의 첫째 조건은 재화의 최적배분조건으로, 동일한 재화를 소비하는 데서 얻는 한계효용(MU)의 크기가 모든 소비자들에게 같아야 한다는 것이다. 예를 들면, 용준이가 빵으로부터 얻는 한계효용이 3천 원이고 혜성이가 빵으로부터 얻는 한계효용이 천 원이라고 하자. 혜성이가 용준이에게 2천 원에 빵을 팔면 두 사람 모두 전보다 더 좋아지게 되는데, 왜냐하면 한계효용이 소비자간에 같지 않으면 다른 사람에게 손실을 입히지 않고도 한 사람의 이득이 발생할 수 있기 때문이다. 이것을 정리하면 아래와 같다.

$$MU^{\text{용준}} = MU^{\text{혜성}}$$

▲ 건빵과 담배의 자연스러운 교환은 파레토효율성의 첫 번째 조건을 충족시키는 결과를 가져온다.

파레토효율성의 둘째 조건은 생산요소의 최적배분조건으로, 한계비용(MC)의 크기가 모든 생산자들에게 똑같아야 한다는 것이다. 예를 들면 혁준의 빵공장에서 빵 한 개를 생산하는 한계비용은 2천 원이고 혜성이의 한계비용은 4천원이라면, 혁준이는 생산량을 늘리고 혜성이는 생산량을 줄이는 것이 낫다. 그 이유는 혜성이가 생산량을 줄여서 절약한 4천 원을 가지고 혁준이가 생산한 빵을 구매하면 이익이 발생하기 때문이다.

$$MC^{\text{혁준}} = MC^{\text{혜성}}$$

셋째, 그 사회가 가지고 있는 재화와 생산요소를 동시에 효율적으로 배분하기 위해서는 한계효용과 한계비용이 일치하여야 한다. 왜 이와 같은 조건이 파레토 효율성을 위해 필요한가? 만약 한계비용이 한계효용보다 크다면, 이는 너무 많이 생산되고 있다는 것을 의미한다. 매년 33만 개가 창업되고 있는 음식점의 한계비용은 한계효용보다 훨씬 더 클 것이다.

따라서 생산을 크게 감소시키는 것이 적절할 것이다. 만일 한계비용이 한계효용보다 작다면, 이것은 너무 적게 생산되고 있다는 것을 의미한다. 1년에 생산된 놀이공원의 한계비용은 분명히 한계효용보다 훨씬 작을 것이므로 더 많이 생산하는 것이 적절할 것이다. 따라서 한계효용이 한계비용과 일치할 때만이 경제적으로 효율적인 상황이다.

$$MU = MC$$

효율성과 후생경제학의 제1명제

그렇다면 효율성을 달성하기 위한 이러한 세 가지 조건에 비추어 볼 때 시장(market)은 효율적이라고 말할 수 있는가? 경쟁균형모형은 이와 같은 질문에 대해 곧바로 답해준다.

제3장의 소비자의 행동모형에 의하면 소비자는 가격과 한계효용이 일치하는, 즉 $P=MU$인 재화의 양을 소비하여 효용극대를 실현한다. 제5장의 기업의 행동모형에 의하면 개별기업은 가격(=한계수입)과 한계비용이 일치하는 $P=MC$인 재화의 양을 생산하여 이윤극대를 실현한다.

따라서 수요곡선과 공급곡선의 교차점에서 이 두 가지 조건은 모두 충족된다. 왜냐하면 교차점은 공급곡선과 수요곡선상에 동시에 있고 가격 P는 같기 때문이다. 다시 말해, 교차점에서 $P=MU$이고 $P=MC$이다.

$$MU=P(=MR)=MC$$

경쟁시장은 가격수용자로 행동하여 $P=MR$이 일치하기 때문에 "경쟁시장은 파레토 효율적이다"라는 후생경제학의 제1정리(The first theorem of welfare ecenomics)가 성립한다.

그러나 불완전경쟁시장은 가격결정자(price-maker)로 행동하여 $P=MR$이 일치하지 않기 때문에 위의 식에서 $P > MC$가 되어 비효율적인 자원배분이 이루어진다. 즉,

$$MU=P(\neq MR)=MC$$

의 식이 성립되어 자원의 최적배분이 실현되지 않는다.

교통흐름을 원활하게 하기 위해 설치해 둔 교통신호등이 '보이지 않는 손'의 역할을 하지만 신호등이 고장 난 경우에 교통체증이 발생하는 경우와 같이, 시장기구의 결함으로 자원배분의 왜곡이 나타나게 된다.

이와 같이 시장기구가 효율적인 자원배분을 달성하지 못하여 파레토 효율성을 실현하지 못하는 현상을 시장실패(market failure)라 한다. 정부는 이러한 시장실패가 발생하는 경우에 효율적인 자원배분을 달성하기 위하여 시장에 개입하게 된다.

생/각/넓/히/기 **스미스의 '보이지 않는 손'은 정말로 보이지 않는가?**

스미스(A. Smith)의 유명한 표현인 "우리가 저녁식사를 기대할 수 있는 것은 정육업자, 양조업자, 제빵업자들의 자비심 때문이 아니라 그들의 개인이익 추구 때문이다. …… 그는 공익을 증진하려고 의도하지 않으며 또 얼마나 증대시킬 수 있는지도 알지 못한다. 그는 단지 자신의 안전과 이익을 위하여 행동할 뿐이다. 그러나 이렇게 행동하는 가운데 '보이지 않는 손'의 인도를 받아서 원래 의도하지 않았던 목표를 달성할 수 있게 된다"는 것은 누구나 한 번쯤은 들어본 말이다. 모든 사람들이 자기의 처지를 개선하려고 하는 자연적인 노력인 이기심에 따라 행동하면 이른바 보이지 않는 손에 의하여 모든 경제활동이 조정되고 개인과 사회의 예정조화가 실현된다는 것이다.

그러면 스미스의 '보이지 않는 손'은 정말로 보이지 않을까? 결론적으로 독자들은 지금까지 이 손을 계속 보면서 공부해 왔다. 이것은 결국 수요공급의 원리로 수요공급곡선이 만나서 가격이 결정되고 자원의 효율적 배분이 이루어진다는 것을 표현한 것이다. 그 이유는 제3장의 소비론과 제5장의 시장구조론에서 본대로 생산물시장의 수요곡선은 소비자의 효용극대화의 과정에서 도출되어 효용이 극대가 되는 선이다. 또한 공급곡선은 생산자의 이윤이 극대화되는 선이다. 따라서 두 곡선의 교차점에서는 소비자의 효용극대와 생산자의 이윤극대가 동시에 실현된다. 이래도 보이지 않는가?

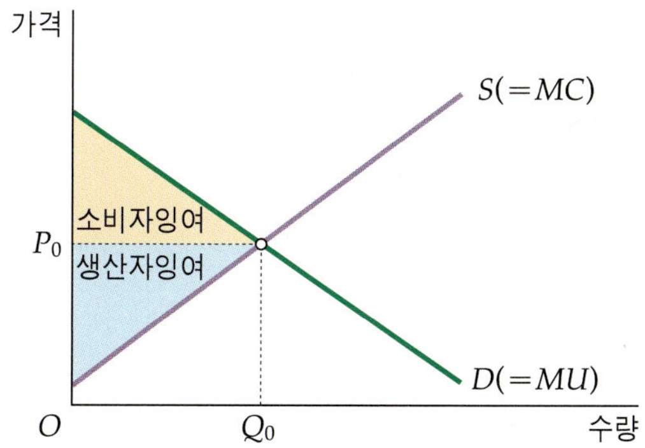

▲ 완전경쟁시장과 자원배분의 효율성

시장가격은 한계비용(MC)과 한계효용(MU)이 같아지도록 생산을 결정함으로써 가계의 효용극대화($\Rightarrow MU=P$)와 기업의 이윤극대화($\Rightarrow P=MR=MC$)가 동시에 일치하여 희소한 자원이 효율적으로 배분($\Rightarrow MU=P=MC$)되게 한다.

제 2 절 | 독과점과 공공재에 의한 시장의 실패

독과점시장

시장에 독과점기업이 존재하면 이 기업들은 시장지배력을 가져 가격을 자신에게 유리하게 바꿀 수 있다. 이러한 독과점기업에는 정부에 의해서 독과점을 인정받은 기업이나 요소를 독점하여 발생하는 인위적인 독과점 이외에도 다른 기업보다 값싸게 생산할 수 있기 때문에 시장수요의 상당부분을 장악하고 있는 자연독점기업 등이 속한다.

이러한 기업들은 자신들의 독점력을 십분 발휘할 수 있기 때문에 〈그림 7-1〉의 (a)에서 보듯이 보다 큰 이윤을 얻기 위해 공급량을 줄여 가격을 높인다. 한편 〈그림 7-1〉의 (b)의 경우 생산량이 증가할수록 평균비용이 체감하는 비용체감산업의 자연독점기업은 가격이 정해지는 수요곡선과 한계비용이 접하는 점에서 생산량을 결정하면 효율적이긴 하지만 손실이 발생하기 때문에 사회적으로 효율적인 생산을 하지 않는다.

정부는 이러한 문제점을 해결하기 위해 다음의 정책을 사용한다. 첫째, 담합에 대한 감시와 동시에 가격결정의 자율성을 제한한다. 둘째, 독점을 인정해 두

그림 7-1 일반독점(a)과 자연독점(b)의 자원분배

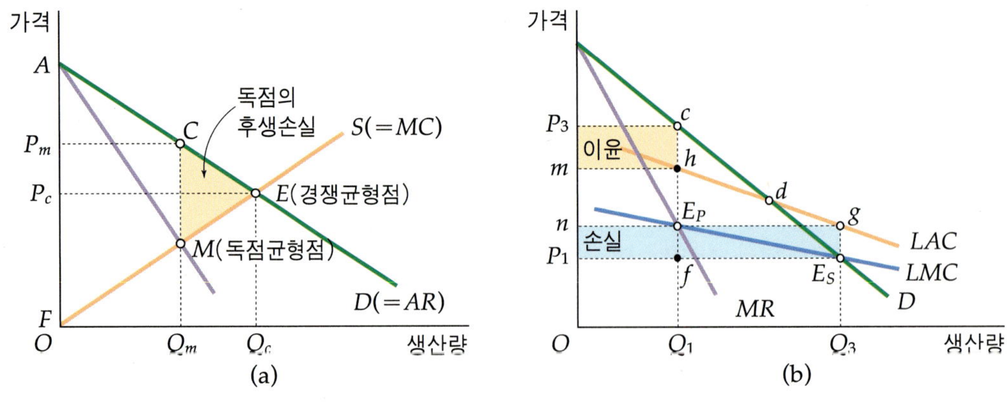

고 있었던 분야에 경쟁을 유도하거나 무역을 자유화한다. 대한항공이 독점하던 시장에 아시아나항공을 허가하거나, KT가 독점하고 있던 전화시장에 경쟁체제를 도입하는 방안 등이다. 셋째, 기술발전을 유도하기 위하여 시행하는 특허권이지만 독점의 효력의 기간을 제한하여 유효기간을 20년으로 설정한다. 넷째, 정부는 직접 개입의 부작용을 최소화하기 위하여 소비자 보호단체나 보호운동 등을 통해 민간부문의 견제기능을 활성화시킬 수가 있다.

문학 속 경제이야기

'토끼와 거북이'의 스포츠정신

'토끼와 거북이'는 너무 짧은 이야기라서 이야기 자체로는 별 재미가 없지만 어린 시절 누구나 한 번쯤은 들어본 유명한 이야기이고 상당히 교훈적인 내용을 담고 있다.

첫째, 절대로 상대방을 가볍게 얕보지 말 것. 둘째, 자신의 단점에 미리 굴복하여 포기하지 말 것. 셋째, 인내심을 가지고 열심히 노력하면 결국 마지막 승자는 노력한 자의 것이 된다는 것.

이쯤에서 한 가지 문제를 던져보자. 과연 토끼와 거북이에게 달리기 경주를 시키는 것이 공정한 경기였다고 할 수 있을까? 거북이가 아니라 토끼가 승리했다면, 그리고 승자에게 주어진 상이 아주 큰 것이었다면 '토끼와 거북이'를 다 읽고 난 다음 우리는 어떤 느낌을 받았을까? 스포츠라면 이런 경기는 '불공정'하다고 할 것이고, 그래서 스포츠는 성별로, 체급별로 나눠서 경기를 하는 것이다.

경제활동에서도 이와 비슷한 모습을 찾아볼 수 있는데, '불공정한 경쟁' 혹은 '불완전 경쟁'이 그것이다. '시장'이 제대로 움직이려면 '공정한 경쟁'이 가능한 경제환경이 되어야 한다. 그것은 '가격'이라는 것이 누군가 한 사람의 강력한 힘에 의해서가 아니라 수많은 사람의 의사가 합쳐져서 시장에서 결정되어야 한다는 것이고, 그렇게 되었을 때 가격은 자신이 말하고자 하는 정확한 의사를 사람들에게 알릴 수 있게 되는 것이다.

시장이 '효율적'으로 움직이려면 '소비자주권'이 확립되어야 한다. '소비자주권'이라는 것은 경제문제를 해결하는데 소비자의 의사가 전적으로 반영되어야 한다는 뜻이고, 기업은 소비자가 원하는 물건을, 소비자가 원하는 만큼 생산했을 때 이윤을 얻어서 살아남을 수가 있다는 것을 말한다. 그렇지만 시장이 점점 불완전경쟁상태가 되어가면서 '소비자주권'보다는 '생산자주권'이 강해지는 모습을 많이 보게 된다.

이젠 소비자가 아니라 생산자의 의사에 따라 무엇을 얼마만큼 생산할 것인가가 결정되어지고, 소비자는 생산자가 만들어낸 물건을, 생산자가 정한 가격에 따라 구입하지 않으면 안 되게 된 것이다. 자신의 소비활동은 자신의 의사로 결정했다고 자신 있게 말할 수 있을까?

하루에도 셀 수 없을 만큼 방송되는 30초짜리 CF 때문에 부모님께 무언가를 사달라고 조른 적은 없는지, 왠지 그 물건을 갖지 않으면 학교에서 친구들 사이에 왕따가 될 것 같다는 생각을 해본 적은 없는지……. 그게 바로 광고의 위력이고 '생산자주권'을 가장 가까이서 느낄 수 있는 증거이다.

정부는 정부 나름대로 이러한 '불완전경쟁'을 없애려고 여러 가지 법규나 규칙을 만들어 시행할 것이다. 그리고 우리들은? '소비자주권'을 되찾기 위해 노력해야 한다. '소비자의 권리'가 무엇인가 알아야 하고, '소비자의 권리'를 누리기 위해 노력하는 것이 '소비자의 의무'라는 점도 기억해야 한다.

공공재와 자원배분

일상생활에서 옷, 안경, 필통과 같이 개개인이 개별적으로 소비하는 재화를 사용(私用)재 또는 민간재라 한다. 반면 공원, 등대, 국방, 외교, 사법질서나 치안유지와 같이 그 혜택을 공유하고 있는 재화나 서비스를 공공재(public goods)라 한다. 사용재는 한 사람의 소비가 다른 사람의 소비를 감소시키기 때문에 그 재화의 소비를 위해 다투게 되는 소비의 경합성이 나타난다. 그러나 공공재는 한 사람의 소비가 다른 사람의 소비에 의해 방해나 혼잡이 발생하지 않는 비경합성(non-rivalry) 특징이 있다. 신생아가 태어난다고 해서 기존의 국방서비스의 소비량이 줄어들지 않는 것이 그러한 예이다. 따라서 공공재가 공급되면 누구라도 동일한 소비량을 향유하게 되는 공동소비가 가능하다.

▲ 비배제성과 비경합성의 공공재를 즐겨보자!

사용재는 돈을 내지 않으면 소비의 혜택에서 배제된다. 그러나 공공재는 그에 대한 대가를 지불하지 않는 소비자라도 소비의 혜택에서 배제할 수 없는 비배제성(inexcludability) 특징이 있다. 따라서 사람들이 아무런 대가를 지불하지 않고 공공재를 소비하려는 무임승차자(free-rider)의 문제가 발생한다. 현실에서 세금를 내지 않는 사람이라고 해서 가로등 아래를 못 지나가게 할 수가 없는 것과 같다. 이러한 무임승차의 문제는 소비자가 자신의 선호를 자발적으로 표시하지 않아도 소비로부터 배제되지 않기 때문에 공공재소비에 대한 대가를 지불하지 않으려 하고, 효용을 얻은 만큼의 비용을 부담하는 수익자부담의 원칙이 지켜지지 않는다는 것이다. 무임승차의 문제로 경쟁시장을 통해 민간 기업에게 맡겨두면 재원을 조달하기 어렵기 때문에 과소생산되게 되고 정부개입이 필요해진다. 공공경제학을 체계적으로 정립한 머스그레이브(R. A. Musgrave)는 재화의 성격을 경합성과 배제성에 따라 다음 표와 같이 구분하였다.

구분	배제성	비배제성
경합성	순수사용재 (예 : 옷, 짬뽕, 막히는 유료도로)	준공공재(혼잡재) (예 : 정체된 무료도로)
비경합성	준공공재(클럽재) (예 : 유선방송, 한산한 골프장)	순수공공재 (예 : 국방, 외교)

재화를 이렇게 구분할 때 순수사용재는 시장에서 생산 · 공급되고 순수공공재는 중앙정부가 생산한다. 사용재와 공공재의 성격이 섞여 있는 준공공재의 경우는 지방정부나 공기관이나 시장이 그때의 상황에 따라 공급한다.

생/각/넓/히/기 **미국에는 주립대학은 많은데 왜 국립대학은 없을까?**

위의 표에서 보듯이 국방이나 외교 등은 비경합성과 비배제성이 모두 성립하는 재화로 순수공공재라 한다. 이것은 중앙정부나 연방정부가 공급하는 것이 일반적이다. 교육도 마찬가시다.

교육은 한 사람이 많은 교육을 받는다고 해서 다른 사람의 교육수준이 낮아지는 것은 아니라는 비경합성과 함께, 천재적인 누군가의 연구성과물로 인해 그 자신뿐만 아니라 사회전체가 혜택을 누릴 수 있다는 측면에서 비배제성도 가지고 있다.

그러나 특허권이나 지적재산권과 같이 특수한 지식과 정보는 일반에게 공개되지 않고 특정 계층에 사유화될 수 있다는 점에서 사용재적인 성격을 가지는 측면도 있는 것이다.

이와 같이 여러 측면에서 생각해 볼 때 교육은 공공재적인 측면도 있지만 사용재적인 측면도 있다고 할 수 있다. 따라서 교육의 공공재 측면을 강조하면 공교육 중심이 될 것이고, 사용재 측면이 강조되면 사교육 중심이 될 것이다. 미국의 대학 공교육은 외교나 국방과 달리 준공공재 측면을 강조하여 국립대학보다는 주립대학을 중심으로 이루어지고 있다.

경제학자처럼 생각해보기 **공중화장실이 더러운 이유**

서해바다의 어류들이 고갈되고, 땅속의 석유가 얼마 남지 않았고, 매일 체증되는 혼잡한 도로, 돌고래와 같은 야생동물이 점점 사라져가는 현상에 직면하고 있다. 바다 속 물고기는 배제성이 없다. 어부들에게 일일이 요금을 부과한다는 것은 매우 어렵기 때문이다. 그러나 어떤 어부가 물고기를 잡으면 그만큼 다른 어부들이 잡을 수 있는 물고기가 줄어든다는 점에서 바다 속 물고기는 경합성이 있다.

이와 같이 소유권이 명확하게 규정되어 있지 않아 배제성은 없지만 경합성은 존재하는 재화를 '공유자원'이라고 한다. 공유자원의 경우에 자원의 과다사용으로 인한 낭비가 발생하게 되는데, 이것을 '공유자원의 비극(Tragedy of Commons)'이라 한다. 결국 공중화장실이 개인의 화장실보다 더러운 이유도 여기에 있다. 한국에서 사라져버린 호랑이나 현재 전 지구상의 문제가 되고 있는 온난화의 문제나 고래나 코끼리 등의 멸종위기나 자원고갈문제 등도 이러한 예에 속한다.

그것에 대한 대책은 우파적인 정책으로 사유권을 인정하자는 주장이 있다. 반대로 자원을 국유화하자는 좌파적인 정책도 있다. 한편 오스트롬(E. Ostrom)은 공동체구성원들의 조직화를 통해 자율적인 규칙을 만들어 감시하는 방안을 주장하여 2009년 최초 여성 노벨경제학상 수상자가 되기도 하였다.

제3절 | 외부성과 환경정책

외부성의 개념과 종류

어떤 한 사람의 행동이 제3자에게 의도하지 않은 이익이나 손해를 주었음에도 불구하고 이에 대한 적정한 보상이 이루어지지 않을 때 외부성(externality) 또는 외부효과(external effect)가 발생했다고 말한다. 이처럼 외부성이 발생하는 경우에 그 대가가 지불되지 않기 때문에 시장이라는 테두리의 외부에 존재하는 현상이라는 점에서 이와 같은 이름이 붙여지게 된 것이다.

외부성은 여러 가지 유형으로 나누어질 수 있다. 먼저, 타인에게 이득을 주고 대가를 지불받지 못하는 이로운 외부성과 타인에게 고통이나 피해를 주고도 대가를 지불하지 않는 해로운 외부성이 있다. 이때 이로운 외부성을 외부경제, 해로운 외부성을 외부불경제라고 한다. 한편 소비과정에서 일어나 타인의 효용함수에 영향을 미치는 소비의 외부성과 생산과정에서 발생하여 타인의 생산이나 비용함수에 영향을 미치는 생산의 외부성이 있다. 또한 각각의 외부성이 결합되어질 때 더 많은 유형의(예를 들어, 소비가 생산에 미치는 외부경제와 같은) 외부성으로 구분되어질 수 있다. 외부성의 유형을 간단하게 정리해 보면 다음과 같다.

▲ 외부경제의 한 사례

생/각/넓/히/기 소심한 두부장사

아침마다 "두부 사려"라고 큰 소리로 외치는 것을 멋쩍어하는 소심한 두부장수가 있었다. 큰 소리로 외치지 않으니 장사가 잘될 리 없었다. 그러다 어느 날 묘안을 찾아낸다. 된장찌개에는 반드시 두부가 들어간다는 사실에 착안하여, 목소리 큰 된장장수 뒤를 졸졸 쫓아다니기로 한 것이다. 그래서 앞에서 "된장 사려"하고 큰 소리로 외치면, 그 뒤를 따르면서 모기소리로 "두부도요……"고 덩달아 외쳤던(?) 것이다. 된장장수 덕분에 힘들이지 않고 성공했다는 두부장수 이야기이다. 아마도 몇 달 뒤에는 서로 역할을 바꾸었을지도 모른다. 분명한 것은 두 사람 모두 혼자 다닐 때보다 매상이 늘었다는 것이다.

▶ 출처 : 정갑영, "열보다 더 큰 아홉"(매일경제신문사) 인용

구분	외부경제	외부불경제
소비	조기청소, 정원과 산책객	흡연, 버스 안에서의 고성방가
생산	양봉업과 과수원	자동차매연이나 폐수방출

외부성과 자원배분

외부성은 왜 시장실패를 가져오는가? 우선 단순한 논리로 생각해 보자. 외부성이 발생하더라도 우리는 어떠한 대가를 요구하거나 비용을 지불하지 않는다. 따라서 해로운 외부성, 즉 외부불경제를 만들어내는 개인이나 기업은 비용을 지불할 필요가 없으므로 애써 외부성을 줄이려고 하지 않을 것이다. 반대로 이로운 외부성, 즉 외부경제를 가져다주는 개인이나 기업도 아무런 대가를 받지 못하므로 굳이 외부성을 많이 만들어낼 필요를 느끼지 못할 것이다. 결국 시장기구에 전적으로 맡겨 놓을 경우 외부불경제는 필요 이상으로 많이, 외부경제는 적정 양보다 적게 만들어질 수 있을 것이고, 따라서 외부성이 있는 경우 자원은 비효율적으로 배분될 것이다. 이번에는 좀 더 구체적으로 살펴보자.

사회적 편익(*SMB* : Social Marginal Benefit)은 사적 편익(*PMB* : Private Marginal Benefit)과 외부편익(*XMB* : External Marginal Benefit)의 합이고, 사회적 비용(*SMC* : Social Marginal Cost)은 사적 비용(*PMC* : Private Marginal Cost)과 외부비용(*XMC* : External Marginal Cost)의 합으로 이루어진다. 외부성이 없으면 외부편익과 외부비용이 0이 되어 사회적 편익과 사적 편익이 일치하고, 사회적 비용은 사적 비용과 일치한다. 그러나 외부성이 존재하면 외부편익과 외부비용이 0이 아니게 되어 사회적 편익과 사적 편익, 또는 사회적 비용과 사적 비용은 일치하지 않는다.

스미스는 각 개인이 이기심으로 행동한다고 하더라도 '보이지 않는 손'에 의해 모두가 조화로운 상태를 이룬다는 것을 주장하였다. 이것은 사적 이익(또는 비용)과 사회적 이익(또는 비용)이 모순되지 않는다는 것을 의미한다. 이것을 식으로 표시하면 사적인 최적배분조건 $PMB=PMC$의 조건과 사회적인 최적배분조건 $SMB=SMC$가 일치하여 $PMB=SMB=SMC=PMC$가 성립하므로 시장에서 사회적 자원의 최적배분이 실현된다는 것이다. 그러나 한 경제주체의 행위가 다른 경제주체에 영향을 주고도 대가를 지불하지 않는 외부성이 존재하면 사적 이익(또는 비용)과 사회적 이익(또는 비용)이 일치하지 않게 된다.

만약 생산의 외부불경제가 발생한다면 사적 한계비용과 사회적 한계비용이 일치하지 않을 것인데, 외부비용의 발생으로 인해 사회적 한계비용이 사적 한계

그림 7-2 생산의 외부불경제(a)와 소비의 외부불경제(b)

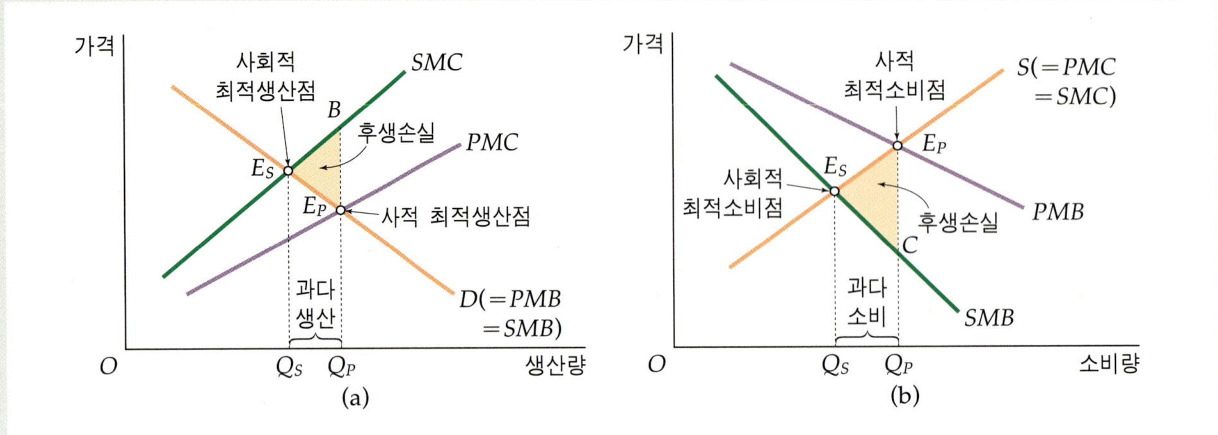

▲ 외부불경제를 만들어내는 활동

비용보다 더 커지게 될 것이다. 반대로 소비의 외부불경제가 발생한다면 사적 한계편익과 사회적 한계편익이 일치하지 않게 되는데, 사회적 한계편익이 사적 한계편익보다 작아지게 될 것이다.

- 사적 한계비용(*PMC*) < 사회적 한계비용(*SMC*) … 생산의 외부불경제
- 사적 한계편익(*PMB*) > 사회적 한계편익(*SMB*) … 소비의 외부불경제

생산의 외부불경제가 나타날 경우 *PMB*=*PMC*에서 결정되는 사적 생산량과 *SMB*=*SMC*에서 결정되는 사회적 최적생산량을 비교해 보면 사적 생산량이 과다생산되고 있음을 알 수 있다.

또한 소비의 외부불경제가 나타날 경우 사적 소비량과 사회적 최적소비량을 비교해 보면 마찬가지로 과다소비가 이루어지고 있으므로 두 경우 모두 자원배분의 비효율성을 보여주고 있다.

외부경제가 시장실패를 일으키는 것도 외부불경제의 경우와 다르지 않다. 외부경제는 한 경제주체의 행위가 시장기구를 통하지 않고 다른 경제주체에 이득을 주는 행위이다. 따라서 생산의 외부경제가 발생하면 사회적 한계비용이 사적 한계비용보다 작아지게 되고, 소비의 외부경제가 발생하면 사회적 한계편익이 사적 한계편익보다 커지게 된다.

- 사적 한계비용(*PMC*) > 사회적 한계비용(*SMC*) … 생산의 외부경제
- 사적 한계편익(*PMB*) < 사회적 한계편익(*SMB*) … 소비의 외부경제

그림 7-3 생산의 외부경제(a)와 소비의 외부경제(b)

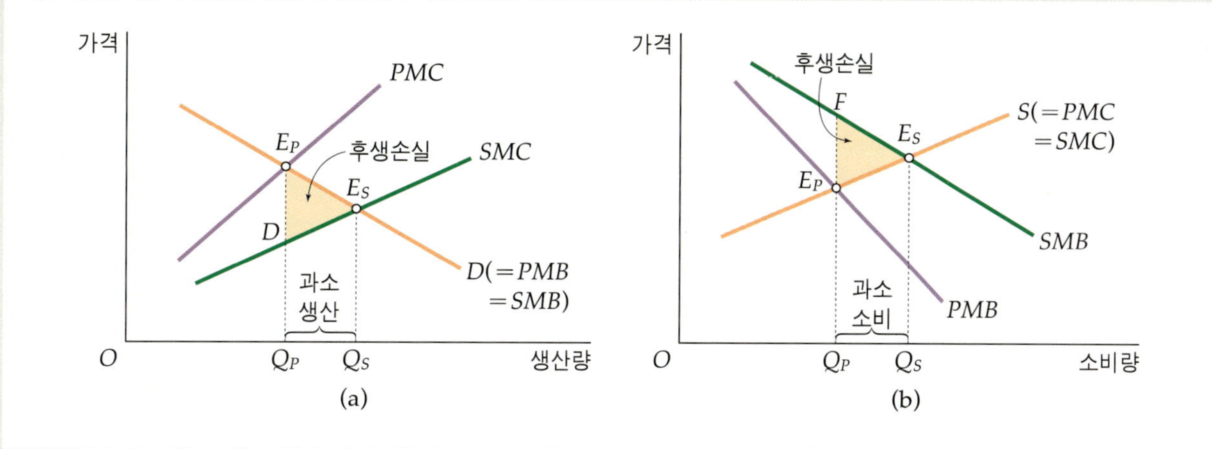

각각의 경우 자원배분을 살펴보면 생산의 외부경제가 발생할 경우 사회적 최적생산량보다 사적 생산량이 더 적은 과소생산이 이루어지며, 소비의 외부경제가 발생할 경우 사회적 최적소비량보다 사적 소비량이 더 적은 과소소비의 문제가 발생한다는 것을 알 수 있다. 얼핏 보기에 이로운 결과를 가져올 것처럼 생각되는 외부경제의 경우도 과소생산과 과소소비라는 비효율적인 자원배분이 이루어지는 것이다.

▲ 외부경제를 만들어내는 활동

오성 이항복의 감나무이야기는 꽤 유명한 이야기이다. 자기 집으로 넘어온 감나무 가지에 달린 감을 자기 것이라고 우기는 이웃집 대감에게 이항복은 방문을 주먹으로 뚫은 뒤 이렇게 말한다. "대감, 이 손이 누구의 손이옵니까? 그 방으로 들어갔으니 대감의 것이옵니까?" 지금 다시 생각해도 살짝 웃음이 나는 상황이다. 물론 상황이 해결되고 난 뒤에 이항복은 감 한 바구니를 옆집에 보내주었다고 한다.

옆집의 나무가 자기 집에서도 잘 보일 때 그 나무의 그늘에서 땀을 말리고, 단풍드는 것을 구경하고 급기야 주인 몰래 과일까지 한두 개쯤 따먹을 수 있는 경우를 우리는 외부경제라고 한다. 이 모든 것을 안다 해도 나무 소유자는 아무런 보상도 받지 못하기 때문에 그 나무에 그다지 애정을 쏟지 않을 것이다. 어쩌면 은근히 배가 아파 나무를 잘라버리고 싶을 지도 모른다. 하지만 옆집에서 효용을 얻는 만큼 정(情)이라도 표시해 준다면 나무도 아끼고 사람 사는 맛도 느끼게 될 것이다. 외부경제를 해결하는 보조금이 꼭 돈일 필요는 없다는 말이다.

문학 속 경제이야기

거인의 정원에는 무엇이 있었나?

매우 아름다운 정원을 가진 거인이 살고 있었다. 거인의 정원은 아주 넓고 나무도 많고 아름다운 새들도 많이 날아와 노래 부르는 멋진 곳이었다. 거인은 그 정원을 사랑했기에 열심히 가꾸었지만 그 정원을 다른 사람과 나눠가지는 것을 좋아하지는 않았기에 아주 높고 높은 담장을 쌓아올려 버렸다. 아마도 거인은 정원은 자신만의 것이라고, 다른 사람들이 행복해지라고 정원을 가꾼 것은 아니라고, 아니 자신의 정원을 망가뜨리는 아이들 때문에 자신의 행복도 망가지는 것이라고 생각했을지도 모른다.

거인의 생각은 옳은 것이었을까? 거인은 다른 사람이 자신의 정원에 대해서 어떻게 생각하는지, 어떤 기쁨을 누리는지에 대해서는 생각하지 않았다. 그저 자신의 행복만을 위해 정원을 가꾸었을 뿐 지나가는 사람들이 나무그늘에서 땀을 식히고 정원의 꽃들을 보며, 또 그 속에서 뛰어놀며 얼마나 기분이 좋아질 것인가는 알지 못했다. 이것을 '외부경제'라고 하는데, 과다생산을 만들어내는 '외부불경제'와 마찬가지로 과소생산이라는 시장실패를 가져온다.

거인의 정원으로 다시 돌아가 보자. 아이들이 오지 않는 정원엔 봄도 오지 않았다. 끝나지 않는 길고 긴 겨울을 보내던 거인은 어느 날 깨닫게 된다. '기쁨이나 행복은 나누면 두 배가 된다'는 사실을 말이다. 거인은 담장을 허물었고 자기 자신만을 위해서가 아니라 정원을 찾는 모든 사람들을 위해 열심히 일하게 되었다. 그렇다면 외부경제가 잘 해결된 것일까? 아마도 거인에게 주어진 보상은 아이들의 웃음소리와 함께 찾아온 따뜻한 봄이었을 것이다. 우리가 사는 현실에서도 이 정도 보상으로 외부경제가 해결될 수 있다면 얼마나 좋을까? 외부불경제도 같이 말이다.

외부성과 자원배분대책

외부성이 가져오는 시장실패를 해결할 수 있는 방법 중 가장 전통적인 방법은 피구(A. C. Pigou)가 주장한 외부성의 내부화방법이다. 즉, 외부성으로 인한 문제를 시장(가격기구) 안으로 끌어들임으로써 자원배분의 왜곡을 시정하고자 하는 것이다. 피구의 방법은 꽤 단순하다고 할 수 있는데, 우선 외부불경제가 발생할 경우 외부불경제를 창출하는 생산자에게 외부한계비용만큼 조세(Pigouvian Tax)를 부과하여 이것을 개인적인 생산비로 인식하게 함으로써 *PMC*와 *SMC*를 일치시켜 스스로 사회적 최적생산량을 생산하게 하는 것이다. 예를 들어, 도심의 교통체증과 환경오염을 초래하는 대형 백화점이나 시설물에 대해서 교통유발부담금을 부과하는 것이 이러한 피구세에 해당한다고 하겠다. 반대로 외부경제가 발생할 경우 외부경제를 창출하는 생산자에게 보조금(Pigouvian Subsidy)을 지급하여 *PMC*와 *SMC*를 일치시켜 생산량을 늘리게 한다. 소득창출능력과 민주시민의 자질을 높이는 외부경제를 만들어내는 초 · 중등교육혜택을 늘리기 위해 학교에 보조금을 주거나, 담장을 허무는 주택에 대해 공사보조비를 지급하는 것이 이에 해당한다.

생/각/넓/히/기 **양봉업과 외부경제**

미국에서는 1992년 대통령선거 유세기간 중 민주당 대통령 후보였던 클린턴이 양봉업자에 대한 장기 저리의 금융지원을 선거공약으로 내건 적이 있었다. 이는 양봉업을 활성화시켜 꿀 생산을 늘리려는 의도도 있었지만, 그보다는 미국의 거대한 과수농업을 생각할 때 양봉업의 활성화는 과일생산에 긍정적인 영향을 미치고, 이는 다시 소비자물가안정에 기여하기 때문이다.

피구의 방법은 간단해 보이는 반면, 외부비용이나 편익의 정확한 측정이 어렵기 때문에 외부성을 완전히 제거할 수는 없을 것이라고 생각된다. 이처럼 피구적인 정부개입으로 외부성의 문제를 해결하려는 방법은 정부개입이 자원배분의 왜곡을 더 심화시키는 정부실패를 초래할 가능성이 있다. 따라서 민간의 자발적인 협상이나 타협에 의해서 외부성의 해결이 가능하다는 주장이 제기되었는데, 이를 코즈(R. H. Coase)정리라고 한다. 이 정리는 외부성이 존재하는 경우에 외부성에 관한 권리가 어느 경제주체에 귀속하는가에 상관없이 소유권만 정해준다면, 당사자 간의 자발적 타협에 의한 자원배분의 결과는 동일하며 효율적이라는 것이다. 예를 들어, 목장의 가축이 주위의 농작물에 연간 500만 원의 외부불경제를 창출하고 있고, 이 경우 담장설치비용이 300만 원이라고 가정하자. 이때 농장주에게 피해보상권을 주게 되면 목장주가 피해보상액 500만 원보다 적은 담장설치비용을 부담할 것이고, 목장주에게 주변시설이용권을 인정하면 농부가 담장설치를 통해 외부불경제를 해소하려 할 것이다. 코우즈정리에 따르면 외부성은 상호의존성의 문제이므로 피구세와 같은 일방적인 접근보다는 민간의 자발적 협상을 통해 해결하는 것이 바람직하다. 하지만 코우즈정리가 성립하기 위해서는 거래비용이 적게 들거나 존재하지 않아야 하고 외부성의 크기에 대해 완전한 정보를 가지고 있어야 하며 협상 후 소득재분배가 각 개인의 한계효용에 미치는 영향이 없어야 한다는 성립조건이 필요하다. 따라서 거래대상자가 많을 경우에는 코우즈정리 역시 성립하기 어렵다.

생/각/넓/히/기 **법이 먼저냐, 주먹이 먼저냐?**

우리 사회에는 '법이 먼저냐, 주먹이 먼저냐?'라는 속언이 있다. 당사자 간에 갈등이 생기는 경우에 이것을 해결하는 방법에 대한 이야기이다. 친구나 이웃 간에 갈등은 이해당사자가 적어 거래비용이 크지 않기 때문에 서로가 만나서 술 한잔하면서 말다툼을 하든 주먹다짐을 하든 당사자 간에 푸는 것이 사회적 비용이 적게 들 것이다. 또한 부부싸움은 칼로 물베기라는 말이 있지만, (합의이혼이야 별개로 하더라도) 법정으로 이혼소송을 이어가는 것은 부부에게는 너무나 힘든 일이라 할 수 있다. 그런 면에서 이해당사자가 많지 않아 거래비용이 적게 드는 경우에 당사자 간의 협상이나 타협이 바람직하다는 코우즈정리는 여기에 해당되는 정책방안이다. 그러나 시청 앞에 수만 명이 모여 시위를 벌이고 있는 현장에서 시위주동자와 질서유지책임자가 몰래 만나 협상을 벌이는 장면을 상상해 보라! 이렇게 국가나 공동사회 전체에 관련되는 주요 사안에 대해서는 법의 테두리 안에서 해결방안을 찾자는 것이 '피구'적인 정책대안이다. 국가경영이나 관리에 의리나 코드(code)라는 말이 들어오게 되면 여러 가지의 부작용이 발생하게 된다.

환경오염의 규제정책

외부성과 관련지어 가장 많이 거론되는 것이 환경오염문제이다. 환경보호에 대한 인식이 많이 높아졌다고 하지만, 최근에도 폐수를 방출한 기업 운운하는 뉴스가 나올 정도로 환경오염은 쉽게 볼 수 있는 외부불경제의 사례이기 때문이다.

환경문제에 대해서 경제학은 어떻게 접근해야 하는가? 오염이 0인 상태를 만드는 것이 가장 최선이라고 할 수 있을까? 환경문제 역시 최적오염수준을 찾는 방법으로 접근해야 한다. 왜냐하면 환경을 오염시키는 것이 여러 가지 비용을 발생시키지만 환경을 오염시켜 얻게 되는 편익, 예를 들면 산업화의 이익도 분명히 있기 때문이다.

따라서 합리적 선택이 필요한 다른 경우와 마찬가지로 최적오염수준을 선택해야만 하고, 그 기준은 오염의 사회적 한계편익(SMB_E)과 오염의 사회적 한계비용(SMC_E)이 일치하는 수준이다.

그림 7-4 최적환경오염수준의 결정

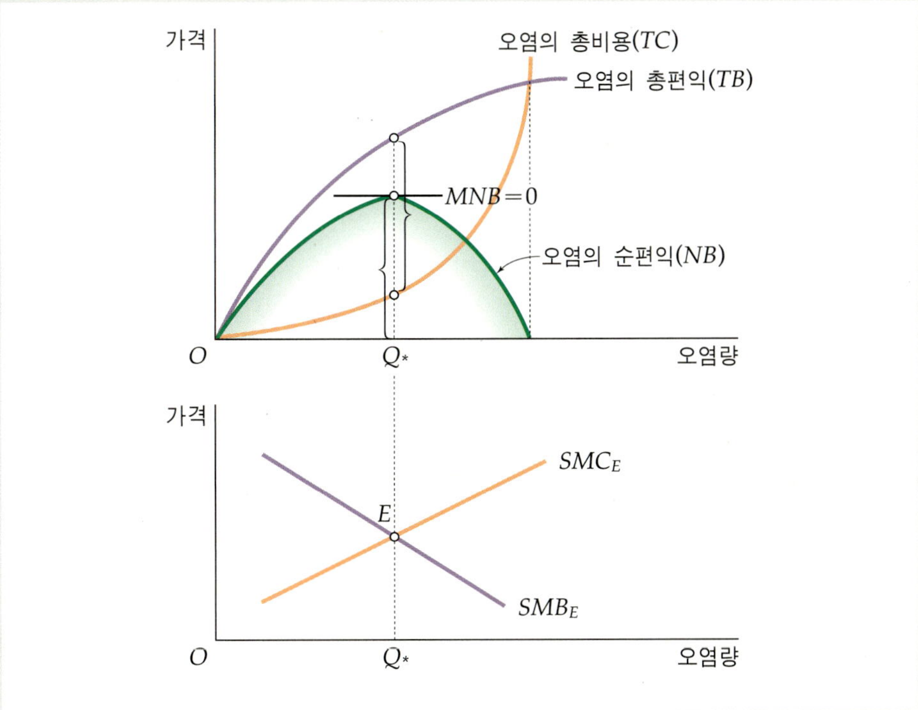

환경오염의 총편익에서 총비용을 뺀 순편익이 극대화될 때 환경오염의 한계편익과 한계비용이 일치하고 최적오염수준이 결정된다.

만약 현재의 오염수준이 최적오염수준보다 작아서 오염의 한계비용보다 한계편익이 큰 상태이면 경제성장에 힘써야 할 것이다. 반대로 현재의 오염수준이 최적오염수준을 초과하는 수준에서 오염의 한계편익보다 한계비용이 큰 상태이면 환경보호에 힘써야 할 것이다.

▲ 남극 르메르해협

현재의 오염수준이 최적오염수준을 초과하여 오염수준이 과다한 경우에는 여러 가지 규제방법을 강구해야 한다. 여기에는 정부의 직접규제와 시장유인을 통한 간접규제가 있을 수 있다.

먼저 정부의 직접규제로는 첫째, 독극물배출의 전면금지와 같이 환경오염물질의 배출을 금지하는 방법과, 둘째, 환경기준을 설정하여 유해물질의 배출기준을 설정하는 방법, 셋째, 정부가 환경오염방지나 개선에 필요한 장비를 직접 설치하는 방법 등이 있다. 하지만 이러한 정부의 직접규제는 조세부담의 후생손실과 정부의 직접투자에 따른 비효율성, 그리고 정부의 규모가 커진다는 단점을 가지고 있다.

시장유인을 통한 간접규제도 가능하다.

첫째, 코우즈정리에서와 같이 재산권을 부여함으로써 오염과 관련된 당사자간에 자발적인 협상을 통해 해결할 수 있다.

둘째, 피구적인 조세로서 오염배출부과금을 적용하여 오염행위자에게 공해세나 벌과금을 부과하는 방법이 있다.

셋째, 오염방지시설보조금을 지급하는 방식으로 오염을 줄일 수도 있다.

넷째, 오염을 야기하는 폐기물을 방출할 수 있는 권리를 정부가 경매를 통해 해결하는 방식으로 '오염배출권'을 경매하여 가장 높은 가격을 제시한 기업에게 허가서를 발급해 주는 방식이다.

마지막으로 음식물쓰레기를 화학비료로 만드는 기술을 통해 새로운 시장을 개설하는 것과 같이 오염부산물을 이용한 새로운 시장의 개설도 환경오염문제를 해결할 수 있을 것이다.

제4절 | 비대칭적 정보의 경제분석

정보경제학의 등장

앞에서 배운 완전경쟁이론에서는 경제주체가 '완전한 정보'를 가지고 있다고 가정하여 정보를 아무런 비용도 들이지 않고 획득할 수 있는 자유재로 취급하고 있다. 그러나 사실 정보는 자유재가 아니라 희소한 경제재이며 정보의 획득에는 비용이 소요된다는 것은 누구나 알고 있다. 즉, 자신의 건강상태에 대해 관심이 많을 경우 의사의 진찰을 받아보는 것이 필요할 것이고, 이때 자신의 건

역사 속 경제이야기

"정보는 돈이다." … 역사상 최고의 투자가

1815년 6월, 벨기에의 워털루에서 나폴레옹과 연합군 사이에 대혈전이 벌어졌다. 오랫동안 나폴레옹의 프랑스군이 웰링턴 장군이 이끄는 영국군을 이길 것처럼 보였다. 그러나 프러시아의 블뤼허 장군이 나폴레옹을 격파하고 전쟁을 승리로 이끌었다.

이 당시 전쟁의 결과를 미리 알 수 있었다면 엄청난 돈을 벌어들일 수 있었을 것이다. 그전까지는 많은 투자자들이 영국이 지불능력이 없다고 생각해서 영국이 발행한 채권 값이 무척 쌌었지만, 영국 왕실이 이자를 충분히 지불할 수 있다는 것이 밝혀지면 영국이 발행한 채권 값이 엄청나게 뛸 게 뻔했기 때문이다. 그런데 1815년에는 텔레비전은 물론 전화나 팩스도 없었기에 유럽 대륙의 소식이 영국에 전달되기까지는 많은 시간이 걸렸다. 하지만 투자의 귀재로 소문난 로스차일드(Nathan Rothschild)는 전쟁이 끝난 바로 다음날, 영국군대가 승전보를 알려오기도 전에 그 당시 가장 빠르고 효율적인 통신수단이었던 비둘기를 통해 이 사실을 알 수 있었다. 로스차일드는 증권 거래소로 가서 'Sell them!'이라는 한마디를 던지고 사라졌다. 그러한 모습을 보고 연합군이 패배했다고 생각한 투자자들이 앞 다투어 채권을 팔았고 채권 값은 순식간에 곤두박질쳤다. 그러나 사람들이 채권을 파는 동안 로스차일드의 중개인이 그 채권을 도로 사들였음은 말할 것도 없다. 며칠 후 승전보가 널리 퍼지자 로스차일드가 헐값에 사들인 2,500파운드의 채권은 무려 2,500배의 이익을 남기게 되었고, 이 일로 로스차일드는 역사상 최고의 투자가라는 별명과 함께 영국의 거대 금융회사를 차리게 된 계기를 얻었다.

로스차일드 가문의 신화는 나탄 로스차일드 때에 절정을 이루었다. 그는 남다른 정보망과 뛰어난 투자 감각으로 당대 최고의 부자이자 투자가로 이름을 높였으며, 그야말로 다른 사람이 갖지 못한 정보를 가진다는 것이 얼마나 강력한 경제적 힘을 만들어주는지, 따라서 정보를 갖기 위한 투자가 얼마나 중요한지를 보여주는 좋은 예라고 할 수 있을 것이다.

■ 출처 : 니콜라우스 피퍼 저, 「청소년을 위한 경제의 역사」 비룡소.

강정보를 얻기 위해서는 거기에 상응하는 대가를 지불하여야 할 것이다. 또 신혼부부가 전셋집을 구하는데 자신이 직접 탐색하기보다 공인중개사에게 의뢰하여 전셋집을 구하게 되었다면 이때 지불하는 중계수수료도 정보에 대한 비용인 것이다. 따라서 현실에서 정보를 얻는 활동은 중요한 경제활동에 속하며, 경제가 성장 · 발전하여 복잡해질수록 정보에 대한 필요성은 점점 더 커지고 있다. 왜냐하면 정보를 많이 가진 쪽이 어떠한 거래에서든 우위에 설 수 있기 때문이다.

이러한 점에서 정보경제학이 필요하게 되었다. 정보경제학은 애커로프(G. A. Akerlof)가 중고차시장을 분석한 것으로부터 시작해서, 로스차일드(M. Rothschild)와 스티글리츠(J. Stiglitz)가 보험시장에서 불완전정보로 시장이 성립하지 않거나 거래가 위축되는 상황을 분석한 후에 최근에 활발한 연구가 진행되고 있다.

정보비대칭성의 개념과 유형

정보경제학에서 기본적으로 다루는 것은 거래에 나선 두 당사자가 가지고 있는 정보가 비대칭적일 때 어떠한 결과가 발생하며, 그러한 결과가 경제에 어떤 영향을 미치는가를 분석하는 것이다. 정보가 비대칭적이라는 것은 물론 가지고 있는 정보의 양이 비대칭적이라는 의미도 있지만, 같은 양의 정보라고 하더라도 질적으로 차이가 나는 경우도 포함하는 것이다.

▲ 수박을 어떻게 고르면 역선택을 막을 수 있을까?

또한 거래의 종류에 따라서 수요자가 더 많은 정보를 가지고 있는 경우도 있고 공급자가 더 많은 정보를 가지고 있는 경우도 있을 수 있다. 보험시장과 같이 보험가입자가 보험회사보다 더 많은 정보를 가지는 경우가 전자의 예이고, 노동시장에서 구직자가 구인기업보다 더 많은 정보를 가지는 경우는 후자의 예에 속할 것이다.

이와 같은 정보비대칭성의 유형을 살펴보면 크게 두 가지로 나누어볼 수 있다.

첫째, 상품의 유형에 대한 정보의 비대칭성을 의미하는 '감추어진 특성(hidden character)'이 있는 경우이다. 즉, 이것은 거래당사자의 특성이나 거래되는 상품의 품질에 대해 한쪽만 알고 있고 상대방은 알고 있지 못하는 상황을 의미하는 것이다. 예를 들어, 생명보험가입자의 건강상태나 중고자동차의 하자 정도에 대해서 가입당사자나 중고자동차의 판매자는 많은 정보를 가지고 있지만 상대방인 보험회사나 구입자는 잘 알 수 없으므로 감추어진 특성에 해당한다.

그림 7-5 정보의 비대칭성(가격정보의 부족)과 자원배분의 비효율성

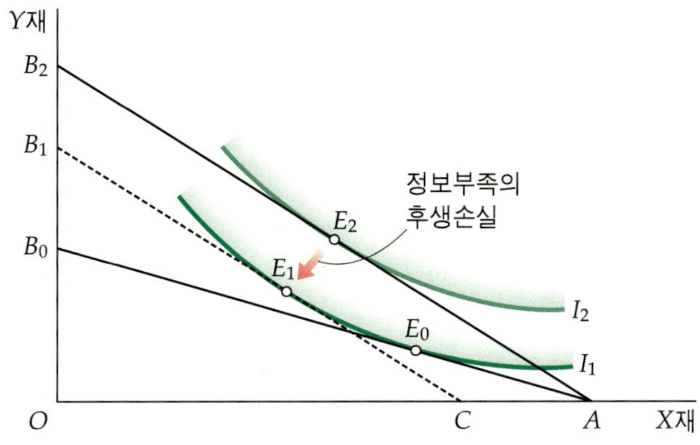

완전정보하에서 E_2의 선택을 통하여 극대효용을 실현한다. 그러나 정보비대칭성으로 소비자가 Y재의 가격정보를 모르면 E_0의 선택을 하게 되어 후생손실($I_2 \sim I_1$)이 발생한다.

둘째, 상대방의 행동에 대한 정보의 비대칭성을 의미하는 '감추어진 행동(hidden action)'이다. 이것은 어느 한 당사자의 행동을 다른 쪽에서 관찰할 수 없는 상황일 때 나타나는 것으로 노동자가 얼마나 열심히 일하는지에 대해 고용주가 완전히 모니터할 수 없을 때 발생하는 정보의 비대칭성이다.

정보비대칭성은 비효율적 자원배분을 가져온다. 완전정보를 가정하는 완전경쟁시장과 달리 정보의 비대칭성의 경우에는 스미스(A. Smith)의 '보이지 않는 손'은 '마비된 손(palsied hand)'으로 바뀌어져 자원배분의 효율성이 실현되지 않게 되는 것이다. 따라서 정보비대칭성은 또 다른 시장실패의 중요한 원인이 된다.

정보의 감추어진 특성과 역선택

지금까지의 경제분석에서는 경제주체는 상품에 대해 완전한 정보를 가지고 최적선택을 하는 것을 검토하였다. 그러나 현실에서 거래 당사자 간에 정보가 비대칭적으로 분포된 상태에서 정보를 갖지 못한 측의 입장에서 볼 때 가장 바람직하지 않은 상대방과 거래를 하게 될 가능성이 높아지는 현상이 빈번히 발생한다. 이러한 현상을 '역선택 또는 잘못된 선택(adverse selection)'이라고 하는데, 정보의 감추어진 특성이 있을 경우 발생하는 시장실패이다. 살구시장에서 참살구를 사려는 것이 빛 좋은 개살구(레몬)만 산 것을 빗대어 부르는 것에 비유하여 '레몬의 원리'라고도 한다.

정보경제학의 출발이라고 할 수 있는 애커로프의 중고차시장을 예로 들어 보자. 다음 표에서 보듯이 중고차시장에 나와 있는 중고차는 품질이 좋은 차와 나쁜 차가 각각 50%씩이라고 가정하자. 품질이 좋은 차에 대한 구매자의 평가액은 600만 원이고 품질이 나쁜 차에 대한 평가액은 300만 원이다. 만약 완전정보하에서라면 각각의 가격에서 좋은 차와 나쁜 차가 거래될 것이고, 이 거래로 소비자잉여와 생산자잉여가 증가되어 자원배분의 효율성이 실현될 것이다. 그러나 어느 것이 좋은 품질의 중고차인지를 모르는 비대칭정보의 경우에 구매자는 평균적인 가격 450만 원$\left(=\frac{600\text{만}+300\text{만}}{2}\right)$을 지불하려고 할 것이다. 이렇게 되면 500만 원을 받으려는 좋은 품질의 자동차의 판매자는 시장에서 사라져 품질이 좋은 차는 판매되지 않고 품질이 나쁜 차만 거래하게 되는 역선택이 발생한다.

구분	판매자의 평가액	구매자의 평가액	중고차대수
품질이 좋은 차	500만 원	600만 원	50대
품질이 나쁜 차	200만 원	300만 원	50대

보험시장이나 금융시장에서도 마찬가지 현상이 일어날 수 있다. 보험회사는 평균위험률에 기초하여 보험료를 책정할 뿐 구체적으로 개개인의 보험가입자의 건강상태를 정확하게 알지 못한다. 결국 높은 위험을 가진 사람만이 보험에 가입하게 되고 보험회사의 입장에서는 불리한 사람만 선택하게 되는 역선택이 발생한다. 물론 보험회사가 미리 이러한 결과를 예측했을 수도 있다. 그렇지만 보험회사가 열등한 피보험자만이 남게 될 것을 우려하여 이들 열등한 피보험자를 상대로 손해를 보지 않을 만큼 높은 보험료를 제시한다면, 이로 인해 우월한 피보험자들의 보험가입에 대한 유인을 완전히 없애버리는 결과를 초래하는 악순환을 가져올 것이다. 금융시장에서 자금대부자가 자금차입자의 신용상태나 자금사정에 대하여 제대로 알지 못하기 때문에 대출이자율을 올리면 신용상태가 좋지 못한 사람만이 대출을 받으려는 현상이 나타나는 것도 역선택의 예가 될 것이다.

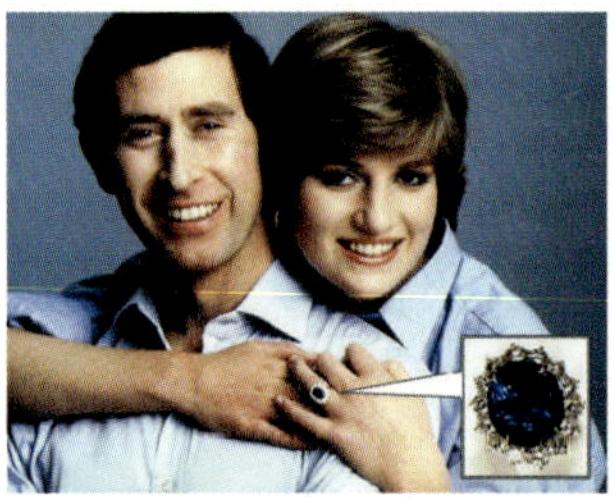

▲ 당신을 다이아몬드반지만큼 사랑해! … 신호발송

이러한 역선택현상이 일어나는 경우 상품의 거래는 위축될 수밖에 없다. 결국 성능이 좋은 상품을 팔고자 하는 사람은 팔아봤자 손해가 나기 때문에 판매를 포기할 것이고, 사고자 했던 사람들은 혹시 가격에 비해 품질이 낮은 물건을 잘못 살까봐 구매를 꺼리게 된다. 시장을 통한 거래가 자원배분의 효율성을 높여 사회 전체의 이익을 증가시킨다는 관점에서 볼 때 역선택현상으로 인한 거래위축은 사회 전체적인 이익을 감소시킬 것이다.

그렇다면 이러한 역선택은 어떻게 해결해야 할 것인가? 역선택에 대한 일반적인 극복방안으로는 중고자동차판매상이 6개월 무상보증수리를 약속하듯이 정보를 가진 쪽에서 자신에 대한 선택이 역선택이 아니라는 것을 알리기 위해 상대방에게 자신의 특성을 전달하려는 노력, 즉 신호발송(signaling)이 있다. 반대로 생명보험회사에서 건강진단서를 첨부하도록 하듯이 정보를 가지지 못한 쪽에서도 역선택을 피하기 위하여 상대방의 특성을 알아내려는 노력, 즉 선별장치(screening)를 마련해야 한다. 그 외에 과장광고규제나 품질기준의 마련 등과 같이 정보의 흐름을 투명하게 하려는 정부의 정보정책도 극복방안이 될 수 있다.

좀 더 구체적으로 말하면 정보를 가진 쪽에서 자신은 항상 고품질의 상품을 판매한다는 확신(평판)을 소비자들에게 줌으로써 소비자의 역선택을 해결하려는 노력과 표준화된 상품의 선택을 통해 역선택을 방지하려는 노력이 필요하다.

▲ 역선택을 방지하려는 면접장소 … 선별

문학 속 경제이야기

임금님이 벌거벗게 된 까닭

'벌거벗은 임금님' 이야기를 한 번 해보자. 바보스럽고 불쌍하기까지 한 임금님에 대한 이야기 속에서 우리는 '시장실패'에 대한 재미있는 예를 찾아볼 수 있다.

멋쟁이면서 옷으로 모든 걸 말할 수 있다고 생각하는 임금님이 있었고, 마음씩 착하고 똑똑한 사람들만이 볼 수 있는 세상에 둘도 없는 옷을 만들어드리겠다고 나타난 재단사와 재봉사가 있었다. 그들은 착하진 않았지만 똑똑한 사기꾼들이었기에 결국 임금님은 아무것도 걸치지 않은 채 행진을 나가게 되었고 온 나라 백성들이 다 같이 '눈 가리고 아웅'하는 장면이 연출된다. 그리고 결론은 '임금님은 벌거벗었다!'였다. 거짓말을 하기에는 너무 순수한 눈을 가진 한 어린아이의 입에서 터져 나온 이 한 마디에 상황은 순식간에 바뀌어버리고 말았다.

무엇이 문제였을까? 간단히 이야기하자면 임금님과 사기꾼들은 동등한 위치에서 거래를 하지 못했다고 할 수 있다. 즉, 임금님이 가지고 있는 사기꾼들에 대한 '정보'와 사기꾼들이 가지고 있는 임금님에 대한 '정보'가 양에서도 질에서도 같은 것이 아니었다는 것이다. 이것을 '정보의 비대칭성' 혹은 '정보의 불완전성'이라고 하며, 이 경우 심각한 시장실패를 가져오게 된다.

물론 정보를 많이 가지고 있는 쪽이 자신이 가진 정보를 이용해서 속임수를 쓰기 때문에 시장실패가 발생한다는 의미는 아니다. 그저 자신의 정보를 다 알릴 수 없었다거나, 다 알릴 필요가 없었다거나 아니면 충분히 신호를 보냈음에도 불구하고 상대방이 제대로 이해하지 못한 경우에도 시장실패는 일어날 수 있다. '정보전쟁'이라 불릴 정도로 정보는 점점 더 중요한 역할을 하게 될 것이고, 결국 정보를 더 가진 사람과 적게 가진 사람, 더 중요한 정보를 가진 사람과 그렇지 않은 사람 사이에는 많은 격차가 생기게 될 것이다.

이를 평판과 브랜드(Reputation & Brand name)에 의한 선택이라고 할 수 있는데, 백화점의 고가전략이나 유명음식점의 전국체인화 등을 들 수 있으며 앞에서 본 중고차시장 역시 같은 방법으로 해결이 가능할 것이다. 한편 보험시장의 경우에는 모든 당사자들을 강제로 가입하게 하는 방법이 있을 수 있다. 예를 들어, 자동차보험이나 건강보험, 국민연금의 경우에는 위험이 높은 사람들만이 가입하는 것을 막기 위해 전 국민을 대상으로 강제로 가입하게 하고 있다.

생/각/넓/히/기 **은행의 지점장이나 변호사들은 왜 고급정장을 고집할까?**

자기의 전 재산을 예금하려고 하는 경우에, 예금주의 입장에서는 자신의 예금에 대한 안전성을 무엇보다 우선할 것이다. 따라서 약간이라도 더 신뢰할 수 있는 은행에 대한 정보를 얻기 위해 탐색활동을 할 것인데, 이때 싸구려 양복에 다 떨어진 넥타이를 맨 지점장에게 돈을 맡길 예금주는 없을 것이다. 또한 변호사의 경우에도 소송의뢰인이 인생을 좌우할 수 있는 송사를 맡기면서 꾀죄죄한 양복을 입고 진흙 묻힌 구두를 신고 있는 변호사에게 법률상담을 하려고 하지는 않을 것이다. 이것은 결국 정보의 비대칭성이 존재하는 상황에서 고객에게 자신의 성실성을 보여줄 수 있는 신호발송이 필요하다는 것이고, 이것이 지점장이나 변호사 등이 청바지 차림의 캐주얼복장보다는 고급정장을 고집하는 이유이다.

정보의 감추어진 행동과 도덕적 해이

정보비대칭성의 두 번째 유형인 감추어진 행동은 '도덕적 해이(moral hazard)'라는 시장실패를 가져온다. 도덕적 해이란 정보를 갖지 못한 측의 입장에서 볼 때 정보를 가진 측이 최선의 노력을 다하지 않는 현상을 말하는데, 정보를 가진 측이 최선의 노력을 다하지 않아도 정보의 감추어진 특성으로 자신의 행동에 대해 책임지지 않아도 되기 때문에 발생하는 시장실패이다. 대표적인 예로 주인-대리인문제(Principal-Agent Problem)를 살펴보자.

주인-대리인관계는 주주와 경영자, 국민과 관료, 가수와 매니저, 소송의뢰인과 변호사, 의사와 환자 등 우리 주변 곳곳에서 나타나고 있다. 주인-대리인관계에서 주인의 정보량은 부족하고 대리인의 정보량은 풍부한 경우가 발생할 수 있다. 왜냐하면 주인은 대리인의 행동을 관찰할 수 없거나 너무 많은 비용이 소요될 수도 있고, 혹은 주인과 대리인 간에 서로 다른 이해관계를 가지고 있을 수도 있기 때문이다. 결국 정보를 가진 대리인의 행동을 정보를 갖지 못한 주인이 정확하게 파악하지 못한다는 점을 이용하여 대리인이 자신의 이익을 위해 주인의 이익에 반하는 행동을 하는 경우가 발생하는데, 이것이 도덕적 해이에 해당된다.

또한 도덕적 해이는 노동시장에서 고용주가 노동자의 행동에 대한 정보가 부족하기 때문에 노동자가 최선의 노력을 기울이지 않는 현상으로 나타날 수도 있고, 보험에 가입한 피보험자가 보험회사의 보상만을 믿고 사고예방을 위한 주의를 게을리하는 현상으로 나타날 수도 있다.

도덕적 해이의 극복방안은 '유인설계(incentive design)'이다. 즉, 주인은 스스로의 감독을 포기하고 주인의 입장에서 대리인이 최선의 결과를 실행할 수 있도록 성과급의 유인책을 제시하는 것을 말한다. 예를 들면, 변호사에게 지급하는 승소비, 의사에게 지급하는 특진비, 그리고 노동자에게 동기를 부여할 수 있는 성과급이나 효율성임금 등이 있다. 보험시장에서도 유인책을 사용할 수 있는데, 사고예방노력 여하에 따라 보험금을 할인해 주거나 할증해 주는 것으로 공동보험제도가 그것이다. 또한 환자가 건강보험료를 납부했다고 하더라도 병원에 갈 때 환자본인 부담금을 내게 하는 것과 같이, 사고발생 시에 손실액 중 처음 얼마는 가입자가 부담하고 그것을 초과하는 부분에 대해서만 보상해 주는 기초공제제도도 도덕적 해이를 막을 수 있다.

생/각/넓/히/기 **내근직 사원과 영업직 사원의 임금형태가 다른 이유?**

회사 안에서 근무하는 내근직 사원과 영업직 사원이나 임원의 임금체계는 일반적으로 다르다. 내근직 사원은 고정급이 주류를 이루지만 영업직 사원은 기본급에 성과급을 더하여 지불하는 형태가 많다. 그 이유는 내근직의 사원은 회사 내에서 근무하기 때문에 근무태만의 가능성이 낮고 도덕적 해이에 대한 감시감독이 용이하기 때문에 굳이 임금의 차이를 크게 둘 필요가 없기 때문이다. 그러나 영업직 사원의 경우는 회사 밖에서 근무하는 관계로 근무태만의 가능성이 크고 도덕적 해이의 여지도 크기 때문에 기본급에 성과급을 더하는 형태로 지불하게 된다. 물론 지나친 성과급은 노동자의 노력과 관계없이 외부적인 여건에 의해 실적이 급변할 경우에 노동자의 근무의욕을 더 떨어뜨릴 가능성이 있기 때문에 대부분의 기업에서 일정부분만 도입한다.

제 8 장

공공경제학

제 1 절 | 후생명제와 정부의 기능

후생경제학과 정부의 역할

피구(A. C. Pigou)는 자신의 저서 「후생경제학(The Economics of Welfare)」에서 3대 후생명제를 주장하였다. 첫째, 국민분배분의 크기의 증가는 경제적 후생을 증대시키는 경향이 있다. 둘째, 국민분배분 중 빈자에 귀속하는 비율의 증가는 경제적 후생을 증대시키는 경향이 있다. 셋째, 국민분배분의 변동의 감소는 경제적 후생을 증대시키는 경향이 있다. 그리고 이것을 실현시키는 것이 정부의 역할이라고 주장하였다.

머스그레이브(R. A. Musgrave) 역시 정부의 3대 과제로 자원의 효율적 배분, 소득의 공평한 분배, 경제의 안정적 운영을 들고 있다. 이것은 무엇을 의미하는가?

첫째, 자원배분과 관련하여 정부는 시장이 효율적이지 못할 경우 독과점규제, 외부성의 치유, 공공재생산 등 자원배분의 비효율성을 치유하기 위해 개입하여야 한다. 결국 경쟁시장이 되어 자원의 효율적 배분이 이루어지면 국가의 생산은 극대화되고 시간의 경과와 함께 경제성장이 이루어진다는 면에서 피구와 머스그레이브의 주장은 같은 의미가 된다. 둘째, 자원배분이 효율적으로 이루어졌다고 하더라도 소득분배의 공평성이 실현되는 것은 아니므로 누진세, 사회보장제도 등을 통하여 소득과 부의 적절한 재분배로 분배상태의 개선을 위해 노력하여야 한다. 셋째, 자본주의의 주기적 경기순환에 따른 실업과 인플레이션의 폐해를 줄이기 위해 재정 · 금융정책을 사용하여 개입하여야 한다. 결국 자원배분의 효율성을 통해 국부가 극대가 되면 절대적 빈곤이 사라진다. 나아가 소득의 공평한 분배가 이루어지면 상대적 빈곤이 감소하고 경제안정화가 이루어지면 경기변동에 따른 풍요 속의 빈곤이 사라진다. 따라서 정부의 역할을 한 마디로 정리하면 빈곤추방이라 할 수 있다.

생/각/넓/히/기 **정부는 운동경기의 심판이다!**

20세기의 스미스주의자인 시카고학파의 프리드먼(M. Friedman)은 운동경기에 비유하여 정부가 두 가지의 역할만을 수행할 것을 주장하였다. 첫째, 공정한 경쟁이 이루어져 원활한 시장기능이 수행될 수 있도록 중재자인 심판의 역할을 하여야 한다. 그러기 위해서는 공정한 경쟁을 해치는 독과점규제, 환경오염방지, 소유권보호 등에 힘써야 한다.

둘째, 정부가 스스로 경기자의 역할을 하여야 한다. 즉, 시장에서 공급되기 어려운 교육, 국방, 행정, 사회간접자본 등의 재화와 서비스를 직접 생산하여 공급하는 일이다.

정부실패

시장에서 효율적인 자원배분과 공평한 소득분배가 이루어지지 못할 때 이런 문제점을 치유하기 위하여 정부가 개입한다. 그런데 시장실패를 치유하기 위하여 정부가 개입하여 조세를 부과하거나(예 공해세) 각종 규제를 도입하는 경우 그에 따른 부작용으로 오히려 자원배분의 왜곡을 더욱 심화시키는 현상이 나타날 수도 있다. 이와 같이 정부의 개입이 자원배분의 효율성을 높이기보다 오히려 악화시키는 경우를 정부실패(government failure)라고 한다. 그렇다면 정부실패는 왜 발생할까?

정부는 대부분의 업무영역에서 독점적인 지위를 갖고 있어 민간 기업처럼 경쟁을 해야 할 필요가 없기 때문에, '탁상 행정'이라는 말에서 보듯이 시장상황에 대한 정확한 지식이 결여되어 있는 경우가 많다. 또한 변화에 대처하는 능력이 민간기업보다 느린데, 규제수단으로 법적인 수단을 동원하다 보니 경직성을 띄고, 이것이 신축적인 환경변화에 제대로 대응하지 못한다. 게다가 정부의 정책 집행과정은 여론수렴과 국회동의 등의 복잡한 절차를 거치는 것이 일반적이다. 그러므로 이런 절차에 소요되는 시간 때문에 막상 집행하려고 할 때는 경제현상이 변화되어 있는 경우가 많다. 한편 공기업도 경쟁자가 없기 때문에 공공재 생산비용을 자발적으로 낮출 유인이 적다. 따라서 비용을 줄여 경쟁력을 높이려는 노력이 소홀해지는 도덕적 해이의 소지가 민간기업에 비하여 크기 때문에 경제활동의 효율성이 민간기업에 뒤질 수밖에 없다. 정부실패는 상당부분 이러한 정부부문의 속성 때문에 비롯되는 것이다.

그러면 정부개입의 부작용으로 나타나는 정부실패를 최소화하기 위해서는 어떤 노력이 필요할까? 우선 각종 제도의 개선을 통해 민간의 경제활동을 제약하는 불필요한 규제를 완화 · 철폐할 필요가 있다. 동시에 정부의 정책결정과정을 국민들에게 투명하게 밝혀야 할 것이다. 또한 정부부문 운영에도 경쟁의 원리와 적절한 유인제도를 도입하여 효율성을 높이는 노력이 필요하다. 이와 함께 정부의 경제정책, 예산, 정부기구 등 정부의 경제활동에 대해 의회와 감사원뿐만 아니라 시민단체 등에 의한 감시도 정부의 실패를 줄일 수 있다.

생/각/넓/히/기 **교도소를 민간기업이 경영한다면?**

신창원 탈옥사건에서 보듯이 교도소에서 일어나는 수감자들에 대한 인권유린이 신문에 한 번씩 보도된다. 미국의 경우에 국가의 안전에 관련되는 죄수들은 연방교도소에서 수감하지만, 일반 죄수들을 수감하는 주정부의 교도소는 민간기업에 맡겨(일종의 아웃소싱) 운영하는 경우가 있다. 이때 죄수의 안전에 문제가 없다면 각 주의 교도소들은 자기 교도소에 더 많은 죄수를 유치하여 이윤을 극대화하기 위하여 보다 나은 서비스를 제공하려는 노력을 할 것이다. 이러한 민간교도소의 운영도 정부실패를 줄이려는 노력의 하나라는 점에서 시사하는 바가 있지 않을까?

제 2 절 | 공공선택이론(⇒ 투표의 경제학적 분석)

공공선택이론이란?

"소비자는 투표자이다. 유권자가 자기가 좋아하는 후보에게 표를 찍듯이, 소비자는 자기가 좋아하는 상품에 돈을 던진다"라는 사무엘슨(P. A. Samuelson)의 표현에서 보듯이 시장에서 소비자의 구매행위는 입후보자나 정당의 정책에 대한 유권자의 선택과 동일한 논리가 성립한다. 경제적 시장에는 수요자와 공급자가 상품을 사이에 두고 자신의 이익을 극대화하는 선택을 한다. 한편 정치적 시장에서도 유권자, 정치인, 정부관료, 이익집단 등으로 구성되는 참가자들이 자신들의 이익을 위해 선택을 한다.

첫째, 유권자들은 투표행위를 통해 공공선택에 영향을 미친다. 둘째, 정치인은 선거를 통해 당선이 되기 때문에 유권자와 이익집단의 로비를 의식하면서 공공선택과정에 참여한다. 셋째, 관료들은 정부조직 내에서 자기들의 입지를 확장하는 방향으로 공공선택과정에 참여한다고 볼 수 있다. 마지막으로 전경련이나 전교조와 같은 이익집단은 특정 정책에 대해 강한 이해관계를 갖는 사람들의 모임으로 각종 로비활동을 통해 정부의 의사결정에 영향을 미친다.

경제적 시장에서는 개별경제주체들이 자신들의 이익을 극대화하려는 것을 개별선택(private choice)의 이론으로 다룬다. 여기에 대해 정치적 시장에서의 공공의 이익은 사회 각 구성원의 다양한 의견을 집단의 의사로 통합하는 정치적 과정(흔히 투표방식)을 통하여 이루어지고 있다. 따라서 공공선택이론은 이러한 집합적 선택을 연구하는 분야로 '투표의 정치경제학' 또는 '신 정치경제학'이라고도 한다.

생/각/넓/히/기 **국민주권과 소비자주권**

시장경제에서 소비자가 어떤 상품을 선호하게 되면 가격상승의 신호를 통해 생산자는 그 재화의 생산을 늘려 소비자가 원하는 대로 공급하게 된다. 이처럼 소비자가 원하는 대로 시장경제가 움직이는 것을 소비자주권이라 하는데, 국민이 원하는 대로 정치가 실현될 때 국민주권이 실현되는 민주주의의 원리와 시장경제의 원리가 같다는 것을 의미한다. 대신 소비자주권은 '1원 1표'로 이루어지지만 국민주권은 '1인 1표'로 표현되는 차이점이 있다.

한편 갈브레이스(J. K. Galbraith)는 소비자가 자신의 합리적 판단보다는 생산자의 마케팅이나 광고전략에 좌우되어 자신의 구매행위를 결정하는 '의존효과'를 주장하였는데, 이것은 생산자주권에 의한 자본주의의 비민주성을 표현하는 개념이기도 하다.

공공선택의 과정

공공선택의 과정은 우선 국민의 투표에 의해 결정된다. 투표방법으로는 투표자 모두의 찬성으로 집단의 의사를 결정하는 방식인 전원합의제(또는 만장일치제)가 있다. 이것은 한 사람의 반대자도 없기 때문에 가장 이상적이라 할 수 있지만 의사결정에 따른 시간과 비용이 가장 많이 드는 단점이 있다. 따라서 대다수의 경우는 의사결정을 효율적으로 하기 위해서 과반수투표제(또는 단순다수결제)를 채택한다.

이 방식은 다른 투표방식에 비해 의사결정비용이 작다는 장점이 있지만 다음과 같은 문제점도 존재한다. 첫째, 다수파의 횡포로 소수파의 보호가 어렵다. 둘째, 1인 1표를 택함으로써 유권자의 선호강도가 반영되지 않는다. 물론 이러한 문제점은 소수의 보호가 이루어지는 제도적 장치나 선호의 강도를 점수로 표시하는 점수투표제 등으로 문제점을 어느 정도는 줄일 수 있으나, 이것 또한 근본적인 해결책은 되지 못한다. 셋째, 투표에 참여하는 사람 또는 대상안건을 상정하는 방법에 따라 선택안이 달라지는 현상, 즉 투표의 역설이 발생할 가능성이 존재한다. 이것을 쉽게 설명하면 가위, 바위, 보 중에서 최적안을 뽑을 때 어느 선택안도 최적이 될 수 없다는 것이다. 투표의 역설은 중위투표자정리로 해결할 수가 있다. 만약 대통령선거에서 보수성향의 후보자, 중도성향의 후보자, 그리고 진보성향의 후보자가 출마했다고 가정해 보자. 후보자를 선택할 때 유권자의 성향이 극단적인 성향을 선호하지 않는다면, 다수결투표를 통해 중도적인 성향의 후보자가 당선이 된다는 것이다. 이런 면에서 진보정당들은 보수적인 정강을 수용하려 노력하고 보수정당들은 진보적인 정강을 채택하여 중위투표자의 표를 얻으려는 노력을 한다는 것이다.

유권자 이외의 다른 참가자들에 대해서 생각해 보자. 관료는 가능한 한 많은 예산을 확보함으로써 높은 보수와 직위, 많은 부하직원의 수를 두고 큰 영향력을 행사하려고 한다. 정치가는 자신의 표를 많이 획득하는 방향으로 정책을 펼 것이고, 이익집단은 자신들의 이익을 증대하는 방향으로 영향력을 행사할 것이다.

이러한 여러 집단이 공공선택에 참여하게 되었을 때 정부의 예산규모는 적정규모가 될 것인가? 여기에 대해서는 예산규모가 적정수준보다 적다고 하는 주장이 있지만, 적정규모보다 과다하게 이루어진다고 보는 견해가 주류를 이룬다. 그 대표적인 주장은 뷰캐넌(J. Buchanan)의 재정착각(fiscal illusion)이론이다. 그의 주장에 의하면 현대경제에서 정부의 재원조달수단이 간접세 등의 조세뿐만 아니라 국공채 등으로 다양화됨에 따라 유권자들은 자신들이 부담할 비용을 과소평가하거나 편익을 과대평가하는 재정환상으로 공공재가 과다공급된다는 것이다. 이것을 설명하기 위하여 표에서 A, B, C의 공공사업의 채택 여부를 검토해 보자.

구분	공공사업(각 사업경비 100원, 비용은 각자 1/3 부담)		
	A	B	C
투표자 김씨의 혜택	35원	35원	0원
투표자 이씨의 혜택	35원	0원	35원
투표자 박씨의 혜택	0원	35원	35원
사회 전체의 혜택	70원	70원	70원

사회 전체의 기준에서 보면 어떤 공공사업이나 사회가 얻는 편익 70보다 비용 100이 더 크기 때문에 손해가 발생한다. 그러나 A의 공공사업에서 보듯이 김씨나 이씨의 개인의 입장에서 보면 편익인 35원이 자신이 부담해야 하는 비용 $33\frac{1}{3}$보다 크므로 이 사업안에 대해 찬성표를 던지므로 2 : 1로 채택된다. B나 C의 사업도 동일한 방법으로 채택이 될 것이다.

결국 모든 공공사업이 투표자 3인 중 2인에게 주는 혜택이 각자가 지불하는 비용보다 많으므로 다수결투표에서 A, B, C안이 모두 채택된다. 그러나 각 사업의 편익(70원)보다 비용(100원)이 크므로 공공재는 과다공급되고 적자재정이 실현된다.

생/각/넓/히/기 **선거에서 정치적 거물들이 많이 당선되는 이유는 무엇일까?**

중앙정부에서 큰 영향력을 행사하고 있는 후보자가 자기 지역에 입후보하면 유권자들은 어떤 생각을 할까? 아마도 많은 공약을 내세우는 거물급을 당선시키게 되면 다른 지역으로 가게 될 예산이라도 영향력을 행사하여 자기 지역으로 돌려올 힘이 있다고 생각할 것이다.

이처럼 거물급 정치인이 당선되어 공약이 실현되면 자기들의 부담은 작아지면서 편익은 커질 것으로 착각하는 것을 재정착각현상이라 한다. 하지만 유권자의 이러한 성향은 결국 예산규모를 늘리는 방향으로 정책이 이루어져 점점 큰 정부가 될 수밖에 없다.

경제학자처럼 생각해보기 **'발로 하는 투표(Voting with the feet)'**

"유권자인 국민은 선거 전에는 황제이다가 선거 후에는 노예가 된다"는 말이 있다. 이것은 후보자들이 선거 전에는 표를 얻기 위해 노력하다가 선거 후에는 유권자에게 군림하는 것을 빗대어 하는 말이다. 이러한 문제점을 극복하기 위해 정치적 민주주의가 발달한 유럽이나 미국 등은 지방분권을 발전시켜 왔다. 지방분권을 잘 보장하여 주민이 지방 간 이동을 자유롭게 선택할 수 있다면 주민을 잘 보살피는 지역을 선택하여 이동할 것이고, 이로 인해 보다 나은 정치가 이루어질 수 있다는 것이 티부(C. Tiebout)가 주장한 이론이다.

미국의 시민이 한 주의 행정이 잘못되면 다른 주로 이주하거나 유럽에서 독일의 실업률이 높아지면 실업률이 낮은 이탈리아로 이주하는 것이 그 예이다. 이것은 분권정치의 당위성을 옹호하는 이론으로서 경쟁의 원리에 의한 지방행정의 효율성은 높아지지만 지역 간 형평성은 저하될 우려가 있으므로 이에 대한 탄력적인 대처가 필요할 것이다.

제 3 절 | 조세이론

경제생활과 조세

경제가 제대로 발달되어 있지 않는 단계에서 국민들이 가장 무서워하는 국가기관은 검찰청이나 경찰청과 같은 권력기관이다. 그러나 경제가 발달할수록 검찰청과 같은 기관과는 무관한 사람이라도 국세청과는 관계를 맺지 않을 수가 없다. 그 이유는 사람들이 경제활동을 하지 않고서는 살아갈 수 없고 그러한 경제활동에는 반드시 세금이 따라오기 때문이다. 세금이라는 말에서 '세(稅)'자는 벼 화(禾)와 떼어낼 태(兌)가 합쳐진 글자이다. 이것은 한문이 만들어진 고대 중국에서 세금을 벼로 거두었음을 의미한다. 우리가 늘 이용하는 '택시(taxi)'의 어원이 "세금(tax)부담을 지운다"라는 말에서 나온 것도 흥미로운 사실이다.

소득이 발생하면 소득세를 내야 하고, 휴대전화를 사용하거나 맥주를 마시면 부가가치세를 부담하듯이 경제학과 조세는 뗄래야 뗄 수 없는 관계에 있다. 따라서 우리가 번 소득을 가지고 소비와 저축을 얼마나 할 것이냐 하는 문제만큼이나, 세금을 얼마나 절약하고 얼마를 낼 것이냐 하는 것도 중요한 문제가 된다.

생/각/넓/히/기 **절세와 탈세와 조세회피**

절세란 세법이 허용하는 범위 내에서 합법적이고 합리적인 방법으로 세금을 줄이는 행위이며, 세법을 충분히 이해하고 법 테두리 안에서 세금을 줄일 수 있는 방법을 찾는 것이다. 즉, 세법에서 인정하는 각종 소득공제, 세액공제, 준비금, 충당금 등의 조세지원제도를 충분히 활용하며 세금을 절약하는 것이다. 반면에 탈세란 고의로 사실을 왜곡하는 수입금액 누락, 가공경비 계산, 허위계약서 작성, 명의 위장, 공문서 위조 등의 불법적인 방법을 동원해서 세금부담을 줄이려는 행위를 말한다. 한편 조세회피는 법의 미비점을 이용해 세금을 줄이는 행위를 말한다. 이것은 사회적 비난의 대상이 될 수 있으나 법에 의해 처벌받지는 않는다. 따라서 조세회피는 어떤 의미에서 합법적인 탈세라고도 할 수 있다.

▶ **우리나라의 조세체계**

- 국세
  - 보통세 … 소득세, 법인세, 상속세, 증여세, 부가가치세, 주세, 개별소비세
  - 목적세 … 교육세, 교통세, 농어촌특별세
- 지방세
  - 보통세 … 지방세, 취득세, 등록세, 주민세, 자동차세
  - 목적세 … 도시계획세, 공동시설세, 지역개발세, 지방교육세, 사업소득세

바람직한 조세의 원칙

위에서 살펴본 대로 조세가 우리의 생활과 불가분의 관계가 있는 만큼 조세가 부과되는 원칙과 거기에 따르는 경제적 효과를 알아야 하는 것은 당연한 것이다. 정부는 개인이나 기업의 행동을 바람직한 방향으로 유도하기 위한 수단으로 조세를 활용한다. 예를 들어, 교통세나 휘발유세를 높이면 사람들은 차량운행을 줄이는 방향으로 반응한다. 조세는 저소득층에 대해서는 낮은 세율을 적용하거나 세금을 감면해 부담을 덜어주고, 고소득층에 대해서는 높은 세율을 부과함으로써 계층 간 소득을 재분배할 수 있다. 또한 조세는 기업투자나 소비지출을 촉진하거나 억제하는 등 경제안정을 도모하기 위한 수단으로도 활용된다. 현대경제에서는 정부의 경제활동영역이 넓어지면서 조세부담이 늘어나는 경향이 있다. 따라서 국민들의 조세부담을 어느 수준으로 할 것인지에 대해서는 논쟁거리가 될 수밖에 없다.

이러한 점에서 스티글리츠(J. Stiglitz)는 바람직한 조세제도가 갖추어야 할 요건으로 아래의 원칙을 제시하고 있다. 첫째, 효율성원칙으로, 조세부과에 따른 민간부문의 자원배분의 비효율(초과부담)을 최소화하여야 한다. 둘째, 조세부담의 공평성원칙으로, 조세부담이 납세자들 사이에 공평한 부담의 분배가 이루어져야 한다. 셋째, 세수(稅收)의 신축성원칙으로, 조세구조가 경제적 여건의 변화에 쉽게 반응하여 경제의 안정화기능을 갖추어야 한다. 넷째, 단순성원칙으로, 단순한 조세제도를 통해 행정비용을 줄이고 납세협력을 얻어야 한다. 다섯째,

정치적 책임성의 원칙으로, 납세자와 담세자의 부담이 불명확한 간접세보다는 직접세를 중심세제로 운영함으로써 납세자의 부담이 명백하게 드러나는 조세가 바람직하다.

조세의 바람직한 요건으로 공평성원칙과 효율성원칙은 특히 중요하므로 보다 자세한 논의를 하기로 해보자.

역사 속 경제이야기

조세와 미국의 독립전쟁

18세기 중엽, 미국은 영국의 식민지였다. 프랑스와의 7년 전쟁 이후 재정이 어려워진 영국정부는 막대한 전쟁비용을 지출하고 있다는 이유로 식민지에 대해 세금을 더욱 많이 거두기 위하여 인지조례를 발표하였다. 1765년 11월 1일 발효된 이 법은 식민지에서 발행되는 모든 서류, 즉 신문, 달력, 팸플릿, 증서, 유언장, 법률문서, 면허증 등에 높은 세금을 냈다는 증표인 인지를 붙이도록 하는 것이다. 이 덕분에 영국정부는 1763년 이전보다 10배가 넘는 수입을 거둬들일 수 있었다. 인지세법은 엄청난 불만을 야기했는데, 특히 신문들이 분노했다. 정치적 의미를 떠나 우선 경제적으로 신문사에게 엄청난 타격이 되었기 때문이다. 신문들의 비판에 자극받아 분노한 군중은 인지세법을 수용하는 인쇄소를 공격하기도 했다. 식민지시기 말 문자해독률은 매사추세츠 85%, 버지니아 66%에 이르렀기에, 신문들은 여론형성에 큰 영향을 미쳤다. 당시 영국에서와는 달리 식민지 아메리카의 언론통제는 쉽지 않았다. 무엇보다도 영국과는 달리 신문들이 넓은 지역에 퍼져 있기 때문이었다. 결국 1766년 3월 18일 새 수상인 록킹햄 후작(the Marquis of Rockingham)의 주장으로 이 법은 철폐되었다. 그 대신에 영국의회가 식민지에 대해 '어떤 경우에든지' 권한을 지닌다는 것을 확인하는 선언법(the Declaratory Act)을 제정하였다. 식민지인들은 인지세법 철폐에 기뻐하느라 이 선언법에는 미처 주목하지 못했다. 그 후 식민지인들이 선언법에 따를 때까지 뉴욕의회를 해산하는 동시에 영국에서 식민지로 수입되는 물품들에 타운센드관세로 알려진 새로운 세금을 부과하였다. 차, 종이, 페인트, 유리 따위에 수입관세를 부과시키자 이번에도 커다란 반발이 일어났다. 그래서 정부는 차(茶)에 대한 세금만 남기고 다른 세금은 폐지하였지만, 식민지 주민들은 자기들이 특히 좋아하는 차에 대한 세금을 낼 수 없다고 심하게 반대하였다. 결국 "대표 없이 과세 없다(No taxation without representation)"고 주장하며 세금부과에 반대하고 본국 상품의 불매운동을 벌였다. 시민들의 불만은 고조되어 1773년에는 보스턴의 급진파 시민들이 인디언으로 변장하고, 보스턴항에 정박되어 있던 동인도회사 소속의 배에 쌓여 있던 차 상자들을 모두 바다에 던져 버렸다. 이 사건이 바로 미국 독립전쟁의 직접적인 도화선이 된 보스턴 차 사건이다.

조세와 소득분배의 공평성

조세제도에서의 가장 중요한 요건은 모두가 수긍할 수 있는 공평한 조세부과의 문제이다. 그러면 조세부담이 어떻게 분배되어야 공평하다고 할 수 있을까? 그것은 편익원칙에 입각하여 정부가 제공하는 서비스로부터 얻는 혜택에 비례하여 조세를 징수하는 것이다. 이러한 조세정책이 시행될 경우 조세저항이 작다는 장점이 있다. 그러나 편익원칙에 의할 경우 공공서비스의 비배제성의 성격상 얻는 혜택을 제대로 표명하지 않으면 어떻게 될 것인가? 이렇게 되면 가난한 사람이 소득에 비해 상대적으로 많은 조세를 내고 부유한 사람은 오히려 적은 조세를 낼 수 있다.

따라서 납세자 자신이 받는 혜택과는 상관없이 각자의 경제적 능력에 맞게 조세를 내도록 하는 것이 보다 공평하다는 주장이 제기된다. 이러한 견해를 능력원칙(또는 희생설)이라고 하고, 오늘날 대부분의 나라에서는 능력원칙을 공평한 조세부담의 원칙으로 받아들이고 있다.

이러한 공평성에는 동일한 처지의 사람을 동일하게 대우하자는 수평적 공평성이 있는데, 여기에 부합하는 조세체계가 모든 소득을 동일하게 취급하는 포괄적 소득세제이다. 한편 서로 다른 처지의 사람을 달리 취급하자는 수직적 공평성의 기준에서 누진세체계가 보편화되어 있다. 여러분들이 주머니에 100만 원이 있을 때와 3,000원이 있을 때 1,000원에 대해 느끼는 소중함은 분명히 다를 것이다.

따라서 만약 소득의 한계효용이 체감한다면, 고소득자가 더 많은 세금을 내고 저소득자가 더 적은 세금을 내는 경우에도 부담하는 효용의 감소분은 동일할 것이다.

그러나 능력원칙에 의한 공평성의 원칙을 적용하는데도 커다란 문제점이 나타난다. 즉, 그 사람의 능력을 알 수 있는 소득의 정확한 포착이 쉽지 않다는 점이다. 신용카드거래가 과거에 비해 많이 증가하였다고 하지만, 아직도 현금거래 비중이 높은 데다 영수증을 주고받는 관행이 정착되지 않은 상황에서 교묘한 탈세행위를 적발하기란 쉬운 일은 아니다. 이러한 문제점을 개선하기 위해서는 과세당국이 조세를 공정하고 투명하게 걷으려는 노력뿐만 아니라, 조세를 많이 내는 사람을 존중하는 사회적 풍토를 조성하는 것도 필요할 것이다. 아울러 경제적 능력은 소득뿐만 아니라 부채를 뺀 순재산의 정도에도 비례하기 때문에 부채를 뺀 재산의 순가액의 측정과 거기에 따른 재산세의 현실화와 같은 제도의 정비도 필요할 것이다.

조세와 자원배분의 효율성

조세의 바람직한 요건으로 공평성만큼이나 중요한 것이 가능한 한 효율성을 해치지 않아야 한다는 것이다. 자신이 청소를 하고 싶어 청소를 하려고 하는 순간 옆에서 누군가가 청소를 하라고 하면 청소하기가 싫어지는 경우가 있다. 그것은 인간은 자신의 자율적 의지에 의해 행동을 할 때 가장 만족스러워지는 것의 반증일 수도 있다. 그렇기 때문에 정부가 근로소득세를 부과하면 근로자는 노동을 줄이고 여가를 더 늘리려 할 것이고, 이자소득세를 부과하면 저축자는 저축을 줄이고 소비를 늘리려고 할 것이다. 또한 어떤 고가품목에 개별소비세를 부과하면 소비자들은 조세부담을 줄이기 위해 그 품목을 덜 사려고 할 것이다. 이와 같이 조세의 부과는 소비자의 의사결정을 왜곡시키고, 그 결과 각 소비자가 자유롭게 자신의 소비에 대해 의사결정을 할 때에 비해 후생손실(이것을 조세이론에서는 초과부담이라 한다)이 발생하여 효율성이 감소하게 된다. 따라서 경제적 효율성의 상실을 최소화할 수 있도록 개인과 기업의 행동을 덜 왜곡시키는 조세제도를 찾아야 할 것이다.

생/각/넓/히/기 **과거에 비해 여성들이 소주를 좋아하게 된 이유?**

우리나라에서 20세기까지만 해도 알코올도수가 25도인 소주가 주종을 이루었고, 맥주는 소주보다 훨씬 가격이 비쌌다. 그러나 한국 술시장의 매출액이 매우 크다는 것을 안 유럽이 알코올도수가 낮은 맥주에 비해 소주의 세금이 낮은 것은 세계적 기준을 위반하는 불공정행위라고 국제무역기구(WTO)에 제소하여 한국이 패소하게 되었다. 판정의 결과 2000년에 소주의 주세율이 35%에서 72%로 높아져 소주회사들은 높은 세금을 부담하게 되었다. 당연히 소주회사들은 절세를 위해 알코올도수를 낮추려는 노력을 하게 되었고, 소주의 맛이 부드러워지자 여성들도 소주를 쉽게 마시게 되었다. 소주회사로 봐서는 세금도 적게 내고 판매량도 늘었으니 전화위복이 된 셈이다. 그 덕택에 필자 같은 주당들은 약해진 도수를 높이려고 '싱겁다(?)'는 명목하에 폭탄주(=소주+맥주)로 주종을 바꾸게 되는 핑계가 하나 더 늘어난 셈이 되었다.

역사 속 경제이야기

창문세와 수염세

사람들은 세금부담을 낮추는 데 있어서 매우 창의적이다. 예를 들어, 영국의 윌리엄(William) 3세가 국가재정의 확충이 필요하다고 결정했던 1696년에 일어났던 일들을 살펴보자. 그 당시 소득세가 개인의 자유를 침해한다고 인식되고 있었기 때문에 소득세가 사용될 수는 없었다. 대신 그는 창문에 대한 세금을 선택하였다. 부유한 사람들이 다수의 창문을 가진 큰 집을 소유하고 있었기 때문에 창문에 대한 조세는 부자들을 대상으로 한 것이었다. 절세를 할 수 있는 손쉬운 방법으로 창문을 막아버릴 수 있었다는 것을 윌리엄 3세는 알지 못하였었는지도 모른다. 17세기에 나타난 절세의 예는 아직도 영국의 여러 고가에서 찾아볼 수 있다.

절세를 위해 고안된 다른 형태의 건축물들도 존재한다. 17세기 네덜란드에서는 건물의 너비에 비례하여 과세하였기 때문에 그 당시 암스테르담에 살고 있는 사람들은 좁고 높고 긴 건물을 건축하여 절세하였다.

또 하나의 예로 제정 러시아의 절대군주였던 표트르 대제는 한때 수염세를 만든 적이 있었다. 표트르 대제는 그 당시 유럽에 비해 경제적인 측면에서 상당히 뒤진 러시아를 발달시키기 위해서는 유럽의 문물을 받아들이는 창구 겸 대서양으로 나아가는 항구가 필요하다고 느껴 러시아 국토로서는 유럽에 가장 가까운 네바강 하구에 1703년 새로운 도시를 건설하기 시작했다. 그리고 1712년 마침내 북유럽의 베니스라고 불리는 상트 페테부르크가 유럽 어느 도시보다도 규모가 크고 아름답게 건설됐다.

그때 표트르 대제는 수도를 모스크바에서 상트 페테부르크로 옮겼다. 이어 귀족들의 옷소매를 짧게 하고 긴 수염을 깎도록 했다. 새로운 문물을 받아들이려는 자세의 표현이라고 할 수 있다. 그러나 귀족들은 이와 같은 조치에 드세게 반발했다. 거처를 옮기는 것과 그들의 권위 있는 긴 소매를 짧게 하는 것은 물론이고, 슬라브인의 긴 수염은 하느님이 주신 것인데 이것을 깎으라는 것은 말도 안 된다는 저항이 일어났다.

그러나 표트르 대제는 그대로 물러서지 않았다. 귀족 몇 명과 자신의 아들마저도 처벌했다. 그래도 수염만은 안 된다는 저항이 계속되자 표트르 대제는 한 발자국 물러나 수염을 기를 수 있게 하는 대신에 수염세를 물리기로 결정했다. 그런데 효과는 의외로 빨리 나타났다. 수염세가 도입되자마자 세금을 내기 싫은 러시아인들이 너도나도 소중하게 가꿔온 수염을 깎아버리기 시작한 것이다.

세계정세에 가장 어두웠던 조선왕조의 고종이 단발령을 내리자, 양반들이 머리는 자를지언정 머리카락은 자를 수 없다고 하면서 엄청난 저항을 하였다. 만약 고종이 단발령 대신에 상투세를 부과했다면 역사는 어떻게 되었을까?

■ 출처 : 로젠(H. S. Rosen) 저, 「ROSEN의 재정학」(McGraw Hill, 2007), pp.485~488에서 인용

제4절 | 정부 재정과 공공채무

재정이란 무엇인가?

이 장의 1절에서 머스그레이브(R. A. Musgrve)가 정부의 3대 기능으로 자원의 효율적 배분, 소득의 공평한 분배, 경제의 안정적 운영을 제시했다고 소개하였다. 정부는 가계와 기업으로부터 거두어들인 조세수입 등을 기반으로 하여 공공재와 공공서비스의 제공을 위해 지출활동을 하는데, 정부부문의 경제활동을 통칭하여 '재정'이라고 표현한다. 즉, 재정활동은 정부가 수행하는 경제활동으로서, 정부의 수입 · 지출활동을 의미한다. 간단하게 표현하면, 국가의 살림살이, 정부의 살림살이를 지칭하는 것으로 이해할 수 있다.

그런데, 국가의 살림살이가 왜 필요한가? 만약, 정부가 없다면, 무질서한 사회가 될 것이다. 정부가 있으므로 법질서가 유지되고, 교통질서가 유지되며, 개인의 재산권이 보호되고, 개인의 인권도 보호받을 수 있게 된다. 이처럼 정치사회적 측면에서의 정부는 공적 질서의 설계자, 관리자라고 할 수 있다.

경제적 측면에서 정부는 경제주체들 간에 일어나기 쉬운 이해관계의 충돌에 있어서 중재자, 심판자의 역할을 하며, 다른 한편으로는 민간이 공급하기 어려운 공공재(공공서비스)를 공급하는 재화의 생산자 역할을 하기도 한다. 정부가 공공재를 공급하는 과정에서 하는 기능을 자원배분기능이라고 말한다. 그리고 고소득자에게는 높은 세금을 거둠으로써 고소득층과 저소득층간 격차를 완화시키는 것을 소득분배 기능이라고 하고, 물가안정과 고용확대 등을 추구하는 것이 경제 안정화 기능이라고 한다.

정부의 재정활동이 구체적으로 나타나는 것은, 정부가 공공서비스를 국민에게 제공하는 과정에서 조세를 걷고, 공무원을 고용하고, 법질서를 유지하기 위해 경찰을 운영하고, 도로를 건설하는 등의 경제활동 즉, 정부의 경제활동이 이루어지는 때이다.

코로나19가 전 세계적으로 유행하고, 우리나라에서도 환자가 발생하고 있는데, 코로나19의 방역체계를 만들고, 그것을 국민들이 지키도록 하는 활동이 모두 재정에 속한다. 정부가 없다면, 국민들이 스스로 마스크를 착용하고, 경제활동을 스스로 자제하고, 종교활동을 중단하고, 방역활동을 할 수 있었을까? 아마도 불가능했을 것이다. 오늘날의 경제에서 국가가 차지하는 비중은 그 어느 때보다도 커지고 있다. 코로나와 같은 재난이나 전쟁, IMF 외환위기 등의 경제적 위기를 극복하는 과정에서 좀 더 빠른 속도로 커지는 경향이 있다.

생/각/넓/히/기 **정부가 왜 필요한가? 가습기살균제 사건**

정부의 재정이 왜 중요한지를 보여주는 사례가 있다. 바로 2011년부터 문제가 된 가습기 살균제 사건이다. 소비자들이 믿고 사용하던 가습기살균제가 폐손상을 유발하여 260여 명의 사망자를 포함, 약 2천 명의 피해자가 발생하였다.

이 사건에서 국민들은 가습기살균제의 유해성을 감춘 제조업체에 책임을 추궁하는 한편, 정부에도 분노했다. 분노의 이유는 이렇다. 소비자들은 정부의 인증을 믿고 가습기살균제를 샀다. 후진국의 슈퍼마켓이 아닌, 우리나라의 대형마트에서 팔기 때문에 믿고 샀을 것이다. 여기에서 팔리는 물건은 대한민국 정부가 충분히 검사하고, 인증해 줬을 것이라고 믿었고, 유해성을 모른 채 안방에, 아이들 방에 가습기살균제 성분을 뿌려댔을 것이다. 식품의약품안전처, 기술표준원, 환경부 등이 서로 자기 소관이 아니라고 소극적으로 대응한 것이 큰 희생을 초래했다.

일상생활에서 접하는 수없이 많은 상품들이 해로운지 괜찮은지, 누가 검증해야 하겠는가? 가습기살균제가 해롭지는 않은지 개인들이 각자 시험, 분석해야 할까? 정부의 공공서비스는 개인적으로 하기 어려운 일, 공공이 해결해야 하는 일을 실제로 시행하는 것을 의미한다.

국민의 안전을 지키는 일은 정부가 국민에게 선심 써서, 자비를 베푸는 차원의 것이 아니다. 정부의 존재 이유이다. 국민의 안전을 지키기 위해 정부가 있는 것이다.

2020년 7월 사회적참사특별조사위원회는 "1994년 출시된 후 2011년까지 가습기살균제 사용자는 모두 627만 명으로 추산되며, 이 중 67만 명이 폐질환이나 피부, 심혈관질환을 새로 앓거나, 증상이 악화된 것으로 추정하고, 관련 질병으로 사망한 사람의 수도 1만 4천 명에 이른다"고 발표하였다.

▶ 자료 : JTBC 20.7.27 8시 뉴스

재정수지와 국가채무*

정부가 국민들로부터 받은 세금보다 더 많은 금액을 지출했다면, 이를 어떻게 봐야 할까? 수입액을 초과해서 쓴 것은 정부가 예산을 낭비한 것으로 간주해야 한다는 시각이 있을 수 있다. 가정으로 치면 저축은 못할망정 빚을 지었으니 비난받을 일이라며 비판적으로 보는 견해가 그 것이다.

그런데 정부의 살림살이는 가정이나 기업의 살림살이와는 다르게 판단해야 하는 부분이 있다. 수입보다 지출이 많을 때, 즉 적자재정인 경우이면 경기를 활성화시키게 된다는 것이다. 정부는 총수요가 부족해서 생기는 경기 불황의 해결방법으로서 재정 지출을 확대하는 방안을 채택할 수 있고, 이 경우 수입보다 많은 지출을 하게 되는 것이다. 물론 이와는 정반대로 경기가 과열되어 진정시킬 필요가 있을 때는 의도적으로 수입보다 적은 지출을 하기도 한다.

- 흑자재정: 재정수입〉재정지출 → 총수요 감소: 경기 억제
- 재정수입〈재정지출 → 총수요 증가: 경기 부양

정부가 거둬들인 재정수입보다 더 많은 돈을 지출하려면, 즉 재정적자 상태라면, 부족한 재원을 어디서든 빌려와야 한다. 이때 정부가 몇 년 후에 갚겠다는 약속을 하고, 이를 보증하는 문서가 '국채'이고, 이런 형태로 정부가 빚을 지는 것을 국가채무(또는 정부부채)라고 부르기도 한다. 재정적자로 인한 정부부채가 가장 크게 문제가 되는 곳은 미국이다. 미국은 의회가 정부가 사용할 수 있는 부채한도를 정해놓고 그 선을 넘지 못하도록 강제해야 할 정도로 재정적자의 규모가 크고, 국가채무 증가가 일상화되어 있다.

국채 발행을 통해 정부지출을 늘리면, 민간부문에서는 총수요의 증가를 통해 정부지출보다 더 큰 액수의 소득이 증가한다고 하는 것이 케인즈의 주장이었다. 정부가 빌린 돈으로 공공투자사업을 벌이면, 노동자는 임금을 받고, 그 임금으로 상품을 소비하고, 상품을 만든 기업의 종업원들의 소득이 늘어나는 연쇄작용을 통틀어 승수효과라고 부른다. 케인즈의 주장과는 반대로 통화론자들은 구축효과를 주장한다. 구축효과란 정부가 정부지출을 늘리기 위해 국채를 발행하여 판매하면, 다른 채권의 판매에도 영향을 미쳐 채권의 이자율이 오르게 되고, 이자율의 상승이 결국 기업들의 투자를 줄어들게 하므로, 결국 국채가 민간투자를 쫓아내는(구축하는) 셈이라는 것이다. 현실 경제에서 승수효과가 나타날지 구축효과가 더 크게 나타날지는 경제상황에 달려있다. 오늘날 대부분의 국가가 경기가 나쁠 때 국채발행을 통해 정부지출을 확대하는 것이 일반적

*본 도서의 2부 4장에서 관련된 내용을 확인할 수 있습니다.

인데, 이는 정부지출의 승수효과가 구축효과보다 크다고 믿기 때문이다.

이외에도 국채발행(재정적자)은 총수요의 증가를 통해 수입을 증가시킴으로써 무역 수지를 악화시키고, 이자율 상승을 통해 해외 자본 유입을 유발함으로써 자본수지를 개선시킨다. 또한 국채발행은 단기적으로는 위에서 설명한 구축효과를 일으켜 투자가 줄어들게 하고, 장기적으로는 자본축적을 저해할 수도 있다. 자본축적의 부진은 경제 성장의 부진을 초래한다.

채무부담의 세대간 이전

위에서 다룬 내용들은 국채발행이 자원배분에 미치는 영향에 대한 것이었다. 국채발행 후 상환이 사회구성원들 간에 공평하게 부담될 것인가에 대해서는 주로 국채 부담이 후세대에게 전가되는가를 중심으로 논의되고 있다. 러너(A. Lerner)는 국채를 국내에서 판매하는 내부부채(internal debt)의 경우, 상환을 위해 부과되는 조세를 부담하는 사람이나 상환하는 금액을 수령하는 사람 모두 미래의 사람들이기 때문에 채무부담이 미래세대로 전가되지 않는다고 본다. 국채를 해외에 판매하는 외부부채(external debt)의 경우, 발행시점에 국내의 소비지출은 없는 상태에서 정부지출이 늘어나므로 현 세대에게 도움이 되는 반면, 미래에 상환을 위해 부과되는 조세를 미래세대가 부담하게 된다는 점에서, 국채부담이 미래세대에 전가된다. 다만, 외부부채로 조달된 재원이 투자에 사용되었다면, 투자로 인한 혜택도 미래세대가 본다는 점에서, 국채부담이 전가되지 않은 것으로 이해해야 한다는 것이 러너의 견해이다.

러너의 논의는 공채구입자가 소비지출을 줄여서 공채를 구입하는 경우를 상정한 것인데 반해 고전학파와 신고전학파 학자들은 공채구입자가 저축을 줄여 공채를 구입하는 것으로 이해하였다. 이 견해에 따르면, 공채구입자가 공채구입을 위해 저축을 줄임으로써, 민간투자가 줄어들고, 미래세대가 물려받을 생산자본이 줄어들어 장기적으로는 미래세대의 산출물이 줄어들고, 미래세대의 소득수준이 낮아지게 된다. 미래에 공채상환을 위한 재원을 부담하는 반면 생산자본 부족으로 인한 소득 감소라는 손실을 봤다는 점에서 미래세대를 채무부담의 당사자로 간주하는 것이 고전학파 내지 신고전학파의 견해이다. 이에 따르면, 현 세대는 소비를 희생하지 않았기 때문에 아무런 피해를 입지 않은 것으로 간주한다.

제5절 | 공기업과 공공요금

공기업이란 무엇인가

공기업은 해당 기업의 소유 관계를 기준으로 판단할 때 정부나 지방자치단체 등의 공적기관이 소유하고 있는 기업을 의미하는 것으로 이해하거나, 기능 관계를 기준으로 판단할 때 공공서비스를 공급하는 공적 소유 혹은 민간 소유의 기업을 의미하는 것으로 이해할 수도 있다. 일반적으로는 전자처럼 소유 관계를 기준으로 공적인 소유의 기업을 공기업으로 간주한다.

공공부문을 담당하는 정부가 민간의 영역이라고 할 수 있는 기업을 소유하고 경영하는 이유는 무엇일까? 여러 가지 이유가 있겠지만, 그 중 중요한 것들만 언급하기로 한다. 첫째, 특정 재화나 서비스 생산에 있어서 민간 부문이 충분한 자본이 없거나, 경영상 큰 위험이 수반되어 진입을 꺼리는 경우이다. 우리나라의 경제개발 초기 단계에 정부가 포항제철, 대한조선공사 등을 만든 것이 여기에 해당한다. 이런 성격의 공기업들은 경제가 성숙해지는 단계에서 민간에 팔아 넘기는 것이 일반적이다. 둘째, 자연독점이 발생할 소지가 있는 업종 중 공익사업으로서 민간 기업에 위임하는 것보다는 공기업으로 운영하는 것이 바람직한 경우이다. 자연독점산업이란 초기에 막대한 고정자본이 투입되어 생산량 증가에 따라 평균비용이 지속적으로 하락하는 성격을 가지는 전기, 철도 등의 산업을 말하는데, 우리나라의 한국전력공사, 한국철도공사 등이 여기에 해당한다. 이들 산업에 대해서는 독점으로 인한 폐해를 차단하기 위하여 정부가 공기업으로 유지하는 것이 일반적이다.

공공요금 결정원리

자연독점 성격의 공기업에 대해서는 정부가 독점의 폐해가 나타나지 않도록, 가격을 적정한 수준으로 결정하도록 유도한다. 공기업이 제공하는 공공서비스에 대해 사용자가 지불하는 가격을 사용자가격 혹은 (보다 일반적으로는) 공공요금이라고 부른다. 우리가 일상 생활에서 접하는 전기요금, 수도요금, 철도요금, 고속도로 통행료, 쓰레기봉투 가격 등이 그것이다.

공공요금을 책정하는 원칙으로는 공공서비스 제공에 소요되는 원가를 반영해야 한다는 원가주의원칙, 공공서비스에 대해 소비자들이 내리는 평가(가치)의 크기에 따라 결정되어야 한다는 가치주의원칙, 공공서비스는 사회적 가치관에 따라 원가 이하 혹은 이상으로 제공될 수 있다고 보는 사회적원칙 등이 있는데, 원가주의 원칙이 비교적 합리적이고 공평한 원칙으로 인정받고 있다.

원가주의에 입각하여 공공요금을 책정하는 경우에도 첫째, 소요되는 원가를 100% 반영하는 수준으로 요금을 책정할 것인가(평균비용 가격 원리), 둘째, 소요되는 원가에 일정 수준의 이윤을 포함시킬 것인가(총괄원가주의), 셋째, 손실을 감수하더라도 자원배분의 효율성을 보장하는 한계비용으로 가격을 책정할 것인가(한계비용 가격원리)에 따라 다양한 형태의 요금 책정이 가능하다. 자연독점산업에서 공공요금을 한계 비용에 맞출 경우, 낮은 요금으로 인해 충분한 공공서비스 소비가 일어나겠지만, 지속적인 손실이 발생하게 되는 단점이 있다. 반면에, 적자를 염려하여 원가 이상으로 요금을 책정할 경우 이용자들이 공공서비스를 충분히 누리지 못할 뿐 아니라, 필수적 공공서비스 이용에 있어서 부자와 빈자간 소비 격차가 발생하게 되는 문제점이 있다. 현실적으로는 공공요금을 원가를 보전하는 수준으로 즉, 평균비용 가격 원리를 적용하여 책정하는 것이 일반적이다.

낮은 공공요금이 바람직한가?

정치인들은 공공요금 인상을 억제하는 정책을 선호한다. 왜냐하면, 유권자들이 공공서비스의 소비자이기 때문이다. 물가상승 우려 또한 공공요금의 인상을 제한하는 요인으로 작용한다. 물가상승을 염려해서, 유권자들이 낮은 요금을 선호하기 때문에 등의 이유로 공공요금을 원가보다 낮은 수준으로 책정하면 모두에게 좋은 일이 될까? 그렇지 않다. 우선, 자원배분 측면에서 나쁘다. 전기요금을 원가보다 낮게 하면, 사람들은 전기를 많이 쓰고, 이에 따라 다른 산업에서 쓰였어야 할 자원이 전기 생산에 사용되게 될 것이다. 자원은 보다 필요한 산업에서 쓰여야 하는데도 말이다. 소비자가 높은 가격을 감수하면서도 많이 사용한다면 생산을 늘리는 것이 맞지만, 인위적으로 생산을 늘리면 자원배분에 나쁜 영향을 주게 된다. 가격을 인위적으로 조정하면 가격이 자원배분의 신호 역할을 못하게 되는 것이다. 그렇다면, 소득분배 측면에서는 도움이 될까? 저소득자가 여름에 선풍기를 맘껏 사용하게 되었다는 점에서는 긍정적으로 볼 수 있다. 그런데, 넓은 집에 에어컨 수십 대와 엘리베이터를 달아 놓고, 전기를 일반인들보다 몇 배 더 쓰는 부자를 생각해보자. 저렴한 전기요금의 혜택을 누가 더 많이 보겠는가?

전기요금을 원가를 반영하는 수준 정도로는 맞추는 것이 바람직하다. 제 요금을 받으면서도, 저소득자에게는 저렴한 요금을 따로 적용하는 방법으로 저소득자의 충분한 공공서비스 이용을 도모할 수 있다. 뿐만 아니라, 한정된 자원이 필요한 다른 분야에도 적절하게 배분되도록 유도할 수 있게 된다.

생/각/넓/히/기 우리나라의 공기업

우리가 아는 유명 기업들 중에서 공기업으로 시작하였다가 나중에 민간기업이 된 기업들이 많다. 대한항공은 당초 대한항공공사라는 국영 항공사로 출범하였다가 1969년에 민영화되었고, 현재의 대우조선은 1973년에 정부가 만든 대한조선공사라는 조선회사가 1978년에 민영화한 것이다. 또한 1962년에 출범한 대한석유공사도 민영화되어 오늘날의 SK종합화학이 되었다.

항공사나 조선회사 등을 왜 정부가 만들었을까? 정부가 개입하지 않더라도 필요하면 민간에서 만들지 않았을까?

우리나라의 공기업들의 설립 과정은 크게 두 가지 경우로 나눠 볼 수 있다. 첫째, 대규모 자본이 소요되는 산업인데 민간이 그런 자본 조달능력이 없어서 정부가 공공자금을 들여 설립한 경우이다. 대한항공, 포항제철, 대한조선공사, 대한석유공사 등이 여기에 해당한다. 경제개발 초기에 국가의 기간산업이므로 꼭 필요한 데도 민간 자본이 충분히 형성되지 않아 설립되지 못할 때, 정부가 공공자금으로 설립하여 운영하다가 후에 민간에 매각함으로써 결국은 민간이 운영하는 형태가 이런 회사들이다.

둘째, 산업의 속성상 대규모로 운영하는 것이 절대적으로 유리하게 되는 성격 즉, 규모의 경제라는 성격 때문에 민간에 맡겨두지 않고, 정부가 설립하여 운영하는 경우이다. 한국철도공사, 한국전력공사 등이 여기에 해당한다. 이런 종류의 기업들은 사업 초기 설비에 대규모 자본이 소요되고, 일단 시설된 후의 운영비는 상대적으로 적게 드는 산업이라는 특징을 갖는다. 경제학적으로는 자연독점 산업이라고 부른다. 이런 산업은 국가적으로는 매우 중요한 기간산업일 뿐만 아니라 민간에 맡겨두면, 독점화되기 쉬워 높은 가격, 적은 생산량이라는 폐해를 초래하기 쉽기 때문에 정부가 공기업이라는 형태로 운영할 필요가 있다.

memo

2 경|제|학|과|친|구|하|기

2 거시경제학 이해하기

제 1 장

경제학과 친구하기

거시경제학의 기초

제 1 절 | 거시경제학의 등장배경

미시경제학의 한계

스미스(A. Smith) 이후 리카도(D. Ricardo)와 밀(J. S. Mill)에 이르는 시대를 고전학파의 시기라 부른다. 18세기 산업혁명을 배경으로 등장한 고전학파의 시기에는 더 많은 생산을 위한 방법으로서의 경제학이 핵심 주제였다. 이는 생산이 소비를 모두 충족시킬 수 없었던 당시의 시대적 상황에서는 당연한 목표일 수밖에 없었다. 이러한 상황을 반영하여 '공급은 스스로의 수요를 창출한다(Supply Creates itself Demand)'는 세이(J. B. Say)의 법칙이 주장되었다.

그 후 생산능력의 증가로 생산이 소비를 어느 정도 충족시키게 되자 경제조직의 인적 · 물적자원이 어떻게 적재적소에 배분되는가에 분석의 초점이 옮겨졌다. 즉, 각 부문 간의 생산물과 생산요소의 효율적인 자원배분에 초점을 둔 미시경제분석이 경제학의 핵심 부문으로 자리 잡게 된 것이다. 이 시기가 한계효용학파에서 마샬(A. Marshall)에 이르는 신고전학파의 시기가 된다. 이 시기의 경제학적인 관심은 생산된 물건은 모두 팔리기 때문에 그것을 적절하게 배분하기만 하면 1차적인 경제문제는 해결된다는 것이다. 따라서 고전 경제학자를 중심으로 분석된 미시경제분석의 중점은 가계나 기업과 같은 개별경제주체들의 효용극대화나 이윤극대화와 같은 자원의 최적배분이었다.

이러한 미시경제분석의 한계는 다음과 같다. 첫째, 개별경제를 중시한 나머지 나라 전체의 총체적 분석이 어려웠다. 둘째, 국민소득을 주어진 여건으로 간주하고 순환적 변동에 대한 분석이 부족하다 보니 1930년대의 세계대공황에 의한 대량의 실업문제를 제대로 설명할 수 없었다.

거시경제학의 등장

▲ 케인스(1883~1946)

▲ 스미스(1723~1790)

20세기 자본주의경제는 놀라운 생산력을 배경으로 공급능력이 충분하여 팔리기만 하면 얼마든지 생산할 수 있는 능력을 가지게 되었는데, 판로(販路)가 충분하지 못하기 때문에 생산시설이 남아돌고 실업이 생기는 시대에 접어들었다. 1930년대의 세계대공황은 그러한 성숙자본주의의 초과공급현상이 빚어낸 결과라 할 수 있다.

그럼에도 기존의 경제학에서는 시장은 '보이지 않는 손'에 의해 자동적으로 조절되기 때문에 가만히 내버려두어야 한다는 주장을 되풀이하였다. 그러나 경제환경의 변화에 따르는 자본주의경제의 당면 문제들은 개별경제주체들의 차원에서 해결될 수 있는 성질의 것이 아니므로 국민경제 전체의 흐름에서 바로잡는 코페르니쿠스적인 분석시각이 필요하였다.

이때 케인스(J. M. Keynes)의 거시적인 접근방법이 등장하게 되었다. 그는 1936년에 펴낸 「고용, 이자 및 화폐의 일반이론(The General Theory of Employment, Interest and Money)」에서 거시적 총체적 분석방법을 제시하였다. 여기서 가격기구의 자동조절기능에 입각한 자유방임주의를 폐기하고, 국가 개입에 의한 유효수요의 증대가 실업과 불황을 구제한다는 수정자본주의정책을 제시하게 되었다.

생/각/넓/히/기 **경제이론의 3대 혁명**

경제이론은 긴 세월 동안 크고 작은 변화를 거치면서 발전해 왔다. 그러한 이론의 변화 중에서 크나큰 부문을 이론의 혁명이라 부르기도 한다.

경제학의 첫 번째 혁명은 1776년에 일어난 스미스의 '보이지 않는 손의 혁명(Invisible Hand Revolution)'이라 한다. 두 번째 혁명은 이것을 수학적 정밀함으로 발전시키면서 1870년대에 일어난 왈라스(L. Walras), 멩거(C. Menger), 제본스(W. S. Jevons) 등의 '한계혁명(Marginal Revolution)'이라 한다. 그리고 20세기에 등장한 케인스의 거시경제학의 등장을 '케인스혁명(Keynesian Revolution)'이라 한다.

그러면 21세기에 일어날 경제학의 혁명은 무엇일까?

세계대공황

영국에서 처음 시작되었던 산업혁명이 전 세계로 확산되어 자본주의적 경제체제가 확립되면서 발전을 거듭하던 세계경제는 1세기 반 만에 커다란 암초에 부딪혔다. 1928년부터 일부 국가에서 일어나기 시작한 경기침체가 1929년 10월 24일 검은 목요일, 뉴욕주식시장의 대폭락으로 이어졌던 것이다. 이렇게 촉발된 경기침체는 1929~1939년 무렵에 미국과 유럽을 중심으로 전 세계에 광범위하게 파급되어 세계대공황(the Great Depression)으로 나타났다.

제1차 세계대전에서 승전국이 된 미국은 전쟁터였던 서유럽 여러 나라와는 달리 세계대전 후 빠르게 세계의 중심국으로 등장했다. 세계대공황이 일어나기 전 미국은 새로운 세계에 대한 희망과 풍요로운 세상에서 살게 될 것이란 기대로 부풀어 올랐다. 그 당시 미국을 이끌던 산업의 대표주자는 자동차산업이었는데, 자동차가 대량으로 만들어짐에 따라 사람들의 생활수준도 달라졌고, 자동차를 생산하기 위해 철강 · 기계 · 고무 · 석유산업 등 다양한 산업들이 함께 발전을 했다. 그 당시 미국에 생긴 자동차회사는 수백 개에 이르렀으며, 자동차 관련 산업의 주가는 하늘 높은 줄 모르고 치솟았다. 또한 미국의 대출 관련 금융기관에서 일반 시민들에게 자동차를 사기 위한 자금을 대출해 주기 시작한 것도 이 즈음이었다. 이러한 방식으로 서민층들까지도 손쉽게 자동차를 살 수 있게 되었고 자동차회사는 생산설비를 늘리며 더욱 더 성장할 수 있는 계기가 되었다. 그 당시 미국의 총가구 수가 3,000만 가구가 채 안 되었는데, 자동차의 생산은 3,100만 대가 넘었다고 하니 그 열기를 가히 짐작해 볼 수 있을 것이다. 게다가 자동차산업의 발달은 북동부의 추운 지역에 사는 사람들을 플로리다와 같은 남쪽 지역으로 쉽게 이동할 수 있게 하였고, 이것은 그 지방의 부동산가격의 상승으로 이어졌다.

이렇게 성장만을 지속하던 경제는 모든 것이 좋게만 보였다. 하지만 오르막이 있으면 내리막이 있듯이 호경기는 언젠가는 불경기로 변하게 마련이다. 자동차산업을 시작으로 하늘 높은 줄 모르고 오르던 주가가 폭락을 하기 시작했다. 하지만 그때까지만 해도 미국 내 유명한 경제전문지는 이러한 현상에 대해 오히려 박수를 쳤는데, 거품같이 부풀어 오른 주가는 일단 조정을 받아야 더욱더 탄탄하고 안정적으로 올라갈 수 있다는 것이었다. 비극은 이제부터라는 것을 아무도 몰랐다.

주가의 대폭락으로 서민들의 자산은 하루아침에 휴지조각이 되었고, 그들이 자동차를 사기 위해 받았던 대출은 그들에게 커다란 짐이 되어 돌아왔다. 서민들에게 대출을 해 주었던 금융기관들도 부실채권이 기하급수적으로 늘어나게 되고, 결국 금융기관의 파산으로까지 이어졌다. 또한 그동안 주가폭등과 전 국민적인 자동차구매로 인해 생산설비를 늘려왔던 자동차회사들도 과잉생산의 대가를 치르게 되었다. 따라서 이들이 살아남기 위해 가장 먼저 행했던 일이 해고였다. 하지만 대량해고는 소비를 위축시켜 자동차는 더욱 팔리지 않게 되었고, 직장을 잃은 서민들은 그들의 대출을 갚을 길이 없어지고, 또다시 금융기관은 파산하고, 그나마 저축을 해왔던 서민들의 자산은 하루아침에 날아가 버리고, 또다시 첨단산업 관련 회사는 부도가 나고, 다시 해고……. 그리고 사회폭동까지 정말 걷잡을 수 없는 사태가 계속되었다.

이때부터 경기는 계속 후퇴를 거듭하여 1932년까지 미국 노동자의 25%가 실직되었다. 거리에는 실업자가 넘쳐났고 금융회사의 파산이 몇 차례에 걸쳐 거대한 파도처럼 일어났다. 불황의 영향은 즉시 유럽경제에 파급되어 독일과 영국을 비롯한 여러 산업국가에서 수백만의 노동자들이 일자리를 잃었다. 또 나라마다 금본위제를 포기하고 외국상품 수입에 반대하는 정책을 세움에 따라 1932년 무렵 세계무역의 총가치는 반 이상 줄어들었다. 독일 바이마르공화국에서는 제1차 세계대전 후

그나마 일으켜 세운 경제마저 무너져 큰 혼란을 겪게 되었고, 그러한 상황에서 히틀러가 이끄는 나치당이 출범하게 되었다. 일본 또한 전쟁물자를 만들기 위한 철이 부족하자, 철광석이 풍부한 만주를 침공하였다. 그 후 일본은 경제를 급속하게 준전시의 통제체제로 바꾸면서 대기업 중심으로 중소기업을 합병시키고, 조업을 단축시키는 식의 정책을 취한 후 일으킨 것이 중일전쟁이었다.

세계대공황은 세계 자본주의 역사에 중대한 사건이었고 자유방임형 시장경제의 위험성을 알린 사건이었다. 그 후 세계 각국은 케인스경제학에 대한 관심이 높아졌고, 국가가 계획경제를 통해 시장경제에 적절히 개입하여 경기과열과 불황시마다 적절한 정책을 취하는 것이 유효하고 효과적이라는 경제이론이 설득력을 높여갔다. 이는 순수 자본주의에 대한 차별성을 가지기 때문에 수정자본주의 또는 혼합자본주의라고도 한다. 서구 자본주의가 대공황을 겪을 때 소련에서는 계획경제를 통해 급속히 공업화에 성공한 사실도 있어서 어느 정도의 계획경제를 자본주의에 도입하는 것이 효과적이라는 이론은 더 매력적으로 보이기도 했다. '보이지 않는 손'에 의해 조절된다고 믿었던 시장경제는 결국 '보이는 손', 즉 정부의 개입을 필요로 하였고, 이러한 조치는 미국의 루스벨트 대통령(1933~1945)이 케인스의 경제사상을 적용한 케인스주의를 뉴딜정책이란 이름으로 끌어내게 하였다.

세계대공황이 경제적 사건을 넘어 역사적인 사건으로 주목받는 이유는 세계대공황 이전과 세계대공황 이후, 시장을 바라보는 눈이 완전히 달라졌다는 것이다. 시장은 '보이지 않는 손'에 의해 조절되기 때문에 가만히 내버려둬야 한다는 주장이 밀려나고, 정부가 시장에 적극 개입해서 항상 시장상황을 감시하고 경기부양 등을 통해 인위적인 조절을 해야 한다는 주장이 설득력을 갖게 되었다. 시장을 바라보는 관점이 제품을 공급하는 기업에서 제품을 소비하는 소비자로 넘어감과 동시에 자본주의(완전한 시장경제)가 사회주의(복지정책)를 받아들이게 만든 역사적인 사건이다.

■ 출처 : 한국경제신문, 2006. 7. 3. 수정인용

거시경제학의 발전

정부가 시장개입을 통해 실업과 인플레이션의 문제들을 적절히 치유할 수 있다고 주장하는 케인스파 경제학은 제2차 세계대전 이후에 자본주의경제가 정부의 미세한 조정으로 안정기를 맞이함에 따라 주류 경제학으로 등장하였다. 그러나 1970년대 높은 실업률과 인플레이션이 공존하는 스태그플레이션이 나타나자 케인스파 경제학이 무력함을 보이게 되었다. 따라서 프리드만을 중심으로 시장경제의 효율성에 기초하여 비개입주의를 주장하는 통화주의가 등장하여 두 학파 간에 논쟁이 벌어지게 되는데, 이 시기를 거시경제학의 2기의 시대라 한다.

통화주의로 계승된 고전학파의 사고는 1980년대에 들어서 통화주의 Ⅱ호로 불리어지기도 했던 새 고전학파로 다시 등장하였다. 루카스(R. Lucas), 사전트(T. Sargent) 등은 거시현상을 '합리적 기대'와 '가격의 신축성'에 기초하여 분석함으로써 정부의 경제안정화정책은 무력함을 증명하려고 하였다. 여기에 대해 피셔(S. Fischer), 맨큐(N. G. Mankiw) 등의 새 케인스파는 경제주체들이 합리적 기대를 한다고 하더라도 가격변수가 경직적이라면 시장은 제대로 작동하지 못하기 때문에 정부의 정책은 유효하다고 주장한다. 이와 같은 새 고전학파와 새 케인스파의 시대를 거시경제학의 3기의 시대라 한다.

경제학자처럼 생각해보기 '보이는 손'에 대한 치열한 논쟁 … 사무엘슨과 프리드만

MIT의 사무엘슨(P. A. Samuelson)과 시카고학파의 좌장인 프리드만(M. Friedman)은 평생의 숙적이었다. 뉴욕타임스(NYT)는 20세기 미국의 경제정책을 둘러싼 사무엘슨과 프리드만의 논쟁을 '마상(馬上)의 창시합'에 비유하기도 했다. 노벨경제학상을 수상한 두 학자는 1933년 시카고 대학에서 만났다. 당시 사무엘슨은 학부생, 프리드만은 대학원생이었다. 보수경제학자인 프리드만은 국방과 치안을 제외한 경제의 모든 부문에 있어서 정부의 적극적인 시장개입에 반대했다. 민간기업과 시장경쟁이 정부의 '보이는 손'보다 우월하며, 정부의 통제는 개인의 자유를 심각하게 위협한다는 이유에서다.

반면 사무엘슨은 시장의 자유를 신봉하는 시카고 대학의 학풍을 '정신분열증적'이라고 표현했다. 대공황으로 거리에는 실업자가 넘쳐나는데, 경제이론을 가르치는 강의실에서는 실업에 대한 언급을 전혀 들을 수 없는 아이러니를 통렬하게 비판한 것이다. 월스트리트저널(WSJ)과의 인터뷰에서 사무엘슨은 "시카고 대학을 다니면서 교실에서 배웠던 것과 창문 밖과 길거리에서 듣는 것과의 차이를 배웠다"고 말했다.

사무엘슨은 시카고 대학을 조기입학, 졸업한 뒤 하버드 대학에서 박사학위를 받고, 같은 도시 케임브리지에 있는 유명한 공과대학 MIT에 가서 경제학과를 개척해 세계 굴지의 학과로 만들었다. 그는 「경제원론」을 써서 돈방석에 앉았는데, 그가 교과서 저술을 결심한 데는 세 쌍둥이 아들을 포함해 여섯 명의 자식이 영향을 미쳤다. 세 쌍둥이가 태어나면서 경제적으로 어려워진 사무엘슨에게 친구가 돈 벌이를 위해 책을 쓸 것을 권했던 것이다. 물론 사회에 강력하게 남아있던 케인스주의에 대한 오해를 풀어야겠다는 목적도 있었다. 당시 후버 대통령이 케인스를 "마르크스주의자 케인스"라고 부를 정도였기 때문이다.

사무엘슨과 프리드만 두 사람은 모두 글을 잘 쓰고 말도 잘했다. 공개 토론장이나 신문지상에서 이들은 날카롭게 서로 비판하고 격돌했다. 상대방과의 토론을 앞두고 팽팽한 긴장감을 유지했지만 그들은 언제나 친구였다. 사무엘슨은 "우리 둘은 거의 언제나 의견일치를 보지 못했지만 친구로 남았다"고 말했다. 사무엘슨과 프리드만의 치열한 대립양상을 보면서 '짠물(Saltwater school)'과 '민물(Freshwater school)'이라는 말이 등장하기도 하였다. 영국 경제주간지 이코노미스트는 현대 경제이론의 위기를 커버스토리로 다루면서 이 같은 학계의 불협화음에 우려를 표시하기도 했다.

▲ 사무엘슨(1915~2009)

▲ 프리드만(1912~2006)

▶ 출처 : 중앙일보, 2009. 12. 16. 수정인용

이러한 거시경제학의 두 조류를 빗대어 미국의 경제학자를 크게 두 부류로 나누기도 한다. 한 부류는 '민물 경제학자(Lakewater school)'로, 시카고 대학을 중심으로 미네소타, 로체스터, 카네기, 멜론 등 5대호 주변에 있는 대학의 경제학자들이다. 이들은 신자유주의와 고전경제학의 지지자로, 인간의 합리성과 시장의 효율성에 기초하여 정부의 비개입주의를 선호한다. 그리고 그에 상반되는 '짠물 경제학자(Saltwater school)'는 하버드, 예일, MIT, 프리스턴, 펜실베니아 등 미국 동부 대서양 연안지역에 몰려 있는 대학의 경제학자들이다. 이들은 인간의 비합리성 또는 제한적 합리성을 가정하고, 시장경제의 문제점을 정부의 개입으로 조정할 수 있다고 본다.

제2절 | 국민소득의 정의 및 측정

국민소득의 측정

미시경제학은 가격을 중심으로 경제주체의 합리적 행동을 분석한다는 점에서 '가격론'이라 한다. 한편 거시경제학은 국민소득을 중심으로 경제의 성장과 변동을 설명한다는 점에서 '국민소득론'이라 한다. 이와 같이 거시경제학에서는 국민소득이 중심이 되어 경제분석이 이루어지는 만큼 국민소득의 개념을 정확하게 이해하는 것이 무엇보다 중요하다고 할 수 있다.

어떤 사람의 경제적 상태를 알고 싶을 때 우리는 그 사람의 소득수준을 알아보는 경우가 많다. 소득이 많은 사람은 적은 사람에 비해 상대적으로 더 많은 상품을 구입할 수 있고, 여기에 따라 보다 나은 생활을 할 수 있기 때문이다. 국가도 이와 마찬가지로 얼마나 잘사는지를 판단하려면 그 나라에서 생산에 참여하여 받은 각 경제주체의 소득을 합한 국민소득을 살펴보는 경우가 일반적이다.

물론 한 나라의 경제상황을 나타내는 경제지표에는 여러 가지가 있다. 예를 들어, 철강조강능력이나 자동차생산량, 외환보유고 등의 경제지표를 다른 나라와 비교하여 어느 정도의 수준이 되는지를 통해 판단할 수도 있다. 그러나 이러한 개별지표들은 국민경제의 한 단면만을 보여줄 뿐이며 나라 전체의 종합적인 경제상황을 보여준다고 하기는 어렵다. 가령 한국의 외환보유고가 프랑스보다 많다고 해서 한국이 프랑스보다 잘 산다고 이야기하거나, 한국의 자동차생산량이 영국보다 많다고 해서 한국의 생활수준이 영국보다 낫다고 이야기할 수 없는 것과 마찬가지이다. 이런 점에서 국민경제의 활동수준을 종합적으로 판단할 수 있는 국민소득이라는 경제지표를 만들어 사용하고 있다.

한 나라 경제의 종합적인 성적표라 할 수 있는 국민소득통계는 국제적으로 통일된 기준에 의해 작성되고 있다. 현재 우리나라의 국민소득통계는 유엔이 각국에 권고한 국제기준인 「국민계정체계(SNA : System of National Accounts, 1993, 9판)」에 따라 한국은행에서 작성하고 있다.

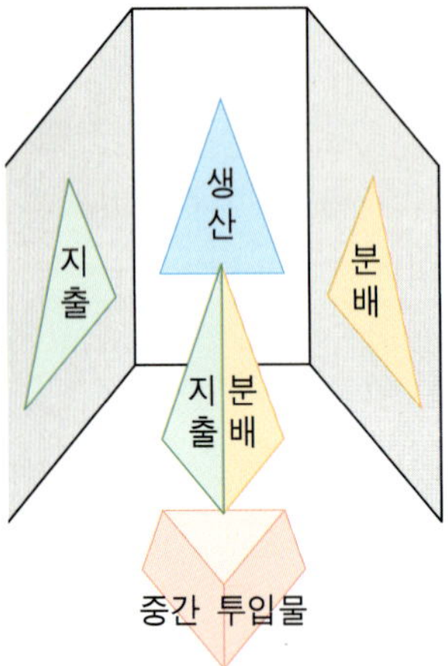

▲ 삼면등가의 법칙

이러한 국민소득은 어떻게 측정할까? 국민소득은 국민 각 개인별로 얼마의 소득을 버는지 알아낸 다음, 이를 모두 합하여 구할 수 있다. 이것을 수취국민소득이라 한다. 그러나 이렇게 국민소득을 구하는 데는 많은 시간과 비용이 들어가므로 실제로는 다른 방법을 사용하여 계산한다. 가장 흔히 사용하는 방법은 사람들이 만들어낸 생산물의 가치를 더하여 구하는 것이다. 이것을 생산국민소득이라 한다. 한 나라에서 생산된 총생산물은 생산에 참여한 사람들에게 귀속되어 소득이 된다. 한편 이렇게 생산된 생산물은 가계와 기업, 그리고 정부 등에 의해 처분되어진다. 결국 생산국민소득과 분배국민소득과 지출국민소득은 궁극적으로 같아질 수밖에 없다. 이것을 '삼면등가의 법칙'이라 한다.

따라서 생산국민소득과 수취국민소득은 궁극적으로 동일하기 때문에 보다 쉬운 방법으로 생산국민소득인 국내총생산(GDP)을 계산하여 국민소득으로 간주한다. 일찍이 사무엘슨은 그의 「경제학(Economics)」에서 이렇게 쓰고 있다.

"국민총생산(GNP)은 발명특허도 없고, 과학기술박물관에 전시되고 있는 것도 아니다. 하지만 20세기 위대한 발명 중 하나다. 이 총량적인 측정지표가 없었다면 거시경제학은 조직되지 않은 데이터들의 홍수 속에 표류했을 것이다."

국민소득의 정의

한 나라의 국민소득은 국내총생산이므로 국내총생산(GDP)의 정의 및 내용을 살펴보자. 국내총생산(GDP : Gross Domestic Product)은 '주어진 기간 내에 한 나라 국경 안에서 생산된 최종생산물의 시장가치(GDP is the total market value of all final goods and services produced within a country in a given period of time)'로 정의된다.

국내총생산의 의미를 보다 정확하게 이해하기 위해서 이 개념을 몇 구절로 나누어 살펴보자.

'주어진 기간 내에……'

이것의 의미는 통상 '1년 동안'에 측정되는 유량(flow)의 개념이라는 것이다. 따라서 일정 시점에서 한 국민이 이용할 수 있는 토지와 자본재의 가치를 말하는 저량 개념으로서의 국부(國富)와 구분된다. 또한 올해 GDP에는 올해의 생산물만 포함될 뿐, 그 이전에 생산된 것은 포함되지 않는다.

'……한 나라 국경 안에서……'

이것은 생산의 주체가 누구인지와 관계없이 한 나라 국경 안에서 생산된 재화와 서비스의 가치를 모두 국내총생산에 포함시킨다는 것을 의미한다. 그 나라 안에서 생산된 것만 포함하는 속지주의의 원칙을 따른다는 것이다.

'……생산된……'

생산과 관계없는 거래항목은 계산에 포함시키지 않는다는 것이다. 현대자동차에서 자동차를 생산하여 팔면 그 금액은 GDP에 포함되지만, 중고자동차시장에서 판매된 중고자동차의 가치는 새로이 생산된 것이 아니기 때문에 GDP에 계산되지 않는다. 또한 증여, 상속, 기부금, 장학금, 실업수당과 같이 생산활동과 관계없이 무상으로 지급되는 이전거래도 계산에 포함되지 않는다. 마찬가지로 도박, 밀수, 마약 등의 불법거래(또는 지하경제)뿐만 아니라 소유주식가격이나 주택가격의 상승과 같이 물가변동으로 인한 단순한 자산재평가이익(capital gain)도 계산되지 않는다.

'……최종……'

이것의 의미는 중복 계산되는 중간 생산물은 빼고 최종의 재화와 서비스를 시장가치로 계산한다는 것이다. 이때 등장하는 개념이 부가가치이다. 상품의 가치를 모두 합산하면 그 상품을 만드는 데 원재료로 사용된 중간 투입물의 가치가 중복 계산되는 문제점이 나타난다. 따라서 새로 생산한 부가가치만을 계산하기 위해서는 상품을 생산하는 데 사용되는 중간 투입물의 가치를 제외시켜야 한다. 예를 들어, 어떤 농부가 종자업자로부터 종자를 80만 원어치 구입하여 밀을 생산한 후 200만 원을 받고 제분업자에게 팔았다. 제분업자 또한 밀을 가공하여 300만 원의 밀가루를 만들어 제빵업체에게 팔고, 제빵업자는 밀가루를 원료로 이용하여 450만 원의 빵을 만들었다고 가정해 보자. 이때 최종 생산물인 빵의 가치는 450만 원이고, 중간 투입액은 300만 원이므로 제빵업자가 새로 생산한

가치는 450만 원에서 300만 원을 뺀 150만 원이 된다. 같은 방법으로 제분업자의 부가가치도 300만 원에서 200만 원을 뺀 100만 원이 된다. 이런 방법으로 계산한 부가가치의 합인 450만 원(=80만 원+120만 원+100만 원+150만 원)은 최종 생산물의 시장가치인 450만 원과 일치한다. 즉 단순한 예에서 국내총생산은 최종재인 빵의 가치인 450만 원이 된다.

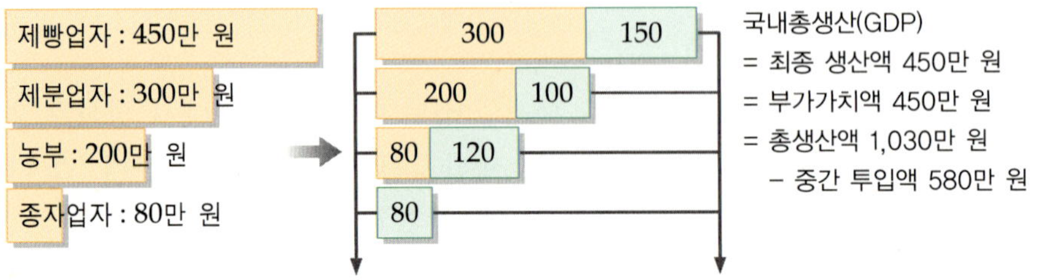

'……생산물의……'

GDP에는 유형적인 옷이나 휴대전화와 같은 재화뿐만 아니라 의사의 진료비나 금융기관의 서비스수수료 등의 무형적인 서비스의 가치도 포함된다. 여러분이 좋아하는 가수의 CD를 구입하면 재화가치로 계산되고, 그 가수의 콘서트를 관람한다면 그 입장료는 서비스의 가치로 계산이 된다.

생/각/넓/히/기 **부가가치세**

부가가치에 대하여 부과하는 조세를 부가가치세라 한다. 부가가치세는 1977년 한국에 도입되어 시행되었다. 이것이 시행되기 전에는 소매세나 도매세 등의 다단계 거래세가 중심이었다. 다단계 거래세는 거래되는 단계마다 매출액에 세금이 부가되다 보니 절세를 위해 기업의 수직적 통합을 부추기게 되어 생산과 도매와 소매의 단계가 한꺼번에 통합되어졌다. 제조업에 강점을 가지는 기업이 도매와 소매의 유통도 담당하다 보니 전문성이 떨어질 수밖에 없었고, 결국 국가경쟁력을 떨어뜨리는 문제점이 발생하게 되었다.

부가가치세는 이러한 문제점을 극복할 수 있을 뿐 아니라, 모든 상품에 10%의 동일 세율이 적용되어 조세행정이 간편하고 조세저항이 작아 조세수입이 증가한다. 또한 부가가치에만 세금을 부과하기 때문에 자기가 구입한 중간 생산물에 대한 구입액을 과세표준에서 제외하기 위해 전(前) 단계 세액공제법을 사용한다. 따라서 세금공제를 받기 위해서는 이전의 거래를 밝힐 수밖에 없고, 이러한 과정을 통해 탈세가 어렵게 된다.

'……시장가치……'

GDP는 시장에서 거래되는 시장가치로 계산된다. 따라서 물물교환이나 주부의 가사노동가치와 같이 시장에서 거래되지 않는 것은 계산되지 않는다. 또한 도시인의 채소재배와 같이 자가소비의 가치도 시장에서 거래되지 않으므로 계산되지 않는다.

국내총생산(GDP)과 국민총생산(GNP)

GDP가 그 나라 안에서 생산된 국경 위주의 개념이라면 국민을 중심으로 정의된 관련 지표로 국민총생산(GNP : Gross National Product)이 있다. 이것은 일정기간 동안에 한 나라 국민에 의하여 생산된 최종 생산물의 시장가치이다.

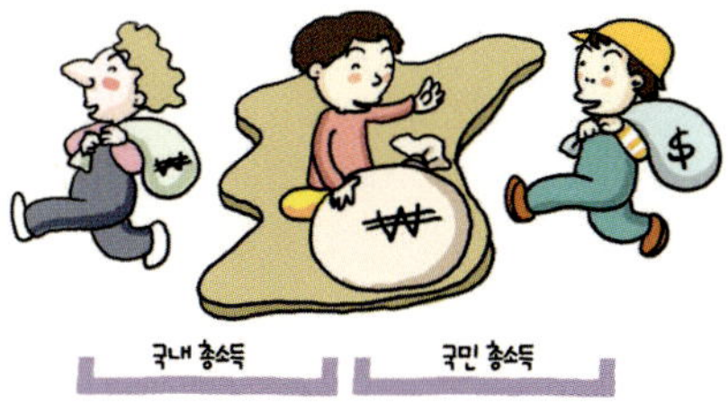

따라서 GNP는 GDP에서 그 나라의 국민이 외국에서 생산하여 자국으로 보내온 대외수취요소소득은 더해주고 외국민이 자국에서 생산해서 해외로 보낸 대외지불요소소득은 빼서 계산한다.

즉, 국내총생산은 나라 안에서 생산된 것이라면 생산의 주체가 누구이든 관계없이 모두 포함시켜 계산하는 반면에 국민총소득은 생산주체의 국적을 기준으로 하여 계산하는 것이 차이점이다.

생/각/넓/히/기 **이 아이의 국적은?**

미국 비행기를 타고 유럽으로 여행을 떠난 한국의 임산부가 있었다. 공교롭게도 프랑스 영공을 날고 있을 때 그만 아이를 출산하게 되었다면 이 아이의 국적은 어떻게 되는 것일까?

다들 부러워할지도 모르지만 이 아이는 성년이 되어 하나의 국적을 선택하기까지는 세 개 국적을 모두 가지게 될 것이다. 아시다시피 우리나라는 '속인주의', 즉 부모의 국적에 따라 아이의 국적이 결정된다. 하지만 미국이나 프랑스의 경우는 '속지주의'에 따라 국적이 결정되는데, 미국 국적의 비행기 안이기 때문에, 혹은 프랑스 영공이기 때문에 자국의 영토를 주장할 수 있는 것이다.

저출산의 시대에 한 명의 국민이라도 더 필요한 시대를 살기에 어쩌면 이 아이의 국적획득을 위해 세 개국에서 어마어마한 로비가 들어갈지도 모를 일이다.

생/각/넓/히/기 **'미국 안의 도요타'와 '일본 안의 IBM' 중 어느 것이 미국기업일까?**

1980년대에 기자들이 미국의 재무장관에게 "미국 안의 도요타와 일본 안의 IBM 중 어느 것이 미국기업입니까?"라고 물은 적이 있었다. 재무장관은 미국 안의 도요타가 미국의 기업이라고 대답하였다. 그 이유는 일본에 있는 IBM은 미국의 자본에 의해 운영되기는 하지만 미국경제와는 크게 상관이 없다. 그러나 미국에 있는 도요타공장은 미국의 젊은이를 고용하고 미국사회에 많은 경제적 혜택을 주고 있기 때문이라고 밝혔다. 이런 면에서 박찬호나 박지성의 경기에 열광하는 것뿐만 아니라 우리나라에서 경제활동을 하고 있는 외국인에 대해 열린 마음으로 대하는 것이 바람직해지는 시대이다.

국내총생산과 함께 국민소득의 개념으로 국민총소득(GNI : Gross National Income)이라는 것이 널리 쓰이고 있다. 국민총소득은 통상 1년 동안에 한 나라의 국민이 생산활동에 참여한 대가로 받는 소득의 합계로, 국민들의 생활수준을 측정하기 위한 지표로 사용된다. GNI는 GNP에다가 무역을 통한 교역조건변화에 따른 실질무역의 손익을 더하여 계산된다. 만약 우리나라 안에서 많은 생산활동을 하여 GDP는 커졌지만 수출품인 반도체나 휴대전화의 가격은 하락하고 석유파동 등에 의해 원유의 가격이 폭등하였다면 GNI는 감소하게 된다. 예를 들어, 우리나라가 자동차 한 대를 수출하고 원자재 10kg을 수입하는데, 작년에 비해 자동차가격은 같은 반면, 원자재가격은 kg당 1만 원이 비싸졌다면 우리나라의 GNI는 작년보다 10만 원이 감소하게 된다.

우리나라는 1994년까지 국민소득의 중요지표로 GNP를 사용하였다. 그러나 세계무역기구의 등장으로 경제의 개방화가 더욱 촉진되면서 한 나라 안의 고용이나 실업률의 변화를 보여주는 지표로 GNP보다는 GDP가 유용해짐에 따라 중요지표가 GDP로 바뀌어졌다. 그러나 GDP는 한 나라 안에서의 생산활동을 잘 보여주지만 수출품과 수입품의 가격변화에 따른 실질구매력의 변화를 제대로 반영하지 못하는 문제점 때문에 1인당 국민소득개념으로는 GNI 개념을 사용한다.

▲ 감가상각 또는 고정자본소모

국민소득과 관련되어 파생되어 나오는 기타 지표로 국내순생산(NDP : Net Domestic Product)이 있다. 이것은 국내총생산에서 감가상각에 따른 고정자본소모를 뺀 최종 생산물의 현재가치로 정의된다. 한편 일정기간에 걸쳐 모든 가계에 실제 수취된 소득으로 개인소득(PI : Personal Income)이 있다. 또한 개인소득에서 개인소득세를 빼면 가계가 실제로 받아 자유로이 처분할 수 있는 소득인 개인가처분소득(PDI : Personal Disposable Income)이 나온다.

뉴스 속 현장경제

한국의 1인당 국민소득의 추이

우리나라의 1인당 국민총소득은 2007년에 대만(1만 7,299달러)보다는 높지만 싱가포르(3만 2,340달러)와 홍콩(3만 1,560달러)에는 크게 못 미쳤다. 2007년 기준으로 세계에서 1인당 국민총소득이 가장 높은 나라는 유럽의 리히텐슈타인(9만 9,159달러)이고, 버뮤다(8만 4,159달러)와 노르웨이(7만 7,370달러)가 각각 2, 3위를 차지했다.

인구 4천만 명이 넘는 주요 나라들만을 따로 추리면 우리나라는 소득수준 8위에 해당한다. 이들 나라 가운데 미국(4만 6,040달러)의 소득수준이 가장 높고, 영국(4만 660달러)과 독일(3만 8,990달러)이 그 뒤를 잇는다. 5위에 오른 일본(3만 7,790달러)의 소득수준은 우리의 약 2배다. 국내총생산(GDP)을 기준으로 한 우리나라의 경제규모는 세계 14위였다.

한편 1인당 국민소득이 2010년에 2만 달러대에 복귀할 것으로 전망된다. 한국은행에 따르면 올해 실질 국내총생산(GDP)성장률은 6.1%로 전망됐다. 연간 명목 GDP증가율은 9.3%로 계산됐으며, 여기에 GNI증가율은 8.8%로 추산됐다. 원달러 기준환율을 연평균 달러당 1,160원가량으로 계산하면 올해 명목 GNI는 1조 23억 달러(1,162조 7천억 원)가 되며, 이를 통계청의 올해 추계인구 4,887만 명으로 나누면 1인당 국민소득은 2만 510달러(2,379만 원)에 이른다는 추계이다.

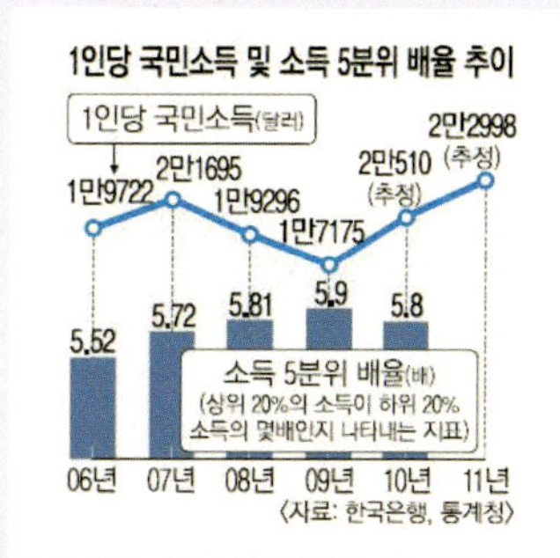

■ 출처 : 조선일보, 2008. 3. 22.과 2010. 12. 10. 기사수정

국민소득의 종류

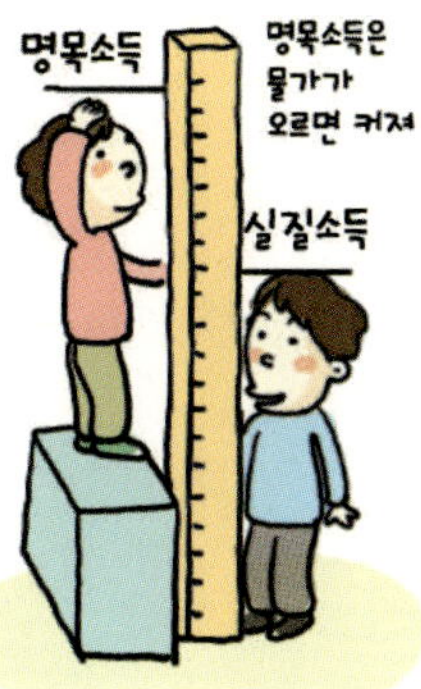

국민소득은 화폐금액으로 따지느냐 실질구매력으로 따지느냐에 따라 명목국민소득과 실질국민소득으로 나눈다. 2011년의 명목국민소득(또는 명목GDP)은 올해의 시장가격에 생산물의 수량을 곱하여 구한다. 반면 실질국민소득(또는 실질GDP)은 기준년도(2010년)의 불변가격으로 환산한 국민소득이다. 이것을 식으로 표시하면 2011년 명목국민소득은 $GDP_{2011}=\sum_{i=1}^{n}P_i^{2011}Q_i^{2011}$이 되고, 2011년 실질국민소득은 $GDP_{2011}=\sum_{i=1}^{n}P_i^{2010}Q_i^{2011}$로 표시된다. 따라서 명목국민소득은 생산물수량이 늘어나는 경우뿐만 아니라 가격이 오를 경우에도 커지게 된다. 그러나 기준년도의 가격으로 평가하는 실질국민소득은 가격을 고정시켜 놓았으므로 생산량이 늘어나는 경우에만 커진다. 만약 실질국민소득이 전혀 변동하지 않고 물가만 100% 오른 경우라도 명목국민소득은 2배로 늘어난다. 따라서 경제성장률을 계산하거나 국민경제가 장기적으로 어떻게 변화하고 있는가를 알아볼

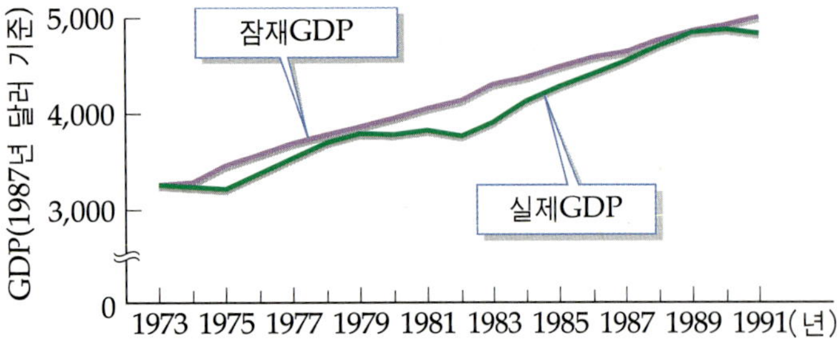

때는 당연히 실질국민소득으로 계산하여야 한다.

한편 국민소득은 실제국민소득(또는 실제GDP)과 잠재국민소득(또는 잠재GDP)으로도 나누어진다. 실제국민소득(actual GDP)은 한 나라 경제가 실제로 생산한 모든 생산물의 시장가치로, 실제 측정된 국민소득이다. 반면 잠재국민소득(potential GDP)은 한 나라에 존재하는 노동과 자본 등의 모든 생산요소를 정상적으로 고용할 경우의 국민소득으로, 완전고용국민소득이라 하기도 한다. 두 국민소득의 관계는 일반적으로 잠재국민소득이 실제국민소득보다 크다. 그러나 경기가 지나치게 활황일 때는 실업률이 자연실업률보다 낮아져 예외적으로 실제국민소득이 잠재국민소득보다 큰 경우도 있다.

두 국민소득의 차이를 GDP갭이라 한다. GDP갭이 작은 경우에는 경기후퇴, 큰 경우에는 경기침체라 하며, 반대로 갭이 마이너스가 되면 경기활황을 의미한다. 이때는 생산능력을 과다하게 사용하는 것을 의미하며 물가는 상승압력을 받게 된다. 한편 이것은 실업의 사회적 비용을 계산하는 데도 사용된다. 미국의 경제학자인 오컨(R. M. Okun)은 자신이 고안한 식으로 실업의 사회적 비용을 계산한 적이 있다. 이것을 '오컨의 법칙'이라 하는데, GDP갭=조정계수×(현재실업률−자연실업률)×현재GDP로 표시된다. 그의 실증조사에 의하면 미국의 경우에 조정계수가 3이 된다. 만약 미국의 현재GDP는 10조 달러이고 현재실업률이 7%인 경우에 자연실업률이 5%라면, 자연실업률 5%를 초과한 사회적 비용(GDP갭)은 6,000억 달러가 된다.

생/각/넓/히/기 **잠재성장률이란?**

한 나라의 경제성장률이 너무 낮으면 소득이 줄고 실업자가 증가하는 등 많은 문제가 생긴다. 그렇다고 경제성장률이 지나치게 높은 수준으로 지속되면 인플레이션이나 자산가격의 거품현상(버블) 등의 또다른 부작용이 생길 수 있다. 따라서 적정한 경제성장률을 유지하는 것이 무엇보다 중요하다고 할 수 있다. 이때 필요한 개념이 잠재적 GDP의 증가율을 표시하는 잠재성장률이다. 즉, 잠재성장률은 어떤 나라의 경제가 토지, 노동, 자본 등 그 나라의 모든 자원을 충분히 활용하면서도 인플레이션 없이 완전고용에 근접한 상태로 계속 돌아갈 때 달성가능한 성장률을 말한다.

국민소득개념의 유용성과 한계

지금까지 국가경제력의 지표로서 국민의 생활수준과 복지수준을 가장 잘 대변해줄 수 있는 것이 GDP라는 것을 보았다. 그 이유는 GDP는 일정기간 동안의 경제활동 내지는 경제적 성과를 표시하기 때문이다. 나아가 미국의 1인당 소득수준이 4만 2천 달러이고 한국이 2만 달러 수준일 때 미국이 한국보다 평균적으로 2배 정도 잘 산다고 평가하는 경향이 있다. 이러한 점에서 1인당 GDP를 통하여 간접적으로 국민의 후생수준을 표시할 수 있다.

생/각/넓/히/기 **20세기 최대의 발명품 GDP!**

국내총생산통계는 1930년대 초 경제학자 쿠즈네츠(Simon Kuznets)에 의해 개발되었다. 이 공로로 쿠즈네츠는 1971년 노벨경제학상을 받았다. 이 통계가 개발되기 전이었던 세계대공황시기에 정책입안자들은 철도운송량, 철강생산량 등과 같은 개별경제지표를 파악하고 있었지만 전체 경제상황을 알기 어려웠다. 그러나 국내총생산통계를 사용한 이후에는 이 통계가 종합적인 경제상황에 대해 유용한 정보를 제공함에 따라 경제를 분석하고 정책을 결정하기 쉬워졌다.

만약 GDP가 국력의 크기를 나타낸다면 현재 미국의 GDP에 비해 약 40%도 안 되는 수준인 일본이 미국의 진주만공격을 단행했을까?

그러나 GDP를 경제적 후생을 나타내는 지표로 삼기에는 많은 문제점을 가지고 있다. 첫째, GDP에는 시장에서 거래되지 않는 재화나 서비스가 포함되어 있지 않다. GDP가 경제적 후생을 잘 나타내기 위해서는 주부의 가사노동이나 가장의 정원관리와 같이 가정에서 판매목적이 아닌 생산활동으로 생산된 생산품이나 서비스가 포함되어야 하지만, 이것이 제대로 평가되지 않고 있다. 이런 점에서 시장경제의 발달 정도가 낮은 후진국은 선진국에 비하여 GDP가 낮게 평가되는 경향이 있는데, 실제 생활수준이 그만큼 낮은 것은 아니다. 또 시장경제가 없는 사회주의국가에서는 GDP를 제대로 측정하기가 어려운 문제점이 있다. 둘째, 여가나 스트레스 같은 인간적인 비용이 계산되지 않는다는 것이다. 근로자가 직장에서 생산활동을 하면 그 결과가 GDP에 포함되지만, 은퇴 후나 집에서 휴식하거나 여가를 즐기면 GDP에 포함되지 않는다. 그러나 휴식과 여가는 개인에게 많은 정신적 만족감을 준다는 점에서 문제점이 있다. 셋째, GDP가 증대함에 따라 교통체증, 범죄, 수질오염, 소음, 자원고갈 같은 사회적 비효용이 증대하므로 삶의 질을 제대로 반영하지 못한다. 즉, 인간에게 편안함을 주는 맑은 공기와 깨끗한 물, 푸른 산천 등의 자연적 가치도 고려되지 않는다. 넷째, GDP는 국민소득의 전체 크기만 계산할 뿐 그 분배는 고려하지 않는다. 즉, 1인당 GDP라 할 때 GDP를 인구 수로 나누어준 평균치에 불과할 뿐, 소득불평등이 심한 국가에서는 중위소득자들의 소득은 그것에 훨씬 미치지 못할 것이기 때문이다. 또한 생산물의 양만 고려될 뿐 생산물의 질적 구성이나 질의 변화 등이 계산되지 않는다. 그 예로 공원이나 공중도서관의 건설과 외설서적, 군사무기, 도둑에 대비한 높은 담을 설치하는 것이 국민의 후생을 달리 하겠지만 이것을 구분하지 않는다. GDP는 우리 자녀들의 건강, 교육의 질 혹은 그들이 놀이에서 얻는 즐거움 등을 반영하지 않는다. 존 F. 케네디 미국 대통령의 동생인 로버트 케네디 상원의원은 1968년 대통령선거전에서 "시의 아름다움이나 결혼생활의 건강함, 우리의 용기나 지혜, 국가에 대한 헌신도 반영하지 않는다. 요컨대 GDP에는 우리의 삶을 가치 있게 만드는 것을 제외한 나머지 모든 것들이 포함돼 있다."라는 연설로 국민들의 마음을 사로잡았다. GDP가 국민의 행복과 꼭 비례하진 않는다는 것이다.

생/각/넓/히/기 **국민경제를 살찌워 애국자(?)가 되는 세 가지 방법**

한 기업에 총각 CEO가 있었다. 그는 월 500만 원을 주고 여비서를 고용하여 회사업무를 맡겼는데, 어느 순간 여비서와 사랑에 빠지게 되었다. 하지만 어느 날 국민경제를 살찌울 수 있는 구국의 결단이라 외치며 여비서와의 결별을 선언했다. 이 CEO가 여비서와 결혼하게 되면 최소한 월 500만 원, GDP는 1년 단위로 계산되므로 6천만 원의 GDP 손실을 가져오게 된다. 따라서 이 CEO는 GDP 손실을 가져오는 여비서와의 결혼은 국민의 도리로써 절대 있을 수 없다는 결론을 내린 것이다.

비슷한 논리로 국민경제를 살찌우는 방법을 생각해 보자. 가장 쉽게 실천할 수 있는 것이 주부의 가사노동으로부터의 탈출이다. 주부들은 절대로 요리도, 청소도, 세탁도 해서는 안 된다. 외식을 하거나 전문반찬가게를 이용하고, 전문청소업체에게 청소를 맡기며, 세탁은 당연히 세탁소에서 해결해야 한다. 물론 가족들을 위한 봉사의 일들을 하지 못해 가슴 아파하겠지만 이런 행동들로도 충분히 GDP는 증가할 수 있을 것이기 때문이다. 우리들의 작은 실천이 국민경제를 살찌울(?) 수 있다는 것을 잊어서는 안 되겠다.

또한 후생지표 이외에 측정상의 문제도 발생한다.

첫째, 국제비교를 위해 GDP를 달러로 표시하기 때문에 실제 생산의 변화는 없지만 달러환율이 변화하게 되면 국민들의 경제적 복지와 관계없이 변화할 수 있다. 또한 환율로 평가한 GDP에는 비교역재인 서비스가격이 포함되지 않아 개발도상국의 GDP를 과소평가할 가능성이 높아지는 것이다.

둘째, GDP의 8~30% 정도로 추계되고 있는 현금거래를 통한 탈세활동 등도 실제로는 그 사람들의 후생을 크게 하고 있지만 포함되지 않는다.

뉴스 속 현장경제

올림픽 메달 성적이 경제지표

경제학자들은 성장률, 물가상승률, 실업률 등 주요 경제지표에 대해 '전망'을 많이 하지만, 그 전망은 틀리는 경우가 더 많다. 그런데 국가별로 올림픽 메달의 개수를 족집게처럼 맞히는 경제학자가 있다. 미국의 다트마우스 터크 경영대학원의 앤드루 버나드 교수와 버클리 하스 경영대학원의 메그한 버스 교수가 바로 그들이다.

두 교수는 2000년 시드니 올림픽을 앞두고 미국선수들이 따낸 금메달 수(39개)와 총메달 수(97개)를 정확히 맞추었다. 다른 나라들에 대해서도 '예측'과 '실제' 사이에 큰 차이가 없었다고 한다. 두 교수가 올해 예측한 미국의 총메달 수는 93개이다. 예측도구로 이들 교수가 사용한 것은 인구와 국부(國富)이다. 인구가 많을수록 더 훌륭한 선수가 배출될 가능성이 높고, 국가가 잘 살수록 좋은 훈련시설이 많기 때문이다. 또 하나 변수는 '개최국 프리미엄'이다. 그래서 이들은 개최국인 그리스의 메달전망을 4년 전 시드니 올림픽에 비해 두 배로 늘렸다.

아테네 올림픽 폐막을 앞두고 주요 외신들이 금메달과 경제의 관계를 분석해 봤다. 부자나라일수록, 경제상황이 좋을수록 금메달을 많이 딴다는 결론이다. 영국 파이낸셜타임스는 30일자를 통해 이번 올림픽에서 눈에 띄게 선전한 일본의 사례를 들었다. HSBC의 분석자료를 보면 경기가 좋을 때 올림픽 성적도 좋았다는 것이다.

고도성장기인 1960년대와 1970년대에 올림픽에서 좋은 성적을 올리기 시작해 미국 경제마저 제칠 기세였던 1980년대 중반(1984년 미국 로스앤젤레스 올림픽) 올림픽 성적이 정점에 달했다. 그러다 1990년대 '10년 장기불황'에 접어든 뒤 올림픽에서도 두각을 나타내지 못했다. 4년 전 호주 시드니 올림픽에선 금메달 수가 5개에 그쳤다. 일본 경제가 활기를 되찾는 시점에 열린 이번 올림픽에서 일본은 금메달 15개로 대단한 성적을 냈다.

미국 워싱턴 포스트도 올림픽 메달 수가 한 나라의 경제력에 비례하며, 그런 경향은 갈수록 심해졌다고 전했다. 1952년 핀란드 헬싱키 올림픽에서 상위 10대 부국이 전체 메달의 35%를 가져간 데 비해, 2000년 시드니 올림픽에선 그 비율이 42%로 커졌다는 것이다.

앤드루 버나드 교수는 이 연구를 통해 "메달 수를 좌우하는 최대 요인은 국내총생산(GDP)규모로 올림픽 성적의 60%를 예측할 수 있다"고 말했다. 중국이 아테네 올림픽에서 미국을 턱밑까지 쫓아온 것도 중국의 경제성장과 무관하지 않다는 것이다.

■ 출처 : 중앙일보, 2004. 8. 30. 수정인용

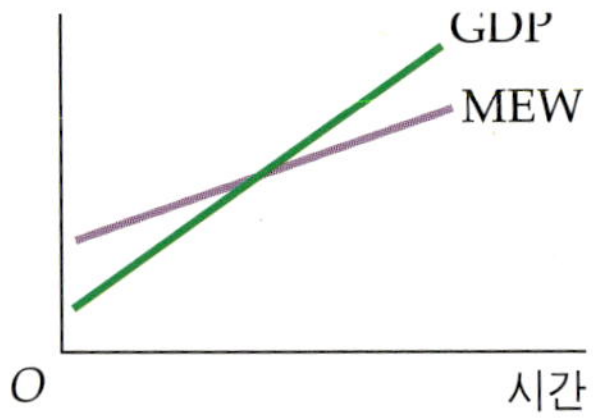

▲ GDP와 MEW의 변화 추이

GDP가 갖고 있는 측정상의 한계를 보완하거나 대체하는 새로운 지표를 개발하려는 노력은 계속되어 왔다. 기존의 GDP에 경제적 후생을 증가시키는 것은 추가하고 후생을 감소시키는 것을 빼주어 새로운 경제지표를 만든 것의 하나로 경제후생지표(MEW : Measure of Economic Welfare)가 있다. 이것은 GDP에 공해비용은 빼고 여가가치와 주부의 가사노동의 가치는 더해 주는 것이다. 이것을 개발한 토빈(J. Tobin)과 노드하우스(W. D. Nordhaus)의 조사에 의하면 미국의 1929년에서 1968년까지의 연평균GDP의 성장률은 1.7%였다. 그러나 MEW성장률은 1.1%에 불과하다고 주장하였다. 그 이유는 공해의 증가에 비해 여가의 증가는 훨씬 느리게 증가하기 때문이었다. 또 하나는 1992년 '환경 및 개발에 관한 UN회의'에서 제기되어 환경파괴에 따른 경제적 손실을 차감산출하여 환경파괴를 예방하기 위한 필요한 비용으로 추계하고 있는 조정방식인 환경GDP(green GDP)가 있다.

제3절 | 생계비의 측정(⇒물가)

물가와 물가지수

앞 절에서 국민소득의 정의와 측정방법을 검토하고, 이것이 주는 유용성과 한계를 공부하였다. 이러한 국민소득과 함께 거시경제학에서 중요한 변수가 물가이다. 물가가 변동하게 되면 인플레이션이나 디플레이션이 발생하고 그에 따라 경제활동이 변동되고 국민생활에 많은 영향을 미친다. 이런 점에서 물가에 대한 분석은 국민소득의 분석만큼이나 중요하다.

시장에서 가격은 오르기도 하지만 하락하는 경우도 있다. 가격이 오르는 현상이 반드시 바람직하지 못한 것은 아니다. 가격이 어느 정도 오르는 것은 기업이 자신의 상품을 개발하고 개선하는 동기가 되기 때문이다. 가격이 내려가거나 또는 변화하지 않는다면 기업의 생산활동은 위축될 수 있다. 그러나 지나친 가격의 불안정적인 변화는 기업에게도 바람직하지 못하다. 또한 모든 상품의 가격이 동시에 오르거나 내리지는 않는다. 따라서 개별상품의 가격만으로는 전반적인 상품가격의 변화를 판단하기 어렵다. 이 때문에 국민경제에서 거래되는 상품의 가격을 일정한 기준으로 가중평균한 종합적인 가격수준을 구하게 되는데, 이렇게 만든 가격수준이 물가(prices)이다.

한편 물가지수(price index)는 일정시점을 기준으로 그 이후의 물가변동을 백분비(%)로 표시한 지표이다. 이렇게 계산된 물가와 물가지수는 생계비를 계산할 때는 물론이고 국민경제의 상태를 파악하여 경제정책을 수립하는 데 중요한 자료가 된다. 우리의 경제생활에서 물가처럼 모든 경제주체들의 중요한 관심사가 되는 것도 흔하지 않다. 일상에서 주부들은 물가가 올라 장보기가 두렵다고 하기도 하고, 줄줄이 오르는 공공요금으로 가계에 주름살이 늘었다고 하는 등 우리 주변에서 물가상승을 우려하는 목소리를 자주 듣는다. 이만큼 물가의 변동은 생산 · 소비 · 저축 · 투자 등 한 나라의 모든 경제활동을 반영하는 것이기 때문이다.

물가지수의 산출방법을 살펴보자. 물가지수는 거래비중이 큰 상품의 중요성을 가중치로 부여하여 상품의 수량을 고정시키고 가격의 변화를 측정한다. 이때 기준년도의 상품으로 고정시켜 물가지수를 측정하는 방식을 라스파이레스지수(laspeyres price index)라 한다. 반대로 비교년도의 상품으로 고정시켜 물가지수를 측정하는 방식을 파쉐지수(paasche price index)라 한다. 소비자와 생산자물가지수는 라스파이레스지수로 계산하고, GDP디플레이트는 파쉐지수로 계산이 된다.

$$LPI = \frac{\Sigma p_1 q_0}{\Sigma p_0 q_0} \times 100$$

(p_0 : 기준년도의 가격,
p_1 : 비교년도의 가격,
q_0 : 기준년도의 거래량)

$$PPI = \frac{\Sigma p_1 q_1}{\Sigma p_0 q_1} \times 100$$

(q_1 : 비교년도의 거래량)

생/각/넓/히/기 체감물가와 통계물가의 차이는 왜 날까?

공식적으로 발표되는 물가와 체감물가가 차이가 나는 이유는 물가를 추계할 때 각 품목에 적용되는 가중치가 소비자가 실제로 소비하는 상품바구니의 구성과 다르기 때문이다. 2008년 기준년도의 주거비의 가중치는 15.6%, 통신비의 가중치는 15.9%이었다고 하자. 집세가 20% 폭등하는 경우 사람들이 느끼는 집세에 대한 체감물가상승률은 20%이나 통계적으로 추계되는 소비자물가지수상승폭은 3.12%(=20%×15.6%)에 불과하다. 또한 자식이 휴대전화를 새로 가져 각 가정에서 통신비가 차지하는 비중이 급격히 늘어나도 2008년의 가중치가 적용되기 때문에 통신료가 100% 상승하더라도 물가지수에 미치는 영향은 15.9%에 불과하다.

따라서 소비자들이 일상생활에서 느끼는 체감물가를 보다 정확하게 측정하기 위해 통계청은 생활물가지수, 신선식품지수, 구입빈도별 지수 등 보조지표를 발표하고 있다.

물가지수의 종류

물가지수의 종류에는 조사목적과 대상품목에 따라 소비자물가지수와 생산자물가지수, 그리고 GDP디플레이트가 있다. 통계청이 작성하는 소비자물가지수(CPI : Consumer's Price Index)는 우리의 소비생활에서 실제로 구입하고 있는 상품이나 서비스의 거래가격을 조사한 것인데, 가계의 생계비 계산이나 구매력의 변동을 측정한다는 면에서 그 중요성이 있다.

한국은행에서 작성하는 생산자물가지수(PPI : Producer's Price Index)는 국내에서 생산된 상품과 운수, 통신, 금융, 부동산 등 기업서비스가 국내시장에 출하되어 1차 단계에서 기업 상호 간에 이루어지는 거래가격의 변동을 측정한 것이다. 이러한 생산자물가지수는 다른 물가지수에 비해 조사대상범위가 넓고 전반적인 상품의 수급동향을 반영한다는 점에서 일반 물가수준을 잘 나타낸다고 할 수 있다.

이 두 지수는 기준년도의 상품으로 고정시켜 물가지수를 측정하는 라스파이레스지수로 측정되는데, 이 방식으로 계산된 물가지수는 일반 물가수준의 상승을 과대평가한다는 단점이 있다.

그 이유로 첫째, 한 재화의 가격이 비싸지면 좀 더 값싼 제품을 구입하려는 대체효과로 구입량이 감소함에도 불구하고 비교년도에도 그 제품의 수량을 고정시켜 그 효과가 반영되지 않는다는 것이다. 둘째, 신제품이 등장하면 소비자의 선택폭이 넓어져 동일비용으로 더 큰 효용을 얻게 된다는 것을 무시하고 있다. 셋째, 재화의 품질이 개선되어도 동일 금액의 지출로 더 큰 효용을 얻을 수 있다는 것을 무시하고 있다.

GDP디플레이터는 명목GDP를 실질가치로 환산할 때 사용하는 물가지수로, 가격변동을 직접 조사 · 작성하는 여타의 물가지수와 달리 사후적으로 명목GDP를 실질GDP로 나누어 산출한다.

당해년도에 생산된 생산물이 중심이 되기 때문에 비교년도의 상품으로 고정시켜 물가지수를 측정하는 방식인 파쉐지수로 계산된다. 이러한 GDP디플레이터는 소비자와 생산자물가지수, 그리고 수출입물가지수, 임금, 환율 등 각종 가격지수가 반영되어 있다는 점에서 다른 물가지수보다 훨씬 더 포괄적인 성격을 갖는 물가지수라고 말할 수 있다.

따라서 GDP디플레이터는 생산자물가나 소비자물가와 비슷한 움직임을 보이고 있는 것이 일반적이다. 실제로 이것을 계산하여 구해보자.

구분	컴퓨터		TV	
	가격	생산량	가격	생산량
2010	100만 원	100대	100만 원	500개
2011	110만 원	200대	120만 원	700개

2011년 명목GDP = 110만 원 × 200 + 120만 원 × 700 = 106,000만 원
2011년 실질GDP = 100만 원 × 200 + 100만 원 × 700 = 90,000만 원

$$\text{GDP디플레이트} = \frac{\text{명목GDP}}{\text{실질GDP}} \times 100 = \frac{106{,}000}{90{,}000} \times 100 = 117.7$$

같은 표를 이용하여 라스파이레스지수로 구해지는 소비자 물가지수를 구해보면 GDP디플레이트와 다른 값이 나온다는 것을 확인해 볼 수 있다.

2010년의 상품묶음의 비용 = 100만 원 × 100 + 100만 원 × 500 = 60,000만 원
2011년의 상품묶음의 비용 = 110만 원 × 100 + 120만 원 × 500 = 71,000만 원

$$\text{소비자물가지수} = \frac{\text{비교년도 지출액}}{\text{기준년도 지출액}} = \frac{71{,}000}{60{,}000} \times 100 = 117.9$$

생/각/넓/히/기 **베이브 루스의 연봉은 오늘날 화폐가치로 얼마쯤일까?**

미국정부의 통계에 의하면 베이브 루스가 프로야구에서 활동하던 시기인 1931년의 물가지수는 15.2이고 1999년에는 166이었다. 1931년에 받은 그의 연봉이 8만 달러였다. 이것을 현재금액으로 환산하면

$$\text{1999년 연봉} \times \frac{\text{1999년 물가수준}}{\text{1931년 물가수준}} = \text{8만 달러} \times \frac{166}{15.2} = \text{873,684달러가 된다.}$$

물가지수와 국민경제의 관계

물가지수가 국민경제에서 차지하는 역할은 화폐의 구매력변화를 알려주는 역할을 한다. 물가가 오를 경우 구입할 수 있는 상품의 양은 물가가 오르기 전보다 줄어들어 돈의 가치가 떨어지고, 반대로 물가가 하락하면 이전에 비해 돈의 구매력이 증가한다. 따라서 우리는 물가지수를 이용하여 물가의 변동에 따른 돈의 실질적인 구매력의 변화를 측정할 수 있다.

한편 물가지수는 경기상태의 판단지표로서 국민경제에서 혈압과 같은 역할을 한다고 할 수 있다. 몸에 이상이 생기는 경우 처방에 앞서 혈압을 먼저 알아보는데, 그 이유는 몸에 이상이 있으면 그것이 혈압으로 나타나기 때문이다. 이와

같이 생산, 소비, 투자 등의 경제활동의 결과가 물가로 반영되어 나타난다. 그런데 이것은 반대로 혈압이 원인이 되어 국민경제의 각종 질병을 일으킬 수도 있다. 따라서 물가가 상승하면 인플레이션의 압력과 투기의 성행 등의 부작용으로 파급되어 나타난다.

경제학자처럼 생각해보기 물가지수가 할리우드를 방문하다.

역대 가장 인기가 높았던 영화는 무엇일까?

영화의 입장권 판매수입을 미국 안에서의 판매액기준으로 보면 역대 흥행수입 1위는 '타이타닉'이고, 2위는 '스타워즈', 3위는 'ET' 등으로 순위가 이루어진다.

그러나 이 순위는 입장료를 포함한 전반적인 물가수준을 고려하지 않은 것이다.

만약 인플레이션을 감안한 입장료 판매수입을 기준으로 보면(1930년대가 현재의 입장료의 25% 수준) '바람과 함께 사라지다'로 바뀌고, 이것을 정리하면 아래 표와 같다.

▶ 역대 미국 내 영화 흥행순위

역대 영화 흥행순위				물가지수를 감안한 역대 영화 흥행순위			
순위	제목	개봉연도	흥행수입(만 달러)	순위	제목	개봉연도	흥행수입(만 달러)
1	타이타닉	1997	601	1	바람과 함께 사라지다	1939	920
2	스타워즈 에피소드 4	1977	461	2	스타워즈 에피소드 4	1977	798
3	ET	1982	431	3	사운드 오브 뮤직	1965	638
4	스타워즈 에피소드 1	1999	431	4	타이타닉	1997	601
5	스파이더맨	2002	404	5	ET	1982	601
6	쥬라기 공원 1	1993	357	6	십계	1956	587
7	포레스트 검프	1994	330	7	죠스	1975	574
8	해리포터와 마법사의 돌	2001	318	8	닥터 지바고	1965	543
9	반지의 제왕 : 반지원정대	2001	313	9	정글북	1967	485
10	라이온 킹	1994	313	10	백설공주와 일곱난쟁이	1937	476

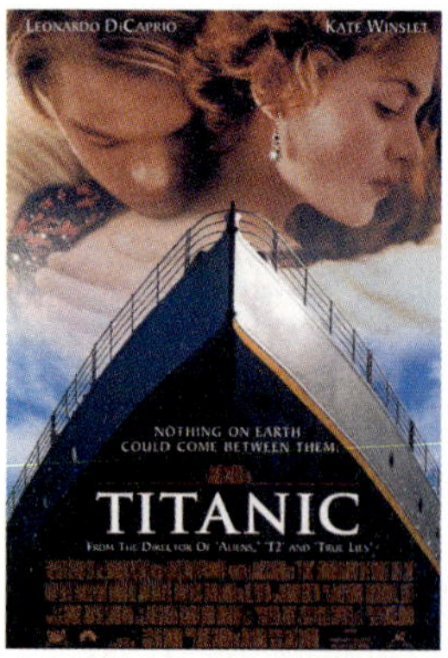

▶ 출처 : 맨큐(N. G. Mankiw), 「맨큐의 경제학」(교보문고, 3판), p.610.

제4절 | 거시경제학의 주요 논점

미시경제학과 거시경제학의 차이

경제학이 미시경제학과 거시경제학으로 나뉘게 된 것은 케인스의 '일반이론'이 나오면서부터이다. 우리는 앞에서 축구경기를 관람할 때 일반관객은 경기 전체를 보는 데 비해, 축구선수의 어머니는 자신의 아들이 어떤 활약을 하느냐를 주로 보게 된다고 했다. 이와 같이 선수 하나하나에 초점을 맞추어보는 시각이 미시경제학이라면, 팀 전체의 팀워크를 보는 시각은 거시경제학에 속한다고 정의했다. 단어에서 알 수 있듯이 '거시'란 큰 그림을 본다는 것이고, '미시'란 작은 그림을 본다는 것이다.

미시경제학의 주요 관점은 시장에서 가격이 결정되면 그 가격을 여건으로 하여 자신들의 이익을 극대화하는 개별경제주체들의 합리적인 경제행위를 관찰하는 것이다. 이에 대해 거시경제학은 개별적이고 세밀한 것보다 국민경제 전체를 넓게 보고자 한다. 경제 전체를 살펴보다 보니 거시경제학은 미시경제학에서 여건으로 받아들여지던 것, 즉 국민소득, 물가, 이자율, 실업률, 국제수지 등이 어떻게 결정되고 변동되는가에 관심을 가질 수밖에 없다. 미시적 개념의 가격과 달리, 물가는 한 나라 경제 내 존재하는 재화의 평균가격을 나타내는 거시적 개념이다. 동일한 논리로 특정 산업에서 노동의 수급과 임금결정은 미시경제학의 분야이지만, 한 나라 경제 내에 존재하는 모든 경제활동인구 중 실업자의 비율을 나타내는 실업률의 측정은 거시경제학의 분석영역에 속한다. 또한 주택시장의 대출이자율결정은 미시의 영역에 속하지만, 한 나라 전체의 통화공급과 그로 인한 이자율변화와 파급효과분석은 거시적인 분석영역에 속한다.

감기나 피부의 염증을 치료하기 위해 종합건강검진을 받을 필요가 없는 것처럼 특정 시장의 움직임을 구체적으로 관찰하기 위해 국내총생산과 물가, 실업률을 관찰할 필요는 없다. 반대로 종합건강검진은 몸 전체의 건강상태를 살펴보는 데 도움이 되지만 구체적으로 어디가 얼마만큼 아픈지를 알기는 어렵다. 종합건강검진에서 이상이 있어 보이는 부위는 정밀검진을 통해야 정확한 진단이 가능하다. 이처럼 분석이란 목적에 맞는 수단을 필요로 하는 것이기 때문에 미시와 거시의 경제분석은 모두 각각의 의미를 가지고 있다.

생/각/넓/히/기 **전체는 부분의 합보다 크다**

누군가가 바람이 빠진 타이어를 교체하는 것과 같이 대단치 않은 일 때문에 갓길에 차를 세우면 얼마 지나지 않아 무슨 일이 생겼는지 보기 위해 속도를 줄이는 차들로 인해 긴 정체차량의 행렬이 생기는 일을 경험해 본 적이 있을 것이다. 일부 운전자가 무슨 일이 일어났는지 구경하기 위해 속도를 줄이면 뒤따르는 운전자도 속도를 줄여야 하고, 그 다음 운전자도 마찬가지로 속도를 줄여야 한다. 이런 식으로 각 운전자가 속도를 늦추면 결국 쓸모없는 긴 차량 행렬을 낳게 된다. 이처럼 수천 명 또는 수백만 명의 개인들의 행동의 누적은 개인들 행동의 단순한 합보다 훨씬 큰 결과를 가져올 수 있는 것이다. 이것을 '구성의 모순'이라 하고, 이것 때문에 거시경제학이 독립적으로 연구되는 이유이기도 하다.

거시경제학의 중요 변수와 목표

앞에서 살펴본 대로 거시경제학에서 가장 중요한 변수는 한 나라 전체의 경제활동의 결과로 나타나는 국내총생산(또는 국민소득)과 물가, 그리고 이자율이다. 국내총생산의 변수가 중요한 이유는 국내총생산의 변동에 따라 단기적으로는 경기변동이 발생하고 그 결과로 실업과 인플레이션이 발생하기 때문이다. 또한 국민소득의 상승을 통해 장기적으로는 경제성장이 이루어지기 때문이다. 따라서 단기적으로 국민소득의 변동을 줄이고, 장기적으로는 국민소득의 지속적인 증가가 이루어질 수 있도록 하는 정책이 중요하게 된다.

물가가 중요한 변수가 되는 것은 인플레이션이라는 국민경제의 해악을 가져오기 때문이다. 따라서 물가의 안정적인 관리는 국민경제가 안고 있는 중요한 과제이다. 그리고 이자율은 투자와 저축뿐만 아니라 국민들의 자산가치의 변화를 가져와 국민경제의 안정적인 성장에 중요한 역할을 한다. 따라서 적정한 이자율을 유지하는 것도 정책당국의 중요한 과제이다.

마지막으로 경제가 개방화되면서 해외경제활동의 결과물로 외환의 수취와 지불에 의해 결정되는 국제수지 역시 중요한 변수가 된다. 왜냐하면 국제수지의 변동은 환율문제뿐만 아니라 국가전체의 신용도와 수출과 수입에도 큰 영향을 미치기 때문이다. 이것을 정리하면 국민경제가 해결해야 할 목표는 다음과 같이 정리할 수가 있다.

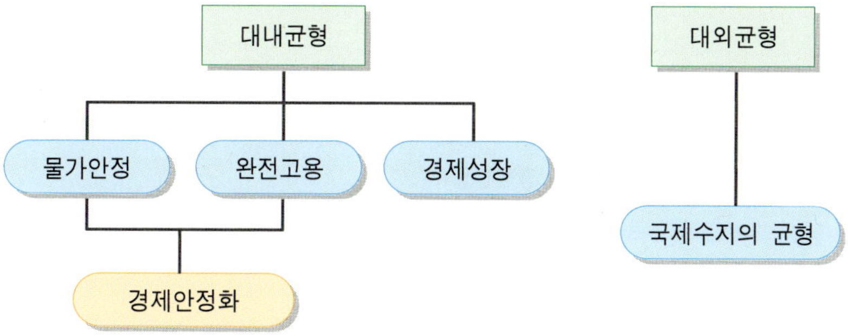

거시경제학의 중요 분석도구와 본 책의 구성

미시경제학의 중요한 분석도구는 수요와 공급이론이다. 그러나 거시경제학은 각 시장의 수요와 공급의 집계치인 총합(aggregation)의 개념을 중시하게 된다. 따라서 미시경제학의 수요와 공급의 개념보다는 한 국가의 모든 수요를 더한 총수요(*AD* : aggregate demand)와 모든 공급을 더한 총공급(*AS* : aggregate supply)의 개념을 통해 경제를 분석한다.

본 책은 시장 간의 관계를 먼저 정리하면서 시대적 흐름에 따른 학파 간의 주장을 유기적으로 배합하고자 〈그림 1-2〉와 같이 거시경제학의 이론체계를 구성하였다.

거시경제학의 구도에서 보듯이 요소시장과 생산과정을 통해 총공급이 이루어지면 총수요에 의해 국민소득이 결정된다. 한편 총수요는 사람들이 물건을 살 때 돈을 가지고 생산물시장에 가듯이 생산물시장과 화폐시장의 상호작용에

그림 1-1 수요 · 공급의 원리(a)와 총수요와 총공급의 원리(b)

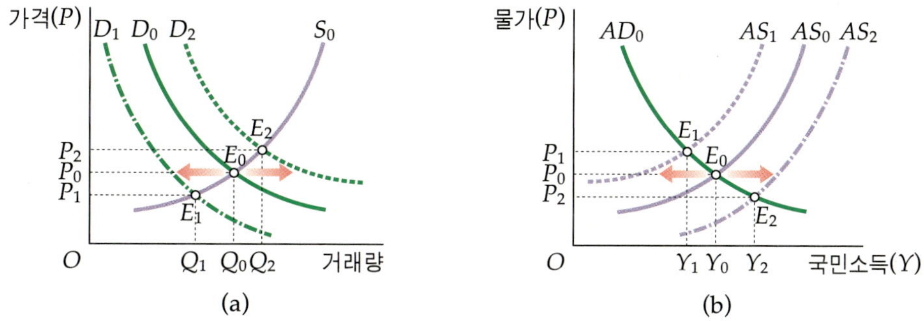

그림 1-2 거시경제학의 이론체계

■ 총수요측면
투자와 저축으로 구성되는 생산물시장과 화폐수요와 화폐공급으로 이루어지는 화폐시장의 상호작용으로 총수요(*AD*)가 결정된다.

■ 총공급측면
자본이 고정된 단기에서 노동시장과 총생산함수를 통해 총공급(*AS*)이 결정된다.

■ 총체적 균형
총수요와 총공급의 상호작용을 통해 국민소득과 물가가 결정된다.

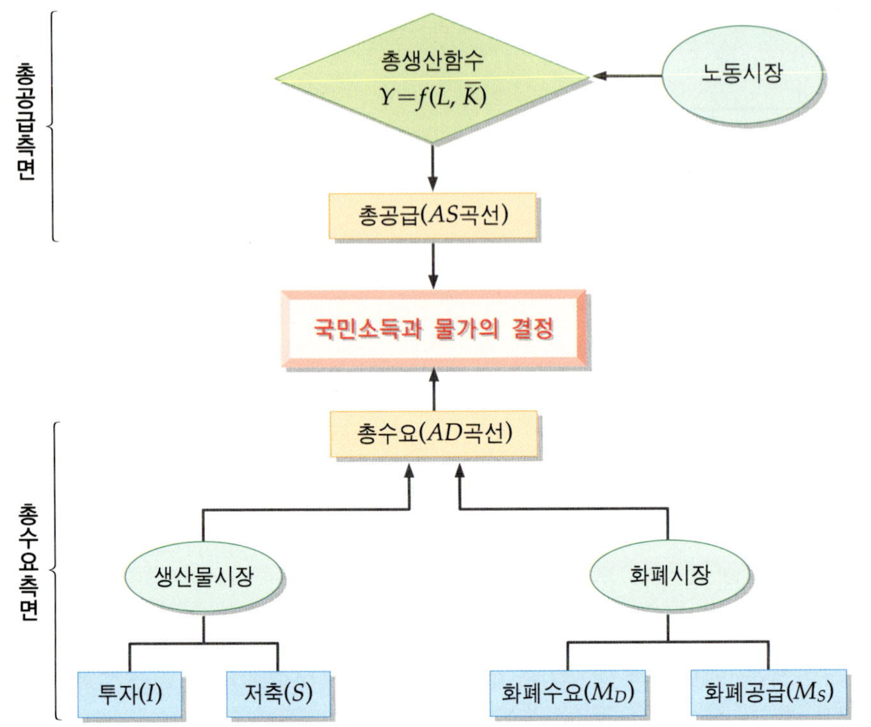

의해 결정된다. 따라서 제2장에서는 총수요를 결정하는 생산물시장의 소비와 투자, 정부지출, 그리고 해외부문의 순수출을 검토한다. 그 후의 제3장에서는 총수요를 결정하는 두 번째 시장인 화폐시장을 공부한다. 제4장에서는 생산물시장과 화폐시장의 동시 균형을 통해 도출된 총수요(*AD*)곡선과 총공급(*AS*)곡선을 통하여 국민소득과 물가의 결정을 검토한다.

총공급와 총수요와의 상호작용으로 국민소득이 결정되고, 장기적으로는 상방추세과정을 통해 경제성장이 이루어진다. 따라서 제5장에서는 경제성장을 결정하는 실물적 요소와 정부의 정책이나 금융제도 등을 공부한다. 제6장에서는 총수요와 총공급에 의해 결정되는 국민소득과 고용, 그리고 물가수준이 적정수준을 벗어나 나타나는 병리적 현상인 인플레이션과 실업문제의 원인을 필립스곡선을 통하여 분석한다. 그 후에 경기변동과정을 학파별로 해명하고 거기에 따른 학파별 경제안정화정책을 공부한다.

경제학자 이야기

20세기의 풍운아 케인스

케인스(John Maynard Keynes : 1883~1946)는 자본주의의 붕괴를 예고했던 마르크스(K. Marx)가 죽던 해인 1883년 영국 케임브리지에서 케임브리지 대학의 경제학과 논리학을 가르치는 교수였던 아버지(John Neville Maynard Keynes)와 역시 케임브리지 출신으로 한때 치안판사와 케임브리지 민선시장을 지내기도 했던 어머니 사이에서 태어났다. 케인스는 후일 실제로 귀족의 작위를 받았다. 케인스가 태어나고 자란 동네가 하비거리(Harvey Road)인데, 그 이름을 딴 "하비 로드의 전제"란 학문도 뛰어나고 예술에도 일가견을 지닌 고상한 인사들이 케인스의 집에 모여 나눈 의견들을 전제로 '한 나라의 경체정책은 공공정신이 풍부한 지적 엘리트의 손에 맡겨져야 한다'고 말하는 것이다. 말하자면 칭찬일 수도 있고 비꼬는 말일 수도 있다.

케인스는 이튼스쿨(Eaton School)을 마친 후 1902년에 케임브리지 대학 경제학부에서 공부를 하였는데, 대학시절의 블룸스베리(Bloomsbury)그룹에서 길러진 자유분방한 정신은 줄곧 그의 생활방식을 지배하게 되었다. 그 후 1905년 고등문관시험을 준비해 이듬해 합격한다. 약 2년간 인도성(그 당시 인도는 식민지이므로 런던에 소재함)에서 근무한 다음에 26세 때 모교였던 케임브리지 대학에서 경제학 강사로 일하게 된다. 케인스는 강의 속에서 현실의 경제문제를 자주 언급해 학생들로부터 좋은 반응을 얻었는데, 이것은 사실상 이론과 정책 사이의 일관성을 강조하려는 자신의 의도를 드러내 보인 것이기도 하다. 케인스는 1911년 28세의 나이에-최초의 편집자였던 에지워스(F. Y. Edgeworth)의 뒤를 이어-영국의 최대 경제단체 왕립경제학회의 공식기관지인 이코노믹저널(Economic Journal)의 편집장으로 임명되었다. 편집장으로 일을 하던 중 1914년에 제1차 세계대전이 발발하자 영국 재무성의 근무위촉을 받아 자문위원으로 활동한다.

전쟁이 끝난 후 로이드 조지(L. Gorge) 수상의 경제보좌관 자격으로 베르사이유 평화회의에 참석한 케인스는 독일을 경제적으로 응징하려는 승전국가들의 감정을 거슬러가며 배상 제의에 강력하게 반대했다. 그의 생각으로는 독일에 대한 과도한 배상의 요구가 상대 국가들의 수출을 위축시켜 결국은 유럽 각국의 경제적인 황폐화를 초래하지 않을 수 없다는 것이었다. 그가 36세에 집필한 「평화의 경제적 귀결(The Economic Consequences of the Peace)」은 이 회의에 참석했던 케인스의 표현을 빌리면 '돌대가리'들-여기에는 로이드 조지 수상, 우드로 윌슨 대통령, 조르즈 콜레망소 수상이 포함된다-을 통박하기 위한 설교였다. 이 책자에서 제1차 세계대전 후와 같은 보복적인 전쟁배상안은 궁극적으로 제2차 세계대전을 발발시킬 것이라는 경고로 끝을 맺는다. 이러한 여러 노력으로 케인스는 세계적인 명성을 얻게 된다. 대학에서도 현실문제에 대해 끊임없는 관심을 가지고 영국이 금본위제도로 복귀하는 데에 반대했으며, 또한 조만간에 닥칠 실업과 불황에 대해 경고하기도 했다.

케임브리지 대학의 교수로서 보험, 증권투자, 출판업 등에도 손을 대었다가 파산을 하여 친구들의 구조를 받은 뒤 외환과 증권투기에서 떼돈을 벌었고, 그의 나이 42세에는 러시아 태생의 최고의 무용수 리디아 로포코바와의 결혼으로 화제를 뿌리기도 했다. 케임브리지의 신사들이 이 결혼에 반대했음은 물론이다. 이것을 두고 그의 지인인 버나드 쇼는 세계 최고의 추남(케인스의 별명이 오리 주둥이란 말도 있다)이자 천재를 만난 세계 최고의 미인이자 둔재인 여성이 "당신의 머리를 닮은 아이를 갖고 싶어요!"라고 프로포즈를 하자 "당신의 머리와 나의 얼굴을 닮은 애가 나오면 어쩔거요?"라고 풍자했다는 얘기가 있다. 여기에 대해 자신이 남편의 지극한 사랑을 받았던 마샬(A. Marshsll)의 부인은 오히려 "메이나드가 했던 가장 훌륭한 일"로 옹호하고 나서기도 했다.

역설적이지만 케인스의 명성이 확고하게 된 것은 세계대공황 덕분이었다. 그때까지만 해도 경제학자들은 "공급은 스스로 수요를 창조한다"는 세이의 법칙을 철석같이 믿고 있었다. 그러나 케인스는 이것을 뒤집어 경제활동의 진정한 애로는 만들지 못하는 데에 있지 않고, 오히려 만들어놓은 것이 다 팔리지 않는 데에 있다고 주장했다. 그래서 "정부는 하다못해 오늘은 구덩이를 파고 내일은 그 구덩이를 다시 묻는 일거리를 마련해서라도 인위적으로 유효수요를 증대시키라!"고 촉구했다. 이러한 그의 발상은 미국에서의 뉴딜정책으로 이미 입증되었으며, 뒷날 그의 나이 53세에 집필한 「고용 · 이자 및 화폐의 일반이론」의 모태가 되었다. 정부의 개입을 강조하는 그의 주장 때문에 케인스는 한때 극우보수주의자들에게 볼셰비키로 오해되기도 했으나 자본주의체제의 우월성에 대한 그의 신앙에는 흔들림이 없었다. 체제 전체의 생존을 위해서는 일부 기능의 보완이 필요하다는 그의 생각은 흔히 '혼합경제' 혹은 '수정자본주의자'로 불렸지만 그는 사회주의에는 전혀 흥미를 느끼지 못했다.

제2차 세계대전의 종전과 더불어 케인스는 국제통화기금(IMF)과 세계은행(IBRD)의 창설에 크게 힘썼다. 제2차 세계대전 승전국이었으나 빚더미에 오른 황혼의 대영제국의 대표로, 미국의 압도적인 권력과 재력에 맞서 그는 두뇌와 열정만으로 파산 위기의 조국을 구하고자 했다. 밀고 당기기의 집요한 차관협상, 그는 매일 아침 전의에 불타서 눈을 뜨는 사람이었다. 그러나 국제교역의 기축통화를 무엇으로 정하느냐는 문제를 놓고 미국과 대결하다가 결국은 패하고 만다. 사실 그것은 케인스의 패배라기보다는 영국의 패배였지만, 이 문제로 그는 크게 상심했다. 그의 나이 63세를 맞는 해의 봄, 전후 세계경제를 좌지우지한 케인스는 전후 재건을 위한 협상에 탈진한 끝에 숨을 거뒀다. 그는 노년에 더 많은 샴페인을 마시지 못하게 된 것을 몹시 불평해 오곤 했는데, 영원히 더 이상 샴페인을 마실 수 없게 되었다.

케인스의 이론은 신고전학파인 마샬에 뿌리를 두고 있지만 출발 당시부터 매우 독창적인 경향을 보였다. 그는 당시의 실천적인 정책문제를 다루는 많은 논문, 소책자, 저서들을 발표하였다. 여러 가지 실천적 문제와 대결하면서 교훈을 끌어내고 새로운 이론을 형성하는 그의 과업은 「일반이론」에서 성공적으로 완결되어졌다.

그의 사후에 그의 어머니(그 당시에 그의 양친은 모두 살아 있었다)와 부인이 10권의 저서와 84편의 논문 및 팸플릿의 저작물을 모두 엮어 「케인스 전집(The Collected Papers of John Maynard Keynes)」이라는 기념작으로 내놓았다. 최근 영국 상원의원인 로버트 스키델스키가 30년을 집필한 「존 메이너드 케인스」(후마니타스)가 국내에 소개된 바 있다. 1,600쪽이 넘는 방대한 분량의 케인스의 전기인 셈인데, 고려대학교의 공공행정학과의 고세훈 교수가 5년에 걸친 작업으로 국내에 번역됐다.

▶ 출처 : 정운영, 「저 낮은 경제학을 위하여」(까치) 참조

제 2 장

경제학과 친구하기

국민소득수준의 결정 (총수요측면 I)

제 1 절 | 국민소득결정이론의 기초

단순 경제순환모형과 국민소득의 흐름

가계와 기업만이 존재하는 2부문모형에서 가계는 기업에게 생산요소를 제공하고 요소소득을 받는다. 한편 기업은 요소를 제공받아 생산한 생산물을 가계에 판매하고, 가계는 그 대가를 지출자금으로 기업에게 돌려준다. 이처럼 기업이

그림 2-1 단순한 소득순환모형

그림에서 생산측면(Ⓐ), 분배측면(Ⓑ), 지출측면(Ⓒ)의 지점에서 측정된 국민소득이 서로 일치하는 것을 삼면등가의 법칙이라 한다.

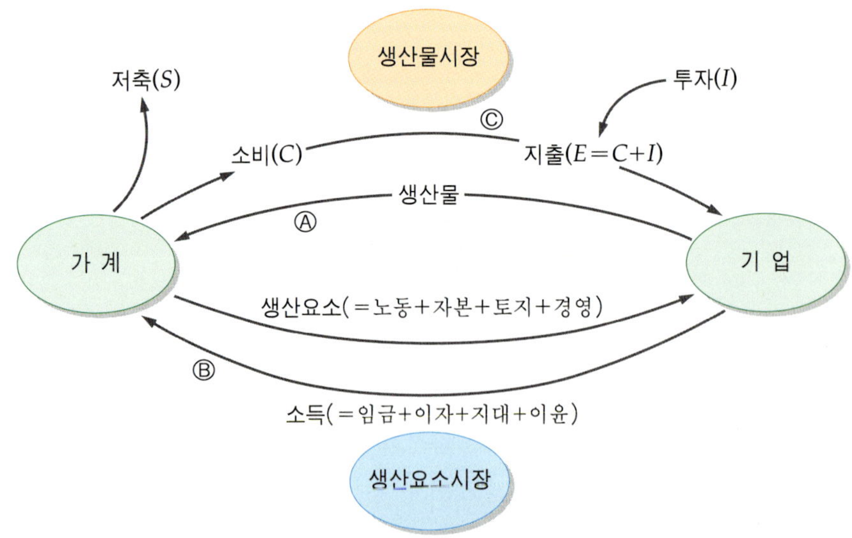

생산하여 판매한 것(국내총생산)을 요소공급자에게 분배(국내총소득)하면 요소공급자는 그것을 지출(국내총지출)하여 사후적으로 세 가지가 일치한다. 이것을 '삼면등가의 법칙'이라 한다.

즉, 생산측면에서 최종 생산물의 시장가치의 합(GDP)은 분배측면에서 임금과 이자와 지대, 그리고 이윤의 합인 국민소득(GDI)이 되고, 소비(C)와 저축(S)으로 처분된다. 그리고 지출측면에서 국민총지출(GDE)은 가계의 소비지출(C)과 기업의 투자지출(I)로 이루어진다.

▲ 생산과 분배와 지출의 흐름

▲ 삼면등가의 법칙

균형국민소득의 결정

모든 기업이 생산하여 공급한 생산물인 총공급(AS : aggregate supply)은 생산국민소득으로, 기업이 생산요소에 대한 대가로 가계부문에 지급한 금액과 근본적으로 동일하다. 생산국민소득은 처분과정에서 볼 때 소비되거나 저축된다. 결국 총공급은 소비와 저축을 합친 것으로 표시된다.

$$AS = C + S$$

한편 총수요(AD : aggregate demand)는 한 나라 경제의 전체적인 모든 수요를 의미하는데, 그것은 기업이 생산한 상품에 대한 모든 경제주체의 수요를 합한 것이다. 앞의 가정에서 경제주체는 가계와 기업뿐이므로 총수요(기업의 총판매수입)는 가계의 소비수요(C)와 기업의 투자수요(I)를 합한 것과 같다.

$$AD = C + I$$

따라서 균형국민소득은 총공급(AS)과 총수요(AD)가 일치하는 수준에서 결정된다. 즉, 다음과 같은 조건이 충족될 때 균형국민소득이 달성된다.

$$C + S = C + I$$
$$\therefore S = I$$

제 2 절 | 고전학파의 국민소득결정

거시경제학을 보는 두 가지의 관점

앞에서 살펴본 대로 국민소득은 여러 거시 경제변수 중에서 가장 핵심적인 것으로 국민소득의 결정이론은 거시경제학의 기본 골격이 된다. 국민소득이 어떤 요인으로 어떻게 결정되는가와, 그에 따른 고용량의 결정에 관한 이론은 자본주의체제의 안정성과도 관련이 있기 때문에 학파별로 여러 이론이 제기된다.

스미스 이래로 전통적인 고전학파는 자본주의는 가격신축성에 의한 '보이지 않는 손'이 작용하는 자율조정기능을 갖추고 있고, 경제는 안정적인 성장을 이룬다고 본다. 즉, 노동시장에서 신축적인 가격조정에 의하여 완전고용이 자동적으로 실현된다는 것이다. 완전고용이 이루어지면 생산측면에서 완전고용수준 국민소득이 생산되고, 그 후에 생산물시장에서 세이의 법칙에 의해 모두 판매되고 처분되어지기 때문에 초과공급은 없게 된다. 이러한 주장의 배경에는 19세기의 판로가 충분한 초과수요경제에서, 산업혁명 이후의 생산증대가 모두 수요로 흡수되어 경제가 안정적인 형태를 보여주었기 때문이었다.

케인스파는 세계대공황을 배경으로 경제분석이 이루어졌기 때문에 시장기구의 자동조절능력의 상실로 나타나는 실업은 자본주의경제의 구조적 모순이 빚어낸 현상이라고 본다. 따라서 실업과 경제불안정은 자본주의의 만성적인 수요부족으로 나타난 현상으로 시장에 의한 자동해결이 어렵고 거기에 따른 불안정성이 지속된다. 이러한 주장은 20세기의 이후의 판로가 부족한 초과공급경제에서 생산물이 팔리지 않아 실업이 양산되는 상황을 배경으로 하고 있다.

고전학파의 국민소득결정이론

고전학파모형에서는 가격의 신축성과 완전정보를 가정하고 있다. 첫째, 모든 시장은 완전경쟁상태하에 있고, 시장에서 가격은 완전신축성을 가진다. 즉, 명목임금, 물가, 이자율의 신축성으로 인해 시장불균형은 청산된다. 둘째, 경제주체는 완전한 지식 및 정보하에 합리적으로 행동하기 때문에 노동시장에서 노동수요와 공급은 실질임금의 함수가 되는데, 노동수요는 실질임금의 감소함수이고, 노동공급은 실질임금의 증가함수이다. 또한 노동시장에서 임금이 신축적이라면 균형임금수준에서 완전고용(L_f : full-employment labor)은 자동적으로 실현되고 비자발적 실업은 존재하지 않는다. 완전고용노동량을 총생산함수에 대입하면 완전고용국민소득(Y_f : full-employment national yield)이 얻어지는데, 공급측면에서 결정된 완전고용국민소득(Y_f)은 세이의 법칙에 의하여 모두 수요되기 때문에 균형국민소득(Y_e)이 되고, 생산물의 초과공급은 존재하지 않는다.

고전학파모형에서는 국민소득수준이 노동량, 자본량, 그리고 기술수준 등 공급측면에 의해 결정된다. 그리고 '세이의 법칙'에 의해 모두 처분된다. 이러한 분석에 기초하여 고전학파는 공급능력을 증대시킬 수 있는 경제 전반의 잠재력을 강화시키는 것이 필요하다고 주장한다.

그림 2-2 고전학파의 국민소득결정(a, b)과 세이의 법칙(c)

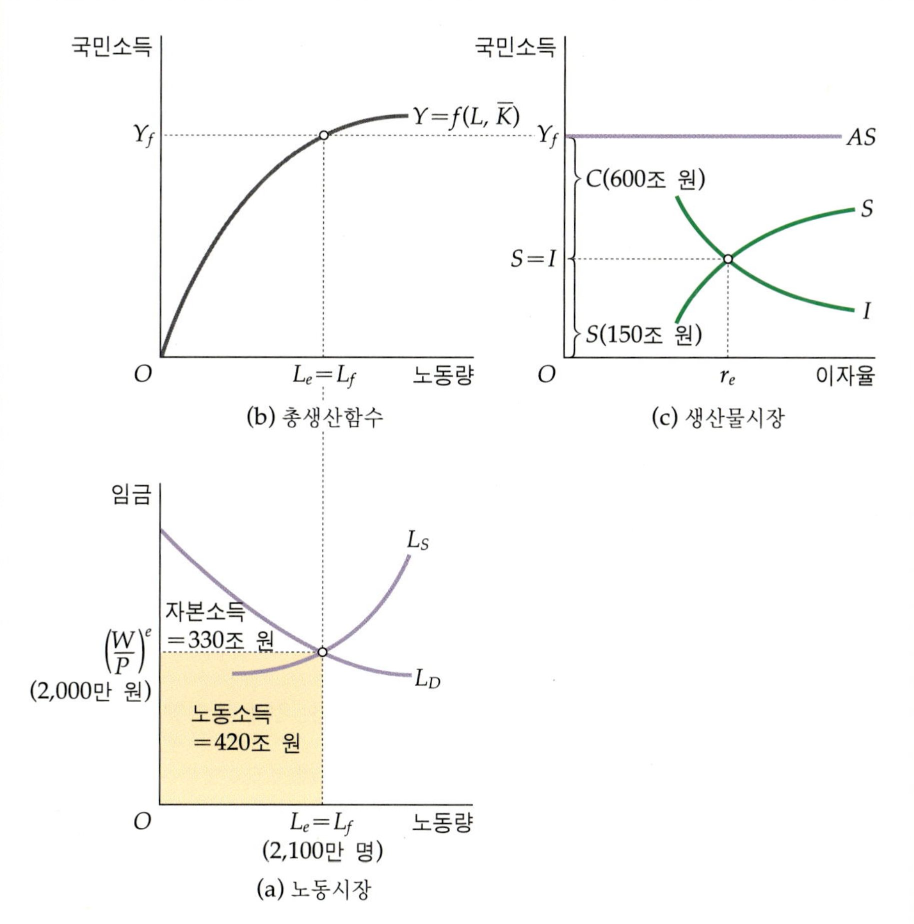

임금신축성으로 노동수요와 공급이 일치하여 완전고용이 실현되면 총생산함수에서 완전고용국민소득(Y_f)이 실현된다. 그 이후에 생산물시장에서 저축과 투자가 이자율의 조정에 의해 일치하여 생산된 것은 모두 판매된다.

증명 노동시장 —(완전고용 실현)→ 생산함수 ⟶ 완전고용국민소득(Y_f)의 실현

⇒ 총공급 (또는 총소득) ≡ { 총소비(C) ························ 총소비(C) / 총저축(S) ··· 이자율조정 ··· 총투자(I) } = 총수요

└ 저축 · 투자의 이자율결정 ┘

제 3 절 | 케인스파의 국민소득결정

케인스의 고전파이론 비판

케인스는 고전학파의 저축과 투자의 이자율결정이론인 세이의 법칙을 비판한다. 그 이유로 세이의 법칙이 타당해지려면 저축과 투자가 이자율의 함수라고 하는 고전학파의 가정이 현실적이어야 하는데, 케인스는 저축은 이자율의 함수라기보다는 소득의 함수라고 주장하기 때문이다. 예를 들어, 현재 4인 가족의 최저생계비수준인 150만 원을 버는 가계가 있다고 하자. 만약 이자율이 연 5%에서 15%로 오른다고 해도 새로운 소득의 증가 없이는 소비를 늘리고 저축을 늘릴 여력이 없다. 따라서 케인스는 저축은 이자율보다는 소득에 더 큰 영향을 받는다고 주장한다. 그렇게 되면 소득의 함수인 저축과 이자율의 함수인 투자가 자동적으로 일치한다는 것은 우연에 불과할 뿐, 저축과 투자가 자동적으로 일치하여 공급이 스스로의 수요를 창출한다는 세이의 법칙은 타당하지 않게 된다. 따라서 케인스는 공급이 수요를 결정하는 것이 아니라 수요가 공급을 결정하는 '유효수요의 원리'를 주장하게 되었다.

케인스의 모형에서는 공급측의 조건이 주어진 상태에서 총생산량의 수준은 총수요에 의해서 결정된다. 즉, 공급측보다는 수요측면에 의해서 국민소득수준

생/각/넓/히/기 **소비와 저축은 이자율과 소득 중 어느 것에 더 영향을 받을까?**

실증연구에 의하면 소비나 저축의 이자율탄력성은 그렇게 크지 않고 비탄력적으로 추정된다. 실례로 일본의 경우에 은행의 금리가 거의 0에 가까움에도 불구하고 저축률은 비교적 높다. 한편 소비와 저축이 소득에 영향을 받는 소득탄력성은 이자율탄력성보다 큰 것으로 추정되고 있다.

이 결정되며, 국민소득수준은 총고용량에 의해서 결정된다. 또한 총고용은 유효수요에 의해 결정되고 유효수요는 소비수요와 투자수요로 구성되는데, 소비수요는 국민소득과 한계소비성향에 의존하고, 투자수요는 기대수익률인 자본의 한계효율과 이자율에 의해서 결정된다.

한편 이자율은 화폐의 수요공급이 일치하는 데서 결정되고 화폐의 공급은 정책에 의해서 주어지며, 화폐수요는 국민소득수준과 이자율에 의해서 결정된다.

이러한 모형을 정리하면 아래와 같다.

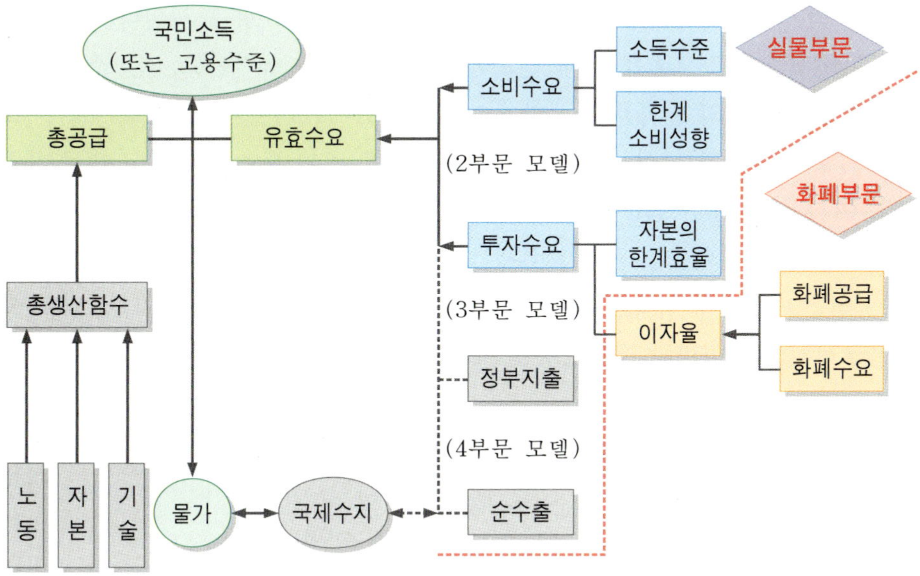

※ 이 그림은 러너(A. P. Lerner)의 벽돌집모형을 저자가 현대에 맞게 수정한 것임

총수요의 구성요소

케인스는 1930년대 미국의 대공황의 경험을 바탕삼아 국민소득을 결정하는 것은 공급측면이 아니라 수요측면에 의한 것이라고 주장한다. 그 이유는 1930년대 미국의 실업률이 25%에 도달할 정도가 된 것은 총공급의 변동보다는 생산물에 대한 총수요가 감소해서라고 진단하였기 때문이다. 즉, 소비자의 생산물에 대한 수요의 감소는 재고의 증가를 가져왔으며, 재고의 증가는 기업의 생산을 감소시켜 결국 고용마저 줄이도록 만들었다는 것이다. 그래서 그의 결론은 세계대공황의 상황을 타개하기 위해서는 총수요를 진작시킬 필요가 있으며, 이는 정부지출의 증가와 같은 재정정책이 필요하다고 보았다.

그의 국민소득결정이론을 살펴보기 위해서는 몇 가지 가정이 필요하다. 첫째, 물가수준은 불변이고 생산능력은 충분하다. 둘째, 가계와 기업이 존재하는 2부문에서 생산물에 대한 총수요는 가계의 수요와 기업의 수요만으로 구성된다. 셋째, 소비는 소득의 증가함수이며 소득증가분의 일정비율만큼 소비는 증가한다. 넷째, 기업의 투자는 소득수준과 무관한 독립투자만 존재한다. 이러한 가정하에 그의 국민소득결정이론을 살펴보기 위해서는 가계의 소비수요와 기업의 투자수요를 통한 생산물에 대한 총수요를 살펴보아야 한다.

첫째, 소비수요(C : Consumption Demand)는 가계의 구매력이 뒷받침된 수요로, 소득의 증가함수로 파악하여 $C=f(Y)$ 또는 $C=a+bY$로 표시된다. 여기서 a는 소득이 0이어도 생존을 위해 필요한 최저한의 기초소비이고, b는 소득의 변화분에 대한 소비의 변화분으로 한계소비성향($\Delta C/\Delta Y$)이다. 저축(saving)은 소득 중에서 소비하고 남은 것으로, 저축함수는 $S=f(Y)$ 또는 $S=-a+sY$로 표시된다. 여기서도 $-a$는 음(−)의 저축이고, s는 한계저축성향으로 소득의 변화분에 대한 저축의 변화분($\Delta S/\Delta Y$)이다.

이상의 소비함수와 저축함수를 그림으로 설명할 수 있다. 다음 표와 〈그림 2-3〉은 가상적인 소비성향과 저축성향을 예시한 것이다.

소득(Y)	소비(C)	저축(S)	평균소비성향(C/Y)	평균저축성향(S/Y)	한계소비성향(C/Y)	한계저축성향(S/Y)
0	40	−40	−	−	−	−
100	120	−20	1.2	−0.2	0.8	0.2
200	200	0	1.0	0	0.8	0.2
300	280	20	0.93	0.07	0.8	0.2
400	360	40	0.90	0.1	0.8	0.2
500	440	60	0.88	0.12	0.8	0.2

앞의 표를 통해 소비함수를 도출하면 $C=40+0.8Y$로 나타나고, 이때 40은 기초소비이고 0.8은 한계소비성향에 해당된다. 반대로 $S=-40+0.2Y$는 저축함수인데, −40은 음(−)의 저축을, 0.2는 한계저축성향을 나타낸다. 그리고 한계소비성향과 한계저축성향을 합하면 1이 된다.

둘째, 수요의 구성요소로서 투자수요는 기업이 미래의 생산을 위해 생산시설을 확장하거나 원료나 부품 등을 구입하는 것을 말한다. 케인스는 투자수요를 소득의 크기와 무관한 독립투자만 전제하였기 때문에 투자수요는 소득축에 수평으로 그려진다.

그림 2-3 **소비함수와 저축함수**

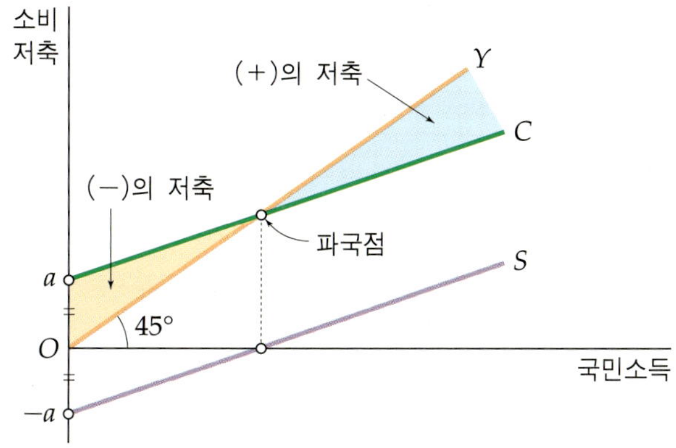

소비함수가 $C=a+bY$로 결정되면 저축함수는 $S=-a+(1-b)Y$로 결정된다. 한편 파국점($Y=C$)을 기준으로 저축수준은 음(−) 또는 양(+)이 된다.

경제학자처럼 생각해보기 박제가의 우물론

조선 후기의 실학자인 박제가는 「북학의(1778)」에서 “무릇 재물은 우물과 같다. 우물은 퍼서 쓸수록 자꾸 채워지는 것이고, 이용하지 않으면 말라 버리고 마는 것이다. 비단옷을 입지 않으니 나라 안에 비단 짜는 사람이 없어지게 된 것이고, 이로 인해 여공이 없어지게 된 것이다. 비뚤어진 그릇을 탓하지 않으니 일에 기교가 없고 나라에 공장(工匠)과 대장간이 없어지고, 또한 일에 대한 기술과 재주가 없어질 것이다”라고 주장한 바 있다. 이것은 우물물도 계속 퍼내어 사용하면 새로운 물이 솟아오르게 되듯이, 경제에서 생산된 재화는 소비를 통해서 재생산이 가능하고, 재생산은 다시 소비를 유도하게 되는 경제순환의 중요성을 지적한 것이다. 그는 소비부족 → 생산위축 → 고용감소 → 기술개발억제 → 인재육성중단으로 이어지기 때문에 소비증가 → 생산증가 → 고용증가 → 소득증가로 이어질 수 있는 경제부강책을 주장했다고 할 수 있다. 그런 면에서 박제가는 케인스의 「일반이론(1936)」보다 훨씬 전에 ‘우물론’을 통하여 경제에서 유효수요의 중요성을 강조하고 있다. “날마다 쓰이는 것에 대한 일은 연구하지도 않으면서 중국의 가옥, 가마, 단청, 비단 등이 훌륭한 것을 보고 ‘사치가 심하다’고 비웃고만 있다. 중국 역대 왕조에서는 사실 사치하다가 망한 적도 있다. 그렇지만 우리나라는 검소한데도 쇠퇴하고 있다. 이는 무슨 까닭일까? 검소하다는 것은 물건을 낭비하지 않는다는 것을 말하는 것이지, 자신에게 물건이 없다 하여 스스로 단념하는 것을 가리키는 것이 아니다. 지금 나라 안에 구슬을 캐는 집이 없고, 시장에 산호 등의 보배가 없다. 금과 은을 가지고 가게에 들어가도 떡을 살 수 없는 형편이다”라는 「북학의」의 구절은 왜곡된 검소가 초래한 경제의 위축과 동시에 소비의 중요성을 역설하고 있다고 할 수 있다. 결국 생산과 소비가 균형을 이룰 때 경제발전이 촉진될 수 있음을 지적한 것이다.

총수요에 의한 국민소득결정

만약 총공급(AS)이 총수요(AD)보다 크면, 즉 $Y \equiv C+S > C+I$ 또는 $S > I$이면 생산물에 대한 초과공급으로 생산량의 일부가 판매되지 않고 재고로 남게 된다. 재고가 증가하면 기업은 생산을 줄일 것이고 그 결과 실업이 증가하게 된다. 실업이 늘어 소득이 감소하면 가계는 소비지출을 줄이고, 이는 수요부족의 상황을 더욱 악화시킨다. 즉, 총공급이 총수요보다 클 경우 다음의 과정을 거친다.

총공급 > 총수요 : → 재고증가 → 생산감소 → 실업증가 → 국민소득감소

그림 2-4 유효수요에 의한 균형국민소득의 결정

- Y_1의 경우(초과수요) : $Y < C+I$ … 생산증대 → 국민소득의 증대
- Y_2의 경우(초과공급) : $Y > C+I$ … 생산감소 → 국민소득의 감소
- Y_e의 경우 : $Y=C+I$ … 균형국민소득의 결정

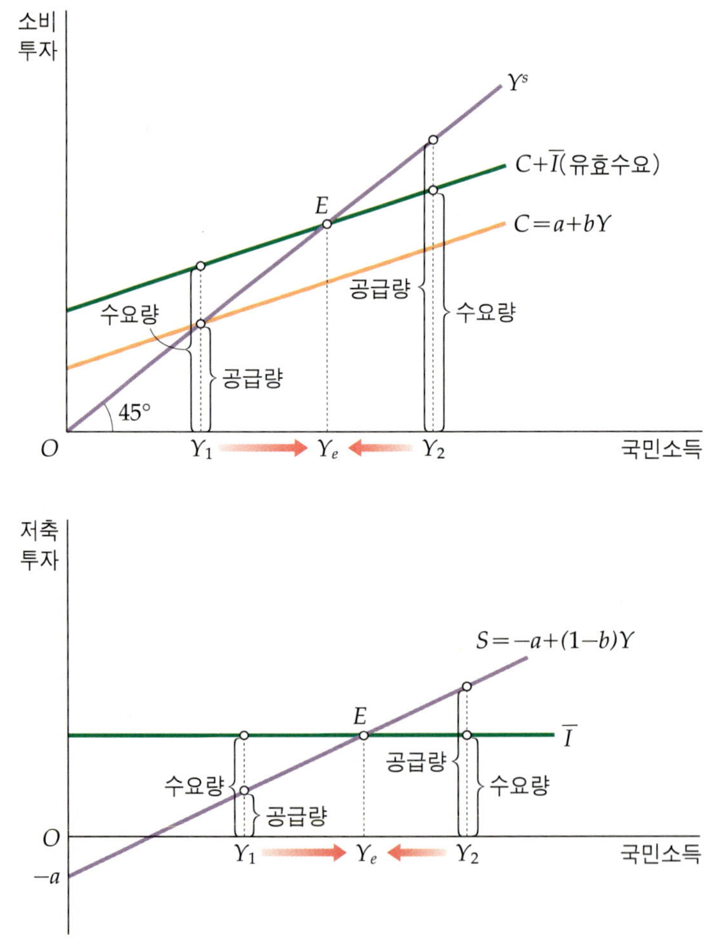

반대로 총공급이 총수요보다 작으면, 즉 $Y \equiv C+S < C+I$ 또는 $S < I$이면 생산물에 대한 초과수요로 재고가 소진되면서 기업은 생산을 확대하고 고용을 증가시키게 되어 국민소득도 증가하게 된다. 즉, 총공급이 총수요보다 클 경우에는 다음의 과정을 거친다.

총공급 < 총수요 : → 재고감소 → 생산증대 → 고용증가 → 국민소득증가

만약 어떤 기간에 총공급과 총수요가 일치한다면, 즉 $Y \equiv C+S=C+I$ 또는 $S=I$이면 기업은 더 이상 생산을 확대하지도 않고 축소하지도 않는다. 즉, $S=I$의 조건이 충족되면 균형국민소득수준이 결정된다. 한편 절약을 통한 저축이 증대하면 총소비에 따르는 총수요가 감소하여 국민소득이 감소하고 저축이 오히려 감소하는 현상이 발생하는데, 이것을 '절약의 역설(paradox of thrift)'이라 한다.

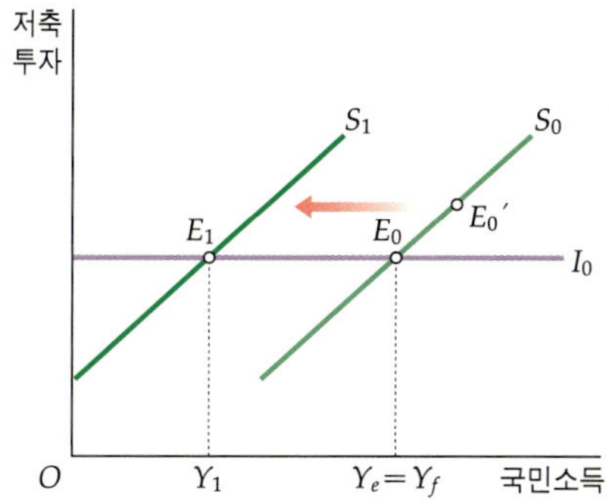

▲ 절약의 역설

생/각/넓/히/기 **"저축이냐 소비냐?" 그것이 문제로다. …'세이의 법칙'과 '절약의 역설'**

'경제가 어려울수록 건전한 소비가 필요합니다.' 한국은행 건물 벽에 걸린 이 구호는 요즘 애들 표현을 빌리면 "헐"이다. 경기가 좋을 때나 나쁠 때나 '근검절약을 생활화합시다!'란 표어에 익숙해져 있는 사람들로서는 어리둥절할 것이다. 왜냐하면 저축추진중앙위원회라는 기구를 만들어 학생들과 시민들의 저축을 독려하던 과거의 모습과는 너무나 딴판이기 때문이다. 그런데 이런 한국은행의 모습은 오히려 때늦은 감도 있다. 중앙은행은 저축장려기관이 아니라 성장의 속도를 제어하는 사령탑 역할을 해야 하는 곳이기 때문에 경기흐름을 읽고 그때그때 적절한 방향을 제시해야 하는 것이다.

물자가 부족했던 후진국시절엔 생산이 경제활동의 거의 전부를 차지했고, 저축은 미덕이 될 수밖에 없다. 그러나 공급능력이 어느 정도 충분해진 지금은 소비가 성장의 큰 축을 형성하고, 특히 불황일 때 소비는 더욱 더 필요해진다. 경제가 잘 돌아갈 때는 이런 구호가 필요 없다. 가만히 있어도 사람들이 돈을 잘 쓰기 때문이다. 그러나 경기가 나빠지면 소비도 따라 감소한다. 소비캠페인은 그럴 여유가 있는데도 사회적 분위기에 눌려 돈을 못 쓰는 사람들을 향한 소리다. 동시에 그럴 여유가 없는 사람들에겐 가진 이들이 돈 좀 쓴다고 해서 너무 고깝게 보지 말자는 의도도 담고 있다. 아직도 우리 사회는 가진 사람들을 백안시하는 경향이 있다. 재산형성과정에 대한 믿음부족 탓이기도 하고, 잘못된 평등의식의 발로이기도 하다. 그러나 가진 사람들은 돈을 씀으로써 사회에 기여하는 측면이 있다. 특히 경제가 안 좋을 때 그렇다.

누출과 주입에 의한 확대된 모형과 국민소득의 결정

경제순환모형에서 소득 중 소비지출은 경제순환으로 들어가서 새로운 생산을 일으키지만, 저축은 지출되지 않고 경제순환과정의 바깥으로 빠져나오게 된다. 이와 같이 경제순환과정에서 구매력이 밖으로 빠져나가는 것을 누출(leakage)이라 한다. 경제순환과정에서 빠져 나온 저축을 기업이 금융기관으로부터 차입하여 투자지출을 하게 되면 다시 경제순환에서 생산을 일으키게 된다. 투자와 같이 경제순환과정의 밖으로부터 안으로 구매력이 유입되는 것을 주입(saving)이라 한다.

누출은 구매력이 빠져나가 계속적인 생산을 하지 못하게 하므로 경제규모를 축소시키고, 반대로 주입은 경제규모를 확대시킨다. 따라서 주입이 누출보다 크면 국민소득은 증대하고, 주입이 누출보다 작으면 국민소득은 감소한다. 결국 주입과 누출이 일치하여 균형국민소득이 결정된다.

모형을 정부와 해외부문으로 확장하면 조세(tax)나 수입(import)은 누출이고, 정부지출(government expenditure)이나 수출(export)은 주입에 속한다. 누출과 주입에 의한 균형국민소득의 결정을 살펴보자. 2부문 간 모형에서의 균형조건은 저축(S)=투자(I)가 성립하여야 한다. 양변에 소비(C)를 더하면 $C+S=C+I$가 성립하고, 이것은 결국 $Y=C+I$로 표시된다.

그림 2-5 확대된 소득순환에서 누출과 주입

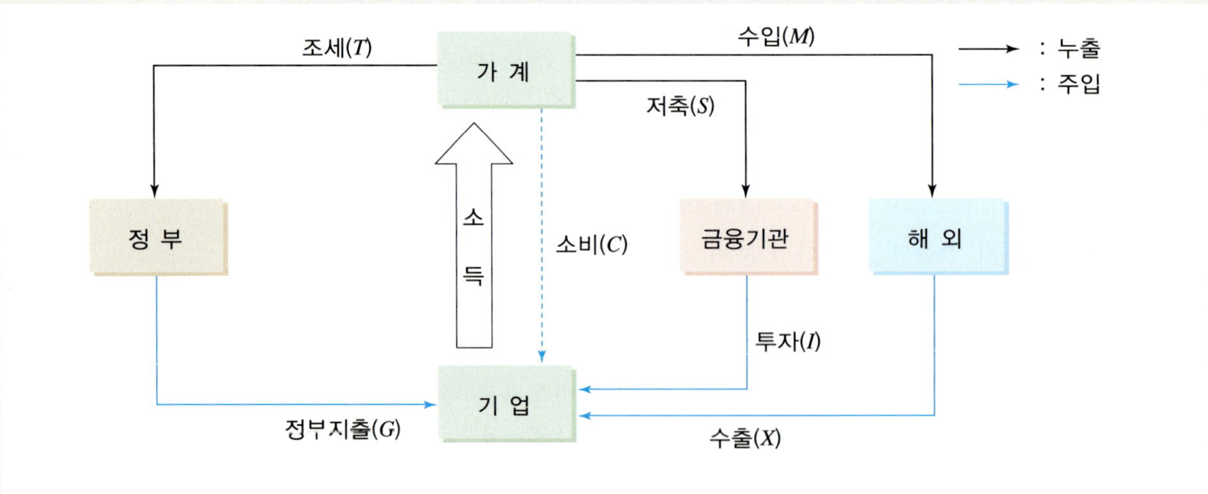

정부부문이 추가된 3부문 간 모형에서의 균형조건은 저축(S) + 조세(T) = 투자(I) + 정부지출(G)가 성립하여야 한다.

양변에 소비(C)를 더하면 $C+S+T=C+I+G$가 성립하고, 이것은 $Y=C+I+G$로 표시된다.

마지막으로 해외부문이 추가된 4부문 간 모형에서의 균형조건식은 저축(S) + 조세(T) + 수입(M) = 투자(I) + 정부지출(G) + 수출(X)가 성립한다. 똑같은 방법으로 양변에 소비(C)를 더하면 $C+S+T+M=C+I+G+X$가 되고 결국 $Y(\equiv C+S+T)=C+I+G+(X-M)$가 된다.

경제의 대내균형과 대외균형

누출과 주입에 의한 균형식, 즉 $S+T+M=I+G+X$를 변형시켜 정리하면

$$\underbrace{S}_{\text{민간저축}} + \underbrace{[T-G]}_{\text{정부저축}} = \underbrace{I}_{\text{국내투자}} + \underbrace{[X-M]}_{\text{해외순투자}} \quad \cdots\cdots (1)$$

$$\text{또는}\quad \underbrace{S}_{\text{민간저축}} + \underbrace{[T-G]}_{\text{정부저축}} + \underbrace{[M-X]}_{\text{해외저축}} = \underbrace{I}_{\text{투자}} \quad \cdots\cdots (2)$$

가 성립한다.

여기서 (1)식이 주는 의미는 총저축은 투자의 재원이 된다는 것이다. 만약 민간저축이 줄거나 재정적자($T < G$)가 증가하면 투자의 재원은 감소할 수밖에 없다. 나아가 (2)식은 해외저축(=차관도입)을 통해서도 투자재원을 마련할 수가 있다는 것이다. 한편 식을 바꾸면

$$\underbrace{[S-I]}_{\text{민간순저축}} + \underbrace{[T-G]}_{\text{정부저축}} = \underbrace{[X-M]}_{\text{해외순투자}}$$

$$\text{또는}\quad [S+T]-[I+G]=[X-M]$$

이 도출된다.

이 식이 주는 의미는 저축과 조세의 합이 투자와 정부지출의 합보다 크면($S+T > I+G$) 경상수지가 흑자를 보여 해외순투자가 양(+)이 됨을 보여준다. 반대로 저축과 조세의 합이 투자와 정부지출의 합보다 작다면 경상수지가 적자를 보여 해외저축을 차입하여야 한다는 것이다.

생/각/넓/히/기 **쌍둥이 적자**

레이건 행정부시절 대규모의 감세정책이 펼쳐졌다. 세금을 줄여 민간의 소비와 투자를 활성화하여 1, 2차 오일쇼크 이후 10년에 걸쳐 지속된 경기침체에서 탈출하겠다는 의도였다. 그러나 레이거노믹스에 대한 평가는 엇갈린다.

일단 소비와 일자리가 늘고, 임기 말 3.5%의 성장률을 보이는 등 침체의 터널은 벗어났다. 또한 1990년대 클린턴 행정부가 누렸던 호황의 뿌리가 됐다는 평가도 받았다. 반면 기대했던 만큼의 투자확대나 세수증대는 나타나지 않았고, 1980년대 중반부턴 부작용도 가시화했다. 감세로 인한 과잉소비로 무역적자가 심화되었고, 더욱이 냉전체제 속에서 군비지출이 급증하면서 재정적자가 눈덩이처럼 불어나 고질적인 쌍둥이 적자(Double deficit, Twin deficit)를 키웠다는 비판이 제기되었다.

정부지출의 증가는 재정수지를 악화시킨다. 또한 정부지출증가는 물가상승과 국민소득의 증가로 수출감소와 수입증가를 가져와 무역수지도 악화시킨다. 이렇게 재정수지악화와 무역수지악화가 동시에 같은 방향으로 움직이는 것을 쌍둥이 적자라 부른다.

제4절 | 총수요의 구성요소 : 소비함수론

케인스의 절대소득가설과 소비함수논쟁

고전학파는 저축은 이자율의 증가함수이고 소비는 이자율의 감소함수라고 주장한다. 그러나 케인스는 소비나 저축은 이자율보다는 현재소득의 크기에 의존한다고 주장한다.

$$C=f(Y) \text{ 또는 } C=a+bY \qquad (a : \text{기초소비}, b : \text{한계소비성향})$$

이때 소비에 영향을 미치는 것은 현재의 절대소득의 크기라는 점에서 이것을 절대소득가설이라 한다. 또한 한계소비성향이 영향을 미치는데, 이것은 0보다는 크고 1보다는 적다. 즉, 이것은 소득이 증가함에 따라 소비가 증가하지만, 소득의 증가분만큼 증가하지 않는다는 것이다. 따라서 이것을 그림으로 그리면

그림 2-6 케인스의 절대소득가설에서 두 가지 형태(a, b)의 소비함수

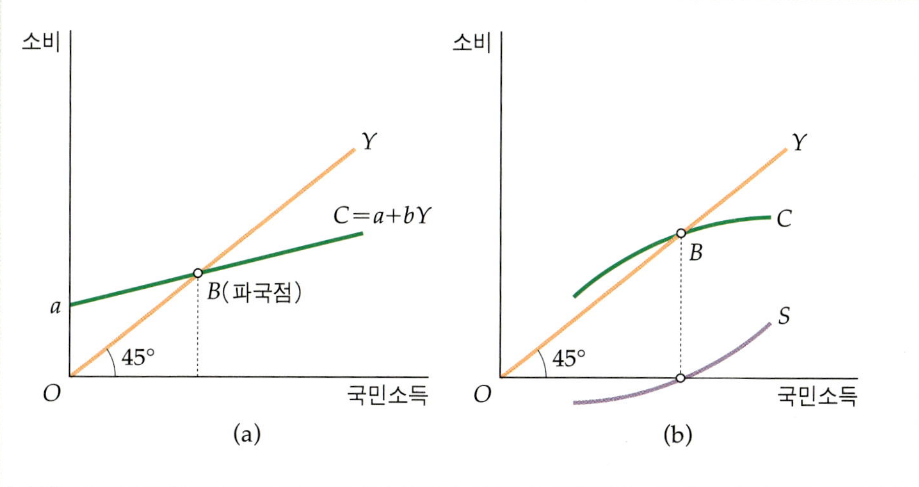

■ 그림 (a)
한계소비성향이 일정한 소비함수
■ 그림 (b)
한계소비성향이 체감하는 소비함수

〈그림 2-6〉과 같은데, 기초소비 때문에 평균소비성향은 소득이 증가함에 따라 감소한다. 결국 케인스의 소비함수에서 국민소득의 증가에 따라 평균소비성향은 감소하고 평균저축성향(또는 저축률)이 증대함에 따라 경제규모가 증대할수록 유효수요가 부족해질 수 있는 가능성을 시사하고 있다.

한편 1944년 제2차 세계대전이 거의 끝나갈 무렵, 미국은 전후에 다시 공황이 올지도 모른다는 두려움 때문에 전후의 경기에 대해 많은 관심을 가지게 되었다. 더구나 케인스의 국민소득결정이론에 기초하여 전후의 경기를 예측한 결과 소비함수의 안정성을 전제한 상태에서 전쟁이 종결되어 전비지출이 감소하면 국민소득의 감소로 불황이 도래할 것으로 예측되었다. 그러나 전후의 미국경제는 호황이 계속되어 예측이 실패하자, 케인스적인 소비함수의 안정성에 대한 의문이 일어나 통계적 검증이 실시되었다. 이때 사용된 검증방법이 여러 기간에 걸쳐 소득과 소비의 상관관계를 밝히는 시계열분석(time-series analysis)과 일정 시점에서 여러 가계의 소득과 소비의 관계를 분석하는 횡단면분석(cross-section analysis)이다. 실증분석의 결과, 횡단면분석과 시계열분석의 단기소비함수에 의하면 〈그림 2-7〉에서 보듯이 소득이 증가할수록 평균소비성향은 감소한다는 케인스의 주장이 타당한 것으로 나타났다. 그러나 장기적인 시계열분석에 의하면 소비함수가 원점에서 출발하여 평균소비성향이 체감하지 않고 일정한 것으로 나타났다. 따라서 이러한 모순을 극복하고자 논쟁이 전개되었다.

그림 2-7 **단기와 장기소비함수**

■ 단기소비함수
기초소비가 있기 때문에 평균소비성향은 체감한다.
■ 장기소비함수
원점을 통과하는 직선으로 평균소비성향은 일정하다.

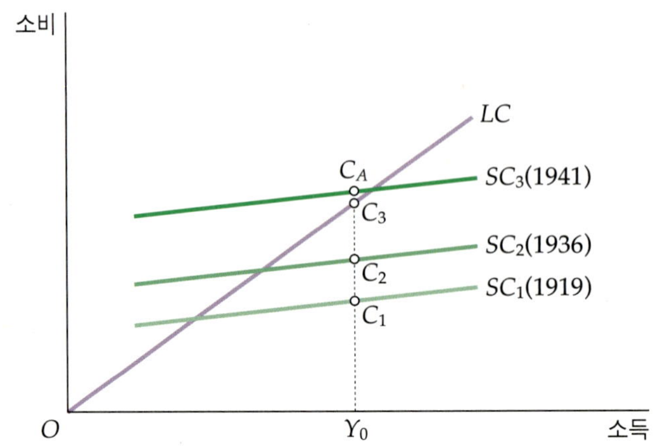

케인스 이후의 여러 소비함수론

듀젠베리(J. S. Duesenberry)는 케인스의 절대소득가설에 대해 상대소득가설을 주장하였다. 그는 케인스가 전제한, 한 사람의 소비는 다른 사람의 소비와 무관하다는 소비행위의 독립성과 소비는 소득수준에 따라 자유로이 움직인다는 소비행위의 가역성(可逆性)은 비현실적이라고 비판하였다. 인간은 사회적 동물이기 때문에 인간의 소비행위는 자신의 소득수준뿐만 아니라 이웃의 소비에도 영향을 받는다는 것이다. 이러한 소비행위의 상호의존성은 '전시효과(demonstration effect)'를 통해 나타난다. 전시효과는 경제주체의 소비행위는 자신의 소득뿐만 아니라 주위 사람들의 평균소득에 따른 소비수준에 영향을 받는다는 가설이다. 따라서 단기소비함수가 시간이 지남에 따라 상방이동하는 이유는 〈그림 2-8〉의 Y_0소득자 주위의 평균소득수준이 증가하여 소비수준이 증가하고 Y_0 소득자도 이것을 흉내 내어 소비수준이 증가하게 되기 때문이다.

한편 소비행위의 비가역성를 통해 '톱니효과(ratchet effect)'를 주장한다. 톱니효과는 소비는 현재소득뿐만 아니라 과거의 최고소득수준에도 영향을 받는다는 가설이다. 즉 소비수준이 일단 상승하면 불경기 때 소득수준이 떨어져도 소비수준은 쉽게 떨어지지 않는다. 그렇게 되면 장기적으로는 소득이 증가하기 때문에 소비수준은 장기소비함수를 따라 움직이지만, 단기적으로 경제가 침체국면으로 접어들어도 소비행위는 원래 수준으로 돌아가는 것이 아니라 소비관습

그림 2-8 **톱니효과에 의한 장 · 단기소비함수의 조화**

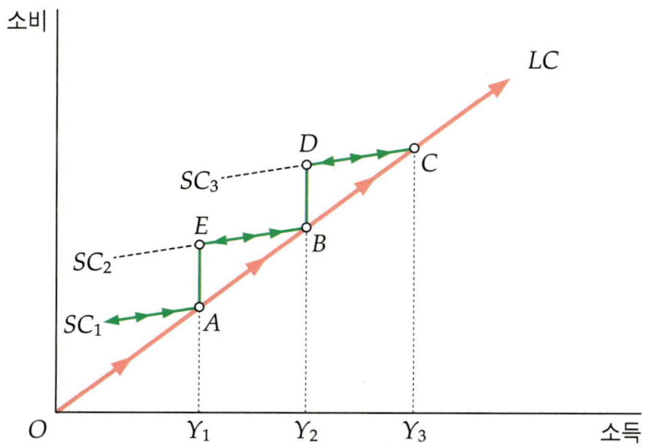

소득수준 Y_3에 대응하는 소비점 C에서 단기의 경기후퇴로 소득수준이 Y_2로 감소하면 소비행동의 비가역성 때문에 단기적으로는 소비함수 SC_3를 따라 소비점은 D로 조정되고 장기에 B점으로 이동한다. 또한 B점에서 소득수준이 Y_2에서 Y_1으로 감소하면 단기적으로 B점에서 E점으로 가서 장기에 A점으로 조정된다.

때문에 단기소비함수를 따라 움직이게 되고, 결국 장 · 단기소비함수의 모순이 발생한다는 것이다.

케인스는 현재소득이, 듀젠베리는 현재소득뿐만 아니라 과거소득이 소비에 중요한 영향을 미친다고 보았다. 그러나 미래에 소득이 많이 발생할 것으로 예상되면 미래소득을 당겨서 소비할 수도 있을 것이다. 이렇게 미래소득이 중요한 영향을 미친다고 하는 주장이 프리드만(M. Friedman)의 항상소득가설이다. 그에 의하면 소비는 현재소득수준보다는 장기적으로 벌어들일 것으로 예상되는 기대치로서 항상소득(permanent income)의 크기에 의존한다.

소득은 예측가능한 장기적 평균기대소득인 항상소득과 예측하지 못한 일시적 소득인 임시소득(transitory income)으로 구성된다. 항상소득에는 임금 등의 인적자본소득과 지대, 채권 · 증권 등의 이자수입 등이 포함되며, 임시소득에는 복권당첨수입, 자본이득(capital gain) 등이 포함된다. 이때 사람들이 소비를 할 때 미래에 발생할 소득에 맞추어 소비를 한다는 점에서 항상소득과 항상소비는 일정한 상관관계가 있다.

$$C_p = kY_p$$

그러나 예측하지 못한 임시소득이 생기면 사람들은 거의 비자금으로 가지려는 성향이 있으므로 임시소득과 임시소비는 상관관계가 없다고 가정한다. 이러한 가정하에 프리드만은 평균소비성향을 다음과 같이 표시한다.

그림 2-9 항상소득가설에서의 장 · 단기소비함수의 해명

저소득층의 가계이거나 불경기($Y_t < 0$) … 단기 $APC >$ 장기 APC, 고소득층의 가계이거나 호경기($Y_t > 0$) … 단기 $APC <$ 장기 APC가 성립한다.

그러나 $Y = Y_p + Y_t$에서 장기적으로 $Y_t = 0$이므로 APC는 일정하다.

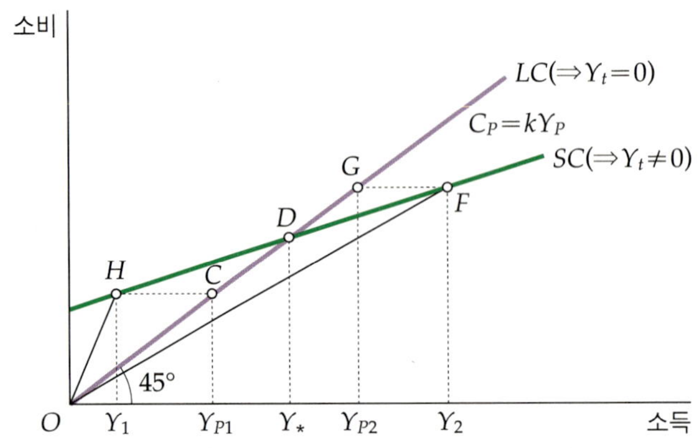

$$\frac{C}{Y} = \frac{C}{Y_p + Y_t}$$

위 식에서처럼 경제가 호황이면 예측하지 못한 임시소득은 증가하므로 Y_t는 양(+)이 되어 평균소비성향은 감소한다. 반면 경제가 불황이면 예측하지 못한 임시소득은 감소하므로 Y_t는 음(−)이 되어 평균소비성향은 증가한다. 따라서 단기에는 예측하지 못한 상황이 발생하면서 임시소득의 존재로 평균소비성향은 변동한다. 그러나 장기에는 임시소득은 0이 되어 장기소비함수에서는 평균소비성향이 일정해진다.

만약 한 사람의 1, 2, 3월의 소득이 90만 원, 100만 원, 110만 원이고, 이 사람은 월 90만 원을 소비한다고 가정해 보자. 이 사람의 현재소득을 기준으로 소비성향을 보면 1, $\frac{9}{10}$, $\frac{9}{11}$가 된다. 그러나 자신의 평균기대소득인 항상소득을 100만 원으로 예측했다면 평균소비성향은 0.9로 항상 일정해질 것이다.

미래소득이 소비에 영향을 미친다는 가설로 모딜리아니(F. Modigliani) 등이 제시한 평생소득가설(life−cycle가설)이 있다. 그에 의하면 소비는 소비자의 전 생애를 통한 총소득의 현재가치에 의해 결정되고, 소득이 수취되는 시점과는 무관하다는 것이다. 한 사람의 일생 동안의 소득−소비패턴을 보면 청년기와 노년기에는 소득이 낮고 중년기에는 소득이 높으므로, 청년기와 노년기에는 평균소비성향이 높고 중년기에는 낮다. 따라서 단기적으로 보면 평균소비성향은 변하지만 결국 전 생애를 통해서 보면 일정하게 된다.

그림 2-10 **평생소득가설과 라이프사이클모형**

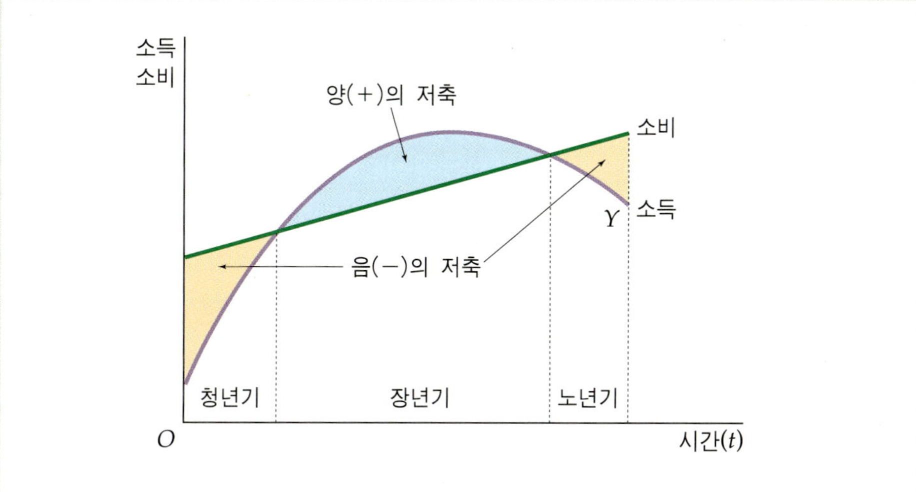

청년기와 노년기는 소득이 소비보다 낮아 음(−)의 저축이 발생하고, 장년기에는 소득이 소비보다 높아 양(+)의 저축이 발생한다.

한편 소비에는 소득도 중요한 영향을 미치지만 자산의 형태, 즉 고정자산을 많이 가지는 사람과 현금자산을 많이 가지고 있는 사람 간에도 차이가 있다. 매년 2천만 원의 소득을 버는 두 사람이 있는데, 한 사람은 은행에 돈이 하나도 없고 다른 사람은 10억 원의 돈을 예금해 두었다고 할 때 누가 소비를 많이 하는가는 쉽게 알 수가 있을 것이다. 또는 주식이나 채권을 그만큼 보유한 경우도 마찬가지이다. 이러한 점에 착안한 소비이론이 토빈(J. Tobin)의 유동자산가설이다. 그에 의하면 소비수준은 소득과 소비자의 수중에 있는 유동자산에 따라 영향을 받는다. 유동자산은 단기적으로 안정적이고, 장기적으로는 유동자산증가율이 명목소득증가율보다 크다는 가정하에 이것을 식으로 표시하면

$$C = a + bY + cM \qquad (a, b, c > 0)$$

가 되고, 평균소비성향은 아래와 같이 나타난다.

$$\frac{C}{Y} = \frac{a}{Y} + b + c\left(\frac{M}{Y}\right) \qquad (c : \text{유동자산의 비율}, M : \text{유동자산의 크기})$$

위의 식에서 a, b, c와 M이 일정한 상태에서 소득 Y가 증대하면 $\frac{a}{Y}$가 감소하므로 단기의 평균소비성향은 감소한다. 그러나 장기에는 소득이 증대하면 $\frac{M}{Y}$이 증대하여 $\frac{a}{Y}$의 감소를 상쇄하므로 평균소비성향은 일정하게 된다. 결국 자산효

과에 의하여 소비가 변동되는데, 유량개념으로서 소득뿐만 아니라 저량개념으로서 부(wealth) 또는 자산도 소비에 중요한 영향을 미친다. 그것은 부 또는 자산은 소득과 다른 개념이지만 소득과 함께 구매력의 원천이 된다는 점에서 당연하다고 할 수 있다.

기타 소비함수를 변화시키는 요인으로 물가나 실질이자율을 들 수 있다. 은행예금이나 국채나 회사채의 경우는 화폐가치로 평가된다. 따라서 물가수준이 상승하면 액면이 화폐단위로 고정되어 있는 고정된 자산의 구매력은 감소하게 된다. 또한 실질이자율이 상승하면 저축에 대한 대가가 크기 때문에 저축이 증가하고 소비는 감소할 것이다. 결국 소비함수의 x축과 y축의 값인 가처분소득과 소비수준이 변하면 소비곡선은 이동하지 않고 곡선상에서 이동하게 된다. 그렇지만 그 이외의 다른 요인들이 변화하면 소비곡선 자체가 전체적으로 이동하게 된다.

생/각/넓/히/기 **도시가계와 농촌가계의 소비성향은 왜 다를까?**

소비성향은 농촌가계보다 도시가계가 더 높은 것으로 알려져 있다. 그 이유를 듀젠베리의 상대소득가설로 설명한다면 농촌가계보다 도시가계는 아파트가 발달되고 주위의 사람들과의 네트워크망도 발달되어 있어 주위의 사람들의 소비성향에 자극받는 전시효과가 더 크게 작용한다고 보기 때문이다.

한편 토빈의 유동자산가설에 의하면 농촌가계는 도시가계보다 신용카드 등의 보급률도 낮고 이용할 수 있는 가맹점도 적은 경우가 많아 유동자산의 축적도가 낮다. 따라서 도시의 소비성향이 농촌보다 높게 나타난다는 것이다.

제 5 절 | 총수요의 구성요소 : 투자와 정부지출과 순수출

국민경제와 기업의 투자지출

민간경제에서 소비지출은 총수요 중에서 큰 부분을 차지하지만 경기변동에 관계없이 안정적이다. 그러나 투자지출은 소비에 비해 비중은 작지만, 투자지출이 갖는 중요성은 그 크기에서 나오는 것은 아니다. 사실 총수요에서 투자지출이 차지하는 비중은 대다수의 나라에서 25% 수준을 넘지 않는 것이 사실이다.

그럼에도 투자지출이 갖는 중요성은 그것이 경제상황에 따라 큰 폭으로 변동이 심하여 경제변동의 중요한 요인으로 작용하기 때문이다. 이러한 점에서 투자의 성격과 결정요인이 무엇인가 하는 것에 대한 분석은 자본주의의 안정성문제와 관련되어 있다는 점에서 중요하다.

투자라고 하면 대개 주식이나 채권투자, 부동산투자 등과 같은 것들을 생각한다. 그러나 이런 행위들은 거시경제학에서 말하는 투자의 의미와는 다르다. 거시경제학에서 투자지출(investment demand)이라 할 때는 현대중공업에서 골리앗기계구입, 출판사에서 맥킨토시컴퓨터구입 등과 같이 일정기간 동안에 자본재의 증가 또는 유지를 위하여 행하는 지출, 즉 투자재로 표시된다. 주식이나 채권과 같은 유가증권이나 부동산을 매입하는 행위는 이미 존재하고 있는 자산의 소유권의 이전에 불과하기 때문에 투자로 보지 않는다. 투자는 총수요의 구성요인으로 국민소득과 고용량을 결정할 뿐만 아니라 실물자본의 증가, 즉 자본형성을 통하여 국민경제의 생산능력을 증대시킨다.

투자는 발생근거에 따라 독립투자와 유발투자로 나누어진다. 독립투자는 소득이나 소비수준과는 무관한 투자이고, 유발투자는 소득변동이나 소비변동에 의해 이루어지는 투자이다. 한편 생산수준에 따라 총투자와 재투자, 그리고 신투자로 구분된다. 재투자 또는 갱신투자는 감가상각을 보충하는 투자이고, 신투자는 새로운 자본의 증가를 위한 투자이다. 결국 재투자와 신투자의 합이 총투자가 된다. 만약 이루어지는 총투자가 재투자와 같으면 신투자는 0이 되어 생산규모는 변하지 않고 단순재생산이 이루어진다. 총투자가 재투자보다 커서 신투자가 양(+)이 되면 확대재생산이 이루어진다.

생/각/넓/히/기 **경제학과 경영학에서의 투자의 차이**

경영학에서는 주식이나 채권과 같은 유가증권이나 부동산을 매입하여 그 가치가 올라가면 투자를 잘 하였다고 한다. 그러나 경제학에서는 투자가 아니라 투기행위를 하였다고 한다. 그 차이는 무엇일까? 그것은 두 학문이 바라보는 경제주체의 차이에 의해 달라지기 때문이다. 즉, 경영학은 경제주체를 개별 주체를 중심으로 보기 때문에 가계나 기업이 주식이나 부동산 구입을 통해 가치를 증가시키면 투자수익이 발생했다고 한다. 그러나 경제학은 국민경제 전체를 대상으로 하기 때문에 한쪽이 부동산매입을 통해 수익을 올렸다면 파는 사람의 입장에서는 손실이 되고, 결국 나라 전체로 보아서는 가치의 증가가 없기 때문에 투자로 보지 않는다.

투자의 결정원리

전통적인 투자결정이론은 투자와 이자율의 관계를 밝히는 데 관심을 가졌다. 첫 번째 모형은 고전파의 현재가치법(present value method of investment)이다. 이것은 피셔(I. Fisher)가 주장한 것으로, 투자로 인한 기대수익의 현재가치(PV : present value)와 자본재의 구입가격 또는 투자비용(I : investment cost)을 비교하여 투자를 결정하는 방법이다.

우선 현재가치는 아래와 같이 구해진다.

$$PV_0 = \frac{R_1}{(1+r)} + \frac{R_2}{(1+r)^2} + \frac{R_3}{(1+r)^3} + \cdots + \frac{R_n}{(1+r)^n}$$

$$= \sum_{k=1}^{n} \frac{R_k}{(1+r)^k} \qquad (R : \text{기대수익}, r : \text{이자율}, n : \text{기대수익 발생년수})$$

이렇게 구해진 현재가치와 투자비용을 비교하여 PV_0이 I보다 크면 순현재가치인 NPV가 0보다 커서 투자를 증대시킨다. 반대로 PV_0이 I보다 적으면 순현재가치인 NPV가 0보다 작아서 투자를 감소시킨다. 결국 투자와 이자율의 관계에서 이자율의 하락은 현재가치를 증대시켜 투자규모를 늘리고, 이자율의 상승은 현재가치를 감소시켜 투자규모를 줄인다. 따라서 투자는 이자율의 감소함수가 된다.

두 번째 모형은 케인스의 내부수익률(IRR : Internal Rate of Return)법으로, 자본의 한계효율과 이자율을 비교하여 투자를 결정하는 방법이다. 자본의 한계효율(marginal efficiency of capital)은 투자로 인하여 발생할 것으로 예상되는 미래의 총기대수익과 투자액을 일치시키는 할인률로 내부수익률이라고도 하는데 아래와 같이 도출된다.

$$I = \frac{R_1}{1+m} + \frac{R_2}{(1+m)^2} + \cdots + \frac{R_n}{(1+m)^n}$$

(I : 투자액 또는 자본자산의 공급가격, R : 예상수익, m : 자본의 한계효율)

예를 들어, 내구년수가 1년인 자산의 공급가격이 5,000만 원이고, 그 기대수익이 5,500만 원이라면 자본의 한계효율은 10%가 된다. 이렇게 구해진 자본의 한계효율과 투자자금의 조달에 따른 투자비용인 이자율을 비교하여 투자규모를 결정한다. 즉, 기대수익률인 자본의 한계효율이 이자율보다 크면 투자를 늘리고, 반대로 자본의 한계효율이 이자율보다 작으면 투자를 줄이게 된다.

결국 투자에 대한 고전학파나 케인스파의 견해 모두 투자가 이자율의 감소함

그림 2-11 **케인스의 내부수익률법에 의한 투자결정**

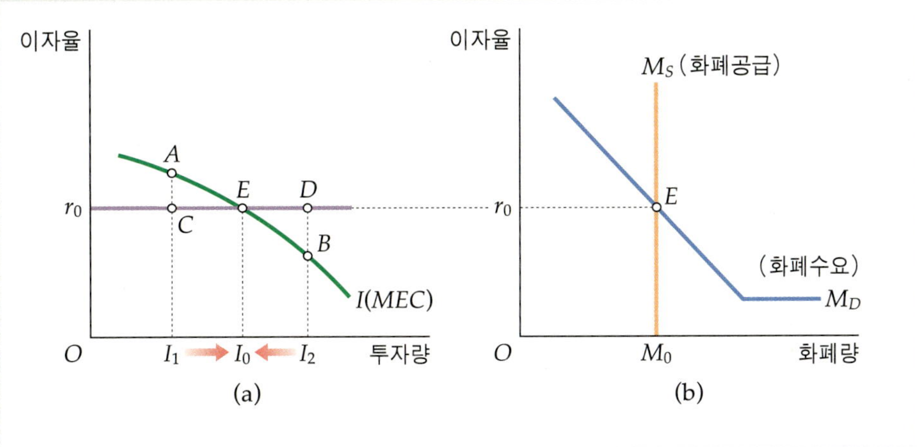

금융시장(*b*)에서 이자율이 정해지면 (*a*)의 그림에서 자본의 한계효율(*MEC*)과 이자율(r_0)이 일치하는 수준에서 균형투자량(I_0)이 결정된다.

수가 된다. 만약 경제가 확실성하에 있으면 투자는 이자율이 핵심역할을 하는 현재가치법이 타당성을 가지게 된다. 그러나 경제가 불확실성하에 있으면 투자는 이자율보다는 기업가의 장기적 기대에 기초하는 기대수익률에 의해 더 큰 영향을 받게 될 것이다. 결국 두 모형의 차이점이라면 케인스의 내부수익률법은 투자사업을 야성적 충동(animal spirit) 등의 불확실성에 기초한 기업가의 주관적인 내부수익률(자본의 한계효율)을 중심으로 평가하고 있는 데 비하여, 고전학파의 현재가치법은 시장이자율을 중심으로 확실성에 기초하여 투자사업을 결정한다는 것이 다른 점이다. 따라서 고전학파의 투자는 투자의 이자율탄력성이 큰데 반하여, 케인스파는 투자가 이자율에 반응하는 정도가 작아 투자의 이자율탄력성이 비탄력적이 된다.

근대적인 투자모형은 투자와 소득의 관계를 밝히는 데 관심을 가졌다. 즉, 전통적인 투자이론은 투자가 외부자금에 의존되는 비율이 높아 이자율에 대해서 탄력적임을 전제로 하고 있다. 그러나 현대에 와서는 기업이 사내유보를 많이 축적하고 있어 기업투자는 이자율에 그렇게 민감한 반응을 보이지 않기 때문에 비탄력적이다. 따라서 투자와 소득의 관계를 고려하는 가속도원리가 등장한다.

$$I = f(\Delta Y) \Rightarrow I = \beta \cdot \Delta Y \qquad (\beta : \text{가속도계수})$$

즉, 소득이 100억 증가하여 자동차에 대한 소비지출이 늘어나면 자동차를 만드는 설비투자가 늘어나게 될 것이다. 만약 가속도계수가 2가 되면 소득 100억 증가에 따라 투자는 200억이 증가하게 된다. 따라서 가속도원리는 호황국면에서 투자의 변화를 잘 설명한다. 그러나 기계설비가 놀고 있는 불황시에는 소득 및 소비의 증가가 유휴시설의 가동으로 인하여 신투자를 유발시키지 못하는 한계가 있다.

지금까지의 모형을 종합적으로 설명하는 모형으로 졸겐슨(D. Jorgenson)이 주장하는 투자이론으로 자본스톡조정모형이 있다. 이 모형은 자본의 한계생산력과 사용자비용을 비교하여 최적자본량의 투자량을 결정한다는 모형이다. 즉, 투자수준의 결정은 자본의 한계생산력과 실질사용자비용이 일치하는 수준에서 결정된다. 이때 실질사용자비용은 명목이자율에서 물가상승률을 뺀 실질이자율과 감가상각률의 합이 된다. 따라서 국민소득이 증가하면 자본의 한계생산력이 커져 최적자본량의 증대로 투자가 증대하고, 명목이자율과 감가상각률이 감소하거나 기대물가상승률이 상승하여 실질사용자비용이 감소하면 투자가 증대한다.

위에서 살펴본 투자의 결정요인을 정리해 보자. 투자에는 명목이자율과 물가를 반영한 실질이자율과 기대수익률, 그리고 소득수준과 감가상각 등이 영향을 미치게 된다. 한편 최근에는 정보의 비대칭성이 존재하는 경우에 자금의 초과수요가 있다 하더라도 은행이 역선택을 두려워하여 이자율을 올리기보다 주어진 이자율수준에서 대출심사를 통해 대부자금을 공급하는 신용할당(credit-rationing)의 방식으로 자금을 공급한다. 따라서 투자는 기업의 자금조달가능성(credit availability)에 의해 좌우된다고 볼 수 있다.

정부지출과 순수출

앞에서 본 총수요의 두 구성요소인 가계의 소비지출과 기업의 투자지출은 민간부분의 경제주체들에 의해 결정된다. 총수요의 세 번째 구성요소는 정부에 의해서 결정되는 정부지출이다. 현대사회에서 정부는 국방, 외교, 치안, 일반행정 등의 공공재공급뿐만 아니라 사회복지를 확충하고 경제성장이나 안정화에 기여하는 역할도 수행하고 있다. 이러한 기능을 수행하기 위해 정부는 정부지출을 통해 재화나 서비스를 구입한다. 이때 주의할 것은 '정부지출'이지 '재정지출'이 아니라는 점이다.

재정지출은 정부가 행한 모든 지출을 포함하는 것이다. 반면에 정부지출은 어떤 한 해에 생산된 최종재에 대해 지출한 것에만 한정한다는 차이가 있다. 즉,

정부가 지급한 실업수당, 기초생활보조금과 같은 이전지출(transfer payment)은 재정지출에는 포함되지만 정부지출에는 포함되지 않는다.

국민경제에서 생산된 생산물에 대한 수요는 국내의 총수요뿐만 아니라 외국에 사는 사람들의 우리나라 상품에 대한 수요도 포함한다. 총수요라고 할 때는 국내에서 생산된 상품에 대한 지출만을 의미하므로, 수입된 상품에 대한 지출은 포함되지 말아야 한다. 따라서 엄밀히 말하면 수출 그자체가 아니라 여기에서 수입을 뺀 순수출이 총수요의 구성요소가 된다.

순수출($X-M$)은 우리나라와 외국의 소득크기에 의해서 결정된다. 우리나라 소득의 크기가 수입을 결정하고 외국의 소득의 크기가 수출을 결정해서 그 차이가 순수출이 되기 때문이다. 또한 순수출은 국내가격과 외국가격의 상대적 비율, 즉 환율에 의해서 결정된다. 환율이 인상되면 국내상품의 달러표시가격이 하락하여 수출이 늘어나고, 환율이 인하되면 외국상품의 원화표시가격이 하락하여 수입이 늘어난다.

이상의 논의를 종합하면 순수출은 자국의 소득수준, 외국의 소득수준, 국내와 외국의 물가수준, 그리고 환율에 의해서 결정된다. 이 부분에 대해서는 국제경제이론에서 자세히 논하기로 하자.

따라서 총수요는 소비지출(C)과 투자지출(I) 그리고 정부지출(G)과 순수출($X-M$)의 합으로 이루어진다.

총수요에 대한 지금까지의 이론을 그림으로 그리면 〈그림 2-12〉와 같다.

그림 2-12 총지출곡선의 이동

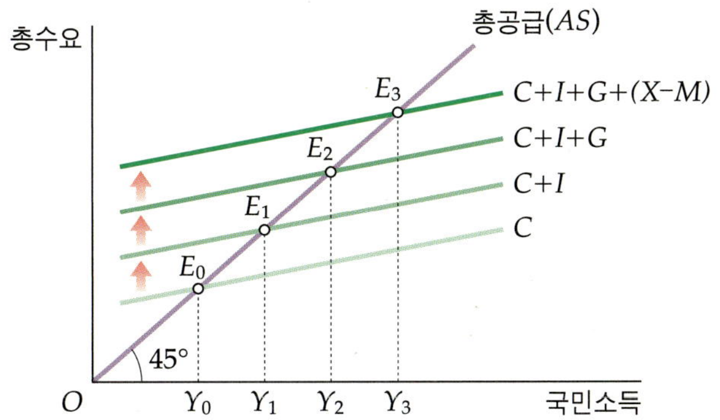

총수요의 구성요소인 소비(C), 투자(I), 정부지출(G), 그리고 수출(X)이 증가하면 총지출곡선은 상방이동한다. 총지출이 증가하면 거기에 따라 국민소득이 증가한다.

제3장

경제학과 친구하기

화폐와 금융의 이론 (총수요측면 Ⅱ)

제1절 | 화폐와 경제생활

현대경제와 화폐

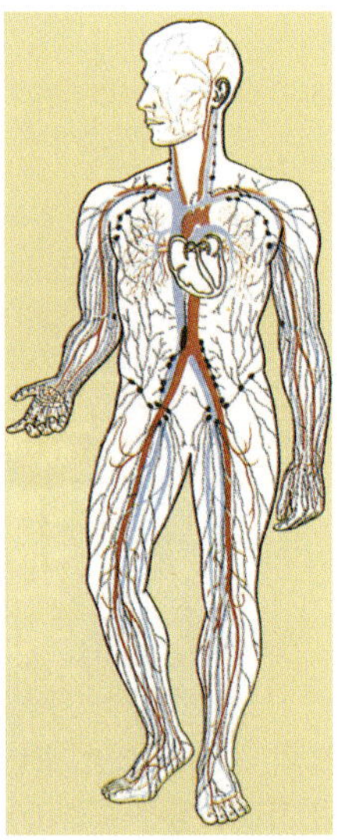

▲ 인체의 혈액과 국민경제의 돈은 동일한 기능을 한다.

우리는 앞에서 생산물시장에서의 국민소득의 개념과 국민소득의 결정을 살펴보았다. 이것을 인체에 비유하면 영양분을 섭취하는 주입과 영양분을 배출하는 누출에 의해 결정되는 국민경제의 덩치를 살펴보는 것이다. 그러나 국민경제라는 인체에서 영양분을 전달해 주는 혈액의 역할을 무시한 분석은 진정한 국민경제분석이라 할 수 없다. 따라서 국민경제가 안정적이고도 원활하게 성장하기 위해서는 실물변수의 안정적 성장을 적정한 화폐의 흐름으로 뒷받침해 주어야 한다.

화폐란 일상의 거래, 즉 재화를 매매하고 채권 · 채무를 청산할 때 '일반적으로 통용되는 지불수단(generally acceptable means of payments)'을 의미한다. 현대경제에서는 모든 경제행위가 화폐 또는 신용의 형태로 표시된 가격을 기준으로 이루어지기 때문에 화폐는 경제순환의 윤활유 역할을 한다. 본래 화폐는 '욕망의 이중적 일치(double coincidence of wants)'를 극복하기 위해 탄생했다. 내가 매매하려는(팔고 사려 하는) 상품과 상대가 매매하려는(사고팔려 하는) 상품이 일치해야 성립하는 물물교환은 많은 번거로움이 따른다. 따라서 이러한 물물교환의 불편함을 없애고자 화폐가 발달하여 탐색과 보관비용 등이 감소함에 따라 사회적 거래비용이 절감되게 되었고, 이와 함께 거래규모가 늘어나고 경제적 후생은 증가하게 되었다.

이러한 면에서 인류의 생활은 화폐의 발달과 함께 향상 또는 개선되어 왔다고 할 수 있다.

생/각/넓/히/기 **화폐의 발달**

초기 화폐는 물품화폐였는데 중국에서 한자가 만들어지던 시절에 화폐로 사용된 물품이 조개라는 설이 많다. 그것은 경제활동에서 돈과 관련되는 말에 조개 '패(貝)'자가 들어가는 경우가 많기 때문이다. 물건이 맞바꾸어지는 경우는 교환(交換)이라는 말로 사용되어 조개 '패(貝)'자가 들어가지 않는데 반해, 화폐를 통해 맞바꾸어지면 매매(賣買)가 이루어진다고 하고 여기에는 조개 '패(貝)'자가 들어간다. 가난할 빈(貧)이나 귀할 귀(貴)에도 이러한 모습이 나타난다.

그러다가 금이 화폐로 사용되면서 금리(金利), 금고(金庫), 금융(金融) 같은 말로 변화되었다. 금속화폐는 무게를 측정하여 사용하게 되는데, 영국의 '파운드'화나 우리나라의 '돈$\left(=\frac{1}{10}\text{냥}\right)$'도 이러한 무게의 단위에서 출발하였다고 할 수 있다.

역사 속 경제이야기

동전이 만들어진 이유

나에게 필요한 것을 다른 사람이 바로 가지고 있을 때는 물물교환을 하는 데 별 어려움이 없다. 그러나 수메르 상인들 사이에서 이루어진 거래는 이보다 훨씬 더 복잡했다. 100명의 상인이 100개의 물건을 가지고 시장에 나왔을 때 물물교환으로 원하는 것을 구하기란 거의 불가능했다. 그래서 상인들은 물건을 직접 교환하는 대신 물건을 사는데 어떤 특정한 물건을 사용하기로 했다. 오늘날 우리는 그것을 돈이라고 부른다. 돈은 모든 물건의 가치를 나타낼 수 있었을 뿐만 아니라 원하는 물건은 무엇이든 살 수 있었다.

나라마다 여러 가지 물건이 돈의 역할을 했다. 아프리카에서는 송아지를, 남태평양의 어느 섬에서는 조개껍데기를, 동유럽에서는 가죽을, 중국에서는 그림이 그려진 종이를 돈으로 사용했다. 수메르에서는 금괴와 은괴를 돈으로 사용했다. 금괴와 은괴는 소나 조개에 비해 편리한 점이 많았다. 금과 은은 흔하지 않은 귀한 물건이었기 때문에 조금만 가지고 있어도 많은 물건을 사고팔 수 있었다. 또 금속이어서 망가지거나 성질이 변하지 않아 보관하기에도 좋았다.

하지만 불편한 점도 있었다. 빵 한 덩이를 사는데 금괴나 은괴를 내놓을 수는 없었다. 약 2700년 전 고대 사람들은 이런 불편을 해결하기 위해 금과 은 덩어리를 크고 작은 다양한 조각으로 나누고 도장을 찍어서 그 조각에 얼마만큼의 가치가 있는지 표시했다. 물건을 사려는 사람이나 파는 사람 모두 금과 은 덩어리의 가치를 금방 알아볼 수 있었다.

기원전 7세기에는 최초의 동전이 만들어졌다. 처음으로 동전을 만든 소아시아 리디아왕국의 크로이소스 왕은 아시아연안의 여러 나라를 정복해 엄청난 부를 누렸다. 소아시아는 1만 년 전에 농사가 처음 시작된 곳이기도 하다. 소아시아에서 발명된 동전 주조기술은 페르시아와 그리스를 거쳐 지중해지역 전체에 빠르게 퍼져 나갔다.

■ 출처 : 니콜라우스 피퍼 저, 「청소년을 위한 경제의 역사」(비룡소, 2006) 참조

화폐는 초기에는 조개나 곡물 등의 물품화폐에서 금속을 무게로 재어서 사용하는 칭량화폐로 발달하였다. 그 후에 동전과 같은 주조화폐에서 지폐나 신용화폐로 발전하였다. 그러나 본위화폐가 지폐로 변하면서 화폐발행 남용의 가능성이 나타나게 되었다. 따라서 각국들은 중앙은행에다가 이러한 가능성을 방지하는 중대한 책임을 맡기고 있는데, 미국의 연방준비제도이사회(FRB : Federal Reserve Board), 영국의 영란은행, 일본의 일본은행, 유럽의 EU중앙은행 등이 이 역할을 맡고 있다. 우리나라 역시 한국은행의 최고의사결정기구인 금융통화위원회의 결정에 따라 통화량을 줄이거나 늘리고 있다.

생/각/넓/히/기 **지폐가 주조화폐를 대신하게 된 이유**

금화나 은화 등의 주조화폐는 주조에 들어가는 비용을 줄이거나 주조의 이익(세뇨리지 : seinaurage)을 크게 하기 위해 점차 금이나 은 등의 함량을 줄이는 경우가 생기게 된다. 화폐주조의 차익을 노리는 것 때문에 화폐의 명목가치에 비해 소재가치가 떨어지게 되자 '그레샴의 법칙(Gresham's Law)'대로 시중에 양화가 사라지고 귀금속함유량이 적은 악화만 유통되는 결과(Bad money drives out good money)가 초래되었다. 이러한 이유로 지폐가 주조화폐를 대신하게 되었다.

화폐의 기능

▲ 화폐

우리가 '돈'이라고 할 때 돈은 돌고 돈다는 의미로 사용이 되는데 돈, 화폐의 역할을 체계적으로 검토해 보자. 화폐가 하는 본래의 역할은 교환수단(medium of exchange)과 가치척도(unit of account)의 수단이다. 즉, 화폐를 매개로 하여 교환이 이루어지게 하는 수단이고, 재화의 교환가치를 화폐단위로 표시하는 기준이었다.

그 후 화폐경제가 발달하면서 화폐의 파생적인 기능으로 지불수단(medium of payment)과 가치저장수단(store of value) 등이 나타나게 되었는데, 경제의 발달로 교환과 동시에 화폐가 지불되지 않는 경우들이 생기게 되었기 때문이다. 예를 들어, 자동차를 할부로 구입하거나 어음을 결제하는 경우와 같이 물건인도와 결제가 동시에 이루어지지 않고 시차가 존재하는 경우 교환수단과는 달리 지불수단으로서 화폐가 등장하게 된다. 또한 조세를 내거나 외상을 갚을 때 사용하는 화폐도 지불수단의 예가 된다.

파생적 기능으로 가치저장기능은 화폐가 자산의 가치를 유지하는 수단이라는 것이다. 즉, 경제가 발달하면서 금융자산의 축적이 이루어지고, 이때 발생하는 유휴화폐(노는 돈)로 수익을 추구하는 수단이 되는 것이다. 케인스는 고전파의 경제학이 경제를 안정적으로 보는 이유는 화폐의 본래적 기능만을 중점적으로 보았기 때문이라고 주장한다. 그러나 화폐가 가치저장기능을 하게 되면 경제를 교란시키는 요인으로 작용하는 요인이 커진다. 케인스는 그 이유로 화폐가 호황상태에서는 가치저장기능이 하락하여 지출이 늘어나고, 디플레이션 때는 가치저장기능이 증대하여 지출을 줄이게 되어 경제가 불안정해지기 때문이라고 주장한다. 이것은 편리한 만큼 거기에 따른 부작용도 있을 수밖에 없다는 것을 의미하는 것은 아닐까?

생/각/넓/히/기 **인류의 최대발명품이 '화폐'가 될 수 있을까?**

이빨 빠진 호랑이가 살아남을 수 없듯이 동물은 먹이를 구하는 능력을 잃는 순간 생을 마감할 수밖에 없지만 인간은 그렇지가 않다. 인간은 비록 생산활동을 계속할 능력을 상실한다 하더라도(가장 큰 이유는 나이가 많아져 노동시장에서 가치를 인정받지 못하기 때문이다) 생명을 유지할 수 있음은 물론이고 소비활동도 해나갈 수 있는데, 그 이유 중 한 가지가 화폐가 매개된다는 것이다. 만약 생산된 재화의 저장이 불가능한 상태에서 청년세대와 노년세대가 살고 있고, 청년세대를 생산세대라 하고 노년세대를 소비세대라고 가정해 보자. 화폐가 없다면 생산에 참여한 청년세대만 자신들이 생산한 것을 전부 소비할 것이고, 노년세대는 생산에 참여하지 않았음으로 당연히 소비할 것이 없다. 그러나 화폐라는 매개수단이 등장을 하면 청년세대는 자신들이 생산한 재화의 일부를 노년세대가 가진 화폐를 받고 교환하게 된다. 그 후 화폐를 받은 청년세대는 자신들이 생산능력이 없는 노년세대가 되었을 때 이 화폐를 가지고 새로운 청년세대가 생산한 재화와 교환하여 소비할 수 있음으로 경제 전체의 효용수준은 증가한다. 이것을 경제학에서는 '중복세대모형(overlapping generation model)'이라 한다.

제 2 절 | 화폐의 공급

화폐의 정의 … 통화지표

이론적 관점에서 화폐는 '일반적으로 통용되는 지불수단'으로 정의되지만, 실용적 또는 정책적 관점에서 어디까지를 화폐로 정의할 것인가 하는 문제는 화폐이론의 핵심과 직결되는 문제이다. 현대경제학에서는 화폐를 통화로 정의하여 통화지표로 측정하고 있다. 그렇다면 현실에서 사용되고 있는 통화지표에는 어떤 것들이 있는지 알아보자. 우리나라의 경우 한국은행이 작성하고 있는 통화지표로는 통화(M_1), 총통화(M_2), 총유동성(M_3) 등이 있고, 최근에는 신 M_1, 신 M_2가 있는데 아래의 표와 같다.

구 통화지표	구성내역		
통화(M_1)	현금통화 예금통화	준통화	
총통화(M_2)	통화(M_1)	저축성예금 거주자 외화예금	
총유동성(M_3)			CD, 금전신탁, 비통화금융기관 예수금, 금융채, RP, 상업어음, 표지어음

※ 신 M_1(협의의 통화지표) … 현금통화+요구불예금+수시입출식 저축성예금
신 M_2(광의의 통화지표) … 신 M_1+기간물 정기예 · 적금+시장형 금융상품(CD, RP, …)+금융채 및 기타

우선 M_1은 보통 통화라는 이름으로 불리는데, 현금통화에 당좌예금, 보통예금 등 은행의 각종 요구불예금을 더한 것을 뜻한다. 요구불예금은 즉각 현금화할 수 있는 것이 보통이므로 실질적으로는 현금과 거의 같다고 할 수 있다. 또한 총통화라 불리는 M_2는 M_1에 정기예금이나 정기적금 같은 은행의 각종 저축성 예금을 더한 것을 뜻한다. 저축성예금이 요구불예금에 비해 유동성이 떨어지는 것은 사실이지만, 약간의 이자소득만 포기하면 언제든지 현금화가 가능하다. M_3는 M_2에 은행이 아닌 비은행금융기관이 발행한 양도성 예금증서(CD), 금융채권, 각종 예수금 등까지 화폐의 범주 안에 포함시킨다.

화폐를 간단히 통화로 정의한다면 화폐의 공급은 현금통화의 공급과 예금통

화의 공급으로 나누어 검토할 수가 있다. 즉, 현금통화의 공급은 중앙은행에 의해서 이루어지고, 예금통화의 공급은 예금은행을 통해 이루어지는 것이다.

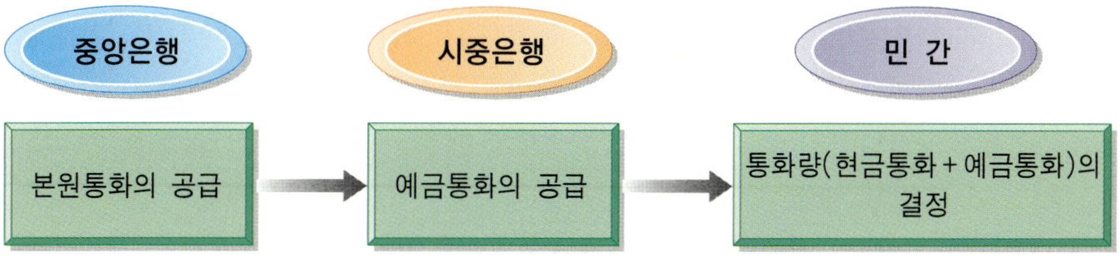

생/각/넓/히/기 **현재까지 지구상에서 사용되고 있는 돈에 가장 많이 등장한 인물은?**

영국 여왕 엘리자베스 2세이다. 과거 영국이 세계를 지배했었고, 지금도 캐나다, 뉴질랜드 등 50개국은 영국연방국가로 남아 있기 때문이다. 우리나라에도 위인들이 그림소재로 사용되고 있는데, 퇴계 이황 선생, 율곡 이이 선생, 세종대왕, 신사임당이 각각 그려져 있다. 비록 네 분이 서로 다른 금액의 지폐에 새겨져 있다 하더라도 이들이 가지는 의미와 가치는 모두 똑같다고 하겠다. 이들의 깨끗한 성품과 한결 같은 마음을 국민에게 전하기 위한 뜻이 지폐 속에 담겨 있기 때문이다.

본원통화의 공급(⇒ 중앙은행을 통한 현금통화의 공급)

본원통화는 중앙은행의 창구를 통해 시중에 나온 현금으로, 민간 및 민간은행이 보유한 중앙은행의 부채이다. 본원통화가 발행되면 예금은행의 신용창조를 통해 그 몇 배의 효과를 만들어낸다는 점에서 기초통화(reserve base : 종잣돈) 또는 고성능통화(high-powered money)라고도 한다.

본원통화가 어떻게 구성되고 있는지를 정리하면 아래와 같다.

▲ 한국은행

본원통화		
현금통화	예금은행 지급준비금	
현금통화	예금은행 시재금	중앙은행 지급준비예치금
화폐발행액(중앙은행 밖의 현금총액)		중앙은행 지급준비예치금

앞의 표에서 지급준비금은 중앙은행이 예금은행으로 하여금 총예금액의 일정 비율을 예금인출요구에 대비하여 준비금으로 보유하게 하는 돈을 말하며, 그 돈의 일부를 중앙은행에 맡기면 중앙은행 지급준비예치금이 된다. 본원통화의 공급을 검토하려면 중앙은행의 대차대조표를 검토하여야 하고 아래와 같이 표시된다.

차변(자산)	대변(부채)
• 정부에 대한 순여신(=대정부대출−정부예금) • 예금은행에 대한 순여신 • 순해외자산 • 순기타자산	• 본원통화(=현금통화+지준예치금) • 정부예금 • 해외부채 • 기타부채

본원통화의 공급과 변동은 중앙은행의 대차대조표의 자금원천인 네 항목의 변동에 의존한다.

첫째, 중앙은행은 정부의 은행으로서의 본원통화를 공급한다. 만약 정부의 재정지출이 재정수입보다 커서 재정적자가 발생했다고 가정하자. 이때 정부는 그 부족분을 한국은행을 통해 빌리게 되고, 결국 정부부문을 통해 본원통화의 증대가 이루어진다. 반대로 정부의 재정수입이 재정지출보다 커서 재정흑자가 발생한다면 정부는 그 흑자분을 중앙은행에 상환하게 되어 본원통화가 감소하게 된다.

둘째, 중앙은행은 은행의 은행으로서의 본원통화를 공급하게 된다. 만약 예금은행이 자금이 부족해진다고 가정하자. 이때 은행은 그 부족분을 중앙은행을 통해 빌리게 되고, 결국 예금은행의 창구를 통해 본원통화의 증대가 이루어진다. 반대로 예금은행의 자금에 여유가 생기면 그 여유분을 중앙은행에 상환하게 되어 본원통화가 감소하게 된다.

셋째, 중앙은행은 외환자금의 관리은행으로서 본원통화를 공급한다. 민간부문에서 국제수지의 흑자가 발생했다고 가정하자. 민간부문은 그 흑자분만큼의 달러를 은행에 판매하면 그 부분만큼 중앙은행 창구를 통해 본원통화는 증가한다. 반대로 민간부문에서 국제수지의 적자가 발생하면 한국은행권을 달러로 바꿔 상품의 순수입이 이루어진 것이므로 그만큼의 본원통화가 감소한다.

마지막으로 기타 부문을 통한 본원통화의 변동도 이루어진다. 만약 중앙은행이 통화안정증권이나 국공채를 시중에 매각하게 되면 시중의 채권매입액만큼 본원통화는 감소한다. 반대로 중앙은행이 민간이 보유한 통화안정증권이나 국공채를 시중으로부터 매입하게 되면 중앙은행의 채권매입액만큼 본원통화는 증가한다.

파생통화의 공급(⇒ 예금은행에 의한 신용창조)

중앙은행은 예금자의 보호를 위해 예금액의 일부를 지급준비금으로 놓아두게 하고 있다. 만약 100%의 지급준비제도가 이루어진다면 은행은 예금만 받고 대출을 하지 않을 것이다. 그러나 현실에서는 예금액의 일부만 지급준비금으로 남겨두고 나머지는 대출하는 부분지급준비제도가 시행되고 있다. 이때 은행들은 예금의 체류성과 연속성을 전제하여 은행체계에 최초로 들어오는 본원예금을 기초로 하여 그 몇 배의 파생예금을 창출하는 신용창조를 하게 된다. 이 과정을 분석하기 위해 첫째, 요구불예금만 있고 저축성예금은 없다고 가정한다. 둘째, 초과지불준비금은 없다고 전제한다. 초과지급준비금은 예금은행이 법정지급준비금을 초과하여 보유하고 있는 준비금으로, 이것이 없다는 것은 법정지급준비금 외에는 전부 대출이 이루어졌다는 것을 말한다.

은행이 대출한 자금은 궁극적으로 은행으로 다시 돌아오기 때문에 현금유출이 없다고 가정하고 신용창조의 과정을 검토해 보자. 본원예금(B)이 100억 원이고, 예금 중에서 은행들이 지급준비금으로 보유하는 지급준비율(reserve ratio)이 10%라고 할 때 신용창조과정은 다음과 같다.

구분	예금통화	대출금	지급준비금
甲기업 —본원예금→ A은행 (대출 ↙)	100억	100억×0.9	100억×0.1
乙기업 → B은행 (파생예금 ↙)	90억	100억×$(0.9)^2$	100억×(0.9)×(0.1)
丙기업 → C은행 (↙)	81억	100억×$(0.9)^3$	100억×$(0.9)^2$×(0.1)
⋮ → ⋮	⋮	⋮	⋮
합계	1,000억 본원예금 : 100억 파생예금 : 900억	900억	100억

위의 표를 통해 총예금창조액(D_g : gross deposit)은 $D_g = B + B(1-r) + B(1-r)^2 + \cdots + B(1-r)^n$로 계산될 수 있다. 이것은 공비가 $(1-r)$인 무한등비수열이 되고, 이것의 합을 계산하는 공식에서 $\frac{B[1-(1-r)^n]}{1-(1-r)} = \frac{1}{r} \cdot B$이 도출된다. 즉, 본원예금이 100억 원이고 지급준비율이 0.1이면 신용승수($1/r$)는 10이 되어 1,000억 원의 총예금이 창조되어 나온다. 한편 시중은행에 의해서 창조되는 순예금창조액(D_n : net deposit)은 본원예금을 뺀 금액이 되므로 $D_n = \frac{1-r}{r} \cdot B$가 된다.

중앙은행은 통화량을 어떻게 조절할까?

한국은행은 물가안정이나 경제의 안정적 성장을 위하여 통화량을 조절하는 책임을 지고 있다. 한국은행은 통화량을 적정수준으로 유지하기 위하여 통화량의 규모를 나타내는 통화지표를 작성하고 그 움직임을 항상 지켜보고 있다가 필요한 경우 통화량을 적절히 조절하기 위한 여러 가지 수단을 강구하고 있다. 중앙은행이 통화량을 조절하기 위해 사용할 수 있는 중요한 수단은 크게 공개시장조작정책, 지급준비정책, 재할인율정책의 세 가지가 있다.

공개시장조작정책은 중앙은행이 국공채 등을 금융시장에서 사거나 팔아 통화량을 조절하는 수단이다. 한국은행이 금융시장에서 국공채를 사들이면 국채매입대금으로 지급한 돈이 시중에 유통되어 통화량이 증가하고, 반대로 한국은행이 시중의 돈을 줄일 필요가 있을 때는 금융시장에 국공채를 매각하여 국공채를 매입한 금융기관이 현금이나 은행예금으로 구입대금을 지급하게 되어 시중에 유통되는 통화량이 감소하게 된다. 공개시장조작은 금융자유화에 따라 금융시장이 급속히 발달함에 따라 통화량을 조절하는 가장 핵심적인 수단이 되었다. 그 이유는 은행과 비은행 금융기관 등 다양한 경제주체가 참여하는 금융시장에서 시장메커니즘에 의해 이루어지기 때문에 경제원리에 부합되는 정책수단인데다가, 그 효과가 금융시장을 통해 광범위하게 파급되는 특징이 있기 때문이다. 또한 지급준비율정책 등이 법을 바꾸어야 하는 문제점이 있는데 반해, 공개시장조작은 실시시기나 조작규모 및 조건 등을 필요에 따라 수시로 조정할 수 있어 신축적인 정책운용이 가능하다.

지급준비율정책은 은행이 고객의 예금인출에 대비하여 예금액의 일부를 지급준비금으로 보유하도록 하는 것이다. 만약 중앙은행이 지급준비율을 올리면 은행들은 더 많은 지급준비금을 보유해야 하므로 예금 중에서 대출해 줄 수 있는 금액이 줄어들어 시중에 유통되는 통화량이 감소하게 된다. 반대로 지급준비율을 내리면 은행이 대출할 수 있는 금액이 커지고 시중의 통화량은 증가한다. 그러나 초과지급준비금이 많은 은행에는 효과가 적고, 빈번한 지급준비율의 조정은 금융기관들의 혼란을 초래하므로 잘 사용되지 않는다.

재할인율정책은 중앙은행이 예금은행에 적용하는 금리를 변동시켜 통화량을 변화시키는 정책이다. 재할인율은 은행이 기업에 할인해 준 어음을 중앙은행이 다시 할인 · 매입할 때 적용하는 금리이다. 따라서 재할인율을 인하하면 예금은행에 적용되는 금리가 낮아져 예금은행의 대출이 증가하여 통화량이 증가한다.

반대로 재할인율을 인상하면 예금은행에 적용되는 금리가 높아지고, 거기에 따라 예금은행의 대출이 감소하여 통화량이 감소한다. 또한 각국의 중앙은행은 대출정책을 통해 시중에서 유통되는 돈의 양을 조절하고 곤경에 처한 금융기관을 지원하기도 한다. 한국은행은 1997년 말경 외환위기로 금융시장이 크게 불안해지자 '최종대부자(lender of last resort)'로서 일부 은행, 종합금융회사, 증권회사 등에 대하여 10조 원 규모의 특별대출을 실시한 바 있다.

▲ 중앙은행이 주도하는 금융정책

위의 수단이 일반적인 통제수단이라면, 금융정책의 효과를 특정부문에 한정시켜 자금의 지시적 효과를 기하고자 선별적 통제수단을 사용한다. 거기에 자금의 유통방향을 직접적으로 지시하고 통제하는 창구규제나 특정 부문(증권, 부동산, 수출지원 등)에 대한 신용규제나 또는 도의적 설득(moral suasion) 등이 있다.

생/각/넓/히/기 **돼지저금통이 국민경제를 해롭게 한다.**

우리 국민 1인당 평균 360개의 동전을 보유하고 있는 것으로 나타나 한국은행이 돼지저금통 등에서 방치되고 있는 동전회수에 나서기로 했다. 엄청난 동전발행비용을 절감하기 위해서다. 동전 가운데 500원짜리를 제외한 10원, 50원, 100원짜리는 액면가보다 제조단가가 더 높다. 새 10원짜리 주화(구리 48%, 알루미늄 52%)의 제조비용은 개당 40원 안팎이다. 100원짜리 동전(니켈 25%, 구리 75%)은 제조단가가 100원을 웃돌고, 50원짜리도 70원 정도의 비용이 드는 것으로 알려져 있다.

생/각/넓/히/기 **'땡전 한 푼'이라는 말의 유래**

조선통보 등의 엽전 단위에서 엽전 1개는 1푼, 10푼은 1전이며 10전은 1량이다. 땡전은 고종 3년 (1866) 흥선대원군이 경복궁을 다시 지을 때에 막대한 경비를 조달하기 위해 당백전을 주조하여 유통시킨 데서 그 유래를 찾을 수 있다. 당시 당백전은 실질가치가 상평통보의 5~6배에 불과한 반면, 그 명목가치는 100배에 달하여 발행초기에 쌀값을 6배로 폭등하게 하는 등 국민들의 생활을 극도로 피폐하게 하였다. 이로 인해 당시 사람들이 당백전에서의 당전을 거세게 발음하여 땅전으로 다시 땅전을 땡전으로 더 격하게 발음하게 되어 그 땡전이 오늘날까지 이어진 것으로 추측된다. 이는 실로 국민생활의 편의를 도외시하고 제조 · 유통된 화폐에 대한 국민의 준엄한 경고가 언어 속에 오래도록 간직되어 왔음을 역설적으로 보여주는 것이라 하겠다.

▶ 출처 : 이정식 · 이정욱, 「돈을 다루는 사람의 돈 이야기」(열린 책들, 2002).

통화(공급)량의 결정

지금까지 검토한 화폐공급의 경로를 정리하면 아래와 같다.

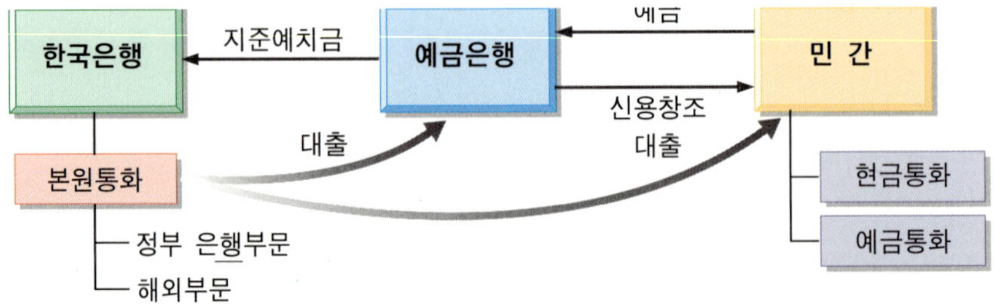

위 표에서 보듯이 중앙은행이 본원통화를 발행하여 예금은행과 민간에게 공급하면 본원통화량의 크기가 결정된다. 그 후에 예금은행은 본원적 예금이 들어오면 신용창조를 통해 예금통화량을 결정하고, 거기에 민간의 현금통화를 더하면 통화량이 결정된다. 즉, 본원통화량이 결정되면 여기에 통화승수를 곱한 만큼의 통화량이 결정되는데, 이것을 통화공급방정식이라 한다. 이것을 식으로 표시하면 아래와 같다.

통화량=통화승수×본원통화량

└→ 통화량이 본원적 통화의 몇 배로 되는가를 가리키는 승수

$$M=m\cdot RB=\frac{1}{c+r(1-c)}\cdot RB$$

(m : 통화승수, c : 현금통화비율, r : 지급준비율, RB : 본원통화)

통화공급방정식에서 통화량의 결정요인은 첫째, 중앙은행의 의사에 따라 결정되는 본원통화(RB)의 크기이다. 본원통화량이 증가하면 통화량은 증가한다.

심/층/탐/구 통화공급방정식의 증명

$RB=C+R$ (RB : 본원통화, C : 민간보유현금, R : 지불준비금) ······ ①

$M=C+D$ (D : 요구불예금) ······ ②

$C=cM,\ R=rD$ (c : 현금통화비율, r : 지급준비율) ······ ③

$BR=cM+rD \leftarrow D=M-C=M-cM$을 대입

$=[c+r(1-c)]\cdot M$ 따라서 $M=\frac{1}{c+r(1-c)}\cdot RB$

표 3-1 **통화량의 결정 및 변동**

화폐공급방정식	$M = m \cdot RB = \frac{1}{c + r(1-c)} \cdot RB$ RB → 중앙은행이 결정 c: 민간이 결정 r → 중앙은행과 시중은행이 결정	
통화량결정주체	조작변수	조작결과
중앙은행	중앙은행대출 공채매입]→ $RB\uparrow$	→ $M\uparrow$
	요구불예금 저축성예금]에 대한 지급준비율$(r)\downarrow$	$m\uparrow$ → $M\uparrow$
예금은행	초과지급준비율↓	$m\uparrow$ → $M\uparrow$
비은행민간	현금통화비율$(c)\downarrow$	$m\uparrow$ → $M\uparrow$
	저축성예금에 대한 요구불예금의 비율↓	$m\uparrow$ → $M\uparrow$

둘째, 민간의 행동에 따라 결정되는 현금통화비율(c)이다. 신용카드와 같이 화폐의 대체재가 많아지면 민간의 현금통화비율이 감소하여 통화승수는 커지게 되고 통화량은 증가한다. 셋째, 금융기관의 행동에 따라 결정되는 지급준비율(r)이다. 만약 법정지급준비율이 하락하면 금융기관은 많은 지급준비금을 가지지 않고 대출이 가능하기 때문에 통화승수는 커져 통화량은 증가하게 된다. 따라서 현금통화비율(c)이나 지급준비율(r)이 작을수록 통화량은 증가하고, 본원통화량(RB)이 클수록 통화량은 증가한다.

제 3 절 | 화폐의 수요

화폐수요와 화폐수요이론

사람들은 자신이 가진 자산을 화폐뿐만 아니라 채권이나 주식, 부동산 등의 여러 형태로 보유하고 있다. 그런데 채권이나 주식을 가지고 있으면 이자수입이나 배당소득을 얻을 수 있지만, 화폐를 보유하면 아무런 수익도 발생하지 않는다. 화폐수요이론은 경제주체가 '왜 자산을 수익도 없는 현금으로 보유하려 하는가'라는 문제의식에서 출발하여 화폐에 대한 수요를 결정하는 요인이 무엇인가를 규명하고자 하는 이론이다.

화폐에 대한 수요는 화폐가 교환수단, 가치척도, 가치저장과 지불수단이라는 기능을 하기 때문에 생긴다. 즉, 화폐는 경제의 모든 거래활동에 개입하여 결제를 마무리 짓는 역할을 하기 때문에 필요한 것이다. 이때 사람들이 화폐를 수요하고자 하는 양은 우선 그 사람의 경제규모에 의존한다. 또한 물가수준이 상승하면 명목적인 거래액이 증가하므로 화폐수요는 늘어날 것이므로 명목국민소득이 화폐수요량의 중요한 결정요소가 된다. 한편 화폐보유에는 기회비용이 발생하는데 첫째, 주식이나 채권 등의 수익자산에 투자를 하는 대신 화폐를 보유하기 때문에 생기는 이자수입의 기회비용이다. 둘째, 인플레이션이 발생하면 화폐의 가치는 실질적으로 하락하여 물가상승률만큼 손실이 발생한다. 따라서 이자율이나 물가상승률이 높아지게 되면 그에 따라 화폐수요량을 감소시키게 된다.

이상에서 화폐수요의 이유와 결정요인(명목소득수준, 이자율, 인플레이션율, 지불제도 및 관습 등)을 간략하게 살펴보았다. 하지만 화폐수요에 영향을 미치는 이들 요인 중 어느 것이 더 중요한가의 문제와 화폐수요가 어떤 역할을 하느냐하는 문제에 대해 고전학파와 케인스파 간에 여러 이론이 제시되고 있다.

화폐수요이론은 다양한 거시경제학파 사이에서 차이점이 가장 뚜렷하게 부각되는 영역이기 때문에 각각의 이론에 대해 좀 더 자세히 다루어보아야 할 것이다.

고전파의 화폐수요이론 : 화폐수량설

피셔(I. Fisher)가 제안한 교환방정식에 따르면 일정기간의 통화공급량은 화폐량(M)에 돈이 얼마나 빨리 도는지를 나타내는 화폐유통속도(V : velocity of money)를 곱한 값이고, 이것은 그 기간 동안의 물가수준(P : price level)에 총거래량(T : transaction quantity)을 곱한 화폐수요액과 동일하다.

$$\text{화폐량}(M) \times \text{화폐유통속도}(V) = \text{물가수준}(P) \times \text{총거래량}(T)$$

이 식의 의미는 우측 식만큼 상품액을 전해 받는 대가로 좌측 식만큼 돈이 건내진다는 항등식을 의미한다.

피셔는 화폐유통속도는 지불제도나 상거래의 관습 등에 의해 결정되고 총거래량에 비례하는 실질국민소득은 공급조건에 의해 결정되기 때문에 쉽세 변하지 않는 특성을 가지고 있다고 가정한다. 따라서 통화량이 증가하면 곧 물가가 상승하게 된다. 즉, $MV=PT$의 식에서 $M\uparrow \rightarrow P\uparrow$가 되는 것이다. 결국 통화량과 물가수준은 비례관계가 성립한다는 전제로, 화폐는 실물경제에 영향을 미치지 못하고 '베일'에 불과하다는 주장으로 이어지게 된다.

피셔의 이론은 화폐량의 지출과정에서 물가가 결정되는 것을 잘 설명하지만, 화폐수요의 원인에 대한 명시적 설명이 없다는 한계가 있다. 이에 대해 마샬(A. Marshall)은 화폐수요를 명시적으로 고려하여 적정화폐량을 보유하고자 하는 화폐수요함수를 주장하고 있다. 즉, 피셔의 모형을 변형시키면 다음과 같은 식이 도출되는데, 이것을 마샬의 현금잔고형 화폐수량설이라 한다.

$$M = \frac{1}{V}PT$$
$$\Rightarrow M = kPy$$

(k는 화폐유통속도의 역수이기 때문에 화폐를 가지려는 화폐수요비율)

마샬의 화폐수량설 역시 $M_S = M_D$의 화폐시장균형에서 화폐공급량(M_S)이 10% 증가하면 $M_S > \bar{k}p\bar{y}$가 되어 유휴화폐(여유자금)의 증가로 상품에 대한 수요가 증가하면서 물가가 10% 상승한다는 점에서 피셔모형과 동일하다. 그러나 이 모형은 화폐수요의 결정요인을 밝히고 있다는 점이 피셔모양과의 차이점인데, 즉 $M_D = kPy$에서 k가 일정하다면 화폐수요(M_D)는 실질국민소득(y)에 의존하므로 화폐수요와 소득수준 간에는 일정한 관계가 성립한다.

결국 소득이 증가하면 거래를 더 많이 하기 때문에 화폐를 더 많이 수요하게 된다는 것이다.

생/각/넓/히/기 **돈이 많아지면 돈의 가치는 떨어진다!**

선거를 앞두고 정부가 득표율을 높이고자 경기를 부양하면 사람들이 '돈이 많이 풀려 돈의 가치가 떨어지고 물가는 뛰게 될 거야!' 라는 직관적인 푸념을 하는 경우를 듣게 된다. 이것은 오랜 경험에서 나온 말이겠지만, 화폐수량설은 이러한 경험사실을 이론화한 것이라고 할 수 있다. 또한 돈 역시 희소성의 원칙에서 벗어날 수 없다는 것을 말하기도 한다. 그러나 케인스는 불황시에 정부가 통화를 적절히 관리하여 재고품의 처분에 이용할 수 있다면 인플레이션의 부작용이 없이 국민소득을 크게 할 수가 있다고 비판하기도 한다.

생/각/넓/히/기 얼마의 돈이 시중에 나와야 나라 경제에 바람직할까?

통화당국이 구체적으로 중요 통화지표를 M_1 또는 M_2로 정했을 때 '그 경제에 가장 바람직한 통화공급목표를 어느 수준에서 설정할 것이냐'하는 문제를 고민하여야 한다. 고민의 산물로 1972년 유럽공동체에서 권고한 방식을 보면 피셔(I. Fisher)의 교환방정식 $MV=PT$에 대수(log)를 취하여 미분하면

$$\text{통화공급의 증가율}(\dot{M}) + \text{화폐유통속도의 증가율}(\dot{V}) = \text{물가상승률}(\dot{P}) + \text{실질경제성장율}(\dot{y})$$

이 도출된다. 이것을 변형시키면 다음과 같은 적정통화공급의 식이 도출된다.

$$\dot{M}\left(=\frac{\Delta M}{M}\right)=\dot{P}+\dot{y}-\dot{V}$$

이 식에서 내년의 목표성장률($\dot{y}$)이 6%이고 물가상승률의 억제선($\dot{P}$)이 5%이며 화폐유통속도의 증가율($\dot{V}$)이 3%이면, 내년의 적정통화공급의 증가율($\dot{M}$)은 8%가 된다. 즉, 8%의 통화공급이 이루어질 때 물가상승을 유발하지 않고 거래에 필요한 통화공급이 이루어졌다고 할 수 있다.

경제학자처럼 생각해보기 공무원과 회사원의 월급날이 왜 다를까?

우리나라 근로자들의 월급날을 살펴보면 재미있는 사실을 발견할 수 있다. 월급날은 근로자와 사용자 간의 합의를 통해 결정하는 것이 원칙이다. 그래서 일반 기업체의 월급날은 공과금 납부 등 지출이 많은 21일이나 25일, 월말 경에 집중되어 있다. 하지만 정부가 날짜를 정할 수 있는 군인이나 교사, 공무원의 월급날은 각각 10일, 15일, 17일에 받는다. 그럼 이렇게 직장마다 월급날이 다른 이유는 무엇일까?

월급날이 하루에 집중되면 돈이 한꺼번에 너무 많이 풀려 통화충격에 따른 물가상승압력이 생긴다. 또한 지갑이 두둑한 월급날 직후에는 제품과 서비스에 대한 수요가 많아 물가가 올라가게 되지만 돈이 떨어지는 월급날 직전에는 수요가 거의 없어 전반적으로 경기가 침체되게 된다. 결국 월급날을 전후해서 경기가 큰 폭의 등락을 나타내게 되는 것이다. 월급날을 여러 날로 분산시킨 것은 이 같은 현상을 방지하기 위해서이다. 모든 근로자들의 월급날이 하루에 집중되어 있으면 경기등락에 미치는 영향이 훨씬 더 커질 것이기 때문이다. 따라서 월급날을 각각 다르게 하면 이러한 충격을 분산시킬 수 있다.

주급제도가 정착된 미국에서는 통화공급이 일주일단위로 이루어지기 때문에 그 폭이 그리 크지 않지만 우리나라처럼 한 달에 한 번씩 월급을 지급하는 나라에서는 그에 따른 변동폭이 클 수밖에 없어 월급날을 월초나 월중, 월말 등으로 분산시키게 된 것이다. 그러나 신용카드 사용이 보편화된 오늘날에는 그 의미가 상당히 퇴색되었다. 돈이 없더라도 신용카드를 이용해 월중 내내 구매를 할 수 있게 되면서 월급날의 통화집중효과가 많이 줄었기 때문이다. 이제는 월급날이 통화공급이 늘어나는 날보다는 카드결세를 통해 그간의 신용거래를 매듭짓는 시점으로 이해하는 것이 합당하다.

케인스의 화폐수요이론 : 유동성 선호설

케인스는 화폐의 기능을 교환수단과 가치척도에서 가치저장기능으로 확장하고, 자산으로서의 화폐를 중요시하였다. 따라서 소득과 화폐수요가 관계된다는 것을 인정하면서도 화폐와 이자율의 관계를 중시하여 화폐수요이론인 유동성 선호설을 전개하고 있다.

유동성(liquidity)이란 '어떤 자산을 그 자산의 손실 없이 얼마나 빨리 교환의 매개수단으로 바꿀 수 있는가 하는 정도'를 나타낸다. 금과 건물을 비교해 보면 금이 건물에 비하여 훨씬 쉽게 현금과 교환할 수 있음을 알 수 있다. 물론 건물도 가격만 내린다면 지금 당장이라도 현금과 교환될 수 있을 것이다. 이런 점에서 볼 때 금이 건물보다 유동성이 큰 자산이다. 하지만 모든 종류의 자산 중에서 현금통화가 가장 유동성이 크다. 케인스의 모형에서 유동성은 곧 화폐와 동일한 의미로 보기 때문에 '유동선 선호'란 '화폐의 수요'를 의미하게 된 것이다. 케인스는 유동성 선호설에서 사람들이 왜 기회비용이 발생함에도 불구하고 유동성을 보유하는가에 대한 이유로서 거래적 동기, 예비적 동기, 투기적 동기의 세 가지를 제시하고 있다.

첫째, 거래적 동기(transaction motive)의 화폐수요이다. 가계나 기업은 일상의 거래를 위하여 거래의 매개체로서 어느 정도 화폐를 필요로 한다. 이러한 거래적 동기의 화폐수요가 존재하는 것은 각 경제주체의 수입과 지출 사이에 시간적 시차가 있기 때문에 이를 연결시켜 주기 위한 것이다. 이러한 동기에 의한 화폐수요는 명목소득(Py)의 크기와 같은 방향으로 변화한다. 따라서 거래적 화폐수요는 명목소득의 증가함수라고 할 수 있다.

둘째, 예비적 동기(precautionary motive)의 화폐수요이다. 예비적 동기에 의한 화폐수요란 장래의 불확실한 지출수요에 대비하기 위한 목적으로 보유하는 화폐를 말한다. 예비적 동기의 화폐수요는 앞에서 나온 거래적 동기의 화폐수요와 함께 활동자금(생활비 : active balance)으로 사용되는 거래적 동기의 화폐수요로 보아 소득(Y)의 증가함수, $L_t=f(Y) \rightarrow L_t=kPy$로 표시된다. 이것은 케인스가 자기의 스승인 마샬모형을 받아들인 것이고 아래의 투기적 동기와 대비된다.

셋째, 투기적 동기(speculative motive)의 화폐수요이다. 투기적 동기에 의한 화폐수요란 채권가격의 상승에 따른 자본이득(capital gain)을 얻을 기회를 확보하거나 또는 채권가격의 하락에 따른 자본손실(capital loss)을 피하기 위해서 자산소유자가 자산의 일부를 화폐의 형태로 보유하는 동기이다. 즉, 화폐를 거래의 수단으로 보유하기보다 유휴자금(idle balance : 여윳돈)의 부를 증식시키기 위한 수단으로 본다는 점에서 가치저장기능을 중시하는 것이다. 투기적 화폐수요는 주로 이자율의 영향을 받는다. 이자율이 상승하면 화폐를 보유함에 따라 포기해야 하는 이자수입의 기회비용이 증가하므로 사람들은 이자율이 상승할수록 화폐보유량을 줄이고자 할 것이다. 따라서 투기적 동기의 화폐수요는 이자율의 감소함수 $L_s = f(r)$로 표시된다.

이것을 종합하면 거래적 동기와 예비적 동기의 화폐수요는 소득의 영향을 받고, 투기적 동기의 화폐수요는 이자율의 영향을 받으므로 전체적인 화폐수요는 소득과 이자율의 함수로 표시된다.

$$M_D = \underbrace{L_t(Y)}_{\text{거래적 동기의 화폐수요}} + \underbrace{L_S(r)}_{\text{투기적 동기의 화폐수요}}$$

케인스는 화폐수요모형인 유동성 선호설을 이자율결정이론으로 발전시켜 고전학파와는 다른 금융정책관을 제시한다. 케인스모형에서 거래적 동기의 화폐수요는 이자율과 무관하기 때문에 수직이지만 투기적 동기의 화폐수요는 이자

경제학자처럼 생각해보기 **대공황과 일본의 장기불황**

케인스는 1930년대의 대공황의 현상을 설명하기 위한 방안으로 '유동성 함정'의 개념을 가지고 나왔다. 유동성 함정은 매우 흥미 있는 상황으로 반드시 대공황상태와 일치되는 것은 아니라 하더라도, 금융정책이 전혀 실효를 거두지 못하게 되는 상황이라는 점에서 주목할 만한 가치가 있다. 사람들이 앞으로 수익율이 올라가면 수익자산을 살 목적으로 주식이나 채권과 같은 수익자산을 모두 팔아 현금(=유동성)을 함정에 숨겨놓고 있는 상태를 유동성 함정(liquidity trap)이라고 한다.

일반적으로 이자율이 낮아지면 기업은 자금의 차입이 용이해지고 자금조달비용이 감소하여 투자를 늘리게 된다. 그러나 이자율이 더 이상 내려갈 수 없을 정도로 낮은 경우, 사람들은 가까운 장래에 이자율이 상승할 것이라는 기대감에서 채권을 매입하기보다는 현금으로 보유하려는 성향이 강해진다. 이때 화폐수요는 이자율에 대하여 완전탄력적이 되어 화폐수요함수가 수평으로 나타나게 되는데, 이러한 상태가 유동성 함정이다. 따라서 유동성 함정에서는 통화량 증가가 투기적 화폐수요로 연결되지 못하기 때문에 금융정책이 실효성을 거둘 수 없게 된다. 즉, 금융당국이 투자를 자극하기 위해 이자율을 내리고자 유동성(화폐) 공급을 늘려도 사람들이 현금을 보유하려는 화폐수요에 흡수되어 이자율은 떨어지지 않는다. 또 금융당국이 이자율을 아무리 내려도 기업들의 투자로 연결되지 않아 경기부양의 효과가 나타나지 않는다.

이러한 유동성 함정은 '잃어버린 10년'이라는 일본식 장기불황으로 잘 설명된다. 일본은 금리를 제로수준에서 유지하는 저금리정책을 오랫동안 실시해왔으나 투자로 연결되지 않고 통화의 증가분이 금융권 내에서만 맴돌았다. 기업과 금융기관들은 저금리로 자금조달이 이루어지므로 자연히 구조조정을 소홀히 하게 되었고, 이로 인해 한계기업이 존속하게 되었다. 결국 경제의 불확실성이 증가해 금리인하혜택은 소수의 우량기업들에게만 돌아갔고, 반면 금리가 떨어지면서 퇴직자와 노년층 등의 재산소득이 감소해 소비위축까지 초래하게 되었다.

그림 3-1 **화폐시장의 균형과 이자율의 결정**

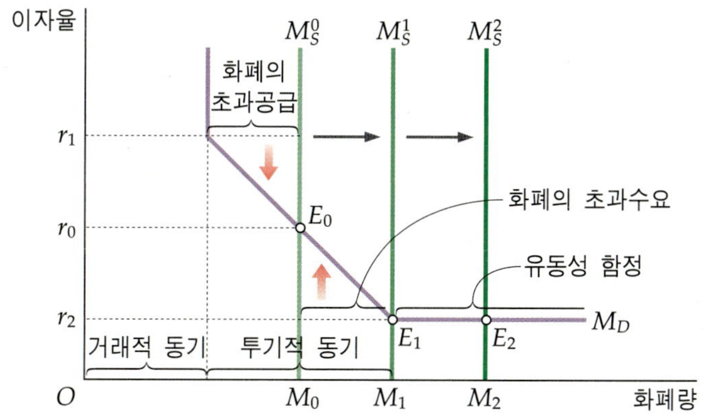

우하향하는 화폐수요와 통화당국에 의해 일정하게 주어지는 수직의 화폐공급이 일치하는 상태에서 균형이자율이 정해진다.

한편 화폐공급의 증대는 화폐시장의 초과공급을 가져와 이자율을 하락시킨다.

율의 감소함수로 우하향한다. 이것을 합치면 우하향의 총화폐수요함수가 도출되어 〈그림 3-1〉과 같이 그려진다.

한편 화폐의 공급은 통화당국에 의해 일정하게 주어진 것으로 가정하여 수직의 곡선으로 그릴 수 있다. 결국 화폐의 수요와 공급이 일치하는 수준에서 균형이자율이 결정된다. 만약 경제가 불황상태일 때 화폐공급을 증대시키면 화폐시장의 초과공급을 가져와 이자율을 하락시킨다. 이자율이 하락하면 실물투자의 증가를 가져와 국민소득을 증가시킬 수 있는데, 통화당국의 정책에 의해 국민소득의 안정화를 이룰 수 있다는 점에서 고전학파의 금융이론과는 중요한 차이점을 보인다.

프리드만의 화폐수요이론 : 신 화폐수량설

프리드만(M. Friedman)은 화폐를 수요하는 동기와 상관없이 이론적으로 화폐수요에 영향을 미치는 요인들에 통계적인 관심을 갖고 있었다. 화폐수요를 결정하는 요인으로는 총자산[이것의 대리변수로 항상소득(Y_p)을 사용함], 총자산 가운데 인적자산이 차지하는 비율(w), 화폐보유의 기회비용인 채권의 예상수익률(r^e_b), 주식의 예상수익률(r^e_e), 화폐이자율(r_m), 예상물가상승률(π^e), 기타 개인들의 취향(μ)을 들 수가 있는데, 이것을 식으로 정리하면 아래와 같다.

$$\frac{M_p}{P} = f(Y_p, \omega, r^e_b, r^e_e, r_m, \pi^e, \mu, \cdots) \Rightarrow \frac{M_D}{P} = k(\cdots)Y$$

프리드만은 개인의 취향과 물가상승률이 일정하다고 가정한 후 화폐수요함수에 대한 실증분석을 하였다. 분석결과 화폐수요가 이자율에 영향을 받는 정도는 작고 소득에 영향을 받는 정도는 크게 나타났다. 즉, 화폐수요가 이자율에 영향을 받는 정도는 채권의 예상수익률(b)과 주식의 예상수익률(e)과는 반비례관계이고, 화폐이자율(r_m)과는 비례관계로 서로 상쇄되어 영향을 미치는 정도가 작다는 것이다. 따라서 화폐수요가 이자율에 영향을 받는 정도를 나타내는 화폐수요비율인 k는 일정하지 않다고 하더라도 예측가능하고 안정적이기 때문에 화폐수요함수도 변화가 심하지 않고 안정적이라고 본다. 또한 화폐수요함수가 안정적이기 때문에 단기에서 통화량은 반드시 지출로 연결되고 실질국민소득수준과 물가수준의 양자에 모두 영향을 미친다. 그러나 장기의 산출고는 자연산출고로 이것은 생산요소의 부존량과 기술수준에 의해 결정되기 때문에 통화량의 증가는 반드시 물가에 부정적인 영향을 미치게 된다.

케인스와 프리드만의 모형 비교

케인스의 유동성 선호설과 프리드만의 현대적 화폐수량설은 형식적으로는 차이가 없으나 실증적 관점에서 두 가지의 큰 차이가 있다.

첫째, 케인스모형에서는 화폐수요의 동기로 가치저장기능이 강조되고, 여기에 따라 화폐수요는 이자율에 매우 민감하게 반응한다고 본다. 반면, 화폐수량설을 주장하는 프리드만을 위시한 통화론자들은 화폐수요의 이자율에 대한 반응은 케인스가 생각하는 것보다 훨씬 작다고 믿는다. 그 대신 소득이 화폐수요의 주 결정요인이라고 본다. 즉, 화폐수요의 결정요인으로서 케인스는 이자율의 역할을 강조한 반면, 프리드만은 소득을 강조하고 있다는 것이 차이점이다.

둘째, 화폐수요함수의 안정성에 관한 차이점이다. 케인스는 화폐유통속도인 V가 매우 불안정적으로 변화하기 때문에 화폐수요함수가 불안정적이라고 본다. 반면에 프리드만은 화폐유통속도인 V나 그 역수로 표시되는 화폐수요비율인 k가 안정적으로 변화한다고 보아 화폐수요함수가 안정적이라고 보고 있다. 즉, 프리드만은 화폐수요는 소득과 이자율에 대해 매우 안정적인 함수라는 것이다. 화폐수요함수가 안정적이라는 것은 화폐수량설의 V가 매우 안정적이라는 것을 뜻한다.

이것은 자본주의의 안정성과도 관계가 있고, 다음 장에서 공부할 금융정책의 유효성과도 밀접한 관련을 가진다는 것을 알게 될 것이다.

생/각/넓/히/기 **주식시장은 자본주의의 꽃인가 아니면 한 판의 도박판인가?**

화폐수요함수가 '안정적'인가 '불안정적'인가 하는 표현에 대해 독자들은 생소하게 받아들일지 모른다. 그러나 이것은 전문용어로 표현되어 있을 뿐, 쉽게 이해할 수 있는 개념이다. 만약 증권이나 부동산의 수익률이 높을 때 투자자들은 거기에 열광하는 것을 볼 수가 있다. 그러다가 수익률이 떨어지면 주식시장을 외면하고 채권시장이나 실물투기가 활성화되는 현실을 자주 보게 된다. 이것은 투자자들이 수익률의 변화에 대해 민감하게 반응한다는 것인데, 전문용어로 화폐수요가 매우 불안정하다는 것을 의미한다.

▲ 주식시장

화폐수요가 안정적이라는 것은 화폐수요가 수익률보다 소득에 더 영향을 받으므로 주식시장 등은 안정적인 모습을 보이며, 따라서 주가로 나타나는 주식시장은 기업가치를 반영하는 자본주의의 꽃이라고 할 수 있다. 그러나 화폐수요가 이자율변화에 민감하여 불안정하다면 화폐수요가 약간의 수익률변화에도 변화가 커서 자본주의는 한 판의 도박판(Casino)이 될지도 모른다.

실제 실증분석의 경우에도 화폐수요함수는 상당히 불안정적인 것으로 나타나는 경우가 많고, 21세기에 들어와서는 금융시장의 개방과 금융상품의 파생화 등으로 불안정성이 더욱 커졌다는 것이 현실이다. 이러한 이유로 통화주의의 이론은 설득력을 많이 상실하게 되었다.

제4절 | 금융시장과 신용

금융이란 무엇인가?

금융이란 자금에 대한 수요와 공급이 발생하여 자금의 융통이 이루어지는 것을 말한다. 국민경제 내에는 자금이 남아도는 흑자주체와 반대로 자금이 모자라는 적자주체가 있다. 이때 흑자주체와 적자주체 사이에 자금이 융통되는 것이 곧 금융이다. 금융과 관련된 금융시장과 금융기관, 그리고 이들을 운영하는 법규 등을 포괄하여 금융제도(financial system)가 구성된다. 금융제도의 중요한 역할은 자금을 잉여부문에서 부족부문으로 원활히 흐르게 하는데 있다.

▲ 돈이 어디로 흘러가는가?

금융제도가 제대로 작동하지 않으면 사회 전체적으로 후생이 감소한다. 예를 들어, 기업의 자금조달이 쉽지 않으면 투자활동이 위축되어 재화와 서비스의 생산이 감소될 수밖에 없다. 흑자주체인 가계도 저축이나 보험수단 등이 없으면 노후의 생활이나 재해 등 위험에 적절히 대비할 수 없을 것이다.

역사 속 경제이야기

은행과 보험의 기원

자본주의라고 하면 흔히 생산과 유통의 측면을 생각하지만 실은 자본주의의 발전과 가장 밀접한 부분은 금융이다. 싸게 만들어 비싸게 판다(산업자본주의), 싸게 사서 비싸게 판다(상업자본주의)는 원칙은 인류역사만큼 오래된 경제관습일 뿐 자본주의만의 모습은 아니기 때문이다.

에스파냐와 포르투갈이 있는 이베리아반도는 8세기부터 15세기까지 이슬람의 지배를 받았다. 700년에 거쳐 이슬람세력이 좁은 지브롤터해협을 넘어 이베리아반도까지 접수한 것이다. 그 당시의 무역은 아라비아상인들이 인도의 향료, 중국의 비단과 도자기를 시리아연안까지 육로로 실어오면 북이탈리아의 도시들이 선박으로 서유럽에 전하는 것이었다. 여기서 얻은 부를 기반으로 이탈리아의 피렌체, 베네치아, 제노바, 피사 등에서는 르네상스가 만개할 수 있었다. 이처럼 동방무역이 워낙 큰 돈을 벌게 되자 너도나도 이 사업에 뛰어들게 되었는데, 일부 상인들은 무역에서 손을 떼고 동료상인들의 돈을 관리해주는 역할을 담당했다. 이것이 은행의 기원이다.

한편 지중해를 통한 동방무역을 북이탈리아의 도시들이 잡고 있었기 때문에 포르투갈은 아프리카 서해안을 남하하는 항로개발에 주력했다. 포르투갈의 엔리케왕자의 후원하에 1488년 아프리카 남단의 희망봉을 발견했고, 다시 10년 뒤 아프리카를 돌아 인도에 가는 데 성공했다. 인도와의 향료무역은 배 여섯 척을 보내 다섯 척이 난파하고 한 척만 돌아와도 떼돈을 벌 정도로 수익성이 좋았지만 신항로를 통한 향료무역은 목숨을 걸어야 할 정도로 '벤처사업'이었다. 향료선단을 보내려면 최소한 배 세 척에 한 척당 선원 스무 명이 필요했는데, 이들이 적어도 6개월, 길면 1년 이상 바다에서 보내야 하므로 인건비와 보급품도 만만치 않았기에 아무리 고수익이 예상되는 사업이라 해도 밑천이 많이 드니 함부로 꿈꿀 수 없다. 그럴 만한 돈은 없는데 향료무역에 참여하고 싶다면 어떻게 해야 할까? 중소상인들은 자연스럽게 몇 명이 돈을 모아 공동으로 투자한다. 이것이 창업투자의 원조다.

장거리 무역인 만큼 금세 수익이 발생하는 게 아니었다. 이른바 자본의 회임기간이 길기 때문에 여러 가지 변수가 생길 수 있었다. 창업투자에 참여한 사람이 중간에 다른 일로 급전이 필요해질 수도 있고, 무역선단이 돌아오기 전에 사망할 수도 있다. 이럴 경우를 대비해 증권이라는 제도가 생겨났다. 따라서 투자증서를 타인에게 양도해 돈을 구할 수도 있고, 투자자가 사망할 경우에는 가족에게 상속시킬 수도 있었다.

또한 자칫 모르는 해역으로 빠져들거나 심한 풍랑이나 암초를 만나면 선단이 몽땅 침몰해 버릴 수도 있는 워낙 위험성이 큰 사업으로 실제 그런 사태가 발생하면 투자자들이 돈을 다 날릴 수밖에 없었다. 그러나 이런 일이 되풀이되자 요령이 생겼다. 무역선단이 출발하기 전에 일정한 금액을 내면 난파할 경우 투자금을 돌려주겠다는 아이디어사업이 등장했는데, 이것이 바로 보험의 기원이 된 것이다.

이렇듯 자본주의의 기본적인 시스템은 서구에서 수백 년의 역사를 가지고 있고, 지극히 자연스러운 과정을 거쳐 발달했다. 모든 제도가 어느 누구의 치밀한 계획으로 고안된 게 아니라 그때그때의 필요성에 따라 탄생하고 숙성되었던 것이다. 결국 은행과 보험 또한 구체적인 상황이 변하고 경제환경이 바뀌어도 유연하게 그 모습을 변화 · 발전시키며 살아남는 힘이라고 할 수 있을 것이다.

금융시장이란?

경제주체 사이에 자금의 융통, 즉 금융거래가 이루어지면 금융시장이 성립한다. 금융시장은 거래단계, 형태, 그리고 상품 등에 따라 여러 유형으로 나누어진다. 첫째, 금융시장은 금융거래가 어떤 형태로 이루어지느냐에 따라 직접금융과 간접금융으로 구분된다. 직접금융시장은 자금의 최종수요자가 발행한 채무증서나 주식 등의 직접증권(또는 본원적 증권)을 자금공급자가 자기 위험부담하에 직접 매입하는 형태로 금융거래가 이루어지는 시장으로, 증권시장이나 은행 간의 콜시장(call market)이 여기에 속한다. 한편 간접금융시장은 은행이나 자산운용회사가 예금증서나 수익증권과 같은 간접증권을 발행하여 자금공급자로부터 자금을 조달하고 이 자금으로 자금수요자가 발행한 직접증권을 매입하는 방식, 즉 자금의 수요자와 공급자 사이를 금융기관이 중개하는 형태로 금융거래가 이루어지는 시장이다.

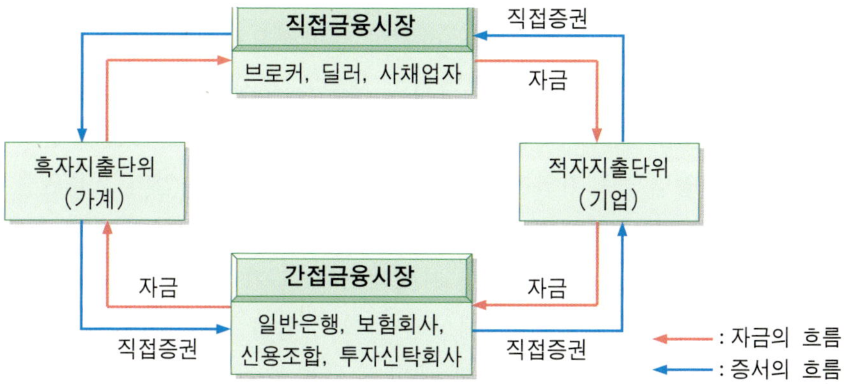

둘째, 거래단계에 따라서는 발행시장(primary market)과 유통시장(secondary market)으로 나누어진다. 발행시장은 적자주체인 자금의 수요자가 주식, 채권 등을 새로 발행하여 자금을 조달하는 시장이며, 유통시장은 이미 발행된 기존 증권이 단지 소유주를 바꾸면서 거래되는 시장이다. 따라서 유통시장은 보유하고 있던 주식이나 채권 등을 손쉽게 현금화할 수 있게 해 준다.

셋째, 거래되는 금융상품의 성격에 따라 단기금융시장, 장기금융시장(또는 자본시장)으로 구분된다. 단기금융시장은 만기 1년 미만인 단기금융상품이 거래되는 시장으로, 화폐시장(money market)이라고 하기도 하는데 가계, 기업, 금융기관 등이 일시적으로 여유 있는 자금을 운용하거나 부족한 자금을 조달하는 시장이다. 사람들은 미래의 불확실에 대비하기 위해 예비자금을 갖지만 이 경우

이자수입의 기회비용이 발생한다. 그러나 단기금융시장이 발달되어 있으면 여유자금이 생길 경우 안전성과 유동성이 높은 단기금융상품에 운용함으로써 현금보유에 따른 기회비용을 줄일 수 있다. 또한 단기금융상품은 장기상품에 비하여 금리변동에 따른 가격변동폭이 크지 않아 원금손실의 위험이 적고, 해당 금융상품을 팔아 쉽게 자금을 회수할 수 있어 유동성 위험도 크지 않다. 단기금융시장은 중앙은행이 통화정책을 수행하는 장이기도 하다. 한국은행은 공개시장조작을 통해 콜금리를 조정하여 단기금리를 바람직한 방향으로 유도하고 있다. 우리나라의 단기금융시장으로는 만기가 하루에서 2주 정도의 최단기금융상품으로 주로 금융기관 사이에 일시적인 유휴자금이 거래되는 콜(call)시장이나 환매조건부채권매매(RP : Repurchase Agreement)시장, 양도성예금증서(CD : negotiable Certificate of Deposit)시장, 기업어음(CP : Commercial Paper)시장, 표지어음시장, 통화안정증권시장 등이 있다.

장기금융시장은 현대 자본주의에서 가장 중요한 자금조달시장인 자본시장을 의미한다. 자본시장은 주식과 채권이 거래되는 시장이다. 자본시장은 시설자금대출 등 장기대출시장을 포함하기도 하지만 일반적으로는 주식과 채권이 발행되고 유통되는 증권시장을 말한다. 기업이 새로운 투자를 하려고 할 때 자금이 부족한 경우에 금융시장에서 주식이나 채권을 발행해 필요한 돈을 조달하게 된다. 자금조달의 방법으로 기업이 주식을 발행한다는 것은 기업의 소유권을 주식이라는 형태로 쪼개서 판매하는 것을 말한다. 이렇게 쪼개진 기업의 소유권은 주식의 형태로 매일 증권거래소에서 거래되면서 그 가격이 결정된다. 일반적으로 기업의 수익이 높아질 것으로 예상되면 그 기업을 소유하고자 하는 사람이 늘어나기 때문에 해당 기업의 주식에 대한 수요도 증가하여 주식가격이 오르게 된다. 반대로 해당 기업의 예상수익이 떨어질 것으로 생각되면 해당 주식의 가격도 내려가게 된다. 결국 주식시장에서 주식의 수요와 공급에 의해 결정되는 주가에 영향을 미치는 요인은 기업 내부요인과 외부요인으로 나누어볼 수 있다. 가장 중요한 내부요인은 기업의 장래 수익성이고, 외부요인으로는 국내외의 정치상황에 따른 경기전망, 금리, 환율, 국제원자재가격 등이 될 것이다. 우리나라의 주식시장은 한국증권선물거래소가 개설한 거래소시장(KOSPI : Korea Stock Price Index)과 코스닥시장(KOSDAQ), 장외주식호가중개시장(제3시장)이 있다.

채권이란 채무증서로서 빌린 자금을 갚는 시기와 금리(또는 이자율), 만기일에 지급되는 금액 등이 적혀 있는데, 만기일까지 정기적으로 지급되는 이자를 표면금리(coupon rate), 만기일에 지급될 금액은 액면가(face value)라 한다. 예를 들어, 만기가 5년이며 액면가가 100만 원이라고 쓰여 있고 1년 단위로 6%의 금리를 지급하는 채권이 있다면 그 채권의 소유자에게 매년 6만 원씩 5년간 지급하고 5년 후에는 원금을 돌려주게 된다.

생/각/넓/히/기 **채권가격과 금리는 어떤 관계일까?**

금리와 채권의 가격은 반비례한다. 그 이유는 금리가 하락하면 새로 발행되는 채권의 이자율은 낮은 반면 기존에 발행되어 있는 채권의 이자율은 높으므로, 기존에 발행된 채권에 대한 투자자의 수요가 증대되어 기존에 발행된 채권의 가격이 상승하기 때문이다. 반대로 금리가 상승하면 새로 발행되는 채권의 금리는 높은 반면, 기존에 발행된 채권의 금리는 낮아서 기존에 발행된 채권을 팔고 새로 발행되는 채권에 투자하려는 경향이 나타나므로, 기존에 발행된 채권의 가격은 하락하게 된다. 이처럼 금리변동과 채권가격은 서로 반대의 방향을 가진다. 즉, 금리가 하락하면 채권의 가격은 상승하고, 금리가 상승하면 채권의 가격은 하락하게 된다. 이것을 식으로 표시하면 $P_b = \frac{Q}{r}$(P_b : 채권가격, Q : 채권의 예상수익, r : 이자율)가 되어 이자율과 채권의 가격은 반비례한다.

채권은 무수히 많은 형태로 발행되고 거래되지만 몇 가지의 특징이 있다. 첫 번째 특징은 채권의 만기가 되기까지 걸리는 시간(term)이다. 만기가 몇 달인 단기채도 있고 만기가 30년인 장기채도 있는데(영국정부는 원금은 상환하지 않고 영원히 이자만 지급하는 채권, 즉 영구공채인 콘솔을 발행한 적도 있다), 채권에 대한 이자율은 부분적으로 만기의 영향을 받는다. 장기채는 단기채에 비해 원금을 돌려받을 때까지 오래 걸리므로 위험부담이 더 크다. 만일 장기채의 보유자가 만기 이전에 자금이 필요하면 남에게 채권을 파는 수밖에 없고, 이 경우 낮은 가격을 받을 가능성이 높다. 이러한 위험을 보상해 주기 위해 장기채는 단기채에 비해 이자율이 높은 것이 보통이다.

두 번째 특징은 신용위험(credit risk), 즉 차입자의 채무불이행(default)의 위험이다. 채권구입자들은 채권발행자의 지급불이행가능성이 높다고 판단하면 그러한 위험을 보상받기 위해 높은 이자율을 요구한다. 통상 정부의 국채는 신용위험이 낮기 때문에 이자율이 낮은 반면, 자금사정이 나쁜 기업들이 정크본드(junk bonds)를 발행하는 경우에는 높은 이자율을 부담해야 한다. 채권구입자들은 무디스(Moody's)나 스탠더드 앤드 푸어(Standard & Poors) 같은 민간 신용평가기관이 매기는 신용등급을 참고하여 각종 채권의 신용위험도를 판단한다.

세 번째 특징은 그 채권의 이자수입에 대한 과세 여부이다. 대부분의 채권에서 나오는 이자소득은 과세대상이므로 채권보유자는 이자수입의 일부를 소득세로 납부해야 한다. 그러나 미국의 경우 주정부나 지방정부가 발행하는 지방채를 보유한 사람은 이자소득에 대해 연방소득세를 내지 않아도 된다. 이러한 세제혜택 때문에 지방채의 이자율은 연방정부국채나 일반 기업이 발행하는 회사채에 비해 더 낮다.

뉴스 속 현장경제

뮤추얼펀드와 펀드런

요즘은 성공한 사람의 대명사가 펀드매니저라는 말로 바뀌어진 듯하다. 또한 신문에서도 여러 가지 이름들의 펀드를 판매하는 대문짝만 한 광고도 자주 볼 수 있다.

펀드(fund)는 투자회사를 말하는데, 여러 가지 투자가치가 있는 물건을 모아 놓은 투자 짬뽕을 파는 회사라고 생각하면 된다. 이 짬뽕 안에는 여러 업종의 회사주식들과 채권(국채와 회사채) 같은 여러 종류의 투자상품들이 들어가 있다. 보통 사람들은 투자상품을 고를 때 자신이 필요한 정보를 모아서 분석을 하고 투자결정을 하지 못한다. 전문적인 지식이 없기도 하지만, 소액으로 살 수 있는 투자상품들이 많지 않기 때문이다. 게다가 그 많은 투자상품을 분석하고 가능성이 있는 상품을 골라낸다는 것은 매우 힘든 일이기에 이러한 일을 투자회사들이 대신 해주고, 그곳에서 펀드매니저들이 모인 돈을 가지고 투자를 하는 것이다.

뮤추얼펀드(mutual fund)란 투자회사종류의 하나이다. 모든 계란을 한 바구니에다 담지 말라는 말이 있는데, 뮤추얼펀드는 이러한 말을 실천에 옮긴 투자상품 중의 하나이다. 뮤추얼펀드에는 많은 종류가 있는데, 아주 간단하게 나누자면 위험성이 많은 것, 위험성이 보통인 것, 그리고 위험성이 아주 낮은 것으로 나눌 수가 있다. 그리고 어느 나라에 투자를 했느냐 하는 것도 펀드의 종류를 정한다. 일반적으로 위험성이 많다는 것은 주식투자에 비율을 많이 둔 것을 의미하고, 위험성이 낮다는 것은 국채에 중점을 둔 것을 의미한다.

펀드를 살 때 기억해야 할 것을 살펴보자. 자신의 투자계획과 좋은 투자회사의 선택, 펀드의 종류, 그리고 펀드매니저의 과거 성과 등이 펀드를 살 때 기억해야 할 중요한 것들이다. 또한 요즘 들어서는 국내펀드만을 사지는 않는데, 해외펀드(foreign fund)는 국외의 투자상품들만을 취급하며, 국제펀드(international fund)는 외국회사주식들을 취급하고, 세계펀드(global fund)는 국내외의 투자상품들을 취급한다는 것도 알아두어야 한다. 따라서 최근에는 투자의 선택에서 회사나 지역이나 투자업종 선택도 중요하지만 나라의 선택이 가장 수익률을 좌우한다고 할 수 있다.

또한 이것이 제대로 이루어지지 않아 금융위기 때 펀드수익률이 떨어져 은행의 자금이탈(bank-run)이 일어나자 이것을 빗대어 펀드런(fund-run)이라는 신조어도 생겨나고 있다. ■ 출처 : 한국경제신문, 2010. 4. 14. 수정인용

채권은 정부가 발행하는 국채, 한국은행이 발행하는 통화안정증권, 지방자치단체가 발행하는 지방채, 일반 기업이 발행하는 회사채, 금융기관이 발행하는 금융채 등이 있다. 또한 이자지급과 원금상환에 대한 제3자의 보증 여부에 따라 보증채와 무보증채로 구분된다. 최근 들어서는 회사채, 카드매출채권, 주택저당채권 등과 같은 자산을 기초로 발행하는 자산유동화증권(ABS : Asset-Backed Securities)이 금융기관과 기업의 새로운 자금조달수단이 되고 있다.

주식과 채권의 차이를 보면 주식은 기업의 소유권을 나타내는 증서로서 기업이 이익을 낼 경우 주주는 배당금을 받게 되지만, 채권을 가지고 있는 사람들은 정해진 이자만을 받을 뿐이라는 것이다. 투자자의 입장에서 보면 일반적으로 주식은 채권보다 위험부담이 더 크며 자산자체의 가격변동이 심할 수밖에 없다.

이 이외에도 파생금융상품시장 등이 있는데, 이것을 정리하면 아래와 같다.

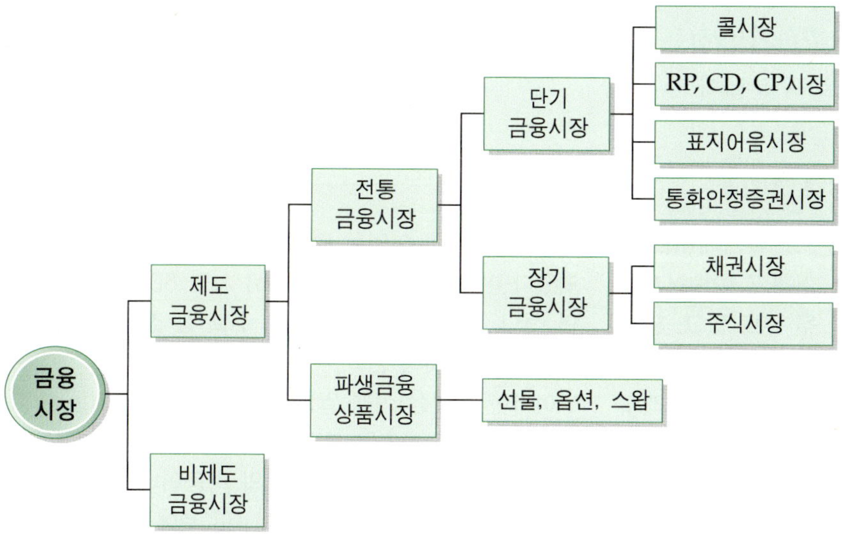

파생금융상품(financial derivatives)은 금융상품의 가격변동에서 나오는 자본손실을 회피하고자 고안된 상품이다. 원래의 금융상품인 채권, 주식, 외환 등에서 파생되어 나온 금융상품으로, 선물(futures), 옵션(option), 스왑(swap)이 있다.

선물은 기초가 되는 금융상품을 미래의 정해진 시점에 특정한 가격으로 사고팔기로 미리 약속하는 거래이다. 예를 들면, 기업이 3개월 후에 수출대금으로 달러를 받을 계획인데 환율이 변동하는 데서 오는 위험을 회피하기 위해 은행과 1달러당 1,000원의 현재 환율에 팔기로 계약을 맺는 것을 말한다. 선물의 대상이 되는 것은 농산물이나 광물뿐만 아니라 금리, 외환, 주가지수 등 다양하다. 선물을 매입했다는 것은 미래의 일정시점에 정해진 가격으로 기초상품을 구입하기로 약속한 것을 말한다. 이 가격을 선물가격(futures price)이라고 부르는데, 그 시점에 도달했을 때 그 상품의 시장가격이 선물가격보다 더 높다면 선물을 매입한 사람이 이득을 보게 된다. 따라서 선물을 매입하는 사람은 기초상품의 가격상승을 예상하는 사람들이고, 선물을 판매하는 사람들은 기초상품의 가격 하락을 예상하는 사람들이다.

옵션은 미래의 일정한 시점 또는 기간 동안 미리 약속한 가격으로 주식 · 채권 · 외환 등을 사거나 팔 수 있는 권리만 부여하는 계약이다. 따라서 반드시 이를 이행해야 할 의무까지 갖는 것은 아니라는 점에서 앞서 말한 선물과 차이가 있다. 예를 들어, 100만 원을 주고 1년 후에 10만 원의 가격에 100주까지 살 수 있는 권리를 산 경우, 1년 후에 가격이 그 이상으로 오르면 권리를 행사하여 주식을 구입한 후 되팔면 차액만큼 이익이 발생한다.

마지막으로 스왑은 2개의 금융자산 또는 부채에서 파생되는 미래의 현금흐름을 교환하기로 하는 계약이다. 스왑은 교환하는 대상에 따라 통화스왑과 금리스왑으로 구분된다.

경제학자처럼 생각해보기 **금융시장에 웬 선물?**

경제신문에서 보았을 '선물' 혹은 '선물거래(future contract)'란 것은 말 그대로 미래에 거래가 이루어지는 것을 말한다. 거래품목은 미국 달러가 될 수도 있고, 일본 엔화가 될 수도 있으며, 금 · 석유 · 간장 · 옥수수와 같은 실용품 또한 거래될 수 있다. 이러한 미래 거래가 거래되는 선물시장은 규격화가 되어 있는데, 선물시장에서는 거래되는 물품종류, 크기, 미래의 물품운송날짜, 그리고 물품의 질 등을 정해 놓고 있다.

선물거래의 예를 들어보자. 만약에 어떤 사람이 1년 후에 옥수수 1개가 필요하다고 하면 그 사람은 선물거래에 들어가는데, 아마도 지금 사두면 1년 동안 옥수수를 썩지 않게 보관하기도 귀찮고 왠지 1년 후에는 지금 시장 예상과는 다르게 옥수수값이 폭등할 거라는 예감이 들기 때문일 것이다. 현재 옥수수가격이 하나에 100원이고, 지금 시장에서 예상되는 1년 후의 옥수수가격이 120원이라면, 그 사람은 1년 후에 120원을 주고 1개의 옥수수를 가지게 되는 계약을 맺게 된다. 1년을 기다린 후, 그는 계약대로 120원을 내고 1개의 옥수수를 소유하게 되는데, 만약 1년이 지난 후 옥수수가격이 150원이라면 그는 그 옥수수를 팔아서 30원의 이익을 얻게 된다. 하지만 가격이 50원이 되었다면 그는 그때의 시장에서 사면 50원하는 가격을 1년 전의 계약 때문에 120원을 주고 산 결과가 되어서 70원을 손해본 것이 된다.

이러한 투자성 거래 말고도 선물거래가 가지는 가장 큰 장점은 미래의 가격을 고정시킴으로써 미래에 있을지도 모르는 환율변화에 따른 물건값의 폭등이나 폭락을 방지할 수 있다는 것이다. 예를 들어서 1년 후에 미국으로 자동차를 수출하게 되는 한국기업이 미국 달러 선물거래로 미래에 받을 미국 달러를 원화에 고정시킬 수 있다. 지금의 환율이 1달러에 1,200원이고 1년 후 한 대에 1달러하는 자동차를 판다고 했을 때, 1,200원의 매출이 예상이 된다. 하지만 만약에 1년 후에 환율이 변해서 1달러에 1,200원이 아니고 1달러에 100원으로 떨어진다면, 자동차를 팔아서 100원 받는 꼴이 될 수도 있다. 그래서 지금, 1년 있다가 있을 자동차거래와 동시에 1달러에 1,200원이라는 미국 달러 선물거래를 하면, 1년 후의 환율이 어떻게 되든 1년 후에 1달러하는 자동차를 팔아서 1,200원의 매출을 올릴 수 있게 되는 것이다.

뉴스 속 현장경제

골드만삭스 기소 … 금융개혁 탄력

골드만삭스가 파생상품문제로 덜미가 잡혔다. 서브프라임모기지(비우량주택담보대출)의 파생금융상품과 관련해 미국 증권거래위원회(SEC)가 제소했는데, 부채담보부 증권(CDO)을 팔면서 부당한 내부거래정보를 공개하지 않아 투자자들에게 10억 달러 이상의 손실을 입힌 혐의다. 이 사건은 글로벌 금융위기의 충격으로부터 전 세계가 서서히 회복해 나가고 있는 와중에 쓰라린 추억을 되새기게끔 하는 사건이라 하겠다.

사건개요는 골드만삭스가 CDO라는 파생상품을 투자자들에게 팔았는데, 팔면서 이 상품의 배후에 헤지펀드가 있다는 것을 감췄다는 것이다. 대신 골드만삭스는 제3의 자산관리회사를 내세워서 마치 이 회사가 CDO를 설계한 것처럼 했는데, 실제는 배후에 있는 대형 헤지펀드가 CDO를 직접 설계했을 뿐 아니라 CDO의 거래상대방까지 맡았다고 한다. 이 CDO는 주로 서브프라임모기지증권으로 구성된 파생상품인데 주택가격이 내려가 서브프라임모기지증권가격이 하락할 경우 이를 사들인 투자자들은 손실을 입고 반대로 이를 판 헤지펀드는 수익이 나도록 되어 있었다.

투자상품가격은 언제든지 등락을 할 수 있기 때문에 가격하락에 따라 투자자들이 손해를 입을 수 있는 상품을 판 것 자체는 문제가 아니지만 거래상대방이 누구인지를 적극적으로 감춘 부분이 사기혐의로 제소된 것이다. 골드만삭스는 이런 교묘한 판매를 하며 자신들은 판매수수료를 챙겼고, 배후 헤지펀드인 폴슨 앤 코(Paulson and Co.)라는 회사 역시 서브프라임모기지부실로 CDO가격이 급락하면서 엄청난 이득을 챙겼다.

이 사건이 앞으로 미국 및 전 세계 금융시장에 어떤 영향을 줄 것인가? 이번 사건을 계기로 그렇지 않아도 미국을 중심으로 각국에서 추진 중인 금융규제 강화 움직임이 더 힘을 받게 됐다는 점이다. 실제 오바마 미국 대통령은 그동안 공화당의 반대로 시행하지 못했던 금융개혁법안에 파생상품규제내용이 추가되지 않으면 거부권을 행사하겠다며 더욱 강력하게 금융규제를 추진하겠다는 의지를 보이고 있다.

만약 이번 사태가 비교적 장기간 금융시장에 부정적 영향을 준다면 그것은 골드만삭스의 사기사건 자체보다도 이를 계기로 각국의 금융당국이 규제를 강화하려는 움직임이 본격화될지 모른다는 우려 때문일 것이다.

이러한 분위기를 반영하듯 우리나라에서도 최근 은행세 도입문제가 본격 거론되기 시작했는데, 마침 이번 주 워싱턴에서 열리는 주요 20개국(G20) 재무장관 및 중앙은행 총재회의에서 금융규제와 관련, 어떤 논의가 진행될지 지켜봐야 할 것이다.

■ 출처 : 한국경제신문, 2010. 4. 19. 수정인용

금융기관

금융기관은 자금의 수요와 공급을 매개하여 자금중개기능을 수행하는 기구이다. 이들은 자금이 효율적으로 배분되게 하여 경제 전체의 후생이 늘어나게 하는 역할을 한다. 금융기관이 하는 기능을 정리해 보자. 첫째, 금융거래에 소요되는 탐색비용과 거래비용 등을 줄여주고 적절한 자금운용 및 차입기회를 거래자에게 제공하고 투자자에게는 금융상품을 언제라도 현금화시킬 수 있게 해주고 안전성도 높여준다. 둘째, 금융기관은 금융상품의 가격, 즉 금리나 주가 등의 결정에 참여하여 자금수요자의 신용과 수익성 등에 관한 각종 정보를 전달한다. 각종 정보는 시장참가자들에게 위험을 잘 관리할 수 있도록 도와주는데, 이런 면에서 금융기관은 자금의 활발한 융통을 통한 경제활동의 촉진이라는 금융시장 본연의 기능이 원활히 작동될 수 있도록 하는 금융제도의 중추라고 할 수 있다.

금융기관은 오랜 역사를 통해 그때그때 사회의 요구에 부응하여 발전되어 왔으며 발전과정에서 금융기관 사이에 분업이 나타나게 되었다. 금융기관은 취급하는 금융서비스의 성격에 따라 은행과 비은행 예금취급기관, 증권회사, 보험회사, 기타 금융기관 등으로 나누어지는데 〈표 3-2〉와 같이 정리할 수가 있다.

역사 속 경제이야기

기업대출에 전념하던 은행이 최근 지주금융회사가 된 이유는?

세계대공황의 촉매제가 주식의 과잉열풍의 붕괴로 시작된 것은 모두 아는 사실이다. 그런데 그 배경에는 은행들이 막무가내로 자금을 조달하여 주식투자를 한 것도 그 원인이었는데, 즉 은행과 주식회사의 업무영역의 구분도 없는 20세기 초반의 미숙한 금융제도가 낳은 결과였다. 이러한 잘못에 대한 반성으로 대공황 이후에 금융기관규제법인 은행법(Glass-Steagall Act)이 엄격히 시행되었다. 이 법의 주요 내용은 업무영역의 구분과 이자율제한제도 등을 중심으로 하는 금융산업에 관한 규제였는데, 이 법에 의거하여 금융산업은 전통적으로 은행업 · 보험업 · 증권업을 3대 축으로 하여 발전해 왔다.

그러나 1960년대 들어와 인플레이션이 발생하자 이자제한에 묶여 실질금리가 떨어지는 은행의 금융상품에서 증권회사로 자금이 이동하는 현상이 나타났다. 이것을 막고자 은행도 MMF 등의 양도 가능한 수익자산 등을 만들면서 금융기관 간의 구분이 모호해지게 되었다. 오늘날 세계의 금융산업은 전자통신기술의 발달과 함께 고객수요의 다양화와 규제완화 등의 영향으로 대형화 · 겸업화 · 증권화현상이 확산되고 있다. 특히 금융기관 간 인수 · 합병과 전략적 제휴를 통한 겸업화가 급속히 확대되고 있으며, 이로 인해 은행 · 증권 · 보험 업무를 통합하여 운용하는 금융서비스가 나타나고 있다. 이러한 금융환경의 변화에 대응하여 우리나라의 금융기관들도 대형화와 겸업화를 추진하고 있다. 우리금융, 신한금융 등과 같은 지주회사의 탄생이나 은행에서 보험상품을 판매하는 방카슈랑스(bancassurance)의 시행 등이 그 사례라고 할 수 있다.

표 3-2 한국의 금융기관의 분류

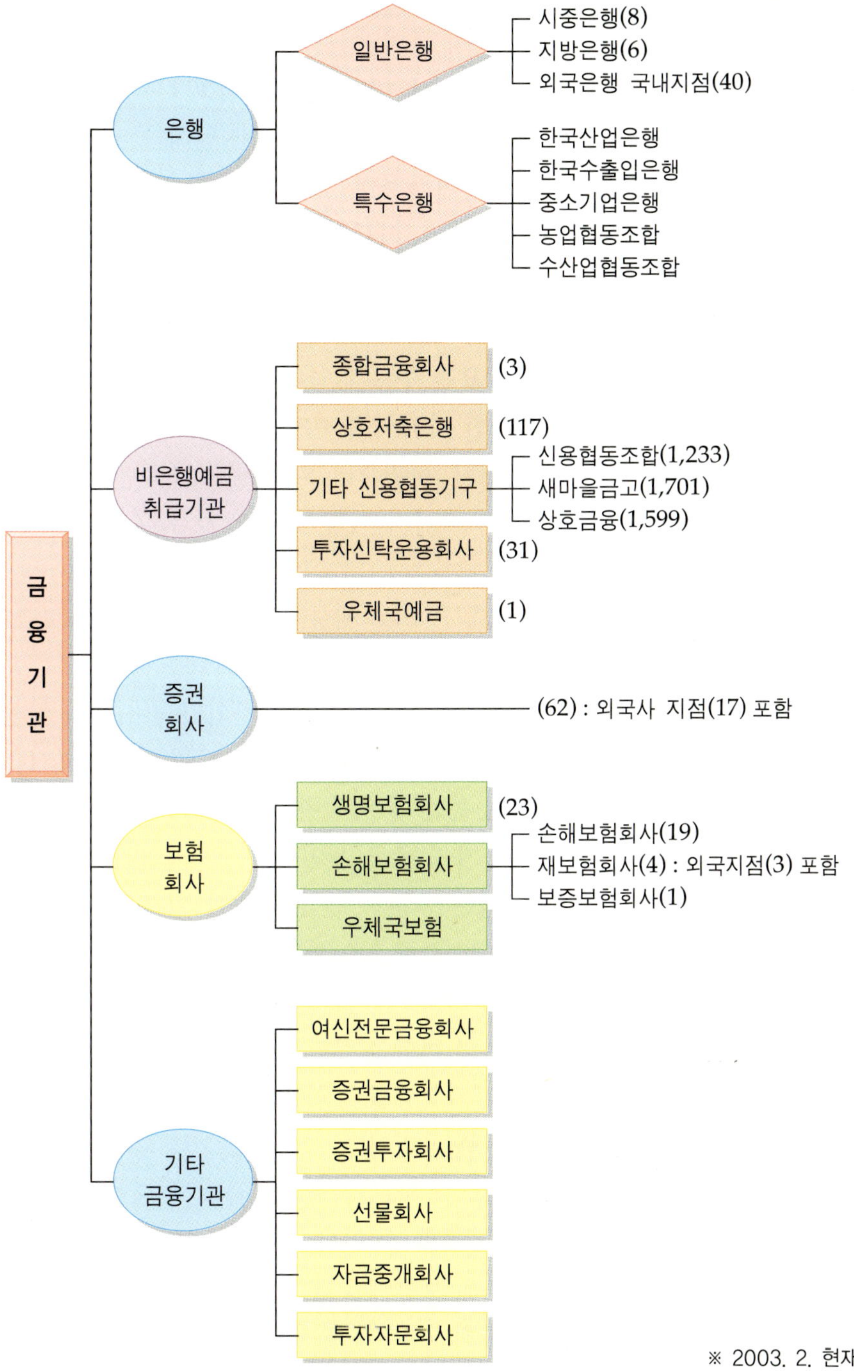

※ 2003. 2. 현재 인가기준임

금리, 즉 이자율

자금을 빌린 사람은 일정기간 돈을 빌려 쓴 것에 대한 대가를 지급하는데, 이를 금리 또는 이자라 하며, 이자의 원금에 대한 비율을 금리 또는 이자율이라고 한다. 예를 들어, 은행에 10만 원을 빌리고 1년 뒤에 11만 원을 갚는다고 한다면 대출자금에 대한 대가로 지불하는 1만 원이 이자이고, 대출금리는 이자 1만 원의 원금 10만 원에 대한 비율, 즉 10%이다. 금리가 어떻게 결정되는가에 대해서는 여러 학설이 있지만, 기본적으로 자금의 수요와 공급원리에 의해 결정된다고 할 수 있다. 즉, 금리도 돈을 빌리려는 수요가 공급보다 많으면 올라가게 되고, 반대로 돈을 빌려주려는 공급보다 수요가 적으면 떨어지게 된다.

먼저 자금의 수요는 주로 기업의 투자에 의해 결정된다. 경기전망이 좋아지면 이윤증가를 예상한 기업의 투자가 늘어나 자금에 대한 수요가 증가하고 금리는 올라가게 될 것이다. 한편 자금의 공급은 주로 가계의 저축에 의해 이루어지는데 가계의 소득이 적어져 저축이 줄면 자금의 공급이 줄어들어 금리가 오르게 될 것이다.

또한 물가가 오를 것으로 예상되면 돈을 빌려주는 사람은 같은 금액의 이자를 받는다 하더라도 그 실질가치가 떨어지므로 더 높은 금리를 요구하게 되어 금리는 상승하게 된다. 이밖에 금리는 차입자의 신용과 돈을 빌리는 기간 등에 따라 그 수준이 달라지는데 빌려준 돈을 못 받을 위험이 클수록, 그리고 차입기간이 길수록 금리가 높은 것이 일반적이다.

금리에는 여러 가지 종류가 있다. 우선 계산하는 방법에 따라 단리와 복리로 나누어진다. 단리는 단순히 원금에 대한 이자를 계산하는 방법이라면, 복리는 이자에 대한 이자도 함께 감안하여 계산하는 방법이다. 또한 금리는 물가변동을 고려하느냐에 따라 실질금리와 명목금리로 구분할 수 있다. 명목금리는 물가상승에 따른 구매력의 변화를 감안하지 않은 금리인데, 피셔가설에 의하면 명목금리=실질금리+물가상승률의 합으로 표시된다. 따라서 실질금리는 명목금리에서 물가상승률을 뺀 금리이다.

신문에서 종종 보게 되는 '마이너스금리'에 대해 생각해 보면 명목금리와 실질금리에 대해 잘 이해할 수 있다. 물론 시중은행에서 지급하는 금리가 마이너스인 것은 아니다. 즉, 보통예금에 지급되는 금리는 연 3% 정도인데, 이것이 바로 명목금리이다. 하지만 4%가 훌쩍 넘는 인플레이션율을 고려하면 실제 예금자가 손에 쥐게 되는 이자는 오히려 마이너스가 된다는 것이 '마이너스금리'의 내용이며, 이것이 실질금리이다.

생/각/넓/히/기 **수익률과 할인율은 어떻게 다른가?**

100만 원짜리 채권을 지금 산 뒤 1년 후 원금 100만 원과 이자금액 10만 원을 받는다면 이 경우 수익률$\left(=\frac{\text{투자수익}}{\text{투자원금}}\ \text{또는}\ \frac{\text{이자금액}}{\text{채권가격}}\right)$은 $\frac{\text{10만 원}}{\text{100만 원}}=0.1$, 즉 10%가 된다.

한편 100만 원짜리 채권을 현재 10만 원이 할인된 90만 원에 사고 1년 후 100만 원을 받는 경우에 할인율을 10%라 한다. 이것을 수익률로 바꾸어보면 현재 90만 원짜리 채권에 투자하고 1년 후에 원금 90만 원과 이자금액 10만 원을 받는 것과 같다. 따라서 할인율로 표기된 경우에는 정확한 금리비교를 위하여 수익률로 전환하여 사용할 필요가 있다.

할인율$=\frac{\text{할인금액}}{\text{채권가격}}=0.1$, 즉 10%이고,

수익률$=\frac{\text{이자금액}}{\text{채권가격}}=\frac{\text{10만 원}}{\text{90만 원}}=0.11$, 즉 11.1%가 된다.

제 4 장

경제학과 친구하기

총수요와 총공급 및 경제안정화정책

제 1 절 | 총수요와 총공급의 모형

생산물시장과 화폐시장과 총수요곡선

지금까지 제2장에서 생산물시장, 제3장에서 화폐시장을 공부하였다. 화폐시장의 변동은 이자율을 통해 생산물시장에 간섭하고, 생산물시장은 화폐시장에 변동을 일으켜 화폐경제에 간섭한다. 즉, 화폐시장에서 이자율이 하락하면 생산물시장에 투자가 증가하여 총수요의 증가로 국민소득이 증가한다. 증가된 국민소득은 화폐시장의 거래적 동기의 화폐수요를 증가시켜 이자율을 상승시키고, 다시 투자와 총수요에 영향을 미쳐 국민소득에 영향을 미친다. 따라서 두 시장을 동시에 분석하여 총수요(*AD* : Aggregate Demand)를 도출할 필요가 있다.

총수요는 한 나라 안에서 생산된 생산물에 대한 가계, 기업, 정부, 외국 사람들의 수요를 합친 것을 말한다. 총수요곡선은 다른 여건이 일정불변(부분균형을 전제)이라는 전제하에 각각의 물가수준에서 나타나는 총수요의 관계를 표시하는 곡선이 된다. 물가가 하락하면 총수요의 크기는 어떻게 될까? 물가가 하락하면 생산물시장에서 자산의 실질가치가 증가하고 증가된 자산(또는 富)은 소비를 늘려 총수요를 증가시킨다. 예를 들어, 한 가계가 1만 원의 현금을 가지고 있는데, 재화의 가격하락으로 4천 원이던 구내식당의 점심이 2천 원으로 하락한다면 점심으로 2그릇 반에서 5그릇까지 소비량을 늘릴 수 있게 된다. 이와 같이 물가의 하락은 소비자의 실질자산가치를 증가시켜 소비를 증가(실질자산의 효과…소비함수의 유동자산가설에서 논했음)시킨다. 또 물가의 하락은 외국상품에 대한 국내상품의 상대가격을 하락시켜 수출을 늘리고 수입을 줄여 총수요를 증가시킨다. 이와 같이 물가의 하락이 생산물시장에서 소비와 순수출의 증가로 총수요의 증가를 가져오는 효과를 자산효과와 무역수지효과라 한다. 한편 물가의 하락은 실질통화량을 증가시켜 이자율하락을 가져오고 이것이 투자의 증가를 통하여 총수요를 증가(케인스효과)시키게 된다. 지금까지의 논의를 종합해 보면 물가의 하락은 생산물시장의 총수요를 증가시키고, 화폐시장에서 실질화폐의 초과공급을 통해 이자율의 하락으로 인한 투자증가를 가져와 총수요를 증가시키게 되는 것을 알 수가 있다. 따라서 물가와 총수요의 관계는 반비례관계이므로 총수요곡선은 우하향한다. 이것을 정리하면 다음과 같다.

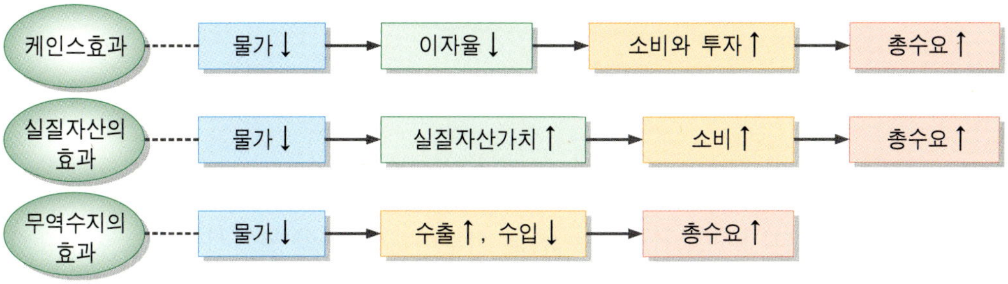

그림 4-1 물가변화에 따른 총수요곡선의 도출

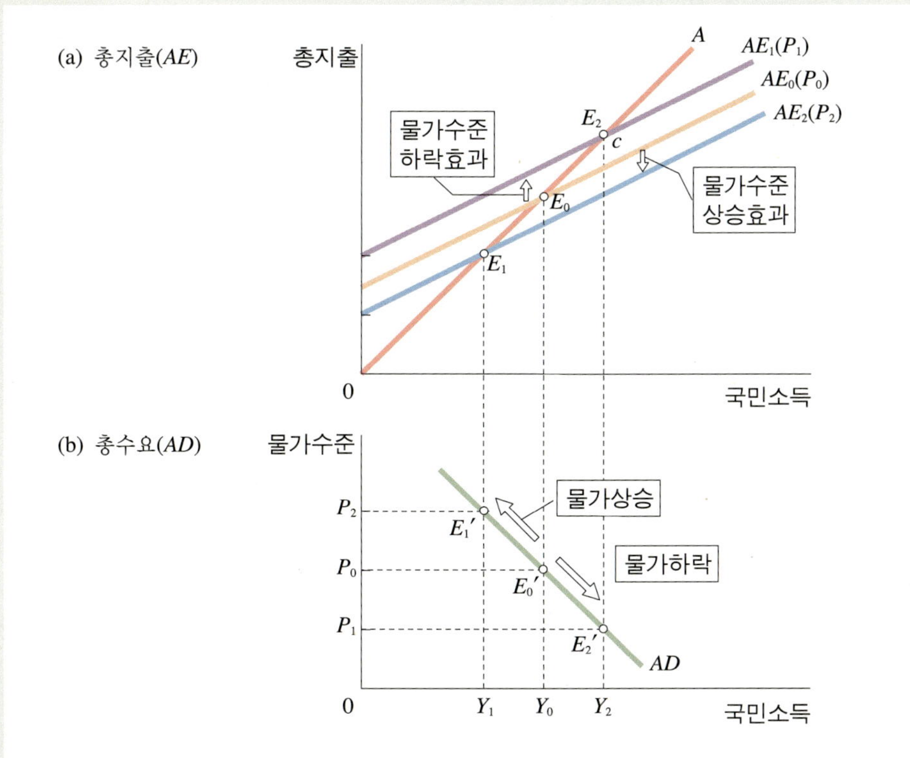

심/층/탐/구 고전학파의 총수요곡선

고전학파의 총수요곡선은 화폐시장의 균형상태에서 도출된다. 즉, 화폐수량설($MV=PY$)에서 $P=\frac{MV}{Y}$가 도출된다. 일정시점에 화폐량(M)은 고정되어 있고, 고전학파에서 화폐유통속도(V) 또한 고정되어 있기 때문에 고전학파의 총수요곡선은 분수함수로 나타나 총수요(AD)곡선은 직각쌍곡선이 된다.

따라서 고전학파의 경우는 화폐공급의 변화만이 AD 곡선을 이동시킨다. 그러나 케인스파의 경우에 화폐유통속도(V)는 가변적이기 때문에 총수요(AD)곡선은 직각쌍곡선이 아니다.

총수요곡선의 이동

총수요의 구성요소는 가계의 소비지출(C), 기업의 투자지출(I), 정부지출(G), 그리고 해외로부터의 순수출($X-M$)로 이루어진다. 만약 물가하락으로 총수요가 증가하여 국민소득이 커지면 총수요곡선을 따라 국민소득이 증가한다. 반면에 총수요를 구성하는 항목 $C+I+G+(X-M)$이 변화하게 되면 총수요곡선 자체가 이동하여 국민소득이 변화하게 된다.

이것을 식으로 표시하면 아래와 같다.

$$AD=f(P,\ C+I+G+NX,\ M)$$

(P : 물가수준, C : 소비지출, I : 투자지출, G : 정부지출, NX : 순수출, M : 통화량)

그림 4-2 총지출증가(a)와 총수요곡선의 이동(b)

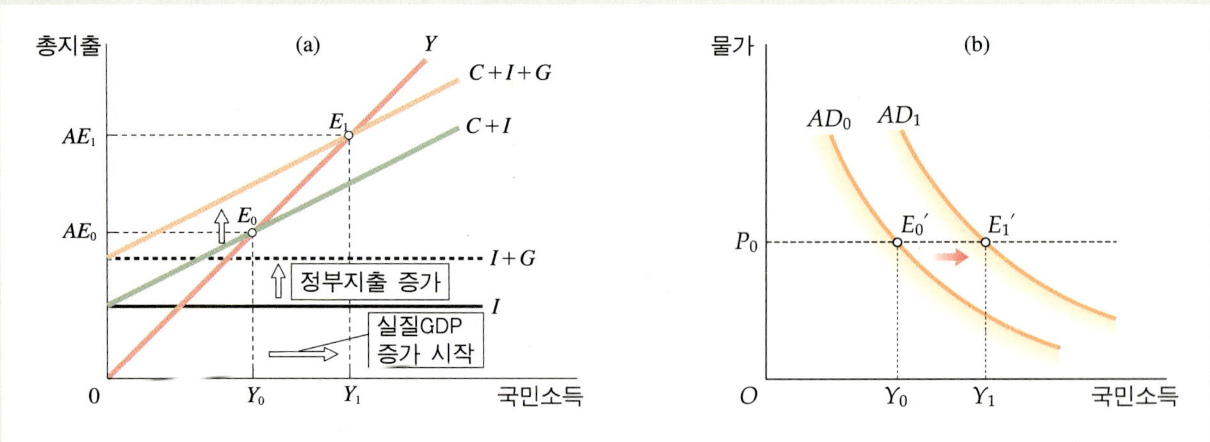

총수요곡선의 이동을 구체적으로 살펴보면 총수요를 구성하는 요소, 즉 소비지출, 독립투자, 정부지출이 증가하거나 해외로부터 순수출이 증가하면 총수요곡선이 우측으로 이동하여 국민소득이 증가한다. 반대로 구성요소가 감소하면 총수요곡선이 좌측으로 이동하여 국민소득은 감소한다.

노동시장과 총공급곡선

총공급(*AS* : Aggregate Supply)은 경제 전체에서 모든 기업이 생산하여 판매하고자 하는 생산물의 총량을 나타낸다. 즉, 물가 이외의 다른 요인이 일정할 때 각 물가수준에서 모든 공급자가 팔려고 하는 국민소득의 크기를 나타낸다. 총공급곡선은 생산물시장과 화폐시장을 통해 도출되는 총수요곡선과 달리, 노동시장(장기적으로는 자본시장도 포함)과 총생산함수를 통해 도출된다. 즉, 총공급은 기업이 노동자를 고용하여 생산현장에서 물건을 만들어 팔려고 하는 과정에서 나타나는 것이다.

총공급곡선은 학파별로 다르게 나타나기 때문에 여러 개의 총공급곡선이 도출된다. 케인스파의 총공급곡선은 두 가지로 나누어 생각해 볼 수가 있다. 첫째, 물가변화를 가정한 일반적인 상황을 전제한 총공급곡선이다. 물가가 상승하면 총공급의 크기는 어떻게 될까? 단기적으로 임금, 원자재가격 등은 고정되어 있는 것이 일반적이다. 임금, 원자재가격 등 생산비가 고정되어 있을 때 상품의 가격이 상승하면 기업은 생산량을 늘림으로써 더 큰 이윤을 얻을 수 있기 때문에 노동수요량을 늘리려 할 것이다. 그 결과로 노동시장에서 고용이 증가하고 고용량의 증가는 총생산과 국민소득을 커지게 할 것이다. 따라서 물가의 상승은 총공급의 증가를 가져오므로 총공급곡선은 우상향한다.

둘째, 극단적인 경우로 대공황과 같은 상황을 전제하여 물가가 고정되어 있는 단순모형의 총공급곡선이다. 만약 경제가 대공황과 같은 경기침체로 실업자도 많고 유휴설비가 많이 존재하는 상황에서는 물가가 약간만 상승해도 생산량은 많이 증가한다. 유휴설비가 많이 존재하는 상태에서는 기업들이 큰 비용의 증가 없이 생산을 증가시킬 수 있기 때문이다. 그러므로 유휴설비가 많이 존재하거나 생산수준이 낮을 때는 총공급곡선이 수평이거나 매우 완만한 기울기를 갖는 형태가 된다.

반면 경기호황으로 유휴인력도 별로 없고 거의 모든 생산설비가 가동되고 있는 상황에서는 생산량을 증가시키려면 생산설비를 확장하거나 고용량을 증가

그림 4-3 **변동물가-고정명목임금하의 총공급곡선**

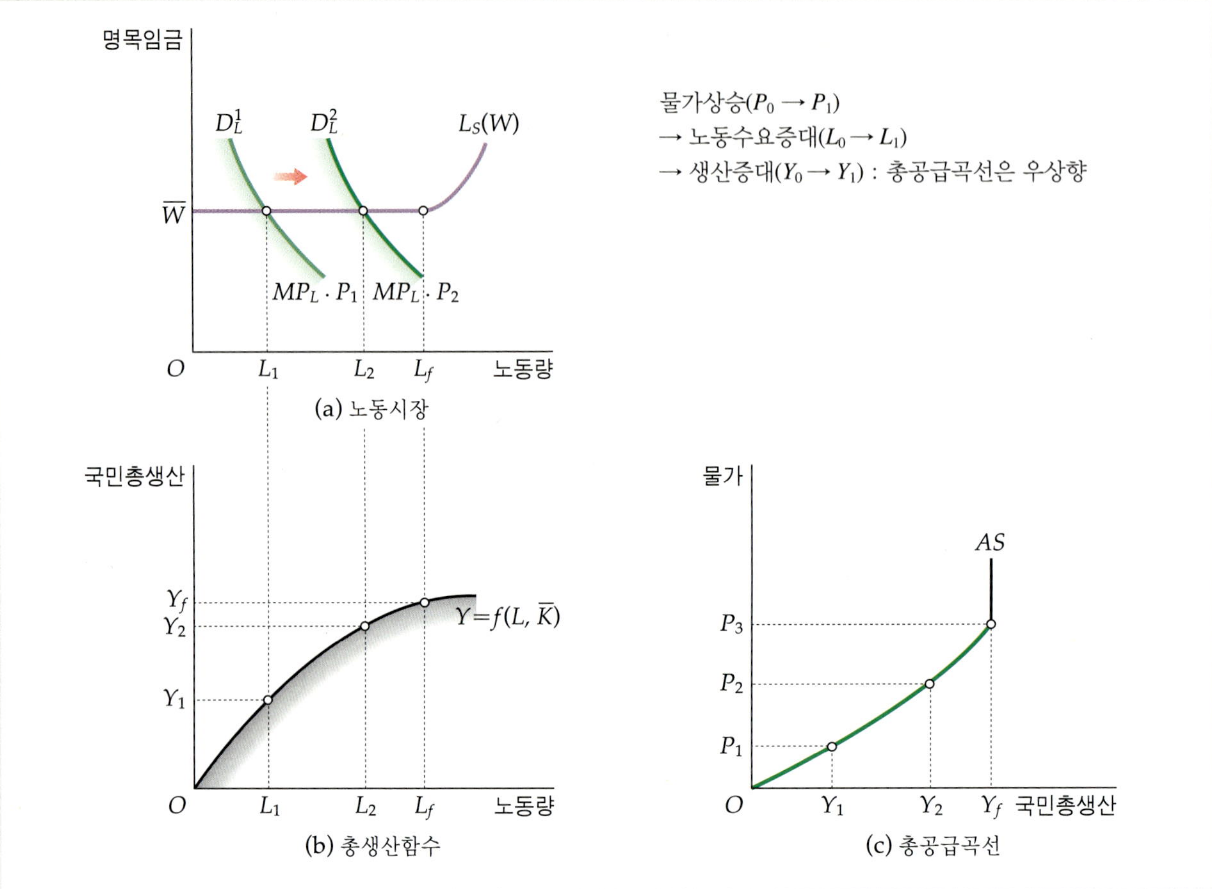

시켜야 하는데, 여기에는 많은 비용이 소요된다. 경제 전체의 산출량수준이 높을 때는 물가가 많이 상승해도 기업이 생산량을 증가시키기 어렵기 때문에 총공급곡선은 점점 수직선에 가까워진다. 따라서 유휴설비가 거의 없고 완전고용이 자동달성되는 것을 주장하는 고전학파의 총공급곡선은 수직이거나 수직에 가깝다고 할 수가 있다.

장기적으로 보면 총공급의 능력은 나라 전체의 노동량, 자본량, 자연자원, 기술수준 등에 의해 결정되기 때문에 물가와는 관계가 없다. 노동자의 수와 자본량과 기술수준이 주어져 있다면 물가가 상승하더라도 경제 전체의 공급능력은 변하지 않기 때문이다. 따라서 장기에 총공급의 크기는 물가와는 아무런 관계가 없기 때문에 장기총공급곡선(*LAS*)은 수직선이 될 것이다.

생/각/넓/히/기 **화폐환상과 총공급곡선**

케인스는 노동자들이 물가변화를 정확하게 인식하지 못하여 노동공급을 실질임금보다는 명목임금에 따라 결정하는 현상을 '화폐환상(money illusion)'이라 한다. 그러나 고전학파는 경제주체는 완전한 정보하에 행동하므로 노동공급과 수요는 실질임금에 따라 결정되고 임금과 물가신축성에 의해 노동시장에서 완전고용이 자동적으로 실현된다고 주장한다. 따라서 고전학파의 총공급곡선은 완전고용소득수준에서 수직이 된다.

반면 케인스에 의하면 화폐환상으로 인해 임금이 하방경직성을 가지기 때문에 완전고용이 실현된다는 보장이 없다. 또한 명목임금의 변화가 없어도 물가가 상승하여 기업의 노동수요가 증가하면 노동공급과 고용량이 늘어나 물가와 총공급은 비례관계가 되고 총공급곡선은 우상향하게 된다.

총공급곡선의 이동

요소시장과 생산함수를 통하여 총공급곡선을 도출할 때 노동자의 수와 임금, 원자재가격, 자본량과 기술수준 등은 일정하다고 가정하였다. 그런데 이것들이 변화하면 총공급은 변화하게 될 것이다. 먼저 단기적으로 물가가 상승하여 총공급이 증가하고 국민소득이 커지면 총공급곡선을 따라 국민소득이 증가한다. 반면에 총공급을 구성하는 요소시장과 생산함수의 변화가 일어나면 총공급곡선 자체가 이동하여 국민소득이 변화하게 된다. 이것을 식으로 표시하면 아래와 같다.

$$AS = f(P, P_f, Q_f, T, \cdots)$$

(P : 물가수준, P_f : 요소가격, Q_f : 요소량, T : 기술수준)

자본축적을 통해 자본량이 증가하면 주어진 물가수준에서 더 많은 생산물의 생산이 가능하므로 총공급곡선이 우측으로 이동한다. 또한 교육이나 기술훈련 등을 통해 노동자들의 생산성이 높아져도 주어진 물가수준에서 총공급이 증가하므로 총공급곡선이 우측으로 이동한다. 반대로 임금이나 원자재가격 등 요소가격이 상승하면 기업의 수익성이 떨어져 생산을 감소시키고자 할 것이므로 총공급곡선이 좌측으로 이동한다. 특히 원자재에 대한 의존도가 높은 한국의 경우 원유가격은 경제 전반에 큰 영향을 미치는데, 원유가격이 상승하면 총공급곡선이 좌측으로 이동한다.

생/각/넓/히/기 **애그플레이션**

시사토론회장에서 애그플레이션이라는 말을 듣고 사회자가 계란과 관계가 있는 경제용어냐고 되물은 적이 있는 단어이기도 하다. 2008년 바이오에너지의 원료로 옥수수를 사용하거나 대체에너지를 개발하기 위해 농산물을 실험하는 과정에서 식량부족이 발생하였다. 밀, 옥수수, 콩 등의 식량부족은 식량의 총공급곡선을 좌측으로 이동시켜 이것을 원료로 사용하는 모든 식품의 가격이 폭등하게 되었다. 이러한 현상을 나타내는 애그플레이션은 식량(agriculture)에 의한 물가상승(inflation)현상을 두 용어의 합성어 ag와 flation으로 합친 용어이다.

총수요와 총공급의 균형

생산물시장과 화폐시장에서 결정되는 총수요와 노동시장을 통해 도출되는 총공급이 일치하면 국민소득과 물가가 결정된다. 하지만 고전학파와 케인스파의 가정에 따라 총수요곡선과 총공급곡선이 다르므로 균형국민소득과 물가의 결정도 다르게 나타난다.

고전학파의 모형에서는 완전고용이 자동적으로 실현되어 총공급곡선이 완전고용소득수준에서 수직이 된다. 따라서 총수요가 증가하면 국민소득은 변화하지 않고 물가만 상승한다. 총공급곡선이 수평에 가까운 단순모형의 케인스파모형에서는 총수요가 증가하면 물가는 거의 변화가 없고 국민소득은 증가한다. 총공급곡선이 우상향하는 일반적인 케인스파모형에서는 총수요가 증가하면 물가는 상승하고 국민소득은 증가한다. 이것을 종합하면 고전학파의 경우에 국민소득은 총공급에 의해 결정되고, 그 후에 총수요와 만나 사후적으로 물가가 결정된다. 반면에 단순모형의 케인스파의 경우에 국민소득은 총수요에 의해서만 결정되고, 일반적인 케인스파모형에서는 총수요와 총공급의 상호작용에 의해 국민소득과 물가가 결정된다.

원유를 포함하는 원자재가격은 국제시장에서 외생적으로 결정되며 인구증가,

그림 4-4 **학파별 총체적 균형**

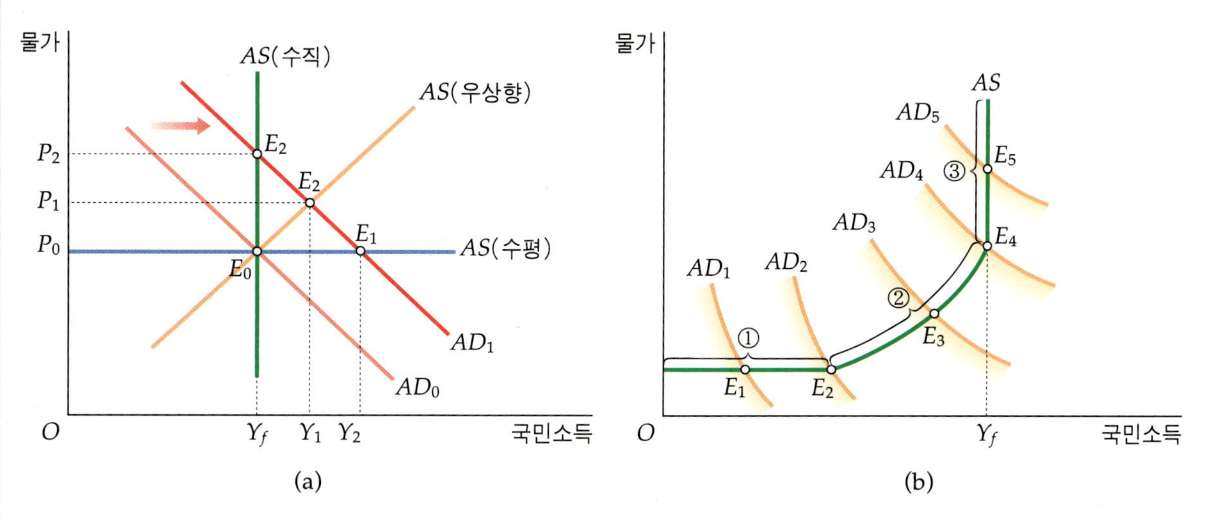

그림 (a)에서 보면 총공급의 능력이 충분한 수평의 *AS*곡선에서는 총수요의 증가가 국민소득의 변화로 나타난다. 반대로 수직의 *AS*곡선에서는 총수요가 증가해도 국민소득은 변하지 않고 오로지 물가상승으로만 나타난다.

여러 모양의 *AS*곡선을 하나의 그래프로 그리면 각각의 영역을 그림 (b)처럼 이름 붙일 수 있다. ①의 단순모형의 케인스영역에서는 총수요가 국민소득을 결정한다. ②의 일반적인 케인스영역에서는 총수요와 총공급의 크기에 의하여 국민소득이 결정되고, ③의 고전파영역에서는 국민소득은 총공급의 크기에만 의존하고 총수요는 물가를 결정할 뿐이다.

자본축적, 생산성 향상 등에는 오랜 시간이 걸리므로 정부정책을 통해 단기적으로 총공급곡선을 이동시키는 것은 거의 불가능하다. 그러나 정부가 정부지출을 늘리거나 세율을 인하하면 단기적으로 총수요를 쉽게 증가시킬 수가 있다. 따라서 정부의 경제정책은 거의 대부분 총수요를 조절하는 것이다. 유휴설비와 실업의 존재로 공급능력이 충분하다고 가정하여 단기분석에 초점을 두는 케인스파가 총수요조절을 강조하는 이유가 여기에 있다.

한편 총공급곡선의 이동을 보면 원자재의 가격이나 임금의 상승 등은 총공급곡선을 좌측으로 이동시킨다. 반대로 교육이나 인구증가로 노동력의 질이나 양이 증가하거나 자본축적이 이루어지거나 기술진보로 경제 전반의 생산성이 높아지면 총공급곡선이 우측으로 이동한다. 고전학파는 이용가능한 요소가 모두 활용되어 생산이 이루어지는 상태를 전제로 하기 때문에 장기의 공급능력향상에 초점을 둔다.

디플레이션 갭과 인플레이션 갭 : 국민소득결정이론의 규범분석

우리는 제1장에서 국가경제가 적정으로 생산할 수 있는 최대한의 생산수준의 국민소득을 잠재GDP라 하였다. 따라서 공급능력에 의해 결정되는 GDP가 잠재GDP이고, 수요에 의해 결정되는 GDP가 실제GDP가 된다. 현재의 GDP가 잠재GDP보다 작으면 경기침체상태가 된다. 반대로 현재의 GDP가 잠재GDP보다 크면 경기활황상태가 된다.

GDP갭＝잠재GDP－실제GDP

결국 경기침체상태에서는 수요가 부족한 상태라는 것을 알 수 있는데, 잠재GDP를 달성하는 데 필요한 총수요의 부족분을 디플레이션 갭(deflationary gap)이라 한다. 반대로 경기활황상태는 수요가 넘치는 상태인데, 줄여야 할 총수요의 초과분을 인플레이션 갭(inflationary gap)이라 한다. 따라서 디플레이션 갭을 해소하기 위해서는 총수요를 증가시켜야 하고, 인플레이션 갭의 문제점을 해결하기 위해서는 총수요를 감소시켜야 한다.

디플레이션 갭＝잠재GDP－잠재GDP에서의 총수요
인플레이션 갭＝잠재GDP에서의 총수요－잠재GDP

그림 4-5 디플레이션 갭(a)과 인플레이션 갭(b)이 존재할 때의 정책

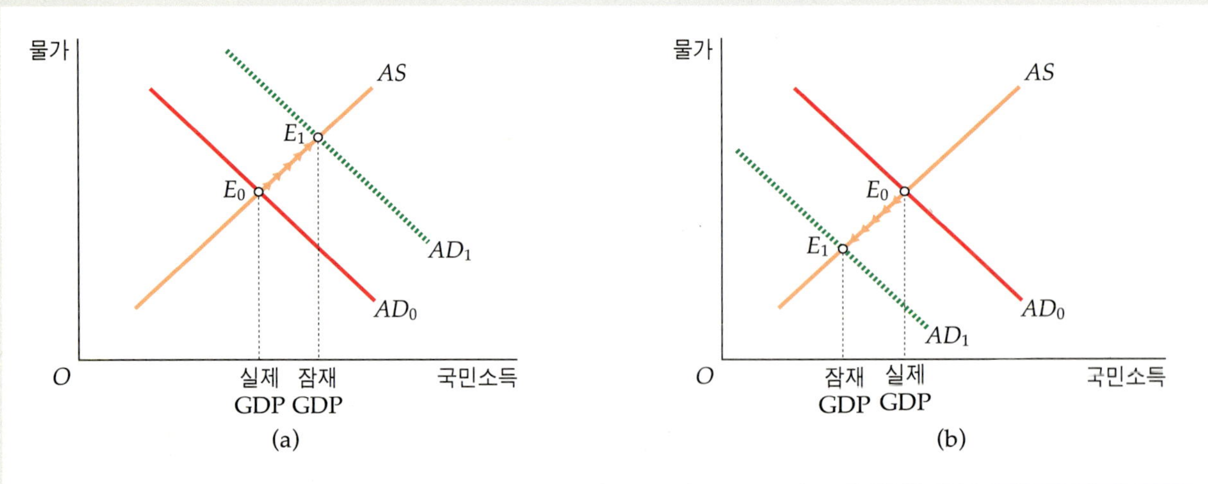

생/각/넓/히/기 **자동차엔진과 경제상태**

자동차가 적정의 속도로 운행할 때 엔진의 상태는 최적이 된다. 주행속도가 적정의 속도를 넘어 지나치게 빨리 달리는 경우에 목표지점까지 빨리 갈 수는 있지만, 엔진은 과열되어 사고의 위험성이 높아질 수 있다. 이러한 경우를 경기활황국면으로 비유할 수가 있다. 반대로 주행속도가 적정의 속도보다 낮아 느리게 달리는 경우에 목표지점까지 너무 늦게 도착하게 되어 약속을 지키지 못하는 문제점이 있다. 이러한 경우가 경기침체국면에 해당된다. 어느 경우나 손실이 발생한다고 할 수가 있다.

제 2 절 | 재정정책과 유효성 논쟁

경제안정화정책의 의의

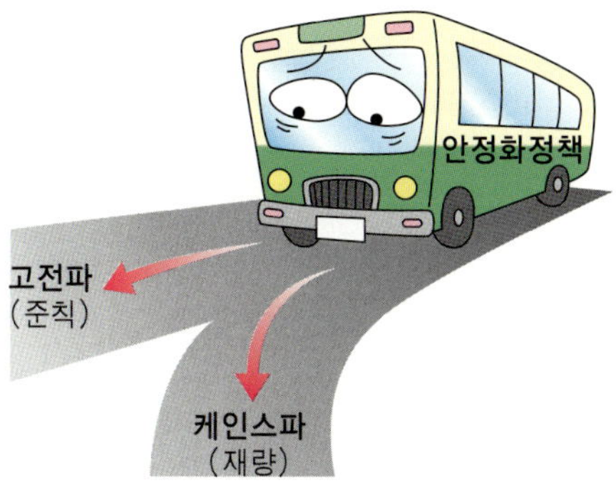

경제안정화정책이란 물가안정, 고용증대, 국제수지균형 등 경제안정을 위해 정부가 적극적으로 시행하는 정책을 말한다. 이것은 총수요를 변화시키는 총수요관리정책 또는 경기조절정책으로서 단기의 경제안정화정책이 있고, 총공급를 증가시키는 경제성장정책인 장기의 경제안정화정책이 있다.

일반적으로 거시이론에서 경제안정화정책이란 단기의 총수요를 변화시키는 재정정책이나 금융정책을 의미한다. 우상향의 총공급곡선을 가정하는 케인스파는 총수요의 변화가 국민소득의 변화를 가져오므로 경제안정화정책을 지지한다. 반대로 수직의 총공급곡선을 믿고 있는 고전학파는 총수요의 변화는 국민소득의 변화를 가져오지 못하고 물가만 상승시키므로 안정화정책은 불필요하기 때문에 자유방임정책을 선호한다. 안정화정책을 시행하는 방법은 불황대책으로 총수요를 늘려 고용을 증대하려는 확대정책과 경기과열대책으로 총수요를 줄여 물가안정을 가져오려는 긴축정책이 있다.

구분		곡선의 변화	학파	정책수단
경제안정화정책	재정정책	AD곡선 이동	케인스파	정부지출과 조세
	금융정책			통화량조절
경제성장(발전)정책		AS곡선 이동	고전파 조류	인력정책, 구조정책

재정지출과 재정지출승수

재정(public finance)은 정부의 경제로 세입과 세출이 핵심을 이룬다. 재정정책은 정부가 세율이나 정부지출의 증감을 통하여 총수요곡선을 이동시켜 완전고용, 물가안정, 그리고 경제성장 등의 정책목표를 실현하기 위한 경제정책이다. 정부지출은 댐 건설에 필요한 자재를 구입하거나, 자전거도로를 짓는 등 정부가 직접 재화나 서비스를 구입하는 것을 말한다. 정부가 상품에 대한 수요를 늘리면 총수요가 증가하므로 총수요곡선이 우측으로 이동한다. 그 예로 정부가 댐 공사를 하게 되면 건설업체의 인력고용이 증가하고, 시멘트와 철강 등에 대한 수요가 증가한다. 이에 따라 철강생산과 시멘트생산이 늘어나고 이들 업체에

그림 4-6 단순 케인스모형에서의 재정지출의 승수효과

최초의 균형점 E_0에서 정부지출이 ΔG만큼 증대하면 국민소득은 ① → ①′ → ② → ②′ → ③으로 이동하여 궁극적으로 E_1으로 파급된다.

정부지출의 증가(ΔG)는 총지출(AE : Aggregate Expenditure)을 AE_0에서 AE_1로 우측 이동시켜 국민소득을 Y_0에서 Y_1로 증가시킨다.

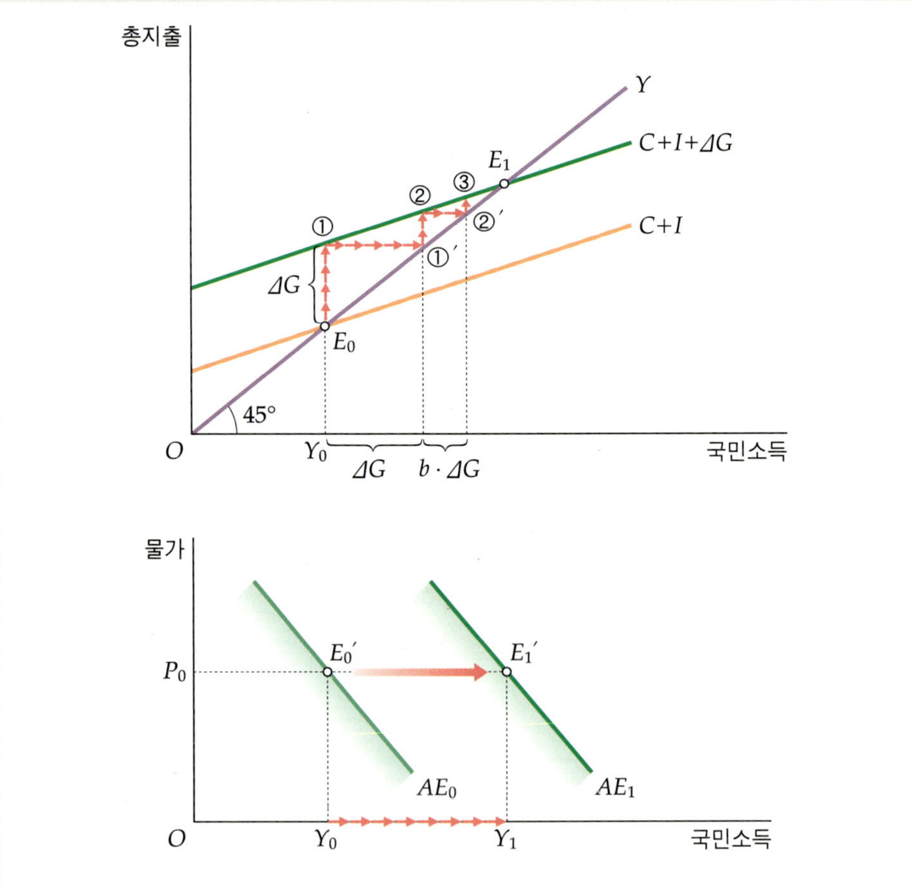

경제학자처럼 생각해보기 정부지출승수의 과정

정부가 불황극복을 위해 교량건설로 정부지출을 ΔG만큼 늘리고 민간의 한계소비성향이 $b\left(=\frac{\Delta C}{\Delta Y}\right)$일 때 소득증가분($\Delta Y$)을 계산하면 등비수열공식을 이용하여 아래와 같이 도출된다.

$$\begin{aligned}\Delta Y &= \Delta G + \Delta G \cdot b + \Delta G \cdot b^2 + \cdots + \Delta G \cdot b^n \\ &= (1 + b + b^2 + \cdots + b^n) \cdot \Delta G \\ &= \frac{1 \cdot (1-b^n)}{1-b} \cdot \Delta G \\ &= \frac{1}{1-b} \cdot \Delta G \ (\because \lim b^n = 0,\ 0 < b < 1)\end{aligned}$$

고용되어 있는 사람들의 소득이 증가한다.

소득이 증가하면 사람들은 증가된 소득을 양곡이나 술이나 내구소비재인 자동차를 교체하거나 에어컨을 새로 구입하여 소비지출이 증가하고, 이는 다시 총수요를 증가시키는 효과를 가져온다. 이와 같은 과정을 거쳐 총수요는 원래 정부지출이 증가한 것보다 훨씬 크게 증가하게 된다. 이처럼 정부지출이 국민소득의 몇 배를 증가시킨다는 점에서 이것을 정부지출승수(乘數)라 한다.

케인스적인 재정정책관의 발달

원래 고전학파는 전통적으로 세입과 세출을 일치시키는 균형재정이 가장 이상적이라고 주장하였다. 여기에 대해 케인스는 이러한 균형재정이 대공황과 같은 경기침체를 가져왔다고 비판하였다. 그 이유는 불경기시에 소득이 줄면 조세수입이 줄고 균형예산의 원칙을 지키기 위해서는 정부지출을 줄이게 되어 경기침체가 악화되는 정책함정(policy trap)이 발생하기 때문이다.

이러한 문제점을 해결하고자 케인스파는 정부지출승수에 근거하여 재량적 재정정책을 시행할 것을 권고한다. 즉, 균형재정이 가지는 한계인 정책함정의 모순을 피하기 위하여 정책당국이 경기침체나 경기호황 등의 경제상황에 따라 재량으로 시행하는 적극적인 정책수단이다. 이러한 주장에 기초하여 미국의 뉴딜정책, 일본의 시국구제비지출 등이 이루어졌다. 그러나 재량적 재정정책은 재량권의 남용이 발생할 가능성이 높고, 경제상황을 정확하게 인식하여 적절한 시점에 집행할 수 있는 시차를 정확하게 맞추기가 어려운 문제점이 있다. 따라서 이

그림 4-7 **자동안정장치**

- 경제가 활황국면
  조세증가, 정부지출감소
  → 국민소득의 감소
- 경제가 침체국면
  조세감소, 정부지출증가
  → 국민소득의 증가

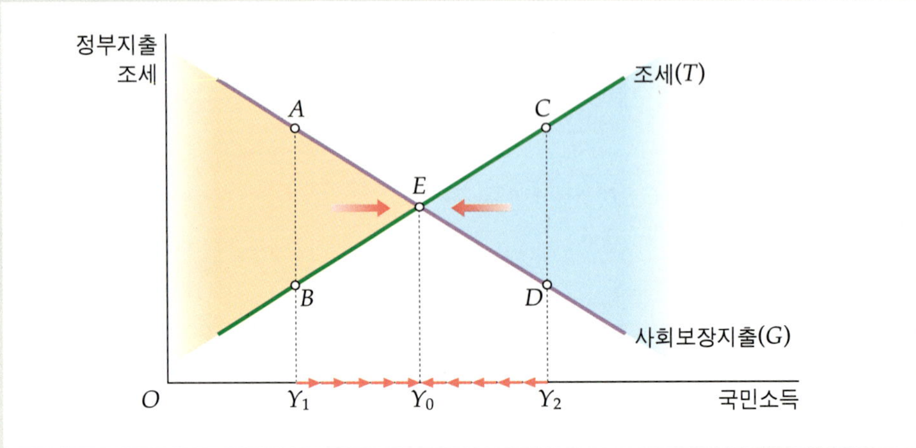

러한 문제점을 극복하고자 자동안정장치가 고안되었다.

자동안정장치는 재정구조 내에서 세율이나 정부지출이 경제상황에 따라 자동적으로 증감하는 성질을 이용하여 경기변동을 완화시키는 소극적인 경기조절 장치라 할 수 있다. 즉, 호황에서 소득이 증가하면 누진세율구조의 소득세나 법인세의 수입이 증대하여 민간의 과열경기를 진정시키고, 불황에서는 소득이 감소하면 실업수당이나 고용보험 등의 사회보장지출이 증대하여 민간의 구매력이 증가하여 수요를 증대시켜 경기침체의 진행을 억제할 수가 있다. 이러한 자동안정장치는 현대에 와서 원천징수제도의 발달에 따른 소득세와 법인세의 증대와 사회보장제도의 발달이 이루어지면서 그 효과가 커지게 되었다.

재정정책과 구축효과

유휴설비가 많아 생산증가에 따른 물가상승의 압력이 없는 단순모형의 총공급곡선하에서는 완전한 승수효과가 나타난다. 그러나 물가상승의 압력이 있는 경제에서는 확장재정정책으로 총수요곡선이 우측으로 이동하면 국민소득의 증가뿐만 아니라 물가도 동시에 증가한다. 그 이유는 확장재정정책으로 정부지출이 늘어나면 경제 전체의 총수요가 증가하여 물가가 상승하기 때문이다.

국민소득이 증가하고 물가가 상승하면 사람들은 더 많은 화폐를 필요로 하게 되어 화폐수요가 증가한다. 화폐공급량이 불변인 상태에서 더 많은 화폐를 가지려 하면 이자율은 상승한다. 이자율이 상승하면 기업의 자금조달비용이 높아지므로 기업의 투자가 감소하고, 민간의 소비지출도 감소한다. 즉, 정부지출증가로 총수요곡선이 우측으로 이동할 때 이자율상승으로 인한 구축효과로 민간투자가 감소하면 정부지출증가에 따른 총수요 증가가 일부 상쇄되므로 총수요곡선의 이동폭이 작아진다. 이와 같이 재정지출의 승수효과가 부분적으로 사라지는 효과를 구축효과(crowding－out effect)라 하는데, 프리드만이 케인스파의 정부개입의 이론적 근거를 비판하고자 주장한 이론이다. 이것을 정리하면 다음과 같다.

▲ 프리드만(1912~2006)

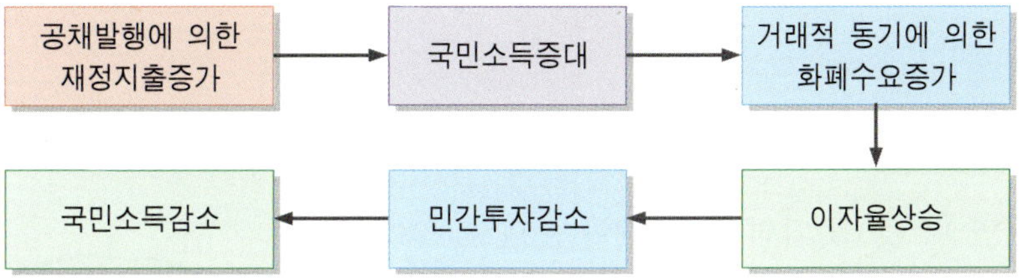

이러한 통화주의의 비판에 대해 케인스파는 승수효과보다 구축효과가 작기 때문에 정부의 안정화정책은 여전히 유효하다고 주장한다. 우리는 투자의 결정이론에서 투자에는 투자자의 기대수익률과 이자율이 중요한 영향을 미치는 것을 공부한 적이 있다. 케인스파가 승수효과의 유효성을 주장하는 이유는 투자가

그림 4-8 확대재정정책의 효과

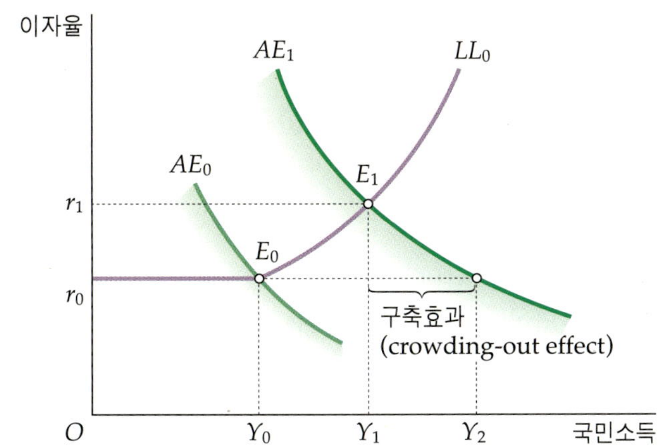

정부지출증가에 의한 확대재정정책으로 총지출이 AE_0에서 AE_1로 증가하면 소득이 Y_0에서 Y_2로 증가한다. 소득이 증가하여 화폐수요가 증가하면 화폐수요균형선(LL_0)을 따라 E_0에서 E_1으로 이동하여 이자율이 r_0에서 r_1으로 상승한다. 이자율의 상승은 민간투자의 감소(구축효과의 발생)를 가져와 국민소득은 Y_0에서 Y_1만큼만 증가한다.

이자율보다 기업가의 기대심리에 크게 영향을 받는다고 생각하기 때문이다. 즉, 정부지출의 증가로 이자율이 상승한다고 하더라도 민간은 경제가 상승국면이라는 신호로 받아들여 기대수익률이 상승하게 된다. 그렇게 되면 이자율의 상승에 의한 투자감소도 있지만 경기상승에 따른 기대수익률의 상승에 따른 투자증가도 있기 때문에 구축효과는 그렇게 크지 않다는 것이다.

한편 통화주의는 경제가 안정적으로 움직여지기 때문에 기대수익률의 변화가 크지 않다고 본다. 따라서 투자는 기대수익률보다는 이자율에 영향을 받는 정도가 크기 때문에 구축효과를 무시하고 정부가 개입하는 것은 바람직하지 못하다고 주장한다. 이것이 재정정책의 효과를 둘러싸고 일어난 구축효과 논쟁이다.

생/각/넓/히/기 정부는 우리의 조상?

잘되면 내 탓, 못되면 조상 탓이라는 속담이 있다. 요사이는 과거의 조상의 역할을 대신하는 것이 정부라고 할 수 있다. 1997년 IMF 외환위기 때만 아니라 경제가 조금이라도 나빠지면 많은 사람들은 무작정 정치하는 사람들이 부패해서 그렇다거나 정부가 무능해서 나라가 이 모양 이 꼴이라고 정부 탓을 하며 목소리를 높인다. 하지만 이렇게 정치가들 탓만 하는 것은 참신한 정치가들을 구분해서 뽑지 못한 시민들에게도 책임이 있다.

실업률이 너무 높다고 그 해결책을 제시하라는 여론이 높아진다고 가정해 보자. 정부가 실업을 줄이기 위해 사회간접자본에 대한 대량의 지출을 늘리면 사회간접자본을 건설하는 회사뿐만 아니라 거기에 따르는 파급효과는 경제 전체로 파급되어 경제가 활성화가 된다. 그러나 그 이면에는 정부지출의 증가로 돈이 너무 많이 풀려 물가가 상승하는 결과가 나타난다. 이때 실업자가 감소된 것은 내가 열심히 직장을 구하였기 때문이고, 물가가 상승한 것은 정부가 잘못하였기 때문이라는 비판이 쏟아지는 경우를 많이 보게 된다.

재정정책의 재원조달과 국가채무 논쟁

재정·금융정책의 재원조달에 따른 정부의 예산제약은 아래와 같이 표시된다.

$$G-T = \Delta M + \Delta B$$

(G : 정부지출, T : 조세, ΔM : 통화증가, ΔB : 공채발행)

즉, 정부가 재정적자를 시행할 때 그 재원은 중앙은행을 통해 빌리거나 민간에게 공채(Bond)를 발행하여 자금을 조달한다. 이때 중앙은행을 통해 빌리는 것은 결국 금융정책에 속하므로 순수한 적자재정의 재원조달수단은 공채를 통해 자금을 마련하는 것이다. 이렇게 재원을 마련하여 재정정책을 시행하는 경우에 그 효과에 대해서 각 학파가 주장하는 내용이 다르다.

전통적인 견해로 케인스파와 통화주의의 주장을 살펴보자.

케인스파에 의하면 적자재정의 재원을 조세를 통하여 조달할 것을 공채를 발행하여 조세부담을 줄여줄 경우 세금인하만큼 민간의 가처분소득이 증가하여 승수만큼 총수요를 증가시킨다. 여기에 대해 통화주의는 공채의 발행은 이자율 상승을 통한 구축효과를 초래하여 세금인하와 같은 재정정책의 효과는 그리 크지 않다고 주장한다.

새로운 견해로 새 고전학파의 재정정책 비판인 리카도의 대등정리(Ricardian Eguivalence Theorem)가 있다. 이것은 리카도의 주장을 새 고전학파의 배로(R. Barro)가 현대화시킨 정리로, 정부지출이 일정하게 주어져 있을 경우 정부지출의 재원조달방법의 변화(공채발행과 조세징수)는 민간부문의 경제활동에 아무런 영향을 주지 못하고 동일하다는 것이다. 즉, 정부가 조세를 발행할 것을 국공채로 전환하여 세금을 감면해준다 하더라도 합리적 기대(rational expectation)를 형성하는 경제주체는 국공채의 상환에 따른 부담을 미래의 조세증가로 인식하여 소비를 변화시키지 않고 저축만 증가시켜 민간부문에 아무런 실질적인 효과를 미치지 못한다는 것이다. 이 주장에 의하면 케인스파가 공채발행에 의한 재정정책이 효과적이라고 보는 이면에는 눈앞만 보는 근시안(myopic)적 소비자를 가정하여 공채를 미래의 부채로 인식하지 않고 눈앞의 자산으로 보기 때문이라는 것이다. 결국 케인스파는 공채를 민간의 부 또는 자산으로 파악하지만, 새 고전학파는 공채를 미래의 조세로 상환되어야 할 민간의 부채로 보는 점에서 차이가 있다.

여기에 대해 새 케인스파는 경제주체는 근시안적 소비자가 많아 20년 만기국채에 대해 소비자가 심각하게 고려하지 않는다고 비판한다. 뿐만 아니라 인구가 계속 증가하여 인구증가율이 양(+)이면 조세부담을 나누어 분담할 수 있기 때문에 부채를 가볍게 받아들여 소비를 늘리게 된다는 것이다.

제3절 | 금융정책과 유효성 논쟁

금융정책의 의의와 전달경로

금융정책(monetary policy)이란 중앙은행이 공개시장조작정책, 재할인율정책, 지급준비율정책 등의 방법으로, 통화량이나 이자율을 조절하여 민간의 자산구조를 변경함으로써 물가안정, 완전고용, 경제성장 등의 정책목표를 달성하려는 것을 말한다. 이때 금융정책의 전달경로를 보면 공개시장조작정책, 재할인율정책, 지급준비율정책 등의 수단을 동원하여 통화량이나 이자율 등의 중간목표를 통해 물가안정 등의 최종목표로 연결된다.

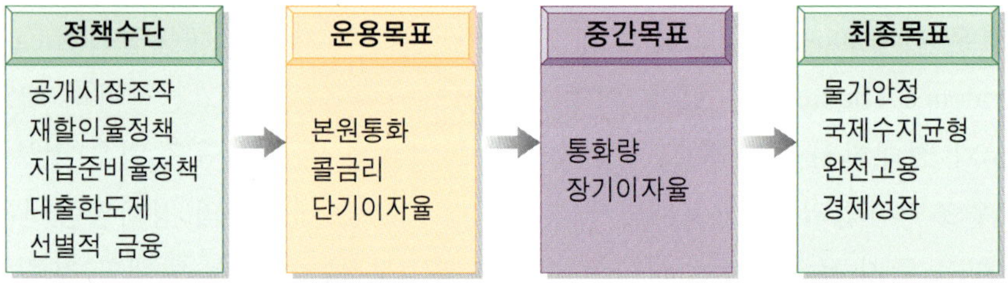

금융정책의 중간목표(intermediate target)는 통화당국이 최종목표와 안정적인 관계가 있다고 상정하여 그 값을 변화시킴으로써 최종목표에 영향을 주려고 하는 변수를 말한다. 일반적으로 통화량과 이자율이 주로 사용되는 데 학파별로 목표가 다르다.

케인스파는 금융정책의 전달경로를 통화량↑→ 채권구입↑→ 채권가격↑, 이자율↓→ 기업의 차입비용↓→ 투자↑→ 국민소득↑으로 본다. 즉, 통화량 → 이자율 → 투자 → 국민소득으로 연결되는 과정에서 이자율을 중간목표로 간주한다. 그 이유는 이자율의 고리가 국민소득으로 연결되기 때문이다.

한편 통화주의는 금융정책의 전달기구로 통화량↑ → 실물상품구입↑ → 실물상품가격(물가)↑→ 기업의 생산 및 소득↑으로 본다. 따라서 통화량의 변화

그림 4-9 케인스파의 금융정책의 전달기구

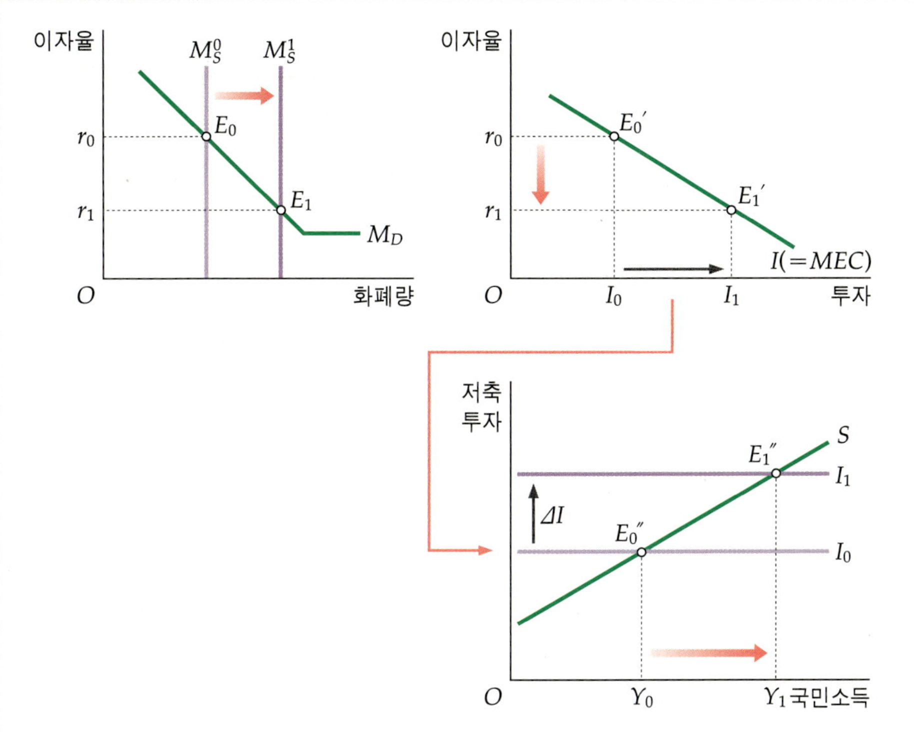

화폐시장에서 화폐공급량의 증대($M_S^0 \rightarrow M_S^1$)는 이자율하락($r_0 \rightarrow r_1$)을 통해 투자를 증대($I_0 \rightarrow I_1$)시켜 국민소득의 증가($Y_0 \rightarrow Y_1$)를 가져온다.

가 국민소득으로 연결되는 과정에서 통화량을 중간목표로 간주한다. 그 이유는 통화량의 고리가 바로 국민소득으로 연결되기 때문이다. 통화주의는 케인스파의 중간목표인 이자율하락을 위해 통화량을 증가시켜 물가가 상승하면 피셔가설에 의해 실질이자율에 예상 인플레이션율을 가산하여 명목이자율이 상승한다고 주장한다. 그러므로 이러한 과정을 통해 보면 이자율이 중간목표로서 부적절하기 때문에 통화량을 권고한다.

현실에서 중간목표선정을 두고 많은 논쟁이 있었다. 이자율목표의 한계는 호황기에 소득증가에 따른 화폐수요의 증가로 이자율이 상승할 수 있는데, 중앙은행이 이자율을 안정시키기 위해 통화공급을 늘리면 경기과열을 초래할 수 있다는 점이다. 또한 최근의 금융혁신으로 화폐수요함수가 불안정해지고, 유사화폐(near money)의 등장으로 통화지표선정의 문제가 어려워져 통화량목표는 더 큰 한계가 나타났다.

따라서 미국의 연방준비은행(FRB)은 1993년 통화량지표를 포기하고 연방기

금금리를 중심지표로 사용하고 있다. 이러한 배경에는 실물부문의 불안정성보다 화폐부문의 불안정성이 더 크다는 판단이 깔려 있다. 우리나라도 1998년부터 중간목표관리제 대신에 운용목표(operating target)를 하나 더 설정하여 물가안정목표제(inflation targets)를 채택하고 있다. 즉, 물가목표전망을 토대로 매월 운영목표인 단기금리(콜금리)수준을 결정 · 공표하고 있고, 통화량은 정보변수로만 활용하고 있다.

생/각/넓/히/기 **적정의 통화공급을 어떻게 결정하는 것이 좋을까?**

테일러가 주장한 통화공급의 규칙(Tailor rule)은 통화공급량을 인플레이션율과 국민소득의 관계에서 결정하자고 주장하였다. 즉,

$$r = 2 + 0.5(\pi \ \ - 2) - 0.5 \times \text{GDP 갭}$$

(r : 금리, π : 인플레이션율)

이 규칙에 의하면 인플레이션이 1% 상승하면 금리를 자동적으로 0.5% 인상시키고, GDP 갭이 1% 증대하면 금리를 0.5% 인하시키면 된다.

금융정책의 경제적 효과

금융정책이 경제에 미치는 효과를 검토해 보자. 우선 중앙은행이 예금은행이 보유한 국채를 매입하여 통화공급을 증가시킨다고 가정해 보자. 통화공급량이 증가하면 화폐시장에서 초과공급이 발생하여 이자율이 하락한다. 이자율이 하락하면 기업의 자금조달비용이 감소하여 기업들의 투자가 증가한다. 또한 이자율의 하락으로 가계 또한 낮은 이자율로 소비자금을 빌릴 수 있으므로 사람들이 주택이나 자동차 등을 더 많이 구입하려고 할 것이고, 그에 따라 소비지출도 증가한다.

결국 확장금융정책을 시행하면 이자율의 하락으로 기업의 투자와 가계의 소비가 증가하고, 총수요가 증가하여 총수요곡선이 우측으로 이동한다. 총수요곡선이 우측으로 이동하면 물가는 상승하고, 국민소득은 증가한다. 반대로 긴축금융정책을 시행하면 이자율의 상승으로 기업의 투자와 가계의 소비가 감소한다. 이렇게 되면 총수요가 감소하여 총수요곡선이 좌측으로 이동하여 물가는 하락하고, 국민소득은 감소하게 된다.

금융정책의 유효성 논쟁

금융정책의 유효성에 대해서도 학파별로 견해를 달리하고 있다. 케인스파의 견해를 보면 통화량의 변화는 이자율을 통해 투자 등의 실물경제에 영향을 준다는 점에서 일반적인 경제상황에서는 금융정책은 유효하다. 그러나 불황에서는 그 효과가 제한된다. 그 이유는 화폐수요의 이자율탄력성이 ∞인 유동성 함정이나 투자수요의 이자율탄력성이 0인 투자함정에서는 금융정책은 효과가 전무하기 때문이다. 따라서 케인스파는 경제환경의 변화에 맞추어서 정책담당자의 합리적 판단에 따라 신축적으로 이루어지는 재량적 금융정책을 주장한다.

통화주의의 견해는 통화량의 변화는 직접적으로 국민소득에 영향을 미친다는 것이다. 단기에서 통화량은 한 경제의 실질국민소득수준과 물가수준의 양자를 모두 결정한다. 그러나 장기에서는 화폐의 중립성이 성립한다. 즉, 장기의 산출고는 자연산출고로 이것은 생산요소의 부존량과 기술수준에 의해 결정되므로 통화량의 증가는 장기에는 물가에만 영향을 미친다. 결국 통화량의 변화는 반드시 물가에 영향을 미쳐 명목국민소득에 영향을 주기 때문에 재량에 의한 금융정책을 사용할 것을 반대한다. 특히 통화주의는 준칙에 입각한 금융정책을 주장하는데, 그 배경에는 길고 불확실한 시차가 존재하기 때문이다.

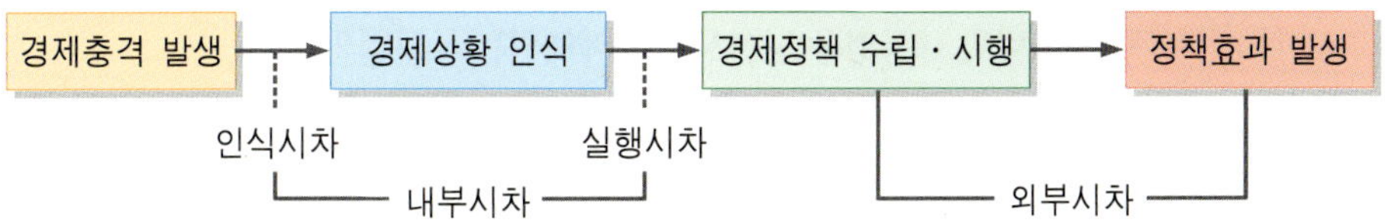

생/각/넓/히/기 **정책 간 시차(time-lag)비교**

내부시차는 정책당국 안에서 소요되는 시차로, 경제상태를 인식하는 시차와 정책을 집행하는 실행시차가 있다. 인식시차는 재정과 금융정책 모두 비슷한 시간이 소요된다. 실행시차는 금융정책은 통화당국이 단독으로 실시하므로 시차가 짧지만, 재정정책은 국무회의의 의결을 거치고 국회의 동의도 필요로 하므로 시차가 길다. 정책당국의 외부에서 소요되는 외부시차의 경우에 금융정책은 통화량이 여러 경로를 통해 간접적으로 영향을 주기 때문에 시차가 길다. 그러나 재정정책은 조세와 정부지출이 직접적으로 총수요에 영향을 주기 때문에 시차가 짧다.

제4절 | 경제안정화정책과 유효성 논쟁

재정정책과 금융정책의 차이

확장 재정정책이나 확장 금융정책을 실시하면 물가가 상승하고 국민소득은 증가한다는 점에서 두 정책은 동일한 효과를 가진다. 그런데도 두 정책을 따로 공부하는 이유가 무엇일까? 확장 재정정책을 시행하면 이자율이 상승하므로 민간투자, 민간소비 등이 줄어드는 구축효과가 발생한다. 따라서 정부부문이 증가하는 반면에 민간부문이 차지하는 비중이 작아진다. 반면 확장 금융정책을 시행하면 이자율이 하락하므로 오히려 민간투자와 민간소비가 증가한다. 결과는 한 나라 경제에서 민간부문이 차지하는 비중이 증가한다는 것이다. 그러므로 시장의 효율성에 기초하여 정부개입의 비효율성을 주장하는 고전학파의 조류는 금융정책을 선호한다. 반대로 시장의 불완전성에 기초하여 정부개입의 필요성을 주장하는 케인스파의 조류는 재정정책을 선호한다.

생/각/넓/히/기 **오바마 대통령을 당선시킨 킹메이커는 누구일까?**

미국의 정당은 경제적인 관점에서 보면 시장을 지지하는 공화당과 정부개입을 선호하는 민주당으로 나누어진다. 총기를 규제하자는 안건에 대해서도 공화당은 민간의 자율성을 강조하여 규제에 반대하고, 민주당은 민간의 활동에 개입해야 한다는 점에서 규제하자는 견해가 지배적이다. 이러한 관점을 거시경제학적으로 연결시키면 공화당은 고전학파의 견해를 지지하고 민주당은 케인스파를 지지하는 것이 일반적이다. 이와 같은 사조를 반영하여 미국을 둘러싸고 있는 경제여건이 좋지 못하면 민주당이 집권할 가능성이 높고, 반대적 상황이면 공화당이 유리하다. 대공황 시에 민주당의 루스벨트 대통령이 집권한 것처럼 2007년의 리만 브라더스로부터 출발한 세계적 금융위기가 오바마 대통령 후보에게는 집권에 가장 큰 원군이 되었다고 할 수 있다.

재정정책과 금융정책의 유효성 비교

현재 경기가 침체상태에 있기 때문에 총수요를 증가시킬 필요가 있다고 하자. 재정정책과 금융정책 중에서 어떤 것을 실시하는 것이 더 바람직할까? 이 점에 대해서는 경제학자들 간에 견해가 엇갈리고 있다.

고전학파는 투자가 이자율에 민감하게 반응하고 화폐수요는 소득에만 영향을 받으므로 화폐수요가 이자율에 대해 비탄력적이라고 본다. 이때 확장 재정정책을 사용한다면 정부지출의 증가로 이자율이 상승하면 이자율에 민감하게 반응하는 투자가 크게 감소하여 재정정책은 효과가 거의 없다. 한편 확장 금융정책을 사용하면 증가된 통화량은 화폐수요함수가 안정적이어서 이자율과 관계가 없이 바로 지출로 연결되어 국민소득의 증가와 물가상승을 유발시키게 된다. 따라서 재정정책보다는 금융정책을 선호한다. 그러나 이때 주의할 것은 금융정책은 단기적으로 국민소득에 영향을 미치지만 장기적으로는 반드시 물가안정을 해치기 때문에 재량에 의한 금융정책보다는 준칙에 의한 금융정책을 선호한다. 또한 고전학파 조류의 학자들은 궁극적으로 총수요관리정책보다는 총공급을 증가시킬 수 있는 정책을 시행할 것을 주장한다.

▲ 유동성이 사라지는 덫

한편 케인스파는 투자가 이자율보다 기대수익률에 더 민감하게 반응하고, 화폐수요는 투기적 동기에 의해 소득보다 이자율에 대해 민감하게 반응하여 탄력적이다. 이때 확장 금융정책을 사용한다면 통화량의 증가로 이자율이 하락하면 투자가 증가하여 총수요가 증가한다. 그러나 대공황과 같은 상황으로 경제의 불확실성이 증가하면 통화량을 증가시켜도 사람들의 화폐에 대한 선호가 너무 커 화폐수요가 무한대가 되는 유동성 함정이 발생하므로 이자율의 하락효과가 없다. 또한 이자율이 하락한다고 하더라도 경제의 불확실성의 증가로 기대수익률이 감소하면 투자가 증가한다는 보장이 없기 때문에 금융정책은 그 효과가 매우 불투명하다. 따라서 경기침체로 매우 불확실한 경제상황에 처해 있는 실업자를 구제하기에는 그 정책이 매우 불확실하다는 것이 금융정책보다 재정정책을 선호하는 이유이다. 한편 확장 재정정책을 사용하면 증가된 정부지출은 이자율과 관계가 없이 바로 지출로 연결되어 국민소득의 증가를 가져오고, 증가된 정부지출이 민간 기업에게는 기대수익률을 크게 하는 신호탄이 되어 기대수익률을 상승시켜 투자의 감소효과도 크지 않기 때문에 국민소득을 증가시키는 효과는 크다. 따라서 불황으로 갈수록 금융정책보다는 재정정책을 선호한다.

대부분의 경제학자들은 확장적인 재정정책과 금융정책은 모두 단기적으로 총수요를 증대시켜 국민소득을 증가시키는 효과가 있다는 점을 인정하고 있다. 단지 두 정책은 서로 다른 장단점이 있으므로 경제상황에 따라 바람직한 정책을 선택하거나 두 정책을 적절히 잘 조합하여 사용하는 정책혼합(policy mix)을 하는 것이 바람직하다고 할 수 있다.

경제학자처럼 생각해보기 **케인스주의자와 통화주의자들의 대결**

구두쇠들이 불경기를 몰고 온다고 보았던 케인스는 소비를 늘리기 위해서는 정부가 지출해야 한다고 주장했다. 케인스주의자들이 생각하는 국가경제를 자동차에 비유해 보자. 액셀레이터에는 '정부지출증가+세금인하'라 적혀 있고, 브레이크에는 '정부지출감소+세금인상'이라 적혀 있다. 정부가 액셀레이터와 브레이크를 적절하게 밟아가며 조심스럽게 운전할 경우 경제성장과 물가안정은 동시에 이루어질 것이다.

통화주의자들은 다음의 두 가지 측면에서 케인스주의자들을 비판했다.

(1) 국가경제라는 자동차의 액셀레이터와 브레이크는 정부지출이나 세금과 같은 재정정책(fiscal policy)이 아니다.

(2) 정부는 대개 형편없는 운전사이다.

통화주의자들의 자동차에도 액셀레이터와 브레이크는 달려 있다. 그러나 액셀레이터에는 '통화량증가'라 적혀 있고, 브레이크에는 '통화량감소'라 적혀 있다.

누가 운전석에 앉아야 하는가에 대해서도 통화주의자들은 이견을 제시한다. 케인스주의자들은 정부지출과 세금문제를 관장하는 국회가 운전대를 잡아야 한다고 주장했다. 그러나 통화주의자들은 금융계를 관장하는 연방준비은행(Federal Reserve Board. 우리나라의 한국은행과 같은 미국의 중앙은행. 줄여서 연준(Fed)이라고도 한다)이 운전대를 잡아야 한다고 주장한다.

1950년대에서 1970년대에 이르기까지 케인스주의자들과 통화주의자들은 실로 불꽃 튀는 격전을 벌여왔다. 밀턴 프리드만(M. Friedman), 카를 브루너(K. Brunner), 앨런 멜처(A. Meltzer) 등이 주도한 통화주의는 로크, 흄, 밀, 리카도 등에 이르는 쟁쟁한 정신적 스승들에 그 뿌리를 두었음에도 불구하고 처음에는 학계의 조롱거리가 되었다. 그러나 그들은 꾸준히 설득력 있는 연구결과를 발표하고 용감한 대학원생들을 배출하면서 케인스주의를 허물고 존경과 명성을 획득하기 시작했다. 그리하여 마침내 카터행정부 때는 국회의 촉구에 따라 연방준비은행장이 통화주의자들의 주장을 채택하기에 이른다.

승부는 어떻게 되었을까? 현재로서는 비긴 상태다. 오늘날의 연방정부는 액셀레이터 두 개와 브레이크 두 개를 합쳐 페달이 도합 네 개 달린 자동차를 몰고 다닌다.

▶ 출처 : 토드 부크홀츠 저, 이승환 역, 「죽은 경제학자의 살아 있는 아이디어」(김영사, 1994)

네덜란드를 휩쓴 튤립열풍

튤립은 원래 중앙아시아 고원지대에서 야생으로 자라던 꽃이다. 이것이 터키로 전해졌고, 동서양항로가 열리면서 1593년 네덜란드로 전파됐다. 화려한 튤립은 곧 귀족들의 정원용 화초로 인기를 끌었다. 그러다 17세기 초 튤립이 없으면 귀족과 부유층에 낄 수 없을 만큼 필수적인 꽃이 됐다. 특히 자주색이나 검은색 등 몇 가지 색깔이 교차하는 변종들의 인기는 더욱 컸다.

튤립은 꽃이 피기 전 알뿌리(구근)만 보고 어떤 색깔인지 알 수 없었다. 그러자 여유 있는 귀족들은 튤립뿌리를 무더기로 사들이기 시작했다. 튤립투기가 시작된 것이다. 투기열풍은 귀족을 거쳐 중산층과 서민층으로 확대되면서 말 그대로 '투기광풍'이 불기 시작됐다. 1633년부터 시작된 투기바람으로 가격은 하늘 높은 줄 모르고 뛰었다. 가격이 최고점에 이르렀을 때는 튤립뿌리 하나가 2,500굴덴이나 했다. 그 돈이면 호밀 두 수레와 살찐 황소 네 마리, 큰 돼지 네 마리, 양 열두 마리, 맥주 네 통, 포도주 두 통, 치즈 1,000파운드 등을 살 수 있을 만큼 큰돈이었으니 상상을 초월하는 정도였다. 지금과 비교하면 단돈 1천 원 정도하는 튤립 알뿌리 하나가 집 한 채의 가격만큼 오른 것과 비슷하다고 하니 얼마나 광적이었는지 알만하다. 증권거래소에서 튤립증권이 거래되었고, 온 국민이 손가락 하나 까딱하지 않고 부자가 되기를 기대했다.

이런 튤립열풍은 3년이나 계속되었다. 그러다가 1637년 어느 날, 몇몇 사람들이 생각처럼 높은 값에 튤립뿌리를 팔 수 없음을 깨달았다. 기겁을 한 사람들은 가장 유리한 가격에 자기가 가진 튤립뿌리를 모두 팔아치웠다. 그제야 사람들은 튤립뿌리가 정원에 심는 용도 말고는 전혀 쓸모가 없다는 것을 이해했다. 많은 사람들이 엄청난 혼란에 빠져들었다. 팔려고 하는 사람은 많은데 사려는 사람은 없어 튤립뿌리의 가격은 하루가 다르게 떨어졌다. 특히 나중에 돈을 벌면 이자를 갚을 수 있다는 생각에 빚을 얻어 튤립뿌리를 산 사람들의 피해는 이만저만 큰 게 아니었다. 튤립에 전 재산을 걸었던 60만 명이 하루아침에 파산의 비운을 맞게 됐다. 튤립광풍은 투기가 개인과 국가경제에 얼마나 큰 타격을 줄 수 있는지 잘 보여주는 역사적 교훈이다.

투자와 투기는 돈을 늘리겠다는 점에서는 같다. 하지만 투기는 짧은 기간에 큰돈을 벌겠다는 욕심이 크게 작용하며, 그 분야를 공부하고 연구하기보다 그저 남들이 하는 대로 무조건 따라간다. 투기는 자원을 비생산적인 쪽으로 이동시킨다. 튤립은 관상용 외에 특별한 가치가 없었지만 투기바람이 불자 서로 구입하려는 대상이 되면서 돈이 이곳으로 몰렸다. 투기는 가격의 폭등을 가져온다. 그러던 어느 날, "튤립은 그냥 꽃이다"라는 사실을 확인하는 순간 거품이 빠지고, 경제는 공황상태를 맞게 됐다.

■ 출처 : 니콜라우스 피퍼 저, 「청소년을 위한 경제의 역사」(비룡소, 2006) 참조

제 5 장

인플레이션과 실업

제 1 절 | 인플레이션이론

인플레이션의 개념 및 종류

일반 물가가 내려가는 경우를 디플레이션(deflation), 그 반대로 지속적으로 오르는 현상을 인플레이션(inflation)이라고 한다. 현대에 오면서 물가는 내려가는 것보다 오르는 경우가 많아 우리는 보통 인플레이션에 대해 더 많은 관심을 기울이고 있다. 19세기까지 경제는 농산물 중심의 경제였기 때문에 농산물의 가격신축성으로 인해 인플레이션 문제는 정책상의 문제가 될 수 없었다. 그러나 1930년대 세계대공황으로 인해 디플레이션과 실업해결이 경제학의 중요한 과제가 되었고, 1945년 이후 경제성장에 따른 인플레이션이 경제적 해악으로 등장하면서 인플레이션에 대한 이론 및 정책이 제기되었다.

인플레이션의 종류는 여러 가지 기준에 의해 다양하게 나누어질 수 있다. 첫째, 진행속도에 따라 물가의 상승속도가 연 2～3%에 머무는 서행(徐行)성(또는 완만성) 인플레이션, 물가의 상승속도가 연 10～수십% 이상인 주마(走馬)성 인플레이션, 물가의 상승속도가 연 100% 이상인 초(超)인플레이션으로 나누어진다.

둘째, 정부의 통제 유무에 따른 분류로, 물가상승이 눈에 보이는 개방형 인플레이션과 물가상승이 정부에 의해 통제되어 눈에 드러나는 물가상승이 없지만 제품의 질이 하락하여 실제적인 물가상승의 결과로 나타나는 억압형 인플레이션이 있다.

셋째, 경기상태에 의한 분류로, 완전고용상태에서 총수요가 증가하면서 생산은 증가하지 않고 물가만 상승하는 진정인플레이션(眞正 : true inflation)과 완전고용 이전의 상태에서 총수요의 증가로 생산증대와 물가의 상승이 동시에 일어나는 반인플레이션(半 : semi inflation), 그리고 경기침체 속의 물가상승현상인 스태그플레이션(stagflation)으로 나누어진다.

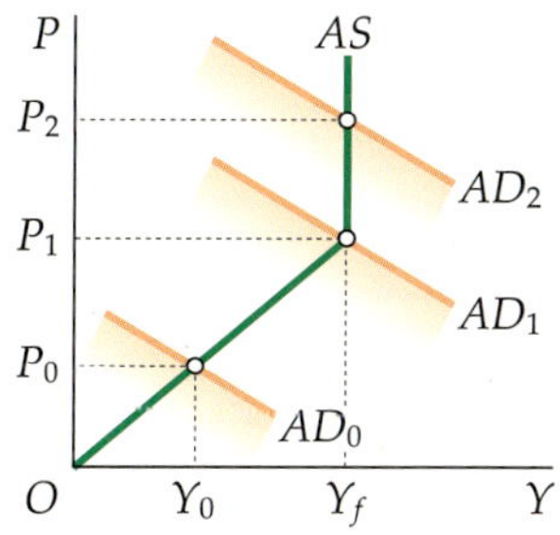

▲ 진정인플레와 반인플레

생/각/넓/히/기 **서행성 인플레이션의 이익과 폐해**

서행성 인플레이션이 일어나면 기업가로 하여금 낙관적 기대를 유발하여 생산과 고용이 증대할 수 있으나, 시간이 지남에 따라 동일한 효과를 얻기 위해선 인플레이션의 가속화가 필요하게 된다. 이러한 점을 하이에크(F. A. Hayek)는 마약복용과 인플레이션의 유사성으로 지적하면서 인플레이션의 지속성의 폐해를 주장한다. 마약복용이 위험한 것은 중독성뿐만 아니라 점점 더 강력한 효과를 원하게 된다는 것에 있는 것처럼, 인플레이션도 점점 더 높은 인플레이션율이 나타나야만 같은 효과를 얻게 된다는 점에서 심각한 문제가 발생하는 것이다.

역사 속 경제이야기

초인플레이션

초인플레이션(hyper-inflation)은 일반적으로 월 평균 물가상승률이 50%를 초과하는 경우를 말한다. 따라서 초인플레이션하에서는 1년 후면 물가수준이 100배 이상으로 높아진다. 물가가 심하게 오르는 국가에서 어떤 사람이 과일을 사기 위해 손수레에 돈을 싣고 시장에 갔었는데 과일을 고르기 위해 잠시 두리번거리는 사이에 돈은 그대로 두고 손수레만 훔쳐갔다는 일화는 인플레이션을 설명할 때 의례 등장하는 유명한 이야기이다.

제1차 세계대전이 끝난 1923년 독일의 경우, 빵 한 조각이 8백억 마르크, 쇠고기 한 조각이 9천억 마르크, 맥주 한 잔이 무려 2천80억 마르크였다. 노동자들은 하루치 임금을 손수레에 가득 싣고 물건을 사러 다녔지만, 그 돈으로 살 수 있는 것은 빵 다섯 조각에 지나지 않았다. 또한 맥주 한 잔을 마시는 동안에도 물가가 상승할까봐 미리 돈을 내고 맥주를 마셨다라던가, 돈의 가치가 너무 떨어져 돈을 땔감으로 사용하고 어린이들이 딱지 대신에 돈다발을 장난감으로 가지고 놀 정도였다는 이야기는 기가 막히는 상황을 묘사한 것이다. 독일은 할 수 없이 1백조 마르크 지폐까지 발행했다.

한편, 인류역사상 최고의 초인플레이션은 유고슬라비아에서 1993년 내전 중에 발생했던 연간 6천조 퍼센트의 물가상승률이다. 당시 유고슬라비아는 전비조달을 위해 조폐국을 24시간 내내 가동시켜 화폐를 발행하였으며, 화폐개혁도 20차례나 실시했다. 도무지 상상만으로는 실감이 나지 않는 이야기들이다.

■ 출처 : 「알기 쉬운 경제이야기」, 한국은행

인플레이션의 경제적 효과

인플레이션이 경제 전체에 미치는 효과는 매우 다양하게 나타난다. 먼저 인플레이션에 대한 예상 여부에 따라 경제적 효과가 어떻게 달라지는가 알아보자. 예상된 인플레이션이 지속되면 인플레이션으로 인해 생기는 피해를 막기 위하여 인플레이션 헷징을 하게 된다. 즉, 예상된 인플레이션이 있는 경우에 근로자는 실질임금의 하락을 막고자 임금인상을 요구하고, 기업은 가격을 올려 이것을 수용할 것이다. 결국 경제의 모든 부분에서 예상된 인플레이션에 대한 조정이 이루어진다면 경제의 명목변수에만 영향을 미칠 뿐 실질변수에는 영향을 못 미치기 때문에 사회적 비용은 그렇게 크지 않다. 그렇지만 이 경우 구두창비용과 메뉴비용 등이 발생하게 되는데, 이로 인하여 경제적 효율성이 떨어지게 된다. 구두창비용(shoe-leather cost)은 인플레이션에 직면한 경제주체들이 현금을 줄이는 과정에서 발생하는 자원의 낭비로, 은행에 발걸음 하는 것과 관련하여 시간이나 교통비 등이 소요되는 것을 말하는데, 자주 다니면 구두창이 빨리 닳는다는 데에 비유하여 유래한 것이다. 메뉴비용(menu cost)은 음식점에서 메뉴를 인쇄하는데 들어가는 비용에서 유래한 것으로, 인플레이션으로 기업들이 가격표를 자주 바꾸게 됨으로써 발생하는 비용이다. 또한 예상된 인플레이션의 경우 생산자금이 투기자금으로 몰리게 되고, 따라서 불건전한 경제상황이 만들어질 수 있다. 한편 예상하지 못한 인플레이션의 경우에 인플레이션의 부작용은 훨씬 커지게 된다. 이 경우 불확실성이 증대하면서 미래의 화폐가치를 하락시켜 경제주체들의 시간선호에 변화를 주게 되므로 장기계약을 회피하고 실물선호사상이 만연하게 된다.

생/각/넓/히/기 **'은근과 끈기'의 한민족이 가장 성급한(?) 민족이 된 이유?**

한국은 제2차 세계대전 후에 독립한 제3세계에서 가장 빠른 성장률을 보였다. 하지만 빠른 성장이란 필연적으로 인플레이션의 문제점을 수반한다. '대마불사(大馬不死)'라는 말이 보여주듯이 부채가 아무리 커도 기업들은 실물 덩치만 키우면 인플레이션으로 만회가 되었다. 또한 가계는 빚을 내어 집을 먼저 사두면 나중에 빚을 갚고도 그 이상의 큰 이익을 챙길 수 있었다. 결국 인플레이션이 기다림의 미학보다는 남보다 한 발 빠른 순발력이 부(富)로 연결되는 경제환경을 만들어준 것이다.

또한 인플레이션은 부(富)와 소득의 재분배를 가져온다. 인플레이션으로 인하여 화폐자산소유자, 채권자, 그리고 정규봉급자인 일반국민의 부나 소득은 실물자산소유자나 채무자인 기업이나 정부에게로 이전된다. 셋째, 국내 인플레이션으로 수출은 감소하고 수입은 증대하여 국제수지는 악화된다. 넷째, 실질소득의 변화가 없어도 인플레이션이 명목소득을 증가시키므로 과세구간을 올려 조세부담을 증가시키고 경제성장을 저해한다. 즉, 인플레이션은 자본이득을 과대평가해서 과다한 세금을 부과하여 민간의 근로의욕이나 저축활동을 감소시키고, 환물심리를 조장하여 기업이 생산활동보다는 투기활동에 더욱 관심을 갖게 하여 장기적인 경제성장을 저해한다.

한편, 정부는 재정수입증대를 위하여 조세에 의존하기보다 화폐발행에 의존하는 경우가 많다. 이와 같이 국민의 실질구매력을 감소시키는 인플레이션은 화폐에 대해 부과하는 조세와 같은 의미가 되는데, 이를 인플레이션조세(inflation tax)라고 한다. 이것을 식을 통해 설명해 보면 인플레이션이 높은 경제 2가 경제 1에 비해 세금효과가 3배나 크다는 것을 알 수가 있다.

(세율 : 25%)

구분	실질이자율	인플레이션율	명목이자율	세후 명목이자율	세후 실질이자율
경제 **1**	4%	0%	4%	3%	3%
경제 **2**	4%	8%	12%	9%	1%

생/각/넓/히/기 물가안정과 인플레조세

국민들이 재산과 소득을 빼앗겼다고 생각하는 경우는 크게 세 가지로 볼 수 있다. 도둑과 세금, 그리고 물가상승이다. 도둑맞은 물건은 때로는 되찾을 수도 있다. 세금은 국민의 의무일 뿐만 아니라 소득과 재산의 능력에 따라 비례적으로 징수되는 것이 일반적이다. 그러나 물가상승은 소득이나 재산과 관계없이 모든 사람에게 무차별적으로 이루어진다. 물가상승은 그 돈의 주소를 묻지 않는다.

이러한 점 때문에 물가상승은 저소득자나 정규봉급자에게 가장 가혹한 피해를 입힌다. 더구나 물가상승은 실물자산이 많은 부자들의 자산가치를 월등하게 부풀려주는 대신 저소득자나 서민들의 재산형성을 훨씬 어렵게 하여 빈익빈 부익부의 현상을 심화시킨다. 이를 보고 슘페터는 '인플레이션은 가장 가혹한 조세이다'라고 주장한 바 있다.

▶ 출처 : 한국일보, 1997. 7. 5.

인플레이션의 발생원인

인플레이션의 원인은 크게 총수요가 계속 증가하거나 총공급이 감소하는 두 가지로 나누어볼 수 있다. 총수요가 증가함으로써 나타나는 물가상승을 수요견인(demand-pull) 인플레이션이라 한다. 총수요의 증가는 확장 금융정책으로 통화량이 증가하거나 생산물시장에서의 지출의 증가로 구분된다. 즉, 총수요에 영향을 주는 요인으로는 통화량, 총지출, 인플레이션 기대심리 등이 있는데, 먼저 통화량이 증가하면 소비나 투자 등 수요가 늘어나게 된다. 공급능력이 제한되어 있는 경우 통화량 증가는 물가상승을 가져온다. 고전학파 조류에 의하면 통화당국이 화폐공급을 증가시키면 유휴자금이 발생하고, 이것은 화폐수요함수의 안정성(불필요한 자금을 가지지 않음)으로 반드시 지출되어 물가상승을 가져오게 된다. 이런 점에서 프리드만은 '인플레이션은 언제 어디서나 화폐적 현상이다(Inflation is always and everywhere a monetary phenomenon)'라고 말했다.

또한 케인스파는 확장 재정정책을 시행하거나 해외경기가 좋아져 순수출이 증가하면 총수요가 총공급을 초과하여 물가가 상승한다고 본다. 이 밖에 물가가 계속 오를 것으로 생각하는 인플레이션 기대심리도 물가가 더 오르기 전에 미리 사두려는 가수요와 부동산과 같은 실물자산에 대한 투기수요를 증가시켜 인

뉴스 속 현장경제

전 국민이 '배 곯는 백만장자'

모든 국민이 '백만장자'이면서도 빵 한 조각조차 사먹기 힘든 나라. 한때 아프리카의 부국이었던 짐바브웨의 국민들이 살인적인 인플레로 고통을 겪고 있다고 더 타임스가 8일 보도했다. 올해 짐바브웨의 공식적인 물가상승률은 1,000%에 육박한다. 전쟁을 겪지 않은 나라로는 사상 최고치이다. 수도 하라레의 공항에 도착하는 외국인은 10달러를 현지 화폐로 교환하는 순간 백만장자가 된다. 미국 돈 1달러는 짐바브웨 화폐로 10만 천 달러이다. 두루마리 화장지 한 롤은 15만 짐바브웨 달러(이하 동일), 빵 한 조각에 9만 달러, 닭고기 2kg에 180만 달러이다. 물가는 날로 치솟아 1주일에 80%가 오른다. 슈퍼마켓 계산대 앞에는 지폐가 가득 든 가방과 한 주먹의 식품을 손에 든 주민들이 줄 서 있다. 식당에서는 2인분 식사비 1,400만 달러를 테이블에 산처럼 쌓아놓고 계산이 끝나기를 수십 분간 기다려야 한다.

이러한 인플레의 뿌리에는 로버트 무가베(82) 대통령의 종신 집권 야욕이 숨어 있다. 2002년 무가베가 백인들의 토지를 몰수해 측근들에 배분한 이후, 농업생산량이 급격히 감소했다. 이는 수출감소로 이어졌다. 또 외국인투자도 끊겼다. 그런데도 26년째 집권 중인 무가베는 '100세까지 집권하겠다'며, 군대와 경찰의 월급을 조달하기 위해 곧 60조 달러를 더 찍어낼 예정이다. 한 시민은 '우리는 시한폭탄 위에서 살고 있다. 사람들이 불만을 억누르기 어려운 때가 올 것이다'라고 말했다.

■ 출처 : 조선일보, 2006. 5. 9. 수정인용

플레이션이 발생한다.

총수요부분과 달리 총공급부분에서 원가상승으로 인해 발생하는 물가상승을 비용인상(cost-push) 인플레이션이라고 한다. 생산원가는 임금, 이자, 부동산임대료 등의 요소가격과 조세, 그리고 원자재가격이나 환율 등에 영향을 받는다. 그 중 임금은 생산원가에서 차지하는 비중이 크고 물가에 영향을 크게 미치는데, 그 정도는 임금인상률과 노동자의 생산성에 따라 달라진다. 예를 들어, 임금이 5% 상승하더라도 노동자의 1인당 생산성이 10% 상승하였다면, 물가상승률은 임금인상률에서 생산성증가율을 뺀 값이므로 생산원가가 5% 정도 줄게 되어 인플레이션의 요인이 아니다. 그러나 임금이 5% 인상되었는데 1인당 생산성이 전혀 증가하지 않았다면 물가를 상승시켜 임금인상 인플레이션을 가져온다. 또한 부존자원이 부족한 우리나라의 경우 원자재의 상당 부분을 수입에 의존하기 때문에 원자재의 수입가격이나 환율인상은 국내물가에 매우 큰 영향을 미친다. 한편 경제 외적인 요인인 석유파동이나 흉작 등으로 공급이 감소하고 생산비가 인상되어 발생하는 공급충격 인플레이션도 비용인상 인플레이션의 한 예이다.

▲ 임금인상

총수요와 총공급의 변동 이외에 인플레이션을 가져오는 것으로 독과점적 시장구조나 복잡한 유통구조도 원인이 된다. 독과점적인 시장구조에서는 기업이 가격이나 판매량을 조절하여 물가상승을 유발할 수 있다. 농 · 수산물과 1차 생산물의 경우 생산자에서 소비자에게로 전달되는 과정에 여러 번의 중간 유통단계를 거치면서 그 가격이 크게 높아지는 경우가 나타난다. 반면 유통시장의 개방과 할인점, 인터넷쇼핑몰의 등장 등으로 시장구조가 보다 경쟁적으로 되면 유통단계가 줄어들어 비용이 감소하여 물가상승이 억제된다.

그림 5-1 수요견인 인플레이션(a)과 비용인상 인플레이션(b)

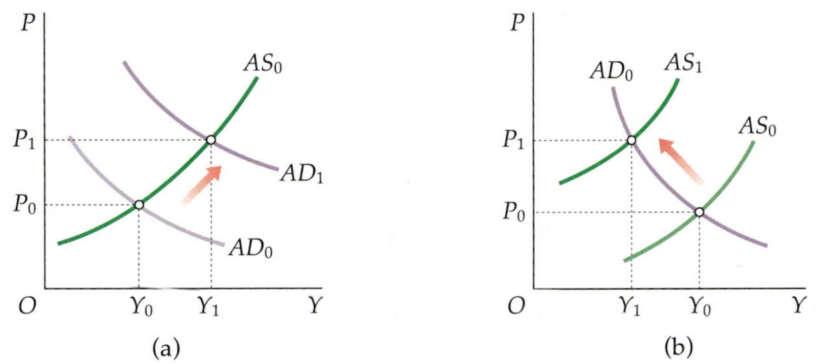

생/각/넓/히/기 **인플레이션의 유래**

아름다운 바다로 둘러싸여 있는 섬마을이 있었다. 이 마을에서는 필요한 모든 물건을 섬 안에서 생산하며 평화롭게 살고 있었다. 그런데 이 섬에 있는 돈의 절반을 갖고 있던 '인플레'라는 할머니가 병이 들어 돌아가실 때가 되었다. 섬사람들은 할머니의 병이 깊어지자 돌아가신 후 그 많은 돈을 어떻게 처리하실 것인지에 대해 깊은 관심을 가졌다. 인플레 할머니는 '섬사람에게 자기 돈을 나누어주되, 섬사람이 현재 갖고 있는 돈만큼 나누어주라!'는 유언을 남겼다. 할머니 돈이 섬마을 돈의 절반이었으니까 모든 사람은 전보다 2배의 돈을 갖게 되었다. 다음날 섬에는 이상한 일이 생겼다. 500원하던 라면이 1,000원이 되었고, 5만 원이었던 쌀 한 부대가 10만 원이 된 것이다. 모든 상품과 서비스가격이 2배로 뛰었다. 그 이유는 섬마을의 상품량은 그대로인데 모든 사람의 돈이 2배로 늘어나 상품의 수요가 갑자기 2배로 많아지고, 그래서 돈의 가치는 절반으로 떨어졌기 때문이다. 그때부터 섬사람들은 물가가 오르는 현상을 할머니 이름을 따서 '인플레이션'이라고 하였다.

▶ 출처 : 「청소년을 위한 금융이야기」, 청소년금융교육협의회

생/각/넓/히/기 **2010년을 뒤흔들었던 배추가격과 통 큰 치킨**

2010년 추석을 전후하여 시작된 배추가격폭등은 김장철이 한참 지난 후까지도 꺾일 기세를 보이지 않고 있다. 물론 지구온난화가 가져온 이해하기 힘든 겨울한파가 한몫했다고는 하지만, 배추가격폭등의 주범이 농산물의 독특한 유통구조 때문이라는 주장은 여전히 목소리를 높이고 있다. 흔히 말하는 '밭떼기', 다시 말해 수확 후 상황을 전혀 알 수 없는 상태에서 이루어지는 수확 전 구두계약형식의 유통구조로 인해 산지가격과 비교할 수 없을 정도로 시장가격이 폭등했다는 것이다. 하지만 유통업자들은 생산량 자체가 너무 적어 자신들도 손해를 봤다고 주장하니, 배추가격은 폭등했는데 이익을 얻은 사람은 아무도 없는 아이러니한 상황이 연출되어졌다고 하겠다.

배추가격폭등과 정반대의 모습을 보인 또 하나의 시추에이션(너무나 짧고 허무하게 끝나버렸기에)이 소위 말하는 '통 큰 치킨'이다. 골목 상권을 다 죽일 수 없다는 이유로 판매를 그만두긴 했지만, 그 당시 판매기업의 이야기도 유통단계의 간소화였다. 복잡한 유통단계를 줄이고 대량으로 생산 · 판매하기 때문에 말도 안 되는 가격이 가능하다는 이야기였다.

인플레이션의 대책

인플레이션의 대책은 간단히 말해 인플레이션을 발생시킨 원인을 제거하는 것이라 할 수 있다. 즉, 수요견인 인플레이션의 발생원인이 총수요증가이므로 총수요를 감소시켜 인플레이션을 억제할 수가 있다. 이때 총수요증가의 원인을 통화량의 증가에서 찾는 고전학파 조류는 인플레이션을 억제하기 위해서는 긴축금융정책을 사용하여야 한다고 주장한다. 한편 케인스파는 총수요를 구성하는 요인들이 증가하면 총수요가 증가하므로 긴축금융정책뿐만 아니라 긴축재정정책을 함께 사용하여 인플레이션을 억제하여야 한다고 주장한다. 결국 두 학파의 차이는 인플레이션을 억제하기 위해 정부가 개입하는 재정정책의 효과에서 나타난다.

케인스파가 주장하는 비용인상 인플레이션은 총공급곡선이 상방이동하여 발생하므로 물가상승과 국민소득의 감소를 동시에 가져오는 스태그플레이션의 원인이 된다. 이때 수요견인인플레이션을 해결하듯이 총수요를 감소시키면 물가하락과 동시에 경기침체를 더욱 가중시키는 문제점이 나타난다. 따라서 비용인상 인플레이션의 대책으로는 총공급곡선의 상방이동을 억제하는 방법을 사용한다. 즉, 정책당국이 생산성증가율의 범위 내에서 요소가격의 상승범위를 정하고 노동조합과 기업이 그러한 한도를 지키게 하는 정책인 소득정책이 있을 수 있다. 이것은 임금과 물가를 조화시키려 한다는 점에서 '임금-물가지표정책(wage-price guidepost)'이라 하기도 한다. 그러나 소득정책은 단기적으로는 노동자들의 임금인상요구를 어느 정도 억제할 수 있지만, 계속적으로 노동자들의 임금인상을 억제할 수는 없을 것이다. 소득정책은 일시적인 대책이 될 뿐, 장기적으로는 총공급곡선을 우측으로 이동시키기 위한 생산성 향상 노력이 필요하다.

생/각/넓/히/기 **세금을 줄이면 인플레이션을 해결할 수 있다!**

공급경제학파는 높은 세율로 근로의욕과 투자의욕이 저하되어 생산이 감소하였기 때문에 인플레이션이 발생한 것으로 본다. 이렇게 발생한 인플레이션을 '택스플레이션(taxflation)'이라 한다. 따라서 이들은 세율을 낮추어주면 생산증가를 가져와 소득증가에 따른 과세표준의 증가로 정부의 조세수입도 증가하고 인플레이션도 해결할 수 있다고 본다.

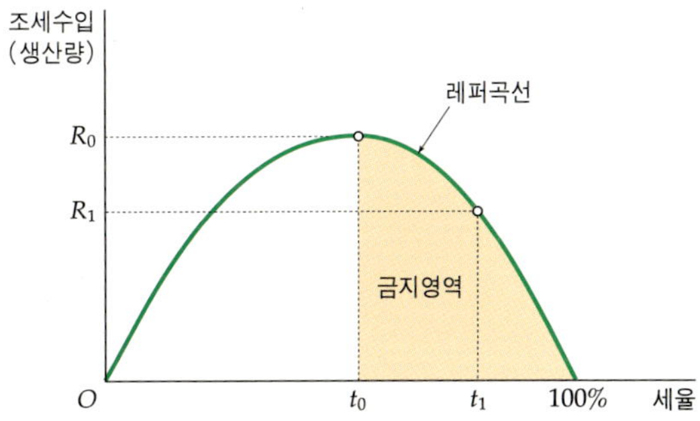

세율 : $t=t_1$인 상태에서 세율을 인하하면($t_1 \rightarrow t_0$)
⇒ 생산, 고용, 소득증대 ⇒ 세수증대 ⇒ 재정적자 축소

▲ **래퍼곡선**

디플레이션

인플레이션과 달리 디플레이션은 지속적인 물가하락을 말한다. 물가가 지속적으로 내려간다면 그 결과는 어떻게 될까? 물가상승에 시달려 온 현대인은 환상적이라고 생각할지 모르지만, 인플레이션보다 더 무서운 것이 디플레이션이다. 지속적인 물가하락은 기업의 이익을 감소시키고, 이익의 감소는 생산을 둔화시켜 결국에는 경제 전체가 무너지게 된다.

예를 들어, 원가 1만 원을 들여 치킨을 만들었는데 그 다음날 9천 원, 그 다음날 8천 원하는 식으로 끝없이 가격이 내려간다고 가정해 보자. 기업의 입장에서는 가만히 앉아서 손해를 봐야 하기 때문에, 기업은 굳이 은행돈을 빌려가면서 투자를 하고 생산을 할 필요가 없어지게 된다. 오히려 공장을 가동하지 않는 게 돈을 버는 것이 될 것이기 때문이다. 하지만 공장이 돌지 않으니 생산이 줄고, 고용도 줄어들어 경제는 엉망이 될 것이다.

이러한 대표적인 형태로 가깝게는 일본의 1990년대 잃어버린 10년으로 표현되는 '복합불황'을 들 수 있다. 또한 1930년대의 미국발 세계대공황도 그러한 예가 될 것이다.

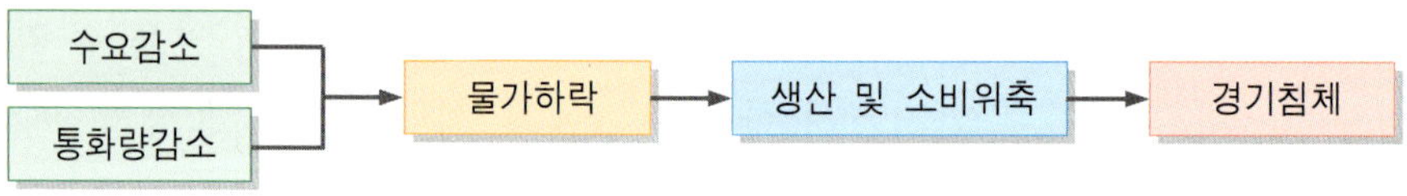

생/각/넓/히/기 **디플레이션의 유래**

인플레 할머니가 사는 섬의 이웃 섬에는 디플레라는 왕이 다스리고 있었다. 왕의 생일날 신형 대포를 실험하다가 지나가는 외국상선을 맞추게 되었는데, 그 배 주인이 배상을 요구하였다. 그리하여 왕은 섬사람들이 갖고 있는 돈의 절반씩을 세금으로 거두어 겨우 배상하였다. 다음 날 아침 이 섬에서도 이상한 일이 벌어졌다. 500원하던 라면이 250원이 되었고, 5만 원하던 쌀이 2만 5천 원으로 내린 것이다. 즉, 모든 상품의 가격이 절반으로 내려간 것이다. 왜 그럴까? 섬 안에 있는 상품의 공급량은 그전과 동일한데 사람들이 가지고 있는 돈이 절반으로 줄어 돈의 가치가 2배로 올랐기 때문이다. 그때부터 물가가 떨어지는 현상을 왕의 이름을 따서 '디플레이션'이라고 하였다.

▶ 출처 : 「청소년을 위한 금융이야기」, 청소년금융교육협의회.

문학 속 경제이야기

무지개 너머에 있는 은본위제의 나라

프랭크 바움(1856~1919)이 쓴 「오즈의 마법사」(1900)는 '도로시'라는 소녀가 회오리바람에 날려 오즈라는 마법의 나라에 갔다가 우여곡절 끝에 마녀를 없애고 고향으로 돌아온다는 동화다. 도로시와 겁 많은 사자, 두뇌는 없지만 말을 할 줄 아는 허수아비, 양철로 만들어진 나무꾼. 이들은 모두 한 가지씩의 소원을 이루기 위해 오즈의 마법사를 찾아가는 모험에 나서게 된다. 그리고 그 모험을 끝낸 후 소원이란 다른 사람의 도움으로 이뤄지는 것이 아니라 본래부터 자신의 내부에 있던 것을 찾아내는 것이었음을 깨닫게 된다는 감동적인 이야기다.

이 소설이 당시 미국 서민들의 소원이었던 은본위제를 주장하고 있다는 사실은 꽤 흥미롭다. 물론 소설 어디에도 은본위제라는 단어는 보이지 않지만 오즈(Oz)가 금, 은 등을 재는 무게단위인 온스(ounce)의 약자이고 주인공 도로시가 은(銀) 구두를 신고 금(金)길을 걷는다는 구절은 은본위제에 대한 주장으로 충분히 유추될 수 있다.

1880년부터 1896년까지의 20년간 미국은 물가가 23%나 하락하는 디플레이션이 발생했다. 이에 따라 금과 함께 은도 화폐로 유통시키자는 대안이 대두되었는데, 이렇게 되면 화폐의 공급량이 늘어나 디플레이션을 막을 수 있으리라는 가능성 때문이었다. 결국 당시 대통령선거에서 은을 기준으로 화폐를 발행하겠다는 공약이 나오는 등 은본위제가 주목을 받게 되었고, 이러한 배경에서 쓰여진 것이 「오즈의 마법사」라는 것이다.

금이 귀해 디플레이션이 유발되었기 때문에 보유량이 풍부했던 은을 화폐의 기준으로 삼으면 인플레이션이 촉진되면서 경제가 살아날 것이라는 희망이 오즈의 나라 곳곳에서 보여진다.

제 2 절 | 실업이론

실업의 정의

실업(失業, unemployment)이란 일할 능력과 의사가 있음에도 불구하고 취업의 기회가 주어지지 않은 상태를 말한다. 국제노동기구(ILO)의 기준에 따르면 수입을 목적으로 주당 1시간 이상 일하는 사람, 또는 가구단위의 사업장에서 주당 18시간 이상을 일하는 사람을 취업자로 분류하고 있는데, 경제활동인구 중에서 취업자를 뺀 나머지는 실업자로 분류된다.

실업은 개인적으로나 사회적으로 바람직하지 못한 것이다. 개인의 입장에서 볼 때 실업이란 노동자의 물질적 생존기반을 위협하는 것이며, 개인의 가정생활과 사회생활을 파탄으로 이끌 수 있기 때문이다. 사회적으로 볼 때도 실업이란 놀고 있는 노동력이 있다는 것을 의미하므로 자원의 효율적 배분을 저해하여 사회 전체의 효율을 극대화할 수 없도록 한다.

이제 실업률을 구해보자. 매월 통계청에서는 전국 약 5만 가구를 표본으로 하여 조사요원이 직접 방문조사해서 실업률을 비롯한 고용통계를 작성하고 있다. 만 15세 이상의 생산가능인구에서 군인, 교도소 수감자, 그리고 외국인을 제외하고, 그 가운데서 취업의사가 있느냐 없느냐를 물어보아서 취업의사가 있는 사람을 경제활동인구(labor force)라고 한다. 경제활동참가율은 경제가능인구 중에서 경제활동인구가 차지하는 비율을 말한다.

한편 경제활동인구를 대상으로 다시 취업상태냐 실업상태냐로 구분하게 되는데, 실업률이란 15세 이상의 경제활동인구로 정의된 사람들 가운데에서 실업자가 몇 %를 차지하는가를 나타내는 수치이다. 15세 이상 노동력인구 가운데서 취업의사가 없는 사람, 즉 가정주부, 학생, 연로자, 심신장애자 등은 비경제활동인구라고 해서 실업률 작성을 위한 고려대상에서 제외한다. 비경제활동인구에는 취업가능성이 없다고 보아 아예 구직활동을 포기하는 소위 실망실업자(discouraged workers)도 포함된다. 요즘처럼 청년실업이 많은 상태에서는 이러한 구직포기자가 점점 많아지게 되지만, 이런 사람들은 경제활동인구로 보지 않기 때문에 실업률수치에는 잡히지 않게 되어 통계상의 실업률수치가 실제보다 낮게 나타나는 하나의 원인이 된다. 또한 상용직 고용자로 일하다가 해고되었지만

뉴스 속 현장경제

현실과 괴리된 실업률통계 … 실업률 4.9%의 함정

지난 2월 대학을 졸업한 김모 씨(25)는 '한국이 경제협력개발기구(OECD) 회원국 중 실업률이 낮은 편'이라는 정부의 발표를 접할 때마다 울화통이 터진다. 그는 작년부터 100여 개 기업에 입사지원서를 냈지만 번번이 고배를 마셨고, 지금은 석사과정 진학을 고려하고 있다. 김씨는 '석사과정에 진학하는 대학생 중 상당수가 마땅한 일자리를 찾지 못해 울며 겨자 먹기로 택한 것'이라며 '그런데 정부는 우리 같은 사람들이 취업의지가 없다고 간주한다'고 푸념했다. 국내 경제학자들은 국가경쟁력을 갉아먹는 부실한 통계의 대표 사례로 실업률을 꼽고 있다. 통계청이 발표한 지난 2월 우리나라의 공식 실업률은 4.9%였고, 작년 10월에는 3.2%에 그쳤다. 학자들은 '실업률 3%대는 자발적인 구직 · 이직자들을 감안하면 완전고용이 이뤄졌다는 뜻'이라며 '우리나라의 실업통계는 현실과 거리가 멀다'고 지적했다.

우리나라는 국제노동기구(ILO)의 기준을 기초로 '최근 1주일 이내에 적극적으로 일자리를 구했지만 1시간 이상 일하지 못한 사람'을 실업자로 분류한다. 반면 미국 등이 채택하고 있는 OECD기준은 최근 4주 내에 구직활동을 했지만 1시간 이상 일하지 못한 사람들을 모두 실업자로 분류하고 있다. 이 때문에 한국의 실업률이 미국 등보다 낮게 나오는 경향이 있다. 더 큰 문제는 구직이 힘들어 진학을 하거나 결혼 · 육아 · 출산 때문에 경력이 단절된 주부들, 퇴직 후 일자리를 구하는 사람들이 '비경제활동인구'에 포함돼 실업률계산 자체에서 빠지는 경우가 상당히 많다는 점이다.

오문석 LG경제연구원 상무는 '우리나라는 실업보험제도나 직업알선기관이 발달하지 않아 구직자들이 적극적으로 정부에 자신의 상황을 설명하려 하지 않는 경향이 있다'며 '이들을 구직의사가 없다고 간주하는 것이 문제'라고 했다. 전문가들은 통계와 현실의 차이를 줄이기 위해 고용보조지표를 개발해 활용하자고 제안하고

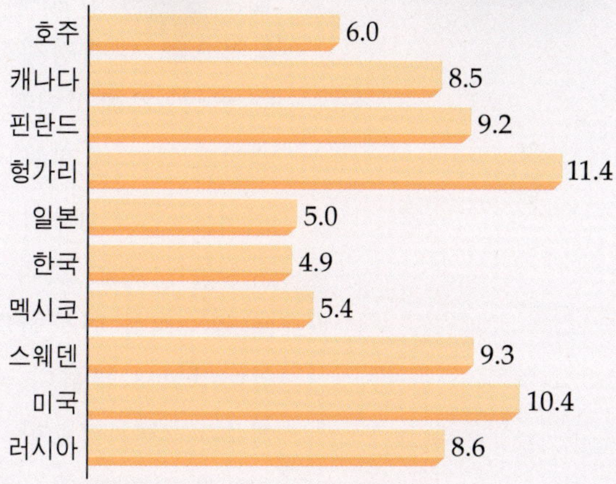

있다. 예를 들어, 고용지표를 U1부터 U6까지 6단계로 나눠 발표하는 미국의 사례를 참고하자는 것이다. 이 중 U3는 일반적인 의미의 실업률을 뜻하고, 숫자가 높아질수록 실업자의 의미를 넓게 해석해 U6는 구직단념자와 주 19시간 이하의 단시간 근로자까지 실업자로 간주한다. 이렇게 실업자를 세분해 통계를 내면 정부 발표와 체감실업률의 차이를 줄일 수 있고 실업대책도 보다 정교하게 수립해 시행할 수 있다. 이런 면에서 통계청과 노동부, 연구기관 등 고용 · 노동 관련 통계를 생산하는 기관들의 협조도 강화해야 한다는 지적이다

■ 출처 : 한국경제신문, 2010. 4. 13.

생계를 위해 어쩔 수 없이 1주일에 한 시간 이상만 일을 하는 시간제 임시직 근로자라 하더라도 취업자로 분류되어 실업률을 감소시키게 된다. 이것을 정리해 보면 아래와 같다.

총인구 ┌15세 미만 인구
　　　 └경제가능인구 ┌경제활동인구 ┌취업자
　　　　　　　　　　 │　　　　　　 └실업자
　　　　　　　　　　 └비경제활동인구 예 주부, 학생, 군인, 실망실업자…

실업의 종류

실업의 종류에는 크게 자발적 실업과 비자발적 실업이 있다. 자발적 실업은 일할 능력이 있음에도 현행의 임금수준에서 일할 의사가 없는 완전고용상태의 실업으로, 현대경제학에서는 '자연실업률(natural rate of unemployment)'이라고도 한다. 자연실업률은 사람들이 일자리를 잃고 얻는 과정이 반복되는 가운데 자연적으로 발생하는 실업률이다. 여기에는 마찰적 실업(frictional unemployment)이 있는데, 더 좋은 직장을 구하거나 다른 지역으로 이사를 가서 새로운 직장을 구하는 것과 같은 일시적인 실업상태를 뜻한다. 마찰적 실업은 보다 나은 일자리를 탐색하면서 당분간 대기상태에 있는 실업이라는 점에서 탐색적 실업이라고도 부른다. 이러한 경우에는 직업정보를 원활하게 하여 탐색비용을 줄여주는 것이 필요할 것이다.

▲ 비자발적 실업

한편 현행의 임금하에서 취업할 의사와 능력이 있음에도 취업할 기회가 주어지지 않아 발생하는 실업을 비자발적 실업이라 한다. 여기에는 일시적인 계절적 · 경기적 실업과 만성적인 구조적 실업이 있다. 일시적인 실업의 예로 스키강사가 여름 동안 실업상태에 있다면 기후나 계절의 변화로 발생하는 계절적 실업이 된다. 그러나 부업의 장려를 통해 해결될 수 있기 때문에 정책적으로 크게 문제가 되는 것은 아니다. 경기적 실업(cyclical unemployment)은 총수요와 총공급의 변화에 따라 발생하는 실업을 말한다. 즉, 일을 하려고 하지만 경기가 갑자기 나빠져 기업의 구조조정이나 부도로 인해서 일자리를 잃고 새로운 일자리를 구하지 못하는 비자발적 실업의 한 형태이다. 경기가 불황일 때 재화와 용역에 대한 수요가 감소하고, 이로 인해 생산인력에 대한 수요가 감소되어 실업자가 생긴다. 경기적 실업은 경기불황으로 인해 발생하는 실업이므로, 총수요를 증가시켜 경기를 호황으로 이끄는 정책을 실시하여 해결할 수 있다.

여러 가지 실업 중 가장 심각한 실업이라고 할 수 있는 구조적 실업(structural unemployment)은 특정한 분야의 노동에 대한 수요가 부족할 때 생기는 실업이다. 전체 노동에 관한 수요와 공급이 균형을 이루고 있다고 해도 특정 분야에 구조적으로 문제가 생겨 노동에 대한 수요와 공급이 균형을 이루지 못하게 되면 실업이 발생한다. 즉, 어떤 산업이 쇠퇴하거나 새로운 산업이 등장할 때, 또는 소비자의 기호가 변하거나 생산기술이 변할 때 노동자들이 신속하게 적응하기 힘들기 때문에 구조적 실업은 불가피하다. 구조적 실업은 실업자들이 새로운 기술과 환경에 적응할 수 있을 때까지 해결되기 어렵기 때문에 장기간 지속되는 경우가 많다. 따라서 그 대책으로 산업구조의 개편에 맞는 인력훈련이 이루어져야 하지만, 여기에는 많은 시간과 노력이 필요하다.

생/각/넓/히/기 **공과대학 졸업생이 구두닦이를 한다면 취업자일까 실업자일까?**

'한국의 섬유공장에 취업하러 온 방글라데시의 전자공학박사'라는 신문기사가 있었다. 이와 같이 대학졸업자가 자기의 적성에 맞는 일을 구하지 못해 엉뚱한 자리에 취업해 있는 경우가 있다. 이를 보고 로빈슨(J. Robinson)과 넉시(R. Nurkse)는 '숨어 있다'는 의미에서 '잠재적 실업' 또는 '위장실업'이라 한다. 이러한 실업은 특히 개발도상국의 농촌에서 많이 보여지고 있다.

경제학자처럼 생각해보기 **고용 없는 성장**

일반적으로 한 나라의 경제가 성장하면 일자리가 늘어난다. 그러나 미연방준비은행에 의하면 미국경제는 1990년대 이후 고용 없는 경기회복을 1991년과 2001년 두 차례에 걸쳐 경험하였다고 분석하였다. 그 원인은 노동시장의 구조변화에서 찾을 수 있다. 노동비용이 의료보조, 연금, 급여 등 간접경비를 중심으로 크게 늘어남에 따라 기업들이 수익감소에 대응하여 고용을 축소하고 있다는 것이다. 또 비용을 절감하고 효율성을 높이기 위해 상용 근로자를 최소화하는 대신 필요할 때마다 임시직 또는 계약직 근로자를 충원하는 적시(just-in-time) 고용관행이 점차 확산되고 있으며, 인력수요의 국외외주(global outsourcing)도 늘어나고 있다.

우리나라에서도 2003년 실질성장률이 3.1%를 기록했음에도 취업자 수가 3만 명이나 감소한 것을 들어 고용 없는 성장(jobless growth)이 이루어지고 있다는 주장이 제기된 바 있다. 그 이유를 살펴보면, 첫째 자연성장률이 떨어지면 자연실업률이 올라가는데, 1990년대까지는 우리 경제의 자연성장률이 7% 안팎이었는데 IMF외환위기 이후 5%대로 떨어졌다는 점이다. 둘째, 생산증가에 따른 고용변화를 나타내는 고용의 생산탄력성이 지속적으로 하향추세라는 사실인데, 경제가 성장해도 고용증가가 따라가지 않는다는 것이다. 이는 금리는 낮고 임금은 높아 자본집약적이고 노동절약적인 생산방식으로 경제구조가 바뀌고 있는 데에 기인한다. 셋째, 기업들의 고용과 채용관행도 기업들이 경력사원을 선호하는 경향을 크게 만들고 있다.

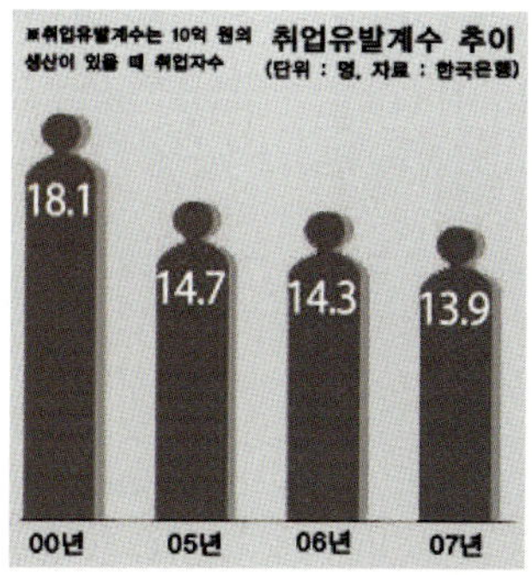

▶ 출처 : 「알기 쉬운 경제이야기」, 한국은행 참조

실업대책

실업은 실업자 자신뿐만 아니라그 가정의 소득감소를 통해 생활의 어려움을 가져다 주며, 이러한 상태가 장기간 지속될 경우 더욱 큰 어려움을 겪게 된다. 또한 사회 전체적으로 보면 실업은 일할 수 있는 사람이 생산활동에 참여하지 못하게 됨으로 말미암아 자원의 낭비가 발생한다. 경기가 극도로 침체해져서 실업률이 크게 높아지고, 이러한 상태가 오래 지속되면 범죄가 늘어나고 사회가 불안해지는 현상까지 나타날 수 있다. 따라서 정부는 실업을 해소하기 위해서 재정정책, 금융정책, 인력정책 등 다양한 정책수단을 사용한다. 앞에서 각각의 실업의 종류에 따른 대책을 살펴보긴 했지만, 이제 이것을 좀 더 구체적으로 알아보자.

첫째, 통계지표에서 나타나는 실업률보다는 실제 실업률을 바탕으로 한 대책을 세워야 한다. 이러한 점을 고려하여 선진국에서는 실업률보다는 취업률자료를 이용하여 실업대책을 세우는 것 등이 한 예이다. 그러한 면에서 실업자 수를 정확히 파악하는 것은 실업대책의 기초로써 매우 중요한 일이다. 정확한 실업자 수를 바탕으로 대책이 수립되고 예산이 편성되어야 한다.

둘째, 대량실업을 막는 방안으로 고용유지정책을 강화해야 한다. 예를 들어, 청년실업만큼 심각한 문제로 40～50대에 퇴직을 강요당하는 '사오정' 실업자들에 대해 생각해 보자. 이들이 이른 나이에 퇴직을 할 수밖에 없는 이유는 나이와 함께 많아지는 임금체계 때문이라고도 할 수 있는데, 즉 기존의 연공서열식 임금체계에 따르면 정년까지 근무하는 피고용자는 퇴직 직전에 생애 가장 많은 임금을 받게 된다. 그렇지만 회사측의 비용부담이 가중되고, 인사적체 등의 부작용이 따르게 되어 실제로는 정년퇴직 이전에 대다수 피고용자는 직장을 떠나게 된다. 임금피크제는 어느 시점 이후 정년까지 임금이 줄어드는 대신 정년을 보장받을 수 있다는 점에서 중 · 장년층의 고용불안을 어느 정도 해소할 수 '지속적 고용유지'의 한 대안이 될 수 있다.

셋째, 직업훈련프로그램의 다양화와 전문화를 통해 실직당사자의 선택의 폭을 넓혀 자신의 적성과 능력을 발휘할 수 있는 취업시스템을 갖추어야 한다. 또한 취약한 취업알선시스템을 개선하여 실업자의 적성을 잘 맞출 수 있는 맞춤형 취업시스템으로 진행되어야 한다. 물론 인력은행이 추가 설치, 구인 · 구식정보 온라인화뿐만 아니라 대인서비스를 수행할 수 있는 인력을 훈련시켜 구직자 개개인에게 다가서는 적극적인 정책도 필요하다.

제3절 | 인플레이션과 실업의 동시분석 : 필립스곡선

필립스곡선이란?

물가상승률과 실업률의 합계를 '사회적 불행지수(social misery index)'라고 한다. 물론 바람직한 경제는 불행지수가 낮은 경제이다. 경제정책 목표를 말할 때 이 두 가지는 흔히 두 마리 토끼에 비유된다. 즉, 두 마리 토끼를 모두 잡을 수는 없으므로 어느 한 가지를 낮게 유지하기 위해서는 다른 한 가지는 높아지는 경향이 있다.

뉴질랜드 태생 영국의 경제학자 필립스(A. W. Phillips)는 1866~1957년 동안 영국의 시계열자료를 이용하여 실업률과 명목임금상승률 사이의 관계를 분석한 결과 두 변수 간 상충(trade-off)관계가 있다는 사실을 발견했다. 즉, 인플레이션율이 줄면 실업률이 증가하고, 반대로 인플레이션율이 증가하면 실업률은 감소한다는 것이다. 그 후 명목임금상승률과 인플레이션율 간에는 밀접한 관계가 있으므로 명목임금상승률 대신 인플레이션율로 대체하여 실업률과 인플레이션율 간에 역관계를 나타내는 곡선인 필립스곡선(Phillips curve)을 만들어냈다. 결국 이것은 물가안정과 완전고용의 동시 달성은 어렵다는 것을 의미한다.

그림 5-2 수요견인 인플레이션(a)과 필립스곡선(b)

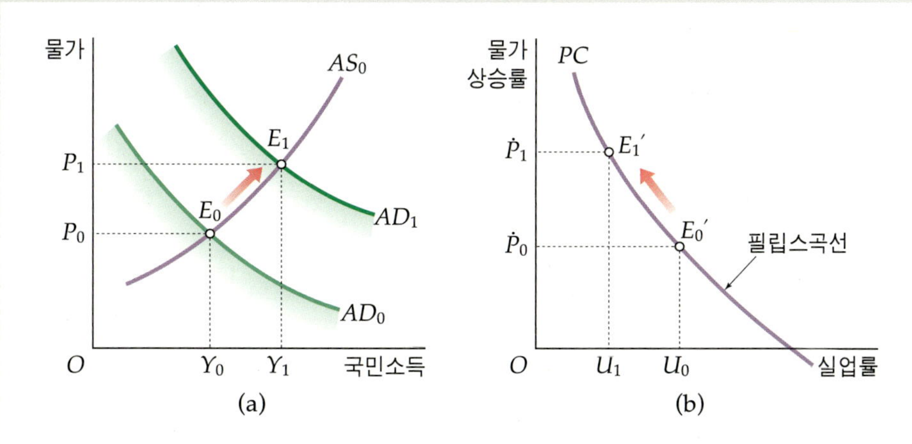

총수요의 증대($AD_0 \rightarrow AD_1$)에 따른 생산증대와 물가상승으로 필립스곡선상의 E_0'에서 E_1'로 이동함으로써 나타나는 인플레이션이 발생한다.

따라서 필립스곡선은 물가상승률과 실업률의 상충관계를 표시하여 우하향한다.

이러한 점에 기초하여 케인스파는 완전고용의 대가로 약간의 물가상승은 희생해야 한다는 총수요관리정책의 유효성을 주장하게 되었다. 두 마리 토끼 중 한 마리를 포기한다면 다른 한 마리는 잡을 수 있다는 것이다. 즉, 경기침체국면에서 실업구제를 위해 정부가 총수요를 증가시키면 총수요와 총공급의 모형에서 생산증가와 물가상승으로 나타나게 되는데, 이것을 물가상승률과 실업률의 평면으로 옮겨 그리면 실업률의 감소와 물가상승이 대응되는 필립스곡선이 그려지는 것이다.

그러나 1970년대에 들어와 세계적으로 인플레이션율과 실업률의 역관계가 흔들리기 시작했다. 실업률이 증가하는 경기침체 시에는 물가가 떨어지던 과거와는 달리 고실업과 고물가가 공존하는 현상이 나타난 것이다. 이러한 현상을 경기침체(stagnant)와 인플레이션(inflation)의 합성어로 스태그플레이션(stagflation)이라고 부른다. 스태그플레이션으로 인해서 필립스곡선이 안정적이라는 견해는 무너지게 된 것이다.

장기 필립스곡선과 자연실업률 가설

케인스파가 전제하는 우하향의 필립스곡선은 1960년대까지는 현실 경제현상을 잘 설명해 주었다. 그러나 1970년대 이후 스태그플레이션을 겪으면서 그 타당성을 의심받게 되었다. 이러한 시대적 변화를 배경으로 프리드만(M. Friedmam), 펠프스(E. S. Phelps) 등의 학자들은 우하향의 필립스곡선은 일시적일 뿐이며, 케인스적인 총수요관리정책은 장기에서 물가만 상승시킬 뿐이라는 '인플레이션의 가속론'을 주장한다.

현재의 실업률을 낮추기 위해 총수요를 증대시키면 경제주체의 고정된 기대에 의해 국민총생산이 증가하여 실업률은 감소하고 인플레이션이 일어나는 단기 필립스곡선이 성립한다. 그러나 통화주의자에 의하면 총수요증대에 의한 실업률의 감소는 일시적일 뿐이며, 장기에서 사람들이 물가상승을 인식하게 되면 적응적 기대에 의하여 그들의 행동을 예상되는 물가상승에 적응시켜 *AS*곡선이 상방이동하기 때문에 실업률은 원래의 수준인 자연실업률수준으로 회귀한다.

결국 자연실업률은 〈그림 5-3〉에서 수직의 장기 필립스곡선상의 U_n수준의 실업률로, 정부의 경제안정화정책과 관계없이 장기적으로 변동하지 않는 실업률이다. 따라서 총수요관리정책은 장기적으로는 산출량이나 고용 등과 같은 실질변수에는 영향을 미치지 못하고, 오직 물가상승만 가속화시키게 되는 것이다.

그림 5-3 통화주의의 장기 필립스곡선

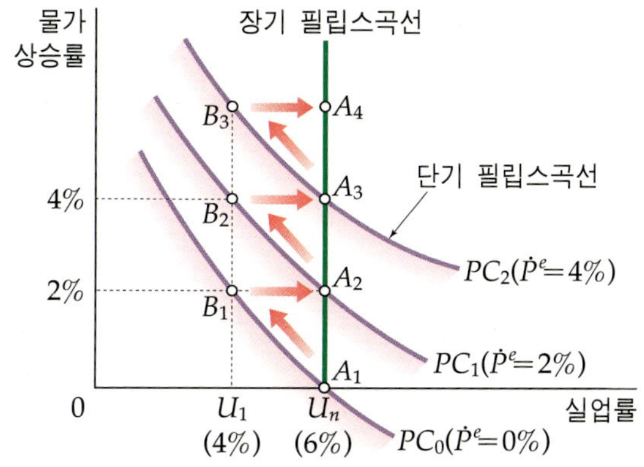

원래의 균형점 A_1에서 정부가 실업률을 U_1(예 : 4%)으로 줄이기 위해 총수요를 증가시키면 B_1점으로 이동하게 된다. B_1점에서 물가상승률 2%를 기대하게 되면 기대 인플레이션율 2%를 가산하여 임금인상을 요구하게 되어 고용수준은 원래 수준으로 감소하게 되고 실업률수준은 A_2로 다시 회귀하기 때문에 $A_1 \to B_1 \to A_2$로 이동한다. 따라서 장기 필립스곡선은 A_1, A_2, A_3, A_4를 잇는 수직선이 된다.

결국 통화주의를 중심으로 하는 고전학파 계통의 학자들은 스태그플레이션을 해결하기 위해서는 총수요관리정책을 사용하지 말 것을 권고한다. 즉, 이들은 스태그플레이션을 해결하기 위해 필립스곡선을 왼쪽으로 이동시켜야 하고, 이것을 위해서는 총공급곡선을 오른쪽으로 이동시켜야 한다는 것이다. 그러기 위해서는 인력을 적재적소에 배치하는 인력정책이나 시장기구의 기능회복을 회복하여 장기 총공급곡선을 이동시키는 정책을 권고한다.

제 6 장 동태적 경제변동 (경기변동과 경제성장)

제 1 절 | 경기변동

경기변동의 의의와 주기

경제는 〈그림 6-1〉에서 보듯이 장기적인 성장추세를 중심으로 오르고 내리는 현상이 반복된다. 이와 같은 현상을 경기변동 또는 경기순환(business cycle)이라고 부른다. 이때 경기란 생산, 소비, 투자, 고용 등 실물부문의 활동이나 통화, 금리, 주가, 환율 등 금융부문의 활동과 같은 여러 경제변수들의 움직임을 종합한 것이라고 할 수 있다.

경제활동이 활발하면 경기가 상승하여 정점에 이르게 되고, 이후 경제활동이 부진해지면 경기가 하강하여 저점에 이르게 된다. 따라서 경기변동은 국민소득수준과 이에 따르는 여러 경제활동의 변수들이 상승과 하강을 반복하는 현상, 즉 호황과 불황의 주기적인 반복현상을 말한다. 그런데 일상에서 체온이 너무 높거나 낮으면 몸에 이상이 생기는 것과 마찬가지로 경기가 너무 과열되거나 침체되면 국민경제에 여러 가지 부작용이 나타나게 되므로 경기변동에 대해 주의 깊게 살펴볼 필요가 있다.

경기변동은 다음과 같은 특징을 가진다. 첫째, 공행성(共行性 : comovement)으로 경기변동은 여러 변수들이 함께 움직이는 동조성을 보인다. 물론 선행지표나 후행지표로 나누어볼 수는 있지만 이 또한 약간의 시차가 있을 뿐 같은 모습으로 움직여가는 것을 알 수 있다. 둘째, 긴 기간 동안 계속되는 지속성(persistence)을 지닌다. 셋째, 계속해서 나타나는 현상으로 반복성(repetition)을 가진다.

경기의 순환과정은 보통 저점에서 정점까지의 상승국면과 정점에서 저점까지의 하강국면의 2국면으로 나누는데, 이를 다시 상승국면은 회복기와 확장기로,

그림 6-1 경기변동의 순환과정

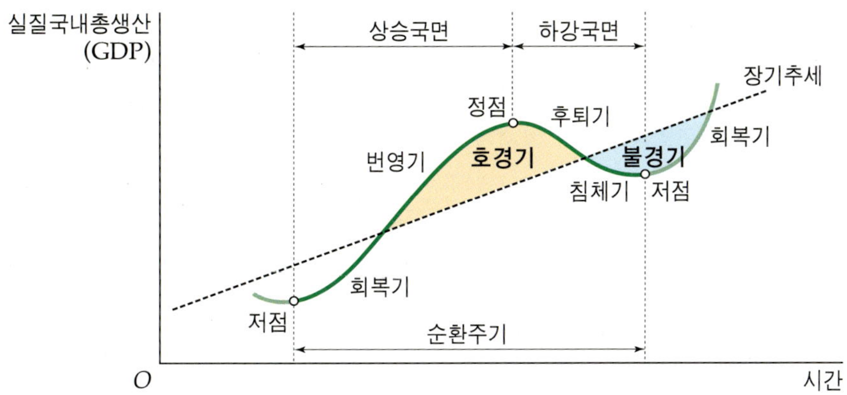

하강국면은 후퇴기과 수축기로 나누어 4국면으로 구분하기도 한다. 이때 경기의 정점에서 다음 정점까지 또는 저점에서 다음 저점까지의 기간을 순환주기라고 한다.

순환주기에 대해서는 학자마다 그 기간과 원인을 달리 주장한다. 첫째, 키친(J. Kitchen)파동은 약 40개월의 단기파동으로 재고변동 등에 의해 발생한다. 둘째, 쥬글라(C. Juglar)파동은 약 9~10년의 중기파동으로 설비투자의 변동에 의해 경기순환이 나타난다. 셋째, 쿠즈네츠(S. Kuznets)파동은 경제성장률의 변동에 의해 나타나며, 약 20년의 주기를 가진다. 마지막으로 콘드라티에프(N. D. Kondratief)파동은 약 50~60년의 장기파동으로, 전쟁발생이나 금광발견 또는 기술혁신(J. Schumpeter : 대표적)에 의해 나타난다.

생/각/넓/히/기 **장기순환을 일으킨 사건들**

러시아의 경제학자로 경기변동의 연구에 몰두한 콘트라티에프는 1920년 이전에는 나폴레옹전쟁(1810년 전후), 남북전쟁과 보불전쟁(1860년대), 제1차 세계대전(1910년대)이 각각 장기순환의 정점이었다고 하였다. 슘페터의 경우 영국에서 시작된 산업혁명(1790년 전후), 철도의 건설(1840년 전후), 자동차, 전기의 발명(1890년 선후)이 장기순환을 특징짓는 주요 내용이었다고 한다. 이러한 상황을 보면 컴퓨터와 인터넷의 등장으로 인한 신경제도 장기순환을 일으킬 수 있는 사건이 아닐까 생각된다.

뉴스 속 현장경제

경기 나쁘면 이혼율 높다

이혼율은 경제성장률과 반대로 움직이며 30~40대의 이혼율이 경기변동에 가장 민감한 것으로 나타났다. 이홍재 아주대 경영학과 교수의 '이혼율추이의 거시경제 분석'이라는 논문에 따르면 1980~2004년 우리나라의 이혼율과 경제성장률을 회귀분석한 결과 이혼율과 경제성장률은 강한 '음(−)의 상관관계'가 있는 것으로 분석됐다. 이는 경제성장률이 낮아지면 이혼율이 올라가고 경기가 좋아지면 이혼율은 낮아짐을 뜻한다. 즉, 자살, 이혼, 범죄는 경기침체기에 더 빠르게 증가하고, 호황기에는 증가세가 둔화되는 모습을 보여 단기적으로 경기변동과 밀접한 관계가 존재하는 것으로 나타난다는 것이다.

또 연령대별 이혼율과 경제성장률을 분석한 결과 경제성장률계수의 영향력이 30대 후반과 40대 초반 연령대에서 가장 큰 것으로 나타났다. 이 교수는 '미성년자녀가 있는 30~40대 이혼율이 경기침체에 가장 민감하게 반응한다는 사실은 지속적인 경기부진이 국가경제의 장기적 성장잠재력을 고갈시킬 수 있음을 뜻한다'고 말했다.

'자살, 이혼, 범죄는 개인적인 문제로 축소될 수도 있으나 그 사회의 건강성을 반영하는 대표적인 사회현상이기 때문에 이들 사회병리현상의 동반 증가추세는 향후 사회불안요인으로 작용할 수 있다'며, '따라서 우리 사회가 반드시 해결해야 할 과제'라고 할 수 있다.

특히 외환위기 이후 나타난 경쟁심화, 구조조정, 고용불안, 양극화, 가계부실 등은 사회 전반, 특히 빠르게 변화된 경제사회구조에 제대로 적응하지 못한 계층을 중심으로 스트레스 강도를 높여 자살, 이혼, 범죄증가의 원인을 제공한 것으로 보인다.

■ 출처 : 한국경제신문, 2006. 2. 15. 수정인용

경기변동은 어떻게 발생하는가?

생/각/넓/히/기 **경기의 연착륙과 경착륙 – 경기가 비행기라도 되나?**

우리는 신문이나 뉴스에서 경기가 '연착륙(soft landing)할 것인지, 경착륙(hard landing)할 것인지'와 같은 말을 자주 듣는다.

연착륙은 예상 하강경로를 염두에 두면서 미리 고도와 속도를 적절히 낮추어 비행기가 활주로에 부드럽고 안전하게 내려앉는 것으로, 경제학자들은 미세한 조정(fine tuning)으로 가능하다고 본다.

한편 승객이 불안감을 느낄 정도로 비행기가 활주로에 거칠게 착륙하는 것이 경착륙으로 급작스러운 경기침체를 달리 표현한 것이다. 물론 어느 쪽이 더 나은가에 대해서는 말할 필요도 없을 것이며, 이것은 정확한 경기전망이 얼마나 중요한가를 말해준다고 하겠다.

자본주의 경제의 발전과정을 보면 경제활동이 번영국면에서 침체국면으로 반복하는 모습이 되풀이된다. 경기변동의 원인을 규명하는 연구는 19세기 후반부터 1950년대까지는 경제학의 주된 관심이었다가 1960년대부터 1970년대 초반에 이르기까지 경제가 호황을 계속 유지하면서 연구의 중요성이 약해졌다. 그러나 1980년대 이후에 경기변동의 원인을 보는 시각이 달라지면서 다시 논의의 쟁점이 되었다. 경기변동이론은 매우 오랜 역사를 가지고 있기 때문에 이론도 매우 다양하다.

경기변동을 설명하는 독특한 이론 중에는 태양에 흑점이 생겨 지구의 기후가 나빠지면 농업에서 흉작이 발생하고 그것이 경제로 파급되어 불황이 발생한다는 '태양흑점설'까지 주장되고 있다. 그 후 과소소비설, 과잉투자설 등 많은 이론이 제기되어 왔는데, 컴퓨터와 수리적인 모형이 발전하면서 시간을 고려한 동태적인 측면에서 경기변동을 설명하려는 시도가 이루어졌다.

사무엘슨(P. Samuelson)은 케인스가 제시한 승수이론과 가속도원리를 결합해 경기변동을 설명하는 모형을 만들었다. 이 모형의 기본내용은 독립적인 투자가 증가하면 국민소득이 증가하게 되고(승수효과), 국민소득의 증가는 소비와 투자의 증가(가속도 원리)로 이어진다는 것이다.

경제학자처럼 생각해보기 **고전파와 케인스파의 현대적 발전**

완전예견(perfect foresight)능력을 가진 경제주체를 합리적 기대(rational expectation)를 하는 경제인으로 변형시키고, 가격신축성의 가정은 그대로 받아들여 시장의 자율조정기능과 정부개입의 비효율성을 주장하는 현대적 고전학파를 새 고전학파(New Classics)라 한다. 여기에 대해 합리적 기대형성을 하는 경제인을 가정하지만 시장의 가격은 부분적인 경직성을 지니기 때문에 시장의 조정이 완전하지 않고 정부개입이 어느 정도 필요하다고 주장하는 새 케인스파(New Keynesian)가 있다. 이들의 공통점은 합리적인 인간을 전제하지만, 중요한 차이는 가격이 신축적이냐 비신축적이냐에 있다. 만약 가격이 신축적이라면 현실은 균형이 일반적일 것이다. 그러나 주유소와 같은 신축적인 가격조정기업과 정찰가격제를 시행하는 비신축적인 가격조정기업이 섞여 있다면 가격은 부분적인 경직성을 가지게 된다. 가격이 부분적인 경직성을 지닌다면 균형보다는 불균형이 일반적이고, 이렇게 되면 시장은 자동조절기능을 어느 정도 상실하게 되어 정부개입의 타당성을 주장하는 새 케인스파의 주장은 설득력을 얻게 될 것이다.

2007년에 프리드만이 사망하자 대다수의 미국 국민들이 20세기 최고의 경제학자가 많은 업적을 남기고 세상을 떠난 것에 대해 추모하고 슬퍼하였다. 그러나 얼마 있지 않아 리만 브라더스 등의 금융기관의 부도 등으로 시작된 금융위기가 발발하였다. 그러자 시카고 대학을 중심으로 프리드만기념관과 도서관 등을 건립하여 그를 추모하려는 분위기에 대하여 사회적인 여론이 냉랭해지고, 이러한 분위기 때문에 지금도 이것은 이루어지지 못하고 있다. 한편 시카고를 정치적 고향으로 둔 오바마 대통령이 케인스적인 정부개입의 분위기에 힘입어 당선된 것은 같은 시카고를 배경으로 하면서도 아이러니하다고 할 수 있다.

이렇게 소비와 투자가 다시 증가하면 국민소득의 증가로 이어지고 반복해서 투자의 증가로 연결되면서 경기변동이 이루어지는 것이다.

하지만 현대에 와서 경기변동은 민간기업의 투자지출을 비롯한 수요충격, 통화량변동과 같은 화폐적 충격, 기술이나 생산성의 변동 등 경제 내의 여러 가지 실물 및 화폐적 요인에 의해 발생한다. 현실 경제에서는 이들 요인들이 복합적으로 작용하여 경기가 상승과 하강을 반복하고 있고 학파별로도 많은 차이점을 보이고 있다.

현대적 경기변동이론으로 먼저 가격신축성을 가정하는 새 고전파의 균형경기변동이론을 들 수가 있다. 이들에 의하면 경기변동은 외적인 충격에 적응하는 경제주체들의 최적화행동의 결과로 균형상태가 변동하면서 생산과 고용의 변동이 발생하고, 이로 인하여 경기변동이 발생하는 것이다. 따라서 경제활동의 확장과 수축은 경제주체들의 합리적 선택을 반영한 균형점들의 이동에 불과하기 때문에 경기변동은 후생수준의 손실을 발생시키지 않고, 따라서 정부개입의 타당성은 줄어들게 된다. 여기에는 화폐적 경기변동이론과 실물적 경기변동이론이 있다.

화폐적 경기변동이론(MBC모형 : Monetary Business Cycle theory)은 통화당국의 불규칙적인 통화공급정책이 경기변동을 가져온다는 프리드만의 주장을 루카스(R. Lucas)가 합리적 기대와 미시경제학의 틀 속에서 발전시킨 이론이다. 즉, 불완전한 정보하에 예상하지 못한 화폐적 충격이 발생하면 자신의 상품가격

그림 6-2 화폐적 경기변동

예상하지 못한 통화량의 증가 → 일반물가 또는 절대가격의 상승 → 개별주체는 자기제품의 상대가격의 상승으로 착각하여 생산증가 → 호황발생 → 조만간 물가변화에 대한 합리적 기대로 물가변화를 인식 → 물가예상에 따른 임금조정과 생산조정 → 생산량감소로 원래의 균형점으로 회귀

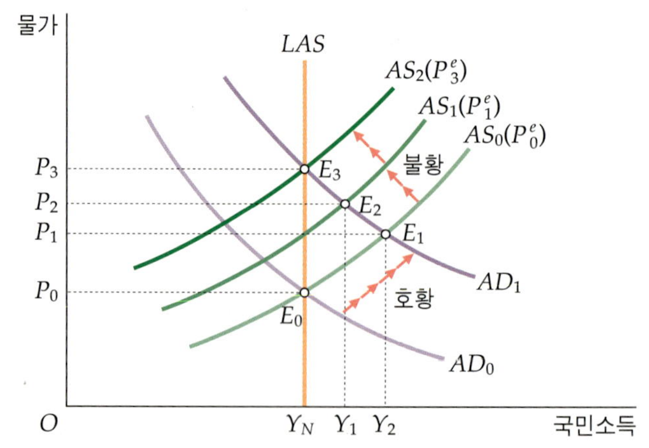

(상대가격)만 올랐다고 생각하여 생산을 늘리게 되는데, 결국 모든 상품의 가격(절대가격)이 상승했음을 알게 되면서 다시 생산을 줄이게 되는 과정에서 경기변동이 발생한다는 것이다. 그러나 화폐적 경기변동이론은 한 번의 화폐적 충격이 어떻게 지속적인 경기변동을 유발시키는지에 대한 과정을 제대로 설명하지 못하므로 실물적 경기변동이론(RBC모형 : Real Business Cycle theory)이 등장하게 된다.

실물적 경기변동이론에서는 경기변동의 주요인으로 생산성충격, 기술혁신과 경영혁신, 천연자원의 발견 및 석유파동, 기후변화, 노동시장의 변화 등을 꼽아 경기변동이 생산물의 총공급측면에서 야기된다고 본다. 즉, 기술혁신과 같은 유리한 공급충격이 생산함수를 상방이동시키는데, 기술진보가 노동의 한계생산물을 증가시켜 노동수요의 증가를 가져오고, 이것은 실질임금을 상승시키고 고용을 증가시켜 경기호황을 가져온다. 반면 자연재해와 같은 불리한 공급충격이 주어지면 생산함수는 하방이동하고, 거기에 따라 노동의 한계생산물이 감소하여 노동수요가 감소하면 실질임금하락과 고용감소로 경기침체가 나타나는 것이다. 이 모형은 1990년대 정보통신기술(IT), 생명공학(BT) 등에 의해 주도된 미국경제의 지속적인 경제성장을 설명하기 위해 등장한 모형이다. 이 모형에 의하면 정부의 각종 규제는 생산성향상에 저해요인이 되며 경제활동에 부정적인 영향을 미칠 수 있기 때문에 정부는 규제를 줄이는 방향의 정책을 실시해야 한다.

그림 6-3 실물적 경기변동

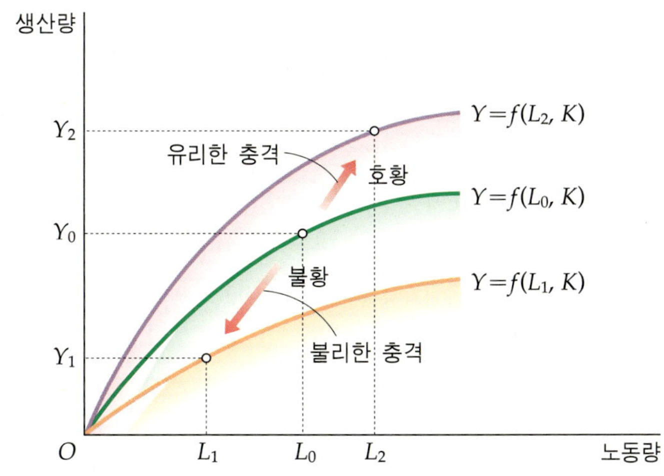

실물적 경기변동모형에서는 생산측면의 충격이 생산함수를 이동시켜 경기변동을 초래한다. 즉, 기술혁신으로 요소의 생산성이 증가하면 생산함수의 상방이동으로 고용과 임금상승을 가져오는 호황이 된다. 반대로 흉작이나 석유파동 등은 생산함수의 하방이동을 가져와 불황이 된다.

한편, 새 케인스파의 경기변동이론은 앞에서 본 균형경기변동이론과 달리 불균형경기변동이론이다. 이 학파에 의하면 경기변동은 각 시장의 불균형이 다른 시장으로 파급되어 나타나는 현상으로 본다.

예를 들어, 생산물시장에서 상품이 팔리지 않는 초과공급의 불균형이 발생하면 기업은 물건이 팔리지 않아 노동자를 해고하고 노동시장에서도 초과공급이 발생하게 한다. 노동시장의 초과공급으로 실업자는 구매력을 상실하여 다시 상품시장에서 수요부족을 가져오고, 또한 금융시장에서는 자금상환이 이루어지지 않는 결과를 낳게 되는 것이다.

이처럼 하나의 시장에서 시작된 불균형이 다른 시장의 불균형을 불러오게 되어, 이러한 파급효과가 경제 전체의 침체를 가져오게 되는 것이다. 그렇다면 새 케인스파의 경기변동이론에서 정부의 역할은 어떠한가?

만약 경제가 불황인 상황에서 한 기업이 가격을 인하한다면 사회 전체적인 평균가격수준은 약간 하락하게 될 것이다. 이는 실질자산가치를 증가시키고 또한 총수요를 증가시킴으로써 다른 기업들에게까지 혜택을 주게 되어 총수요측면에서 외부성(aggregate demand externality)을 가져오게 된다.

그러나 이와 같은 개별기업의 가격인하가 사회적으로는 총수요를 증대시켜 외부성을 창출하지만 자신은 그 대가를 제대로 받지 못하기 때문에 사회적으로 바람직함에도 불구하고 개별기업이 가격을 변화시키지 않는 일이 발생한다. 이러한 경우 정부개입이 필요하다. 즉, 조정자가 없어 개별기업이 가격조정을 하지 않는 경우에 정부가 불황극복을 위해 모두가 가격인하를 하도록 유도하면 가격인하로 발생한 실질자산의 증가를 소비로 연결시킬 수 있기 때문에 수요부족을 쉽게 벗어날 수 있다.

그 이외에 노드하우스(W. D. Nordhaus) 등은 정치적 경기변동을 주장한다. 호황이 계속되면 노동자의 노동규율이 해이해지므로 정부는 재정 · 금융면에서 긴축정책을 실시하여 인위적인 불황을 유도하여 실업을 창출한다. 또한 정부는 주기적으로 찾아오는 총선거에서 재집권하기 위하여 선거년도가 가까워오면 경기부양정책을 실시하게 되어 호황이 되는 것이다. 그러나 이 모형은 경기변동의 역사는 1820년부터인데 비해, 정부개입은 1930년대의 세계대공황 이후에 시작되었다는 사실을 간과하고 있다.

경기변동의 측정지표

사람들은 일상생활에서 경기가 좋다거나 나쁘다는 말을 자주 한다. 기업입장에서는 매출이 늘거나 수익성이 나아지면 경기가 좋다고 말하고, 개인들은 소득이 높아지거나 가지고 있는 주식이나 집의 가격이 오르면 경기가 괜찮다고 한다. 그러나 개별경제주체들이 느끼는 경기는 각자 처한 여건과 판단기준에 따라 서로 크게 다르기 때문에 국민경제차원에서 경기를 판단하는 것이 필요하다.

그 이유는 경기예측이 어떤 경제행위를 결정하는 데 있어 매우 중요한 고려사항이 되기 때문이다. 가계가 부동산이나 주식과 같은 자산의 구입시기를 결정하거나 기업이 수요를 전망하여 시설투자계획을 수립하거나, 정부가 안정화정책을 어떻게 시행할 것인가에 대한 판단이 필요한 경우가 그 예이다.

현재의 경기상황을 진단하거나 앞으로의 경기흐름을 예측하는 방법에는 어떤 것이 있을까? 그 방법에는 이미 발표된 경제지표를 이용하는 방법, 종합경기지표를 새로 작성하는 방법, 설문조사에 의한 방법 등이 있다. 먼저 이미 발표된 대표적인 경제지표로 여러 가지 경제활동이 종합적으로 반영된 국민소득통계가 있다. 그러나 국민소득통계는 해당연도나 분기 후 약 2~3개월 지나야 알 수 있기 때문에 이를 이용해 신속하게 현재의 경기상황을 파악하거나 장래의 경기흐름을 예측하기가 어렵다는 약점이 있다. 따라서 보통은 매월 발표되는 산업생산지수, 도소매판매액지수, 수출입통계 등의 개별지표를 이용하여 이들 지표들이 과거 경기순환과정에서 움직여 온 경험적 사실로부터 얻은 규칙성이나 유사성 등을 가지고 경기를 진단하게 된다.

다음으로 각 부문의 경제동향을 잘 반영해 주는 지표들을 활용하여 종합경기지표를 새로 작성하여 경기의 움직임을 판단하는 방법이다. 널리 이용되고 있는 것으로는 경기종합지수와 경기동향지수 등이 있다. 이 중 경기종합지수(CI : Composite Index)는 주가와 같이 비교적 가까운 장래의 경기동향을 예측하는 선행(先行)지수, 현재의 경기상태를 나타내는 동행(同行)지수, 경기의 변동을 사후에 확인하는 후행(後行)지수를 만들어 경기판단과 예측에 활용하고 있다. 이 방법은 현 경기국면을 비교적 정확하게 파악하고 전환점을 예측하는 데 유용하게 활용할 수 있다는 장점이 있는 반면, 경제구조가 빠르게 변화할 경우 경기지표의 대응성이 떨어질 가능성이 크다. 이에 따라 경제구조의 변화에 맞추어 구성지표나 그 합성방법을 지속적으로 보완해야 한다는 과제가 제기된다.

그림 6-4 **경기지표의 동향**

주가는 경기에 앞서 변동하는 선행지표이다. 즉, 이것을 보면 앞으로 경제가 어떻게 변화할 것인가를 예측할 수 있는 선행지표이다. 한편 물가는 현재의 경기를, 금리는 사후에 경기상태를 파악하는 지표이다.

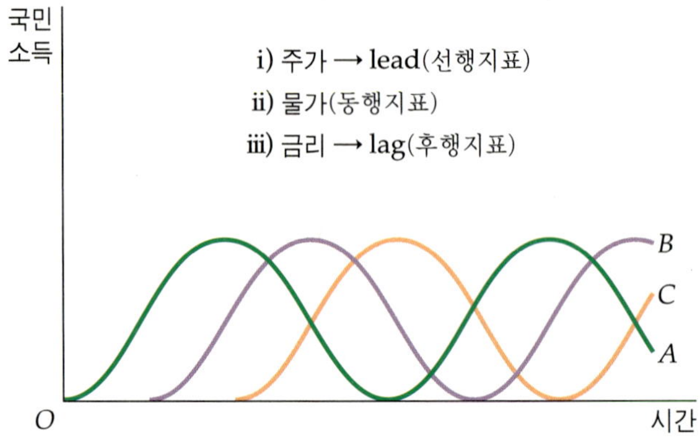

선행지표	동행지표	후행지표
• 총유동성 • 종합주가지수 • 건축허가면적 • 수출신용장내도액 • 제조업입직률 등	• 산업생산지수 • 생산자출하지수 • 제조업가동률지수 등	• 내구생산재생산지수 • 기계류 수입액 • 생산자제품재고지수 등

또 다른 방법으로는 경기변동에 대해 민감하게 반응하는 경제주체들을 대상으로 설문조사를 실시하고, 그 결과를 이용하여 경기동향을 파악하는 방법이다. 이러한 방법을 자주 이용하는 것은 이들 경제주체들의 경기에 대한 주관적인 판단과 생산 · 투자 · 소비계획 등이 단기적인 경기변동에 중요한 영향을 미친다는 경험적인 사실에 바탕을 둔 것이다. 우리가 자주 접하는 것으로 기업가를 대상으로 한 경기실사지수(BSI : Business Survey Index)와 소비자를 대상으로 한 소비자태도지수(CSI : Consumer Survey Index) 등이 있다. 경기실사지수는 아래와 같이 조사된다.

$$\text{BSI} = \frac{\text{상승(호전)업체수} - \text{하락(악화)업체수}}{\text{전체 응답업체수}} \times 100 + 100$$

이렇게 해서 도출된 BSI가 100 이상이면 호황, 100 이하이면 불황으로 보는 것이다. 이러한 방법은 다른 방법보다 비교적 손쉽게 경기변동을 판단할 수 있다는 장점이 있다. 그러나 조사결과가 응답자의 주관과 심리적인 요인에 의해 다르게 나타날 수 있어 정확히 경기상황을 판단하고 경기전환점을 예측하기 어렵다는 문제점이 있다.

지금까지의 경기진단 방법은 장점만 아니라 단점도 있으므로 현실 경제를 분석할 때에는 어느 한 가지 방법보다 다양한 분석방법에 의한 결과를 종합적으로 활용하여 판단하고 있다.

생/각/넓/히/기 **불황과 공황 사이**

같은 상황을 미시적 시각으로 보는가, 거시적 시각으로 보는가에 대해서는 재미있는 이야기들이 많다. 경기침체기를 보는 시각에 대해서도 비슷한 이야기가 있는데, '남이 실업자가 되면 불황이고, 내가 실업자가 되면 공황이다'라는 이야기다. 아마도 공감하는 사람들이 꽤 있으리라 생각은 되지만, 현실 경기를 분석할 때 이런 식의 평가는 곤란하지 않을까?

제 2 절 | 경제성장과 생활수준

경제성장의 개념 및 요인

경제성장은 시간의 흐름에 따라 경제의 양적증대로 인하여 1인당 국민소득이 증대하는 현상으로, 아래와 같이 측정된다.

$$\frac{\Delta Y}{Y} = \frac{Y_t - Y_{t-1}}{Y_{t-1}}$$

(Y_t : 금기의 소득, Y_{t-1} : 전기의 소득)

인류역사를 되돌아볼 때 대부분의 시기는 경제성장이 별로 없었고, 피라미드나 만리장성과 같은 엄청난 건축물은 수백만 명의 노예를 동원한 결과에 불과하다. 또한 지배계급을 제외하고는 낮은 생산성으로 극심한 빈곤에 시달렸다. 그러나 자본주의경제로 접어들면서 산업혁명과 함께 경제성장은 가속화되었고, 이후 20세기에 들어와서 놀라운 경제성장을 계속하였다. 즉, 자본주의 이전의 경제는 지금 우리가 적용하는 '복리의 법칙'과 같은 성장을 적용할 수가 없고,

자본주의로 넘어오면서 경제성장은 '지속적인' 성장의 특징을 가진다. 다음의 〈표 6-1〉은 각국의 경제성장률이다.

경제성장은 어떻게 이루어지는 것일까? 경제성장이 이루어진 원인은 크게 경제외적 요소와 경제적 요소로 나누어 볼 수 있다. 경제적 요소는 뒤에서 살펴보기로 하고 우선 경제외적 요소를 살펴보자. 베버(M. Weber)는 근면, 성실, 절약으로 대변되는 청교도윤리가 경제성장의 중요한 요소라고 주장했다. 한편, 루이스(W. A. Lewis)도 '경제하려는 의지(the will to economize)'를 경제성장의 중요한 요소로 보고 있다. 이때 '경제하려는 의지'는 부를 추구하고 비합리적인 생활관습을 개선하며, 과학적인 지식이나 기술을 습득하여 물질적 풍요를 이룩하려는 의지를 말한다.

뉴스 속 현장경제

정주영 회장의 맨주먹 마케팅

사진 한 장을 보여주고 돈을 빌릴 수 있을까? '설마'하고 웃겠지만 우리가 잘 아는 현대그룹의 정주영 왕(?)회장이 바로 그런 사람이다.

1972년 정주영 회장은 조선소 건설을 위한 차관을 빌리기 위해 소나무와 초가가 보이는 울산 조선소 부지 사진 한 장만 들고 영국 버클레이은행을 방문했다. "돈을 빌려주면 여기다 조선소를 지어서 배를 팔아서 갚을 테니 돈을 빌려주시오"라고 하자 은행장이 미심쩍은 듯 "도대체 배를 만들어본 경험이 있습니까?"하고 물어보았다. 그러자 정주영 회장은 거북선 그림이 그려져 있는 한국의 500원 지폐를 한 장 꺼내 보였다. 그리곤 당당하게 말했다. "우리나라는 1500년대에 이미 거북선을 만든 나라입니다." 기가 질린 은행장은 까다로운 조건을 하나 걸었다. "앞으로 당신이 만든 선박을 사겠다는 사람이 나타난다면 차관을 주겠습니다." 아직 조선소도 없는 정주영 회장으로서는 '엄동설한에 딸기를 따오라는 말'과 같은 이야기였지만 정주영 회장의 맨주먹 마케팅은 여기서 위력을 발휘했다. 정 회장은 스코트 리스고 조선소에서 26만 톤짜리 선박 설계도면을 한 장 빌려서 마침 파리에서 휴가 중인 세계적인 선박왕 리바노스를 찾아갔다. "당신이 배를 사겠다고 계약해 주면 이

계약서를 담보로 은행에서 돈을 빌려 조선소를 지어서 배를 만들겠습니다"라고 맨주먹 마케팅을 전개했다. '현대가 만드는 첫 배를 당신에게 바치는 영광을 달라'는 정 회장의 맨주먹 마케팅에 감탄한 그리스 3대 선주의 한 사람인 리바노스는 선박건조 경험은커녕 조선소도 없는 현대에 26만 톤급 유조선 두 척을 주문했다. 이 계약 덕분에 정주영 회장은 영국에서 돈을 빌려 울산의 한 쪽에는 조선소를 짓고 다른 한 쪽에서는 유조선을 건조해 2년 3개월 만에 완공했다.

정주영 회장과 현대그룹의 경제적 성공은 그의 열정과 끈기의 맨주먹 마케팅이 가져온 것이다.

표 6-1 **국가별 경제성장률의 차이**

국가	기간	시작년도 1인당 실질GDP (2003년 불변가격기준)	종료년도 1인당 실질GDP	연평균 성장률
미국	1870~2003	3,412	37,500	1.82
일본	1890~2003	1,280	28,620	2.79
브라질	1900~2003	663	7,480	2.38
독일	1870~2003	1,859	27,460	2.05
영국	1870~2003	4,094	27,650	1.45
아르헨티나	1900~2003	1,952	10,920	1.69
멕시코	1900~2003	987	8,950	2.16
캐나다	1870~2003	2,022	29,740	2.04
중국	1900~2003	610	4,990	2.06
인도	1900~2003	575	2,880	1.58
파키스탄	1900~2003	628	2,060	1.16
인도네시아	1900~2003	759	3,210	1.41

※ 자료 : 맨큐(N. G. Mankiw), 「경제학」(2007) 참조

미국의 1인당 실질GDP는 중국의 7배, 인도의 13배 수준이다. 2003년 인도의 1인당 GDP는 1870년의 영국의 1인당 GDP와 비슷하다. 한국의 데이터는 없지만 연평균성장률을 기준으로 보면 일본이 2.79%로 가장 높다.

경제학자처럼 생각해보기 복리의 법칙

전설적 펀드매니저인 피터 린치는 '복리의 힘을 믿어라'라는 투자 금언을 남겼다. 그는 1626년 미국 원주민(인디언)이 백인 이주자에게 판 맨해튼의 땅값 24달러를 예로 들었다. 많은 사람이 원주민이 어리석었다고 생각했으나 그렇지 않을 수 있다는 것이 피터 린치의 계산법이다.

원주민이 연 8% 복리로 예금했다고 가정하자. 피터 린치가 계산기를 두드린 1988년, 24달러는 30조 달러로 증식했는데, 그것은 그해 맨해튼 땅값(562억 달러)보다 530여 배가 많았다. 올해 기준으로 계산하면 24달러는 더 불어나 151조 달러가 된다. 원금에 이자를 붙여 다시 원금화하고, 여기에 이자를 또 붙이는 복리는 두 얼굴의 곱셈이다. 저축하는 사람에겐 복을 주는 복리(福利)요, 빚을 못 갚는 사람에겐 고통을 주는 폭리(暴利)다. 아인슈타인이 '가장 강력한 힘은 핵폭탄이 아니라 복리'이고 '복리는 인류의 가장 위대한 발명품'이라 했다는 설도 있다.

복리는 계산기 없이 셈하기 힘들다. 그래서 개발된 것이 속셈법칙이다. 원금의 두 배를 만드는 기간과 금리를 아주 쉽게 산출해 주는 '72의 법칙(the Rule of 72)'이 대표적이다. 예를 들어, 연 6% 금리의 예금이 두 배로 늘어나는 시간을 알아보려면 72를 6으로 나누면 된다. 답은 12(년)이다. 72의 법칙은 15세기 이탈리아 수학자 루카 파치올리가 원리설명 없이 이용법만 소개했는데, 이것은 이전부터 사용됐을 가능성이 크다는 얘기다. 수학이 발달한 뒤엔 더욱 정교한 '69.3의 법칙'으로 다듬어졌다. 하지만 근삿값을 쉽게 얻을 수 있는 72의 법칙이 여전히 애용되고 있다. 원금을 3배와 4배로 각각 만드는 '114의 법칙'과 '144의 법칙'은 유사 발명품이다.

삼성전자가 창립 40주년을 맞아 지난해 1,103억 달러였던 매출액을 2020년 4,000억 달러로 끌어올리겠다고 발표했다. 어림잡아 '12년간 4배 만들기'다. 얼핏 막막해 보이지만, 144의 법칙에 따라 매출을 해마다 12%(=144÷12년) 늘리면 달성가능한 목표다. 과거 10년간 매출 6배 만들기(포춘 500대 기업자료)에 성공한 전적도 있으니 말이다. 복리의 힘을 믿고 정진하면 생각만큼 어렵지 않을 수 있다.

경제성장의 경제적 결정요인

경제성장의 경제적 요인은 성장회계방정식에서 도출할 수 있다. 즉, 거시적 생산함수 $Y=AL^{\alpha}K^{\beta}$ 에 log를 취하여 미분하면

$$\frac{dY}{Y}=\frac{dA}{A}+\alpha\frac{dL}{L}+\beta\frac{dK}{K}$$

(A : 기술수준, L : 노동량, K : 자본량, α, β : 상수)

가 된다. 이 식에서 보면 경제성장$\left(\frac{dY}{Y}\right)$의 요인은 노동, 자본 등 요소투입량의 증가$\left(\frac{dL}{L}, \frac{dK}{K}\right)$와 총요소생산성$\left(\frac{dA}{A}\right)$이 된다. 이것을 자세히 검토해 보자.

경제성장의 경제적 요인으로는 첫째, 재화와 서비스의 생산에 투입되는 장비나 건물을 가리키는 물적자본(physical capital)의 투입량의 증가를 들 수 있다. 자본은 노동과 함께 중요한 생산요소이지만, 노동과 달리 생산된 생산요소라는 특징을 갖는다. 즉, 자본은 과거의 생산과정에서 창출된 산출물이며, 또한 현재 생산과정에 투입되는 요소인 것이다.

예를 들어, 공장에 설치되어 있는 기계들이나 출판사에 필수적인 컴퓨터를 생각해 보면 이러한 자본재들은 한편으로는 최종생산물이면서 다른 한편으로는 또 다른 생산을 위한 투입물이라는 것을 알 수 있다. 또한 이러한 자본재가 얼마나 정교하고 기능이 좋은가에 따라 같은 기간 동안 더 많은 산출량을 만들어 낼 수 있다는 것도 분명하다.

둘째, 노동투입량의 증가이다. 하지만 노동투입량의 증가를 노동자의 수나 노동시간을 증가시키는 것만으로 생각해서는 곤란하다. 노동에 대해 이야기할 때는 항상 양적인 부분과 함께 인적자본이라는 질적인 부분을 같이 고려해야 한다.

'인적자본(human capital)'은 근로자들이 교육, 훈련, 경험을 통해 체득하는 지식과 기술을 말한다. 인적자본에는 초 · 중 · 고등, 대학 혹은 직업훈련학교 등의 교육과정을 통해 얻는 지식과 현장직업훈련(OJT : On-the-Job Training)을 통해 얻는 기술이 모두 포함된다. 이러한 인적자본은 물적자본과 달리 눈에 보이지 않는다. 하지만 인적자본이 노동자들의 생산성을 높여주는 역할을 한다는 것은 물적자본과 마찬가지다. 또한 인적자본도 물적자본과 마찬가지로 생산된다고 할 수 있는데, 인적자본을 생산하기 위해서는 교사, 도서관, 학생들의 시간 등 요소가 투입되어야 한다.

따라서 우리가 노동이라는 생산요소를 다룰 때 양적인 의미에서 노동투입량이나 노동시간투입량을 변화시킬 것인지, 질적인 의미에서 어느 정도의 인적자본이 갖춰진 노동을 투입하느냐를 결정할 것인지 구분해야 할 것이다.

셋째, 자연자원도 중요한 요소이다. 자연자원(natural resources)은 토지, 강물, 광물 등 자연에 의해 제공되는 생산요소이다. 자연자원부존량의 차이는 각국이 가지고 있는 생활수준격차와 꽤 많은 관계를 가지고 있는데, 농사짓기 좋은 농토를 많이 가지고 있었던 미국의 경제발전이나 풍부한 원유매장량으로 세계적인 부국으로 손꼽히는 중동국가들의 경우가 그 예이다.

하지만 자연자원이 부족하기에 오히려 강국으로 떠오른 나라들도 있다. 그것은 더 좋은 자연환경과 자원을 찾아 일어난 식민지쟁탈전에서도 찾아볼 수 있으며, 근대로 들어와서는 빈약한 자연자원을 극복하기 위해 수출산업의 성장으로 경제대국이 된 일본의 경우도 좋은 예가 될 것이다.

넷째, 지속적 성장이 가능하게 하는 기술지식이다. 기술지식(technological knowledge)은 재화와 서비스를 생산하는 최선의 방법에 대한 이해를 말한다. 농업기술을 예로 들어보자. 이모작이나 삼모작이 가능한 열대지방을 제외하고는 자급자족할 식량을 얻는데도 많은 노동력이 필요하다. 그러나 지금은 농업기술의 발달로 소수의 노동력만으로도 충분한 식량을 생산할 수 있다. 이처럼 기술진보로 인해 과거에는 농업에 투입되던 인력을 이제는 다른 재화나 서비스 생산에 활용할 수 있게 되었고, 나아가 더 풍요로운 세상에 살 수 있게 된 것이다.

기술지식에도 다양한 형태가 있는데, 어떤 기술은 처음에는 한 사람에 의해 사용되다가 후에 공동의 지식이 된 것도 있고, 어떤 기술은 소유권이 한정되어진 기술도 있다. 물론 어떤 기술이든지 초기에는 기술을 개발한 사람에게 개발이익이 발생할 것이다. 특히 오늘날에는 특허라는 이름으로 개발에 대한 소유권을 법적으로 보호해 주고 있다. 이와 같은 개발이익은 기술개발자에게 경제적 유인으로 작용하여 더 많은 기술개발을 가져오게 할 수 있을 것이다.

또한 기술에는 파급과 확산이 가능한 기술이 있는 반면, 기술개발자만이 그 비법을 알고 있는 경우도 있는 것이다. 한동안 유행했던 815콜라가 코카콜라회사로부터의 비법을 전수받지 못하고 독립적으로 만들어낸 콜라라는 것은 모두 알고 있는 사실일 것이다. 결국 어떤 종류의 기술지식인가, 즉 파급과 확산이 가능한 것인가, 그렇지 않은가에 따라 그 산업이나 국가의 생산능력이 달라질 수 있다.

생/각/넓/히/기 **기술지식과 인적자본**

기술지식과 인적자본과의 관계도 살펴볼 필요가 있는데, 기술지식은 최선의 방법에 대한 이해능력을 의미하는 반면, 인적자본은 이러한 이해능력을 노동인구에게 전파시키는데 소요되는 자원을 의미한다. 즉, 지식이 교과서의 질이라면 인적자본은 그 교과서를 읽는데 투자하는 시간이라고 말할 수 있다. 얼마나 훌륭한 교과서가 있는가와 그 교과서를 읽는데 얼마만큼의 시간을 투자할 것인가는 다른 차원의 문제이며, 생산성은 이 두 가지에 의해 좌우된다고 할 수 있을 것이다.

마지막으로, 정부의 경제성장정책도 경제성장에 많은 영향을 미친다. 앞의 네 가지 요소 모두 정부의 정책 여부에 따라 생산량이나 성과가 달라진다는 것은 분명하다.

따라서 정부의 1차적 경제성장정책은 직접적으로 위의 네 가지 요소를 크게 만드는 것이라는 것은 당연하다. 하지만 이러한 1차적 정책의 배경을 구축하기 위해 필요한 정책도 여러 가지 있을 것이다.

첫째, 저축과 투자를 장려하는 정책이다. 저축과 투자를 장려하게 되면 자본형성이 촉진될 수 있다. 자본은 생산되는 생산요소이기 때문에 자본의 양을 증가시키는 것은 가능하다. 또한 어느 경제가 오늘 자본재를 많이 생산하면 내일 쓸 수 있는 자본의 양이 증가하고 그것은 여러 종류의 재화와 서비스를 더 많이 생산할 수 있게 할 것이다.

하지만 자본재를 더 많이 생산하려면 당장 소비할 재화의 생산은 줄여야 하는데, 즉 자본에 대한 투자를 늘리려면 현재 소비를 줄이고 저축을 늘려야 하는 것이다.

둘째, 교육정책이다. 교육은 인적자본에 대한 투자로서 한 나라의 장기적 번영을 좌우하는 중요한 변수라고 할 수 있다. 또한 선진국은 물론이며, 인적자본이 부족한 후진국에서는 교육여하에 따른 임금격차가 크다는 것을 알 수 있다. 따라서 정부는 좋은 학교를 만들어 국민들이 질 높은 학교교육을 받도록 장려해야 할 것이다.

특히 교육을 통한 인적자본은 외부경제를 창출하기 때문에 경제성장에 매우 중요하다. 교육을 받은 사람이 새로운 아이디어를 개발하고 이 아이디어가 사회의 모든 구성원들에게 전파된다면 외부경제를 만들어낼 수 있을 것이며, 이 경우 학교교육의 사회적 이익은 개인의 이익보다 훨씬 크게 되는 것이다.

경제학자처럼 생각해보기 대한민국 교육공화국

교육은 '백년지대계'라고 한다. 이처럼 예부터 우리나라는 교육이 가져오는 경제 내·외적 효과를 높이 샀기에 백년 앞을 내다보는 계획이 필요하다고 생각했다. 특히 좁은 국토에 부족한 자연자원을 가진 입장에서 교육을 통한 인적자본의 축적이야말로 선진국으로 도약할 수 있는 유일무이한 방법이었다고 해도 과언은 아닐 것이다.

하지만 지금 우리나라의 교육을 생각하며 한숨 쉬지 않을 사람은 없다고 생각된다. 백년지대계는 못될망정 채 십 년을 버티지 못하고 바뀌는 입시제도는 진정한 의미의 인적자본축적이라기보다는 바뀌는 제도에 맞춰 변화무쌍하게 움직일 수 있는 멀티 플레이어를 원하고 있는 것은 아닐까 생각될 정도이다. 더구나 엄마의 정보력이 대학입학의 중요한 요인으로 대두되면서 소위 말하는 '엄따'가 될 수 없어 출산·육아가 아닌 '대학입시'를 위해 뒤늦게 직장을 그만두는 웃을 수도 울 수도 없는 상황도 심심찮게 기사화되고 있다.

인적자본축적을 위해 학교교육은 대단히 중요하다. 하지만 자녀의 인적자본 축적을 위해 학교교육에 현장학습까지 마친 훌륭한 인적자본이 전업주부로 묻혀 버린다는 것은 비용-편익분석을 해보지 않더라도 잘못된 선택임이 분명할 것이다.

예상치 못한 결과라는 것은 물어보나 마나겠지만, 이제부터라도 국가적인 차원에서 득이 되는 교육정책을 모색해 봐야 하지 않을까?

셋째, 연구·개발과 관련된 기술정책이다. 물론 대부분의 기술진보는 개별기업이나 발명가 등 민간부문에서 발생한다. 하지만 교육과 마찬가지로 지식도 상당부분 공공재의 성격을 가지고 있으므로, 개인의 아이디어는 결국 사회 전체의 공동지식이 될 것이고, 이것은 외부경제를 만들어낼 것이다.

따라서 새로운 기술에 대한 연구·개발을 장려하는 역할도 정부의 몫이라 하겠다. 특허제도는 정부가 정책적으로 연구를 촉진할 수 있는 주요 수단이다. 정부는 일정기간 동안 그 제품을 독점적으로 생산할 수 있는 권리인 특허권을 내줌으로써 개인과 기업에게 연구를 수행할 경제적 유인을 제공하는 것이다.

넷째, 재산권(property rights)과 정치적 안정도 경제성장을 촉진하기 위해 취할 수 있는 정책이다. 재산권이란 사람들이 자기가 보유한 자원에 대해 권리를 행사할 수 있는 능력을 말하는데, 시장가격기구가 작동하기 위한 가장 중요한 전제조건이 재산권의 확립이다. 정치적 불안은 재산권에 대한 위협이라고 할 수 있다. 미래에 재산권이 보호될 것인지에 대한 불안이 상존하는 국가라면 내국인들의 저축, 투자와 창업의 인센티브가 없어지고 외국인들이 이 나라에 투자할 이유도 없어진다. 효율적인 사법제도, 정직한 공무원, 안정적인 헌법이라는 정치적 안정이 결국 경제적 번영의 뿌리라고 해야 할 것이다.

다섯째, 해외로부터의 직접투자나 자유무역과 같은 외부지향적 정책도 필요하다. 경제성장을 위한 신규자본의 축적을 단지 국내저축에만 의지하는 것은 한계가 있으므로 다양한 방법으로 외국자본의 투자를 끌어들이는 것도 하나의 대안이다. 외국인투자에는 외국의 개인이나 법인이 소유 · 운영하는 외국인 직접투자(foreign direct investment)와 외국인 자본으로 재원을 조달하고 내국인이 운영하는 외국인 포트폴리오투자(foreign portfolio investment)가 있다. 물론 투자의 과실이 일부 외국으로 돌아가지만 투자로 인해 국내자본스톡이 늘어나고 생산이 증가하며 실질임금도 상승한다. 자유무역도 마찬가지다. 유치산업보호론이나 외국인에 대한 불신으로 내부지향적 정책을 추구하는 저개발국도 있지만, 저개발국일수록 자국 경제를 세계경제에 통합시키는 외부지향적 정책이 더 바람직하다.

생/각/넓/히/기 미국의 공무원

미국 국세청(IRS)공무원의 근무태도에 대한 에피소드이다. 꽤 크게 무역업을 하는 한 교포가 국세청의 무작위 세무조사에 걸렸다. 공무원과 직접 부딪친 것은 처음인데다 한국에서 세무조사가 무엇을 의미하는지 익히 아는 이 교포사업가는 여간 불안한 게 아니어서 친구들과 의논한 끝에 아무리 미국이지만 한국식으로 접대하는 게 좋은 방법이 아니겠느냐는 결론에 도달했다.

드디어 국세청 직원이 회사에 나타났고 그는 세무조사를 할 수 있는 사무실 공간과 관련 서류를 요구했다. 이 사업가는 첫 대접으로 커피를 끓여 들여보냈는데 그 국세청 직원은 커피를 돌려보냈다.

한 달쯤 지난 후 국세청 직원은 사업가를 불러 조사가 끝났다고 말하더니 장부기재상의 잘못을 지적하며 고치도록 시정하고 사라졌고, 그 후 국세청에서는 아무도 연락도 없었다. 이 사업가는 이런 일화를 들려주며 미국의 공직윤리에 대한 신뢰를 표시하며, 그런 공직자의 자세가 사업하는 사람에게 얼마나 신나는 일인가를 설명해 주었다. 물론 탈세범에 대한 미국법의 가혹함이란 이루 말할 수 없지만, 양심적으로 사업을 하는 사람도 생존할 수 있게 하는 것이 미국의 제도요, 공직자의 자세라는 것을 알 수 있다.

역사 속 경제이야기

유럽의 경제성장의 토대가 된 십자군전쟁

1099년 7월 15일, 십자군은 예루살렘을 점령하고 예루살렘 주민들을 무참히 학살했다. 예루살렘왕국을 비롯해 곳곳에 십자군의 나라가 세워졌다. 그러나 십자군의 승리는 그리 오래가지 못했다. 200년 동안 일곱 차례에 걸친 십자군원정은 1291년 마지막 보루인 아코가 함락되면서 막을 내렸다. 십자군전쟁은 인간의 가장 야만적인 면을 적나라하게 드러낸 참혹한 전쟁이었다. 하지만 십자군전쟁으로 유럽인들은 우수한 이슬람문화와 비잔틴문화를 받아들여 경제와 문화의 발전의 계기를 마련했다.

그 배경에는 아랍인들의 독특한 숫자체계인 오늘날 우리가 사용하고 있는 아라비아숫자가 있었다. 아라비아숫자는 원래 인도에서 만들어진 것이지만 아랍인들에 의해 유럽에 전해져 아라비아숫자라는 이름이 붙었다. 아라비아숫자 중에서도 '아무것도 없음'을 나타내는 '0'은 특히 중요했다. 숫자 '0'의 발명으로 곱셈과 분수계산이 한결 쉬워졌고, 수를 표현할 때도 0, 1, 2, 3, 4, 5, 6, 7, 8, 9를 써서 10배마다 윗자리로 올려 나아가는 십진법으로 간단히 쓸 수 있었다.

유럽인들은 십자군원정을 통해 아라비아숫자를 처음으로 배웠다. 발 빠른 상인들을 중심으로 아라비아숫자는 그때까지 쓰이던 로마숫자를 빠르게 대신했다. 아라비아숫자를 이용하면 계산이 훨씬 더 간단했고, 장사가 어떻게 돌아가는지 한눈에 알아볼 수 있었다.

중세 유럽의 상인들은 오래전부터 장사를 통해 벌어들인 돈과 나간 돈을 장부에 기록했다. 그러나 기록방법은 매우 단순해서 장부에 필요한 내용을 낙서처럼 긁적여 놓는 게 전부였다. 누구에게 어떤 물건을 얼마에 팔았는지를 쓰지 않는 경우도 많았다. 중세의 상인들은 오늘날 어린아이들도 다 아는 간단한 덧셈, 뺄셈, 곱셈, 나눗셈조차 하지 못했다. 많은 상인들이 자기가 계산을 정확히 했는지 확신하지 못했다.

심지어 농민들은 손수건으로 매듭을 만들어 계산을 하기도 했다. 그러다 보니 전체적인 거래규모를 파악할 수가 없었고, 중세사람들은 거래내용을 정확하게 알려고 하지도 않았다. 그런데 아라비아숫자를 사용하기 시작하면서부터 모든 것이 완전히 바뀌었다.

아라비아숫자와 함께 장부를 더 간단하고 정확하게 기록할 수 있는 방법도 전해졌다. 지금도 세계 곳곳에서 사용되고 있는 복식부기가 그것이다. 유럽에서 복식부기를 처음으로 널리 알린 사람은 이탈리아의 루카 파치올리(1445~1510)이다.

■ 출처 : 니콜라스 피퍼 저, 유혜자 역, 「청소년을 위한 경제의 역사」(비룡소, 2006)

제 3 절 | 여러 나라의 경제성장전략

후진국 발전전략

앞에서 살펴본 경제성장의 요인들은 일반적인 경제성장론에서 다루어지는 것들이다. 하지만 경제성장이란 모든 나라에서 같은 모습으로 진행될 수는 없을 것이다. 왜냐하면 각국이 가지고 있는 성장요인들이 모두 다를 것이며, 경제외적인 요인들은 더더욱 천차만별일 것이기 때문이다. 따라서 개별국가의 경제성장의 전략은 다를 수밖에 없는데, 본 절에서는 흔히 '개발도상국'이라고 불리는 후진국의 발전전략에 대해 살펴보는 것에서부터 시작해 보고자 한다.

후진국은 어떤 발전전략을 가져야 할 것인가? '한 번 해병은 영원한 해병'에 빗대어 '한 번 후진국은 영원한 후진국'이라는 말이 있다. 가난한 나라들은 영원히 선진국 대열에 합류할 수 없는 것인가? 물론 부정적인 견해를 가진 학자들도 많이 있다. 이러한 학자들은 이미 세계경제가 선진국과 후진국의 이중적인 구조로 나누어져 있으며, 세계화 속에서 더욱 강화되어 가고 있다고 주장한다. 하지만 후진국에게도 분명 후발자이익이 존재하는데, 바로 '따라잡기 효과(catch-up effect)'이다.

'따라잡기 효과'란 가난한 상태에서 출발한 나라들이 이미 부유한 상태에 있는 나라들에 비해 성장률이 높은 경향이 있음을 의미한다. 이러한 효과가 가능한 이유는 전통적인 생산이론에서의 '수확체감의 법칙' 때문이다. 즉, 자본스톡이 증가함에 따라 추가적인 자본 한 단위가 만들어내는 산출량은 점점 작아지게 되는데, 따라서 자본을 이미 많이 보유하고 있는 경우 자본재의 투입량을 더 늘려도 생산성이 크게 증가하지 않는다는 것이다. 이처럼 부유한 나라보다 가난한 나라의 생산성증가율이 높아지게 되면 가난한 나라는 부유한 나라와의 격차를 좁힐 수 있게 된다는 것이 바로 '따라잡기 효과' 또는 수렴가설이다.

수확체감의 법칙 외에도 선진국과 후진국과의 격차가 좁아지는 다른 이유들이 있는데, 가난한 나라에서는 낮은 교육수준이 매우 빠르게 높아질 수 있다는 점과, 새로운 기술을 발명하는 것보다는 모방을 통해 선진국의 기술을 도입하는 것만으로도 후진국은 생산성을 높일 수 있다는 점을 들 수 있다. 물론 이것만으로 선진국과 같은 경제수준을 가질 수는 없을 것이다. 비록 선진국과 후진국이 성장률에서 차이를 보인다고 하더라도 그것만으로 이미 벌어져 있는 선진국과의 큰 격차를 모두 해소할 수는 없을 것이기 때문이다.

생/각/넓/히/기 **에너지소비량으로 본 지구**

경제성장의 차이를 보여주는 지표 중 하나로 에너지소비량이 있다. 인공위성에서 찍은 사진에서 밝은 곳과 어두운 곳이 말해주는 것이 바로 그것이다. 미국과 서유럽, 일본과 중국의 밝은 불빛이 어두운 아프리카와 대조를 이루고 있으며, 우리나라 역시 남한과 북한의 차이가 확실히 보여진다.

실증연구에서 나타난 후진국의 성장한계론

'따라잡기 효과'와 같은 후발자이익이 발생할 경우 선진국과 후진국 사이에 수렴현상이 일어날 것이라고 예측하는 것은 어렵지 않다. 그러나 여러 실증연구들은 선 · 후진국 간에는 수렴현상보다 오히려 발산현상이 나타난다고 보고하고 있다.

특히 크루그만(P. Krugman)은 아시아의 성장한계론을 주장하고 있는데, 그에 의하면 제2차 세계대전 후(1945～1965) 미국 등 서구 여러 나라에서는 기술진보 또는 총요소생산성의 증가가 경제성장의 1/3 이상을 설명하는 반면, 싱가포르나 한국 등의 일부 아시아국가들에서는 경제성장에 대한 기술진보의 기여도가 매우 낮고 경제성장의 대부분이 노동과 자본의 양적 증가에 기인하는 것으로 나타난다.

이 연구에 따르면 비록 눈부신 경제성장을 하고 있는 개발도상국들조차 선진국의 경제성장과는 그 성격이 다르기 때문에 결국 한계에 부딪힐 수밖에 없다는 것을 의미하는 것이다.

후진국에 부족한 성장요인들은 무엇일까?

첫째, 자본측면이다. 물론 몇몇 개발도상국들은 해외자본의 투자 등을 통해 자본의 증가를 가져오기는 했지만, 대부분의 후진국들은 낮은 소득으로 인해 자본의 축적을 위한 저축을 기대하기가 어렵고 그 결과 생산성에서 차이가 날 수밖에 없다.

둘째, 기술측면이다. 앞에서 후진국들은 이미 개발된 기술을 도입하여 잘 활용하기만 해도 충분히 후발자이익을 얻을 수 있다고 했지만, 이러한 따라잡기 효과도 사회간접자본이나 필수적인 과학적 · 공학적 지식과 같은 기반이 갖추어져 있을 때 가능한 것이다.

셋째, 보다 심각한 문제로 '두뇌유출(brain drain)'현상을 들 수 있다. 개발도상국의 경우에는 무엇보다도 특히 인적자본이 중요한 경제성장동력이다. 하지만 많이 배운 사람들이 부유한 나라로 이민을 간다거나 선진국의 좋은 교육시스템에서 훈련받은 사람들이 고국으로 돌아오지 않게 될 경우 인적자본을 형성하는 교육이 두뇌유출로 인해 개발도상국을 더 가난하게 만들 수도 있는 것이다.

넷째, 정치 · 사회시스템이 제대로 구축되지 않아 뇌물과 부패, 혹은 국지전 등으로 불안한 상황이라면 이것은 경제성장에 가장 큰 장애물로 작용할 것이다.

경제학자처럼 생각해보기 **선진국의 '사다리 걷어차기'**

장하준 교수의 저서 「사다리 걷어차기」는 위선적인 선진국의 행태를 이야기하고 있다. 즉, 선진국들이 현재 개발도상국 및 후진국들에게 강요하는 정책과 제도가 과거 자신들의 경제발전과정에서 채택했던 정책이나 제도와는 얼마나 거리가 먼 것인지를 보여주고 있는 것이다. 선진국들은 자신들이 경제발전을 도모하던 시기에는 보호관세와 정부보조금을 통해 산업을 발전시켜 놓고 지금에 와서는 후진국들에게 자유무역을 채택하고 보조금을 철폐하라고 강요하고 있다. 뿐만 아니라 과거 자신들은 여성 · 빈민 · 유색 인종에 대해서는 투표권조차 주지 않았으면서 지금은 후진국들에게 민주주의가 제대로 자리 잡지 못하면 경제발전도 되지 않는다고 주장하는가 하면, 자신들은 다른 나라의 특허권과 상표권을 밥 먹듯 침해했으면서도 이제는 후진국들에게 지적재산권을 선진국수준으로 보호하라고 압력을 넣고 있다는 것이다.

그렇다면 우리도 이쯤에서 한 번 의문을 가져봐야 할 것이다. 선진국들에 의해 만들어진 경제학적 통념 내지 상식은 과연 모두 옳은 것인가? 재산권보호가 경제발전의 대전제이며, 적극적 산업진흥책은 경제발전에 마이너스요인이며, 세계화와 신자유주의가 실제로 경제성장을 이루어낼 수 있는가?

내생적 성장이론

경제성장을 이끄는 요인들은 여러 가지가 있다. 그리고 그 중에서 가장 중요한 성장동력은 기술진보라고 할 수 있을 것이다. 지금까지 살펴본 경제성장이론에서 기술진보는 외부에서 주어진 하나의 '충격'이었다. 즉, 시장의 외부에서 과학자나 기술자의 발명이나 발견에 의해 기술진보가 이루어지면, 그 이후에 기업가에 의해 기술이 시장 안으로 들어오게 되는 것이다. 하지만 최근에 이루어진 경제성장론에서는 이러한 기술진보를 '외생적'인 요소로 보지 않고 '내생적'으로 시장시스템 안에서 결정된다는 주장이 제기되고 있다. 이를 '내생적 성장이론(endogenous growth theory)'이라 한다.

내생적 성장이론은 개별경제주체들이 최적화행동을 한다는 가정 위에서 경제가 지속적으로 성장하게 되는 요인을 경제모형 안에서 찾고자 하는 이론이다. 대표적인 이론으로 스탠포드 대학의 로머(P. Romer)의 지식자본모형에 의하면 지식의 축적에 의한 지식자본(knowledge capital)이 중요한 생산요소로 작용하여 경제성장이 가능하게 된다.

또한 루카스(R. Lucas)의 인적자본모형 역시 인적자본에 축적된 교육투자수준 또는 인간에 체화된 지식수준에 의해 1인당 국민소득이 장기적으로 증가한다는 모형이다. 이처럼 지식자본이나 인적자본이 생산요소에 포함되면 축적된 지식과 인적자본, 그리고 기술이 가지는 공공재적인 성격으로 인해 생산면에서 외부효과가 발생하고, 총생산함수에서는 수확체증이 나타나 지속적인 경제성장이 가능해진다.

기술진보와 같은 성장요인이 외생적으로 주어지는 것으로 취급되면 정부의 정책개입여지가 없게 된다. 그러나 내생적 성장이론에서는 성장요인들이 경제모형 내에 존재하므로 정부의 정책개입이 필요해진다. 즉, 지식자본을 축적하고 확산시키기 위해서 정부는 신제품개발과 혁신을 위한 특허권과 저작권을 통해 지적재산권을 보호해 주어야 하고, 연구 · 개발에 대해 세제상의 유인을 제공해 주며, 교육투자나 직업훈련에 대한 지원을 아끼지 말아야 할 것이다.

제 7 장

국제경제이론

제 1 절 | 국제무역이론

국제무역의 의의

지금까지는 분석의 단순화를 위해 개별경제주체의 경제행위를 분석하는 미시경제이론에서는 물론이고, 거시경제이론에서도 해외부문을 고려하지 않고 한 나라의 국민경제 중심으로 분석하여 왔다. 그러나 오늘날의 경제는 '지구촌(global village)'이라는 말에서 보듯이, 여러 국민경제들이 서로 각종의 경제거래를 통해서 밀접한 관계를 맺고 있다.

따라서 한 나라의 국민경제분석에서 벗어나 해외라는 또 하나의 경제주체와의 관계를 중요하게 분석할 필요가 있게 되었는데, 이러한 연구와 관련된 학문이 국제경제이론이고 그 가장 기본적인 대상이 국제무역이다.

국제무역은 국경을 넘어선 서로 다른 국가 간의 교역현상으로, 거래의 대상으로는 상품수출입과 서비스의 거래, 국제투자와 원조 등의 자본이동, 이민 · 인력의 파견 · 유학 등의 노동력 이동을 포함한다. 그리스의 도시국가 중 아테네는 무역을 통하여 얻은 부를 바탕으로 하여 고대 민주주의를 발전시킨 반면, 스파르타는 농업을 주력산업으로하여 자급자족경제의 봉쇄경제를 유지하였다는 것은 잘 아는 이야기이다.

아테네의 번영의 배경이 무역에서 왔듯이 무역은 고대국가에서부터 시작되었고, 그와 더불어 무역이란 용어도 발생하였다. 영어에서의 'trade'란 말은 'tread(발걸음)'라든가, 'track(발자국)'이란 단어에서 유래되었고, 이러한 단어는 어떤 길이나 항로를 따라서 물건을 교환한다는 의미를 가지고 있다.

국제무역은 어떤 경제적 이익을 가져오는가? 개개인의 교환이 교환당사자 모두에게 교환의 이익을 가져다주는 것과 마찬가지로, 국가 간의 교역도 〈그림

7-1〉에서 보듯이 교역참가국 모두에게 무역의 이익을 가져다준다. 물론 개인의 교환과는 달리 국제무역이라는 것이 모든 국민에게 동일한 효과를 가져다주지는 않겠지만, 국가 전체로 봤을 때 국제무역이 이익을 발생시킨다는 것은 분명하다.

역사 속 경제이야기

바다를 제패하는 자가 세계를 지배한다.

1651년 영국 크롬웰정부는 '영국으로 수입되는 모든 제품은 영국선박을 이용해야 한다'는 해운 · 무역의 보호입법인 항해조례를 발표하였다. 이것은 당시 유럽 해운계를 장악하며 중계무역을 하고 있던 네덜란드를 배제하고 영국이 해운 · 무역의 우위에 서고자 만든 조례이다.

이로 인해 영국과 네덜란드는 세 번이나 전쟁을 치르게 된다. 제1차 전쟁(1652~1654), 제2차 전쟁(1655~1667)의 승리의 대가로 영국은 신대륙의 뉴암스테르담(뉴욕으로 改名)을 나눠받았다.

그 후 제3차 전쟁(1672~1674)까지 영국이 승리함으로써 네덜란드의 해상권은 쇠퇴하고 영국의 해운계는 유럽의 독보적인 존재로 떠오르게 된다. 항해조례는 19세기에 들어와 자유주의 경제의 분위기가 높아지면서 1849년 폐지되었다.

한편, 1806년 10월 나폴레옹 1세는 프로이센군을 격파한 뒤 베를린에 입성하여 영국의 넬슨제독에게 해상전투에서 진 빚을 갚고자 베를린칙령이라고도 하는 대륙봉쇄령을 선포하였다.

전문 8조, 본문 11조로 되어 있는 대륙봉쇄령에는 영국과의 통상, 통신을 금지한다는 것을 비롯하여 점령지대의 영국인을 포로로 하고 그들의 상품을 몰수하며 영국 및 그 식민지로부터의 상선을 기항시키지 못하게 한다고 규정되어 있다.

이것은 영국을 고립시킴으로서 영국의 영향력을 감소시키려는 의도였지만 영국은 자국의 식민지를 통해 필요한 물자를 조달할 수 있었으므로 별다른 어려움을 겪지 않은 반면 유럽의 여타 국가들은 영국과 무역을 하지 못함으로써 심한 경제난에 시달리게 되었다.

결국 러시아가 나폴레옹의 뜻에 반대해서 영국과 밀무역을 시작하였고, 이를 제재하기 위해 나폴레옹은 러시아원정을 감행하였다가 실패하여 몰락하고 말았다.

이와 같은 항해조례와 대륙봉쇄령의 경제적 효과에서 보듯이 해상무역과 해군력을 장악하는 세력이 세계를 제패한다는 점에서 최근 우리나라 서해를 둘러싸고 벌어지는 중국과 미국 간 해상쟁탈전도 이러한 맥락에 속한다고 할 수 있다.

그림 7-1 국제무역의 이익 : 수입국의 무역이익(a)과 수출국의 무역이익(b)

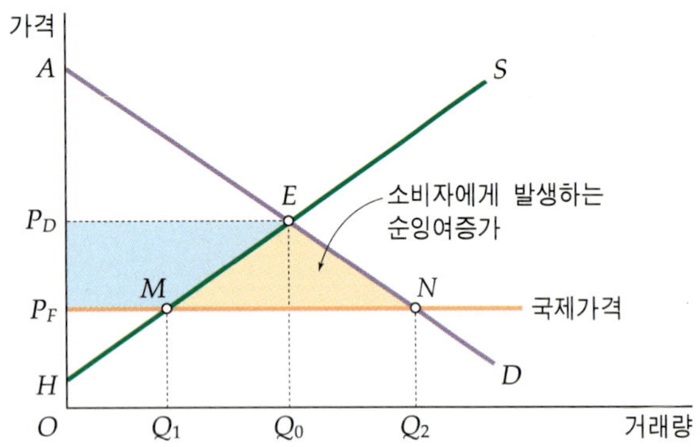

(a) 수입국의 무역이익

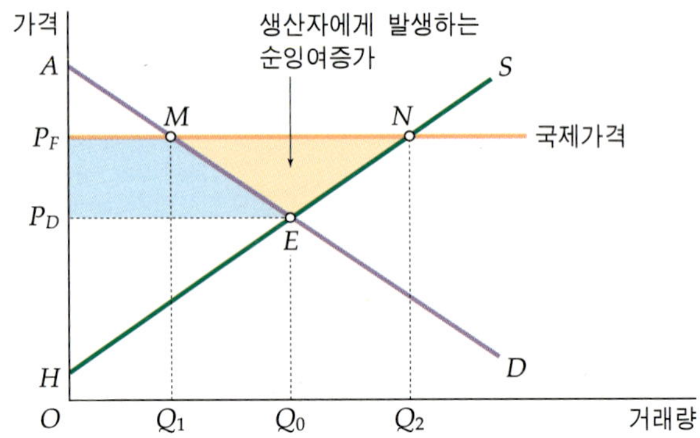

(b) 수출국의 무역이익

무역이 이루어지면 열대지방의 값싼 바나나가 수입되어 가격하락을 가져올 것이다. 이때 기존의 바나나생산업자는 (a) 그림의 청색망의 P_FP_DEM만큼 생산자잉여가 감소하여 손해를 본다. 하지만 소비자입장에서는 가격하락으로 소비자의 잉여가 P_FP_DEN만큼 증가하여 국민경제 전체로 보면 순이익이 MEN만큼 증가한다. 수출의 경우에도 수출업자는 한국에서 거래되는 가격보다 외국에 수출하는 가격이 높다면 수출에 기꺼이 동참할 것이다. 외국에 수출함으로써 국내공급량이 감소하면 국내가격은 상승하여 기존의 국내소비자의 소비자잉여는 (b) 그림의 P_DP_FME만큼 감소하지만 수출업자의 생산자잉여는 P_DP_FNE만큼 증가하여 국민경제 전체로 보면 순이익이 MEN만큼 증가한다.

심/층/탐/구 국제무역의 이익

국제무역의 이익을 이번에는 수요 · 공급곡선이 아닌 생산가능곡선으로 설명해 보자. 다음 그림에서와 같이 생산가능곡선과 무차별곡선이 만나는 점에서 생산과 소비의 효율성이 실현된다. 이때 봉쇄경제에서는 자국에서 생산된 것만 소비할 수 있기 때문에 생산과 소비가 일치한다(A에서 생산, 소비). 그러나 무역이 이루어지면 자국에서 생산되지 않는 것도 소비할 수가 있기 때문에 사회적 무차별곡선이 우측으로 이동하여 후생이 증가한다(B에서 생산, C에서 소비). 그 이유는 무역을 통해 소비가 자국의 생산가능곡선에 의해서 제약되지 않으므로, 희소성이 줄어들고 다양한 선택의 폭을 제공받을 수 있기 때문이다. 이로 인해 자원배분의 효율성이 증대한다.

또한 기업의 입장에서는 외국과의 교역을 통해 규모의 경제를 실현하고, 기술진보를 촉진할 수가 있다. 이것은 생산가능곡선 위에서 자원배분의 효율성을 증대시키는 이익과 달리 생산가능곡선 자체의 이동을 가져와 경제성장의 원동력 역할을 하게 된다.

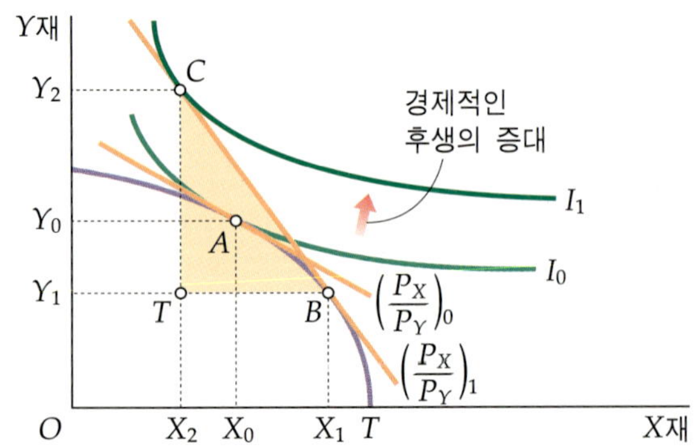

생/각/넓/히/기 **무역에 관한 짧은 생각 I - 바나나 한 손의 가격**

1960년대만 해도 바나나는 일반 서민이 아니라 상류층도 제대로 구경할 수 없는 과일이었다. 바나나가 워낙 귀하다 보니 그림책에나 등장하는 과일에 불과하였고, 재벌집의 혼사 때 함 속에서나 등장할 만큼 귀하디귀한 존재였다. 필자의 어렴풋한 기억에 의하면 1960년대의 국립대학등록금이 3만 원 정도였고 30평대의 단독주택의 가격이 100만 원 정도할 때 바나나 한 손의 가격이 5만 원을 넘어 대학등록금보다 비쌌던 시절이 있었다.

그러나 지금은 한 손에 3~5천 원 정도밖에 하지 않는 가장 흔한 과일이 되었다. 우리나라의 바나나생산량이 갑자기 증가한 것도 아닌데 어떻게 된 것일까? 독자들은 벌써 눈치챘겠지만 그 비밀은 무역에 있다. 과거에는 보관과 수송기술이 제대로 발달되어 있지 못하여 무역이 제대로 이루어지지 못하였지만, 냉장보관과 운송기술이 발달하여 과일과 같은 농산물도 무역이 원활해지면서 이러한 현상이 나타나게 된 것이다.

생/각/넓/히/기 **무역에 관한 짧은 생각 II - 또 하나의 무역, 관광**

한국의 겨울, 눈밭 속에 생활하는 군인들은 눈이 낭만적이라기보다는 제설작업으로 지긋지긋할 수밖에 없을 것이다. 그러나 평생에 눈을 한 번만 보았으면 소원이 없다고 하는 열대지방의 사람도 많다. 특히 대다수가 가톨릭을 믿는 필리핀에서는 '화이트 크리스마스'를 보는 것이 평생소원일 것이다.

만약 무역이 가능하여 한국의 눈을 필리핀으로 수출하고 필리핀의 따뜻한 기후를 수입해 올 수 있다면 두 나라 국민들의 후생은 증가할 것이 확실하다. 그러나 현실은 이러한 무역이 불가능하기 때문에 관광이라는 상품이 등장하게 되었다.

여러분은 어떤가? 겨울이 오면 스키장으로 달려가고 싶은가? 솔직히 필자는 동남아의 태양 아래로 숨고 싶다.

고전적인 국제분업의 이론

그렇다면 국가 간의 무역은 왜 일어날까? 그 이유는 개인이 필요한 물건을 모두 스스로 만들어 사용할 수 없듯이, 국가 간에도 전문화와 분업을 통해 각각 서로 다른 물건을 더 많이 만들어서 교환하게 되면 이익을 누릴 수 있기 때문이다.

무역발생의 원인에 대한 가장 오래된 이론은 각국의 생산비의 차이에 의해 발생한다는 것이다. 스미스(A. Smith)는 하나의 상품을 생산할 때 그 생산과정을 분업화함으로써 작업능률을 향상시킬 수 있다고 주장하면서, 이와 같은 분업의 원리를 국가 간의 거래에도 적용시켜 국제무역의 발생원인과 이익을 규명하고자 하였다. 즉, 어떤 국가가 그들의 교역상대국보다 더 낮은 생산비로 생산할 수 있을 경우에 그 상품에 특화하여 이를 수출하고, 그렇지 못한 상품을 수입함으로써 이득을 얻게 된다는 것이다. 이처럼 무역의 발생원인을 각 국가 간의 절대생산비의 차이로 설명한 이론을 '절대생산비설(theory of absolute cost)'이라고 한다.

예를 들어, 노동만이 유일한 생산요소라고 할 경우, 다음의 표에서처럼 밀 1단위를 생산하는데 미국이 한국보다 적은 양의 노동이 필요하다면(또는 미국의 농부가 한국의 농부보다 더 많은 밀가루를 생산한다면) 미국이 밀가루생산에 절대우위가 있다고 한다. 거꾸로 한국이 반도체생산에서 미국보다 적은 양의 노동을 사용한다면 한국이 반도체생산에서 절대우위를 갖는다고 할 수 있다. 이처럼 각국이 서로 다른 상품에 대해 절대우위를 가질 때 각각의 상품에 특화하여 무역을 한다면 두 나라는 모두 무역의 이익을 얻을 수 있을 것이다.

구분	미국	한국
밀 **1**단위	10명의 노동	11명의 노동
반도체 **1**단위	12명의 노동	8명의 노동

스미스의 절대생산비설은 국제분업의 원리를 통해 무역의 이익을 체계적으로 밝혀냄으로써 당시 유행하던 중상주의의 보호무역주의를 비판하고 최초로 자유무역정책의 이론적 기초를 제공했다는데 그 의의가 있다. 그러나 스미스의 이론은 한 나라가 두 상품의 생산에 모두 절대우위를 갖고 반대로 다른 나라는 두 상품의 생산에 모두 절대열위에 놓이게 되는 경우에는 국가 간 교역의 발생원인을 밝혀낼 수가 없다. 이러한 문제점을 극복하고자 등장한 모형이 리카도(D. Ricardo)의 '비교생산비설(theory of comparative cost)'이다.

비교생산비설은 실질생산비에서의 절대우위가 두 나라 간 교역을 발생시키고 이익을 발생시키는 필요조건이 아니며, 그 대신에 두 가지 재화의 생산에 필요한 실질생산비의 비율, 즉 상대적 생산비의 차이에 달려 있다는 이론이다. 따라서 한 나라는 모든 재화의 생산에서 교역상대국보다 더 높은 실질생산비가 드는 경우에도 다른 국가와의 교역을 통해 이득을 볼 수 있는 것이다. 미국과 한국의 생산비표가 아래와 같이 주어져 있다고 가정해 보자.

▲ 리카도(1772~1823)

구분	미국	한국
밀 1단위	10명의 노동	9명의 노동
반도체 1단위	12명의 노동	8명의 노동

위 표에서 한국은 밀과 반도체 생산에 모두 절대우위를 가지기 때문에 스미스의 관점에서는 무역이 이루어질 수가 없는데, 그 이유는 한국은 두 상품을 모두 수출하고 미국은 두 상품을 모두 수입해야 하는데 수입할 자금이 없기 때문이다. 그러나 리카도의 관점에서는 한 나라가 모든 상품에 대해 절대우위가 있다 하더라도 무역은 일어난다.

표의 숫자를 이용하여 설명해 보자. 한국은 밀 1단위의 생산비가 미국에 비해 $\frac{9}{10}$만큼 값이 싸고, 반도체 1단위의 생산비는 미국에 비해 $\frac{8}{12}$만큼 싸다. 따라서 한국은 밀과 반도체를 모두 미국보다 저렴하게 생산할 수 있지만, 상대적으로 밀보다 반도체를 더 싸게 생산할 수 있다. 이때 미국은 상대적으로 유리한 밀 생산에, 한국은 반도체 생산에 비교우위가 있다고 하는데, 양국이 각각 비교우위가 있는 상품생산에 특화하여 무역하면 양국의 소비자가 두 가지 상품을 더 싸게 더 많이 소비할 수 있어 서로에게 이익이 되는 것이다.

이것은 또한 비교생산비의 원리에 따른 무역 전과 무역 후의 두 나라의 생산물총량을 비교함으로써 산출될 수 있다.

구분	무역 이전			무역 이후			무역이익
	미국	한국	합계	미국	한국	합계	
밀	1	1	2	2.2	0	2.2	0.2
반도체	1	1	2	0	2.125	2.125	0.125

무역 이전에 미국은 10명의 노동으로 밀 1단위, 12명의 노동으로 반도체 1단위를 생산하고, 한국은 9명의 노동으로 밀 1단위, 8명의 노동으로 반도체 1단위를 생산하고 있었다. 그러나 각국이 비교우위에 따라 생산을 특화하면 무역 이

후의 생산총량은 미국이 밀 2.2단위$\left(=\frac{22}{10}\right)$, 한국이 반도체 2.125단위$\left(=\frac{17}{8}\right)$를 생산하여 세계 전체적으로 생산량은 증가한다. 즉, 비교우위에 의한 무역으로 인해 밀 0.2, 반도체 0.125의 무역이익이 발생하는 것이다. 결국 비교생산비의 차이가 존재할 때 각국은 자국이 비교우위를 갖고 있는 상품의 생산에 특화하여 이를 수출하고 그 대가로 비교열위의 상품을 수입함으로써 이익을 누릴 수 있다.

비교우위의 개념에 입각하여 국제분업의 구조를 설명한 비교생산비설은 경제학적 분석에서 가장 위대한 성과 중의 하나로 손꼽힌다. 그러나 리카도의 비교생산비설 역시 노동이라는 단일의 생산요소만이 존재한다고 가정하여 상품의 가치는 그 상품의 생산에 투입된 노동량에 의해서 결정된다고 보고 있다. 그러나 생산요소가 노동만 있는 것이 아닐뿐더러 각 재화의 생산에서 생산요소 간의 결합비율도 서로 다를 것이므로 투입노동 및 투입자본에 대한 비율이 고려되어야 할 것이다. 또한 생산비설의 핵심을 이루고 있는 비교생산비가 각 국가 간에 왜 차이를 보이는가에 대한 명확한 해명도 비교생산비설에는 없다. 이러한 점은 후에 헥셔(E. Heckscher)와 오린(B. Ohlin)의 요소부존이론에서 논의되고 있다.

생/각/넓/히/기 **한국 최고의 호텔주방장이 자기 집에서 요리를 할까?**

요리를 하는 데 천부적인 재능을 타고 태어난 한국 최고의 주방장이 있다고 하자. 이 사람은 한식과 일식, 중식, 그리고 이태리요리에도 일가견을 가질 정도로 뛰어난 솜씨를 보인다. 당연히 이 주방장은 일류호텔에서 근무하고 있다. 이때 그는 한식, 중식, 양식을 모두 잘하니(절대우위) 세 부분 모두의 주방장을 하고 있을까? 당연히 그렇지 않을 것이고, 그 중 자신의 취향과 가장 맞는 쪽이 한식이라면 한식요리에만 전문화할 것이다.

그렇다면 한식에 전문화한 주방장이 호텔에서처럼 자기 집의 요리도 스스로 할까? 이 질문의 답도 당연히 '아니다'일 것이다. 자기를 가장 필요로 하는 호텔주방에서의 요리에 전념하기 위해서 자기 집에서는 본인보다 못하기는 하겠지만 배우자가 해 준 밥을 먹고 출근하여 호텔에서만 요리를 한다는 것이 바로 비교우위론이다.

역사 속 경제이야기

향신료와 동방무역

십자군전쟁 이후 북이탈리아의 베네치아, 제노바 같은 도시들을 중심으로 동방무역이 활발하게 이루어졌다. 당시 유럽에서 동양 물건의 인기는 하늘을 찌를 듯했다. 베네치아인들은 인도에서 보석, 비단, 향신료를 들여와 비싼 값에 팔았다. 특히 바닐라, 후추, 육두구(넛맥 : nutmeg) 같은 향신료가 귀했다. 베네치아에서는 육두구 열매 하나가 금화 한 닢에 거래될 정도였다.

향신료 값은 왜 그렇게 비쌌을까? 물론 원거리무역 때문이다. 중세 말 유럽인들은 아주 단순한 음식을 먹었는데, 과일이나 야채처럼 쉽게 상하는 것들은 오래 보관하거나 운반하기 어려워서 대부분 곡식으로 만든 죽이나 빵, 고기를 먹고 살았다. 고기를 오래 저장하기 위해서는 소금에 절여 보관해야 했었는데, 소금에 절인 고기는 질기고 맛도 떨어져 이런 고기를 맛있게 만들려면 양념이 필요했고, 인도에서 가져온 향신료가 가장 맛이 좋았다.

유럽의 동방무역은 오스만투르크족이 비잔틴제국을 점령하기 전까지는 순조롭게 이루어졌다. 비잔틴제국은 유럽과 아시아, 흑해와 지중해가 만나는 곳에 자리하여 교역의 중심지로서 변영을 누렸다. 그러나 십자군 원정에 따른 오랜 전쟁 때문에 국력이 쇠락해 1453년 5월 29일, 오스만투르크족에 의해 멸망하였다. 오스만투르크족은 콘스탄티노플의 이름을 이스탄불로 바꾸어 수도로 삼았고, 이후 지중해를 통해 페르시아를 거쳐 인도로 가던 무역길이 완전히 끊기고 말았기에 인도나 중국의 귀한 물건과 향신료를 계속 들여오려면 다른 길을 찾아야 했다.

유럽인들은 아프리카를 거쳐 인도로 가는 바닷길을 개척하기 시작했다. 이 과정에서 그때까지 잘 알려지지 않았던 포르투갈과 에스파냐가 강력한 근대국가로 떠올랐다. 유럽 서쪽 끝 이베리아반도에 자리한 포르투갈은 15세기, 아프리카의 서부 해안선을 따라 인도로 가는 새로운 바닷길의 개척에 앞장섰다. 결국 1498년에 포르투갈의 탐험가 바스코 다 가마는 유럽인으로서는 처음으로 아프리카의 가장 남쪽 끝에 있는 곳에 도착해 희망봉이라는 이름을 붙였고, 인도양을 따라 항해를 계속해서 인도까지 갈 수 있는 바닷길을 열었다. 포르투갈인들은 아프리카의 해안지역에 무역을 위한 특별 지구를 만들고, 흑인들에게 유리알이나 술처럼 시시한 물건들을 준 대가로 금과 보석을 받았다. 또 인도의 고아, 페르시아만의 호르무즈, 말레이시아의 말라카, 중국의 마카우 같은 도시들도 포르투갈의 땅이 되었다.

그 후에 스페인에서 독립한 네덜란드가 동방무역을 이어받아 일본에까지 진출하게 된다. 이 시기가 한국의 경우에 임진왜란이 발발하기 50여 년 전이었다. 네덜란드인들은 지금의 나가사키 근처의 하우스텐보스를 거점으로 하여 활동했는데, 하멜 같은 사람은 한국의 바닷가에 표류하여 「하멜표류기」를 남기기도 하였다. 극동에 위치하여 동양에서 가장 낙후된 지역의 일본이 네덜란드의 선진문물이었던 조총 등을 받아들이게 된 시기도 이쯤이었다. 그 이전에 조선을 선진국으로 숭배하다가도 여의치 않으면 노략질이라도 하여 조선의 문물을 받아들이고자 했던 일본이 이러한 상황을 이용하여 조선을 침략하는 계기가 되었다. 이러한 사정에도 명나라만을 유일한 대국으로 숭배하며 대외정세를 철저하게 외면했던 조선이 처절한 피해를 맞게 된다.

■ 출처 : 니콜라우스 피퍼 저, 「청소년을 위한 경제의 역사」(비룡소)

근대적인 국제분업이론

헥셔－오린정리는 국가 간 무역발생의 원인 및 무역패턴의 결정요인을 각국의 요소부존량의 차이로 설명한 무역이론으로 '요소부존이론(theory of factor endowment)'이라고도 한다. 이 정리는 비교생산비설을 수정 · 확충하는데 결정적 역할을 했는데, 여기에는 다음과 같은 2명제가 있다.

1명제는 요소부존이론으로, 무역의 발생원인은 각국 간의 비교생산비의 차이로 발생하고, 이것은 각국의 요소부존량에 의하여 결정된다는 것이다. 다시 말하면 다른 나라에 비해 상대적으로 풍부한 부존요소를 집약적으로 사용하여 생산한 재화에 비교우위가 발생한다는 것이다. 따라서 노동력이 풍부한 나라에서는 임금이 낮기 때문에 노동집약재의 생산에 특화하면 비교우위가 있고, 자본이 풍부한 나라에서는 이자가 낮아 자본집약재 생산에 비교우위가 발생한다.

2명제는 '요소가격균등화(factor price equalization)정리'로, 각국의 요소부존량의 비율의 차이에 발생하는 비교생산비 차이에 의해 무역이 이루어지면, 국가 간에 생산요소가 이동하지 않더라도 두 나라의 생산요소가격이 균등화되는 경향이 있다는 것을 말한다.

스톨퍼－사무엘슨(Stolper－Samuelson)정리는 헥셔－오린 2명제, 즉 요소가격의 국제적 균등화명제에 입각하여 높은 임금을 지불하는 미국이 낮은 임금밖에 지불하지 못하는 나라와 자유무역을 실시함에 따라 미국 노동자의 실질임금 수준이 저하되는 경향을 파악하고, 이를 방지하기 위하여 그 나라로부터 수입되는 상품에 대해 보호관세를 부과해야 할 필요가 있다고 주장한 이론이다. 이 정리는 자유무역이 소득분배에 미치는 영향을 밝힘으로써 헥셔－오린 무역이론을 더욱 발전시키는 데 상당한 공헌을 하였다. 그리고 이 정리는 보호무역주의의 유력한 이론적 뼈대가 되기도 한다.

립진스키(Rybczynski)정리는 어느 한 생산요소의 부존량은 일정한데 다른 생산요소의 공급이 증가될 경우에 대한 분석이다. 이 경우 생산물의 상대가격이 일정하고 요소집약도가 변동되지 않는다면 증가된 생산요소를 보다 집약적으로 사용하는 생산물의 생산량은 증가되고, 그 생산요소를 집약적으로 사용하지 않는 생산물의 생산량은 감소하게 된다. 그 예로 한국의 경우 왼쪽 표에서 보듯이 1970년대까지는 노동이 풍부한 상태에서 노동집약재(신발, 섬유, 목재 등)를 주로 수출하다가, 1970년내 이후 자본축적의 결과로 자본집약재(철강, 반도체 등)의 생산으로 산업구조가 바뀌어졌다.

구분	1970년대	1980년대	1990년대	2000년대
1위	섬유류	의류	의류	반도체
2위	합판	철강판	반도체	컴퓨터
3위	가발	선박	가죽 신발	자동차

▲ 우리나라 수출품변화 추이

그림 7-2 **립진스키정리**

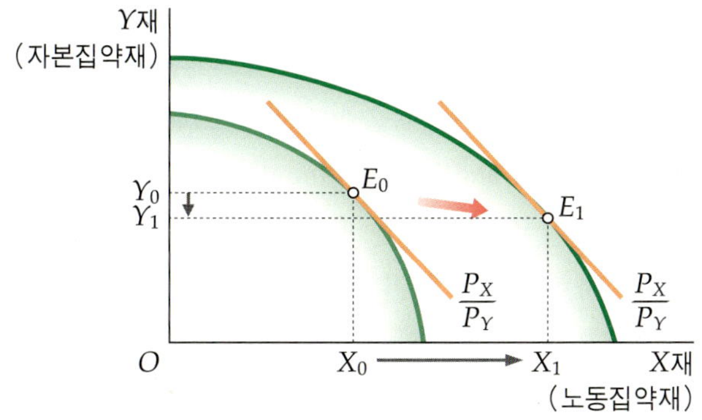

한 경제에서 노동량이 증가하면 노동집약재의 생산량은 증가하며 자본집약재의 생산량은 감소하게 된다.

현대적 국제분업이론

헥셔-오린정리는 비교우위론의 토대를 마련하였다는 점에서 크게 평가를 받고 있으나, 가정의 비현실성으로 인해 많은 한계점을 가지고 있다. 특히 헥셔-오린정리로는 세계무역의 대부분을 차지하고 있는 공산품의 국제무역을 설명할 수 없다는 점에서 근본적인 한계점을 가지고 있다고 할 수 있다. 따라서 현대적 국제분업이론은 헥셔-오린정리의 문제점을 보완하는 과정에서 나오게 된다.

첫째, 국가 간 기술수준이 동일하다는 가정은 비현실적이다. 실제 국가 간에 생산기술은 상이하며, 국가 간 생산기술의 차이가 무역을 발생시킨다는 점에서 기술격차설과 제품수명주기가설이 등장하게 되었다. 둘째, 규모에 대한 수확불변의 가정이 바뀌어 규모의 경제가 작용하는 경우 무역의 형태가 달라질 수 있으며 이렇게 나온 모형이 산업 내 무역모형으로 보완되었다. 셋째, 국가 간 생산요소의 이동이 없다는 가정은 다국적기업이나 경제통합으로 인해 생산요소의 자유이동이 부분적으로 이루어지고 있다는 점으로 인해 다국적기업이론으로 보완되었다.

새로운 국제분업의 원인에 대해서는 수요측면에서 주장되는 이론으로 린더(S. B. Linder)의 '대표적 수요이론'이 있다. 이것은 농산물이나 광물과 같은 1차 생산물과 공산품 간의 무역은 헥셔-오린정리에 의해 설명될 수 있지만, 공산품 간의 수평적 무역은 다른 원리에 의해 설명되어야 한다는 것이다. 즉, 1인당 국민소득수준이 유사하면 두 나라의 수요구조는 유사해지고, 국내수요 때문에 어떤 공산물이 대량으로 값싸게 생산되면 그 공산품은 그 나라의 국내수요와 유사한 수요를 가진 외국으로 수출되므로 무역이 증대한다는 이론이다.

공급측면에서는 첫째, 그루버(W. Gruber) 등에 의해 주장된 '연구개발요소이론'이 있다. 이 모형은 무역패턴의 결정요인을 기술진보 및 혁신의 원동력인 연구 · 개발(R&D : Research and Development)이란 활동에서 규명한 이론을 말한다. 이 주장에 따르면 미국 제조업 중 비교우위산업은 요소부존이론에서 말하는 노동집약산업이나 자본집약산업이 아니라, 연구개발에 종사하고 있는 우수한 과학자나 기술자를 많이 고용하면서 대규모의 연구개발비를 지출하고 있는 연구 · 개발집약산업이라는 것이다. 그리고 연구 · 개발활동이 활발한 산업일수록 수출실적도 높다는 것이다.

둘째, '기술격차론(technological gap theory)'이 있다. 기술격차론에 의하면 각국 간 생산기술상의 격차가 무역발생의 원인이 되고 무역패턴결정에 지배적 작용을 한다. 그러나 이 모형은 기술이란 요인을 중시한 것은 긍정적으로 받아들여지지만 기술이 눈에 직접적으로 드러나지 않는다는 점에서 추상적이라는 비판을 받았다. 이러한 문제점을 극복하고 나온 모형이 버논(R. Vernon)의 '제품수명주기설(theory of product life cycle)'이다.

제품수명주기설은 무역패턴의 결정요인을 제품의 순환과정에서 발생되는 특성을 적용하여 규명한 이론이다. 이 이론에 따르면 생물이 출생 → 성장 → 성숙 → 쇠퇴하는 일련의 생애주기(life cycle)과정을 거치는 것과 같이 일반제품도 연구개발에 의하여 시장에 나와 성장기와 성숙기를 거쳐 쇠퇴하는 제품순환과정을 겪는다. 즉, 제품순환의 3단계 중 신제품단계는 새로운 상품을 개발하는 단계이다. 그 후 성숙단계는 신제품단계의 소규모적인 생산공정이 성공하여 시장에서 소비가 늘어나고 생산이 증대하여 비용과 가격이 인하되는 단계이고, 마지막으로 표준화단계는 생산공정의 표준화로 미숙련 노동자에 의해 대량생산이 가능한 단계를 말한다. 따라서 기술 최선진국(고소득국)은 새로운 상품에 대한 수요의 소득탄력성이 높고 연구 · 개발을 위한 노력이 많아 신제품단계에 비교우위가 있고, 기타 선진국(중소득국)은 성숙단계에 비교우위가 있다. 그리고 후진국(저소득국)은 값싸고 풍부한 노동력으로 인해 표준화단계에 비교우위가 있게 된다.

제품수명주기설은 기술격차설이 기술격차가 존재하는 일정시점에 논의의 초점을 맞추는 데 비해 기술격차가 사라져가는 소진과정까지를 잘 설명하고 있다. 또한 전체의 무역패턴에 대한 이론이라기보다 제조업분야의 비교우위에 대한 동태적 변화를 설명하는 '산업 내 무역모형(intra-industry trade pattern)'이라 할 수 있다. 여기서는 자본의 국가 간 비이동성을 가정하는 일반적인 무역이론과 달리 자본의 국가 간 이동을 전제함으로써 다국적기업의 역할을 강조하고 있다. 예를 들면, 코카콜라의 경우에 완제품을 생산하여 다른 나라에 수출하는 것이 아니라, 신제품단계의 원액만 미국에서 가져오고 성숙단계나 표준화단계는 현지화하여 생산하는 경우가 여기에 해당된다.

한편 자전거와 항공기의 교역과 같이 다른 상품 간의 무역거래를 다루는 산업 간 무역(inter-industry)과 달리 산업 내 무역(intra-industry)모형은 한 산업 안에

그림 7-3 제품수명주기설

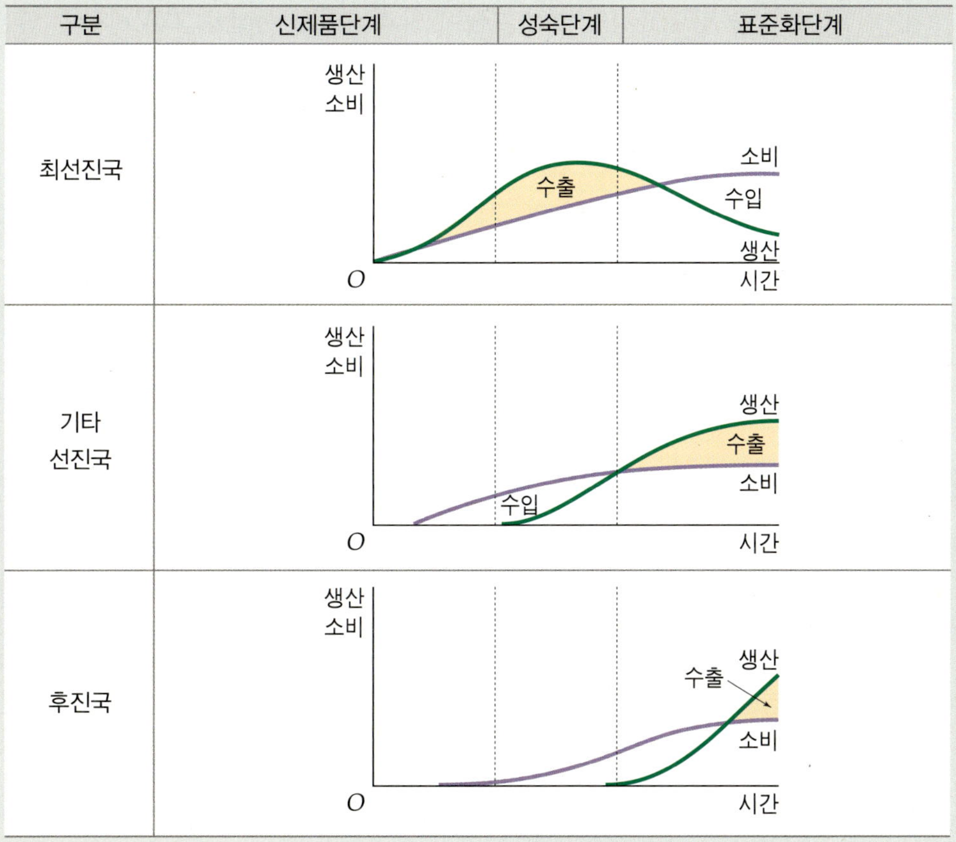

신제품단계에서는 기술최선진국만이 이 재화를 생산한다. 시간이 지나면서 이 재화가 기타 선진국과 후진국으로 전파되어 소비되면 기술최선진국은 성숙단계에서 대량생산과 수출을 통해 많은 부가가치와 수익을 실현한다.

이후 후진국의 미숙련 저임금노동자에 의해서도 생산이 가능한 표준화단계에서는 후진국에서 기술최선신국으로 이 재화가 역수출되는 현상이 발생한다.

▲ 이 차는 어느 나라의 차일까?

서 수출입이 동시에 이루어지는 무역을 말한다. 이러한 산업 내 무역은 차별화된 제품에서 규모의 경제가 실현되거나 불완전경쟁이 성립하는 경우에 발생한다. 예를 들어, 한국의 현대자동차의 소형 엔진을 메르세데스－벤츠사에서 수입하여 사용하고, 벤츠사의 대형차 엔진은 다시 우리나라의 쌍용자동차에서 수입하여 체어맨 엔진으로 사용한다. 그 이유는 한국의 현대자동차는 전통적으로 소형 엔진에 경쟁력을 갖추고 있고, 벤츠사의 경우에는 대형차의 엔진에 강점을 가지고 있기 때문이다. 이 이론은 요소부존도가 유사한 국가 간에 공산품의 국제무역이 발생하는 원인을 규명하는 데 유용한 이론이라 할 수 있다.

생/각/넓/히/기 **제품수명주기**

컬러TV의 경우 초기에는 미국에서 개발되어 미국 기업들이 생산하고 수출을 담당했지만 제조기술이 알려지면서 아날로그TV시장을 일본이 지배하게 되었다. 그 후 아날로그에서 디지털시대로 넘어오면서 PDP나 LCD의 TV생산에서는 일본에서 한국으로 기술선진국의 위치가 이전되었다. 한편 기술이 떨어지는 단순 컬러TV는 기술이 광범위하게 유포되어 보편화되자 낮은 인건비의 베트남이나 인도네시아와 같은 국가들이 경쟁력을 가지게 되었다. 이 이론은 미국이 비디오플레이어를 최초로 개발했음에도 불구하고 지금은 처음의 선두 지위를 빼앗기고 세계적으로 차지하는 비중이 작아진 현상을 이해하는 데 도움이 될 것이다.

경제학자처럼 생각해보기 **누가 '특화'를 좋아한다 했던가?**

대부분의 사람들은 자신이 좋아하는 다양한 일을 하면서 즐기기를 원한다. 그러나 일이 세분화되면 자신의 일에 대한 전문성은 얻을지 모르지만 제일 먼저 없어지는 것이 다양성이다. 더구나 일이 지나치게 세분화되면 전문성마저도 잃게 되고 기계와 같은 단순노동만을 되풀이하게 되기도 한다. 이에 대해 마르크스는 특화가 노동자들에게 심리적인 희생을 강요한다고 경종을 울려주고 있다. "생산발전에 필요한 모든 수단들이 근로자를 전체가 아닌 부분이 되도록 불구로 만들어버리고, 근로자를 기계의 부속물로 전락시켜, 자신의 일에서 느끼던 여러 매력을 다 파괴하여 일하는 것을 즐거움이라기보다는 고역으로 바꾸어버렸다."

찰리 채플린이 1936년에 만든 영화 '모던 타임스'는 이러한 노동자들의 인간성 상실을 적나라하게 보여주고 있다. 영화에서 채플린은 조립공으로 하루 종일 조립라인에서 너트를 볼트로 조이는 역할을 하는데, 종일 반복된 일을 하다 어느 순간 미친 듯이 공장에서 비틀거리며 나오게 된다. 하지만 공장을 나와서도 너트를 조이던 손만은 멈출 수가 없자, 결국 손에 든 스패너로 큰 가슴을 가진 여성의 단추부터 시작해서 너트 모양의 돌기란 돌기는 모두 조이기 시작하게 된다. 이 장면은 톱니바퀴 속에 끼여서 돌아가는 채플린의 모습과 함께 비숙련노동자가 반복적인 공장 작업 속에서 갖게 되는 심리적 비용을 잘 묘사해주는 명장면이라 할 수 있다. 배꼽 빠지게 웃으며 보긴 했지만 돌아서서 느꼈던 씁쓸함이 아직도 떠오르는 장면이라 하겠다.

제2절 | 무역정책

이론적 배경 : 자유무역이냐 보호무역이냐

한 국가가 자유무역을 중심으로 대외정책을 펴야 하느냐 아니면 보호무역정책을 펴야 하느냐 하는 것은 경제학의 역사만큼 긴 논쟁이다. 자유무역주의는 영국의 스미스(A. Smith)와 리카도(D. Ricardo) 등의 고전학파가 주장하는 이론으로, 국가가 무역활동을 통제하지 않고 각국이 비교우위에 있는 상품을 자유롭게 교역하면 자원의 효율적 배분에 따른 이익이 발생한다는 이론이다. 그 이유는 외국과의 경쟁을 통해 국내산업의 효율성이 증진되고, 더 풍부하고 다양한 상품을 소비하면서 소비자후생이 증가하게 되어 교역당사국에 무역이익을 가져오기 때문이다. 이것을 구체적으로 살펴보면 세계와의 경쟁에서 이기기 위해서 비교우위가 있는 산업에 전문화하게 되는 생산특화효과가 나타나고, 무역을 통해 자국에 희소한 재화를 쉽게 얻을 수 있는 교환의 이익이 발생한다. 또한 자유무역으로 어느 한 국가가 비교우위를 가지고 있는 재화의 생산에 특화함에 따라 그 재화의 생산에 집약적으로 사용되는 생산요소에 유리하게 소득이 재분배된다. 즉, 노동이 상대적으로 풍부한 경제에서 자유무역이 이루어지면 노동집약적인 재화의 생산이 증가하여 노동자의 절대임금이 상승하게 된다. 따라서 국제무역을 통해 상품이 자유롭게 이동하게 되면 생산요소의 가격이 절대적으로나 상대적으로 균등하게 된다.

그렇다면 무역을 통해 얻을 수 있는 이익이 이렇게 큰데도 불구하고 왜 선진국에서조차 완전한 자유무역이 이루어지지 않고 있을까? 세계 각국에 자유무역을 확대할 것을 주장하는 미국도 대통령 직속기관인 무역대표부(USTR)를 통해 자국의 이익에 맞추어 관세를 부과하는 방법으로 무역에 개입하고 있다. 그 이유는 첫째, 자국의 산업을 보호하기 위해서이다. 즉, 비교우위가 없는 자국의 유치산업이 외국산업에 대해 경쟁력을 갖출 때까지 일정기간 보호하려는 목적을 갖고 있다. 이것이 전통적인 '유치산업(어린 산업)보호론'이다. 이러한 보호무역주의는 1970년대에 들어서면서 후진국이 유치산업을 보호하려는 정책에서 나아가 선진국마저도 자국의 사양산업을 보호하고자 하는 '신보호무역주의'로 확대되었다. 그러나 이후에 세계경제가 침체하게 되면서 이에 대한 반성으로 자유

▲ 봉쇄정책을 쓸 수밖에 없었던 청나라와 세계의 공장으로 탈바꿈한 중국

무역이 새롭게 대두되는 배경이 되기도 하였다.

둘째, 자국경제의 해외의존도를 감소시키는 것도 목적이 된다. 그 예로 우리나라의 경우 특히 쌀을 중심으로 하는 농업에서 보호주의가 강력히 주장되고 있다. 우리의 주식인 쌀을 생산하는 농업이 비교우위가 없다고 해서 쌀을 모두 외국으로부터 수입한다면 식량안보차원에서 문제가 될 수 있으므로 국내 쌀농사를 전면적으로 포기할 수 없다는 논리이다.

셋째, 보호무역을 통해 자주적인 경제정책을 수행할 수 있는 것도 그 이유가 된다. 1970년대까지 후진국들의 자유무역에 대한 인식은 선진국과의 자유무역이 진행될수록 경제적 종속이 심화된다는 주장이 힘을 얻고 있었다. 따라서 자력갱생 또는 자주경제의 확립이라는 구호 아래 대외정책을 펼쳐 나갔고, 북한은 아직도 이러한 정책기조를 유지하고 있다.

그러나 보호무역주의는 앞에서 살펴본 무역의 이익이라는 이유 외에도 여러 각도에서 문제점이 제기되고 있다. 첫째, 국제경쟁력을 확보할 수 있는 산업을 정확하게 선정하는 것이 어려울 뿐만 아니라 산업선정이 타당하더라도 관세보다는 보조금정책이 더 유용할 수 있다. 둘째, 많은 개발도상국들이 유치산업보호라는 시각에서 보호무역정책을 시행한 결과, 협소한 국내시장을 대상으로 한 소수의 독과점기업들이 국제경쟁력을 확보하지 못하고 극심한 자원낭비만 초래하였다. 또한 각국이 경쟁적으로 보호무역을 할 경우 국가 간 근린궁핍화정책에 의해 무역축소가 초래될 수도 있다.

경제학자처럼 생각해보기 **영국의 자유무역과 독일의 보호무역**

19세기 영국은 산업혁명을 거치면서 '세계의 공장'으로 자리 잡았다. 영국은 자국이 생산한 공업제품을 수출하기 위해 자유무역을 주장하였으며, 그 근거로 비교우위론을 내세웠다.

"프랑스와 독일은 농업생산물에 비교우위가 있으니 농산물만 생산하라. 공업제품이 필요하다면 영국제품을 수입하는 것이 더 경제적이다."

그러나 독일의 경제학자인 프리드리히 리스트(F. List)는 영국의 주장에 반대하며 독일이 공업을 육성해야 한다고 강력히 주장하였다. 그는 영국이 비교우위가 있는 공산품을 생산하고 독일은 그것을 수입하는 것이 당장은 합리적이지만, 독일정부가 국가적으로 공업을 육성한다면 독일이 공산품에 비교우위를 가지게 되어 공산품을 수출하는 날이 올 것이라고 예상하였다. 리스트는 모든 시대, 모든 국가에 적용되는 일반적인 이론은 있을 수 없기 때문에 특정 시대, 특정한 국가에 맞는 경제이론을 수립하여 정책에 반영해야 한다고 생각했는데, 이를 '역사학파'라고 한다. 따라서 비교우위론에 따른 자유무역은 영국에 맞는 경제이론이며 독일은 영국과 입장이 다르므로 자유무역을 반드시 해야 할 필요는 없다는 것이다.

결국 독일은 리스트의 주장대로 공업발전에 국가역량을 투입하여 점차 공업생산에 비교우위를 가지게 되었고 오늘날 세계 최고수준의 공산품을 수출하는 나라로 성장하였다.

보호무역정책수단 ··· 관세정책과 비관세정책

보호무역을 위한 정책수단에는 여러 가지가 있는데, 대표적인 것이 관세정책이다. 관세는 해외로부터 수입하는 재화에 대해 일정비율의 세금을 부과하는 것이다.

〈그림 7-4〉에서 자유무역을 하게 되면 국제시장의 국제가격 P_0을 받아들여 국내생산은 OQ_1만큼 이루어지고, 국내소비는 OQ_5만큼 이루어져 Q_1Q_5의 수입이 이루어진다. 이때 관세를 부과하면 국내가격은 P_0에서 P_1으로 상승하여 국내생산은 OQ_1에서 OQ_2로 증가하면서 고용은 증가하고, 국내소비는 OQ_5에서 OQ_4로 감소한다. 한편 관세부과로 수입이 Q_1Q_5에서 Q_2Q_4로 감소하고, 대신 정부의 재정수입은 □$HIKJ$만큼 증대한다.

이러한 결과를 자원배분의 관점에서 보면 국내가격의 상승으로 소비자잉여가 □P_0P_1IB만큼 감소하고, 생산자잉여는 □P_0P_1HL만큼 증가하지만 전체적으로 보면 △HLJ와 △IKB를 합친 만큼 후생손실을 가져와 자원배분의 왜곡을 초래한다.

한편 관세를 부과하면 자국상품의 상대가격은 그대로 두면서 상대국의 수출가격만 하락시켜 교역조건을 개선시키는 효과가 있다. 교역조건(N)은 수출상품과 수입상품의 국제적 교환비율을 표시한다. 즉, $N=\frac{P_x}{P_m}\times 100$($P_x$: 수출품가격

그림 7-4 관세부과의 부분균형효과

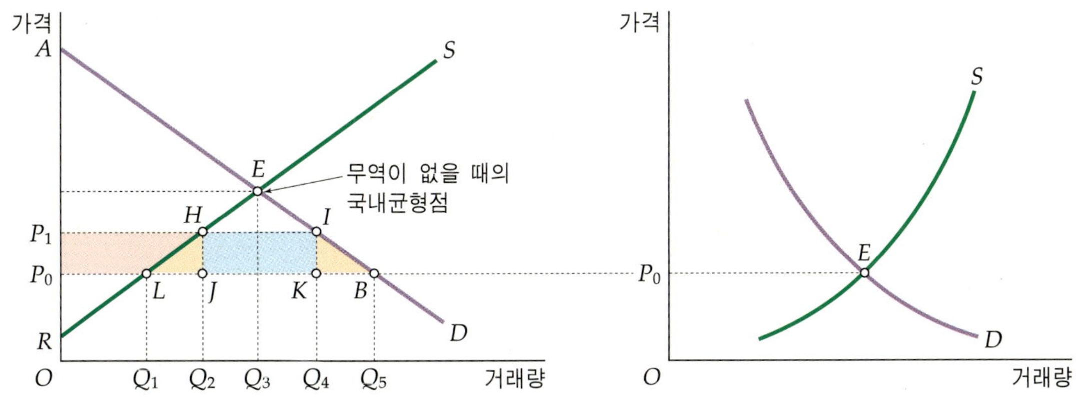

(a) 국내시장 (b) 국제시장

지수, P_m : 수입품가격지수)로 표시되는데, 교역조건이 변함에 따라 국민후생의 향상과 교역을 통한 소득수준의 변화와 국제적인 소득분배에 영향을 미친다. 이때 균형은 $\frac{P_x}{P_m}=1$이고, $\frac{P_x}{P_m}>1$이면 교역조건의 개선을 표시한다.

관세의 종류에는 여러 가지가 있는데, 〈그림 7-4〉에서 본 관세는 대표적인 보호관세이다. 그 이외에도 상대국에서 수출보조금을 지급했을 때 그 효과를 상쇄시키기 위한 목적으로 부과하는 상계관세와 덤핑방지를 위한 반덤핑세, 상대국이 관세를 부과할 때 그에 대항하여 부과하는 보복관세가 있다. 또한 특정 물품의 수입이 급증하여 이와 경합되는 국내산업에 중대한 피해를 가져올 우려가 있어 긴급한 조치가 필요할 때 시행하는 긴급관세와 국가의 재정수입증대를 목적으로 하는 재정관세도 있다.

관세는 인간의 역사에서 가장 유효하고 오랜 보호무역정책의 수단이었으나, 1948년 GATT체제의 출범 후 다자간 무역협상과정에서 대폭적인 관세인하가 이루어지면서 무역정책에서 관세의 중요성이 점차 쇠퇴하게 되었다. 관세의 중요성이 점차 약해지면서 최근에는 비관세무역장벽이 많이 활용되고 있는데, 그 주요 수단으로는 특정 수입상품의 수입량을 일정한도에서 제한하는 수단인 수입수량할당제(또는 수입쿼터제)가 있다. 그 외에 수입국의 요청에 따라 특정 상품의 수출을 자율적으로 규제하는 수단인 수출자율규제(VER : Voluntary Export Restraint)와 수출보조금정책 등이 있다. 또한 행정절차 등으로 무역을 규제할 수도 있는데, 자동차의 배기가스 방출량이나 안전성과 관련하여 까다로운 기준을 설정하고 이 기준을 충족하는 경우에만 수입을 허가하는 것 등이 그 예이다.

생/각/넓/히/기 **양담배를 피우면 집값의 20%가 벌금**

과거 1960~1970년대에 자국산업의 보호와 외화의 유출을 방지하고자 양담배에 대해서 엄청난 벌금이 매겨졌다. 실제로 수입이 금지되어 있었으니 양담배를 피우다가 적발되면 밀수품이 아니냐는 조사에서부터 시작하였다. 이때 여권을 소지한 외교관이나 일부의 특권층으로부터 선물을 받은 것이라는 판명이 나지 않으면 결국은 엄청난 벌금으로 이어졌다. 지금은 말보로나 마일드 세븐과 같은 외국담배를 슈퍼마켓이나 편의점에서 쉽게 구할 수 있기에, 12시 이후에 야간통행 금지시간이 있었다는 것만큼이나 호랑이 담배 피우던 시절의 이야기가 되었다.

세계무역환경의 변화와 국제경제통합

대공황을 극복하는 과정에서 제2차 세계대전이 발발하자 자국의 이익만 우선되고 국제경제협력이 이루어지지 못하여 세계대전이 발발하였다는 반성이 일어났고, 종전 직전인 1944년 7월 미국의 뉴햄프셔주 브레턴우즈(Bretton Woods)에서 44개국 대표가 전후의 경제협력을 논의하게 되었다. 여기에서 전후의 자유무역을 위해 무역과 금융에 관한 논의가 있었고, 그 결과로 국제통화기금(IMF)과 국제무역기구(ITO : International Trade Organization)의 창립을 의결하여 브레턴우즈체제가 등장하였다. 그러나 UN의 산하기구로서 발족될 것으로 기대되던 국제무역기구가 미국의회의 비준을 받지 못하자, 그 대안으로 1948년에 '관세와 무역에 관한 일반협정', 즉 GATT(General Agreement on Tariffs and Trade)가 체결되었다.

GATT는 무역장벽의 철폐를 통한 교역의 증대를 근본목적으로 하고 있다. 따라서 기본원칙으로 모든 회원국에게 동등대우의 자격을 부여하는 무차별주의 또는 최혜국대우를 하고 호혜주의와 공개주의를 통하여 관세 이외의 모든 무역정책수단의 사용을 금지하였다. 그 후에도 이것이 원활하게 진행되지 못하자 GATT체제하의 다자간 무역협상으로 케네디라운드(6차 협상 : 1964. 5.~1967. 6.)와 도쿄라운드(7차 협상 : 1973. 9.~1979. 7.)를 통하여 관세인하에 대한 논의를 계속하였다. 그러나 GATT는 출범할 때부터 많은 문제점을 가지고 있었는데 첫째, GATT는 당초 국제무역의 원칙을 규정한 협정에 불과했기 때문에 강제적 집행능력이 제대로 갖추어진 국제경제기구로서의 성격이 미약했다. 둘째, GATT의 규정을 우회하거나 남용하는 소위 회색지대조치(Grey Area Measure : 수출자율규제, 시장질서유지협정 등)에 대한 대응책이 미비했다. 셋째, 공산품 중심의 단편적인 국제무역문제만을 취급하여 서비스무역, 지적소유권, 무역관련 직접투자 등 새로운 무역현상에 대한 규정이 결여되었다.

이러한 문제점 때문에 GATT 8차 협상인 우루과이라운드(1986. 9.~1993. 12.)가 긴 기간에 걸친 논의 끝에 이루어졌다. 즉, GATT는 그 근본적인 문제점으로 인해 1970년대의 신보호주의나 지역주의에 효율적으로 대응하지 못하고 있을 뿐만 아니라 새로운 무역에 대한 규범도 제시하지 못하고 있으므로 이러한 문제점을 보완하고 강화함으로써 세계경제발전을 촉진하기 위해 우루과이라운드가 추진되었던 것이다. 우루과이라운드에서는 농산물, 서비스무역, 지적소유권, 무역 관련 투자 등 선진국과 후진국의 관심사항을 모두 포함하는 광범위한 의제와 새로운 분야를 협상대상에 포함시켰다. 또한 부분별 타결방식이 아닌 일괄타결방식을 채택하여 1993년 말 종결되었다. 우루과이라운드의 타결과 동시에 GATT를 대신하여 우루과이라운드협정을 관할하고 국제무역분쟁을 해결할 새로운 국제기구로서 '세계무역기구(WTO : World Trade Organization)'의 설립에 관한 협정이 체결되었으며, 1995년 정식으로 출범되었다. WTO는 GATT를 흡수통합하는 기구로 국제무역질서를 자유무역으로 유도하기 위해 GATT보다 그 권한과 역할이 크게 강화되었는데, 그 차이점을 정리하면 다음 표와 같다.

구분	GATT	WTO
설립년도	1948	1995. 1
성격	단순 협정	법적 구속력을 가진 국제기구
권한	강제적 집행능력 결여	강제적 집행능력 보유
규율대상	공산품 및 일부 농산물	공산품, 농산물, 서비스, 지적 소유권 등 모든 교역상품
분쟁해결절차	상설분쟁해결기구가 없으며, 무역분쟁에 대한 권고안만 제시	상설분쟁해결기구인 DBS의 신설과 상소기구의 신설
무역규범강화	비관세장벽(NTB)에 대한 규범제정을 시도했으나 실패	• 반덤핑관세 부과기준 강화 • 보조금의 운용기준 강화 • 회색지대조치의 철폐의무화
의사결정방식	만장일치제	다수결원칙

생/각/넓/히/기 **세계화의 냉전체제의 차이**

「렉서스와 올리브나무」라는 책을 쓴 프리드만(T. L. Freedman)은 1990년대 이후의 세계화체제와 1990년대 이전의 냉전체제를 재미있는 표현으로 비교하고 있다. 제목은 말 그대로 일본의 렉서스와 올리브나무를 뜻하는데 렉서스는 세계화로 상징되는 경제적 성공을 뜻하고, 올리브나무는 냉전시대부터 계속되어 세계화에 반대하는 문화적 전통 혹은 과거의 전통적 산업을 뜻한다. 그 대표적인 내용을 정리해 보면 냉전체제의 상징이 베를린과 같은 '장벽'이라면, 세계화 체제의 상징은 'www'이다. 냉전체제에서 가장 흔한 질문이 "당신은 누구 편이냐?" 아니면 "당신의 미사일은 얼마나 큰가?"라면, 세계화체제에서는 "당신은 누구와 어떻게 연결되어 있는가?", "당신의 모뎀은 얼마나 빠른가?"이다. 또 냉전체제에서 정부공직자 중 가장 중요한 인물이 군비통제협징을 이끌어내는 협상가라면, 세계화체제에서 가장 중요한 공직자는 무역협상에 나서는 협상가이다.

국제경제통합

앞에서 살펴본 것처럼 국가 간에 무역을 하는 것은 두 나라 모두에게 이익이 되기 때문이다. 소비자들은 자기 나라에서 생산되지 않는 제품을 수입하여 소비할 수 있으며, 자기 나라에서 만든 것보다 더 저렴하게 물건을 구입할 수도 있다.

또한 기업들도 무역을 통해 국내시장에서 해외시장으로 시장규모가 커짐에 따라 규모의 경제를 달성할 수 있다. 그러나 무역으로부터의 이익에도 불구하고 자국산업의 보호, 국가안보, 문화적인 이유 등으로 관세나 비관세수단을 동원하여 보호무역을 하게 된다는 것도 우리는 알고 있다.

자유무역협정(FTA : Free Trade Agreement)은 지역 간 협약을 통하여 협정이 체결된 국가 사이에는 보호무역을 하지 말고 자유무역을 하자는 것을 의미한다. 즉, 국가 간에 이러한 관세 및 비관세 무역장벽을 모두 철폐하여 마치 한 국가처럼 자유롭게 상품과 서비스의 거래가 이루어지도록 하는 협정이다. 하지만 FTA는 참가국 간에는 관세 및 비관세무역장벽이 철폐되나 여타 다른 나라에 대해서는 보호무역장치를 그대로 유지하므로 특정 지역 내에서 자유무역을 추구하는 경제통합체의 한 유형이다. 이것을 정리해 보면 아래와 같다.

<table>
<tr><th>역내관세 철폐</th><th>역외공동관세
부과</th><th>역내생산요소
자유이동보장</th><th>역내공동경제정책 수행</th></tr>
<tr><td>자유무역협정
(NAFTA, EFTA 등)</td><td></td><td></td><td></td></tr>
<tr><td colspan="2">관세동맹(베네룩스 관세동맹)</td><td></td><td></td></tr>
<tr><td colspan="3">공동시장(EEC, CACM, CCM, ANCOM 등)</td><td></td></tr>
<tr><td colspan="4">경제동맹(EU)</td></tr>
</table>

반면 WTO는 전 세계적인 자유무역체제를 구축하는 것을 목표로 하고 있다. 무역자유화를 위한 협상에 관련 국가들 모두가 참여하고 여기에서 합의된 규범은 모든 WTO 회원국에게 적용된다.

이를 다자간 무역체제라 한다. FTA는 1950년대부터 등장하기 시작했으며 1995년 WTO 출범 이후에는 전 세계로 급속히 확산되었다. WTO라는 다자간 무역체제가 존재함에도 불구하고 이렇게 FTA와 같은 지역무역협정이 확산되는 이유는 다음과 같이 설명할 수 있다.

그림 7-5 **경제통합체의 현황**

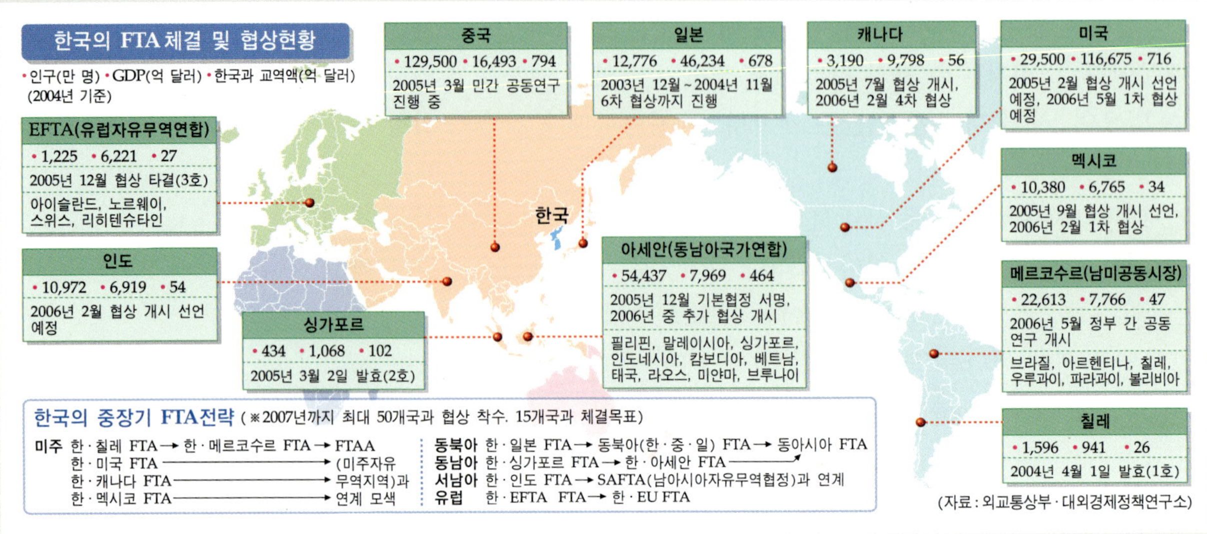

(자료 : 외교통상부·대외경제정책연구소)

첫째, WTO라는 다자간 무역체제는 관련된 모든 국가들의 합의를 이끌어내기가 쉽지 않다. 이에 따라 국가들은 협상이 용이하고 상대적으로 단기간에 타결이 가능한 지역무역협정을 선호하게 되었다. 둘째, 그동안 다자체제를 주장하고 지역무역협정에 소극적인 입장을 고수해 왔던 미국이 1990년대 이후 적극적 입장으로 선회하여 지역무역협정체결을 추진하기 시작하였으며, 이는 많은 국가들이 지역무역협정에 관심을 갖게 하는 파급효과를 불러일으켰다. 셋째, 지역무역협정체결이 무역 및 외국인 직접투자의 유입에 큰 도움이 되고, 이는 경제성장의 원동력이라는 인식이 확산되면서 많은 국가들이 지역무역협정을 적극적으로 추진하게 되었다.

FTA체결은 무역효과뿐만 아니라 시장효과와 비경제적 효과 등을 갖는다. 먼저 무역효과는 무역창출효과와 무역전환효과로 나누어볼 수 있는데, 관세인하로 가입국 간 무역이 새로 발생하여 해당국 소비자잉여가 증가하고 국가 전체로도 후생이 증가하는 것을 무역창출효과라 한다. 또한 관세인하가 가격을 왜곡시켜 효율성이 높은 역외국에서 비효율적인 역내국으로 수입대상국이 전환되어 후생이 오히려 감소하는 것을 무역전환효과라 한다. 결국 무역효과는 무역창출효과가 무역전환효과보다 클 때 사회후생이 증가하는 것이다. 둘째, 시장효과는 무역장벽제거로 시장이 확대되면 수출기업의 생산이 증가하고 비용이 하락하는 규모의 효과와 경쟁압력의 증가로 기업의 효율 및 생산성이 향상되는 경쟁효과, 역내시장진입을 위해 제3국 기업들의 투자가 증가하는 투자유치효과가 있다. 실제로 FTA체결이 외국인 직접투자유치에 큰 도움이 된 사례로 NAFTA 이후 멕시코 등을 들 수 있다. 셋째, 정치적 효과 또는 비경제적 효과로 회원국간 결속강화로 국가안전보장이 강화되고 우호국가가 등장하여 다자간 협상시 협상력을 증가시킬 수 있으며, 국내 기득권세력에 대한 개혁과 개방의 목적을 달성할 수 있다.

그러나 FTA체결은 긍정적인 효과뿐만 아니라 부정적인 효과도 파생시키게 된다. FTA체결로 경제 전체적으로는 이익을 보더라도 산업별로는 손해를 보는 집단이 나타날 수 있다. 예를 들어, 우리나라의 경우 농업 등 일부 경쟁력이 약한 산업은 협정체결상대국으로부터의 저렴한 농산물수입 등으로 설자리를 잃을 수 있다.

결국 어떤 산업에 있어서는 구조조정이 불가피하고 구조조정기간에는 실업과 더불어 소득분배에 대한 부정적인 영향이 발생할 수 있다. 그러므로 FTA협상시 경쟁력이 약한 산업에 대한 예외사항을 최대한 확보하고 그 산업이 경쟁력을 갖출 수 있는 지원책을 마련하여야 한다. 또한 FTA협상 이후 구조조정이 불가피할 경우에는 구조조정대상 산업종사자들이 다른 산업으로 전환할 수 있도록 적절한 대책을 마련하여야 한다.

생/각/넓/히/기 **국제경제환경의 두 가지 변화방향**

최근 나타나는 경제환경의 변화방향을 요약하자면 세계화와 정보화라고 할 수 있다. 세계화는 WTO를 전면에 내세워 전 세계가 하나의 시장으로 통합되어가는 현상을 말하며, 정보화는 인터넷으로 대표되는 정보통신의 발달을 바탕으로 빠르게 변화해가는 시장의 변화를 의미하는 것이다. 이 두 가지 변화방향은 결과적으로 동일한 결과를 예측하게 하는데, 그것이 바로 '무한경쟁시대의 도래'라는 것이다. 국제경제환경의 두 가지 변화방향, 세계화와 블록화라는 정반대방향으로의 변화도 동일선상에서 해석할 수 있다. 즉, 무한경쟁시대라는 돌이킬 수 없는 변화방향 속에서 조금이라도 더 자국의 이익을 얻고자 하는 움직임이 블록화로 나타난다는 것이다. 결국 정반대방향으로 움직이는 것 같은 국제경제환경의 변화도 결국은 하나의 이해관계 속에서 나타난다는 것을 알 수 있을 것이다.

현재 우리나라는 칠레, 싱가포르, ASEAN(10개국) 등 16개국과의 FTA가 발효되고 있으며, 페루, EU와는 협상이 완료되어 국회비준절차가 남아 있다. 또한, 한 · 미 FTA도 국회비준을 남겨두고 있으며, 캐나다, 호주, 멕시코 등과도 FTA협상을 진행하고 있다.

제 3 절 | 환율이론

환율의 개념

환율(또는 환시세)은 자국화폐와 외국화폐와의 교환비율이며, 대외적인 화폐의 가치를 표시한다. 즉, 물가가 화폐의 대내적 가치를 표시한다면 환율은 화폐의 대외적 가치를 표시한다고 할 수 있다.

환율은 여러 가지 구분기준에 의해 분류될 수 있는데, 우선 명목환율과 실질환율로 구분된다. 명목환율은 외환시장에서 실제 교환되고 있는 양국통화의 상대가격을 표시한다. 한편 실질환율은 양국상품의 교환비율을 표시하는 환율이다. 실질환율을 보다 자세히 설명해 보자. 동일한 품질의 물건이라면 세계 어느 나라에서나 같다(일물일가)는 가정하에, 햄버거 한 개 가격이 미국에서는 2달러이고 우리나라에서는 2,200원이라고 하자. 이 경우 우리나라 돈과 달러화 사이의 환율은 달러당 1,100원이 되어야 할 것이므로 1$=1,100원이 되고, 이것이 실질환율이다.

여기서 환율을 1$=1,100원으로 표시하는 것은 $1를 받고 1,100원을 주는 것으로 지불계정 표시방법, 또는 달러 1단위와 교환할 수 있는 자국통화의 단위를 표시하였다는 점에서 자국통화 표시방법이라고 한다. 우리나라 환율은 지불계정 표시방법을 사용하는데 달러당 원화금액이 커지는 경우 환율이 상승(환율인상)하고 원화가치는 하락(평가절하)하였다고 한다. 따라서 지불계정 표시방법에 의한 환율은 그 나라 돈의 대외가치와 반비례한다. 또한 환율은 1원$=\frac{1}{1,100\text{원}}\$$로 표시할 수도 있는데, 이것을 수취계정 표시방법이라고 한다.

환율은 거래시점을 기준으로 현물환율(spot foreign exchange rate)과 선물환율(forward forcign exchange rate)로 구분할 수 있다. 현물환율은 외환의 판매자가 매매계약의 체결과 동시에 외환을 구매자에게 인도할 때 적용되는 환율이며, 선물환율은 외환의 판매자가 현재 합의된 환율에 의해 일정시점 후에 수요자에

게 인도할 것을 약속하는 환율이다. 이러한 선물환율은 환율변동으로 인한 환위험을 피하기 위해 이용된다.

생/각/넓/히/기 **외화와 외환의 차이는 무엇일까?**

'외화(foreign currency)'라고 할 때는 외국의 화폐(법화)를 말한다. 여기에 대해 '외환(foreign exchange)'이라 하면 외국화폐 및 여행자수표, 은행예금 등의 외화에 대한 청구권 일체를 말한다. 따라서 외환이 외화를 포함한 넓은 유동성 개념이다.

환율의 결정원리

환율은 외환의 가격이라고 할 수 있으므로 다른 모든 시장에서의 가격결정원리와 마찬가지로 외환의 수요와 공급에 의해 결정된다. 대표적인 외환으로 달러화를 예로 들어 설명해 보자. 우리나라 외환시장에서 달러화에 대한 수요는 해외로부터 상품을 구입하고 대금을 지급하거나, 외국유학생의 대학등록금 등을 달러화로 송금하거나, 외국에 투자할 때 달러화를 필요로 하는 것 등에 의해 발생한다. 반대로 달러화가 공급되는 경우는 상품을 수출하고 대금을 달러화로 받거나, 외국 관광객들이 한국에 와서 달러화를 사용할 때 또는 외국인이 국내주식을 사기 위해 달러화를 들여오는 때이다.

환율이 1,000원에서 1,100원으로 상승하면 어떤 변화가 나타날까? 환율이 1달러에 1,000원이라면 1달러짜리의 재화를 외국으로부터 수입할 때 1,000원을 지불하면 되지만 환율이 1,100원으로 상승하면 동일한 재화를 수입할 때 1,100원을 지불해야 한다. 이와 같이 환율이 상승하면 그만큼 외국에서 수입된 재화가격이 상승하므로 외국으로부터의 수입이 감소한다. 외국으로부터의 수입이 감소하면 달러화의 수요도 감소한다. 즉, 환율이 인상되면 원화가치가 하락하여 외국상품을 수입하는 가격이 높아져 수입이 감소하면서 달러화에 대한 수요가 감소하므로 달러화에 대한 수요곡선은 환율의 감소함수로 우하향한다.

이번에는 환율변화가 수출에 미치는 효과를 살펴보자. 환율이 1달러에 1,000원일 때 1,000원짜리 재화의 수출단가는 달러표시로 1달러이다. 그런데 환율이 1,100원으로 상승하면 수출가격이 약 0.91달러로 하락한다. 이와 같이 환율이 상승하면 우리나라가 수출하는 재화의 상대가격이 하락하므로 수출이 증가하

그림 7-6 균형환율의 결정

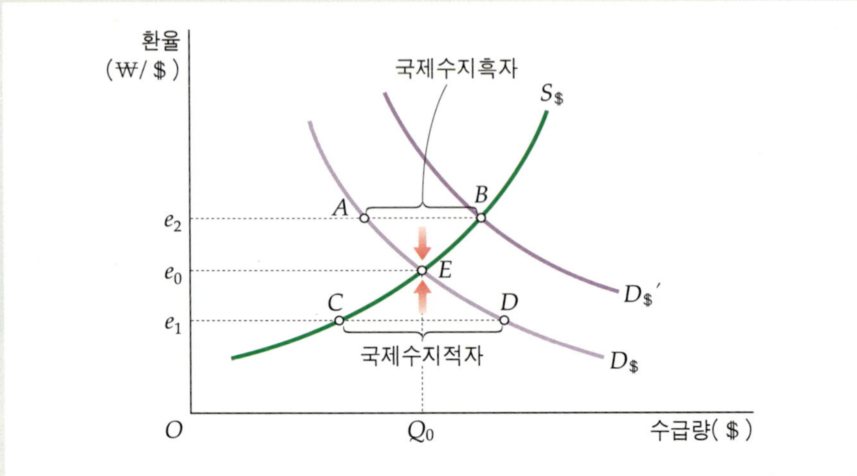

고, 수출이 증가하면 더 많은 달러화가 우리나라로 유입된다. 즉, 환율이 인상되면 우리나라 원화가치가 달러화에 비해 상대적으로 하락하고 한국상품들의 가격경쟁력이 높아져서 수출에 유리하게 된다. 따라서 환율인상은 수출을 증가시켜 달러화의 공급을 증대시키므로, 달러화의 공급곡선은 환율의 증가함수로 우상향한다. 이렇게 결정된 달러화의 수요와 공급이 일치하는 상태에서 균형환율이 결정된다.

환율결정이론

환율은 개인적 차원이 아니라 국가 사이에서 결정되는 것이므로 정치 · 사회적인 이슈와 같은 비경제적인 요인과도 밀접한 관계가 있다. 하지만 우선 경제적으로 중요한 요인부터 살펴보자면 물가나 금리 등을 살펴보아야 할 것이다.

물가수준을 환율결정의 주요 변수로 보는 이론으로 '구매력평가설(purchasing power parity : PPP)'을 들 수 있다. 이 모형은 장기적으로 환율은 양국의 물가수준의 차이에 의해 결정되며, 환율의 변화율은 양국의 물가상승률의 격차에 비례한다는 이론으로 세계시장의 완전경쟁을 통해 일물일가의 법칙이 성립한다는 것을 전제하고 있다. 즉, 국제거래에서 일물일가의 법칙이 성립하면 국내가격(P_D)=환율(e)×해외가격(P_F)이 되므로 $e=\frac{P_D}{P_F}$가 된다. 이것을 절대적 구매력평가설이라 한다.

이 이론에 의하면 한 나라의 상품가격이 다른 나라에 비해 높다면 그 나라의 상품수출이 안 되고 다른 나라의 상품에 대한 수입은 늘어나 외환의 초과수요가 발생하여 환율은 인상되게 된다. 반대로 한 나라의 상품가격이 다른 나라에 비해 가격이 낮다면 그 나라의 상품수출이 잘되고 다른 나라의 상품에 대한 수입은 줄어들어 외환의 초과공급이 나타나 환율은 인하하게 된다. 이것을 정리해 보면 $P_D > P_F$가 되면 e는 상승하게 되고 $P_D < P_F$가 되면 e는 하락하게 된다는 것이다.

한편 물가의 변동이 있을 때 환율의 변동율이 얼마만큼 이루어지는가를 분석하는 것이 상대적 구매력평가설이다. 국내가격(P_D)=환율(e)×해외가격(P_F)의 식에 대수(log)를 취해 미분하면 $\frac{dP_D}{P_D} = \frac{de}{e} + \frac{dP_F}{P_F}$가 되고, 이것을 정리하면 환율상승률$\left(\frac{de}{e}\right)$=국내물가상승률$\left(\frac{dP_D}{P_D}\right)$−외국물가상승률$\left(\frac{dP_F}{P_F}\right)$이 된다. 따라서 미국의 물가상승률이 3%이고 한국의 물가상승률이 5%라면 한국의 환율상승률은 2%가 된다.

장기적인 관점에서 구매력평가설은 환율의 변화추세를 잘 설명해주고 있다. 그러나 각국의 실제환율은 단기적으로 구매력평가와는 상당한 괴리를 보인다. 즉, 물가는 단기적으로 안정적인데 환율은 단기적으로 심하게 변동한다.

이유를 살펴보면 첫째, 비교역재 때문인데, 이발요금과 같은 서비스요금은 무역의 대상이 되지 않아 각국별로 차이가 발생해도 물가가 환율에 반영되지 않는다.

둘째, 구매력평가설에서는 동질의 재화에 일물일가의 법칙이 성립한다고 전제하지만, 각국이 보유하고 있는 재화와 서비스는 일률적이 아니므로 그 가격을 기초로 구매력평가를 산출한다는 것이 어렵다.

셋째, 한국의 물가가 더 상승하였다 하더라도 다른 나라에서 일본산 자동차에 대해서만 관세를 부과하는 경우와 같이 여러 종류의 무역장벽을 고려할 수 없다.

넷째, 무역과 관계없이 이루어지는 자본이동을 경시하고 있기 때문에 물가와 환율의 괴리가 발생하게 된다.

또한 최근에는 환율이 경제의 기본여건인 '구매력'보다 '신인도'라고 하는 사람들의 심리에 더 큰 영향을 받는다는 '시장심리설'이 제기되고 있다. 즉, 1980년대 후반부터 활동이 활발해진 헤지펀드가 파생상품거래를 통해 1990년대 이후 세계외환시장을 주도하고 있는데, 정보통신기술의 발달로 정보전달이 신속하게 이루어져 예측, 소문, 그리고 심리적 영향 등이 헤지펀드를 통해 환율에 더 큰 영향을 미친다는 이론이 시장심리설이다.

경제학자처럼 생각해보기 햄버거값으로 전 세계 물가를 알 수 있다.

다음 표에 나오는 '빅맥지수'는 영국의 경제전문지 이코노미스트에서 구매력평가설에 기초하여, 맥도날드의 빅맥 가격을 달러로 환산한 후에 미국 내 가격과 비교한 지수이다. 이러한 방법으로 빅맥지수를 구해보면 현재 환율이 각국의 여러 가지 경제적 변수와 비교하여 제대로 평가되어 있는지 알 수 있는 기준이 될 수 있다.

조사시점		빅맥가격		실제 환율	구매력평가환율	저(−)평가
		현지가격	달러가격			
1998. 4.	미국	$2.56	$2.56	₩1,474	₩1,016	−31%
	한국	₩2,600	$1.76			
2004. 5.	미국	$2.9	$2.9	₩1,150	₩1,103	−6%
	한국	₩3,200	$2.72			

표에서처럼 1998년에 한국에서는 빅맥 1개에 2,600원, 미국에서는 2.56달러로 구매력평가로 환산한 환율은 $1=₩1,016(₩2,600/$2.56)이 된다. 그러나 1998년 조사 당시 환율이 $1=₩1,474이므로 우리나라의 원화가치가 구매력평가 환율보다 약 31% 저평가되어 있음을 알 수 있다.

최근에는 빅맥지수 외에도 '신라면지수', 스타벅스의 '라떼지수' 등과 같이 세계적으로 많이 팔리는 특정 제품 가격을 달러로 환산해 각국의 통화가치를 예측하고 국가별 상대적 물가수준을 비교하는 지수가 많이 개발되었다. 특히 신라면은 세계 70여 개국에서 판매되고 있고 품질과 중량, 재료 등이 표준화되어 있어 주요 국가의 물가수준 및 적정 환율을 가늠하는 좋은 지표가 될 수 있을 것이다.

환율결정의 두 번째 요인으로 금리를 들 수 있는데, 이것을 밝히는 이론이 '금리평가설(IRP : Interest Rate Parity)'이다. 구매력평가설은 물가수준의 차이에 의한 수출입의 변동에 따른 경상수지의 변화에 분석의 초점이 주어지는 반면에, 금리평가설은 자본유출입에 따른 자본수지에 분석의 초점이 주어져 있다.

국가 간 금융거래가 크게 늘어나면서, 금융거래 자체가 갖는 불안정성이 그대로 환율의 불안전성으로 나타나고 있다. 사람들이 저마다 자신이 어떤 종류의 화폐를 보유하는 것이 유리한가를 생각하기 때문에 환율과 이자율 간에 일종의 균형관계가 성립하는데, 이러한 조건을 금리평형조건이라고 부른다. 만약 미국 달러화에 대한 예금이자율이 오르게 된다면 달러화에 대한 수요가 늘어나게 되고, 따라서 달리화의 가격이 오르게 된다.

이와 같이 이자율의 변화가 환율의 변화를 가져온다는 설명이 금리평형조건의 핵심적인 내용이다. 예를 들어, 현재 환율과 이자율에서 미국 달러화를 보유하기로 결정하였다면, 바로 현재의 환율과 이자율은 평형관계를 유지하고 있는 것이다.

하지만 이때 국내이자율이 외국이자율보다 높다면 원화자산의 수익률이 외화자산의 수익률보다 높아 원화에 대한 수요가 증가하여 원화의 환율은 하락한다. 반대로 국내이자율이 외국이자율보다 낮으면 외화자산의 수익률이 원화자산의 수익률보다 높아 외화에 대한 수요가 증가하여 원화환율은 상승한다. 따라서 금리평가에 의한 환율결정에 의하면 환율은 이자율의 감소함수가 되는 것이다.

결국 이것은 자산배합을 통해 환율의 변화를 설명하는 이론이다. 즉, 사람들이 외환을 하나의 자산으로 보고 자산배합을 통해 자신의 이익을 가장 크게 하려는 과정에서 환율이 결정된다는 것이다. 오늘날 막대한 규모의 국제금융의 존재는 환율의 결정에 커다란 영향을 주고 있는 것이 사실이다.

세계 각국의 투자자들은 0.01%의 금리 차이에도 큰 규모의 자금을 이곳에서 저곳으로 옮긴다. 환율이 금리 차이에 의한 자금의 국가 간 이동에 의해서 결정된다는 사실은 환율의 불안정성이 심화될 수 있다는 점에서 심각한 우려를 가져오고 있다.

심/층/탐/구 금리평가설의 정확한 계산

금리평가설은 첫째, 국가간 자본이동이 완전하여 투자수익률이 동일하고, 둘째, 양국의 금융상품의 유동성과 위험도는 동일하다는 가정에서 출발한다.

따라서 자본의 이동이 완전하다면, A원을 국내투자하는 경우와 A원을 외화로 교환하여 해외투자한 후 원화로 교환하는 경우에 수익률은 같아야 하므로

$$\frac{A(1+r_f)F}{S}=A(1+r_d) \rightarrow \frac{F}{S}=\frac{1+r_d}{1+r_f},$$

$$\frac{1+\text{국내이자율}(r_d)}{1+\text{외국이자율}(r_f)}=\frac{\text{선물환율}(F)}{\text{현물환율}(S)}$$

이 된다.

위의 식을 변형시켜

$$\underbrace{1+r_d}_{\text{원화자산수익률}}=\underbrace{\frac{1}{S}(1+r_f)F}_{\text{외화자산수익률}}$$

의 균형식에서

환율의 기대변동률$\left(\frac{\Delta e}{e}\right)$=국내이자율$(r_d)$−외국이자율$(r_f)$이 된다.

증명 $1+r_d=\frac{1}{S}(1+r_f)F$의 균형식에서

$$\frac{1}{S}(1+r_f)F=(1+r_f)\left(1+\frac{F-S}{S}\right)$$
$$=1+r_f+\frac{F-S}{S}+r_f\frac{F-S}{S}$$
$$\fallingdotseq 1+r_f+\frac{F-S}{S}\left(\because r_f\frac{F-S}{S}\fallingdotseq 0\right)$$
$$\therefore \frac{F-S}{S}\fallingdotseq r_d-r_f$$

생/각/넓/히/기 **환율결정의 중요 이론**

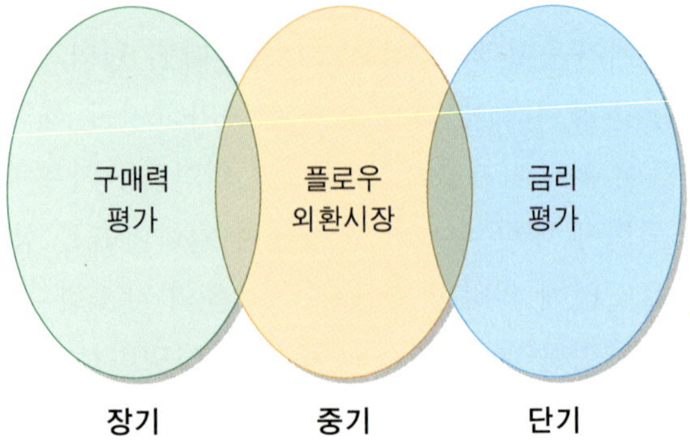

구분	구매력평가설	플로우외환시장모형	금리평가설
기간	장기	중기	단기
결정요인	물가	상품수출입 자본유출입	금리
내용	물가 ↑ → 환율 ↑	물가 ↑ → 환율 ↑ 금리 ↑ → 환율 ↓	금리 ↑ → 환율 ↓
국제수지	경상수지	경상수지 자본수지	자본수지

※ 참조 : 주한광, 「거시경제학 포럼」

환율의 변동과 경제적 효과

환율은 여러 가지 요인에 의해 변동된다. 변동환율제하에서 환율은 정치·사회적 요인, 외환투기 등에 의해 움직이기도 하지만, 기본적으로는 외환시장에서 얼마만큼의 외환을 수요하고 공급하느냐에 따라 변동된다. 외국과의 거래결과 달러화의 공급이 수요보다 많으면(국제수지가 흑자) 달러화의 초과공급으로 환율은 하락하며, 반대로 달러화의 공급이 수요보다 적다면(국제수지가 적자) 환율이 상승한다. 즉, 외국인들이 우리나라 휴대전화를 많이 수입한다면 우리나라에 달러화가 많이 공급되므로 환율이 하락할 것이다.

또한 우리나라의 금리수준이 외국보다 높으면 높은 이자수익률을 얻기 위해 외국투자자들이 우리나라에 달러화를 들여올 것이므로 마찬가지로 달러화의 공급이 늘어나 환율이 하락할 것이다. 반대로 국제석유가격이 뛰면 석유수입대금 지급을 위해 필요로 하는 달러화를 시장에서 매입하여야 하므로 환율이 상승하게 될 것이다.

환율은 우리들의 생활과는 어떤 관계가 있는가? 오늘날과 같은 개방경제에서 환율이 미치는 영향은 국민경제나 개인생활 모두에게 엄청날 정도이다. 우선 환율이 인상되느냐 인하되느냐에 따라 수출입이 직접 영향을 받는다. 환율이 인상되면 수출이 잘되고 수입이 억제되며, 환율이 인하되면 수출이 줄고 수입이 늘어나게 된다.

왜냐하면 환율이 1$=1,000원에서 1$=1,100원으로 인상되면 우리나라 수출업자의 경우 환율인상 전에는 1,000원을 벌기 위하여 외국에서 1달러의 가격표를 붙여야 했던 반면, 환율인상으로 인하여 이번에는 1달러를 다 받지 않고 약 91%만 받아도 1,000원이 되기 때문에 국제시장에서 가격을 낮출 수 있게 되고, 이것으로 인해 수출이 늘어나게 되기 때문이다. 환율인하의 경우는 이와는 반대의 효과가 나타난다.

환율변동은 개인생활에도 크게 영향을 미친다. 환율이 오르면 국내에 들어오는 수입품가격, 특히 원자재의 가격이 인상되어 전반적인 물가인상이 초래될 수 있다. 또한 외화로 지불해야 하는 거래부담이 종전보다 더 커지기 때문에 해외여행경비나 유학생에 대한 송금 등이 종전보다 더 늘어나게 되고, 마찬가지로 외채부담에도 커지게 된다. 물론 환율이 인하되면 수입품가격의 인하로 물가안정에 영향을 미칠 수 있으며, 해외여행경비나 해외 송금, 외채상환에 대한 부담이 줄어들 수 있을 것이다.

생/각/넓/히/기 **부자 기러기 아빠도 떨게 하는 환율공포**

한국보다 상대적으로 생활비가 저렴하고 장기적 관점에서 중국의 성장가능성을 고려하여 자녀들을 중국으로 보낸 기러기 아빠들은 위안화의 평가절상으로 한숨을 쉬고 있다.

"중국이 다른 곳에 비해 유학비용이 저렴하고 딸이 어리다 보니 기숙생활을 하는 비용보다 집을 빌려 부인이 함께 생활하는 비용이 싸다는 생각이 들어서 기러기 아빠가 되는 것을 택했다. 그러나 이제는 중국이나 한국이나 생활비 자체가 별 차이가 나지 않는다."

환율은 증권시장에도 크게 영향을 미쳐 주식가격을 변동시키기도 한다. 자본이동이 자유화되어 있는 상태에서 우리나라의 환율이 인상되면 외국화폐를 가진 사람의 입장에서는 한국의 주식가격이 상대적으로 값싸지게 된다. 따라서 한국의 주식에 대한 외국인의 매수세는 증가하여 주가는 상승하게 될 것이다.

그러나 지속적인 환율상승이 예상되는 경우에는 그 결과가 달라진다. 만일 앞으로 환율이 계속 올라갈 것으로 예상해 보자. 한국의 환율이 1$=1,000원에서 1$=1,100원으로, 또는 1$=1,500원 정도로, 그리고도 계속 급상승할 가능성이 있다고 예측되면 주식가격은 곤두박질치게 된다. 그 이유는 외국투자자들은 이윤을 자국 화폐가치로 계산하게 되는데, 만일 환율이 조만간 급등하면 한국 증권시장에서 이익실현이 있다고 하더라도 자기나라 화폐가치로 환산하면 환차손으로 오히려 손해가 날 수도 있기 때문이다.

생/각/넓/히/기 **J곡선효과**

'J곡선효과'란 자국화폐를 평가절하하여 환율을 인상하면 그것에 대한 해외반응이나 국내반응이 시차(time-lag)를 두고 나타나기 때문에 단기적으로는 수출품가격이 하락하여 수출총액(수출가격×수출물량)이 오히려 감소하고 수입가격은 상승하여 수입총액이 증가되므로 무역수지가 악화되다가, 상당한 기간(12~18개월)이 지나서야 비로소 환율인상의 효과가 나타나기 시작하여 무역수지가 개선된다는 것을 뜻한다. 아래 그림에서 보듯이 그래프가 'J'모양을 닮았다.

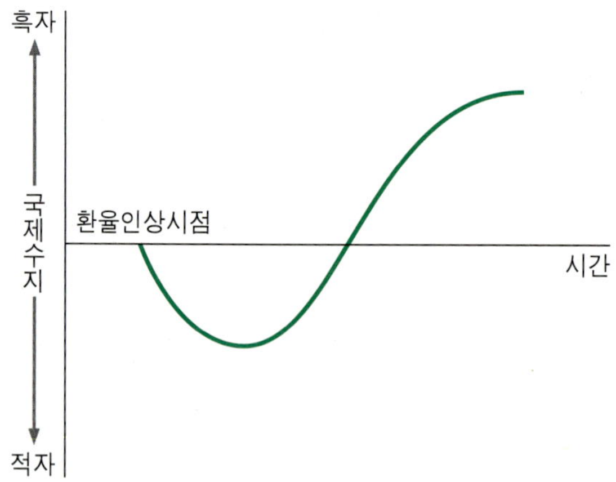

환율제도

환율결정방식은 한 나라가 어떠한 환율제도를 채택하느냐에 따라 달라지게 된다. 환율제도는 크게 고정환율제도와 변동환율제도로 나눌 수 있다. 오늘날 주요 선진국은 대다수가 변동환율제도를 채택하고 있으며, 홍콩이나 말레이시아 등이 고정환율제도를 시행하고 있다.

고정환율제도는 정부가 환율을 일정수준으로 묶어두는 것이며, 변동환율제도는 환율이 외환의 수요와 공급에 의해 시장에서 자유롭게 결정되도록 하는 제도이다. 두 제도를 비교해 보면 고정환율제도는 환율이 일정수준에서 유지되어 있기 때문에 환시세의 안정으로 교역 및 투자가 증대되고, 환위험 및 환투기가 작다는 장점이 있다. 그러나 환율의 고정으로 국제수지의 자동조절이 어렵기 때문에 해외의 국내시장 교란효과가 크다.

한편 변동환율제도는 외환시장에서 외환의 수급에 의해 환율이 변동하기 때문에 국제수지의 자동조절이 가능하다. 즉, 국제수지가 적자가 되면 환율이 인상되고 거기에 따라 수출이 늘고 수입이 줄어 국제수지의 균형이 실현된다. 또한 해외요인의 변동이 있어도 환율변동으로 흡수되기 때문에 해외시장의 국내교란효과가 작다는 장점이 있다. 그러나 환시세의 불안정으로 환위험이 존재하면서 자본이동이 이루어지고 무역이 축소된다는 단점이 있다.

우리나라의 경우 미국 달러화에 대한 환율은 해방 이후 고정환율제도로 출발하여 경제여건변화에 따라 계속 변천해 오다가 IMF외환위기 발생을 계기로 1997년 12월부터 환율변동폭에 제한이 없는 자유변동환율제도로 바뀌어 현재까지 이어지고 있다.

그러나 일본 엔화 등 다른 나라 돈에 대한 원화환율은 외환시장에서 거래되는 양이 매우 적기 때문에 시장에서 결정되지 않고 미국 달러화와 다른 나라 돈의 환율을 이용하여 간접적인 방식으로 산출된다. 즉, 서울외환시장에서 1달러가 900원이고 동경외환시장에서 미달러화와 일본 엔화 간의 환율이 1달러에 100엔이라면 원화와 엔화의 환율은 100엔당 900원으로 계산되는 것이다. 현재 서울외국환중개주식회사는 일본 엔화, 중국 위안화 등 20개 나라 돈에 대한 원화환율을 매일 산출하여 발표하고 있다.

제 4 절 | 국제수지이론

국제수지의 개념

대부분의 가계는 수입과 지출의 관리를 위해 가계부에 그 내용을 기록하고 있다. 그리고 월말이 되면 이것을 보고 지난달의 수입과 지출을 꼼꼼히 따져 보다 나은 계획을 짜곤 한다. 기업 또한 일정기간 동안의 비용과 이익금이나 일정시점의 자산과 부채 등을 장부에 기록하여 경영성과나 건전성을 판단하는 자료로 활용한다. 정부의 경우도 마찬가지로 나라 경제의 살림살이의 내용을 기록하는데, 이것을 국민계정이라고 한다. 국민계정은 국민소득통계, 산업연관표, 자금순환표, 국제수지표, 국민대차대조표의 다섯 가지로 구성되어 있다. 이중에서 국제수지표는 한 나라가 외국과 거래한 것을 기록한 장부, 즉 한 나라의 거주자가 일정기간 동안 나라 밖의 거주자와 행한 모든 경제거래를 체계적으로 분류한 표이다. 결국 국제수지는 일정기간 동안 경제적 거래를 통해 발생한 외화의 수취와 지불을 표시하는 유량(flow)개념으로, 한 나라의 대외적인 경제성과를 파악할 수 있게 하고 국제경제와의 관계를 관찰하는데 도움을 준다. 한편 국민대차대조표는 한 나라의 일정시점에서 외국에 대한 채권 · 채무관계를 표시한 것으로, 그 나라가 채권국인가 혹은 채무국인가를 나타내어 그 나라의 국제금융상의 위치를 판단하는 데 도움을 준다.

국제수지표는 IMF가 제정한 「국제수지 편제기준(제5판)」에 따라 아래와 같이 분류되어 작성되고 있다.

국제수지 구성	분류	항목	비고
경상수지	상품수지	상품의 수출입	
	서비스수지	운수 및 여행, 통신 및 보험서비스, 특허권 등 사용료, 금융 및 정보서비스	종전의 무역외수지
	소득수지	투자수익, 급료 및 임금	
	경상이전수지	무상원조, 증여, 기부금, 헌금	
자본수지	두사수지	직접투자, 증권이나 기타투자	
	기타 자본수지	금융기관 대외거래, 해외이주비	
준비자산증감		중앙은행 준비자산의 증감	

표에서 보듯이 국제수지표는 외국과의 거래 특성에 따라 경상계정과 자본계정 및 준비자산 증감계정으로 나누어 기록하고 있는데, 국제수지에서 외국과의 거래 가운데 재화와 서비스의 수출입, 임금 및 투자소득과 같은 실물거래의 결과를 경상수지라고 한다. 한편 실물거래가 아니라 외국에 돈을 빌려주거나 빚을 얻어오는 등의 거래를 기록한 것을 자본수지라고 한다.

일반적으로 이야기하는 국제수지는 경상수지를 의미하는 경우가 많다. 왜냐하면 경상수지는 나라경제의 기초가 되는 실물부문에서 외국과 거래한 결과로 국민소득, 생산, 고용 등 나라경제 전체의 거시지표들과 관련이 높기 때문이다. 따라서 흔히 국제수지 흑자는 경상수지 흑자, 국제수지 적자는 경상수지 적자를 말한다.

상품수지는 경상수지 중 상품에 대한 수출액과 수입액의 차액을 말하는데, 수출이 수입보다 크면 흑자가, 반대로 수입이 수출보다 큰 경우 적자가 된다. 그 이외에 서비스수지는 운임, 여행, 통신서비스, 특허권 등의 사용료, 보험 및 금융서비스, 정보서비스 등의 항목을 포함한다. 소득수지는 다른 나라에서 일하고 벌어들인 임금과 투자해서 벌어들인 투자소득(이자소득과 배당소득)으로 계산하는데, 대외순수취요소소득이라고도 한다. 경상이전수지는 무상으로 받은 금액과 지불한 금액과의 차이를 계산한다.

또한 자본수지 중 투자수지는 해외직접투자, 증권투자(주식이나 채권), 기타 대외금융거래(대출 및 차입, 무역 관련 신용) 등을 계산한 것이고, 기타 자본수지는 해외이주비 등의 자본이전, 특허권이나 상표권 등의 기타 자산의 대외거래를 포함한다.

경상수지의 변동과 경제적 효과

국제수지의 균형상태에서 경상수지가 변동하면 국민경제에는 어떠한 변화가 일어날까? 일단 경상수지가 흑자가 되면 수출을 통한 해외로부터의 수요증가로 국내의 경제성장에 도움이 될 것이다. 또한 경상수지가 흑자이면 수출이 수입보다 많아 외환의 초과공급만큼 외화가 국내에 더 들어오게 되므로 좋은 것이라고 생각하기 쉽다.

특히 우리나라와 같이 수출입의 비중이 높은 경우에는 국민소득의 증가와 고용의 안정을 위하여 다소간의 경상수지 흑자가 필요하다고 말하기도 한다. 그러나 국민경제에서 경상수지 흑자규모가 많다고 가계의 경우처럼 무조건 좋은 것으로만 생각해서는 안 된다. 그 이유는 수출이 생산측면에서 바람직할 수 있으나 수입도 물가안정적인 측면과 직접 소비의 대상이 된다는 측면에서 중요한 부분이 많기 때문이다.

만약 경기가 활황인 상태에서 경상수지의 흑자가 계속되면 수입보다 수출이 많은 결과이므로 총수요가 늘어나고 국민소득이 증가하지만, 달러화의 순유입만큼 원화로 바꾸어질 수밖에 없기 때문에 시중에 돈이 많이 풀리게 되어 인플레이션이라는 부작용을 초래하게 된다. 또한 우리나라의 경상수지 흑자가 지속되면 교역상대국은 적자가 발생하는 만큼 결국은 무역마찰을 초래할 가능성이 커지게 된다.

반대로 경상수지가 적자인 경우는 어떻게 될까? 이 경우는 우리나라가 해외에 물건을 팔아서 벌어들이는 돈보다 외국물건을 구입하기 위해 쓰는 돈이 더 많은 것을 말한다. 즉, 우리나라 경제주체가 국내에서 만든 물건보다 외국기업이 만든 물건을 더 사용하는 것이므로 결국 국내의 생산활동이 위축되고 경기는 나빠지게 된다. 그렇게 되면 당연히 실업자가 늘어나게 되고 국민들의 생활수준도 낮아질 것이다. 따라서 궁극적으로 국제수지는 균형, 특히 좋은 것은 확대균형을 유지하는 것이 바람직하다고 할 수 있다.

생/각/넓/히/기 국제수지의 흑자와 서민생활의 관계

경상수지가 흑자가 되면 수출을 통한 해외로부터의 수요증가가 국내의 경제성장에 도움이 될 것이다. 또한 외화자산이 증가하고 나라 전체의 살림살이는 좋아질 것이다. 그러나 경상수지 흑자를 제대로 관리하지 못하는 경우에는 흑자가 시중의 통화량의 증가로 연결되어 인플레이션을 가져온다.

실례로 서울에서 아시안게임이 열렸던 1986년부터의 3저현상이 경기호황을 가져온 데 이어서 1990년대 초반까지 엄청난 부동산가격의 폭등을 일으킨 것을 들 수 있다.

이러한 부동산가격의 폭등은 분당과 일산의 신도시의 건설과 IMF외환위기로 잠시 주춤하다가 1998년 이후부터 계속되어 시난번 정부에서 종합부동산세의 도입으로까지 번지게 되었는데, 그 이면에는 지속적인 국제수지 흑자와 관리소홀로 빚은 역풍이 숨어 있다고 할 수 있다.

국제수지의 조정방법

국제수지의 개선방법은 첫째, 대내적 조정방법인 수요조절정책과 둘째, 대외적 조정방법인 수요전환정책, 그리고 유동성조정방법인 보유외화 및 해외차관 등을 활용하는 방안이 있다.

대내적 조정방법으로 수요조절정책은 민간의 지출축소를 유도하는 모든 정책을 포함한다. 즉, 정부의 공공계획을 축소하거나 동결하고 민간소비를 억제하기 위하여 금리와 세금을 인상하는 것이다. 이러한 수요감소는 가계의 가처분소득을 감소시켜 수입감소는 물론 해외투자나 해외여행 등의 일체의 해외지출을 감소시켜 국제수지가 균형이 되도록 한다. 그러나 이러한 수요조절정책은 국내적으로 상당한 정치 · 경제적 비용을 초래하는데, 우선 수요감소에 따른 경기침체로 민간부분에서는 기업의 도산이 이어지고, 거기에 따라 실업의 증가가 발생한다. 또한 정부부문에서도 정부의 공공정책이 축소되면서 정부의 주요 목표가 희생될 수밖에 없어 사회복지제도의 축소 및 국방비의 감소에 따른 국가안보의 이익이 희생된다. 나아가 수요조절에 따른 수요감소가 해외에 미치는 영향도 크다. 그 이유로 미국이 국제수지적자를 축소시키는 정책으로 수요조절정책을 사용하게 되면 미국시장에 의존하는 수많은 국가들이 수출타격에 따른 경제의 위축을 겪을 뿐만 아니라 세계안보에도 악영향을 미쳐 정치쟁점화될 수 있기 때문이다.

국제수지의 대외적 조정방법은 국제수지의 개선을 위해 수요전환정책을 시도하는 것이다. 그것은 수입의 감소를 위해 새로운 관세부과, 수입수량할당제의 채택, 수출확대를 위해 국내업자에게 조세감면조치 등과 같은 수출유인책을 주는 방법이다. 그뿐만 아니라 해외직접투자 등을 막기 위해 금융을 통제하거나 가장 노골적 방법으로 자국통화의 평가절하를 유도하는 것이다. 결국 국제수지 균형을 위한 수요전환정책은 자국상품의 가격경쟁력의 강화를 통해 국제수지 조정의 부담을 주로 외국에 전가시키는 일종의 근린궁핍화정책이며, 따라서 국가 간 정치적 마찰의 요인이 된다. 뿐만 아니라 국내적으로는 인플레이션의 압력이 증대되고 국제적으로 경쟁력 있는 기업의 희생 위에 비능률적인 기업을 도와주는 부작용이 발생한다. 또한 불이익을 당한 상대국가는 거기에 상응하는 보복조치를 취하게 되므로 국제경제질서의 교란이 초래된다. 이렇게 해서 야기된 것이 제2차 세계대전이기도 하다. 이와 같이 국제수지의 균형을 위한 수요조절정책과 수요전환정책 모두 대내외적으로 정치 및 경제적 부담이 크다는 것을 알 수가 있다.

셋째, 보유외화 혹은 국제기구나 또는 국제금융시장으로부터 각종 차관 등의 유동성을 통해 국제수지를 조정하는 방식이다. 그러나 이러한 보전금융방식은 일시적 적자현상을 해결할 수 있을지 몰라도 만성적 적자를 계속 충당한다는 것은 어렵다. 또한 한국의 IMF외환위기 전에서 보듯이 보유외환의 급속한 소진을 초래하고 국제금융기구로부터의 신인도가 하락하여 더 이상의 신용거래가 불가능해져 잘못하면 채무불이행의 국가부도로 연결될 수도 있다. 따라서 유동성을 활용한 국제수지개선방법은 단기적 조치에 지나지 않고, 만기적 적자해결의 대책은 아니라고 할 수 있다. 그러므로 각국은 정치적 비용이 수반되더라도 대내적 및 대외적 조정방법을 적절히 조화시켜 가면서 국제수지의 개선을 도모할 필요가 있다.

국내균형과 국제수지균형을 위한 정책조합

대내균형과 대외균형, 즉 완전고용과 국제수지의 균형을 위한 목표달성을 위해서는 어떠한 정책이 바람직한가에 대해서는 많은 논의가 있지만, 간략히 줄이면 고정환율모형과 변동환율모형으로 나누어볼 수 있다. 각각의 대표적인 먼델모형과 스완모형에 대해 살펴보자.

구분	환율제도	대내균형	대외균형
먼델모형	고정환율제도	재정정책	금융정책
스완모형	변동환율제도	지출조정정책(재정 · 금융정책)	지출전환정책(환율정책)

고정환율제도를 전제하여 먼델(R. A. Mundell)은 국내시장과 국제시장을 구분할 것을 권고하는 유효시장구분의 원리를 주장한다. 즉, 완전고용균형을 위한 대내균형을 위해서는 재정정책이 유효하고, 국제수지균형을 위한 대외균형의 달성을 위해서는 금융정책이 효율적이라는 것이다. 만약 국내경제가 인플레이션상태이고 국제수지는 적자라고 가정해 보자. 이때 환율은 고정되어 있으므로 국내경제의 인플레이션상태를 해결하기 위해서는 총수요를 줄이는 긴축재정정책을 사용하고, 국제수지의 적자를 메꾸기 위해서는 이자율을 올려 외국의 유휴자금이 들어올 수 있도록 하기 위해 긴축금융정책을 사용하여야 한다는 것이다. 반대로 만약 국내경제가 경기침체상태이고 국제수지는 흑자라면 국내경제의 경기침체상태를 해결하기 위해서는 총수요를 늘리는 확장재정정책을 사용하고, 국제수지의 흑자를 줄이기 위해서는 이자율을 내려 외화자금이 나갈 수 있도록

하기 위해 확장금융정책을 사용하여야 한다는 것이다. 이것을 정리하면 다음 표와 같다.

상태		경제정책	
국내	국제수지	대내정책	대외정책
인플레이션	흑자	긴축재정정책	확장금융정책
인플레이션	적자	긴축재정정책	긴축금융정책
경기침체	적자	확장재정정책	긴축금융정책
경기침체	흑자	확장재정정책	확장금융정책

생/각/넓/히/기 **유럽통합에 기여한 먼델은 노벨경제학상과 평화상 중 어느 것을 받았을까?**

먼델은 고정환율제를 전제하여 환율변수를 고려하지 않을 수 있다면 국내시장과 국제시장의 불균형은 보다 효율적이고 쉽게 해결할 수 있다는 유효시장구분의 원리를 주장한다. 유럽통합, 즉 EU 이전의 유럽은 독일의 마르크와 프랑스의 프랑, 스페인의 페소, 이탈리아의 리라화 등이 섞여 환율불안정으로 거래의 위축과 정책의 협조가 어려웠다. 따라서 먼델의 주장대로 고정환율제가 될 수 있다면 이러한 문제가 해결될 수 있다는 주장에 힘입어 '유로'라는 하나의 화폐통합을 이루어냄으로써 고정환율제하에서 정책효과와 동일하게 되었다. 이로써 먼델은 노벨평화상 수상자에게나 줄 명분인 유럽통합에 기여한 공로로 노벨경제학상을 수상하게 되었다.

두 번째 모형으로 변동환율제도를 전제한 스완(T. Swan)모형이 있다. 이 모형에 의하면 변동환율제 하에서 재정과 금융정책 중에서 금융정책이 효과적이다. 그러나 정책을 배합(policy mix)할 수 있다면 대내균형을 위해서는 재정과 금융정책(지출조정정책)을 사용하고, 대외균형을 위해서는 환율정책(지출전환정책)을 사용하는 것이 바람직하다는 것이 스완의 최적정책조합이다.

상태		경제정책	
국내	국제수지	대내정책	대외정책
인플레이션	흑자	긴축재정금융정책	환율인하정책
인플레이션	적자	긴축재정금융정책	환율인상정책
경기침체	적자	확장재정금융정책	환율인상정책
경기침체	흑자	확장재정금융정책	환율인하정책

뉴스 속 현장경제

먼델 교수는 괴짜 … 논쟁에서 밀리면 "노벨상 타봤어?"

컬럼비아대 교수인 먼델은 국제경제학을 개척한 최고의 석학으로 손꼽히지만 미국 유명 토크쇼에 출연하는가 하면 이탈리아에 큰 성(城)을 소유하고 있는 등 학자답지 않은 낭만적인 면모로도 유명하다.

그가 2002년 미국 CBS 방송의 간판 토크쇼인 데이비드 레터맨 쇼에 출연해 밝힌 '노벨상을 받고 난 뒤의 10가지 변화'는 아직까지도 미국인들 사이에서 회자될 만큼 인기를 끌었다. "어떤 논쟁도 '노벨상 받아봤어?'라는 말 한 마디로 끝낼 수 있다", "허튼소리를 해도 다음날 월스트리트저널에 실린다" 등으로 이뤄진 이 리스트는 그의 빛나는 유머와 재치를 잘 보여준다.

먼델 교수는 1999년 노벨경제학상 수상으로 받은 97만 5,000달러를 어디에 썼을까? 정답은 성(城)이다. 그는 이탈리아 시에나지방에 12세기 무렵 지어진 성을 갖고 있다. 브레턴우즈체제가 흔들리던 1969년 인플레이션 헷지를 위해 2만 달러를 주고 샀다. 이름도 '먼델 성(Palazzo Mundell)'으로 붙였다. 1970년부터 매년 이곳에서 학술콘퍼런스를 열고 있으며, 오페라단을 초청, 관람하기도 한다.

노벨 상금의 대부분은 이 성에 전기와 수도시설을 설치하는 등 리모델링공사를 하는데 들어갔다. 그럼에도 리모델링은 75%밖에 완성되지 못했다. 그는 "이 정도면 됐다"며 "나머지는 다음 세대(그의 아이들)에서 해주길 바란다"고 말했다.

먼델 교수는 1932년생으로 올해 78세의 고령이지만 1994년 한 파티장에서 만난 20년 연하의 시인 발레리 나초와 재혼, 열두 살짜리 아들을 두고 있다. 그는 캐나다 온타리오주에 있는 킹스턴에서 태어나 밴쿠버에 있는 브리티시컬럼비아대를 졸업했다. 이후 미국 시애틀의 워싱턴대와 MIT에서 석사과정을 마쳤으며, 1956년 MIT에서 경제학 박사학위를 취득했다. 1974년부터는 뉴욕에 있는 컬럼비아대에서 30년 가까이 교수로 재직

노벨상을 받은 후 달라진 10가지

1. 스웨덴 스톡홀름에서는 프랭크 시나트라보다 많은 팬이 따라붙는다.
2. 금요일마다 파티를 즐길 수 있다.
3. 허튼소리를 해도 다음날 월스트리트저널에 실린다.
4. 라디오 방송에서 내가 신청하는 음악을 그대로 틀어준다.
5. 7개주에서 카지노 출입이 금지돼 버렸다.
6. 운전할 때 끼어드는 차량을 향해 "엿 먹어" 대신 "노벨상 엿 먹어"라고 외친다.
7. 신발이나 셔츠를 안 입어도 편의점에서 물건을 살 수 있다.
8. 방에 들어올 때마다 "여기 노벨상 수상자가 왔도다"라고 외친다.
9. 패밀리 레스토랑에 갈 때마다 공짜 음식을 먹을 수 있다.
10. "노벨상 받아봤어?"란 말 한 마디로 논쟁을 끝낼 수 있다.

중이다.

학계뿐만 아니라 국제통화기금(IMF) 등 국제기구에서도 왕성한 활동을 펼쳤다. 1961년부터 3년간 IMF 조사부에서 연구원으로 일했고, 이를 계기로 40년 가까이 고문역을 맡았다. 세계은행(IBRD) · 국제연합(UN) · 유럽공동체 · 중남미국가 · 캐나다 · 미국연방준비제도이사회와 재무부 등에서도 고문역 또는 자문관으로 활약했다.

■ 출처 : Global HR Forum 2010

국제통화제도의 변천

1930년대의 세계 대공황과 금본위제도의 붕괴는 새로운 국제경제질서를 모색하는 계기가 되었다. 제2차 세계대전 종전 직전인 1944년 7월 미국의 뉴햄프셔주 브레턴우즈(Bretton Woods)에서 44개국 대표는 IMF의 창립을 의결하여 IMF체제가 대두되었다. 그 내용을 보면 첫째, 미국의 달러화만을 기축통화로 삼아 국제결제에 사용하며, 달러화는 금과 태환의 의무를 지니는 금환본위제를 채택한다. 둘째, 회원국은 IMF기금평가를 중심으로 1% 이내에서만 환율의 조정이 가능하고, 특수하게 기초적인 국제수지 불균형에 직면할 경우에는 IMF의 승인을 얻어 10%까지 환율을 변경시킬 수 있는 조정가능 고정환율제도를 채택한다. 여기서 IMF는 국제수지의 단기적 불균형을 해소할 수 있도록 환율에 관한 전권을 행사하였다. 즉, 경쟁적인 환평가절하를 방지하고, 그것을 위해 국제유동성으로 특별인출권(SDR : Special Drawing Rights)을 제공한다.

그러나 브레턴우즈체제는 첫째, 고정환율제도하에서 각국의 국제수지의 원활한 조정이 곤란하다는 점과, 둘째, 유동성 딜레마, 즉 달러화만을 기축통화로 한 브레턴우즈체제에서는 국제유동성의 원활한 공급과 국제유동성의 신뢰도 확보를 양립시킬 수 없다는 기본적인 모순이 존재하였다. 이러한 문제가 존재하는 상태에서 유럽과 일본의 경제부흥으로 국제경제에서 미국의 절대적 우위는 사라지고 월남전 등으로 미국의 국제수지가 악화되면서 달러화의 국제신뢰도는 약화되었다. 사태가 계속 악화되자 미국의 닉슨 대통령은 1971년 달러화의 금태환 정지를 선언하여 브레턴우즈체제는 무너지게 되었다.

그 후 1971년 12월 달러화의 평가절하와 환율변동폭을 1%에서 2.25%로 확대하는 것을 골자로 하는 스미소니언협약이 체결되었다. 그러나 이 제도도 지탱하지 못하여 1976년 자메이카의 수도 킹스턴에서 열린 IMF회의에서 고정환율제도를 포기하고 변동환율제도를 허용함으로써 브레턴우즈체제는 끝나고 킹스턴체제가 탄생하였다. 킹스턴체제에서는 첫째, 각국은 독자적으로 자유롭게 자국에게 적절한 환율제도를 선택할 수 있다. 둘째, 가치척도로서의 역할을 금에서 SDR로 바꾼다. 즉, 금과 달러화 본위에서 SDR 본위로 바뀌어졌다.

▲ IMF 본부

	금본위제도 —(제1차 세계대전 후)→	브레턴우즈협정(1944) —($에 대한 불신)→	킹스턴체제(1976)
특징	금=기축통화	달러 중심의 금환본위제	SDR역할 증진
환율제도	고정환율제도	조정가능 고정환율제도	변동환율제도의 허용
문제점	국제수지불균형 해결곤란	국제유동성문제	환투기 대응 미비

제 8 장

경제학과 친구하기

한국경제의 이해

제 1 절 | 한국경제의 성장과정

해방 이후와 전후 복구기(1945~1950년대 말)

해방 후 한국은 일본의 기술자와 경영자가 자국으로 돌아가고 기술과 인력이 부족하여 일본으로부터 물려받은 빈약한 산업시설마저도 가동이 어려운 상태가 되었다. 더구나 남북분단에 따른 좌익과 우익의 극한 대립과 6 · 25전쟁 등으로 경제적 어려움은 가중되었다. 남북분단의 갈등과 전쟁으로 생산이 제대로 이루어지지 않는 상태에서 물자, 특히 소비재 부족이 극심하여 인플레이션이 만성화된 경제였고, 소비재 위주의 해외원조가 경제를 겨우 지탱하는 정도였다.

미국으로부터 주어지는 원조는 새로운 생산시설의 확충보다는 인플레이션의 완화, 재정안정과 긴박한 구호사업을 위한 것이었으므로 우리나라 산업이 소비재산업 위주의 산업구조로 고착되는 부정적인 측면으로 작용하였다. 또한 경제의 대부분이 미국 등의 원조에 의존하다 보니 산업생산의 성장수준이 원조액의 크기에 따라 변화할 수밖에 없었다. 따라서 원조액의 규모가 감소하기 시작한 1958년 이후부터는 그나마 산업생산도 다시 위축되기 시작하였고, 특히 무상원조가 종결된 1960년 이후에는 경제가 침체상태에 빠지게 되었다.

한편 1954년 이후 소위 다산(多産 : 베이비붐)기를 거치면서 연평균 3%라는 높은 인구증가율을 가져왔다. 거기에 더하여 65만 명 이상이 월남하여 인구는 급격하게 증가하였다. 이러한 인구의 급속한 증가로 소비재수요의 증가와 자본축적의 저해는 물론 정치적 불안 등 후진국의 전형적인 문제점이 모두 등장하는 시기가 되었다. 또한 인구증가에 따른 도시화의 급격한 진행으로 교통혼잡과 교육시설 등 공공시설의 부족, 주택부족과 실업문제 등을 초래하여 사회적 불만이 더욱 커지게 되었다.

생산측면에서는 기껏 수입대체산업의 육성전략이 주종을 이루었는데, 종전에 수입되던 제품을 국내기업이 생산 · 공급할 수 있도록 관세부과 등의 방법으로 국내기업을 보호 · 육성하는 발전전략이었다. 그러다 보니 삼백(三白)산업인 면방직, 제분, 제당 등의 생활필수품을 생산하는 정도가 산업의 주종이었고, 이 과정에서 락희(樂喜)화학(현재의 LG화학), 제일모직, 제일제당(현재의 CJ) 등의 기업이 급성장하게 되었다.

이 시기 경제의 특징적인 점은 첫째, 남북분단과 산업생산의 저조, 둘째, 베이비붐세대의 증가와 같은 인구의 증가와 물가의 폭등, 셋째, 일본의 귀속재산의 불하와 농지개혁 등을 들 수 있다. 즉, 산업생산을 위한 기반시설의 부족과 기술수준의 낙후, 지속적인 정치 · 사회적 불안과 같은 어려운 문제들로 종합적인 경제개발을 이룰 수 있는 여건이 조성되어 있지 않았다.

그러나 정부가 농지개혁, 귀속재산의 불하와 전후복구를 이룩하고자 노력했던 적극적인 측면도 있다. 또한 산업생산과 기타 경제적 여건은 낮은 상태였지만, 소득분배적인 측면에서 볼 때는 바람직한 면도 있었다. 그 이유는 대체로 다음과 같은 측면에서 찾아볼 수 있다. 첫째, 1949년에 시행된 농지개혁으로 당시 가장 큰 소득원인 농경지가 비교적 균등하게 농민에게 분배되었다는 점이다. 둘째, 전쟁 중에 기존의 산업시설이 대부분 파괴됨에 따라 다 같이 빈곤한 상태로 돌아가 버린 하향평준화의 경향 때문이었다.

▲ 1950년대 한국의 사회상

경제개발계획에 의한 경제발전기(1960～1979)

한국경제는 해외원조가 1950년대 후반부터 감소되어감에 따라 원조에 의존하는 경제구조에서 벗어나 자립경제의 기반을 마련하여야 한다는 필요성을 강하게 느끼게 되었다. 군사정변으로 정권을 잡은 박정희정부는 경제적인 낙후성을 극복하자는 구호하에 우리 경제의 구조적 후진성을 극복하고, 국민경제의 자립적인 성장을 위한 산업기반의 구축을 목표로 하여 종합적인 경제개발계획을 수립하였다. 이때 선택해야 할 중심문제는 '성장을 위해 어떻게 할 것인가'였고, 그것을 정리해 보면 다음과 같다.

첫째, 국내시장을 중심으로 개발을 할 것인가, 아니면 대외지향적인 개발을 할 것인가?

둘째, 어떤 산업에 중점을 두어 개발할 것인가, 즉 농업발전인가 아니면 공업발전인가?

셋째, 경제개발에 필요한 자본동원은 어떠한 형태로 할 것인가?

첫 번째 문제와 관련하여 생각해 보면 낮은 소득과 구매력 때문에 국내시장의 규모가 협소하다 보니 생산물의 대량생산과 판매를 통한 산업의 빠른 성장을 기대할 수 없었다. 따라서 대외지향적 개발을 선택하게 되었다.

둘째, 당시의 주산업이었던 농업은 저생산성과 기후조건 등과 같은 자연조건에 크게 영향을 받는 점 등으로 인하여 국민소득수준의 빠른 성장을 가져올 수 있다는 전망이 없었다. 또한 도시의 과잉인구문제라는 경제적 여건을 감안할 때 고용흡수를 극대화하면서 비교적 기술습득이 쉬우며 투자재원이 적게 소요되는 산업, 즉 공업부문을 선택할 수밖에 없었다. 특히 공업부문 중에서도 이러한 여건에 적합하다고 할 수 있는 노동집약적인 경공업부문에 해당되는 섬유, 합판, 신발류 등을 집중육성산업으로 선정하여 이들 산업의 개발에 초점을 맞추게 되었다.

또한 가장 큰 어려움 중의 하나는 낮은 수준의 국내 저축률로 인한 투자재원의 부족이었다. 이러한 문제점을 해결하기 위하여 선택한 방법은 기본적으로는 국내자본조달을 극대화하면서 부족한 부분은 외자를 도입하는 것이었다. 이를 위해 먼저 국내자본조달방안으로 세수극대를 위해 국세청을 신설하였고, 금융저축의 증대방안으로서는 정기예금의 금리를 15%에서 30%로 대폭 인상하는 금리인상정책을 시행하였다. 그러나 이러한 국내자본동원 확대를 위한 노력에도 불구하고 그 당시는 낮은 국민소득수준으로 인해 국내저축의 절대규모가 낮

생/각/넓/히/기 **우리가 외국인 노동자였을 때**

일제의 지배와 한국전쟁을 겪으며 자본이 턱없이 부족했던 한국은 베트남전 파병 군인의 국내 송금을 경제발전의 밑거름으로 삼았다. 실제로 베트남전에 참전했던 국군장병들은 해외근무수당의 80% 이상에 달하는 1억 9,511만 달러를 국내에 송금했고, 그 자금은 경제개발의 원동력이 되었다. 또한 독일에 파견된 간호사와 광부의 경우도 마찬가지였는데, 1965년부터 1975년까지 파독 간호사들과 광부들을 통해 국내에 송금된 총액수는 1억 153만 달러에 달했다. 이는 1970년대 우리나라 해외진출자 총송금액의 11%에 해당되는 액수였다.

▲ 독일로 파견되는 간호사

았으므로 외국 또는 국제기관의 차관에 의존하는 방법밖에는 도리가 없었다.

1960년대의 개발전략은 1970년대에 들어서면서 여러 가지 문제점이 노출되었다.

첫째, 공업화의 성장전략으로 공업부문의 성장은 이룩할 수 있었으나, 농공 간의 산업적 연관관계의 취약으로 인하여 농업부문의 성장은 상대적으로 뒤떨어지게 되었다.

둘째, 저임금에 의한 노동집약적인 산업에 기반을 둔 경공업 중심의 수출확대가 임금상승과 기술부족으로 점차 성장의 한계를 나타내기 시작하였다.

▲ 경부고속도로 개통식

1970년대의 개발전략은 고부가가치를 위한 산업구조의 고도화와 산업간 균형개발을 위한 농업부문의 발전이라는 전략이었다. 따라서 이와 같은 목표를 위하여 새마을운동과 중화학공업 육성전략이 등장하게 되었다. 새마을운동은 1970년대 초반 농촌의 환경근대화작업(환경개선사업)을 시작으로 하여 그 후 농업부문의 생산성향상을 위한 생산의 협동화 · 과학화운동으로 전개되었다. 새마을운동은 농업생산기반조성을 통해 농가소득증대에 커다란 공헌을 하게 되었고, 이는 다시 도시, 공장, 학교 등으로 확산되어 국가 전체의 근대화운동으로 전개되어 갔다. 한편 중화학공업의 개발은 철강, 기계, 자동차, 조선, 석유화학의 6개 부문을 중심으로 이루어졌다.

1970년대 초기에는 선진 각국의 경기부양정책에 힘입은 세계경제의 호황으로 우리 경제도 높은 성장률을 기록할 수 있었으나, 1973년 후반기에 시작된 제1차 유가파동으로 시련을 겪어야 했다. 그 후 고유가로 인하여 세계경제가 침체상태에 처하게 되어 우리 경제의 국제수지는 적자가 누적되어 가는 상태가 되었으나, 1976년에 들어서자 해외건설을 비롯한 수출시장이 다시 활기를 띄기 시작하면서 1977년에는 최초로 대외거래에서 경상수지흑자를 나타내게 되었다.

그러나 1978년부터 이란혁명의 영향으로 시작된 원유가격의 폭등으로 제2차 유가파동을 맞게 됨에 따라 전반적으로 경제성장률이 둔화되고 물가가 상승하였으며, 산업생산이 위축되는 양상을 나타내게 되었다.

뿐만 아니라 1979년의 10 · 26사태는 정치 · 경제 및 사회 전반에 걸쳐 엄청난 혼란을 초래하였으며, 특히 이로 인하여 경제는 극도로 침체되었다. 이런 점에서 1970년대의 경제성장은 1960년대에 비하여 성장의 변동이 컸던 시기였다고 할 수 있다.

경제구조조정과 안정적 성장기(1980～1997)

▲ 88 서울올림픽

1960년대 이후 20여 년에 걸쳐 고도성장을 지속해 오던 한국경제는 1979년부터 경기하강세가 계속되면서 경제성장이 둔화되고 물가상승률이 가속화되기 시작하였다. 이것은 한국경제가 그동안의 고도성장과정에서 만들었던 구조적인 문제점들이 점차 돌출되기 시작하였기 때문이라고 볼 수 있다. 결국 1980년에 들어서면서 경제를 회복시키기 위한 다각적인 경기부양종합대책을 수립하고 실시하였으나, 1959년에 이어 두 번째로 경제성장률이 부(−)의 성장을 기록하였고, 1960년대 이후 가장 격심한 경제난국을 경험하게 되었다. 하지만 1970년대를 거치면서 한국경제가 성장과 둔화를 거듭하게 됨에 따라 이를 계기로 한국경제의 성장을 재점검하는 계기가 되었으며, 이러한 반성과 회고로 기존의 성장 위주의 경제정책을 안정 위주의 내실을 기하는 방향으로 전환하게 하였다고 할 수 있다.

1980년대에 들어서면서 대내외적인 경제적 여건은 지난 1960, 1970년대와는 달리 훨씬 복잡해져 우리 경제가 대처하기에 어려운 환경으로 변모되기 시작하였다. 또한 성장과정에서의 성장과실의 적정분배가 강조되고, 사회의 급속한 발전과 국민의식수준의 향상으로 사회복지 등에 대한 새로운 욕구가 분출됨에 따라 이러한 욕구를 충족시켜줄 새로운 경제 및 사회개발전략을 정하는 것이 필요하게 되었다.

경제제도의 개선으로서는 첫째, 하나은행, 보람은행, 평화은행 등의 출현에서 보듯이 금융산업의 자율화, 둘째 공정거래위원회의 출범에 따른 경쟁촉진제도의 발전, 셋째 소비자보호제도의 강화 등을 통한 기업의 체질개선을 들 수 있다. 그리고 산업구조의 고도화를 위해서는 기술의 파급효과가 크고 고도의 기술집약적인 산업이라고 할 수 있는 기계, 전자산업을 전략산업으로 선택하게 되었다. 또한 물가안정을 위해 첫째, 독과점기업에 의한 시장지배력을 약화시키고 경쟁을 촉진하여 물가상승압력을 둔화시키는 노력의 일환으로 공정거래제도의 확립과, 둘째 수입자유화계획을 예시하여 이들 품목에 대한 수입을 개방함으로써 물가의 안정을 도모하고자 하였다.

1990년대에는 우루과이라운드(UR)의 타결에 따른 세계교역질서의 재편과 북미자유무역지역(NAFTA)이나 유럽연합(EU)과 같은 경제의 블록화 등 국제적인 경제환경의 변화와 함께 국내적으로도 지방자치제의 실시 등과 같은 민주화 · 자율화의 추진에 따라 많은 질적인 변화에 직면하게 되었다. 그러나 이와 같은 세계적 변화 속에서 그 당시 집권한 김영삼 문민정부는 '국민소득 1만 불 시대'와 'OECD 가입'이라는 정치적 구호 달성에 몰두하면서 선진경제권진입에 성공하였다는 환상을 국민들에게 홍보하기에 바빴다.

이러한 환상 속에서 기업들은 외국금융기관들로부터의 차입으로 무리하게 사업을 확장하였고, 국민들은 수입품의 과소비에 몰두하면서 무역수지적자는 빠른 속도로 확대되었다. 특히 '국민소득 1만 불 시대'를 달성하기 위해서 정부는 대규모 무역수지적자에도 불구하고 의도적으로 원화환율을 인하하였는데, 그 결과 수출은 줄고 수입은 더욱 큰 폭으로 확대되었다. 물론 이러한 정치적 목적 달성을 위한 경제정책으로 경제성장률, 물가, 실업률 등의 주요 경제수치들은 외형적으로 그럴듯하게 나타났다. 하지만 외부차입에 의존하여 무분별한 확장을 거듭하던 한보그룹, 대농, 삼미, 진로, 기아그룹 등 대기업들이 1997년 들어 연쇄적으로 부도에 직면하면서 한국경제는 순식간에 '총체적 부실'에 빠지게 되었다.

결국 세계 금융시장에서 한국에 대한 대외신인도는 급락하고 외국금융기관들의 단기외채차입금 만기연장 거부로 한국경제는 최종적 파국을 맞게 되었다. 그러나 이러한 급박한 상황에서도 정부는 부도기업들에 대해 부도유예협약을 적용하여 구조조정의 시기를 놓쳤으며, 가파른 원화환율의 상승을 막고자 외환시장에 개입하면서 보유외환을 모두 소진하여 스스로 대외지불능력을 상실하였다.

문민정부는 '신경제 5개년 계획'을 추진하고 그동안의 정부주도형의 경제운영을 '세계화' 의 흐름에 맞춘 민간 중심의 시장경제운영으로 전환하고자 하였지만, 정부주도의 전환이 실패하고 세계의 흐름을 정확하게 인식하는 안목을 갖추지 않은 채 자본시장을 무차별적으로 개방하는 등으로 끝내 IMF의 감시와 감독을 받는 경제적 식민지로 전락하게 되었다.

외환위기와 경제시스템의 변화기(1998～현재)

태국과 말레이시아 등 동남아시아에서 시작된 외환위기로 1997년 11월 초 한국경제도 위기를 맞게 되었고, 외환부족으로 인하여 거의 파산상태에 직면하게 되는 상황을 경험하게 되었다. 이로 인하여 정부는 국제통화기금에 긴급구호자금을 요청하게 되었고, IMF에서는 한국정부의 요청에 부응하여 긴급자금을 대출함에 따라 한국경제는 파산위기를 모면할 수 있었으나 한국경제의 주권은

IMF의 통제하에 놓이게 되었다고 할 수 있다. IMF는 한국정부에 대하여 긴축재정과 고금리, 시장개방, 부실기업의 과감한 퇴출 등의 다양한 조건을 제시하였다. 이에 따라 이러한 변화된 여건에 적응하지 못했던 많은 기업인들이 퇴출 내지 도산하게 되었으며, 또한 많은 근로자들이 실직하여 실업자의 상태에 처하게 되었고, 그 수는 점차 확대되어 150만 명에 이르게 되었다.

'IMF 경제관리'를 벗어나는 과정에서 정부는 경제회복을 위해 각종 경기부양 정책들을 실시하는 동시에 부실기업 및 금융기관의 정리를 위해 2001년 말 기준으로 총 158조 9천억 원에 달하는 공적자금을 투입하였다. 그러나 그 결과 한국경제는 '재정적자'라는 새로운 문제를 안게 되었다. 또한 극심한 소비부진을 단기간에 회복시키기 위해 정부가 무차별적인 신용카드 발급을 인정하면서 '카드대란'으로 인한 또 다른 금융부실을 안게 되었다. 이외에도 강도 높은 구조조정과정에서 많은 국내기업들과 주요 금융기관들이 외국계 금융기관으로 넘어가게 되었으며, 기업도산과 대량실업 등의 경제적 혼란의 와중에서 '빈익빈 부익부'현상이 확대되면서 소득분배는 더욱 악화되었다.

당시 IMF는 경제위기를 극복하기 위해서 경제체질의 개선을 목표로 금융, 기업, 공공, 노동 등 네 개 부문에 대한 구조개혁에 착수하였다. 기업부문의 구조

경제학자처럼 생각해보기 **세계화와 한국경제**

한국경제는 1997년 말 경제적 식민지라 할 수 있는 IMF외환위기를 맞게 되었다. 1905년 을사조약 이후 92년 만에 다시 경제적으로 식민지상태에 들어가게 된 데는 여러 가지 이유들이 있지만 가장 근본적인 이유는 100여 년 전과 똑같은 이유, 즉 한국을 둘러싼 동북아와 세계의 변화를 전혀 알지 못하였고, 또한 그 대처능력도 없었다는 사실에서 찾을 수 있을 것이다.

'세계화(globalization)'는 지난 수백 년간 세 차례에 걸쳐 일어났다. '제1차 세계화'는 16~17세기 서유럽국가들에 의한 세계항로개척에 의해 진행되었다. '제1차 세계화'의 진행과정에서 네덜란드 선원인 하멜이 조선에 표류하기도 하였으나, 조선은 이러한 세계화에 전혀 영향을 받지 못한 데 반해, 이웃 일본은 이때부터 서구 선진문물과 접촉을 시작하였다. '제2차 세계화'는 19세기 말 서유럽국가들의 제국주의 팽창으로 진행되었는데, 이 과정에서 조선은 세계적 변화에 전혀 대처하지 못하고 일본의 식민지로 전락하게 되었다.

그리고 100년 후인 1990년대에 나타난 '제3차 세계화'는 구소련의 해체로 인한 동서냉전의 종식과 함께 본격화되었다. 이미 1980년대 중국과 소련이 개혁 · 개방정책을 실시하면서 세계 각국은 이념보다는 경제적 이익을 우선시하는 '경제우선주의'가 확대되었는데, 동서냉전의 종식으로 미국이 주도하는 경제적 이익추구를 위한 자유시장경제원칙이 세계적으로 확산되면서 '제3차 세계화'가 본격화되었다.

국가 간 국경을 인정치 않는 세계적 자유시장경제원칙에 의해 한국도 1990년대 들어 국내시장을 대폭적으로 개방하였는데, 이 과정에서 지난 수십 년 간 정부의 과잉보호 아래에 있던 한국의 금융시장은 선진금융권의 무차별적인 공세에 속수무책일 수밖에 없었던 것이다.

▶ 출처 : 주성환 외 2인, 「한국경제의 이해」, 무역경영사, pp.44~45 인용

조정과 기업의 체질강화는 기업퇴출, 재무구조개선(워크아웃), 대규모 사업교환(빅딜) 등의 다양한 형태로 진행되었다. 정부는 5대 계열기업에 대해서는 사업교환, 재무구조개선약정을, 나머지 6~64대 계열기업에 대해서는 워크아웃, 자율구조조정을 주로 사용하였다. 또한 2000년 말부터는 기업들의 자율적인 구조조정이 진행되어 2002년 4월까지 17개 기업이 매각, 청산, 합병 등의 방법으로 정리되면서 기업의 재무구조와 경영성과가 많이 개선되었다.

그러나 우리나라의 경제성장 잠재력이 많이 약화되었고, 업종 간뿐만 아니라 기업 간 불균형도 심화되었으며, 외국이 국내경제에 미치는 영향이 커지게 되었다. 이 시기는 지금까지의 정부주도에 의한 계획경제와 수출주도의 한국형 경제개발전략과 같이 정부의 주도와 독주와 강행으로는 정책목표달성이 불가능해졌는데, 왜냐하면 민간경제부문의 규모와 활동범위 등이 크게 확장되어 과거와 달리 통제할 수 없는 수준에 도달하게 되었기 때문이다. 따라서 경제에 대한 정부의 위치가 기존의 통제자적 입장에서 조정자 내지 관리자의 위치로 전환하여 경제를 조정 · 관리하는 형태로 변화하였다고 할 수 있다.

한국경제성장의 특징

우리나라는 수십 년 동안의 극심한 식민지 수탈과 민족의 분단 등 경제적 · 정치적 혼란기라는 최악의 여건을 딛고 1960년대 이후 경제계발계획을 수립 · 추진함에 따라 급속한 경제성장을 이룩하였다. 그 결과 한국의 1인당 GNP는 1960년에는 79달러에 불과하였으나, 1970년 이후 고도성장기를 맞으며 1980년에는 1,592달러, 1990년에는 5,883달러로 늘어났으며, 현재는 1인당 GNP가 20,000달러에 도달하는 시대를 맞이하였다.

한국경제성장의 특징을 몇 가지로 정리해 보자.

첫째, 한국사회의 성격이 전통사회로부터 자본주의적 산업사회로 변모하였다.

둘째, 경제적 측면으로 범위를 좁혀볼 때 농업국가에서 공업국가로 변화하였다.

셋째, 저소득국가에서 중 · 상위 소득국가로 상승하였다.

넷째, 폐쇄적인 동양사회에서 서구화된 동양사회로 변화하였는데, 이것은 물질주의와 실용주의적 기초위에 개인주의적이고 합리주의적 가치관이 한국인 생활에 크게 자리 잡게 되었다는 것을 의미한다.

제 2 절 | 한국경제의 발전전략

한국경제의 성장요인

▲ IMF외환위기를 극복하기 위한 금 모으기 운동

지난 50년 동안 이룩한 한국경제의 성장에 기여한 요인을 제6장의 성장론에서 분석한 성장회계방정식에 의해 검토해 보자. 첫째로 양질의 근면한 노동력을 들 수 있다. 한국 국민의 경제하려는 의지와 '체력은 국력이다'라는 말에서 짐작할 수 있는 엄청난 노동시간은 인구규모에 비해 노동력을 더 풍부하게 만드는 중요한 요인이었다. 이것은 또한 한국 특유의 높은 교육열과 맞물려 기업에 질 좋은 노동자를 공급하였다. 단순 노동력과 달리 노동력에 체화된 기술을 인적자본(human capital)이라고 할 때 한국경제의 높은 인적자본증가율이 성장에 큰 몫을 하였던 것이다. 둘째, 인적자본과 구분되는 물적자본(physical capital)도 기여요소가 되었다. 과거 우리 국민들의 절약정신으로 높은 저축률을 기록했고, 이것이 투자로 이어져 물적자본의 높은 축적률을 가져왔다. 이와 함께 차관을 들여와 부족한 투자재원을 조달해가면서 자본축적에 노력했다. 물적자본의 축적은 복리(compound rate)의 효과가 있기 때문에 지속적으로 꾸준히 축적하려는 노력이 50년이 지난 지금의 거대한 경제규모를 만드는 데 기여한 것이다. 이런 요인 이외에도 경제성장이론에서 검토한 총요소생산성(total factor productivity)을 들 수가 있다. 여기에는 정치적 민주화, 낙후된 제도의 개선, 유학생과 자연과학에 기초하여 발전된 기술진보 등으로 생산성을 증가시키는 요인이 되었다.

크루그먼(P. Krugman)은 IMF외환위기에 대해서 과거 한국의 경제성장의 동력이 주로 노동과 물적자본에 의한 양적 성장이었기 때문에 그 한계가 외환위기로 이어졌다고 비판하였다. 그러나 한국인은 '금 모으기'에서 시작해서 외환위기를 극복하려는 총체적 노력으로 이 위기를 극복하였다. 물론 크루그먼의 지적은 계속해서 해결해야 할 미래 한국경제의 과제이기 때문에 우리는 제도개선과 기술발전에 더욱 중점을 두어야 한다. 그 이유는 경제성장의 요인으로 노동과 물적자본의 증대는 한계가 있고, 인간의 창의력에 의존하는 인적자본과 기술은 지속적 성장을 계속할 수 있게 하기 때문이다. 따라서 내생적 성장이론에서 검토한 대로 물적 투입의 증대보다 인적자본과 총요소생산성의 증대에 정책의 초점이 주어져야 하고, 이러한 방안으로 인적자본을 더욱 높이기 위해 교육투자를 더 늘리고 기업의 연구 · 개발(R&D)투자를 늘리는 노력이 필요하다.

뉴스 속 현장경제

의료관광도 '한류(韓流)바람'

의료관광에도 한류바람이 거세게 불고 있다. 국내 의료업계의 경쟁력이 높아지면서 내국인들의 해외원정 치료는 크게 줄어든 반면, 외국인이 한국에서 치료를 받느라 지출하는 금액은 꾸준히 늘고 있다. 이에 따라 2010년 의료관광을 목적으로 하는 여행수지가 사상 처음으로 흑자를 기록할 것으로 전망된다.

2011년 1월 한국은행의 국제수지통계에 따르면 지난해 1~11월 건강 관련 여행수입액은 6,170만 달러로 지출액 5,990만 달러보다 180만 달러가 더 많았다. 1~10월을 기준으로 흑자를 기록한 것은 한국은행 국제수지 항목에서 '건강 관련 여행수지(건강여행수지)'를 집계하기 시작한 지난 2006년 이후 처음이다.

그동안 건강여행수지는 해외여행이 조금씩 늘어나는 가운데 치료를 위해 외국병원을 찾는 내국인이 증가하면서 해마다 큰 폭의 적자를 내왔다. 연간 기준으로 보면 2006년 −5,400만 달러에서 2007년 −6,380만 달러로 적자규모가 커졌고, 2008년 −6,020만 달러로 적자폭이 다소 줄어든 뒤 2009년에는 −1,120만 달러로 대폭 축소되는 모습을 보였다

특히 건강여행수지지급액은 1~11월 누적기준으로 2007년에 1억 2,560만 달러까지 치솟았으나, 지난해에는 5,990만 달러로 절반 이하의 수준으로 떨어졌다. 반면 건강 관련 여행수입은 같은 기간을 기준으로 2006년 5,320만 달러에서 2007년 6,180만 달러, 2008년 6,190만 달러, 2009년 7,500만 달러로 꾸준히 증가세를 보이고 있다. 다만 지난해에는 6,170만 달러로 2009년에 비해 17%가량 줄었다.

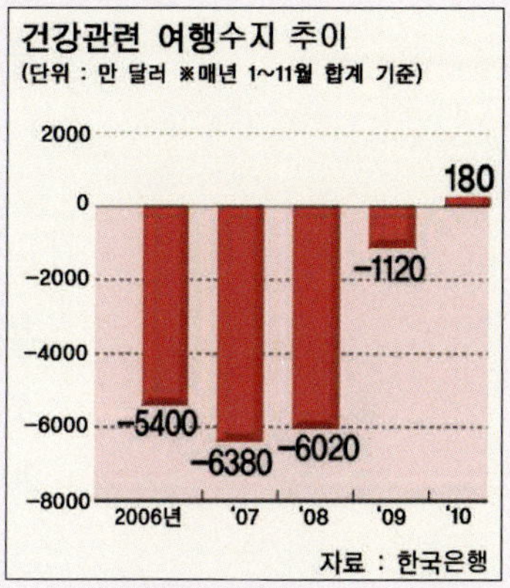

건강여행에서 흑자를 기록한 것은 동남아에서 일어나는 한류열풍과 맞물려 중국에서 일어나고 있는 '성형수술열풍'이라는 말에서 알 수 있듯이 의료의 가격과 기술 등의 측면에서 국내 의료계의 경쟁력수준이 높은 것이 주요 요인이다. 또한 제도개선으로 병원의 환자 유치 · 알선행위가 허용되는 등 규제가 풀려 외국인의 한국 원정치료가 늘어났기 때문이라는 해석이 많다.

■ 출처 : 문화일보, 2011. 1. 12.

앞으로 예상되는 대내외적 여건

한국경제의 앞으로의 발전방향을 알아보기 위해서는 한국경제의 현재 위치는 물론 앞으로 예상되는 경제여건을 살펴보아야 한다. 먼저 인구문제와 관련하여 보면, 현재도 마찬가지이지만 앞으로 한국경제는 출산율의 하락과 평균수명의 연장으로 인구구조가 더욱 급속하게 고령화될 것으로 전망된다. 우리나라의 출산율은 2009년 기준으로 1.2명인데, 이 수치는 미국의 2.1명, 프랑스의 1.9명, 영국의 1.8명 등 선진국 전체의 평균 1.6～1.7명보다 매우 낮은 수준이고, 북한도 1.9명 정도라고 한다.

고령화와 관련하여 유엔의 분류에 따르면 65세 이상 노인인구비중이 7%를 넘으면 고령화사회(aging society), 14%를 넘으면 고령사회(aged society), 20%를 넘으면 초고령사회(super aged society)라고 한다. 한국은행의 자료에 의하면 우리나라는 2000년 7.2%로 고령화사회에 들어섰으며, 현재의 추세대로라면 2019년에 고령사회, 2026년에 초고령사회에 진입할 것으로 전망된다.

고령화가 진행되면 생산에 필요한 노동공급의 기반이 감소되고 저축이 감소하여 경제성장이 감소할 가능성이 크다. 또 조세 및 사회보험료수입이 감소하는 반면, 연금급여, 노인의료비, 노인복지비 등의 증가로 재정지출은 늘어나 재정수지가 악화된다. 따라서 이러한 고령화의 경제적인 영향을 감안하여 개인차원은 물론 국가차원의 대책을 마련할 필요가 있다.

앞으로 예상되는 대외여건으로는 세계화의 지속적인 진전이 가장 중요한 것으로 보인다. 따라서 세계경제의 통합이 진전되면 될수록 세계시장의 동향에 신속하게 대응할 수 있는 기업경영 및 금융서비스체제를 갖춰야 할 것이다. 또한 현재도 급속히 이루어지고 있지만 동북아경제권의 부상이 예상된다. 동아시아 지역은 북미와 유럽지역과 함께 세계 3대 경제축의 하나로서 전 세계에서 가장 역동적인 경제권이다. 동아시아 지역의 경제규모는 세계경제의 약 5분의 1을 차지하고, 그 중 동북아경제는 약 90%를 차지하고 있다. 특히 중국은 1980년대 중반부터 개혁과 개방을 추진한 이후 연평균 10%대에 달하는 성장을 유지하고 있다. 이것은 우리 경제에 위기인 동시에 거대한 시장을 제공하는 기회이기도 하다.

마지막으로 정보화와 기술혁신에 의한 경제사회구조의 변화가 가속화되어 디지털경제, 사이버경제라고도 불리는 지식기반사회로 바뀌어가고 있다. 지식기반경제는 정보통신기술(IT : Information Technology), 생명공학(BT : Bio

Technology) 등의 지식이 핵심적인 생산요소가 되는 사회이다. 이런 관점에서 21세기 국가경쟁력의 핵심은 바로 지식이다.

또한 인터넷을 통해 기업과 기업, 기업과 소비자 간 전자상거래가 가능하게 되어 거래비용도 아주 낮은 사회가 된다. 이는 물가안정에 기여하고 기업 간의 경쟁력을 높여 자원을 보다 효율적으로 활용할 수 있게 한다. 지식기반사회에서는 일자리창출에서도 전통적인 제조업의 비중이 감소하고 자동화와 아웃소싱이 증가하면서 전체 근로자 중 육체노동자의 비율이 줄어든다. 대신에 생명공학 연구자, 마케팅전문가, 경영컨설턴트와 같은 지식근로자(일명 골드칼라)가 증가한다.

한국경제의 미래와 경제주체의 대응자세

소련의 붕괴와 WTO의 등장으로 이념 중심의 냉전체제에서 경제 중심의 무한경쟁시대로 넘어오면서 시장개방은 가속화되고 거기에 따라 경쟁은 더욱 치열해졌다. 따라서 경쟁력이 없는 기업이나 정부는 퇴출되거나 뒤쳐질 수밖에 없게 되었고, 특히 부존자원이 부족하고 내수규모가 작아 대외지향적인 성장을 할 수밖에 없는 한국의 경우는 더욱 그러한 실정이다.

생/각/넓/히/기 한 나라가 무역 없이 자력으로 살아갈 수 있는 경제규모

한 나라가 해외에 의존하지 않고 자기들만의 힘으로 경제를 운영할 수 있는 경제규모는 대개 그 나라의 인구로 추정하여 약 1억 명 정도를 잡고 있다. 현재 남한의 인구규모가 약 4,900만 명 정도이고 북한의 인구가 약 2,400만 명 정도이니 통일이 된다고 하더라도 시장규모는 커지겠지만, 약 13억 명의 중국이나 약 3억 명의 미국, 또는 약 1억 2,500만 명의 일본과는 인구규모면에서 비교가 안 될 것이다. 이런 면에서 한국은 세계시장을 대상으로 하는 성장전략을 선택할 수밖에 없는 상황이다.

그러나 경제주체들은 지금까지 정부주도형의 성장관행과 고도성장에 익숙하다 보니 성장속도가 느려지면 마치 터널 속의 도로에서 차량의 소통속도가 조금만 느려져도 짜증을 내는 '터널효과'를 보이고 있다. 그러다 보니 중 · 장기적으로 구조적인 문제점을 찾아 해결하기보다는 단기적인 안목에서 미봉책을 마련하거나 정부의 직접적인 지원을 요구하기도 한다.

생/각/넓/히/기 **터널효과**

후진국에서 선진국에 이르는 과정을 2차선 일방통행의 긴 터널을 벗어나는 것이라고 해 보자. 후진국의 침체를 터널 속 자동차의 정체현상으로 비유하면 발전 초기에는 두 차선 중에 어느 하나가 움직이면 다른 차선에서 기다리는 사람(성장 초기에 성장의 혜택을 받지 못한 계층)도 자기가 있는 차선이 곧 움직이리라는 기대(성장혜택을 곧 받으리라는 기대)에 부풀게 된다. 즉, 발전 초기에는 경제성장의 혜택이 남에게 돌아가더라도 그 혜택이 곧 나에게 돌아오리라는 생각에 어느 정도 소득분배가 불균등해도 이해하게 된다. 그러나 계속 한 차선만 움직이고 자기가 서 있는 차선의 정체가 계속되면 부풀었던 기대에서 오는 좌절감으로 불만이 쌓이게 되고, 심지어는 터널 앞에서 차량소통을 규제하는 교통순경(정부, 정부정책)을 불신하게 된다. 그 결과 불만에 찬 운전자가 교통법규(위법, 탈법 행위)를 무시하게 되어 터널 속은 더욱 혼잡해지고, 더더욱 정체가 심해지는 결과가 생기고 만다.

그러나 세계화시대에서는 정부가 자국 기업만을 보호하는 정책을 시행하기는 어렵다. 따라서 정부의 경제정책은 물가상승을 가져오지 않고 고용을 흡수할 수 있는 잠재성장률수준의 성장을 추구하는 방향에서 추진되어야 한다. 이 과정에서 노사관계는 '갈등과 대립'에서 '화합과 협력'의 생산적인 관계로 나아가야 할 것이다. 노사관계의 갈등은 경제의 성장과 안정에 중요한 기반이 된다. 그 사례로 20세기 초 냉동선의 발명으로 양을 중심으로 한 가축의 대량수출이 가능해지면서 미국 · 영국 · 프랑스와 함께 세계 4강의 국가이었던 아르헨티나가 대중인기영합주의에 따른 정치와 노사협력의 실패로 국력이 쇠퇴하여 오늘날 한국보다 1인당 소득이 낮은 중상위소득국가군에 머무르고 있다는 것을 들 수 있다.

각 경제주체의 역할을 세부적으로 검토해 보자. 경쟁이 점점 치열해지는 세계화시대와 지식기반사회에서 각 경제주체는 경제하려는 의지만으로는 부족하다. 가계는 자기개발과 합리적 소비결정을 하고 기업은 기업가정신에 충실하고 정부는 시장경제가 잘 작동할 수 있는 여건 마련에 노력을 하여야 할 것이다. 우선 가계의 경우 합리적인 의사결정을 해야 하겠다. 경제적 의사결정은 그 결과

당연히 큰 만족과 행복을 누려야겠지만 그에 따르는 책임도 져야 한다. 최근 카드사용으로 인해 신용상태가 악화된 소비자가 크게 증가한 이면에는 예상치 못한 경기후퇴에 의한 소비자의 소득감소에도 원인이 있지만 일차적으로는 현재와 미래소득수준에 비해 과도하게 소비한 개인의 비합리적인 의사결정에 그 원인이 있다.

또한 실업이나 노후에 대한 복지수요가 커지면서 개인이 정부에 더욱 많은 것을 기대할 수 있게 되었다. 그러나 여기에는 많은 돈을 필요로 하고 재정적자를 초래할 수 있다. 결국 재정적자는 개인과 기업이 내는 세금으로 메울 수밖에 없다는 것도 인식되어야 한다.

자본주의시장경제는 사회의 경쟁력을 키우기 위해서 경쟁을 유도하지만 개인의 입장에서는 메마르고 냉혹한 사회가 되기 쉽다. 결국 사회의 발전을 위해 경쟁이 필요하지만 경쟁은 뒤처지는 사람이 나올 수밖에 없고, 여기에서 약자를 배려하고 더불어 산다는 시민정신이 요구된다. 이런 점에서 선진국의 기부문화는 우리 모두가 실천해야 할 사회적 미덕인데, 기부문화는 빈부차이로 인한 상대적인 박탈감 등 시장경제의 문제점을 보완해 주기 때문이다.

생/각/넓/히/기 한국의 기부문화가 인색한 이유

선진국에 비하여 한국의 기부문화가 지나치게 인색하다는 뉴스의 기사가 많다. 그러나 이러한 원인에 대해 자세히 생각해 보면 한국경제의 역동성이 자리하고 있다. 좋은 관점에서 표현하면 '역동성'이 되겠지만 이것은 달리 표현하면 변화무쌍 또는 변덕스러움의 다른 표현이기도 하고, 예측가능성을 허용하지 않는다는 것을 의미하기도 한다. 이러한 상황은 결국 미래의 불확실성 나아가 불안정으로 연결되어 사람들의 화폐수요 또는 현금선호경향을 높이게 된다. IMF외환위기가 터지고 사람들의 현금수요가 엄청나게 증가하는 것을 보면 케인스의 표현대로 '화폐수요는 미래의 정보를 대변하는 변수'이고, 결과적으로 이것을 반영하듯 기부문화에 인색하게 된다. 이런 점에서 기부문화를 호소하기보다는 예측가능한 사회로 만드는 것이 우선이라고 할 수 있다.

기업은 기업가정신을 실현하려는 노력이 중요하다. 기업가정신(entrepreneurship)은 여러 가지 제약과 리스크가 있음에도 불구하고 투자확대와 새로운 사업진출 또는 사업다각화, 해외시장개척 등의 방법으로 개별기업의 경쟁력을 높이려는 기업가의 혁신의지 내지 모험정신이다. 혁신과 국부창출로 연결되는 기업가정신은 경제성장의 원동력이며 우리 경제가 미래에 무엇을 먹고 살 것인가에 대한 해답이기도 하다. 한국의 경우 삼성그룹의 이병철 회장이나 현대그룹의 정주영 회장의 예에서 보듯이 1960~1970년대에 기업가정신이 매우 활발하였다. 그러나 IMF 이후 벤처기업을 중심으로 잠시 다시 활성화되었다가 최근에는 약간 식어 신설 법인수의 감소, 설비투자의 부진, 상장사의 보유현금증가 등의 현상이 나타나고 있다. 사회는 이러한 기업가정신이 잘 발휘될 수 있도록 조세제도나 투자나 경영 등과 관련된 각종 유인을 개선하는 노력이 이루어져야 할 것이다.

남북한 경제교류의 현재와 미래

남북으로 분단된 우리경제로서는 평화체제를 구축하고 나아가 통일에 대비하기 위하여 남북한 경제교류 · 협력을 꾸준히 모색해야 한다. 북한의 경제체제는 사회주의 소유제도에 기초하여 국가가 모든 재화의 생산규모를 계획하고 각 공장에 목표생산량을 할당하고 각 생산단위의 경영활동을 통제하는 중앙집권적 계획경제이다. 따라서 기계나 설비 · 토지 등의 생산수단은 국가사회 또는 협동단체만이 소유할 수 있으며, 개인의 소유는 근로자의 임금 · 저축 · 가정용품 · 일용 소비품 등에 아주 제한적으로 인정되고 있다.

북한의 1인당 국민소득은 1960년대 말까지 남한보다 높았으나 1970년대 들어 우리 경제가 고도성장을 이룩하면서 추월당하여 2003년 기준으로 우리의 16분의 1 정도에 불과하다. 특히 1990년대 들어 사회주의정권 붕괴의 충격 등으로 경제성장률이 음(−)으로 전환된 이후부터 1998년까지 9년 연속 음의 경제성장률을 기록하였다. 1999년부터 다시 양(+)의 성장세를 보이고 있지만 2% 정도로 매우 낮은 상태이다.

남 · 북한 간의 경제교류와 협력은 단기적으로 양측 모두에게 경제적인 이득을 줄 수 있으며, 중 · 장기적으로는 통일기반 조성에도 도움이 된다는 점에서도 중요한 의미를 가지고 있다. 남북경제협력은 1988년에 시작되어 남북 간 철도 · 도로의 연결, 금강산관광, 개성공단조성 등의 사업으로 이어졌다. 교역규모도 물자교역이 처음 이루어진 1989년 1,900만 달러에서 2003년 7억 2,400만 달러로 38배나 증가했는데, 남한은 쌀, 비료 등과 같은 비대가성 반출로 1억 7,000만 달러의 적자를 보이고 있다. 그러나 남측 관광객이 북한 군인의 총격으로 사망하면서 금강산관광은 중단됐다. 그 후에 천안함 피격사건과 연평도에 대한 포격 등으로 남북한 관계가 급격히 경색되었다. 이러한 모습은 개성공단사업에서부터 진전된 경제협력이 정치적인 요인으로 제약을 받게 된다는 것을 보여준다. 이것은 서로 다른 이념과 체제 속에서 반세기 이상에 걸쳐 형성된 사회 전반의 구조적 차이와 이질성 때문에 협력이 쉽지만은 않다는 것을 의미한다. 또 남한과의 경제발전격차를 의식한 북한은 직접적인 접촉을 기피하거나 체제유지를 위해 제한적인 개방정책을 고수할 가능성도 있다. 이러한 여러 가지 여건을 감안할 때 단기간에 남북 간의 경제협력이 가시적으로 큰 성과를 거두기는 어려울 것으로 전망된다. 그렇지만 한반도의 평화체제구축이 앞으로의 경제발전에 크게 도움이 된다는 점에서 정부를 비롯한 각 경제주체가 희망을 갖고 남북 간의 경제교류 · 협력방안을 꾸준히 찾아나가야 하겠다.

생/각/넓/히/기 **분단비용과 통일비용**

경제학적인 시각으로 봤을 때 환경오염이 전혀 없는 상황이 정답이 아니듯이 남북문제도 통일만이 정답이라고 할 수는 없다. 왜냐하면 환경문제를 비용-편익분석으로 풀 때 환경오염이 주는 편익과 환경오염으로 인해 발생하는 비용을 비교해야 하는 것과 같은 이유 때문이다. 즉, 통일문제도 통일이 가져다 주는 편익과 통일을 이루기 위해 지불해야 하는 비용을 비교분석하는 것이 경제학적 접근법이라고 할 수 있다.

간단히 생각했을 때 통일을 함으로써 얻게 되는 편익으로는 여러 경제적 이익을 제쳐두더라도 분단비용이 사라진다는 것을 꼽을 수 있다. 분단비용이란 GDP 대비 엄청난 비중을 차지하는 국방비가 줄어든다는 것뿐만 아니라 분단상태로 인해 발생하는 여러 가지 심리적 불안감이나 실향의 고통을 없앨 수 있다는 것도 함께 고려해야 하므로 상당히 커질 수 있다. 하지만 통일을 함으로써 지불해야 하는 통일비용도 만만치 않은데, 통일로 인해 겪을 수밖에 없는 정치 · 경제적 혼란기를 해결하기 위한 물적 · 심적 비용을 모두 고려해야 할 것이다.

독자들 나름대로 결정해 보기 바란다. 우리에게 통일은 어디쯤 와 있는가? 이 시점에서 내릴 수 있는 결론은 한 가지이다. 통일을 앞당기기 위해서는 통일비용을 줄여야 한다는 것이다. 그것이 경제적 교류를 의미하는 것인가, 정치적 화해무드를 의미하는 것인가는 중요하지 않다. 단, 통일비용을 제대로 계산하지 못하여 통일 후 독일처럼 세계를 제패했던 옛 영화를 그리워하는 국가로 남아서는 안 된다는 것이다.

찾아보기

ㄱ

ㅅ

ㅇ

ㅈ

기타

경제학과 친구하기

초　　판 1쇄 발행 / 2011년 2월 15일
개 정 판 1쇄 발행 / 2012년 7월 25일
개정 2판 1쇄 발행 / 2022년 7월 29일

공저　조정조 · 최준혜 · 임웅석
발행처　형설출판사
경기도 파주시 회동길 37-23 · 전화 (031) 955-2361~4 · 팩시밀리 (031) 955-2341
발행인　장진혁
등록　라-제9호 · 1962년 5월 1일
홈페이지　http://www.hyungseul.co.kr
e-mail　hs@hyungseul.co.kr

정가 33,000원

ISBN 978-89-472-8612-1 93320

경제학자의 눈으로 본 세상 읽기

경제학과 친구하기